Hauer, Franz Ritter von

Annalen des Naturhistorischen Hofmuseums

1. Band, 1886

Hauer, Franz Ritter von

Annalen des Naturhistorischen Hofmuseums

1. Band, 1886

Inktank publishing, 2018

www.inktank-publishing.com

ISBN/EAN: 9783747770870

ANNALEN

DES

K. K. NATURHISTORISCHEN HOFMUSEUMS

REDIGIRT

VON

DR. FRANZ RITTER VON HAUER.

I. BAND — 1886

(MIT EINUNDZWANZIG TAFELN).

WIEN, 1886.

ALFRED HÖLDER

K. K. HOF- UND UNIVERSITÄTS-BUCHHÄNDLER.

INHALT.

Seite

Vorwort V

Verzeichniss der Pränumeranten VII

Schriftentausch IX

Jahresbericht für 1885 von Franz Ritter v. Hauer. (Mit 1 Tafel) . . 1

Ueber die miocenen Pteropoden von Oesterreich-Ungarn. Von Ernst Kittl. (Mit 1 Tafel) 47

Ueber neue und seltene Antilopen des k. k. naturhistorischen Hofmuseums. Von Fr. Fr. Kohl. (Mit 4 Tafeln) 75

Ansichten über die paläozoischen Insecten und deren Deutung. Von Prof. Dr. Fr. Brauer. (Mit 2 Tafeln) 87

Bestimmung des specifischen Gewichtes von Mineralien. Von Dr. V. Goldschmidt . 127

Ueber die Krystallform des Tellurit. Von Dr. Ar. Brezina. (Mit 3 Figuren im Texte) 135

Vergleichende Studien über das Flügelgeäder der Insecten. Von J. Redtenbacher. (Mit 12 Tafeln) 153

Goldsand mit Demantoid vom alten Ekbatana und Hamadan. Von A. Gehmacher . . 233

Ueber ein neues Euklas-Vorkommen aus den österreichischen Tauern. Von R. Köchlin. (Mit 1 Tafel) 237

Typen der ornithologischen Sammlung des k. k. naturhistorischen Hofmuseums. Von A. v. Pelzeln und Dr. L. v. Lorenz. (I. Theil) 249

Flora von Südbosnien und der angrenzenden Hercegovina. Von Dr. Günther Beck. (I. Theil) 271

Notizen 1, 15, 27

VORWORT.

Beim Abschluss des ersten Bandes unserer Annalen drängt es mich, dem Danke Ausdruck zu geben an alle Jene, durch deren Unterstützung und Mitwirkung die Durchführung des Planes, ein publicistisches Organ für das k. k. naturhistorische Hofmuseum zu schaffen, ermöglicht wurde.

Nur einmal seit dem Bestande des Institutes, dessen Anfänge bis zu dem Jahre 1748 zurückdatiren, war der Versuch gemacht worden, ein analoges Unternehmen ins Leben zu rufen, als durch Stefan Endlicher die Herausgabe der »Annalen des Wiener Museums der Naturgeschichte« angeregt und mit vielen Mühen und Opfern im Jahre 1836 begonnen wurde. Bis zum Jahre 1840 erschienen zwei Quartbände mit hochwichtigen Abhandlungen von Diesing, Fenzl, Heckel, Kollar, Partsch, Fitzinger, Endlicher, Focke, Gf. Marschall, Unger, Bentham und J. Natterer. Ungeachtet aller Anerkennung aber, welche diese Publication fand, ungeachtet aller Bedeutung, welche dieselbe nicht für das Museum allein, sondern für die Pflege der Naturwissenschaften im ganzen Reiche hatte, musste sie, da sie nur auf Privatmitteln fusste, nur zu bald wieder eingehen, und das Museum als solches blieb seither ohne Vertretung in der naturwissenschaftlichen Literatur.

Mein innigster Dank gilt nun vor Allem der hohen Behörde, deren Chef, Sr. Majestät Erster Obersthofmeister Prinz zu Hohenlohe, in freundlicher Fürsorge für die wohlverstandenen Interessen des Museums, die zur

Herausgabe unserer Annalen erforderlichen Beträge sofort bewilligte, weiter meinen thätigen und kenntnissreichen Freunden und Collegen, deren treffliche Arbeiten den Inhalt des vorliegenden Bandes bilden, endlich all den in den nachstehenden Verzeichnissen genannten Freunden der Wissenschaft und gelehrten Corporationen, welche, sei es durch Pränumeration, sei es durch Eingehen auf den von uns angebotenen Schriftentausch, unser Unternehmen förderten.

Wien, im November 1886.

HAUER.

VERZEICHNISS

der

Pränumeranten auf den I. Band der Annalen.

Aberle, Dr. Karl, k. k. Regierungsrath. Wien.
Bäumler, Ernst, k. preuss. Oberbergrath a. D. Wien.
Billitzer, Dr. Emmerich, k. k. Fregattenarzt. Dignano, Istrien.
Böhm, Julius, Mineralienhändler. Wien.
Burchard, Conrad, Mitglied des k. ungar. Oberhauses. Budapest.
Coburg-Gotha, Prinz Ferdinand von Sachsen. Wien.
Coburg-Gotha, Prinz Philipp von Sachsen. Wien.
Cohn, Salo, Banquier. Wien.
Cumberland, Ernst August Herzog von. Penzing.
Dechen, Dr. Heinrich v., k. preuss. Geheimrath, Ober-Berghauptmann a. D. Bonn.
Doblhoff, Joseph Freiherr von. Salzburg.
Erggelet, Max Freiherr von. Salzburg.
Finger, Julius, Cassier der I. österr. Sparcasse. Meidling.
Fischer v. Ankern, Anton, Realitätenbesitzer. Wien.
Fuchs, Gustav, Curator der evang. Gemeinde und Gemeinderath. Budapest.
Ganglbauer, Cölestin, Cardinal und Fürst-Erzbischof von Wien.
Gerstner, Anton, Hofzuckerbäcker. Wien.
Grienauer, Ludwig. Perchtoldsdorf.
Grötschel, E., Director der ungar. Landes-Centralsparcasse. Budapest.
Gutmann, Max Ritter von. Wien.
Hauer, Dr. Franz Ritter von, k. k. Hofrath und Intendant. Wien.
Hauswirth, Dr. Ernst, Prälat des Stiftes zu den Schotten. Wien.
Herz, Julius, Präsident der Direction der Kaiser Ferdinands-Nordbahn. Wien.
Hofmann, Raphael, Bergdirector. Wien.
Hopfen, Franz Freiherr von, Gutsbesitzer. Wien.
Kämmerer v. Worms, Friedrich, Reichsfreiherr von und zu Dalberg. Wien.
Kalchberg, Adolph Freiherr von, k. k. Landwehr-Rittmeister. Penzing.
Kammel v. Hardegger, Dr., Gutsbesitzer. Grussbach, Mähren.
Karrer, Felix. Ober-Döbling.
Kraus, Franz. Wien.
Kremsmünster, Sternwarte des Stiftes.
Lanna, Adolph Ritter von. Prag.
Latzel, Joseph, Gutsbesitzer. Wien.
Marschall, Aug. Fr., Graf. Obermeidling.

Mautner, Ad. Ign. Ritter von Markhof. Wien.
Mayr, Dr. Gustav, Professor. Wien.
Pelzeln, Aug. v., k. k. Custos. Wien.
Rogenhofer, Alois, k. k. Custos. Wien.
Schwartz, Gust. Ritter von Mohrenstern. Wien.
Schwartz, Dr. Julius Freiherr von. Wien.
Semsey, Andor v. Budapest.
Springer, Anton, Gutsbesitzer. Ober-Fucha.
Stache, Dr. Guido, k. k. Oberbergrath. Wien.
Steindachner, Dr. Franz, k. k. Regierungsrath und Director. Wien.
Travnik, Erzbischöfliches Gymnasium.
Westenholz, Karl Freiherr von. Wien.
Wien, Sr. k. und k. Majestät Obersthofmeisteramt.
Wilczek, Hans, Graf, k. k. Geheimer Rath. Wien.
Windisch-Grätz, Ernst Fürst zu. Wien.
Windisch-Grätz, Hugo Fürst zu, k. k. Geh. Rath, Gen.-Maj. a. D. Haasberg, Krain.
Zugmayer, H. Wien.

Ferner durch die Buchhandlungen:

in Wien:	**Beck**'sche Hof- und Univers.-Buchhandlung	1	Exempl.
	Frick, Wilh., Hof-Buchhandlung .	1	„
	Gerold & Comp.	2	„
	Lechner, R., Hof-Buchhandlung	1	„
	Sallmayer'sche Buchhandlung . .	1	
in Prag:	**Calve**'sche Hof-Buchhandlung	1	„
	Dominicus, H. .	1	„
	Rziwnatz, Fr. .	2	„
in Bielitz:	**Fröhlich,** W.	1	
in Berlin:	**Asher & Comp.**	1	
in Moskau:	**Lang,** Alex.	1	

VERZEICHNISS

der wissenschaftlichen Corporationen und Redactionen,

mit welchen wir im Schriftentausche stehen.

Agram: Croatischer Naturforscher-Verein.
Albany: New-York State Museum of nat. history.
Altenburg: Naturforschende Gesellschaft a. d. Osterland.
Amsterdam: Revue coloniale internationale.
Annaberg-Buchholz: Verein für Naturkunde.
Anvers: Société Roy. de Géographie.
Arnstadt: Deutsche botanische Monatsschrift.
— »Irmischia«, Botanischer Verein für Thüringen.
Aussig: Naturwissenschaftlicher Verein.
Baltimore: John Hopkins University.
Bar-le-Duc: Société des lettres, sciences et arts.
Basel: Geographische Nachrichten.
— Naturforschende Gesellschaft.
Batavia: K. Natuurk. Tijdschrift voor Nederlandsch-Indie.
Belgrad: Société des sciences.
Bergen: Museum.
— Selskabet f. d. norske Fiskeriers Fremme.
Berlin: Anthropologische Gesellschaft.
— Deutscher Colonialverein.
— Entomologische Nachrichten.
— Entomologischer Verein.
— Gesellschaft naturforschender Freunde.
— Königl. botanischer Garten.
— Königl. Geologische Landesanstalt.
— Königl. Museen.
— Märkisches Provinzial-Museum.
— Naturae novitates.
Bern: Allg. Schweizerische Gesellsch. f. d. gesammten Naturwissenschaften.
— Geographische Gesellschaft.
— Naturforschende Gesellschaft.
— Schweizerische entomologische Gesellschaft.
Bologna: R. Accademia delle Scienze.
Bonn: Naturhistor. Verein der preuss. Rheinlande.
— Verein von Alterthumsfreunden im Rheinlande.
Boston: American Academy of arts and sciences.
Appalachian mountain Club.
Braunschweig: Herzogl. naturhistor. Museum.
— Verein für Naturwissenschaft.
Bremen: Naturwissenschaftlicher Verein.
Breslau: Schlesische Gesellsch. f. vaterländische Cultur.
— Verein f. schlesische Insectenkunde.
Bristol: Naturalists Society.
Brünn: Naturforschender Verein.
Brüssel: Académie Roy. des sciences, des lettres et des beaux-arts.
— Etat Indépendant du Congo.
— Musée Roy. d'histoire naturelle.
— Société Roy. Belge de Géographie.
— Société Roy. de Botanique.
— Société Roy. malacologique.
— Société entomologique.
— Société Roy. Linnéenne.
Budapest: Akademie der Wissenschaften.
— Königl. ungarische geolog. Anstalt.
— Math. u. naturw. Ber. aus Ungarn.
— Ung. Geologische Gesellschaft.
— Ungarische geographische Gesellschaft.
— Vierteljahrschrift f. Zoologie. Botanik, Mineralogie u. Geologie.
Buenos-Ayres: Istituto geographico Argentino.
— Sociedad cientifica Argentina.
Buffalo: Society of natural sciences.
Bukarest: Geographische Gesellschaft.
Caën: Acad. nation. des sciences, arts et belles lettres.
Cairo: Institut Egyptien.
Calcutta: Asiatic society of Bengal.
— Geological survey of India.
— Indian Museum.
Cambridge (Mass. U. S.): Entomological Club.
— Peabody Museum.
— (England): Woodwardian Museum.
Cassel: Naturhistorischer Verein.
— Verein für Naturkunde.

Chester: Society of natural history.
Christiania: Archiv for Mathematik og Naturvidenskab.
— Nyt Magazin for Naturvidenskabernes.
— Universität.
Chur: Naturforschende Gesellschaft Graubündens.
Cincinnati: Society of natural history.
Coimbra: O Instituto revista scientifica e litteraria.
— Sociedade Broteriana.
Colmar: Société d'histoire naturelle.
Cordoba: Republ. Argentina Acad. nac. d. ciencias.
Danzig: Naturforschende Gesellschaft.
— Provincialmuseum.
Darmstadt: Grossh. hessische geolog. Landesanstalt.
— Mittelrheinisch. geolog. Verein.
— Verein für Erdkunde.
Dijon: Société Bourguignonne de Géographie et d'Histoire.
Douai: Union Géographique du Nord de la France.
Dresden: Naturwissenschaftl. Gesellschaft »Isis«.
— Verein für Erdkunde.
Edinburgh: Roy. physical Society.
— Scottish geographical Society.
Emden: Naturforschende Gesellschaft.
Erlangen: Physikalisch-medicinische Societät.
Florenz: Biblioteca nationale centrale.
— Nuovo Giornale botanico Italiano.
— Sezione fiorentina della Società Africana d'Italia.
Frankfurt a. M.: Aerztlicher Verein.
— Malakozoologische Gesellschaft.
— Senckenbergische naturforschende Gesellschaft.
— Verein für Geographie und Statistik.
— Zoologischer Garten.
Frauenfeld: Thurgauische naturforschende Gesellschaft.
Freiburg i. Breisgau: Naturforschende Gesellschaft.
Genf: Institut national Génévois.
— Société de physique et d'histoire naturelle.
— Société botanique.
Genua: Museo civico di storia naturale.
Gera: Gesellschaft von Freunden d. Naturwissensch.
Giessen: Oberhessische Gesellsch. für Natur- und Heilkunde.
Glasgow: Natural history Society.
Görlitz: Naturforschende Gesellschaft.
— Oberlausitzische Gesellsch. d. Wissenschaften.
Graz: Naturhistorischer Verein.
Greifswald: Geographische Gesellschaft.
— Naturwissensch. Verein v. Neu-Vorpommern und Rügen.
Güstrow: Verein der Freunde der Naturgeschichte in Mecklenburg.
Halle: Kais. Leop. Carol. Akad. der Naturforscher.
— Naturwissensch. Verein f. Sachsen u. Thüringen.
— Verein für Erdkunde.
Hamburg: Deutsche Seewarte.
Hamburg: Geographische Gesellschaft.
— Naturhistorisches Museum.
— Naturwissenschaftlicher Verein.
— Verein für naturwissensch. Unterhaltung.
— Zoologische Gesellschaft.
Hannover: Naturhistorische Gesellschaft.
Hanau: Wetterau'sche Gesellsch. f. d. gesammte Naturkunde.
Harlem: Archives Neerland. d. sciences exactes et naturelles.
— Musée P. Teyler.
Havre: Société de Géographie commerciale.
Heidelberg: Naturhistorisch-medicinischer Verein.
Hermannstadt: Siebenbürgischer Karpathenverein.
— Siebenb. Verein für Naturwissenschaften.
— Verein für siebenb. Landeskunde.
Irkutsk: Ostsibirische Section d. k. russ. geograph. Gesellsch.
Jena: Geographische Gesellschaft für Thüringen.
— Thüringer Fischerei-Verein.
Karlsruhe: Naturwissenschaftlicher Verein.
Kasan: Naturhistor. Gesellsch. an der Universität.
Kew: Roy. botan. Gardens.
Kiel: Naturwissensch. Verein f. Schleswig-Holstein.
— Zoologisches Institut.
Kiew: Société des Naturalistes.
Klagenfurt: Kärntnerischer Geschicht-Verein.
— Naturhistor. Landesmuseum v. Kärnten.
Klausenburg: Siebenbürgisches Museum.
— Ungar. botanische Zeitschrift.
Klausthal: Berg- und hüttenm. Verein »Maja«.
Klosterneuburg: Chemisch-physik. Versuchsstation für Wein- und Obstbau.
Köln: »Gäa«.
Königsberg: Ostpreuss. physikal.-ökonomische Gesellschaft.
Kopenhagen: Botanische Gesellschaft.
— Danske Fiskeriselskab.
— Universitetets Zoologiske Museum.
— Kongl. Danske Videnskabernes Selskab.
— Naturhistoriske Forening.
La Haye: K. Instituut v. d. Taal-, Land- en Volkenkunde van Neederlandsch-Indië.
Landshut: Botanischer Verein.
Leeds: Journal of Conchology.
— Yorkshire geological and polytechnic. Society.
Leiden: Neederlandsche botanische Vereeniging.
— Rijks Ethnographisch Museum.
— Rijks Museum van natuurlijke Historie.
Leipzig: Königl. sächsische Gesellsch. der Wissenschaften.
— Museum für Völkerkunde.
— Naturforschende Gesellschaft.
— Verein für Erdkunde.
Lemberg: »Kopernikus«, naturwissensch. Verein.
Liége: Société géologique de Belgique.
Lille: Société géologique du Nord.

Linz: Museum Francisco-Carolinum.
Lissabon: Section des travaux géologiques.
— Sociedad de Geographia.
London: Geological Society.
— Mineralogical Society.
Lübeck: Geographische Gesellschaft.
Lucca: R. Accademia Lucchese.
Lund: Botaniska notiser.
Lüneburg: Jahrbuch des naturwissensch. Vereins.
Luxembourg: Société botanique.
Lyon: Musée d'histoire naturelle.
— Société botanique.
Madrid: Revista minera y metalúrgica.
Magdeburg: Naturwissenschaftlicher Verein.
Mailand: Fondaz. Scientif. Cagnola.
— Reale Istituto Lombardo.
— Società Italiana di Scienze naturali.
Manchester: Geographical Society.
Mannheim: Verein für Naturkunde.
Melbourne: Departement of mines and water supply.
Metz: Verein für Erdkunde.
Minneaopolis: Geological and natural history survey of Minnesota.
Modena: Società d. naturalisti.
Moskau: K. russ. Gesellschaft der Naturforscher.
München: Deutscher und Oesterr. Alpenverein.
— Geographische Gesellschaft.
Münster: Provinzial-Verein für Wissensch. und Kunst.
Nancy: Académie de Stanislas.
New-Haven: American Journal of science.
New-York: American Museum of natural history.
Nürnberg: Naturhistorische Gesellschaft.
— Germanisches National-Museum.
Odessa: Neurussische Gesellschaft d. Naturforscher.
Offenbach: Verein für Naturkunde.
Osnabrück: Naturwissenschaftlicher Verein.
Padua: R. Accad. di scienze, lettere e belle arti.
Palermo: R. Accad. Palermitana di scienze, lettere e belle arti.
Paris: Association française pour l'avancem. des sciences.
— Commission des Annales des Mines.
— Feuille des jeunes naturalistes.
— Revue scientifique.
— Société des Études Coloniales et Maritimes.
— Société de Géographie.
— Société philomathique.
— Société zoologique de France.
Passau: Naturhistorischer Verein.
Perpignan: Société Agricole scientifique et littéraire des Pyrénées orientales.
Philadelphia: American naturalist.
Numismatic and Antiquarian Society.
Pisa: Istituto botanico della R. Università.
— Società Toscana di Scienze naturali.
Poprad: Ungarischer Karpathenverein.
Prag: K. böhm. Gesellschaft der Wissenschaften.
— »Lotos« Jahrbuch für Naturwissenschaft.
— Statistisches Bureau des Landesculturrathes für das Königreich Böhmen.
Regensburg: Königl. bayr. Gesellschaft »Flora«.
Regensburg: Naturwissenschaftlicher Verein.
Reichenberg: Verein der Naturfreunde.
Rio de Janeiro: Secção d. Sociedade de Geographia de Lisboa.
Rom: Musei preistorico-etnografico e Kircheriano.
— R. Accademia dei Lincei.
— R. Giardino Botanico.
Rotterdam: Société Batave de philosophie expérimentale.
Roveredo: Accademia degli Agiati.
Salem: American Association for the advancement of science.
Salzburg: Gesellschaft für Salzburger Landeskunde.
St. Francisco: California Academy of sciences.
St. Gallen: Ostschweizer. geograph.-commercielle Gesellschaft.
St. John: Natural history Society.
St. Louis: Academy of sciences.
St. Petersburg: Académie impériale des sciences.
— Comité géologique.
— Gesellschaft der Naturforscher.
— Kaiserl. russische mineralog. Gesellschaft.
— Oestliche Rundschau.
— Physikalisch-chemische Gesellsch. an der k. Universität.
Semur: Société des sciences naturelles.
Shanghai: China branch of the R. Asiatic Society.
Sidney: Roy. Society of New South Wales.
— Linnean Society.
Spalato: Museo d'Antichità.
Stockholm: Geologiska Föreningens.
— K. Vitterhets Historie och Antiquitets Akademien.
Strassburg: Commission z. geolog. Erforsch. v. Elsass-Lothringen.
Stuttgart: Verein für vaterl. Naturkunde in Württemberg.
Tokio: Deutsche Gesellsch. für Natur- und Völkerkunde Ost-Asiens.
Toronto: Canadian Institute.
Tours: Société de Geographie.
Trenton: Natural history Society.
Trentschin: Naturwissensch. Verein des Trentsch. Comitates.
Trient: Società degli alpinisti Tridentini.
— Società adriatica di scienze naturali.
— Museo civico.
Tromsö: Museum.
Troyes: Société Acad. d'agriculture d. sciences, arts et belles-lettres de l'Aube.
Truro: R. Institution of Cornwall.

Tübingen: Der Naturforscher.
Venedig: Ateneo Veneto.
— »Notarisia.«
— R. Istituto Veneto di scienze, lettere e arti.
Washington: Smithsonian Institution.
— United States Geological survey.
Weimar: Botanischer Verein für Gesammt-Thüringen.
Wien: III. Gruppe der kunsthistor. Sammlungen des Allerh. Kaiserhauses.
— General-Direction der österr. Staatsbahnen.
— Gesellschaft der Aerzte.
— Kaiserl. Akademie der Wissenschaften.
— K. k. geographische Gesellschaft.
Wien: K. k. geologische Reichsanstalt.
— K. k. militär-geographisches Institut.
— Orientalisches Museum.
— Oesterr. Fischerei-Verein.
— Oesterr. Touristenclub.
— Oesterr. Zeitschrift für Berg- und Hüttenwesen.
— Wissenschaftlicher Club.
— Zoologisch-botanische Gesellschaft.
Wiesbaden: Nassauischer Verein für Naturkunde.
Winnipeg: Historical and scientific Society of Manitoba.
Würzburg: Physikalisch-medicinische Gesellschaft.
Zürich: Naturforschende Gesellschaft.
Zwickau: Verein für Naturkunde.

ANNALEN

DES

K. K. NATURHISTORISCHEN HOFMUSEUMS.

Jahresbericht für 1885

von

Dr. Franz Ritter von Hauer.

Einleitung.

Bei dem lebhaften Interesse, welches allseitig der Entwicklung unseres grossen wissenschaftlichen Institutes entgegengebracht wird, hoffe ich dem Wunsche Vieler zu entsprechen, wenn ich in den nachstehenden Zeilen eine übersichtliche Zusammenstellung der Ereignisse, welche uns im Laufe des letzten Jahres betrafen, sowie unserer Arbeiten und Erfolge, zur allgemeinen Kenntniss bringe.

Da in früheren Jahren analoge Berichte niemals veröffentlicht wurden, sei es mir gestattet, mit einigen orientirenden Worten über die allgemeinen Verhältnisse des k. k. naturhistorischen Hofmuseums zu beginnen.

Dasselbe ist hervorgegangen aus der Vereinigung der früher getrennten und zeitweilig von einander ganz unabhängigen k. k. Hofcabinete,*) und zwar des k. k. zoologischen, des mineralogischen und des botanischen Hofcabinets, dann der prähistorischen, anthropologischen und ethnographischen Sammlungen des Allerhöchsten Hofes.

Die ersten beiden dieser Cabinete waren in, für die reichen Sammlungen schon ganz und gar unzulänglich gewordenen Localitäten in der k. k. Hofburg untergebracht; das dritte befand sich, vereinigt mit den botanischen Sammlungen der k. k. Universität, in dem kleinen, der letzteren gehörigen Gebäude im k. k. botanischen Garten. Die anderen genannten Sammlungen, die theils älteren Erwerbungen ihren Ursprung verdanken, zum grösseren Theile aber erst in neuester Zeit zusammengebracht wurden, waren niemals in ihrer Gänze zu einer Aufstellung gebracht, sondern wurden verpackt in Depots aufbewahrt.

Der von dem Architekten Baron v. Hasenauer geleitete Bau des grossen für die Neuaufstellung aller dieser Sammlungen bestimmten Palastes begann im Jahre 1872 und wurde im Jahre 1881 äusserlich vollendet.

Die Vereinigung der getrennten Cabinete zu einem Gesammtinstitute unter einheitlicher Leitung wurde durch die im Jahre 1876 erfolgte Allerhöchste Genehmigung

*) Bezüglich der Geschichte dieser Institute verweise ich auf die »Geschichte des k. k. Hof-Naturaliencabinetes in Wien« von L. Fitzinger (Sitzungsber. der mathem.-naturw. Classe der kais. Akademie der Wissenschaften, Bd. 21, 57, 58, 81 und 82), und auf die Arbeit von Hochstetter: »Das k. k. Hof-Mineraliencabinet in Wien« (Jahrbuch der k. k. geologischen Reichsanstalt, 1884, p. 263).

1

eines von F. v. Hochstetter entworfenen Organisationsplanes und durch die Ernennung des Letzteren zum Intendanten des Museums angebahnt.

Mit rastlosem Eifer arbeitete nun Hochstetter bis zu seinem am 18. Juli 1884 erfolgten Tode an seiner grossen Aufgabe. Er hat dieselbe so weit geführt, dass uns nichts Anderes mehr obliegt, als die von ihm nach weiten Gesichtspunkten gedachten und vorbereiteten Pläne, mit verhältnissmässig geringen Abänderungen, die sich seither als nothwendig ergaben, im Detail zur Durchführung zu bringen.

In Folge einer neuerlichen Allerhöchsten Entschliessung Sr. k. und k. Apostolischen Majestät vom 27. December 1885 besteht das k. k. naturhistorische Hofmuseum aus fünf Abtheilungen, und zwar:

1. der zoologischen,
2. der botanischen,
3. der mineralogisch-petrographischen,
4. der geologisch-paläontologischen,
5. der anthropologisch-ethnographischen Abtheilung.

Das Neugebäude enthält, abgesehen von den Kellerräumen, welche grossentheils von den Anlagen zur Centralheizung eingenommen werden, vier Stockwerke. Das tiefste derselben, bezeichnet als Tiefparterre, ist theils zu Wohnungen für Beamte und Diener adaptirt, theils enthält es Präparir- und Packräume für die einzelnen Abtheilungen.

Die oberen drei Stockwerke, das Hochparterre, der erste und der zweite Stock, enthalten je 19 grosse, 200 und (die Ecksäle) 260 Quadratmeter messende Säle an der Aussenseite gegen die Gassenfronten des freistehenden Gebäudes und je 20 bis 25 kleinere Säle, Zimmer und Nebengemächer an der Innenseite gegen die beiden grossen Höfe, welche durch den das Stiegenhaus enthaltenden und von der Kuppel gekrönten Mitteltract getrennt werden. Die Säle und ein Theil der Nebenräume des Hochparterres und des ersten Stockwerkes sind nun für die dem grossen Publicum zu öffnenden Schausammlungen gewidmet; alle übrigen Räume sind für Bureaux und Arbeitszimmer, für Bibliotheken, endlich zum grossen Theil für jene Theile der Sammlungen bestimmt, welche, in Schränken aufbewahrt, zwar der Benützung durch Fachgelehrte bereit gehalten, nicht aber zur Schau gestellt werden sollen.

Ohne in weiteres Detail über die geplanten Aufstellungen einzugehen, füge ich nur noch bei, dass zugewiesen sind:

1. der zoologischen Abtheilung die sämmtlichen 19 Säle des ersten Stockwerkes sammt den zugehörigen Nebenräumen, dann 9 Reservesäle sammt Nebenräumen im zweiten Stockwerke und die nöthigen Präparirräume im Tiefparterre;

2. der botanischen Abtheilung, welche noch keine eigentliche Schausammlung besitzt, 4 Säle sammt Nebenräumen im zweiten Stocke;

3. der mineralogisch-petrographischen Abtheilung die ersten 5 Säle im Hochparterre sammt den anschliessenden Nebenräumen; für ein chemisches Laboratorium, dann für die Aufstellung von Schneide- und Schleifmaschinen u. s. w. sind entsprechende Localitäten im Tiefparterre bestimmt;

4. der geologisch-paläontologischen Abtheilung die nächsten 5 Säle im Hochparterre, 2 Reservesäle im zweiten Stocke und Präparir- und Packzimmer im Tiefparterre.

5. Die anthropologisch-ethnographische Abtheilung zerfällt in zwei Unterabtheilungen; von ihnen erhält

a) die prähistorisch-anthropologische die an die geologische Abtheilung zunächst anschliessenden 3 Säle im Hochparterre, 1 Saal im zweiten Stocke und Präparirräume im Tiefparterre;

b) die ethnographische die letzten 6 Säle im Hochparterre, 3 Reservesäle im zweiten Stocke und 1 Präparirraum im Tiefparterre.

Was nun die nicht von der Verwaltung des Museums, sondern von der Bauleitung abhängigen Bauarbeiten und die Herstellung der Stellvorrichtungen und Einrichtungsstücke für die Schausäle betrifft, so war schon mit Ende 1884 die architektonische Ausstattung dieser Säle in der Hauptsache vollendet.

Ueber die Arbeiten im Jahre 1885 erhielt ich mit Zustimmung des bauleitenden Architekten Baron v. Hasenauer, für dessen freundliches Entgegenkommen bei jeder Gelegenheit ich mich zu dem wärmsten Danke verpflichtet fühle, von dem Ingenieur und Bauführer Herrn Felix v. Zamboni die folgenden näheren Nachweisungen:

»Im Tiefparterre wurden die zwei grossen Amtswohnungen fertiggestellt, so dass sie im Herbste bezogen werden konnten; in den Kellerräumen wurden Abtheilungen für die Wohnparteien geschaffen.

»Im Hochparterre wurden die Thüreinfassungen (Chambranen aus Kunstmarmor) hergestellt, die Malerarbeit an den Wänden unterhalb des Kämpfergesimses vorgenommen, die Kariatyden in den Ecksälen und im Mittelsaale versetzt und polychromirt, die vorhandenen Oelgemälde befestigt und mit Aufschrifttafeln versehen; weiters kam der Fussboden zur Vollendung und wurden sämmtliche Thüren für die Gassen- und Hoflocale fertiggestellt, die Eichenthüren gebeizt, die aus weichem Holze angestrichen; die Montirung der Bronzebeschläge an sämmtlichen Thüren sowohl, als auch an sämmtlichen Fenstern des ganzen Geschosses kam auch zur Ausführung; ferners wurde die Aufstellung der Schaukästen im ganzen Geschosse begonnen und beinahe ganz zu Ende geführt.

»Im ersten Stockwerke wurden die eisernen Thüren für jene Säle, welche die Sammlungen in Spiritus enthalten, aufgestellt, bronzirt und mit Beschlägen versehen, dann wurde die Aufstellung der zweiten Hälfte der Schaukästen, speciell der grossen Kästen für die Säugethiere, beendet; im zweiten Stockwerke wurden die Thüren und Fenster mit Bronzebeschlägen versehen und an der Aufstellung der Sammlungskästen gearbeitet.

»Für einen Theil der Hof- und Gassenfenster im ganzen Gebäude wurden Rouleaux hergestellt.

»Nachdem im Frühjahre die Versetzung und Vergoldung des Einfassungsgitters des Museumplatzes begonnen und durchgeführt worden war, wurde die Parkirung des Platzes in Angriff genommen, und zwar wurde die Terrainregulirung, die Herstellung der Wege, die Urbarmachung der Gartenplätze, die Canalisirung, die Gas- und Wasserleitung fertiggestellt.

»Endlich wurden die beiden Auffahrtsrampen zu den Museen mit den grossen Freitreppen ausgeführt.«

Die Möblirung der Reservesäle im zweiten Stockwerke, sowie die der Bureaux und Arbeitslocalitäten erfolgt nur theilweise durch Neuanschaffungen; es werden nämlich für diese Räume sämmtliche in den früheren Hofcabineten in Verwendung gestandene Aufstellungskästen und andere Einrichtungsstücke nach entsprechender Umgestaltung zur Verwendung kommen. Auch diese Arbeiten, welche nicht unter der Obsorge der Bauleitung, sondern unter jener der Musealverwaltung, welcher zu diesem Behufe fixe Pauschalbeträge zur Verfügung gestellt wurden, stehen, wurden im Laufe des Jahres so weit fertiggebracht, dass insbesondere die Bureaux und Arbeitszimmer vollkommen eingerichtet und von den betreffenden Beamten auch bereits bezogen sind.

Noch möchte ich beifügen, dass im Laufe des Jahres das grosse Deckengemälde sowohl, welches ober der Stiege angebracht werden wird, wie sechs von den acht kleineren

1*

Bildern, welche die Lunetten im Stiegenhaus zu schmücken bestimmt sind, vollendet wurden. Der grosse Meister, der diese Werke schuf, Hans Canon, schied aus dem Leben, ohne Zeuge der vollen Wirkung geworden zu sein, welche dieselben an dem Platze, für welchen sie bestimmt sind, unzweifelhaft ausüben werden.

I. Das Personale.

Die Leitung des k. k. naturhistorischen Hofmuseums wurde durch meine, mit Allerhöchster Entschliessung Sr. k. und k. Apostolischen Majestät vom 17. Februar 1885 erfolgte Ernennung zum Intendanten mir anvertraut, nachdem die Geschäfte der Intendanz nach dem Tode Hochstetter's interimistisch von Herrn Director Regierungsrath Steindachner geführt worden waren.

Der weitere Beamten- und Dienerstand des Museums hat der früher erwähnten Allerhöchsten Entschliessung vom 27. December 1885 zufolge zu bestehen aus:

1	Director	in der VI.	Rangsclasse
8	Custoden	„ VII.	„
5	Custos-Adjuncten . . .	„ VIII.	„
5	Assistenten	„ X.	„
2	beeideten Hilfsarbeitern	„ XI.	„
9	Präparatoren	„ XI.	Diätenclasse
14	Dienern	„ XII.	„

Alle diese Stellen, mit Ausnahme jener des fünften Custos-Adjuncten, welche vorläufig unbesetzt blieb, wogegen nicht fünf, sondern sechs Assistenten ernannt wurden, erscheinen in Folge hohen Erlasses von Sr. k. und k. Majestät erstem Obersthofmeister Prinzen zu Hohenlohe vom 30. December 1885 theils durch Transferirung der Beamten und Diener der früheren k. k. Hofcabinete, theils durch Neuernennungen besetzt, so dass der Personalstand des k. k. naturhistorischen Hofmuseums nebst mir nunmehr besteht aus den Herren:

Dr. Franz Steindachner, k. k. Regierungsrath und Director, betraut mit der Leitung der zoologischen Abtheilung;

den Custoden:

August v. Pelzeln, mit der Dienstleistung in der zoologischen Abtheilung,

Alois Rogenhofer, mit der Dienstleistung in der zoologischen Abtheilung,

Theodor Fuchs, betraut mit der Leitung der geologisch-paläontologischen Abtheilung,

Dr. Aristides Brezina, betraut mit der Leitung der mineralogisch-petrographischen Abtheilung,

Dr. Friedrich Brauer, k. k. Universitätsprofessor, mit der Dienstleistung in der zoologischen Abtheilung,

Dr. Emil v. Marenzeller, mit der Dienstleistung in der zoologischen Abtheilung,

Franz Heger, betraut mit der Leitung der anthropologisch-ethnographischen Abtheilung,

Josef Szombathy, mit der Dienstleistung in der anthropologisch-ethnographischen Abtheilung;

den Custos-Adjuncten:

Dr. Friedrich Berwerth, mit der Dienstleistung in der mineralogischen Abtheilung,
Carl Koelbel, mit der Dienstleistung in der zoologischen Abtheilung,
Dr. Günther Beck, betraut mit der Leitung der botanischen Abtheilung,
Ludwig Ganglbauer, mit der Dienstleistung in der zoologischen Abtheilung;

den Assistenten:

Ernst Kittl, mit der Dienstleistung in der geologisch-paläontologischen Abtheilung,
Dr. Ludwig Lorenz Ritter v. Liburnau, mit der Dienstleistung in der zoologischen Abtheilung,
Nikolaus Wang, mit der Dienstleistung bei der Intendanz und in der anthropologisch-ethnographischen Abtheilung,
Dr. Eduard Becher, mit der Dienstleistung in der zoologischen Abtheilung,
Dr. Michael Haberlandt, mit der Dienstleistung in der anthropologisch-ethnographischen Abtheilung,
Dr. Fr. Wähner, mit der Dienstleistung in der geologisch-paläontologischen Abtheilung;

den beeideten Hilfsarbeitern:

Franz Kohl, mit der Dienstleistung in der zoologischen Abtheilung,
Dr. Ignaz Ritter v. Szyszylovicz, mit der Dienstleistung in der botanischen Abtheilung;

den Präparatoren:

Josef Mann, für die zoologische Abtheilung,
Franz Brattina, für die geologisch-paläontologische Abtheilung,
Rudolf Zelebor, für die zoologische Abtheilung,
Theodor Werner, für die zoologische Abtheilung,
Eduard Konopitzky, für die zoologische Abtheilung,
Alois Scholtys, für die botanische Abtheilung,
Anton Samide, für die mineralogisch-petrographische Abtheilung,
Franz Grössl, für die ethnographische Abtheilung;

und den Hausdienern:

Josef Holubiczka, für die zoologische Abtheilung,
Carl Seemann, für die zoologische Abtheilung,
Caspar Wanner, für die geologisch-paläontologische Abtheilung,
Josef Konopitzky, für die zoologische Abtheilung,
Johann Kaigl, für die zoologische Abtheilung,
Franz Irmler, für die zoologische Abtheilung,
Gustav Bräutigam, für die prähistorisch-anthropologische Unterabtheilung,
Stefan Leiner, für die zoologische Abtheilung,
Martin Hanig, für die zoologische Abtheilung,
Michael Mikulofsky, für die ethnographische Unterabtheilung,
Franz Brattina jun., mit der Dienstleistung eines Präparators in der prähistorischen Unterabtheilung,
Fabian Legradi, für die mineralogisch-petrographische Abtheilung.

Herr Wenzel Wenisch steht als Diurnist in Verwendung.

Der Portier Johann Trupp ist einstweilen der Intendanz zur Dienstleistung in der Kanzlei zugewiesen.

Nebst den Beamten und Dienern nehmen auch Volontäre mit specieller Bewilligung des hohen Obersthofmeisteramtes an den Arbeiten im Museum Antheil. Es sind theils unabhängige Gelehrte, wie Herr Felix Karrer, dessen schon seit Jahren andauernde, höchst erfolgreiche und dankenswerthe Thätigkeit im k. k. Hof-Mineraliencabinet fortan auch der mineralogischen und geologischen Abtheilung des Museums zu Gute kommen wird, theils jüngere Männer, welche, sei es um ihre Kenntnisse zu erweitern, sei es um eine etwaige Zwischenzeit bis zur Erlangung irgend einer von ihnen angestrebten wissenschaftlichen Stellung nützlich auszufüllen, ohne Entlohnung und ohne dadurch einen Anspruch auf eine Anstellung im Museum zu erlangen, demselben ihre Dienste widmen.

So die Herren

Rudolph Much in der anthropologisch-prähistorischen Unterabtheilung,
Dr. Moriz Hörnes, ebendaselbst,

dann zu Anfang des Jahres 1886 eingetreten die Herren

Dr. Anton Zahlbruckner in der botanischen Abtheilung,
Friedrich Siebenrock, Demonstrator am zootomischen Universitäts-Institut, in der zoologischen Abtheilung,
Dr. Gottlieb Marktanner-Turneretscher, ebendaselbst,
Rudolf Köchlin in der mineralogisch-petrographischen Abtheilung.

Eine nicht den Empfänger allein, sondern das ganze Institut erhebende Auszeichnung ist Herrn Director Regierungsrath Dr. Franz Steindachner zu Theil geworden. Mit Allerhöchster Entschliessung vom 12. April 1885 haben Se. k. und k. Apostolische Majestät demselben in neuerlicher Anerkennung seiner ausgezeichneten Dienstleistung den Orden der eisernen Krone III. Classe taxfrei allergnädigst zu verleihen geruht.

II. Die Musealarbeiten.

Dieselben bestanden der Hauptsache nach aus den Vorbereitungen zum Transport der Sammlungen in das Neugebäude, diesem Transport selbst, der, wie noch weiter im Detail gezeigt wird, zum weitaus grössten Theile durchgeführt ist, und den Vorbereitungen zur Neuaufstellung.

a. Zoologische Abtheilung.

Das k. k. zoologische Hofcabinet oder, wie es im Volksmunde genannt wurde, das »Naturaliencabinet«, wurde noch bis zum Schlusse des Jahres 1885 in jenen Theilen, welche noch nicht verpackt oder ausgeräumt waren, also in successive immer kleinerem Umfange, dem Besuche des Publicums offen gehalten. Der letzte Einlass fand Donnerstag den 31. December statt. Obwohl an diesem Tage eben nichts Anderes mehr als einige der grossen Säugethiere zu sehen waren, so strömten doch die Besucher in ungewöhnlich grosser Zahl herbei, um zum letzten Male von der ihnen so lieb gewordenen Stätte Abschied zu nehmen, welche der Schaulust und Lernbegierde der ganzen Bevölkerung unserer Residenzstadt ein volles Jahrhundert hindurch so reiche Befriedigung geboten hatte. Mit Schluss des Jahres waren die gesammten zoologischen Sammlungen mit Ausnahme von etwa 800 Gläsern der Fisch- und Reptiliensammlung und etwa dem dritten Theile der Säugethiersammlung — darunter allerdings den grössten Arten, wie Elephanten, Giraffen u. s. w. — in das Neugebäude übertragen.

Obgleich die neuen Schaukästen und die Podien für die Säugethiere und Vögel leider noch nicht so weit vollendet sind, um die Objecte in denselben aufzustellen, war doch der Transport der letzteren und ihre nunmehr eine doppelte Arbeit erfordernde provisorische Unterbringung im Neugebäude unumgänglich nöthig, um rechtzeitig die Reparatur und Adaptirung der alten Schaukästen, welche in den Reservesälen im zweiten Stockwerke des Neugebäudes aufgestellt werden, vornehmen zu können. Diese Kästen, deren Umstaltung nach den Angaben und unter Leitung des Herrn Directors Steindachner vorgenommen wurde, sind dazu bestimmt, die ganze wissenschaftliche Sammlung der Mollusken, der Arachniden, Crustaceen und Myriapoden, fast die Hälfte der Insectensammlung, die Sammlung der Vogel- und Säugethierskelete, einen Theil der Fischsammlung, endlich auch die Hauptbibliothek für Zoologie aufzunehmen.

Auch die Verpackung und der Transport der sämmtlichen zoologischen Sammlungen wurden unter der speciellen Leitung und Ueberwachung des Herrn Directors Steindachner vorgenommen. Einige weitere Details darüber werden gewiss vielen unserer Leser willkommen sein.

Nur für die Uebertragung grösserer Objecte wurden Möbeltransportwagen verwendet; sämmtliche nach Hunderttausenden zählende kleinere Gegenstände, wie z. B. die ganze Insecten- und Molluskensammlung, die getrockneten Krebse und fast die Hälfte der Vogelsammlung wurden, um jede heftige Erschütterung hintanzuhalten, in Handtragen im Laufe des Jahres in das neue Museum gebracht. Die Weingeistsammlungen, ebenfalls in etwa 100.000 Gläsern untergebracht, von denen ein grosser Theil per Stück ein Gewicht von 20 bis 40 Kilogramm zeigen, wurden einzeln mit Stroh überwickelt und, dank der guten Verpackung, um welche sich insbesondere der Diener Irmler, dann die Diener Kaigl und Konopitzky verdient machten, ging der ganze Transport ohne Schaden vor sich.

Was nun die Arbeiten in den einzelnen Abtheilungen der zoologischen Sammlungen betrifft, so vollendete Herr Custos v. Pelzeln den Zettelkatalog der seiner Obsorge anvertrauten Säugethiersammlung, von welchem die Ordnungen der *Rodentia*, *Ruminantia*, *Pachydermata* und *Cetacea* noch gefehlt hatte. Weiters wurde eine Revision der Sammlung vorgenommen, wobei diejenigen Stücke, welche von wissenschaftlichem Interesse, aber nicht zur Aufstellung geeignet sind, für die Reservesammlung bestimmt und in einem besonderen Zettelkataloge verzeichnet, dann Doubletten zur Abgabe an Schulen u. s. w. ausgeschieden wurden.

Von den Präparatoren wurde eine Anzahl Exemplare in wirklich kunstvoller Weise modellirt und aufgestellt, darunter besonders hervorzuheben ein indischer Tapir, ein russischer Windhund, ein Delphin *(Delph. tursio)*, ein Axishirsch, ein Dingo und ein prächtiger Sundatiger. Auch eine Anzahl von Skeleten wurde theils fertig aufgestellt, wie *Delph. tursio*, *Rhinoceros sumatranus*, *Antilope picta*, *Gazella dama* u. s. w., theils nur erst roh ausgearbeitet oder in Angriff genommen.

Auch die Vogelsammlung, die bei 20.000 ausgestopfte Exemplare zählt, steht unter der Obsorge des Herrn Custos v. Pelzeln. Hier wurde eine separat zur Aufstellung gelangende Ornis der österreichisch-ungarischen Monarchie, 340 Arten in 621 Stücken umfassend, aus der allgemeinen Sammlung ausgewählt, auf neue Postamente oder Naturäste gestellt und durchwegs neu etiquettirt; hierzu wurde ein für den Druck bestimmter Katalog verfasst, der auch Notizen über die geographische Verbreitung,

Häufigkeit u. s. w. enthält und den Lernbegierigen als Leitfaden beim Studium der Sammlung dienen soll.

Eine Anzahl von Vogelfamilien, welche noch ältere Aufschriften besassen, und zwar die *Struthionidae, Otididae, Coriaciadae, Eurilasmidae, Trogonidae, Alcedinidae, Meropidae* und *Upupidae,* wurde dem jetzigen Stande der Wissenschaft entsprechend neu etiquettirt, die erstgenannten zwei Familien auch mit neuen Postamenten versehen, und eine von Herrn Consul Hütteroth in Triest gespendete Suite von 101 ceylonischen Vögeln wurde bestimmt.

Mehrere Vögel wurden ausgestopft, andere wurden präparirt oder skeletirt. Unter den so acquirirten Skeleten sind besonders hervorzuheben: *Struthio camelus* (Rohskelet), *Goura coronata, G. Victoriae, Thaumalia* (Bastard aus *Th. Amherstiae* und *picta*) und *Leptoptilus argala.*

Die reiche Sammlung der Vogelbälge wurde in den für sie bestimmten Laden der Aufstellungsschränke in systematischer Ordnung untergebracht, so dass diese der wissenschaftlichen Benützung bereits vollkommen zugänglich sind.

Die Eiersammlung endlich, welche für die Schaustellung bestimmt ist, wurde in zwei Pfeilerkästen im Saale XXXI aufgestellt, die übrigen Eier wurden in denselben Schränken in Laden systematisch eingeordnet.

Die specielle Besorgung der Reptilien-, Amphibien- und Fischsammlungen hat sich Herr Director Steindachner selbst vorbehalten.

Bis zum Schlusse des Jahres 1885 wurden circa 38.000 Gläser mit Fischen und Reptilien und 1200 Skelete von solchen, dann bei 1000 ausgestopfte Fische in das neue Museum übertragen. Bei 20.000 dieser Gläser wurden aus Anlass der Neuaufstellung vollständig neu adjustirt und etiquettirt. Dieser Vorgang nahm volle sieben Jahre unausgesetzter Thätigkeit in Anspruch, indem in einem Jahre bei 3000 Objecte wissenschaftlich bestimmt, in die Gläser verschlossen und etiquettirt werden konnten.

Alle diese Arbeiten führte Steindachner allein mit Hilfe eines Dieners, der das Reinigen und Verschliessen der Deckgläser zu besorgen hatte, durch.

Für die Schaustellung der Batrachier wurden die schönsten Exemplare ausgewählt, auf weisse Glasplatten gebracht und auf diese theilweise angeklebt; bei grösseren Exemplaren genügte das blosse Einstellen eines weissen Glases ohne besonderes Ankleben; es hat dies den grossen Vortheil für sich, dass ein nicht besonders starker Weingeist angewendet werden kann, was einerseits eine Ersparniss ist und anderseits das zu starke Einschrumpfen der Objecte verhütet.

Die ichthyologischen und herpetologischen Sammlungen, von welchen die erstere allein über 40.000 Gläser füllt, wurden im Laufe der letzten fünfundzwanzig Jahre mehr als verdreifacht, und zwar hauptsächlich durch die Erwerbungen, welche Herr Director Steindachner während grosser Reisen, die er zum weitaus grössten Theile auf eigene Kosten machte, in Spanien, Grossbritannien, Afrika und Amerika zusammenbrachte und dem Museum widmete. Platzmangels wegen mussten diese neuerworbenen Schätze, ohne irgend eine wissenschaftliche Ordnung, in sieben finsteren Kammern im Gebäude des alten Museums in nicht nur neben-, sondern auch übereinander stehenden Reihen aufgespeichert werden, so dass sie bis jetzt so gut wie unzugänglich waren und erst durch die Aufstellung im neuen Museum zur Benützung gelangen werden.

Bei der Aufstellung dieser Sammlungen wird Herr Director Steindachner der grossen Kosten wegen keine Postamente, wie solche z. B. bei den Säugethieren und Vögeln unentbehrlich sind, anbringen, auch wird er geschriebene und nicht gedruckte Etiquetten in Anwendung bringen, einerseits ebenfalls der Kosten wegen, welche namentlich bei den Fischen sehr bedeutend sein würden, da es sich hier in erster Linie um ganz genaue Angabe des Fundortes, des Geschlechtes, der Zeit des Fanges (mit Rücksicht auf die Laichzeit) und des Sammlers handelt, so dass für jedes Glas eine besondere Etiquette gedruckt werden müsste, andererseits aber auch der grösseren Leichtigkeit wegen, mit welcher geschriebene Etiquetten einzeln durch andere ersetzt werden können, und mit welcher demnach die Bezeichnung der Objecte in dem Museum den gerade seit den letzten zehn Jahren so raschen Aenderungen der wissenschaftlichen Nomenclatur folgen kann. Auch von dem Ankleben farbiger Streifen auf den Etiquetten zur übersichtlichen Bezeichnung der Fundorte, wie sie mit Steindachner's Zustimmung bei zwei anderen Abtheilungen der zoologischen Sammlungen angebracht werden sollen, wird hier Umgang genommen werden, einerseits weil der praktische Nutzen dieser Einrichtung erst erprobt werden soll, und andererseits weil durch die Aufstellung der Fische in Localfaunen, wie sie in den Wandschränken geplant ist, die Gebiete, aus welchen sie stammen, schon bezeichnet sind. Es sollen in dieser Weise die Fischfaunen der Hauptströme der Erde, wie der Donau, des Niles, des Ganges, des Mississippi, des Amazonenstromes u. s. w., ferner jene des Mittelmeerbeckens, mit besonderer Berücksichtigung der Adria, jene des atlantischen Oceans entlang den Küsten der Vereinigten Staaten, ferner entlang jenen des tropischen Südamerika u. s. w., in abgesonderten Gruppen zur Aufstellung kommen. Eine systematische Sammlung der Fische werden dagegen die Mittelkästen enthalten.

Die Sammlungen der Mollusken, Molluskoiden und Tunicaten sind Herrn Professor Dr. Brauer und Herrn Dr. Becher zur Besorgung anvertraut.

Im Laufe des Jahres wurden noch im alten Museum von Herrn Dr. Becher die Heliceen nach Pfeiffer-Clessin's »Nomenclator Heliceorum« geordnet, die Nachträge, so weit der Raum es gestattete, eingereiht und zum Theile neu etiquettirt. Es füllt diese Familie 67 Laden.

Weiters hat Herr Dr. Becher die in Alkohol aufbewahrten Objecte dieser ganzen Abtheilung der Sammlungen, bei 2000 Gläser, systematisch geordnet und für sie einen besonderen Zettelkatalog angelegt.

Mit der Umlegung der trocken aufbewahrten Hauptsammlung der Conchylien und Einreihung der bedeutenden, früher schon von den Herren Professor Brauer, dem früheren, leider verstorbenen Hilfsarbeiter Wimmer und Dr. Becher bestimmten Nachträge, die bei 120 Laden umfassen, konnte, nachdem die neuen Schränke fertiggestellt waren, Anfangs November begonnen werden, und wurden von Dr. Becher zunächst die Muscheln in Angriff genommen und gleichzeitig ein Zettelkatalog angelegt, der ungefähr bis zur Hälfte der Muschelsammlung vorgeschritten ist. Wesentlich erleichtert wird diese Arbeit dadurch, dass die ganze Conchyliensammlung in früherer Zeit von Herrn Custos Brauer bestimmt und nach Adams geordnet worden war, wozu zwölf Jahre (1861 bis 1873) erforderlich waren.

Bei der Umsiedlung, welche im Monate Februar begann, wurde die Hauptsammlung der Conchylien in den Laden, 315 an der Zahl, übertragen, nur die in anderer Weise untergebrachten Nachträge wurden in Kisten verpackt. Die Wiederauspackung ist nahe vollendet. Die Hauptsammlung der Gastropoden wurde dabei, um sie möglichst rasch wieder benützbar zu machen, vorläufig ohne Einreihung der Nachträge in der alten Ordnung belassen.

Die bisher erwähnten Arbeiten — hinzuzufügen wäre noch, dass auch die neuen Acquisitionen aus West- und Ostafrika von Dr. Becher bestimmt wurden — beziehen sich alle auf die wissenschaftliche Hauptsammlung. Was nun die zur Aufstellung zu bringende Schausammlung betrifft, so wurde von Herrn Dr. Becher der Rest der in Alkohol zu adjustirenden Objecte, 36 Gläser, fertiggestellt, wurden 1100 Postamente und 400 Cartons zur Aufstellung der trockenen Conchylien etiquettirt, und wurde der Rest des Zettelkataloges für die gesammten Lamellibranchiaten und Scaphopoden, sowie Ergänzungen zu jenem der Gastropoden und Cephalopoden, 700 Nummern umfassend, zum Abschluss gebracht. Hiemit sind die Vorarbeiten für die neue Schausammlung so weit gediehen, dass nach Fertigstellung der inneren Einrichtung der Schränke jeden Tag mit der Aufstellung begonnen und diese ohne Unterbrechung zu Ende geführt werden kann.

Die Insectensammlungen werden, und zwar die Coleopteren und Orthopteren von Herrn Custos-Adjuncten L. Ganglbauer, die Lepidopteren, Hymenopteren und Hemipteren von Herrn Custos Rogenhofer und die Dipteren und Neuropteren von Herrn Custos Brauer besorgt.

Die Coleopteren- und Orthopterensammlung wurde im October in das Neugebäude übertragen. Im Laufe des Jahres hatte Herr Ganglbauer nicht weniger als 5210 in der Sammlung befindliche Käfer, die 815 Arten aus 30 Gattungen angehören, neu bestimmt oder ihre Bestimmung revidirt; ausserdem hat er ungefähr 70 Arten aus einer im Jahre 1878 von Herrn Appl gekauften und von Herrn Regierungsrath Steindachner dem Museum geschenkten Sammlung syrischer Käfer und 89 im Laufe des Jahres acquirirte Arten aus Creta, den Cykladen, Sardinien und Syrien bestimmt.

Die systematische Schausammlung der Coleopteren wurde schon zu Beginn des Jahres abgeschlossen; sie enthält 2340 Arten in ungefähr 4600 Exemplaren und occupirt 28 Laden der neuen grossen Schaukästen. Für die Schausammlung der Fauna Vindobonensis wurden circa 1700 Coleopteren-Species in 6000 Exemplaren ausgewählt und davon bis jetzt etwa 1200 Species in die Schauladen eingeordnet.

Die Schausammlung der Orthopteren, 160 Arten in mehr als 300 Exemplaren, die sechs Schauläden füllen, war schon im Jahre 1883 eingeordnet worden; es erübrigte daher nur mehr die Zusammenstellung für die Fauna Vindobonensis, für welche 98 Species in 300 Exemplaren ausgewählt und in zwei Laden der Schaukästen eingeordnet wurden. Alle diese Arbeiten, die um so umständlicher waren, als fast sämmtliche für die Schaustellung bestimmte Arten umpräparirt werden mussten, besorgte Herr Ganglbauer allein, ohne Hilfe eines Präparators.

Für die Schausammlungen der Lepidopteren, Hymenopteren und Hemipteren wurde durch die Herren Custos Rogenhofer und F. Kohl das Materiale ausgewählt und unter Beihilfe des Präparators J. Mann in die neuen Schauläden gesteckt; 156 derselben wurden bis zum Schlusse des Jahres fertiggestellt und damit der grösste Theil der Arbeit vollendet.

In der Abtheilung der Dipteren und Neuropteren untersuchte und bestimmte Herr Prof. Dr. Brauer 569 Exemplare aus Mexico, welche im Jahre 1883 von Herrn Director Bilimek angekauft worden waren; die in der Sammlung befindlichen *Tabanus*-Arten aus Nordamerika (96 Arten in 210 Exemplaren nach Osten-Sacken's neuen Arbeiten) und ebenso jene aus Südamerika (130 Arten in circa 300 Exemplaren); Neuropteren aus Madagaskar, welche das Museum durch gütige Vermittlung des Herrn Hofrathes Brunner v. Wattenwyl im Tausche erhalten hatte; es befindet sich unter denselben eine neue, sehr interessante Ascalaphiden-Gattung; 293 Exemplare Neuropteren aus Texas, die im Jahre 1875 von Boll angekauft worden waren; endlich 879 Exemplare Dipteren und 254 Neuropteren aus Nordamerika, angekauft im Jahre 1879 von Herrn

Morrison. Diese Arbeit, bereits früher begonnen, wurde im Laufe des Jahres zu Ende gebracht.

Behufs der Uebersiedlung in das neue Museum nahm Herr Dr. Brauer eine Revision der gesammten Neuropteren- und Dipteren-Sammlungen vor, um die Uebertragung ohne Gefahr einer Beschädigung durchführen zu können. Diese Arbeit, die er eben niemand Anderem anvertrauen konnte, war sehr zeitraubend, da Hunderte von Exemplaren, besonders die so gebrechlichen Pseudoneuropteren, zum Transporte besonders befestigt werden mussten. Die Sammlungen dieser Abtheilung füllten 431 Laden; sie umfassen die systematische Hauptsammlung der Dipteren, die *Diptera austriaca*, die Winthem- und Wiedemann'sche Dipteren-Sammlung, dann die systematische Neuropteren- und Pseudoneuropteren-Sammlung; dieselben sind nunmehr bereits vollständig geordnet in die neuen Schränke eingereiht, so dass dieselben sofort benützt werden können.

Zum Zwecke der Aufstellung einer systematischen Schausammlung, sowie jener der Fauna Vindobonensis, bei welcher Arbeit auch wieder die Herren F. Kohl und J. Mann mitwirkten, wurden 158 Neuropteren und 1190 Dipteren ausgewählt und in 16 der neuen Schauläden eingestellt.

Die Sammlungen der Crustaceen, Pycnogoniden, Arachnoideen, Onychophoren und Myriapoden stehen unter der Aufsicht des Herrn Custos-Adjuncten Carl Koelbel. Ich gebe hier im Wortlaute, was mir derselbe über die Musealarbeiten dieser Abtheilung mittheilte:

»Die Fortsetzung der im Jahre 1882 begonnenen Vorbereitungen für die Schausammlung in dem neuen Museum, sowie die Uebersiedlung in dasselbe und die systematische Aufstellung der Hauptsammlung in dem zugewiesenen neuen Raume nahmen den grösseren Theil des Jahres für sich in Anspruch. Was den ersten Punkt betrifft, kann ich nicht umhin zu bemerken, dass in dieser Abtheilung, welche vorher nur unzureichende Beachtung fand und erst in den letzten Jahren durch Ankäufe und insbesondere durch wiederholte bedeutende Schenkungen des Herrn Regierungsrathes Dr. Steindachner im Werthe von mindestens 1500 Gulden gewissermassen aus dem Status nascens herausgetreten ist, die Aufstellung (Montirung) der für das Publicum zu exponirenden Objecte Schwierigkeiten begegnet und demgemäss nur allmählich vorwärts schreitet. Denn ich fand, als mir die Leitung der Sammlung der oben angeführten Arthropoden übertragen wurde, nicht nur ganze Gruppen und Ordnungen unter den Crustaceen und Arachnoideen, sondern auch das relativ umfangreiche Material aus der Classe der Myriapoden, mit Ausnahme einiger von Saussure in Genf herrührenden Bestimmungen, undeterminirt. Ueberdies erwiesen sich bei näherer Prüfung die vorhandenen Bestimmungen aus früherer Zeit, insoferne sie nicht von externen Fachmännern (Cam. Heller, Ausserer etc.) vorgenommen worden sind, meistens als unrichtig oder sogar als blosse Musealnamen ohne jeglichen wissenschaftlichen Werth. Unter so bewandten Umständen erklärt es sich, dass mit der Montirung der Schauobjecte Bestimmungen ad hoc parallel einhergehen müssen.

»In den Beginn dieses Jahres fällt noch die Bestimmung eines Theiles der von Dr. Fischer an der Küste von Jan Mayen gesammelten Crustaceen, Pycnogoniden und Arachnoideen. Hierauf wurden die zum grössten Theile unbestimmt gewesenen Stomatopoden der Sammlung determinirt und die älteren Bestimmungen einer Revision unterzogen. Dasselbe geschah mit den übrigens nur in geringer Zahl vorhandenen Euphausiden, ferner mit den Loricaten, Astaciden, dem Genus *Peneus* und unter den Spinnen mit der Gattung *Argiope*. Aus diesen Gruppen wurde nun eine entsprechende

Auswahl von Arten für die Schausammlung getroffen und die Aufstellung sowohl dieser als auch einiger (29) Arten aus der schon in einem der vorangegangenen Jahre von mir bestimmten Ordnung der Scorpione und einer Anzahl von Spinnen aus verschiedenen Gattungen in 151 Gläsern vorgenommen.«

Die Sammlungen der niedersten Abtheilungen des Thierreiches, also der Würmer, Echinodermen, Coelenteraten und Poriferen, unterstehen dem Custos Herrn Dr. v. Marenzeller, dem für die Arbeiten in dieser Abtheilung der Assistent Dr. v. Lorenz beigegeben war.

Dank dem Eifer dieser Herren werden auch diese Sammlungen, welche in dem alten Museum des Raummangels wegen in sehr ungenügender Weise, mehr aufgespeichert als systematisch geordnet, aufgestellt waren, einestheils, so weit es die Natur der Gegenstände selbst erlaubt, in gefälliger und lehrreicher Weise zur Schau gebracht, und andererseits in den Hauptsammlungen geordnet und für den wissenschaftlichen Gebrauch zugänglich aufbewahrt werden. Bei der Wahl der Objecte für die Schausammlungen mussten selbstverständlich alle allzukleinen Formen, wie Infusorien, Foraminiferen, Polycystinen, Rotatorien u. s. w., ausgeschlossen bleiben, weiter konnten in der Zahl jene sehr beschränkt werden, deren Körpergestalt eine einförmige ist und deren entscheidende Merkmale nur durch mikroskopische Beobachtungen erkannt werden können, wie viele Schwämme, die Hydropolypen, ein Theil der Würmer u. s. w. In grösserer Zahl wurden dagegen die Steinkorallen, die zu den anschaulichen Objecten gehören, die Echinodermen u. s. w. für die Aufstellung bestimmt. »Für die Aufstellung der Präparate lagen,« wie Herr Custos v. Marenzeller schreibt, »weder bestimmte Vorschläge, noch brauchbare Einrichtungen aus anderen Museen vor. Die Befestigung der Objecte auf hellen oder dunklen Unterlagen schien mir unerlässlich, allein die bislang in Anwendung gebrachten Verfahren waren sehr umständlich und unvollkommen. Ein glücklicher Zufall liess mich die Verwendbarkeit der Klebs'schen Einbettungsmasse (Hausenblase und Glycerin) für Gewebe, welche behufs mikroskopischer Untersuchung in Schnitte gelegt werden sollen, auch zur Befestigung von Alkoholpräparaten auf Glasunterlagen erkennen, und damit war die grösste Schwierigkeit beseitigt.«

Die Bestimmung und Montirung der Objecte für die Schausammlung, an welcher seit 1880 gearbeitet worden war, wurde mit der Montirung von 216 Stücken im Jahre 1885 zum Abschlusse gebracht. Alle Vorbereitungen für die Aufstellung sind getroffen, so dass diese, sobald die Aufstellungsschränke vollkommen fertiggestellt sein werden, sofort begonnen und rasch zu Ende geführt werden kann. Auch Katalog und alphabetisches Register für diese Sammlung sind fertiggestellt; es geht aus denselben hervor, dass die Schausammlung 2166 Nummern mit 1616 Arten umfasst, und zwar 526 Nummern Vermes, 674 Echinodermata, 801 Coelenterata und 165 Poriferen.

Was die Uebertragung in das Neugebäude betrifft, so war ein Theil der Schausammlung und ebenso die Hauptsammlung der Helminthen (circa 7000 Gläser) schon im Jahre 1884 dahin gebracht worden. Im vorigen Frühjahre wurde der Transport des ganzen Restes der Sammlungen, der Bibliothek u. s. w. besorgt; am 1. April war die ganze Abtheilung installirt und einige Monate später die ganze Hauptsammlung definitiv eingetheilt. Seither wurde die Aufnahme eines genauen Inventares und die Abfassung von Specialkatalogen in Angriff genommen und von Herrn Custos v. Marenzeller für die Echinodermen, von Herrn Dr. v. Lorenz für die Vermes begonnen.

Für die Benützung des Museums durch demselben nicht angehörige Fachmänner und den wissenschaftlichen Verkehr überhaupt war das abgelaufene Jahr der Uebersiedlung wegen nicht günstig, doch haben immerhin manche derselben für ihre Arbeiten aus dem Studium unserer Sammlungen Nutzen gezogen. Ohne irgend eine Vollständigkeit dabei auch nur anzustreben, erwähne ich darunter die Herren: Professor M. Neumayr, Professor F. Toula, Professor Josef Mik, Dr. F. Löw, A. Handlirsch, Dr. V. Plason, J. Kaufmann, Professor Claus, N. Andrussow, Professor Latzel, Dr. Ferdinand Fischer, Dr. F. Auchenthaler. Besonderen Dank für Arbeiten in dem Museum schulden wir den Herren Edmund Reitter in Mödling und Dr. Franz Leuthner. Ersterer revidirte gelegentlich seiner Arbeiten über die europäischen Ptiniden, Silphiden und Stenorinen das in der Sammlung vorhandene Materiale der Familie *Ptinidae* (71 Arten in 319 Exemplaren), der Silphidengattungen *Bathyscia* (43 Arten in 267 Exemplaren), *Cholera* (15 Arten in 72 Exemplaren), *Catops* (33 Arten in 129 Exemplaren), *Colon* (18 Arten in 64 Exemplaren) und der Stenorinengattungen *Stenoris* (20 Arten in 86 Exemplaren) und *Dichillus* (10 Arten in 33 Exemplaren); und Herr Dr. Leuthner revidirte nach seiner Monographie der Odontolabinen die Gattungen *Odontolabis* (8 Arten in 26 Exemplaren), *Neolucanus* (4 Arten in 13 Exemplaren) und *Cladognathus* (11 Arten in 25 Exemplaren).

Ausgeliehen zu Studien wurden Materialien aus dem Museum unter Anderen an die Herren: Dr. Hartlaub in Bremen, Graf Hans Berlepsch in Hannover-Münden, Hofrath Dr. Mayer in Dresden, Dr. Reichenow in Berlin, Dr. F. Heynemann in Frankfurt am Main, A. Mocsary, Musealassistenten in Budapest, H. Cameron und H. Distant in London, Dr. Theel in Upsala u. s. w.

b. Botanische Abtheilung.

Früher als alle anderen Sammlungen wurden jene der botanischen Abtheilung in das Neugebäude übertragen; die Uebersiedlung war bereits im Jahre 1884 bewerkstelligt, und im Jahre 1885 wurden die bis dahin verpackten Pflanzen vertheilt und der Benützung, welche durch eine provisorische Vorschrift geregelt wurde, zugänglich gemacht.

Ausser der vollständigen (provisorischen) Aufstellung des Generalherbariums, welches durch zweckentsprechende Vertheilung und durch Anbringung aller nöthigen Orientirungstäfelchen an den Kästen in jeder Beziehung eine leichte Auffindung der Objecte gestattet, wurden sämmtliche Orobanchaceen, Malvaceen, Tiliaceen, Lichenen desselben kritisch durchgearbeitet, zum grossen Theile neu bestimmt und ein genaues Verzeichniss derselben angelegt. Ausserdem wurden die Moose neu geordnet und sämmtliche bisher eingelaufene Samen in alphabetischer Reihenfolge in die für sie bestimmten Ladenkästen vertheilt, auch die grösste Anzahl der eingelaufenen Spenden an Pflanzen und ein beträchtlicher Theil des Pittoni'schen Herbares dem Hauptherbare einverleibt. Die interimistische Aufstellung der Sammlung von Hölzern und Stämmen, welche die Bestimmung, als Schauobjecte zu dienen, haben, gelangte zur Vollendung.

In reichem Masse wurde von der hier gebotenen Gelegenheit zu Studien und Arbeiten Gebrauch gemacht.

Von den zahlreichen Botanikern, welche theils in den Räumen des Museums die Sammlungen benützten, theils Partien derselben entlehnten, erwähnen wir die Herren: Prof. A. v. Kerner, A. v. Kornhuber, A. Heimerl; Director D. Stur, Dr. H. v. Wawra, Dr. E. v. Halácsy, F. Antoine, Dr. R. v. Wettstein, Dr. E. Wołoszczak, H. Zukal und H. Braun in Wien; Prof. E. Rathay (Klosterneuburg); Prof. E. Hackel (St. Pölten); A. Grunow (Berndorf); Prof. J. Rostafiński (Krakau); Dr. F. Hauck (Triest); Prof. J. Simković (Arad); Prof. V. v. Borbás (Pest); Prof. A. Eichler, P. Ascherson und A. Garcke (Berlin); Prof. A. Engler (Breslau); Prof.

R. Caspary (Königsberg); Prof. F. Körnicke (Bonn); Prof. G. Reichenbach (Hamburg); Prof. Ch. Nägeli, L. Radlkofer und Dr. A. Peter (München); Prof. K. Prantl (Aschaffenburg); Prof. O. Drude (Dresden); Prof. E. Warming (Kopenhagen); Dr. F. Kamieński (Warschau); Prof. A. Todaro (Palermo); Prof. Th. v. Heldreich (Athen); Prof. J. Bommer und E. Marchal (Brüssel); Prof. E. Morren (Lüttich); Ritter v. Bosniaski (Bagni San Giuliano); Dr. E. Wainio (Helsingfors); Prof. H. Baillon (Paris); A. Bennet (London).

c. *Mineralogisch-petrographische Abtheilung.*

Der öffentliche Einlass in das k. k. Hof-Mineraliencabinet war schon im Jahre 1884 auf nur einen Tag in der Woche (Sonnabend) beschränkt worden; mit Anfang Februar 1885 wurde er gänzlich eingestellt; zum letzten Male vor seiner Wiedererstehung war unser Cabinet, dessen ruhmreiche Geschichte ausführlicher zu erzählen mich hier zu weit führen würde, am 31. Jänner 1885 dem Besuche geöffnet. Zur bleibenden Erinnerung an die Räume desselben veranlassten wir den Maler Herrn Ameseder, Aquarellskizzen vom ersten und vierten Saale desselben herzustellen, nach welchen Oelgemälde zur Ausschmückung des Saales V in dem neuen Museum angefertigt werden sollen.

Die Vorarbeiten für die Uebersiedlung und Neuaufstellung der mineralogischen Sammlungen begannen bereits im Jahre 1874, indem damals die in den Sälen aufbewahrten Reservesammlungen mit der Handsammlung I vereinigt und die Doubletten ausgeschieden und zu einer eigenen Tauschsammlung geordnet wurden; die Handsammlung wurde sodann innerhalb der Species geographisch nach Fundorten geordnet. In den Jahren 1879 und 1880 wurde ein doppelter Zettelkatalog auf Cartonblättern für alle Mineralien angefertigt (80.000 Blätter) und bei dieser Gelegenheit eine durchlaufende Nummerirung aller Stücke vorgenommen, in der Weise, dass zuerst die bis etwa 1865 reichenden Kataloge der Schau- und Ladensammlungen, sodann die Acquisitionsprotokolle vom Jahre 1865 angefangen durchnummerirt und die entsprechenden Nummern auf die zugehörigen Stücke aufgeklebt wurden.

Die fortlaufenden Nummern bestehen bei den vor dem Jahre 1879 acquirirten Stücken aus einem kleinen Buchstaben und einer Zahl unter 10.000, welchen bei den Mineralien ein grosses A, bei den Gesteinen ein B vorgesetzt ist. Bei den Acquisitionen des Jahres 1879 beginnt die Nummerirung mit C 1 und reicht höchstens bis C 9999, wonach D 1 beginnt. Im Allgemeinen werden aber die Zahlen nicht bis 9999 ausnummerirt, sondern es wird beim Beginne eines neuen Jahres ein neuer grosser Buchstabe gewählt, falls voraussichtlich die in diesem Jahre zu erwartenden Zuwüchse über die Zahl 9999 hinausführen würden.

Nachdem diese Vorarbeiten durchgeführt worden waren, bestanden die weiteren Vorbereitungen, an welchen nebst den Beamten auch Stud. philos. Herr Rudolph Köchlin eifrigen Antheil nahm, zunächst in der Vereinigung der verschiedenen Gruppen, in welche die Sammlungen getrennt waren, und der Umstellung derselben — sie waren nach dem Mohs'schen Systeme geordnet — nach dem für die Neuaufstellung adoptirten Systeme von Groth, dann in der Verpackung.

Die kleinen und mittelgrossen Stücke wurden dabei in den Laden belassen und in denselben durch eine Lage Seidenpapier, darüber ein starker Einsatz von Watta, und endlich durch eine an den Ladenwänden festgenagelte Decke von Packpapier gegen das Schütteln versichert; die grossen Stücke wurden in Kisten verpackt. Der eigentliche Transport wurde grösstentheils in Möbelwagen in den Tagen vom 24. bis 30. Juli bewerkstelligt. Die gebrechlichsten Objecte wurden auf Tragbahren in das Neugebäude geschafft.

Inzwischen hatte Herr Custos Dr. Brezina auch mit der Revision und Uebernahme der für die Schausäle angefertigten Kästen und Einrichtungsstücke begonnen. Zum Theil in Folge des Umstandes, dass diese zum grossen Theile schon vor längerer Zeit angefertigt und in nicht ganz trockenen Räumen aufbewahrt wurden, zeigten sich bei denselben leider mehr, als sonst bei Neuanschaffungen erwartet werden darf, Mängel und Gebrechen. Die Beseitigung derselben, soweit sie möglich ist, wurde begonnen und grösstentheils auch vollendet.

Die Mineralienschränke des alten Mineraliencabinetes wurden meist zu Bibliotheksschränken umgestaltet, in die Arbeitszimmer im Neugebäude aufgestellt und diese auch sonst vollständig eingerichtet.

Seither wurde mit dem Auspacken der Sammlungen, der Rangirung derselben in die neuen Laden u. s. w. bereits begonnen und wurde namentlich von Herrn F. Karrer die ganze Sammlung von Baumaterialien bereits in die Laden des Saales VI eingetheilt.

Die Benützung der Sammlungen und der Bibliothek der Abtheilung durch auswärtige Gäste konnte der Natur der Sache nach nur in weit geringerem Masse als sonst stattfinden; doch haben immerhin die Herren Dr. Goldschmid, Baron v. Foullon, Hofrath Dr. Mayer in Dresden, Hofrath Dr. G. Tschermak, Prof. Dr. E. Reyer, Dr. v. Ebner in Graz, soweit es die Verhältnisse erlaubten, Studien in denselben gemacht oder Objecte zur Untersuchung geliehen erhalten.

d. Geologisch-paläontologische Abtheilung.

Die Ueberführung der der geologisch-paläontologischen Abtheilung zufallenden Sammlungen und Einrichtungsstücke der k. k. Hof-Mineraliensammlung in das Neugebäude wurde der Hauptsache nach in der ersten Hälfte August durchgeführt; sie erforderte zwei Wochen angestrengter Arbeit. Die tertiären Conchylien, welche den reichsten Theil dieser Sammlungen bilden, wurden, in den Laden sorgfältig verpackt, mit den Schränken selbst transportirt. Der übrige Theil der Sammlungen war zum grossen Theil schon früher in Kisten, 854 an der Zahl, verpackt und in das Depot gebracht worden.

Mit Anfang September wurde die von Prof. Freiherrn v. Ettingshausen angekaufte grosse Sammlung fossiler Pflanzen zusammen mit den schon früher vorhandenen hierher gehörigen Materialien ausgepackt und hierauf der für die Schausammlung bestimmte Theil derselben von Prof. v. Ettingshausen unter Beihilfe von Dr. Wähner in drei grossen, je acht Fensterbreiten fassenden Doppelschränken im Saale VI des Hochparterre zur Aufstellung gebracht, wozu, dank den umfassenden früher getroffenen Vorbereitungen, die Zeit bis Ende October ausreichte. Diese Aufstellung, die erste, die im Neugebäude zur Vollendung gelangte, umfasst ungefähr 1700 Stücke. Der Rest der phytopaläontologischen Sammlungen wurde zunächst in den 236 Laden der gedachten drei Schaukästen, und da diese hierzu, ungeachtet der sorgfältigsten Ausnützung des Raumes, weitaus nicht ausreichten, in 157 weiteren Laden in den Kästen des anstossenden Saales VII untergebracht.

In den letzten Wochen des Jahres wurde mit dem Auspacken der grösseren Schaustücke und insbesondere auch mit der Auspackung und Montirung der fossilen Säugethierreste und der prachtvollen Moa-Skelete, welche das Museum besitzt, begonnen. Obgleich diese bisher nur zum kleineren Theile durchgeführt werden konnte, hat sich doch auch hier herausgestellt, dass der für diese Reste bestimmte Saal X für dieselben lange nicht genügenden Raum bietet, so dass ein grosser Theil derselben in dem anstossenden Saale IX wird untergebracht werden müssen.

Auch die paläontologischen Sammlungen erfreuen sich eines regen Verkehres nach auswärts. Behufs wissenschaftlicher Arbeiten waren oder sind noch im Laufe des Jahres von denselben ausgeliehen an die Herren Director Stur und Prof. Freiherrn v. Ettingshausen fossile Pflanzen, an Oberbergrath v. Mojsisovics Trias-Cephalopoden, Dr. F. Teller Trias-Gastropoden, Dr. A. Nehring in Wolfenbüttel und an Prof. Dr. Woldřich in Wien diluviale Säugethierreste, Dr. V. Uhlig Neocom-Ammoniten, Oberbergrath Dr. v. Gümbel in München Orbitoiden, Prof. Dr. Dames in Breslau Culm- und Devonfossilien aus Mähren, Prof. Dr. Kramberger in Agram tertiäre Fische, Prof. Rzehak in Brünn Foraminiferen von Mährisch-Ostrau und von Bruderndorf und an Prof. Dr. M. Neumayr verschiedene Fossilien.

e. Anthropologisch-ethnographische Abtheilung.

Die verschiedenen Sammlungen der anthropologisch-ethnographischen Abtheilung waren, meist in Kisten verpackt, schon vor Beginn des Jahres 1885 aus den Depots, in welchen dieselben bis dahin aufbewahrt worden waren, in das Neugebäude übertragen worden. Fiel aber in dieser Abtheilung die Arbeit der Uebersiedlung weg, so ist dagegen hier die grosse Aufgabe zu bewältigen, aus den einzelnen grösseren und kleineren Suiten und einzelnen Objecten eine geordnete Sammlung zum ersten Male herzustellen. Eine schon in den vorhergehenden Jahren durchgeführte, sehr wichtige Vorarbeit bestand darin, dass alle vorhandenen Vorräthe soweit als möglich inventarisirt und etiquettirt, dann aber wieder eingepackt und ins Depot gestellt wurden.

Sobald nun entsprechende Räumlichkeiten in dem Neugebäude zur Verfügung standen, wurde zur Wiederauspackung und weiteren Rangirung der Sammlungen geschritten.

Für die anthropologische Gruppe insbesondere, die in dem Saale Nr. I. im zweiten Stockwerk, der vorläufig nur für Fachgelehrte, nicht aber für das grosse Publicum zugänglich sein wird, untergebracht ist, wurde die Präparation und Ordnung der seinerzeit von der k. k. Josephs-Akademie übernommenen ersten Weisbach'schen Sammlung von Schädeln österreichischer Völker durchgeführt.

In den prähistorischen Sammlungen wurden namentlich die überaus zahlreichen Objecte aus der grossen Wankel'schen Sammlung, die seinerzeit von Herrn Fel. Zwiklitz der anthropologischen Gesellschaft in Wien und von dieser wieder dem Hofmuseum geschenkt worden war, zum grössten Theile restaurirt und geordnet; und umfassende Restaurirungsarbeiten, um welche, sowie auch um analoge Arbeiten in den ethnographischen Sammlungen, sich insbesondere Herr Al. Sikora, k. k. Major i. d. A., grosse Verdienste erwarb, wurden auch bei anderen Funden aus älterer und neuerer Zeit durchgeführt. In grossen Gruppen sollen in dieser Abtheilung die Funde (aus Europa) der paläolithischen und der neolithischen Steinzeit, der Bronzezeit, der Hallstätter Periode, der La-Téne-Periode, dann der Merovingerzeit aufgestellt werden; innerhalb dieser Gruppen wird die Aufstellung eine geographische sein, so dass die Funde jeder Localität beisammen bleiben. Den Glanzpunkt dieser Sammlungen werden die Funde vom Hallstätter Salzberg bilden, nicht minder aber werden jene aus den Höhlen von Mähren und Krain, jene aus den Ansiedlungen und Gräberfeldern in Krain und im nördlichen Böhmen u. s. w., das allgemeinste Interesse erregen.

Die ethnographischen Sammlungen, welche bisher durchwegs nur aussereuropäische Gegenstände umfassen, mit welchen aber auch die prähistorischen Funde aus den anderen Welttheilen vereinigt werden, wurden vollständig ausgepackt und rangirt und zum Zwecke der Ausstellung Skizzen für die Austheilung der Objecte in den einzelnen Schränken angefertigt. Diese Arbeiten, mit welchen unter der Oberleitung des Herrn Custos Heger insbesonders Herr Dr. Haberlandt eifrig beschäftigt ist, wurden so weit ins Detail vollendet, dass, sobald die Schaukästen vollends fertiggestellt sein werden, die Aufstellung sofort begonnen und ununterbrochen zu Ende geführt werden kann. Auch hier wird die Aufstellung eine geographische sein, und zwar werden die ersten drei Säle XIV, XV und XVI Asien, XVII Australien und Oceanien, XVIII nebst einigen Nebenlocalitäten Amerika und XIX Afrika repräsentiren. Am reichhaltigsten in dieser Abtheilung sind die Sammlungen aus Brasilien und jene aus den Gebieten am oberen weissen Nil und aus einigen Theilen des malaischen Archipels.

Noch habe ich hier zu erwähnen, dass die im Hochparterre gelegenen Bureaux und Arbeitslocalitäten auch dieser Abtheilung, die früher provisorisch im Tiefparterre untergebracht war, gegen Ende des Jahres bezogen wurden.

Ich kann nicht umhin, an dieser Stelle schliesslich auch die Frage zu berühren: Wann wird das neue Museum eröffnet werden? Wird sie uns ja doch von allen Seiten täglich, fast möchte ich sagen stündlich gestellt. Eine bestimmte Antwort zu geben bin ich aber leider nicht in der Lage. Die Arbeiten in den Sammlungen sind, wie im Vorhergehenden dargestellt wurde, weit genug vorgeschritten, um mit der Aufstellung der Schauobjecte sofort zu beginnen und dieselbe binnen wenig Monaten durchzuführen, sobald erst die Schaukästen und andere Stellvorrichtungen vollends montirt, verglast, mit den nöthigen Stellvorrichtungen versehen und zum Gebrauche fertiggestellt sein werden. Auch diese Arbeiten können, so weit ich es zu beurtheilen vermag, in nicht allzulanger Frist bewältigt werden. Es würde dann die Eröffnung des Museums lediglich nur von der Vollendung der Bauarbeiten in dem die Haupttreppen umfassenden Mitteltracte des Gebäudes abhängen. Wie viel Zeit aber diese noch erfordern wird, entzieht sich meiner Beurtheilung.

III. Die Sammlungen und ihre Vermehrung.

Da für directe Ankäufe zur Completirung und Ergänzung der Sammlungen dem naturhistorischen Hofmuseum nur verhältnissmässig geringe Beträge zur Verfügung stehen, so beruht der Fortschritt derselben zum allergrössten Theile auf der Liberalität wohlwollender Gönner und Freunde der Wissenschaft, welche dieselben mit Geschenken bereichern. Gerne ergreife ich die Gelegenheit, denselben hier öffentlich den wärmsten Dank darzubringen, Namens unseres Institutes sowohl wie auch Namens der Wissenschaft selbst, deren Pflegestätten zur höchsten Blüthe nur dort gelangen können, wo sie von der allgemeinen Theilnahme der Bevölkerung getragen werden. Nicht unerheblich ist übrigens auch die Vermehrung der Sammlungen durch Tausch und nicht minder durch Aufsammlungen, die von dem Museum selbst oder von einzelnen Beamten desselben veranstaltet werden.

a. Zoologische Abtheilung.

1. Weitaus die bedeutendsten Bereicherungen, welche Jahr für Jahr als freie Geschenke den zoologischen Sammlungen des Museums zufliessen, sind jene, welche das-

selbe der Liebe zur Wissenschaft und der Opferwilligkeit des Directors, Regierungsrath Steindachner, verdankt.

Auch im abgelaufenen Jahre blieb, wie das folgende Verzeichniss dieser Gaben zeigt, fast keine Abtheilung der Sammlungen von ihm unberücksichtigt.

a) Ein Exemplar des Fuchses aus Sardinien.

b) Zwei seltene Spechte aus Californien im Werthe von 180 fl. ö. W.

c) Eine Sammlung von 1300 Fischen im Werthe von 3260 fl. ö. W. aus verschiedenen Flüssen und Meeren, die meisten in Prachtexemplaren.

d) Eine Sammlung von Reptilien aus Sardinien.

e) Seltene Käfer aus Syrien, 30 Stücke, und eben solche aus dem westlichen Kaukasus, 14 Stücke.

f) Für die Orthopteren-Sammlung zwei Exemplare von *Eurycantha horrida* Boisd. aus Neu-Britannien.

g) Crustaceen, 32 Arten in 140 Exemplaren; Arachniden, 2 Arten in 11 Exemplaren und Myriapoden, 3 Arten in 10 Exemplaren, aus den verschiedensten Theilen der Erde.

2. Eine Reihe wichtiger Bereicherungen verdankt unser Museum, und zwar, wie sich aus dem Folgenden ergibt, nicht allein die zoologische, sondern auch die anderen Abtheilungen desselben, der gütigen Fürsorge des Chefs der Marinesection des k. und k. Kriegsministeriums, Viceadmiral Max Freiherrn Daublebsky v. Sterneck, welcher Veranstaltung traf, dass bei den Uebungsfahrten der Schiffe der k. k. Kriegsmarine in den transoceanischen Gewässern Aufsammlungen von naturhistorischen und ethnographischen Objecten für das Museum gemacht werden.

Im Jahre 1885 waren bei derartigen Expeditionen in fremden Gebieten abwesend die Schiffe:

Sr. Majestät Corvette »Frundsberg«, Commandant k. k. Linienschiffscapitän Stecher, welche die Küsten von Ostafrika besuchte und unter Anderem in Port Said, Suez, Dschidda, Massaua, Aden, Mombas, Sansibar, Mozambique und Comoro anlief; besonders verdient um die an diesen Orten gesammelten Objecte machte sich der k. k. Fregattenarzt Dr. Emerich Billitzer;

Sr. Majestät Corvette »Aurora«, Commandant k. k. Fregattencapitän Victor Bousquet, besuchte die Ostküste von Südamerika, Bahia, Rio Janeiro und Montevideo; mit der Anlage von Sammlungen war betraut der k. k. Fregattenarzt Herr Dr. Melzer;

Sr. Majestät Corvette »Helgoland«, Commandant k. k. Fregattencapitän Almstein, segelte entlang der Küste von Westafrika mit den Stationsplätzen Gibraltar, Mogador, St. Louis, Freetown, Fernando Po, Congo-Mündung und Loanda; hier besorgte der k. k. Schiffsarzt Herr Dr. Richard Lippe die sehr befriedigenden Aufsammlungen.

Die von diesen drei Schiffen mit heimgebrachten Sammlungen sind bereits in unsere Hände gelangt. Es befinden sich unter denselben namentlich Objecte aus Ost- und Westafrika, nebst einigen aus dem Indischen Ocean, und zwar einige Säugethier-Schädel und -Bälge, zehn Vogelbälge und fünf Vogelnester, sehr reichhaltige und interessante Suiten von Reptilien und Fischen, über welche Herr Director Steindachner demnächst eine besondere Abhandlung zu veröffentlichen gedenkt, 179 Arten (722 Exemplare) von Mollusken, Molluskoiden und Tunicaten, darunter mehrere in Weingeist. Besonders die genauen Fundortsangaben verleihen dieser Suite einen hohen Werth; 22 Coleopteren-, 8 Orthopteren-, 10 Hymenopteren-Nester, 104 Arten (960 Exemplare) Crustaceen, 20 Arten (69 Exemplare) Arachnoideen, 17 Arten (69 Exemplare) Myriapoden, 26 Arten (165 Exemplare) Würmer, 28 Arten (107 Exemplare) Echinodermen, 10 Arten (36 Exemplare) Polypomedusen, 21 Arten (37 Exemplare) Anthozoen, 8 Arten (10 Exemplare) Poriferen und 1 Foraminifere.

Aber noch ein viertes Schiff, Sr. Majestät Corvette »Saida«, Commandant Linienschiffscapitän Heinrich Fayenz, war im Laufe des Jahres für unser Museum thätig. Dasselbe berührte zuerst Rio, dann die Capstadt, Sidney, Neuseeland, die Viti-Inseln und die Philippinen, Japan, Singapore, Ceylon und ist gegenwärtig über Aden und Suez auf dem Heimwege. Bereits liegen uns Nachrichten über reiche Sammlungen, die zusammengebracht wurden, vor; da dieselben aber noch nicht eingelangt sind, so kann ich auf nähere Details vorläufig nicht eingehen.

3. Auch die Sammlungsergebnisse der österreichischen arktischen Beobachtungsstation auf Jan Mayen, die bekanntlich unter der Leitung des Herrn k. k. Linienschiffslieutenants, gegenwärtig Corvettencapitäns, Em. v. Wolgemuth, vom Sommer 1882 bis zum Sommer 1883 daselbst thätig war, kann ich hier anschliessen. Se. Excellenz Graf Hans Wilczek, der in grossherzigster Weise diese Expedition auf seine eigenen Kosten ausgerüstet und ins Werk gesetzt hatte, widmete gütigst alle bei derselben gesammelten naturhistorischen Objecte dem Museum.

Wir erhielten 5 Arten (10 Exemplare) Säugethiere, 42 Arten (101 Bälge, 6 Eier und 1 Nest) Vögel, 9 Arten (36 Exemplare) Fische, 40 Arten (414 Exemplare) Crustaceen, 6 Arten (62 Exemplare) Pycnogoniden, 3 Arten (8 Exemplare) Arachnoideen, 99 Arten (586 Exemplare) Vermes, Echinodermen, Coelenteraten und Poriferen, die von dem Arzte der Expedition Herrn Dr. Fischer zum weitaus grössten Theile in Jan Mayen — einzelne auch in Tromsö — gesammelt worden waren.

4. Reichen Zuwachs verdanken die Sammlungen der Säugethiere und Vögel fortdauernd der Direction der k. k. Menagerie in Schönbrunn, welche alle verendeten Thiere an das Museum abgibt. Im verflossenen Jahre erhielten wir auf diesem Wege 20 Arten (22 Exemplare) Säugethiere, unter welchen besonders ein Bastard von Fuchs und Hund, ein Samburhirsch (*Rusa Aristotelis*), ein Sundatiger und ein *Cercopithecus cephus* hervorzuheben sind; ferner 45 Arten (53 Exemplare) Vögel, darunter *Euplocomus lineatus, Dendrocygna vagans*, Bastard von *Thaumalia Amherstiae* und *picta, Goura Victoriae* und *coronata* u. s. w.

5. Eine ausserordentlich werthvolle Schenkung verdanken wir Herrn k. k. Hofrath und em. Professor Dr. Jos. Hyrtl. Sie umfasst 80 Nummern von Schädeln, Geweihen und Hörnern, darunter namentlich Rindern, Antilopen und Hirschen, dem indischen Nashorn, dem Caperbüffel u. s. w.

Grössere Sammlungen mit Repräsentanten aus verschiedenen Classen des Thierreiches erhielten wir ferner:

6. von Herrn Paul Riebeck, k. preussischem Lieutenant und Gutsbesitzer in Halle, aus dem Nachlasse des gefeierten Reisenden und Ethnographen E. Riebeck: sehr interessante Säugethiere aus Asien, und zwar das sibirische Reh, *Cervus pygargus* Pall., Männchen und Weibchen, das so seltene Bergschaf vom Himalaya, *Ovis burrhel*, ein Pärchen der Tzeiran-Antilope, *Gazella subgutturosa*, beide letztere Arten von Herrn Kerz in Stuttgart in mustergiltiger Weise modellirt und aufgestellt, ferner eine höchst werthvolle Sammlung von Reptilien und Fischen, meist aus Indien stammend, 19 Hymenopteren, 4 Arten (39 Exemplare) Crustaceen, 4 Arten (37 Exemplare) Arachnoideen, 10 Arten (70 Exemplare) Myriapoden, durchwegs aus Ceylon;

7. von Herrn Georg Hütteroth, japanischem Consul in Triest: 4 Säugethierarten in 7 Exemplaren von Ceylon; für das Museum ist darunter neu der seltene *Pteropus medius*; 40 Arten (120 Exemplare) Vögel, alle ausgezeichnet präparirt und zum Theile

2*

sehr selten; dem Museum fehlten von denselben bislang *Athene castanonota, Chaetura gigantea* Tem., *Niltava sordida, Turdus Kinnisii, Pratincola bicolor, Kelaartia penicillata, Xantholaema rubricapilla, Chrysocolaptes Stricklandi* und *Columba Torringtoniae.* Sehr werthvoll ist, dass bei den einzelnen Arten Angaben über die geographische und verticale Verbreitung gemacht sind. Eine Sammlung prachtvoll conservirter Reptilien und ein schönes Exemplar von *Amphacanthus;*

8. von Herrn L. v. Ende, k. niederländischem Hauptmann, in Batavia: 5 Säugethierschädel, Reptilien aus dem indischen Archipel, 95 Arten (160 Exemplare) Conchylien, 15 Arten Würmer, Echinodermen etc. aus Java.

Sehr zahlreich sind die Geschenke von grösseren und kleineren Sammlungen oder auch vereinzelten Stücken aus einzelnen Thierclassen oder Familien; so verdanken wir von Säugethieren den Herren:

9. E. Kastner: eine Wanderratte mit monströsem Gebiss;

10. Custos Dr. Brauer: einen Albino des europäischen Maulwurfes, und Custos Rogenhofer: 1 Exemplar von *Sorex vulgaris;*

11. E. Reitter: 1 Exemplar von *Rhinolophus clivosus;*

von Vögeln, den Herren:

12. Oberstabsarzt Chimani: 10 Bälge, 9 Arten angehörig, aus Bosnien;

13. Professor Wiesbauer in Mariaschein: 3 Arten aus Böhmen;

14. Sr. Durchlaucht dem Fürsten Colloredo-Mansfeld: einen Seetaucher, *Colymbus septentrionalis;*

15. Ladislaus v. Taczanowski, Custos am zoologischen Museum zu Warschau, dem das Museum seit Jahren schon die Zusendung höchst werthvoller Sammlungen, hauptsächlich aus Peru, verdankt: 2 Exemplare eines seltenen Colibri;

16. Hofrath Chr. Ritter v. Pichler: 1 Eistaucher, *Colymbus arcticus;*

17. Hermann Tschusi zu Schmidhoffen und

18. Custos Rogenhofer: je einen Rackelhahn;

19. Professor G. Kolombatović in Spalato: 3 Arten (7 Exemplare) aus Dalmatien;

20. k. k. Regierungsrath Nik. Poliakovits: einen im Prater geschossenen Tannenheher (*Nucifraga caryocatactes);*

21. F. Karrer: 1 Exemplar von *Ephialtes scops;*

von Reptilien, den Herren:

22. Dr. Breitenstein in Java: sumatranische Reptilien;

23. Maler H. Fischer: eine kleine Sammlung von Reptilien und Fischen von den jonischen Inseln;

24. E. Low in Managua: 1 Schlange und mehrere Schlangenhäute aus Nikaragua;

von Fischen, den Herren:

25. Freiherrn v. Washington, auf Schloss Pöls, und J. Schagl: Madüi-Maränen, in Steiermark gezogen und zur Laichreife gebracht;

26. Dr. Leitner: *Lucioperca volgensis*, im Altwasser der Donau bei Tulln gefangen;

27. Professor Benecke in Königsberg: Präparate von den Geschlechtsorganen der Aale;

28. Professor G. Kolombatović: reiche Suiten seltener Arten aus der Umgegend von Spalato;

29. Ein ungewöhnlich grosses Exemplar von *Cyprinus carpio*, aus den Teichen von Laxenburg, 80 Centimeter lang, welches Se. k. und k. Hoheit Kronprinz Erzherzog Rudolf bei der Fischerei im November für das Museum auswählte;

von Coleopteren, den Herren:

30. Custos-Adjunct L. Ganglbauer: 2019 Stücke von Kirchberg am Wechsel und aus der Umgebung von Wien;

31. Dr. Victor Plason: 142 Stücke aus dem europäischen Faunengebiet und aus Persien;

von Orthopteren, dem Herrn:

32. Custos Rogenhofer: 31 Stücke aus den Key- und Aru-Inseln;

33. 49 Stücke kleinere Geschenke von den Herren: Emin Bey, Hofrath Brunner v. Wattenwyl und E. v. Oertzen;

von Lepidopteren, Hymenopteren und Hemipteren, den Herren:

34. Custos Rogenhofer: 25 seltene Schmetterlinge aus Centralasien, 160 solche, meist selbst gesammelt in Niederösterreich, 170 Hymenopteren und 52 Hemipteren, ebendaher;

35. Dr. G. Beck: 50 Hymenopteren und 21 Hemipteren aus Bosnien;

36. Paul Löw in Wien: 64 Hemipteren aus Oesterreich;

37. Dr. Leo Moskowitz in Kaschau: 20 Hemipteren aus Java;

von Dipteren und Neuropteren, den Herren:

38. Custos Friedrich Brauer: europäische Odonaten (18 Arten in 43 Exemplaren) für die Schaustellung der Fauna Vindobonensis;

39. Professor Josef Mik in Wien: 10 Exemplare der seltenen Dipterenart *Ceroxys parmense* Rond.;

40. Professor Oskar Simony: eine von ihm entdeckte neue Art *Trichocera* aus den österreichischen Hochalpen, die besonders durch ihr Vorkommen in bedeutender Höhe Interesse beansprucht;

41. vereinzelte, aber darum nicht minder erwünschte Beiträge für die Insectensammlungen den Herren: Emin Bey, Hofrath v. Hauer, Custos Rogenhofer, Dr. G. Beck, Centralinspector J. Garnoss, Victor Apfelbach, J. Müller, Nowack, Dr. Herzmanovsky, P. v. Mouromzoff u. s. w.;

von Crustaceen, Arachnoideen, Myriapoden u. s. w., den Herren:

42. Edm. Reitter in Mödling: Crustaceen 5 Arten (21 Exemplare), Arachnoideen 8 Arten (75 Exemplare) und Myriapoden 10 Arten (70 Exemplare), meist aus Bosnien;

43. N. Andrussow: Crustaceen 2 Arten (21 Exemplare) und 30 mikroskopische Präparate von solchen aus dem Schwarzen Meere;

44. Fr. Kraus: 8 Exemplare von *Astacus fluviatilis* aus dem unterirdischen Laufe des Poikflusses in der Piuka Jama;

45. Hofrath v. Hauer: *Lithobius stygius* aus Krainer Höhlen;

46. Hofrath Brunner v. Wattenwyl: 6 Arten (14 Exemplare) Arachnoideen aus Dalmatien;

von Würmern, Echinodermen, Korallen u. s. w.:

47. dem Museum of comparative Zoology in Cambridge: 14 Echinodermen in 49 Exemplaren und 4 Coelenteraten in 5 Exemplaren;

48. dem Herrn Dr. Richard Freiherrn v. Drasche: 41 Glasmodelle von Polypomedusen, ausgeführt von Rudolf Blaschka in Dresden. Dieses höchst werthvolle Geschenk ist zur Aufstellung in der Schausammlung bestimmt.

Ungleich geringer als durch Geschenke ist, wie schon erwähnt, der Zuwachs der zoologischen Sammlungen durch Ankäufe und Tausch geblieben. Wir haben durch solche erworben:

1. einen Delphin, *Delphinus tursio;*

2. einen weiblichen Dingo;

3. von Herrn J. Menges eine interessante Gazelle des Somalilandes, dann ein Ei des neuentdeckten Somalistrausses, *Struthio molybdophanes;*

4. 19 Arten (23 Bälge) Vögel von Lenkoran im Kaukasus, einem hochinteressanten Gebiete, da sich in demselben die mitteleuropäische, mediterrane und indische Fauna an ihren Grenzen berühren;

5. 10 Vogelbälge (ebenso viele Arten) aus Schoa, die von Marchese Antinori gesammelt wurden und Typen zu Salvadori's Arbeit über die Vögel von Schoa bilden;

6. eine kleine Sammlung von Reptilien aus Paraguay und aus Syrien;

7. zwei Sammlungen von Reptilien und Fischen aus der Gegend des oberen Amazonenstromes bei Iquitos und Pebas;

8. mehrere Prachtexemplare von seltenen Fischen der Adria, wie *Luvarus imperialis* und *Coryphaena equisetis,* ferner 2 Exemplare riesiger Grösse von *Centrolophus pompilus* und 1 Exemplar von *Echinorhinus spinosus* aus dem Mittelmeere bei Genua;

9. eine kleine Sammlung seltener Fische aus der Campêche-Bai;

10. eine ebensolche aus dem La Plata;

11. 10 Arten (26 Exemplare) Mollusken und Tunicaten von der zoologischen Station in Neapel;

12. Coleopteren 51 Exemplare aus dem europäischen Faunengebiete, 194 Exemplare von Kreta und den Cykladen, und 15 Exemplare aus Sardinien;

13. Schmetterlinge in verschiedenen Posten, und zwar 88 Stücke aus Brasilien, 48 Stücke aus Syrien, 210 Stücke Exoten aus verschiedenen Gebieten und 85 Stücke Europäer;

14. Ichneumoniden bei 1000 Stück, und zwar die von Herrn Professor A. Förster hinterlassene, aus 400 Arten, meist Typen bestehende Sammlung;

15. 260 Hymenopteren aus Südbrasilien;

16. 25 Hymenopteren und 62 Hemipteren aus Kreta;

17. 50 Hymenopteren im Tausche erhalten von Herrn H. Halfein in Aachen;

18. Neuropteren 25 Arten (54 Exemplare) aus Brasilien;

19. Neuropteren und Dipteren (circa 500 Exemplare) aus Syrien, besonders werthvoll durch genaue Fundortsangaben;

20. Arachnoideen 25 Arten (112 Exemplare) von Hongkong, Aschanti, Corfu und Zante;

21. von der zoologischen Station in Neapel: 29 Arten Würmer, Echinodermen und Coelenteraten, bestimmt für die Schausammlung, besonders bemerkenswerth darunter ist ein schöner Stock von *Corallium rubrum* mit ausgestreckten Polypen.

b. Botanische Abtheilung.

Das überaus reiche Herbar der botanischen Abtheilung, welches nach einer jedenfalls ganz nahe genauen Schätzung 340.000 Spannblätter umfasst, wurde im Jahre 1885 um ungefähr 3400 Blätter bereichert; nur 263 derselben, Pflanzen aus Griechenland, wurden durch Ankauf erworben, alle übrigen sind Geschenke, und zwar:

1. von dem k. botanischen Garten in München durch Herrn Hofrath Nägeli: *Hieracia Naegeliana exsiccata,* 300 Spannblätter; dann von den Herren:

2. H. Braun in Wien: eine grosse und reichhaltige Sammlung von Rosen, bei 2000 Nummern umfassend;

3. P. A. Kmet, Pfarrer in Prinzdorf: bei 200 Pflanzen aus der Umgegend von Schemnitz;

4. Professor W. Voss in Laibach: 65 Pilze aus Krain;

5. Custos H. W. Reichardt: bei 230 seltenere Pflanzen aus Oesterreich, dann ein aus dem Jahre 1599 stammendes »Kräuterbuch, zusammengetragen durch Hieronymum Harderum, Schuldiener an der lateinischen Schule zu Ulm«; dasselbe enthält 718 »unterschiedliche Kreuter«, ist den ältesten bekannten Herbarien beizuzählen und übertrifft die meisten derselben durch sorgfältige Präparation, durch genaue Bestimmung nach der damaligen Nomenclatur, sowie durch gute Erhaltung;

6. Professor E. Hackel in St. Pölten: circa 200 französische Pflanzen;

7. Professor A. Kornhuber in Wien: 50 ostindische Pflanzen;

8. Professor A. Heimerl in Penzing: eine Centurie persischer Compositen;

dann einzelne interessante Pflanzen von den Herren Professor Markwart, Baron v. Schönberger, Hofrath v. Hauer u. s. w.

Ungleich ärmer als das Herbarium sind die Sammlungen von Hölzern, Samen, Früchten und Schauobjecten überhaupt, welche unsere Abtheilung bisher besass. Wir müssen es als eine unserer Hauptaufgaben betrachten, den Stand derselben nach dieser Richtung hin zu vermehren und die Vorbereitungen zu einer in einem der Säle aufzustellenden botanischen Schausammlung zu treffen.

9. Eine überaus werthvolle Grundlage in dieser Beziehung bildet eine bei 1000 Stück zählende Sammlung von Stämmen und Hölzern, welche der Director der k. k. geologischen Reichsanstalt Herr D. Stur zunächst behufs des Vergleiches bei seinen Studien über fossile Hölzer zusammengebracht hatte, und die er nun aus dem Eigenthum der genannten Anstalt an unser Museum übergab. Weiters verdanken wir

10. Herrn Magius in Wien: schöne Exemplare von Bambus, Cocosnüssen, eine Frucht der Seichellen-Palme, Luftwurzeln u. s. w.;

11. Herrn Custos Reichardt: verschiedene Hölzer, Samen und Früchte;

12. Herrn Dr. Pröll in Nizza: Früchte von *Diospyros kaki* Roxb.;

13. Herrn J. Petersen in Nagasaki: 15 grosse Meerestange aus Japan;

14. Herrn A. Grunow in Berndorf: bei 100 Samen, Früchte, Rinden u. s. w., die derselbe auf seiner Reise um die Welt aufgesammelt hatte.

c. *Mineralogisch-petrographische Abtheilung.*

Die Sammlungen der mineralogisch-petrographischen Abtheilung zählten am Schlusse des Jahres 1885 über 108.000 Nummern. Es ist hier wohl nicht der Ort, näher auf einzelne altberühmte Stücke einzugehen, wie den Edelopal von Czerwenitza, die geschliffenen Edelsteine u. s. w., welche dieser Abtheilung des Museums zur Zierde gereichen; erwähnen will ich hier nur, dass die in ihrer Art reichste Sammlung derselben jene der Meteoriten ist, in welcher bis zum Schlusse des Jahres 365 Localitäten in 1207 Stücken mit einem Gesammtgewichte von 1,142.637 Gramm vertreten waren.

Aus den Acquisitionen des Jahres 1884 wären die Aufsammlungen von Mineralien und Gesteinen von der Insel Jan Mayen zu erwähnen, welche von Herrn Dr. Fischer gesammelt und von Herrn Corvettencapitän v. Wolgemuth als Geschenk Sr. Excellenz des Grafen Hans Wilczek übergeben wurden.

Bereichert wurden im Laufe des Jahres 1885 die Sammlungen dieser Abtheilung durch Geschenke von:

1. Herrn ungarischen Landtagsabgeordneten Wilh. v. Zsigmondy in Budapest, der als Präsident der Gruppe VI der Landesausstellung Herrn Custos Brezina eine Reihe von mehr als 200 paragenetisch-hüttenmännischen Stufen für das Museum übergab, welche durch die freundliche Vermittlung des Commissärs dieser Gruppe, kön. ungar. Bergcommissär Jos. Verress, zusammengestellt worden waren;

2. Herrn Bergdirector Felix Hofmann in Avala in Serbien durch freundliche Vermittlung des Herrn Rafael Hofmann in Wien: 31 Stücke schön krystallisirte Quecksilbererze aus Avala;

3. Dr. Franz Dworsky in Trebitsch: eine grosse und lehrreiche Suite (155 Stück) von Mineralien und Gesteinen aus der Umgebung dieses Ortes;

4. der k. k. Direction für Staatseisenbahnbetrieb: eine Sammlung von Gesteinen des Arlbergtunnels (66 Stück), welche von den Ingenieuren mit genauer Bezugnahme auf das Tunnelprofil gesammelt worden waren;

5. Herrn Baron Carl v. Babó: ein werthvolles neues Meteoreisen aus Südafrika, welches ganz neue Erscheinungen zeigt, über welche Herr Custos Brezina in seiner letzten Meteoriten-Publication Näheres mittheilte;

6. Herrn k. k. Fregattencapitän Victor Bousquet: ungewöhnlich schöne Exemplare der bekannten Enhydros von Uruguay, mitgebracht von der schon oben erwähnten Reise der von ihm befehligten Corvette »Aurora«, darunter eine herrliche Schaustufe mit einem faustgrossen solchen Wassersteine, welcher zu etwa drei Viertheilen mit Flüssigkeit erfüllt ist. Einzelne von den Stücken sind geöffnet; diese Serie lässt in ausgezeichneter Weise alle Eigenthümlichkeiten dieser interessanten Gebilde erkennen, die knollige Aussenfläche, mit der dieselben an dem umgebenden augitporphyrähnlichen Gesteine anliegen, die ins Innere hineinreichenden auskrystallisirten Spitzen des Quarzes, sowie die mehr oder weniger vollkommene Erfüllung dieser Mandeln mit Wasser, wodurch häufig Raum für eine Luftblase übrig bleibt, welche beim Hin- und Herbewegen des Stückes durch die durchscheinende Chalcedonwand hindurch kenntlich ist;

7. dem k. k. Ackerbauministerium durch freundliche Vermittlung des Herrn k. k. Ministerialrathes Fr. Ritter v. Friese: eine Reihe werthvoller Mineralvorkommnisse aus österreichischen Aerarial-Bergbauen, darunter Stücke des kostbaren neuen Cronstedtit-Vorkommen von Příbram;

8. Herrn k. k. Bergrath F. Seeland in Klagenfurt: eine sehr instructive Reihe von Erzen und Mineralien vom Hüttenberger Erzberg, die insbesondere werthvolle Belege über die genetischen Beziehungen derselben enthält;

9. Herrn Werksdirector Cajetan Schnablegger in Raibl: eine schöne Suite der dortigen Erze und Mineralien, zum Theil in grossen Schaustufen;

10. Herrn Edmund Makuc, Werksdirector der Bleiberger Bergwerksunion, eine eben solche Suite aus Bleiberg.

Diese letzteren Suiten waren zum Theil auf der kärntnerischen Landesausstellung in Klagenfurt exponirt, wo ich sie zu sehen Gelegenheit hatte; sie wurden dann auf meine Bitte dem Museum übersendet.

11. Herrn Professor Dr. Fridolin Sandberger in Würzburg: Uranpecherz führende Schiefergesteine von Příbram in Böhmen;

12. Herrn C. Herman: eine Sammlung chilenischer Mineralien;

13. einzelne Gesteins- und Mineralvorkommen überbrachten oder übersendeten dem Museum ferner die Herren Custos Rogenhofer, P. Handtmann, Fr. Kraus, Grunert, L. v. Ende in Batavia, J. Spöttl in Wien, Rud. Köchlin, Professor Dr. A.

Pichler in Innsbruck, Director E. Döll in Wien, Dr. Fel. Luschan, gegenwärtig in Berlin, Fr. v. Hauer u. s. w.;

14. Herrn Inspector v. Eysank: eine sehr vollständige Reihe (75 Stücke) Baumaterialien von Bregenz;

15. Herrn Joseph Neumüller: eine eigens im Format der Baumaterialien-Sammlung gearbeitete Reihe von gemusterten Cementplatten, 67 Stücke;

16. verschiedene Muster für die Baumaterialien-Sammlung von den Herren Anton Sprung auf der Fucha bei Krems, Anton Detoma, Professor Dr. Joh. Rumpf in Graz, L. Szepessy (durch Herrn Professor A. Koch), Professor Adolf Ritter v. Guttenberg, Director Ed. Döll, Dr. A. Rzehak in Brünn, Dr. Zelinka, Director Dr. Fr. Kenner, Professor Dr. Friedr. Becke in Czernowitz, A. Bielz in Hermannstadt, F. Karrer u. s. w.

Weitere wichtige Bereicherungen wurden durch Aufsammlungen erzielt, und zwar:

17. begab sich über freundliche Einladung der Herren Gebrüder Egger in Budapest, der Besitzer der Czerwenitzaer Opalgruben, Herr Custos Dr. Brezina in Begleitung des Herrn Gyula Egger zum Besuche dieser Gruben nach Dubnik. Unter freundlicher Beihilfe der Herren Verwalter Eduard Moser, Grubendirector Ignaz Starma, Controlor Martin Salzer und Oberhutmann Jos. Diesner sammelte er hier eine ausserordentlich reiche Suite des Opalvorkommens in Bezug auf genetische Verhältnisse.

18. Herr Custos-Adjunct Dr. Fr. Berwerth sammelte gelegentlich einer Studienreise 76 Stücke Tiroler Gesteine und Mineralien, insbesondere aus der Gruppe des Serpentins und nephritähnlichen Schiefers.

19. Herr Assistent Ernst Kittl sammelte schlesische Mineralvorkommnisse, dann Copalite von Lunz.

Lebhafter als in anderen Abtheilungen des Museums wird von Herrn Custos Brezina das Tauschgeschäft betrieben. Auf diesem Wege wurde erworben:

20. von Herrn F. A. Genth in Philadelphia: eine 92 Nummern zählende, höchst werthvolle Suite von Tellurmineralien, Vanadinerzen und Korundpseudomorphosen, Originalien zu den von demselben veröffentlichten Arbeiten. Unter den Pseudomorphosen gehören viele durch den Farbengegensatz zwischen dem noch ganz frischen Korundkern und der aus Magnetit, Ilmenit, Muscovit, Margarit, Fibrolit, Diaspor, Turmalin, Cyanit, Ripidolit, Willkoxit, Zoisit, Spinell, Cuisageit oder Dudleyit bestehenden Rinde zu den schönsten, anziehendsten Vorkommnissen;

21. von der k. k. geologischen Reichsanstalt: eine grosse Reihe von österreichischen Gestein- und Mineralvorkommnissen;

22. vom Yale-College durch Vermittlung des Herrn Professor E. S. Dana in New-Haven: höchst werthvolle amerikanische Mineralien und Pseudomorphosen, darunter herrliche, über halbfussgrosse umgewandelte Spodumenkrystalle, beschrieben von Brush und Dana;

23. von Herrn k. k. Ministerialrath Ritter v. Friese: eine Serie schöner österreichischer Mineralien von neueren Anbrüchen;

24. Meteoriten verschiedener Provenienz: von dem Hamburger Museum durch Herrn Professor Mügge, von Herrn S. C. H. Bailey in Cortlandt on Hudson, Professor C. W. Shepard jun. in Charleston, der städtischen Sammlung in Bremen durch Herrn Director Dr. Spengel;

25. von Baron S. R. Paykull, Fabriksbesitzer in Stockholm: eine Schaustufe des neu aufgefundenen schwedischen Kugeldiorites mit 2 bis 3 Zoll grossen Kugeln;

26. von Herrn Professor Pichler in Innsbruck: Tiroler Gesteine.

Durch Kauf endlich wurden erworben:

1. bis haselnussgrosse Herderitkrystalle von Stoneham;

2. eine prachtvolle Euklasstufe dieser bisher nur aus Brasilien vertretenen Species mit zahlreichen bis halbzollgrossen Krystallen, welche auf einer Gneissplatte aufgewachsen sind; das Stück stammt von einem nicht genau angegebenen Fundpunkte unserer Tauerngruppe;

3. durch freundliche Vermittlung des Herrn Professors Friedrich Ulrich in Hannover konnte eine Reihe herrlicher Antimonitkrystalle des neuen japanischen Anbruches von einem eben von dort angekommenen Transporte ausgesucht werden, worunter sich ausser einzelnen kleinen Krystallen eine Gruppe bis halbfusslanger und ein fussgrosser loser Krystall befinden;

4. ein über acht Kilo schwerer, beim Auffallen in zwei Stücke zerborstener Meteorstein von Mocs, mit blasiger Rinde auf der Rückseite;

5. eine Anzahl seltener ungarischer Mineralien, welche von Herrn Hauptmann Kutschera bei seinen Mappirungsarbeiten erworben worden waren; darunter der äusserst seltene Helvin auf Rhodochrosit, schöne Goldstufen mit grossen Krystallen, auch ein ungewöhnlich grosser Krystall von gediegenem Silber vom oberen See in Michigan in Nordamerika;

6. von Einzelnheiten sind ferner noch zu erwähnen: Eine Argentitstufe mit zollgrossen Zwillingen des Würfels, zweizöllige Forsteritkrystalle vom Ural, Vesuviankrystalle von Oravitza mit 2 bis 3 Zoll grossen Krystallen, ausgezeichnete Magnetitkrystalle vom Binnenthal, ungewöhnliche Wiserinkrystalle mit skeletartigem Aufbau, ebendaher, grosse, prachtvoll ausgebildete Vesuviankrystalle von Zermatt u. s. w.

d. Geologisch-paläontologische Abtheilung.

Von den Sammlungen der geologischen Abtheilung ist, wie schon früher erwähnt, jene der Tertiärconchylien, welcher der frühere Director des k. k. Hof-Mineraliencabinetes Herr Dr. M. Hörnes und seither Herr Custos Th. Fuchs stets ihre besondere Vorsorge zugewendet hatten, weitaus am bedeutendsten; bis zum Schlusse des Jahres 1885 zählte dieselbe nahezu 60.000 Nummern, während beispielsweise ungefähr 3000 Nummern aus der Ordnung der fossilen Säugethiere, 1200 aus jener der Fische, nahe 13.000 aus jener der Pflanzen und 3600 aus jener der Foraminiferen vorhanden waren.

Die Gesammtzahl der bis zum Schlusse des Jahres 1885 verbuchten Nummern, die bei der Trennung der Sammlungen des k. k. Hof-Mineraliencabinetes der geologisch-paläontologischen Abtheilung zufielen und seither noch zugewachsen sind, beträgt 129.708. Dazu kommen noch einige grössere Acquisitionsposten, welche in der letzten Zeit noch nicht im Einzelnen in den Acquisitionskatalog eingetragen werden konnten und die Herr Custos Fuchs auf über 3500 schätzt, so dass die Gesammtzahl der Nummern jedenfalls die Ziffer von 133.000 bereits übersteigt.

Unter den Erwerbungen des Jahres 1885, bezüglich welcher ich grösstentheils wörtlich die von Herrn Assistenten Kittl gegebenen Mittheilungen reproducire, sind auch hier die wichtigsten Geschenke, und zwar haben wir

1. in erster Linie ein solches von hohem wissenschaftlichen Werthe zu nennen, welches wir dem kaiserl. Rathe Herrn Heinrich Mattoni verdanken; es ist dies der schöne *Dinotherium*-Fund, welcher vor zwei Jahren in einem demselben gehörigen Kalksteinbruche bei Franzensbad in den miocänen Cypridinenschiefern gemacht wurde. In Erkenntniss der grossen Bedeutung des Fundes hat der Eigenthümer in liberalster

Weise zum Zwecke der Hebung des Schatzes die erforderlichen Geldmittel und Arbeitskräfte dem Verwalter Herrn Josef Rödl angewiesen. Ueberdies wurde der Professor am Olmützer Gymnasium Herr Vincenz Bieber, der früher als Assistent der geologischen Lehrkanzel der Prager Universität thätig war, als wissenschaftlicher Berather zugezogen. Nach dessen Anordnungen wurden die systematischen Ausgrabungen geführt. Es wurden die folgenden Skelettheile, welche augenscheinlich alle demselben Individuum angehörten, gewonnen: der Unterkiefer mit bis auf die Stosszähne vollständiger Bezahnung, von der Wirbelsäule der Atlas und Epistropheus, 8 Rückenwirbel, das ziemlich vollständige Kreuzbein und 6 Schwanzwirbel, beide, allerdings nicht ganz vollständige Schulterblätter, etwa ein Dutzend Rippen, ferner von den Extremitäten mehrere grosse Röhrenknochen; auch sind Fusswurzelknochen und Phalangen in grösserer Anzahl und in schöner Erhaltung vorhanden. Der ganze Fund ergibt daher ein, freilich noch immer lückenhaftes, doch in bisher unerreichter Vollständigkeit dastehendes Skelet eines *Dinotherium*. Das Thier dürfte sich, nach der Bezahnung zu urtheilen, mehr an *Dinotherium bavaricum* H. v. Meyer als an *Dinotherium giganteum* Kaup. anschliessen. Die nothwendigen Restaurationsarbeiten, welche Herr Verwalter Rödl in Franzensbad schon in sehr umsichtiger Weise begonnen hatte, wurden in unserem Museum fortgesetzt und hat hier an diesen Arbeiten Herr Michael Vacek, Geologe der k. k. geologischen Reichsanstalt, einen hervorragenden Antheil genommen. Es sollen diese Arbeiten im laufenden Jahre fortgesetzt werden, um die wissenschaftlich so werthvollen Reste in geeignetster Weise zu conserviren und dann im Saale X unseres Museums zu einer würdigen Aufstellung zu bringen.

2. Eine weitere Bereicherung an Wirbelthierresten erhielten wir durch eine Reihe von Ausgrabungen, welche in dem Gebiete der westlich von der Stadt Wien gelegenen Vororte Währing und Ottakring in den die Reichshauptstadt mit Bausand versorgenden Sandgruben vorgenommen werden konnten. Eine schöne und interessante Serie gewannen wir so aus Herrn Severin Schreiber's Sandgrube in Währing, welche sich auf der Türkenschanze nächst der Sternwarte befindet und der sarmatischen Stufe angehört. Wir verdanken der freundlichen Vermittelung des Herrn k. k. Polizeirathes Josef Richter in Währing, durch dessen Fürsorge unserem Museum schon mancher schöne Fossilfund zugekommen ist, die erste Nachricht von dem Vorkommen, sowie auch die sorgfältige Bewahrung der Fundstelle vor den Eingriffen Unberufener. Der Besitzer gestattete nicht nur die Vornahme der Ausgrabungen durch Organe des Museums, sondern unterstützte auch die nothwendigen Arbeiten in liebenswürdigster Weise durch Rath und That. Es war daher möglich, eine Reihe von äusserst gebrechlichen Resten zu gewinnen und zu conserviren, welche vornehmlich den Gattungen *Dinotherium* (ein Unterkieferast, zwei Stosszähne mit interessanten Nutzflächen, verschiedene Knochen) und *Rhinoceros* (ein vollständiger Unterkiefer, diverse lose Molaren und einzelne Extremitätenknochen), sowie auch kleineren Wiederkäuern angehörten. Das unmittelbare Liegende der knochenführenden, drei bis vier Meter mächtigen Sande bildet eine etwa ein Meter mächtige Tegellage mit den charakteristischen sarmatischen Conchylien und mit Blattabdrücken von Landpflanzen. Die darunterliegenden sehr mächtigen Sandlagen führen noch zehn Meter tief unter der Tegellage *Ostrea gingensis* Schloth. var. *sarmatica*, von welcher Herr S. Schreiber ebenfalls eine schöne Collection dem k. Museum übergab.

3. Andere schöne Funde wurden in Sandgruben von Ottakring gemacht, welche in den marinen Sanden angelegt sind, die dort in einer Mächtigkeit von etwa zehn Metern aufgeschlossen sind und ziemlich häufig Austern und Pecten, auch Anomien, sowie

Steinkerne von den leichter zerstörbaren Meeresconchylien führen. Besonders häufig sind *Pecten Besseri* Andrz., *Ostrea digitalina* Dub., seltener, aber noch immer nicht selten erscheinen *Pecten Leithajanus* Partsch, *Venus* sp. etc. Diese Sandgruben liegen westlich von der Dornbacher Strasse, in der Nähe der Kainz'schen Sandgrube, in welcher im Jahre 1879 Herr Polizeirath J. Richter ein Säugethiervorkommen entdeckt hatte, das bei den durch den verewigten Hofrath Ferdinand v. Hochstetter geleiteten Ausgrabungen einen schönen Rest von *Mastodon angustidens* Cuv. ergab, der nun eine Zierde unserer Sammlung bildet. Diesmal nun kamen in diesen Sanden zwei Skelete von Halitherien zum Vorscheine, welche eine sehr willkommene Ergänzung unserer Sammlung fossiler Wirbelthiere bilden. — Der eine dieser Funde wurde uns Anfangs September durch Vermittlung der k. k. Bezirkshauptmannschaft Hernals von dem Bürgermeisteramte Ottakring (Bürgermeister Herr Anton Zagorský) angezeigt. Die Fundstelle lag in der Sandgrube des Herrn Josef Wolf. Der Besitzer derselben gestattete die Vornahme der Ausgrabungen, welche 12 Wirbel und 32 Rippen eines älteren Thieres, sowie ein gut erhaltenes Brustbein ergaben. Herr J. Wolf hat dem Museum die wissenschaftlich sehr interessanten und werthvollen Skeletttheile freundlichst überlassen. Bei den Ausgrabungen hat Herr Dr. Gustav Michael, Secretär des Ottakringer Bürgermeisteramtes, in zuvorkommendster Weise intervenirt.

4. An die Sandgrube, in welcher der eben erwähnte Fund gemacht wurde, grenzt eine andere, welche dem Wiener Advocaten Herrn Dr. Moriz Baumann gehört. Hier wurden in einer höheren Sandlage als in der Wolf'schen Sandgrube neuerdings gegen Ende September Rippenfragmente aufgefunden. Der Eigenthümer sandte uns eine diesbezügliche Nachricht, worauf mit seiner Bewilligung die betreffende Stelle ausgebeutet wurde, welche die Reste eines sehr jungen Individuums von *Halitherium* lieferte. Ausser zahlreichen Rippen und Wirbeln fand sich auch ein rechter Unterkieferast; Herr Dr. Baumann hat nicht nur diese wichtigen Knochenreste, sondern auch zahlreiche Conchylien, welche in seiner Sandgrube aufgesammelt worden waren, unserem Museum zur Verfügung gestellt.

Weiter verdanken wir den Herren:

5. N. Andrussow in Kiew: eine grosse und interessante Serie von sarmatischen Conchylien aus der Krim;

6. Ferd. Backhaus, k. k. Hof-Anstreicher in Wien: Steinkohlenpflanzen von Eppinghofen in Rhein-Preussen;

7. Franz D'Elia, Domherrn und Pfarrer in Promontore bei Pola: eine sehr reichhaltige und interessante Sammlung von Fossilien aus den Hippuritenkalken;

8. Bergwerksdirector M. Draghicenu in Bukarest: eine Suite von Tertiärconchylien von Bahna in Rumänien;

9. Dr. J. Gnezda: einige Lithoglyphusformen aus den Congerienschichten von Gergeteg in Syrmien;

10. H. Gravé in Wien: verkieselte Hölzer, die am Tiefen Graben gefunden worden waren;

11. Dr. Axel Goës, Physikus auf Gothland: eine schöne Sammlung von Foraminiferen von den Bermudas-Inseln;

12. Sectionsrath Professor Max Hantken v. Prudnik in Budapest: einige Kalkalgen und 35 ausgesuchte Dünnschliffe sedimentärer Gesteine aus Ungarn;

13. Michael Kaiser in Auersthal: einige Rhinocerosreste aus dem Löss;

14. der Gräflich Larisch-Mönnich'schen Central-Direction in Karwin: Steinkohlenpflanzen;

15. dem Erzherzoglich Albrecht'schen Steinkohlenbergbau in Karwin: eine Collection von Pflanzenversteinerungen der dortigen Gruben;

16. Professor Charles Mayer-Eymar in Zürich: Tertiärsuiten aus Oberitalien, namentlich von Starzano und Serravalle di Scrivia;

17. Josef Megele, Forstwart in Vils: eine Serie von Versteinerungen aus der Umgebung von Vils;

18. Dr. H. Conwentz, Director des Ostpreussischen Provinzial-Museums in Danzig: eine ausgezeichnete Sammlung von Bernsteininsecten;

19. Professor Ph. Paulitschke in Wien: eine auf seiner Reise in Ostafrika gesammelte kleine Collection;

20. F. Pauliny, Brunnenmeister in Ottakring: einen bei einer Brunnengrabung gefundenen *Palaeomeryx*-Zahn;

21. Heinrich Peschke, fürstbischöflicher Forstmeister in Buchbergsthal bei Würbenthal: schöne Fossilien aus den Quarziten des Dürrenberges;

22. Universitätsprofessor Dr. Adolf Pichler in Innsbruck: wiederholte Einsendungen interessanter und seltener Fossilien aus Nordtirol;

23. Dr. J. Počta in Prag: eine Anzahl Spongien aus der böhmischen Kreideformation;

24. Dr. J. E. Polak: Echiniden aus der Umgebung von Teheran;

25. Dr. J. G. Bornemann in Eisenach: eine schöne Suite der von ihm beschriebenen cambrischen Fossilien aus Sardinien;

26. der Portland Cement-Gewerkschaft in Kitzbüchel (Perlmooser Actiengesellschaft): eine reiche Sammlung von Fossilien aus den Cementmergeln von Haering, sowie Proben der dortigen Kohlen;

27. Ch. Schlumberger in Paris: interessante Foraminiferen-Modelle;

28. R. Schneider, Schichtmeister in Segen-Gottes bei Rossitz: eine schöne Collection von Steinkohlenpflanzen;

29. J. Sikora in Wien: eine Anzahl interessanter Tertiärfossilien von Baden, Vöslau und Kalksburg, sowie jurassische Fossilien von St. Veit bei Wien;

30. k. k. Oberst Eduard Ritter v. Smalawski, Vorstand der I. Abtheilung des k. k. Reichs-Kriegsministeriums in Wien: einen Backenzahn von *Elephas primigenius*, welcher im Jahre 1884 bei Krakau, östlich von den fortificatorischen Thürmen »Krzemianka« und »Benedikt«, bei den für die galizische Transversalbahn nothwendigen Erdarbeiten gefunden worden war;

31. Heinrich Keller, Adjunct der k. k. General-Inspection der österr. Eisenbahnen: einige Petrefacten;

32. Professor Dr. G. Sandberger in Würzburg: einen schönen Stamm von *Calamites arenaceus* aus dem Keupersandstein Frankens;

33. Ignaz Spöttl in Wien: eine Sammlung von Pflanzen aus Kalktuffen und verschiedene interessante Gipfelgesteine aus der Zips;

34. Professor J. M. Žujović in Belgrad: Tertiärconchylien aus Serbien;

35. Professor Dr. Rudolf Hörnes in Graz: interessante Gypsabgüsse von in Steiermark aufgefundenen Wirbelthierresten.

Eine weitere Reihe von Erwerbungen machten wir im Tauschwege, oder vielleicht besser gesagt mittelst Gabe und Gegengabe, da es ja bei derartigen Transactionen nicht auf einen Ausgleich der materiellen Werthe der Objecte ankommt. Zu lebhaftem Danke sind wir für derartige Gaben verpflichtet den Herren:

36. R. A. Philippi, Director des Nationalmuseums in Santiago (Chile): für Gypsmodelle von Säugethierresten und Fossilien aus Chile;

37. Professor Jan Palacky in Prag: für grosse Schaustücke aus den silurischen Graptolithenschiefern und aus den Koryčaner Schichten;

38. Ober-Bergverwalter Andreas Mitterer in Haering: für eine grosse und höchst werthvolle Collection von Fossilien aus den Cementmergeln von Haering.

Manche werthvolle Bereicherungen erhielt unser Museum weiter durch Aufsammlungen, die wir theils selbst vornahmen, theils durch befreundete Forscher, die sich gütigst in unserem Interesse dieser Mühewaltung unterzogen, vornehmen liessen. Es gehören dahin:

39. Eine reiche Suite der merkwürdigen zerquetschten und verworfenen Geschiebe aus der Umgebung von Schleinz, über welche ich bei einer früheren Gelegenheit (Verhandl. d. k. k. geol. Reichsanstalt 1878, S. 145) Nachricht gegeben hatte und von welchen ich nun eine grössere Partie für unser Museum einsammelte.

40. Suiten von Tertiärfossilien wurden von Herrn Assistenten Kittl in Währing, Ottakring, in Neudorf an der March und am Waschberg bei Stockerau aufgesammelt, weiter hat derselbe eine Serie von Devonversteinerungen in den Quarziten vom Dürrberge bei Würbenthal in Schlesien, dann Gesteine und Mineralvorkommnisse in der Umgegend von Freiwaldau und Friedeberg, namentlich bei Kaltenstein gesammelt.

41. Herr Assistent Wähner hat bei Gelegenheit einer Fortsetzung seiner Liasstudien am Sonnwendjoch im Unterinnthale Einiges für unser Museum erbeutet.

42. Eine sehr schöne Sammlung der merkwürdigen, der unteren Trias angehörigen Cephalopoden vom Han Bulog bei Sarajewo, die Herr diplomirter Ingenieur J. Kellner entdeckt und deren Fundstelle er früher schon für die k. k. geologische Reichsanstalt ausgebeutet hatte (Verhandl. d. k. k. geol. Reichsanstalt 1884, S. 217). Auf meine Bitte besorgte er nun weitere Aufsammlungen, die eine überaus reiche Ausbeute lieferten und die ich dem Museum als Geschenk zu übergeben in der Lage war.

43. Schlierfossilien von Buje in Istrien, die Herr Professor Dr. K. Moser in Triest für uns freundlichst aufsammeln liess.

44. Hier endlich schliesse ich wohl am schicklichsten eine der wichtigsten Erwerbungen an, welche die geologisch-paläontologische Abtheilung im Laufe des letzten Jahres machte und die ich ebenfalls als Geschenk dem Museum übergeben konnte. Es sind dies Knochenreste von Maragha in Persien, welche der um die Kenntniss dieses Landes so hochverdiente Dr. J. E. Polak durch Herrn F. Th. Strauss in Täbris besorgen liess und mir gegen Ersatz der Selbstkosten freundlichst für das Museums überliess. Die Sammlung, welche zeitlich im Sommer hier eintraf, enthält höchst werthvolle Objecte, und zwar nach der Bestimmung von E. Kittl*) *Hyaena* cf. *eximia* Wagn., *Mastodon Pentelici* Wagn., *Rhinoceros Schleiermacheri* Kaup (ein ganzer, ausgezeichnet erhaltener Schädel), *Aceratherium* sp. (ein Schädel u. s. w.), *Hipparion gracile* Kaup (ein wohlerhaltener Schädel), *Hipparion* n. f., *Helladotherium Duvernoyi* Gaudr., *Palaeoreas Lindermayeri* Wagn., *Antidorcas Rothi* Wag., *Tragocerus* sp., kleinere Antilopen u. s. w. Dieselben deuten auf eine Fauna ganz analog jener von Pikermi in Griechenland hin; eine Fortsetzung der Ausbeutung und eine genauere wissenschaftliche Untersuchung des Fundortes erschien demnach in hohem Grade wünschenswerth, und zwar umsomehr, als ja Maragha durch seine intermediäre Lage zwischen den berühmten Fundstellen von Säugethierresten in den Siwalik-Gebirgen in Indien einerseits und Pikermi und anderen

*) Verhandlungen der k. k. geologischen Reichsanstalt 1885, p. 397.

europäischen Fundstellen andererseits eine ganz besondere Bedeutung für die Kenntniss der Entwicklung und der geographischen Verbreitung der jungtertiären Säugethierfaunen überhaupt besitzt. Durch eine grossmüthige Spende des regierenden Fürsten Joh. Ad. zu Schwarzenberg, eine Subvention aus der Schlönbachstiftung, einen Beitrag von dem regierenden Fürsten Johann II. von und zu Liechtenstein, dann aber wieder durch die Opferwilligkeit des Herrn Dr. Polak, der den ganzen Rest der erforderlichen Reisekosten vorschussweise bestritt, wurde es möglich, Herrn Dr. Alfred Rodler, gegenwärtig Assistenten an der geologischen Lehrkanzel der Wiener Universität, zu der gedachten Aufgabe nach Persien zu entsenden. Er hat dieselbe mit bestem Erfolge gelöst, da aber die von ihm gesammelten Materialien noch nicht in Wien eingetroffen sind, so kann ich in nähere Details darüber noch nicht eingehen, sondern will nur noch beifügen, dass er eine erste Notiz über die wissenschaftlichen Ergebnisse seiner Reise bereits in den Verhandlungen der k. k. geologischen Reichsanstalt 1885, S. 333 veröffentlicht hat.

Einen relativ freilich sehr kleinen Zuwachs endlich haben unsere Sammlungen durch Ankäufe erhalten. Für freundliche Vermittlung von solchen haben sich um unser Museum besonders verdient gemacht die Herren:

Dr. Carl Ferd. Frauscher, Director Oberbergrath D. Stur und Professor Dr. Franz Toula. In dieser Weise haben wir erworben:

1. eine Sammlung von Tertiär- und Kreide-Fossilien aus Croatien und Dalmatien von Herrn Dr. J. Gnezda;

2. diluviale und tertiäre Wirbelthierreste von Minihof in Ungarn, Heiligenstadt, Meidling und Altmannsdorf bei Wien; ferner ein Gypsmodell des Eggenburger Krokodilschädels;

3. tertiäre Pflanzen von Schüttenitz in Böhmen;

4. Miocän-Conchylien von Baden, Steinabrunn, Neudorf a. M., Walbersdorf und Ottakring;

5. Eocän-Conchylien vom Waschberg bei Stockerau und von Kosavin im croatischen Küstenlande;

6. Kreide-Fossilien von Muntigl bei Salzburg;

7. Jura-Fossilien von Adneth;

8. Trias-Fossilien aus dem Salzkammergute, ferner vom Schlern und von der Marmolatta in Südtirol, sowie von St. Cassian, ebendort;

9. eine sehr schöne Suite fossiler Pflanzen aus den berühmten, der oberen Trias angehörigen Fundstätten bei Lunz in Oesterreich.

c. *Anthropologisch-ethnographische Abtheilung.*

Von grösster Bedeutung für die Weiterentwicklung der anthropologisch-prähistorisch-ethnographischen Abtheilung unseres Museums ist die innige Verbindung, in welcher dieselbe mit der anthropologischen Gesellschaft in Wien steht. Schon im Jahre 1877 hat diese Gesellschaft beschlossen, ihre gesammten Sammlungen und ihre Bibliothek dem k. k. naturhistorischen Hofmuseum zu übergeben, und in gleicher Weise wendet sie demselben seither alle Sammlungsgegenstände, die ihr zukommen, und insbesondere auch die Ergebnisse der mit relativ sehr bedeutenden Mitteln von ihr durchgeführten Ausgrabungen zu; was die Druckwerke betrifft, so überlässt sie unserer Bibliothek gegen den Ersatz der Herstellungskosten für die Tauschexemplare nicht nur alle periodischen Publicationen, die sie im Tauschwege erhält, sondern auch alle selbstständigen Werke und Separatabdrücke, die ihr zugesendet werden. Lebhaften Dank schulden wir dafür der ganzen Gesellschaft und insbesondere ihrem hochverdienten Präsidenten Hofrath Ferd. Freiherrn v. Andrian-Werburg, der uns auch sonst bei jeder Gelegenheit seine thatkräftige Unterstützung zu Theil werden lässt. Selbstverständlich suchen anderseits auch wir nach besten Kräften die Zwecke der Gesellschaft zu fördern. Herr Custos Szombathy besorgt ihre Secretariatsgeschäfte und redigirt ihre Mittheilungen, und besonders freue ich mich anzuzeigen, dass wir nun, nachdem die Arbeitszimmer im Neugebäude bezogen sind, auch in der Lage sind, den Mitgliedern der Gesellschaft die Bibliothek und die Sammlungen für ihre Studien zugänglich zu machen.

Aber noch habe ich, bevor ich zu den Details übergehe, einer Institution zu gedenken, die seit einer Reihe von Jahren die materiellen Früchte ihrer Arbeiten dem Museum zuwendet. Es ist die prähistorische Commission der kais. Akademie der Wissenschaften, die, von der ersten wissenschaftlichen Corporation des Reiches zur Förderung des jüngsten Zweiges unserer Wissenschaften eingesetzt, die Funde, die bei den theils mit den Mitteln der Akademie, theils mit fremder Beihilfe ins Werk gesetzten Untersuchungen sich ergeben, regelmässig unserem Museum übergibt.

Den Zuwachs, welchen die Sammlungen der in Rede stehenden Abtheilung im Laufe des Jahres erhielten, will ich gesondert nach den drei Gruppen, in welche dieselben zerfallen, aufführen.

An prähistorischen Objecten erhielten wir:

1. von der prähistorischen Commission der mathematisch-naturwissenschaftlichen Classe der kaiserl. Akademie der Wissenschaften:

a) Funde aus der Vypustekhöhle nächst Kiritein und der unteren Joachimshöhle nächst Josefsthal bei Adamsthal in Mähren, bestehend aus paläo- und neolithischen Artefacten und Knochen diluvialer Säugethiere. Die Funde rühren von den durch J. Szombathy geleiteten und auf Kosten Sr. Durchlaucht des regierenden Fürsten Johann von und zu Liechtenstein durchgeführten Ausgrabungen, an welchen sich seit Jahren die Herren Forstmeister A. Žitný und Oberförster G. A. Heintz betheiligen, her;

b) paläolithische Funde aus mehreren Höhlen des niederösterreichischen Kremsthales, ausgegraben von Herrn Ingenieur Ferdinand Brun;

c) paläolithische Funde aus der auf fürstlich Hohenlohe'schem Besitze gelegenen Höhle bei Duino im Küstenlande, ausgegraben durch Herrn Professor Dr. K. L. Moser in Triest;

d) Funde aus drei Tumulis der Hallstätter Periode nächst Gemeinlebarn bei Traismauer in Niederösterreich, ausgegraben durch den k. k. Conservator Herrn P. Adalbert Dungel;

e) Funde von mehr als 80 aus der Periode der Römerherrschaft stammenden Tumulis in der Nähe von Kilb und Mank in Niederösterreich, ausgegraben durch P. Adalbert Dungel;

2. von der anthropologischen Gesellschaft in Wien:

a) Funde von der prähistorischen und römischen Ansiedlung auf der Gurina bei Dellach im oberen Gailthale in Kärnten. Ausgrabungen 1884 durch Herrn Hofrath Dr. A. B. Meyer aus Dresden und 1885 durch die Herren J. Szombathy und Dr. F. Portheim aus Wien. Ausführliche Mittheilungen über seine im Auftrage und auf Kosten der Gesellschaft gemachten Ausgrabungen hat Herr Hofrath Meyer in seinem Prachtwerke »Gurina«, Dresden 1885, gegeben;

b) Funde aus 28 Tumulis der Hallstätter Periode von Rosegg in Kärnten, ausgegraben durch die Herren J. Szombathy und N. Wang;

c) Funde aus den, den Uebergang von der Hallstätter zur La-Tène-Cultur markirenden Flachgräbern von St. Michael bei Adelsberg in Krain, ausgegraben durch Herrn J. Szombathy;

d) Funde aus der paläolithischen Lagerstätte im Löss bei Willendorf nächst Spitz in Niederösterreich, ausgegraben durch Herrn Ingenieur Ferdinand Brun;

3. von Sr. Durchlaucht dem Fürsten Ernst zu Windischgrätz: Bronzen von Watsch und Glasperlen und Bronzefragmente von St. Michael bei Adelsberg in Krain;

4. von der löbl. Gemeindevertretung Gemeinlebarn: Funde aus dem prähistorischen Gräberfelde nächst Gemeinlebarn bei Traismauer in Niederösterreich, gesammelt durch die Herren Schulleiter Zündel, Oberingenieur Berger und P. Adalbert Dungel;

5. von Herrn Historienmaler Ignaz Spöttl: Bronzen von Watsch in Krain, Schlacken vom Schlackenwalle in Kesmark in Ungarn und fünf Oelskizzen von Tumulis in Niederösterreich;

6. von Herrn Pfarrer Josef Schmidt in Winklarn: die Funde aus drei Tumulis bei Amstetten in Niederösterreich, gegen Ersatz der Selbstkosten;

7. von Herrn Emil Usquin in Nizza durch die Herren Dr. Pröhl und Regierungsrath Dr. Aberle: Perlchen aus einem megalithischen Grabe bei St. Vallier (Alpes maritimes) in Frankreich;

8. von Herrn Professor Dr. K. L. Moser in Triest: Fundstücke aus der Piéinahöhle bei Prosecco nächst Triest;

9. von Herrn Bibliotheksscriptor Willibald Müller in Olmütz: einzelne prähistorische Fundstücke vom Baue des Postgebäudes in Olmütz und aus der Umgebung dieser Stadt;

10. von Herrn Dr. M. Hoernes durch Herrn Gerichtsadjuncten Dr. Sachs: Funde von der Ruine Hinterhaus bei Spitz in Niederösterreich;

11. von Herrn Felix Zwiklitz: eine Sammlung von der jüngeren Steinzeit angehörigen Pfahlbaufunden von Font im Neufchâteler See, die nebst Schädeln und Knochen von Säugethieren 285 Stücke Waffen und Werkzeuge aus Stein und Hirschhorn, darunter besonders werthvolle Stücke aus Nephrit, Jadeit, Chloromelanit und Saussurit, enthält.

Auch im Wege des Tausches erhielten die prähistorischen Sammlungen einigen Zuwachs, und zwar:

12. von Herrn A. Dillinger: Bronzefunde aus Oberösterreich und aus der Gegend von Königgrätz in Böhmen;

13. von Herrn Stadtrath Leiner in Constanz: Nephritbeilchen aus dem Bodensee.

Angekauft endlich wurden:

1. ein Steinbeil aus dem Bodensee;

2. Bronzeringgeld von Ungarisch Hradisch;

3. Bronze- und Bleifunde von Rosegg in Kärnten;

4. prähistorische Funde von St. Michael bei Adelsberg in Krain.

Die anthropologischen Sammlungen wurden nur durch Geschenke, aber in sehr reichem Masse, vermehrt. Wir verdanken:

1. Herrn Bankier Salo Cohn in Wien: eine überaus werthvolle Gabe, die von Herrn Dr. A. Weisbach, Director des k. und k. österreichisch-ungarischen Nationalspitales in Constantinopel, während seiner langjährigen Wirksamkeit daselbst zusammen-

3

gebrachte Sammlung von Racenschädeln, Racenbecken und einigen Skeleten, welche derselbe, um sie dem vaterländischen Museum zuzuwenden, nur gegen Ersatz der im Verhältnisse zum effectiven Werthe geringen, an und für sich aber doch noch sehr namhaften Selbstkosten abliess. Die Sammlung umfasst nicht weniger als 708 Schädel, deren Hauptwerth in der vollkommen sichergestellten Provenienz derselben liegt. Es befinden sich darunter 195 Schädeln von Türken, 131 von Griechen, 96 von Serbocroaten, 43 von Armeniern, 48 von Negern, 49 von alten Byzantinern, 14 von orientalischen Juden u. s. w., ferner 21 Becken; auf die Stücke dieser Sammlung beziehen sich die Arbeiten von Weisbach über Türken- und Griechenschädel in den Mittheilungen der anthropologischen Gesellschaft in Wien, und über die Schädel der Südslaven in der Berliner ethnologischen Zeitschrift;

2. Herrn k. k. Hofrath Ferdinand Freiherrn v. Andrian-Werburg: Schädel und Skelete aus bosnischen Bogumilengräbern;

3. Herrn Professor Dr. Paulitschke: Schädel von Somalis;

4. Herrn Hofrath Dr. A. B. Meyer in Dresden: Schädel aus einem Grabfelde bei Sterzing in Tirol und aus dem Beinhaus von Kötschach in Kärnten. Beschrieben in dem IV. Hefte der Mittheilungen der anthropologischen Gesellschaft vom Jahre 1884;

5. Herrn Generalconsul L. Schiffmann in Hamburg: 23 Schädel von den Philippinen, zum Theile deformirte Schädel aus alten Grabhöhlen, zum Theile solche von jetzigen Bewohnern.

Auch die ethnographische Sammlung erhielt die wichtigsten Bereicherungen durch Geschenke. Solche haben wir erhalten:

1. von Herrn Regierungsrath Steindachner: 13 altjapanesische, zum grössten Theile vergoldete Bronzeringe, aus alten Gräbern stammend, aus dem Nachlasse des bekannten Japanforschers Dr. A. v. Roretz angekauft;

2. von Herrn Victor Schönberger, k. hawaischen Consul: einige Objecte aus den Südseeinseln und dem malayischen Archipel;

3. von einem unserer Freunde in Prag: 92 Nummern ethnographischer Gegenstände vom unteren Congo, gesammelt von Herrn Dr. Josef Chavanne;

4. von der k. k. geologischen Reichsanstalt: eine kleine Sammlung altmexikanischer Steinwerkzeuge und Thongefässe, welche Herr Dr. Hambach in St. Louis eingesendet hatte, und welche ich, noch als Director der genannten Anstalt, dem Museum übergab;

5. von Herrn Josef Haas, k. k. österreichisch-ungarischem Consul und Geranten des Generalconsulates in Shanghai: eine grosse Sammlung verschiedener Objecte, darunter Porzellane und Bronzen aus China, Korea, Japan und Siam, Buddhafiguren u. s. w.;

6. von Herrn Hugo M. Müller, Gutsbesitzer in Wien: eine grosse und sehr interessante Sammlung indianischer Geräthe u. s. w., die derselbe während seiner im Jahre 1884 ausgeführten Reise nach dem britischen Nordamerika aufgesammelt hatte;

7. von Herrn Dr. Dominik Kammel v. Hardegger: 180 Stücke, welche derselbe von seiner im Jahre 1885 zusammen mit Herrn Professor Dr. Philipp Paulitschke ausgeführten Reise nach dem Somallande mitgebracht hat, und welche die erste, systematisch gesammelte Collection ethnographischer Gegenstände aus diesen Gebieten darstellt;

8. von Herrn H. E. Low in Managua, Nicaragua: eine kleine Sammlung von indianischen Alterthümern aus Nicaragua und eine Anzahl grosser Platten aus einem tuffartigen Gestein vom See von Managua, in welchen sich eine Reihe menschlicher Fuss-

abdrücke befinden; die Gesteinplatten lagen unter einer dreizehn Fuss mächtigen Schichte von geschichteten vulcanischen Aschen, Sand und Süsswasserbildungen. Dieses Vorkommen ist beschrieben in den Proceedings der American antiquarian society April 1884.

9. von Herrn Generalconsul Ludwig Schiffmann in Hamburg: eine sehr interessante und werthvolle Collection von Alterthümern und menschlichen Schädeln von den Philippinen, welche der Reisende Dr. Alexander Schadenberg von dort mitgebracht hat;

10. von Herrn L. van Ende, k. niederländischem Hauptmann a. D. in Batavia: eine grössere Sammlung ethnographischer Gegenstände aus dem malayischen Archipel;

11. von Herrn Dr. B. Hagen in Deli, Sumatra: eine Sammlung sehr seltener ethnographischer Gegenstände von den Batta's auf Sumatra, von ihm selbst gesammelt;

12. von Herrn W. Mesny, chinesischem General, in Shanghai: eine der seltenen hochinteressanten alten Bronzepauken aus dem südlichen China;

13. von Sr. Excellenz Herrn General Neriman Khan, persischem Gesandten in Wien: einen altpersischen Grabstein mit kufischer Inschrift;

14. von einem unserer Freunde in Prag: ein prachtvolles Chloromelanitbeil, angeblich aus der Wüste Atakama stammend;

15. vereinzelte werthvolle Gegenstände von den Herren Dr. Friedrich S. Krauss aus Bosnien, Friedrich Bayern aus Tiflis und F. v. Magius aus Java und Borneo;

16. auch bei den Expeditionen der k. und k. Kriegsmarine wurden für die ethnographische Sammlung höchst werthvolle Beiträge gesammelt, und zwar:

a) durch Sr. Majestät Corvette »Helgoland«: 91 Stücke von den Localitäten Tanger, Mogador, Gorée, Dakar, Sierra Leone, Monrovia, Cape Coast Castle, Lagos, Fernando-Po, dem unteren Congo und Loanda;

b) durch Sr. Majestät Corvette »Frundsberg«: 27 Nummern von Berbera, der Comoreninsel Johanna, von Mombas, von den Wanikas, Magosse, Norribé, von den Hovas und Sakalaven auf Madagaskar und von Moçambique;

17. von der ehemaligen k. k. Forstakademie in Mariabrunn wurden einige ethnographische Gegenstände aus Ostasien übernommen;

18. von Herrn Professor A. R. Philippi in Santiago de Chile: im Tauschwege Gypsabgüsse altchinesischer und altperuanischer Gegenstände.

Angekauft endlich wurden:

1. aus dem Nachlasse des k. k. Admirals Friedrich Freiherrn v. Pöck: 43 ethnographische Gegenstände, namentlich aus Südafrika, Asien und den Südseegebieten;

2. 23 Stücke altamerikanische Steinwerkzeuge;

3. eine Sammlung von 25 Stück Gypsabgüssen zumeist neuseeländischer Stein- und Holzgeräthe, welche auf Veranlassung des Herrn Dr. Otto Finch nach Rückkehr desselben von seiner vorletzten grossen Forschungsreise in die Südsee in Berlin angefertigt wurden.

IV. Die Bibliotheken.

Eine Frage von grosser Tragweite ist es, ob die reichen Bücherschätze, welche das k. k. naturhistorische Hofmuseum besitzt, zweckmässiger zu einer unter besonderer Leitung stehenden Bibliothek vereinigt, oder aber in Fachgruppen gesondert in den einzelnen Abtheilungen und Unterabtheilungen des Museums unter der Obsorge der betreffenden Beamten in den Arbeitsräumen aufgestellt werden sollen. Hochstetter, der, wie ich

3*

aus älteren Schriftstücken entnehme, erst für die Concentrirung der Bibliothek gestimmt war, ist später, und zwar, wie mir scheint, mit vollem Rechte von dieser Anschauung abgegangen. Alle unsere Bücherschätze sind somit in jene Räume vertheilt untergebracht, in welchen sie unmittelbar zur Benützung gelangen. Nur bezüglich einer Reihe von periodischen, alle oder doch mehrere naturwissenschaftliche Fächer umfassenden Publicationen ist dabei eine Ausnahme gemacht; diese sind in einem der zoologischen Abtheilung zugehörigen Saale des zweiten Stockes als allgemeine Bibliothek aufgestellt.

a. Zoologische Abtheilung.

Ueber die Bücherschätze der zoologischen Abtheilung sind wir, da die Rangirung derselben eben im Gange ist und auch in der Vertheilung der Werke an die einzelnen Unterabtheilungen eben manche Veränderungen vorgenommen werden, nicht in der Lage, gegenwärtig eine genauere Uebersicht zu geben. Indem ich mir vorbehalte, auf eine solche bei späterer Gelegenheit zurückzukommen, füge ich hier nur einige vereinzelte Notizen bei.

Zugewachsen sind an zoologischen Druckschriften im Laufe des Jahres 666 Bücher durch Ankauf und 147 Werke in 166 Bänden als Geschenke. Für solche sind wir insbesondere zu Dank verpflichtet den Herren Director Spencer Baird und Alexander Agassiz in Cambridge, Freiherrn v. Drasche in Wien u. s. w., dann den meisten Beamten des Museums selbst.

Die Bibliothek der Abtheilung der Tunicaten, Mollusken und Molluskoiden besteht aus 374 selbstständigen Werken in 876 Bänden, 183 Separatabdrücken und 6 Zeitschriften in 110 Bänden, die Literatur der Dipteren ist durch 82 selbstständige Schriften und Separatabdrücke in 131 Bänden und Heften, jene der Neuropteren durch 35 Werke in 43 Bänden vertreten. Die Abtheilung für Würmer, Echinodermen, Coelenteraten u. s. w. zählt 858 Einzelwerke und Separata in 943 Bänden.

b. Botanische Abtheilung.

Durch die in den früheren Jahren bestandene räumliche und administrative Vereinigung des k. k. botanischen Hofcabinetes mit den betreffenden Sammlungen der k. k. Universität wurde es herbeigeführt, dass der Vermehrung der Bibliothek des ersteren geringere Mittel zugewendet wurden, als es sonst wohl der Fall gewesen wäre; leider ist demzufolge, nach nunmehr durchgeführter Trennung, unsere botanische Bibliothek sehr lückenhaft und ungenügend. Nach Kräften müssen wir bemüht sein, auch hier Abhilfe zu schaffen, und ich möchte diese Gelegenheit benützen, um so wie bezüglich naturwissenschaftlicher Publicationen überhaupt, ganz besonders solcher botanischen Inhaltes, an alle unsere Freunde und Fachgenossen im In- und Auslande die Bitte zu richten, sie wollen uns durch gütige Widmung ihrer Publicationen oder von Doubletten aus ihren eigenen Bibliotheken in diesem Bestreben unterstützen. Nicht nur grössere Werke, sondern insbesondere auch Separatabdrücke, auch der kleinsten Arbeiten aus älterer und neuerer Zeit werden uns zu dem lebhaftesten Danke verpflichten.

Die Zahl der selbstständigen Werke und Separatabdrücke, welche die Bibliothek mit Schluss des Jahres besass, beträgt 3326 Nummern, davon wurden im Laufe des Jahres 109 durch Kauf und 386 als Geschenke erworben. — Die Zahl der botanischen periodischen Publicationen, welche das Museum regelmässig bezieht, beträgt 25.

Geschenke an Büchern erhielt die Bibliothek insbesondere von den Herren: Dr. G. Beck, H. Braun, Professor A. Fischer v. Waldheim in Warschau, Hofrath v. Hauer, Professor A. Heimerl, A. Knapp, H. W. Reichardt und Dr. J. Ritter v. Szyszyłowicz.

Als eine besonders werthvolle Bereicherung der Bibliothek darf es noch bezeichnet werden, dass derselben durch die Vermittlung der k. k. Familien-Fideicommiss-Bibliothek die Originalabbildungen zu Host's Icones Graminum, sowie jene zu dem ersten Bande seiner Salices zukamen.

c. *Mineralogisch-petrographische Abtheilung.*

Die Trennung der mineralogischen von der geologischen Abtheilung brachte es mit sich, dass die für die älteren Zeiten sehr reichhaltige, in den letzteren Jahren aber in Folge Mangels der erforderlichen Geldmittel nicht in gleichem Masse auf dem Laufenden erhaltene Bibliothek des früheren k. k. Hof-Mineraliencabinetes in die zwei Abtheilungen geschieden und neu geordnet werden musste.

Der mineralogisch-petrographischen Abtheilung fielen dabei insbesondere auch die Werke über Berg- und Hüttenwesen zu.

Für den Beginn des Jahres 1884 wurde die gemeinsame Bibliothek in runden Zahlen auf 12.800 Nummern in 9000 Bänden und 8000 Broschüren und Separatabdrücken, davon 4800 Nummern für die mineralogische und 8000 für die geologische Abtheilung, geschätzt.*)

Nach einer neuerlichen Schätzung und theilweisen Zählung besitzt die mineralogisch-petrographische Abtheilung, mit Inbegriff des Zuwachses der beiden letzten Jahre, am Schlusse des Jahres 1885 125 Zeitschriften mit 2900 Bänden und 5900 Einzelwerke und Separatabdrücke in 6300 Bänden und Heften.

Geschenke erhielt die Bibliothek im Laufe des Jahres von zahlreichen Instituten und Vereinen, von den Beamten des Museums, dann von den Herren: Director Ed. Döll, Baron Richard Drasche-Wartinberg (die vollständige Reihe der Rivista minera vom I. bis XXX. Band), Baron Heinr. Foullon-Norbeck, Professor F. A. Genth in Philadelphia, Gerold & Cie., Dr. Vict. Goldschmidt, Dr. Häpke, Conrad v. John, Fel. Karrer, Professor v. Klipstein in Giessen, General N. v. Kokscharow in St. Petersburg, H. Kunisch in Breslau, Professor Dr. Otto Luedecke in Halle, Jos. Neumüller, J. W. Powell in Washington, Professor Al. Schwarz, B. Stürtz in Bonn, Hofrath V. v. Zepharovich in Prag u. s. w.

d. *Geologisch-paläontologische Abtheilung.*

Die der geologisch-paläontologischen Abtheilung zugefallenen Bücher wurden in acht Gruppen gesondert, und zwar:

1. allgemeine Abtheilung,
2. Wirbelthiere,
3. niedere Thiere,
4. Pflanzen,
5. geologische Topographie,
6. officielle Landesaufnahmen,

*) Hochstetter, »Das k. k. Hof-Mineraliencabinet« (Jahrb. d. k. k. geol. Reichsanstalt 1884, S. 263).

7. Zeitschriften,

8. die auf Gebiete ausserhalb Europa und Asien bezüglichen Werke, also die Literatur von Amerika, Afrika, Australien und Neuseeland.

Die Zeitschriften, sowie selbstverständlich auch die Publicationen der officiellen Landesaufnahmen wurden nach Ländern geordnet. In den übrigen Gruppen wurden zunächst gebundene Werke und Broschüren, dann weiter Octav, Quart und Folio unterschieden und schliesslich in jeder dieser Abtheilungen die vorhandenen Werke nach den Namen der Autoren alphabetisch geordnet.

Diese etwas complicirte Anordnung wird man freilich nur für eine relativ kleine Fachbibliothek als zulässig betrachten können; sie ist aber insoferne dem Bedürfnisse beim Gebrauche gerade unter unseren Verhältnissen angepasst, als es sich ja hier in der Regel bei den Bestimmungen von Fossilien u. s. w. um die gleichzeitige Benützung mehrerer, ja vieler Werke handelt, die man nun auch räumlich nahe beisammen findet, was um so vortheilhafter erscheint, als ja die ganze Bibliothek nicht in einem Saale vereinigt, sondern in Wandschränken und Bücherstellen in allen Arbeitszimmern vertheilt aufgestellt ist.

Den Zuwachs der Bibliothek im Jahre 1885 macht die folgende Tabelle ersichtlich.

	durch Kauf	als Geschenk	Summe
Einzelwerke	31	17	48
Separatabdrücke . .	31	33	64
Lieferungswerke . .	17 (45 Lief.)	5 (5 Lief.)	22 (50 Lief.)
Zeitschriften	27	23	50
Karten	70 Blätter	49 Blätter	119 Blätter

Der Stand, den sie hierdurch erreichte, beträgt in runden Zahlen 160 Zeit- und Gesellschaftsschriften mit 1500 Bänden, 8000 Einzelwerke in 8300 Bänden und Heften und 400 Kartenwerke in 800 Blättern.

Für Geschenke an Büchern und Karten sind wir zu bestem Danke verpflichtet den Herren Director E. Dupont in Brüssel, C. Freiherrn v. Ettingshausen in Graz, Prof. Dr. A. Fritsch in Prag, Custos Th. Fuchs in Wien, Hofrath v. Hauer in Wien, Prof. R. Hörnes in Graz, Assistent E. Kittl in Wien, Prof. Ch. Mayer-Eymard in Zürich, Oberbergrath E. v. Mojsisovics in Wien, Prof. J. Niedzwiedzki in Lemberg, Chefgeologe E. Tietze in Wien, Prof. F. Toula in Wien und Geologe M. Vacek in Wien.

c. Anthropologisch-ethnographische Abtheilung.

Auch die Bibliothek der anthropologisch-ethnographischen Abtheilung, welche, der Trennung der Sammlungen entsprechend, in zwei Gruppen: die prähistorisch-anthropologische und die ethnographische getheilt ist, erhält in der Regel den grössten Zuwachs durch ihre schon früher erwähnte Verbindung mit der anthropologischen Gesellschaft. Von dieser erhielten wir im Laufe des Jahres 71 Einzelwerke in 74 Bänden und Heften und in regelmässiger Folge die erschienenen Hefte und Blätter von 109 Zeit- und Gesellschaftsschriften.

Als Geschenke direct an die Abtheilung liefen ein 16 Werke in 16 Bänden, und von anderen Abtheilungen des Museums wurden übernommen 29 Werke in 54 Bänden.

Ein ausserordentlicher Zuwachs ergab sich aber durch den Ankauf eines Theiles der Bibliothek aus dem Nachlasse des verewigten F. v. Hochstetter. Es umfasst derselbe 416 Werke in 567 Bänden und Heften, und weitere 93 Werke in 113 Bänden wurden durch Ankauf im Buchhandel erworben.

Im Ganzen beträgt somit der Zuwachs im Laufe des Jahres, abgesehen von den 109 Zeitschriften, 625 Werke in 824 Bänden und Heften, von welchen 274 mit 284 Bänden der prähistorisch-anthropologischen und 351 in 540 Bänden der ethnographischen Abtheilung zufallen.

Der Gesammtbestand der ersteren Gruppe betrug mit Ende 1885, immer mit Ausschluss der Zeitschriften, 1146 Werke in 2070 Bänden.

Nebst Druckwerken ist Herr Custos Heger eifrig bestrebt, auch Photographien und Abbildungen ethnographisch wichtiger Objecte für das Museum zu sammeln. Bis zum Schlusse von 1884 waren von ersteren 1435 und von letzteren 292 Blätter vorhanden.

Die wichtigste weitere Erwerbung im Laufe des Jahres bildet ein sehr schönes, 118 Folioblätter umfassendes Album von Photographien aus Hârâr von den Somali- und Gallaländern, ein Geschenk der Herren Dr. Kammel Ritter v. Hardegger und Professor Dr. Ph. Paulitschke, welches dieselben gelegentlich ihrer schon früher erwähnten Forschungsreise zusammengebracht hatten.

Eine sehr interessante Bereicherung der Photographien-Sammlung sind ferner Copien von 6 Personen- und Gruppenbildern verschiedener Prinzen aus Soerakarta (Java), welche Scenen aus dem »Wayang Orang« (Komödie, welche die Mythen und Sagen Javas behandelt) mit Götter- und Helden-Figuren zur Darstellung bringen. Die Costüme, über 100 an der Zahl, wurden auf Befehl des jetzt regierenden Fürsten des Mangkunegoro'schen Hauses aus kostbaren mit Gold und echten Juwelen besetzten Stoffen angefertigt und sollen über 400.000 fl. gekostet haben. Die Negativplatten der Originalphotographien wurden nach Abzug einiger weniger Bilder vernichtet; Herr Jul. v. Magius, der sich im Besitze eines Exemplares dieser Bilder befindet, gestattete uns eine Copie derselben zu nehmen, welche Herr Dr. Hermann Bell trefflich ausführte und uns freundlichst übergab.

Weitere Geschenke an Photographien erhielten wir dann von den Herren: v. Ende: 4 Photographien Dayak'scher Costume, Dr. Roretz: 2 von Dayaks, Dr. A. Schadenberg: 2 von Grabstätten auf der Insel Malipano; angekauft wurden 74 Blätter verschiedener Grösse aus den Südseegebieten, 30 Visitkarten-Photographien verschiedener Völkertypen freundlichst vermittelt durch Herrn Professor F. Müller und eine photographische Copie des Oelgemäldes »Der Triumph« von Wereschagin. Der Zuwachs des Jahres beträgt somit 245 Blätter, und die Photographiensammlung ist auf 1672 Stück angewachsen.

An anderen Abbildungen erhielten wir 24 Farbendrucktafeln zum Anschauungsunterrichte an javanischen Schulen, dazu eine ebensolche Tafel mit Wappen, Geschenk des Herrn J. v. Magius, 7 Blätter mit 20 Aquarell- und Tuschskizzen, gemalte Holzschnitzereien aus der Tempelmoschee zu Kokand darstellend, angefertigt und geschenkt von H. W. Wereschagin, dann ein grosses ethnographisches Tableau in Lithographie. Die Sammlung derartiger Abbildungen hat sich damit auf 321 Blätter erhöht.

V. Die wissenschaftlichen Arbeiten und Reisen der Musealbeamten.

Wohl nur wer selbst durch eigene Arbeit an den Fortschritten der Wissenschaft fördernden Antheil nimmt oder genommen hat, kennt in vollem Umfange die Bedürfnisse und die Anforderungen, welche an ein grosses naturhistorisches Museum gestellt werden müssen, wenn dasselbe seinen Platz unter den ersten analogen Instituten der

Grossstaaten behaupten soll. Eine rege literarische Thätigkeit der Musealbeamten verdient daher schon darum in vollstem Masse Anerkennung und Förderung; sie ist aber auch von ganz directem, sozusagen materiellem Vortheil für das Museum selbst, da sie diesem sonst oft ganz verschlossene Wege zu Erwerbungen eröffnet und die vielen Verbindungen nutzbringend macht, welche der Fachschriftsteller allerorts im In- und Auslande anzuknüpfen pflegt. Nimmt nun auch die Zeit der Uebersiedlung und Neuaufstellung der Sammlungen unsere Arbeitskraft in ganz ungewöhnlicher Weise in Anspruch, so darf ich doch mit grosser Befriedigung auf eine lange Reihe von wissenschaftlichen Arbeiten hinweisen, welche von den Musealbeamten im Laufe des Jahres ausgeführt wurden.

Vor Allem sei es mir gestattet zu erwähnen, dass mir selbst die Auszeichnung zu Theil ward, in zweifacher Weise zur Mitarbeit an dem grossen Werke Sr. k. und k. Hoheit des Kronprinzen: »Die österreichisch-ungarische Monarchie in Wort und Bild« herangezogen zu werden. Nicht nur ward mir die Schilderung der geologischen Verhältnisse der Monarchie, die sich für den ersten Band des Werkes bereits im Drucke befindet, übertragen, sondern ich wurde auch zum Referenten für die naturwissenschaftlichen Fächer und zusammen mit Herrn Hofrath v. Becker zu jenem für die landschaftlichen Schilderungen bestellt. Für dasselbe Werk verfasste auch Herr Felix Karrer zusammen mit dem Assisten der k. k. geologischen Reichsanstalt Herrn Dr. A. Bittner die Schilderung des »Wiener Beckens«, und lieferten die Herren Steindachner, v. Pelzeln, Rogenhofer, Kohl dem Verfasser des Abschnittes über die zoologischen Verhältnisse der Monarchie, Herrn Professor Dr. A. v. Mojsisovics, zahlreiche Daten für diese Arbeit.

Eine andere wichtige wissenschaftliche Unternehmung, an der ich theilzunehmen Gelegenheit hatte, ist die von dem Karstcomité des österreichischen Touristenclub ins Werk gesetzte Erforschung und Gangbarmachung der noch unbekannten Höhlen und Grotten unserer Karstländer und insbesondere die Verfolgung des unterirdischen Laufes der Schlundflüsse. Dieses Comité, dessen Präsidium mir übertragen wurde, zählt noch einen zweiten Beamten, Herrn Custos Szombathy, zu seinen Mitgliedern; weiter gehören demselben an: Herr Franz Kraus, auf dessen Anregung das Comité ins Leben gerufen wurde, der Präsident und Vicepräsident des Touristenclub Herr A. Silberhuber und Herr E. Graf; die Reichsrathsabgeordneten Fürst Ernst Windischgrätz, Professor E. Suess und A. Obresa, die Herren Ministerialräthe Chr. Lippert und J. Lorenz v. Liburnau und die Herren Fel. Hoffmann und Fr. Karrer. Ohne hier in weiteres Detail über die Ergebnisse der diesjährigen Arbeiten eingehen zu können, will ich nur kurz erwähnen, dass die Piuka Jama bei Adelsberg zugänglich und gangbar gemacht, und dass Vermessungen in dieser Höhle sowohl wie zwischen ihr und der Adelsberger Grotte vorgenommen wurden, die zu sehr interessanten wissenschaftlichen Ergebnissen führten. Auch für unser Museum wurde dabei Manches an Höhlenthieren, Gesteinen u. s. w. gesammelt.

Der Vollständigkeit wegen erlaube ich mir auch auf die Publicationen hinzuweisen, die ich, wenn auch noch in meiner früheren Eigenschaft als Director der k. k. geologischen Reichsanstalt, zu machen Gelegenheit hatte; es sind: der Jahresbericht für diese Anstalt für 1884 (Verhandl. 1885, Nr. 1), »Die Krausgrotte bei Gams« (Oesterr. Touristen-Zeitung 1885, Nr. 1 und 2) und »Die Gypsbildung in der Krausgrotte« (Verhandl. d. k. k. geol. Reichsanstalt 1885, Nr. 2).

Noch sei es mir gestattet zu erwähnen, dass ich zum Beginn der vorzunehmenden Ausgrabungen die betreffenden Höhlen in Mähren sowohl, wie die Fundstelle in Gurina in Kärnten besichtigte; dass ich die Landesausstellung in Pest und jene in Klagenfurt besuchte und an der ausserordentlichen Versammlung unserer anthropologischen Gesellschaft in letzterer Stadt Antheil nahm, endlich dass ich eine Reise nach Kirchbichl und Häring in Tirol behufs des Studiums des dortigen Vorkommens der alttertiären Cementmergel unternahm. Die Verbindungen, die ich dabei anzuknüpfen in der Lage war, brachten unseren mineralogischen und paläontologischen Sammlungen reichen Gewinn, wie aus den früheren Mittheilungen über den Zuwachs derselben des Näheren erhellt.

Durch das Zusammenwirken hauptsächlich von Beamten des Museums wurde die soeben erschienene »Fauna und Flora von Hernstein in Niederösterreich« als Theil des mit Unterstützung Sr. kais. Hoheit des durchlauchtigsten Herrn Erzherzogs Leopold von Herrn Hofrath M. A. Becker herausgegebenen grossen Werkes »Hernstein« (kleine Ausgabe) verfasst. Herr Custos-Adjunct Dr. G. Beck redigirte diese Zusammenstellung; er selbst bearbeitete die Wirbelthiere, die Mollusken, zusammen mit L. Ganglbauer die Coleopteren und zusammen mit Custos Brauer die Orthopteren, sowie die ganze Flora. Weiter bearbeiteten die Herren Custos Rogenhofer und Fr. Kohl die Hymenopteren, ersterer überdies die Lepidopteren und zusammen mit J. Mann die Mikrolepidopteren, Dr. E. Becher die Dipteren aus Kleinzell bei Hainfeld, Custos F. Brauer die Neuropteren und Carl Koelbel die Arachnoiden.

Eine weitere gemeinsame Arbeit der Beamten des Museums, die ihrer Vollendung entgegengeht, ist die naturwissenschaftliche Schilderung von Jan Mayen für die grosse, auf Kosten des Grafen H. Wilczek, der Marinesection des k. k. Reichskriegsministeriums und der kais. Akademie der Wissenschaften herauszugebende Publication über die Arbeiten der österreichischen Beobachtungsstation daselbst; für dieselbe bearbeitet Herr Director Steindachner die Fische, Dr. Becher die Mollusken und Dipteren, C. Koelbel die Crustaceen, Pycnogoniden und Arachnoideen, Herr Custos v. Marenzeller die Würmer, Chenophoren, Anthozoen und Poriferen, Herr Dr. v. Lorenz die Polypomedusen und die Bryozoen, dann Dr. Ferdinand Fischer mit Beihilfe des Dr. Marenzeller die Echinodermen, — vollendete ferner Custos Reichardt noch kurz vor seinem Tode die Flora und bearbeitet Herr Dr. Berwerth die Gesteine.

Von weiteren vollendeten oder im Fortschreiten begriffenen Arbeiten sind zu erwähnen:

a. Zoologische Abtheilung.

A. v. Pelzeln, Studie über die Abstammung der Hunderacen (bestimmt für die von Dr. Spängl in Bremen redigirten zoologischen Jahrbücher).

A. v. Pelzeln und Kohl, Ueber eine Sendung von Säugethieren und Vögeln aus Ceylon. (Abhandl. d. k. k. zool.-bot. Gesellsch. 1885.)

Steindachner und Dr. Döderlein, Die Fische Japans, III. Theil. (Denkschr. d. kais. Akademie der Wissenschaften.)

Ferner arbeitet Herr Director Steindachner an einem grossen Kataloge über die gesammten Fische und Reptilien des Wiener Museums nach dem neuesten Stande der Wissenschaft, ein Werk, dessen Vollendung bis zur Druckreife aber noch weitere drei bis vier Jahre in Anspruch nehmen wird.

L. Ganglbauer, Coleoptera im Jahresbericht der zoologischen Station in Neapel für 1884, II. Abtheil., S. 227 bis 352. Auf Ersuchen der Station hat Herr Ganglbauer seit 1881 das Referat für die Coleopteren übernommen und führt dasselbe seither regelmässig fort.

L. Ganglbauer, Neue und weniger bekannte Longicornier der paläarktischen Faunengebiete. (Verhandl. d. k. k. zool.-bot. Ges. 1885, S. 515—524.)

L. Ganglbauer, Die Anthaxien der Cratomusgruppe in Deutschland. (Entom. Zeitschr. 1885, II. Heft.)

L. Ganglbauer, Eine neue Anthaxia der Wiener Gegend. (Ebendas.)

L. Ganglbauer, Eine neue Anthaxia aus Kurdistan. (Ebendas.)

L. Ganglbauer, Ueber *Clytus nigripes* Br. und die mit ihm verwandten Arten. (Ebendas.)

Ausserdem bereitet Ganglbauer zwei grössere Arbeiten vor, eine Monographie der paläarktischen *Procerus, Procrustes, Carabus, Calosoma* und *Callisthene* und Bestimmungstabellen der paläarktischen Bupresticlen, die im Laufe des Jahres erscheinen dürften.

F. Kohl, Die Gattungen und Arten der Lariden. (Verhandl. d. zool.-bot. Ges. in Wien, Bd. XXXIV.)

F. Kohl, Die Gattungen der Sphecinen und die paläarktischen Sphexarten (Természetrajzi Füzetek, Vol. IX, p. 2, Budapest.)

F. Kohl, Zur Synonymie der *Hymenoptera aculeata*. (Entomol. Nachrichten, XI. Bd., 1885, Berlin.)

Dr. Fr. Brauer, Systematisch-zoologische Studien. (Sitzungsber. d. k. Akad. der Wissenschaften, Bd. XCI.)

Weiter hat Herr Custos Brauer einen grossen Zettelkatalog aller bekannten Dipteren, den Dr. R. Schiner angelegt und bis zum Jahre 1868 fortgeführt hatte, für die folgenden zwölf Jahre bis 1880 vollendet, eine höchst werthvolle Arbeit, da bisher keine Gesammtübersicht der Dipteren in der Literatur vorhanden ist.

Auf Grundlage des Materiales in dem Museum verfasste Herr A. Schletterer seine Abhandlungen über die Hymenopterengattungen *Gasterupia (Foenus)* und *Evansia* in den Verhandlungen der k. k. zoologisch-botanischen Gesellschaft.

Noch ist endlich beizufügen, dass Herr Director Steindachner auf Wunsch des österreichischen Fischereivereines als Delegirter an dem deutschen Fischereitag in München theilnahm. Am Rückwege besuchte er den Tegernsee und Ammersee, wie auch den Gardasee, um die in dem Museum befindlichen Sammlungen der Salmoniden zu bereichern. Er constatirte dabei, dass die Carpione (Gardasee-Lachsforelle) in der That zweimal im Jahre im See selbst in grossen Tiefen laicht, und dass sie von den übrigen Lachsforellen österreichischer Seen specifisch verschieden ist.

b. Botanische Abtheilung.

Herr Dr. G. Beck veröffentlichte in den Schriften der k. k. zoologisch-botanischen Gesellschaft die Abhandlungen »Zur Pilzflora Niederösterreichs«, III, — »Ueber die Entwicklungsgeschichte vom *Ustilago Maydis* Ung.«, — »Ueber den Oeffnungsmechanismus der Porenkapseln«, — H. W. Reichardt, »Eine Lebensskizze«, welche auch in den Schriften der deutschen botanischen Gesellschaft in Berlin erschien.

Eine weitere wichtige Unternehmung des Herrn Dr. G. Beck ist seine mit Unterstützung des k. k. Unterrichtsministerium durchgeführte Reise zur botanischen Durchforschung Südbosniens und der angrenzenden Theile der Herzegowina. Innerhalb acht Wochen durchstreifte er erst die Umgebung von Sarajewo und das Treboviegebirge (1740 Meter), weiter das ausgedehnte Hochplateau der Romanja planina, bestieg den Igman von Blazuy aus, den Hranikava (2000 Meter) und die Bjelašnica (2150 Meter) von Pazaric, den mächtigen Gebirgsstock der Treskavica (2128 Meter) von Trnovo aus, und erforschte eingehend das wilde Karstgebirge der Preni Planina bei Konjica in der

Herzegowina; weiter wandte er sich dann über Prača, Goražda und Foča nach Bastaci zur Untersuchung der montenegrinischen Grenzgebirge, erstieg von letzterem Orte aus die Sucha gora und die Maglič planina (2200 Meter) und nahm den Abstieg durch die wildromantische Sulieskaschlucht. Die noch weiter geplante Besteigung der Tavarnica und der Dumos planina wurde leider durch schlechtes Wetter vereitelt. Sehr reich ist die Ausbeute, welche Herr Dr. Beck von seiner Reise mit heimbrachte. So weit sich nach dem gegenwärtigen Stande der im Gange befindlichen Bearbeitung beurtheilen lässt, umfasst dieselbe etwa 60 Arten von Pilzen und eben so viele Algen, 53 Flechten, 35 Leber- und 114 Laubmoose; von Phanerogamen liegen bei 800 Arten vor, darunter eine neue, in der Prenj planina ganze Bestände bildende Schwarzföhre (*Pinus Prenja* Beck), eine neue blassgelbe Iris vom Trebovic, eine purpurblüthige Orchis aus der Alpenregion der Treskavica und zahlreiche Spielarten von bereits bekannten Monocotylen. Die Dicotylen dürften etwa zehn neue Arten und viele neue Varietäten enthalten. Im Ganzen wurden 60 Fascikel getrocknete Pflanzen mitgebracht.

Herr Dr. v. Szyszyłowicz veröffentlichte in Engler's botanischen Jahrbüchern eine Abhandlung »Zur Systematik der Tiliaceen, I und II«, — und Herr A. Zahlbruckner in den Schriften der k. k. zoologisch-botanischen Gesellschaft seine »Beiträge zur Flechtenflora Niederösterreichs«.

Ausserdem bot unser Herbar die Grundlage oder doch wesentliche Beihilfe zu vielen wichtigen Arbeiten auswärtiger Forscher. Ich erwähne von solchen: H. Braun, »Beiträge zur Kenntniss einiger Arten und Formen der Gattung *Rosa*« (Schriften der k. k. zoologisch-botanischen Gesellschaft), — E. Hackel, »Andropogeneae novae« (Flora 1885), — Martins und Eichler, »Flora Brasiliensis«, Fascikel 95 (Leipzig), — C. von Naegeli und A. Peter, »Die Hieracien Mitteleuropas«, »Die Piloselloiden« (München), u. s. w.

c. Mineralogisch-petrographische Abtheilung.

Von wissenschaftlichen Publicationen der Beamten der mineralogisch-petrographischen Abtheilung sind zu verzeichnen:

Dr. A. Brezina, Die Meteoritensammlung des k. k. mineralogischen Hofcabinetes in Wien am 1. Mai 1885. (Jahrb. d. k. k. geol. Reichsanstalt 1885, S. 151 bis 276, 3. Taf. Auch sep. bei A. Hölder.)

Dr. Berwerth, Der Boden Siebenbürgens, eine geologische Skizze. (Jahrb. d. siebenbürgischen Karpathenvereines, Bd. 5.)

Weiter lieferte Herr Dr. Berwerth zahlreiche Referate für das Neue Jahrbuch für Mineralogie u. s. w.

Von zu wissenschaftlichen Zwecken unternommenen Reisen erwähne ich, dass Herr Custos Dr. Brezina Ende October einen Ausflug nach Ungarn zum Besuche der Ausstellung in Budapest, dann weiter zum Zwecke von Studien und Aufsammlungen nach Abrudbánya und nach den Opalgruben von Czerwenitza unternahm, und dass Herr Dr. Berwerth eine von Herrn Professor Suess veranstaltete Studienreise nach dem Dachstein mitmachte und Excursionen in die Umgebung von Gutenstein und anderen Orten unternahm.

d. Geologisch-paläontologische Abtheilung.

Von paläontologischen Arbeiten habe ich zu verzeichnen:

Th. Fuchs, Tertiär-Fossilien aus dem Becken von Bahna. (Verhandl. d. k. k. geol. Reichsanstalt 1885, p. 70.)

Th. Fuchs, Ueber die Fauna von Hidalmas bei Klausenburg. (Ebendas. p. 101.)

Th. Fuchs, Miocän-Fossilien aus Lykien. (Ebendas. p. 107.)

Th. Fuchs, Zur neueren Tertiärliteratur. (Jahrb. der geol. Reichsanstalt.)

Th. Fuchs, Die Versuche einer Gliederung des unteren Neogen im Gebiete des Mittelmeeres. (Zeitschr. der deutschen geol. Gesellschaft.)

Dr. F. Wähner, Beiträge zur Kenntniss der tieferen Zonen des unteren Lias in den östlichen Alpen. (Im Erscheinen begriffen in den Beiträgen zur Paläontologie von Oesterreich-Ungarn.)

R. Hörnes und M. Auinger, Die Gastropoden der Meeresablagerungen der ersten und zweiten Mediterranstufe der österreichisch-ungarischen Monarchie, Lief. 5, 1885, Wien. Auch dieses Werk darf ich wohl hier anführen, da es hauptsächlich auf Grundlage der Materialien des Museums verfasst wird und einer der beiden Autoren dem k. k. Hof-Naturaliencabinete angehörte.

Auch Herr Nic. Andrussow aus Moskau hat eine umfassende Sammlung sarmatischer und anderer Tertiär-Conchylien aus der Krim behufs Vergleichung mit unseren grossen Sammlungen hier bearbeitet und eine diesbezügliche Mittheilung in den Verhandlungen der k. k. geologischen Reichsanstalt veröffentlicht. (1885, S. 213.)

Herr Dr. G. Marktanner-Turneretscher führte mit Zuhilfenahme unserer Sammlung und unserer Bibliothek eine Untersuchung von Foraminiferen aus der Adria und aus dem sicilisch-jonischen Meere durch, welche von der auf Kosten des regierenden Fürsten von Liechtenstein ausgerüsteten und auf dessen Yacht »Hertha« im Jahre 1880 durchgeführten Expedition zu physikalischen Untersuchungen in den gedachten Meeren erbeutet wurden.

Herr Dr. Rzehak in Brünn endlich bearbeitete die Foraminiferen des von Herrn Kittl von Mährisch-Ostrau, Bruderndorf und am Waschberg bei Stockerau zusammengebrachten Tertiärmateriales; eine Notiz über die der Bartonstufe angehörigen Fossilien von Bruderndorf erschien in den Verhandlungen der k. k. geologischen Reichsanstalt 1885, S. 186.

Grössere Reisen wurden von den Beamten der geologisch-paläontologischen Abtheilung nicht durchgeführt; doch machten dieselben, wie schon früher erwähnt, zahlreiche kleinere Ausflüge, meist zu Aufsammlungszwecken. Hier habe ich in dieser Beziehung insbesondere noch beizufügen, dass Herr Dr. Wähner Untersuchungen in Salzburg zur Fortsetzung seiner Studien über den unteren Lias der östlichen Alpen vornahm.

c. Anthropologisch-ethnographische Abtheilung.

Herr Custos Szombathy redigirte, wie schon früher bemerkt, die »Mittheilungen« der anthropologischen Gesellschaft in Wien, die sich eine von Jahr zu Jahr steigende Bedeutung in der Fachliteratur errungen haben. Vorträge in den Versammlungen und Notizen in den Mittheilungen der Gesellschaft gab er über prähistorische Funde bei Ruda Rožaniecka in Galizien, über Schädel aus Peru, über einen Bronzekelt aus Oberitalien, über einen Fund von Bronzeringgeld bei Ung.-Hradisch, über die Ausgrabungen bei Rosegg und über jene bei Gurina in Kärnten, über die La-Tène-Funde in den österreichischen Alpen und über die Technik prähistorischer Thongefässe.

Ueber die Ausgrabungen in den Höhlen des oberen Kremsthales berichtete er in einer Sitzung und in den Mittheilungen der Section für Höhlenkunde des österreichischen Touristenclub, und im österreichischen Ingenieur- und Architektenverein hielt er einen

Vortrag über die Massnahmen bei prähistorischen Funden, dessen wesentlicher Inhalt in der Zeitschrift dieses Vereines zum Abdruck kam.

Beinahe an allen von der prähistorischen Commission der kais. Akademie der Wissenschaften sowohl, wie von der anthropologischen Gesellschaft im Laufe des Jahres durchgeführten Ausgrabungen war derselbe betheiligt und unternahm zu diesem Zwecke zum Theil wiederholte Reisen und Ausflüge in das Höhlengebiet von Mähren, nach den Höhlen im Kremsthale und den schon bei früherer Gelegenheit genannten prähistorischen Fundstellen in Niederösterreich, nach St. Michael bei Adelsberg, Gurina und Rosegg in Kärnten und recognoscirte im Spätherbste noch die Gräberstätte von St. Lucia bei Tolmein. Einen sehr wesentlichen Antheil endlich nahm Herr Szombathy an den Arbeiten des Karstcomités des österreichischen Touristenclub. Inbesondere führte er für dieses die Vermessung und das Nivellement der merkwürdigen Piuka Jama-Höhle durch.

Auf ethnographischem Gebiete endlich gab Herr Custos Heger in den Schriften der anthropologischen Gesellschaft Mittheilungen »über die Steinzeit in Afrika« und »über die Tätowirung bei den Südsee-Insulanern«, und Herr Dr. Haberlandt in denselben Schriften über die Frage: »Sind die Indogermanen in Europa eingewandert«, — »Ueber den dritten Âçrama der Inder« und »Ueber Verbreitung und Sinn der Tätowirung«; in Leipzig bei Liebeskind erschienen von ihm »Indische Legenden« XVI, 76 Seiten.

Mit einer von dem hohen k. k. Obersthofmeisteramte erhaltenen Subvention unternahm Herr Custos Heger eine sechswöchentliche Studienreise nach München, Paris, London, Brüssel und Antwerpen, zunächst zum Studium der Aufstellung der ethnographischen Sammlungen in den grossen Museen dieser Städte. Allerorts auf das Freundlichste in seinen Bestrebungen gefördert, hat er dabei reiche Erfahrungen gesammelt und Verbindungen angeknüpft, die unserem Museum zu Gute kommen werden. Eine zweite Reise unternahm Herr Heger nach Budapest, hauptsächlich um die auf der dortigen Landesausstellung reich vertretenen ethnographischen Objecte aus dem Lande, die den noch erhaltenen, aber rasch verschwindenden volksthümlichen Typen angehören, kennen zu lernen und damit Vorstudien über die noch offene Frage einer Einbeziehung auch der europäischen Ethnographie in den Rahmen unserer Musealsammlungen zu machen.

Schlusswort.

Ein reiches Bild administrativer und wissenschaftlicher Thätigkeit entrollte sich unseren Augen, indem wir die letztjährige Geschichte des naturhistorischen Hofmuseums überblickten; mit pflichtgetreuem Eifer — es ist mir wohl gestattet es hier auszusprechen — ist jeder der bei demselben Bediensteten seinen Obliegenheiten nachgekommen und hat seine besten Kräfte eingesetzt, um den gesteigerten Anforderungen Genüge zu thun, welche in Folge der Uebersiedlung des Museums gestellt werden mussten.

Dankbar durfte ich anerkennen die reiche Beihilfe, die uns von vielen Seiten her aus den verschiedensten Schichten der Bevölkerung von Gönnern und Freunden der Wissenschaft im In- und Auslande zu Theil ward. — Die möglichste Förderung bei unseren Arbeiten und die wohlwollendste Unterstützung fanden wir jederzeit bei unserer vorgesetzten Behörde, dem hohen k. k. Obersthofmeisteramte, und bei unserem obersten Chef, dem ersten Obersthofmeister Prinzen Constantin zu Hohenlohe, welcher mit regstem Interesse für die Sache allen unseren Wünschen ein geneigtes Gehör entgegenbrachte.

Mit dem Gefühle ehrfurchtsvollsten innigsten Dankes aber blicken wir empor zu Seiner k. und k. Apostolischen Majestät, unserem allergnädigsten Kaiser und Herrn, welcher, den ruhmvollen Traditionen seines erhabenen Hauses folgend, der Pflege der Wissenschaft allerorts in dem weiten Reiche einen erhöhten Aufschwung verlieh und in dem Palaste, den wir soeben bezogen, der Naturkunde eine Heimstätte schuf, wie sie ihrer würdiger nicht gedacht werden kann.

DAS K. K. NATURHISTORISCHE HOFMUSEUM IN WIEN.

Ueber die miocenen Pteropoden von Oesterreich-Ungarn

mit Berücksichtigung verwandter Vorkommnisse der Nachbarländer.

Von

Ernst Kittl.

Mit einer lithogr. Tafel (Nr. II).

Die Pteropoden des österreichisch-ungarischen Miocens wurden bisher nirgends ausführlicher behandelt. Kennt doch M. Hörnes (1856) nur eine einzige Art aus dem Wiener Becken. Später hat Reuss einzelne Formen aus Wieliczka beschrieben. Vereinzelte Angaben findet man in späteren Publicationen von Dr. A. Bittner, Makowsky und Rzehak, Prof. Ed. Suess.[1]) Unten werden wir die betreffenden genauen Citate zu geben haben, welche sich auf die angeführten Arbeiten beziehen. Entsprechend der Seltenheit der fossilen Funde von Pteropoden in Oesterreich-Ungarn, muss man das uns vorliegende Material als ein ziemlich umfangreiches bezeichnen. Es schien uns angezeigt, so viel als möglich ausländisches Material theils zum Vergleiche mit unserem, theils, weil es uns neu erschien, mit zu berücksichtigen. Das inländische Material stammt nur geringen Theiles aus eigenen Aufsammlungen, dagegen bot sich erstlich ein werthvoller Stock in der Sammlung des k. k. mineralogischen Hofcabinetes (jetzt in die geologisch-paläontologische Sammlung des k. k. naturhistorischen Hofmuseums übergegangen) dar, sodann erhielt ich werthvolles Material aus dem Ostrau-Karwiner Gebiete von Herrn Oberingenieur J. Frič, Betriebsleiter der Kohlengruben der Kaiser Ferdinand-Nordbahn in Polnisch-Ostrau, von dem erzherzoglich Albrecht'schen Schichtmeister C. Fallaux in Karwin, sowie auch von dem Herrn Ingenieur K. Prausa der Alpinen Montangesellschaft in Orlau. Herrn Prof. Ant. Rzehak in Brünn verdanke ich mährische Fundstücke, Herrn Dr. A. Bittner in Wien die von Trifail. Ausländische Vorkommnisse fanden sich in der alten Sammlung des k. k. Hofmuseums vereinzelt vor; italienische Vorkommen waren in den von Herrn Custos Th. Fuchs seinerzeit zusammengebrachten Sammlungen gut vertreten. Eine schöne Serie aus den Pteropoden-Mergeln von Serravalle hat jüngst Herr Prof. C. Mayer in Zürich an das kaiserliche Museum eingesendet, und endlich überliess mir Herr N. Andrussow in Odessa von ihm in der Krim jüngst entdeckte Pteropoden in freundlicher Weise zur Bearbeitung.

Den Herren Prof. Dr. Friedr. Brauer und Dr. Em. Edlen von Marenzeller, sowie Herrn Dr. Ed. Becher verdanke ich die Benützung der Literatur, sowie des recenten Pteropoden-Materiales im k. k. zoologischen Hofcabinete. Der theilnehmendsten Förderung meiner Arbeiten hatte ich mich von Seite des Herrn Custos Th. Fuchs zu erfreuen.

[1]) Das Antlitz der Erde, I. Theil, pag. 398.

Pteropoda Cuvier.

Ihrer zarten, gebrechlichen Gehäuse wegen sind die Pteropoden fossil nur in selteneren Fällen nachweisbar und ihrer geringen Grösse wegen werden die Gehäuse überdies leicht übersehen, namentlich dann, wenn sie nicht in grösserer Menge vorkommen. Es sind bis jetzt fast nur mikroklastische Gesteine als solche bekannt, in welchen sich die Gehäuse der Pteropoden fossil erhalten haben. In feinen Sanden finden sie sich zu Saucats (und Léognan), Rebeschowitz, in feinen, zum Theile sandigen oder mergeligen Thonen treffen wir sie an: in Baden bei Wien, im Gebiete von Mährisch-Ostrau, zu Lapugy und Kostej in Ungarn, bei Nusslau nächst Brünn, sehr häufig in Italien, so zu Serravalle in Piemont, zu Orciano in Toscana, in den Mergeln des Monte Vaticano bei Rom etc.; mitunter in den Thonen verkiest (häufig in Mittelitalien), so auch in den Salzthonen von Ronaszek in Ungarn (Marmaroser Comitat) und bei Langenfelde.

Bedeutsam ist auch das Vorkommen im Steinsalze oder Salzthone, so bei Wieliczka in Galizien (und Ronaszek). Seltener sind Pteropoden-Gehäuse so massenhaft angehäuft, dass sie gesteinsbildend werden, wie dieselben jüngst Herr N. Andrussow in Odessa am Ufer des Azow'schen Meeres aufgefunden hat.[1]) Gar nirgends fand man sie bisher in ausgesprochenen Litoralbildungen, man wollte denn die Sande von Léognan und ähnliche dazu rechnen. Wenn auch das Vorkommen in Littoralablagerungen nicht als durchwegs ausgeschlossen zu betrachten sein wird, da einzelne Gehäuse immerhin durch Fluth oder Strömungen von ihrem eigentlichen Lebensgebiete, der hohen See, weggeführt und an den Strand geworfen werden konnten, so wird doch ihre Fossilisation durch das grobe Material der Litoralzone und die in derselben lange Zeit hindurch thätigen, bewegenden und zerstörenden Kräfte in besonders hohem Masse erschwert. So viel sei bezüglich der Art der fossilen Erhaltung der Pteropoden bemerkt. Was nun die Faunen betrifft, an deren Zusammensetzung sie Antheil nehmen, so sind es meist echt abyssale Faunen, häufig auch die Fauna der Pleurotomenthone (nach Fuchs[2]); selten sind jedenfalls sublitorale Faunen, wie bei Léognan und Saucats, vielleicht auch Rebeschowitz in Mähren. Die Faunen der Pleurotomen-Thone führt in Baden, Lapugy und Ruditz[3]) Pteropoden, obwohl nur selten. Die Fauna des Tegels von Polnisch-Ostrau, Dombrau, Orlau, Peterswald und anderen Localitäten aus der Umgebung von Mährisch-Ostrau schliessen sich an die Fauna der echten Pleurotomen-Thone nahe an, wie wir an einem anderen Orte zu zeigen Gelegenheit haben werden. Entschieden abyssale Faunen scheinen uns dagegen jene zu sein, in welchen sich fast regelmässig die Pteropoden-Reste in grossen Mengen finden,[4]) wie bei Serravalle di Scrivia,[5]) am Monte Vaticano bei Orciano etc. (überhaupt sind die miocenen und pliocenen Pteropoden-Mergeln Italiens hieherzustellen), ferner der sogenannte »Schlier« von Nusslau in Mähren, sowie mehrere Localitäten bei Mährisch-Ostrau, sowie die Vorkommnisse am Azow'schen Meere. An einzelnen dieser Localitäten mit pelagischen Ablagerungen gewinnt es den Anschein,

[1]) N. Andrussow, Ueber das Alter der unteren dunklen Schieferthone auf der Halbinsel Kertsch. Verhandlungen der k. k. geologischen Reichsanstalt 1885, pag. 213 u. f.

[2]) Th. Fuchs, Welche Ablagerungen haben wir als Tiefseeablagerungen zu betrachten? Neues Jahrb. f. Min. 1882. Beilage, Band II, pag. 527.

[3]) Makowsky und Rzehak, Die geologischen Verhältnisse der Umgebung von Brünn (Verh. des naturf. Vereines in Brünn, XXII. Band, pag. 138.)

[4]) Th. Fuchs, l. c., pag. 508 und 525.

[5]) Vgl. auch Fischer, Manuel de Conchyliologie, pag. 187.

als wenn ganze Pteropoden-Schwärme gleichzeitig den Tod gefunden hätten.[1]) Vielleicht musste eine Strömung diese Schwärme fortreissen und sich dann mit trüben, vom Ufer her kommenden Wässern mischen, um eine so massenhafte Vertilgung dieser Organismen herbeizuführen.

Die in dem Folgenden abgehandelten Pteropoden gehören jenen zwei Familien an, welche überhaupt fossil vertreten sind, nämlich den Hyalaeiden einerseits und den Spirialiden (Limaciniden) andererseits. Zu den ersteren gehören alle geraden, in der Regel symmetrischen Gehäuseformen, zu den letzteren die linksgewundenen, spiral aufgerollten Gehäuse.

I. Hyalaeidae Menke.

Die Gehäuse der hieher gehörigen miocenen und pliocenen Gattungen: *Cuvieria, Creseis, Vaginella, Balantium, Diacria, Cleodora* und *Hyalaea* (*Carolinia* und *Gamopleura*) haben einen symmetrischen Bau; Abweichungen von dieser bilateralen Symmetrie kommen gleichwohl bei einzelnen Individuen in untergeordnetem Masse vor. Die Gehäuse sind gerade oder wenig gekrümmt; die Spitze, welche wir als Embryonaltheil bezeichnen werden, ist nach hinten, seltener nach vorne aufgebogen. Dieser Embryonaltheil ist entweder einfach konisch oder zugeschärft, oder aber mit einem Bläschen oder wenigstens einer Erweiterung endigend. Der Mundrand wird vorne und hinten oder nur hinten von je einer Lippe oder einem Lappen begrenzt; im letzteren Falle, wenn nämlich der vordere Lappen fehlt, ist der Vordertheil des Gehäuses schwach nach oben gekrümmt oder gerade abgeschnitten. Der hintere Lappen kann auch sehr weit ausgezogen sein, ist dann aber in die Medianlinie zusammengedrängt. Selten ist der Mundrand gerade abgeschnitten, einfach kreisrund oder queroval. Von den beiden Lappen des Mundrandes ist der hintere meist der höhere oder längere. Die Vorderseite des Gehäuses, welches gewöhnlich von vorne nach hinten etwas zusammengedrückt ist, zeigt sich in der Regel stärker gewölbt als die hintere. In dem uns vorliegenden Materiale sind die folgenden Gattungen vertreten: *Creseis, Vaginella, Balantium* und *Hyalaea*.

1. Genus *Creseis* Rang.

Gehäuse klein, langgestreckt konisch, von meist kreisförmigem Querschnitte, unten zugespitzt; die ganze Schale glatt oder fein quergestreift, ohne Seitenkanten, zuweilen mit 1—2 Längsfurchen. Mündung einfach weit, senkrecht oder schief zur Längsaxe, in der Regel mit hinterem Lappen versehen.

Diese Gattung ist wohl mit *Styliola* ident. Lesueur's Begründung der Gattung *Styliola*[2]) war nicht mit Sicherheit zu eruiren. Rang's[3]) Aufstellung des Namens *Creseis* (1828) ist jedenfalls ganz zutreffend und wird jetzt auch meist in dem von uns angenommenen Umfange acceptirt. Dagegen scheint uns der Unterschied, welchen

[1]) Vgl. auch E. Suess, l. c.

[2]) Gewöhnlich findet man »Annales Mus. sciences naturelles, tome XIII« (oder XV) citirt, sowie die Jahreszahlen 1825? (1826?). — Nach Deshayes, Anim. sans verteb. vol. II, pag. 186, scheint überhaupt nur ein diesbezügliches Manuscript existirt zu haben. Dieser Autor schreibt: »Lesueur les avait également observés, et dans un manuscrit communiqué à Blainville, il leur avait donné le nom de *Styliola*.«

[3]) Annales Mus. sciences naturelles 1828, tome XIII, Rang, Notice sur quelques mollusques tenant au genre Cléodore etc.

4*

P. Fischer[1]) wohl nach de Folins zwischen *Styliola* und *Creseis* macht, hinfällig zu sein. *Styliola* soll nämlich eine embryonale Erweiterung besitzen, die bei *Creseis* fehle. Nach unseren Beobachtungen tritt diese Erweiterung schon bei derselben Art oder Form nicht ganz constant und in verschiedenem Grade auf und kann bei einer Art oder Form nur entweder als häufig vorhanden oder als häufig fehlend angegeben werden. Aus diesen Gründen haben wir Rang's Namen vorziehen zu sollen geglaubt.

Von älteren, ganz zweifelhaften Formen (in paläozoischen Ablagerungen) abgesehen, erscheint die Gattung *Creseis* erst im Miocen. Während aus den italienischen Tertiärbildungen mehrere Formen bekannt sind, haben wir aus dem Miocen Oesterreich-Ungarns nur deren zwei anzuführen, wovon die eine überdies nur zweifelhaft ist.

Creseis Fuchsi n. f.

Taf. II, Fig. 1—3.

Die Schale ist cylindrisch bis spitz konisch, in der oberen (der Mündung zu liegenden) Hälfte etwas von vorne nach hinten zusammengedrückt; der Querschnitt ist in der unteren Hälfte der Schale nahezu oder ganz kreisförmig, in der oberen Hälfte quer verbreitert. Die Mündung ist zur Axe schräg gestellt. Die vordere Seite des Mundrandes ist horizontal abgeschnitten, die hintere Seite zu einem Medianlappen ausgezogen. An der Schale sind aussen deutliche Anwachsstreifen bemerkbar, die von unten nach oben auf der Hinterseite allmälig mehr nach aufwärts gezogen sind, um bei der Mündung den schon erwähnten Lappen zu bilden. Innen ist die Schale glatt und glänzend, aussen dagegen matt.

Das abgebildete Exemplar ist 9·5 Mm. lang und 1·0 Mm. breit; von der Spitze aus in einer Entfernung von 4 Mm. macht sich die Zusammendrückung der Schale in der Weise bemerklich, dass das von vorne gesehene Gehäuse sich nach oben wenig konisch erweitert, die Seitenansicht aber diese konische Erweiterung von diesem Punkte an nicht mehr zeigt, sondern das Gehäuse von hier ab bis zur Mündung gleich breit verläuft. Auf diese Weise geht die Umwandlung des unteren kreisförmigen Querschnittes in den oberen quer-ovalen vor sich. (Man vergleiche Figur 1 auf Tafel II.) Eine Contraction oder eine Erweiterung der Schale in der Nähe des Mundrandes ist nicht vorhanden. Die Spitze des abgebildeten Exemplares ist etwas seitlich gebogen, so dass die mediane Symmetrieebene dadurch verschwindet. Es kann diese Eigenthümlichkeit jedoch nur als eine individuelle betrachtet werden, da dieselbe oft bei einzelnen Individuen von sonst ganz symmetrisch ausgebildeten Pteropoden-Gehäusen auftritt. So findet man dies bei *Vaginella austriaca* und *Vaginella depressa*, ferner bei manchen Balantien etc.

Von den recenten Formen steht die in der zoologischen Abtheilung des k. k. naturhistorischen Hofmuseums aufbewahrte und als *Styliola recta* Lesueur bezeichnete *Creseis* aus dem atlantischen Ocean so nahe, dass Manche kaum angestanden hätten, beide als identisch aufzufassen; da jedoch die Bestimmung der recenten Form der nöthigen Authenticität entbehrt und deren Gehäuse noch etwas mehr langgestreckt sind als bei der fossilen, so habe ich es vorgezogen, für die fossilen, miocenen Schalen einen anderen Namen zu verwenden.

Vorkommen: Zweite Mediterranstufe bei Forchtenau (3 Exemplare).

[1]) P. Fischer, Manuel de Conchyliologie 1881, pag. 437.

Creseis (?) spina (Reuss).

Cleodora (Creseis) spina Reuss, Die fossile Fauna der Steinsalzablagerungen von Wieliczka, Sitzungsber. der Wiener Akademie 1867, LV. Band, pag. 145, Taf. VI, Fig. 9.
Cleodora (Creseis) subulata Quoy et Gaimard? bei Reuss, l. c., pag. 145, Taf. VI, Fig. 10.

Hieher stellen wir die von Reuss als *Cleodora spina* und als *Cleodora subulata* von Wieliczka beschriebenen Reste. Die als *Cleodora subulata* Quoy et Gaimard von ihm bezeichneten Exemplare erklärte Reuss selbst schon für ungenügend. So viel ich an den Originalexemplaren Reuss', welche sich in der geologisch-paläontologischen Sammlung des k. k. naturhistorischen Hofmuseums befinden, ersehen kann, sind beide erwähnten Formen Embryonaltheile, wahrscheinlich ein und derselben Art; als Embryonaltheile gestatten sie keine nähere Bestimmung, so lange nicht vollständige Exemplare vorliegen. Sogar die generische Bestimmung erscheint nicht genügend sicher. Um aber späteren, etwa sich ergebenden Resultaten nicht vorzugreifen, möchte ich für diese Pteropoden-Reste vorläufig die oben vorgeschlagene Bezeichnung wählen.[1])

Vorkommen: Wieliczka, im Steinsalze (5 Exemplare).

2. Genus *Vaginella* Daudin.

Das Gehäuse ist dünn, glatt, gerade, cylindrisch-konisch bis bauchig-pfriemförmig, in der Regel mit Seitenkanten versehen, unten zugespitzt; der Mundrand ist von vorne nach hinten zusammengedrückt, an beiden Seiten etwas abgestutzt, in der Regel gerade. Die Mundöffnung ausgewachsener Exemplare ist quer gestellt, länglich-schlitzförmig.

In der medianen Symmetrieebene sind der vordere und der hintere Theil des Mundrandes bei ausgewachsenen Exemplaren zu je einem abgerundeten kurzen Lappen in axialer Richtung ausgezogen. Meist überragt der hintere Lappen den vorderen, niemals aber dieser jenen. Von der Spitze gehen fast immer feine Seitenkanten aus; dieselben verschwinden entweder bald oder setzen auch bis zur Mundöffnung fort. Nur bei einer mir bekannten fossilen Form (*Vaginella tenuistriata* Semper) fehlen diese Kanten ganz. Die in der Regel gleich unterhalb der Mündung auftretende schwächere oder stärkere Einschnürung der Schale tritt nicht bei allen hieher zu stellenden Formen auf, wenn die aus den Tertiärablagerungen Italiens von Ponzi, Seguenza, Bellardi und Anderen gemachten Beobachtungen richtig sind und die betreffenden Namen sich nicht auf unausgebildete Exemplare beziehen. Eine solche nicht eingeschnürte Form haben auch wir unten als *Vaginella Lapugyensis* zu beschreiben. Der Embryonaltheil des Gehäuses ist in eine feine scharfe Spitze ausgezogen; mitunter zeigt sich noch vor der vollständigen Ausspitzung eine kleine Erweiterung oder Anschwellung. (Man vergleiche Fig. 8 und 10 auf Tafel II.)

Den Typus der Gattung *Vaginella* bildet die schon seit mehr als achtzig Jahren bekannte *Vaginella depressa*, welche Daudin schon im Jahre 1800 aus den miocenen, an Conchylien so reichen Ablagerungen von Léognan beschrieb. Diese dickbauchige Form ist aber das Extrem der bauchigen Formen, zu welchen noch *Vaginella austriaca* und *Vaginella Rzehaki* zu rechnen wären. Es ist bemerkenswerth, dass die dickbauchige

[1]) Bourguignat (Études géol. et paléont. des hauts plateaux de l'Atlas etc., Paris 1868) beschreibt als *Creseis Dussertiana* ähnliche, wie es scheint, ebenfalls nur unvollständige Pteropoden-Gehäuse. Taf. III, Fig. 13 und 14, pag. 18.

Vaginella depressa die älteste Form ist, die schlanke *Vaginella austriaca* am häufigsten in der zweiten Mediterranstufe ist, und die zwischen beiden stehende *Vaginella Rzehaki* vorwiegend aus schlierähnlichen Bildungen bekannt ist.

In einem gewissen Gegensatze zu diesen Formen stehen diejenigen Vaginellen, welche mehr cylindrisch oder konisch geformt sind. Der Repräsentant dieser cylindrischen Formen ist *Vaginella tenuistriata* Semper, für die konischen Formen liegen mir nur zweifelhafte Reste vor, auch die aus den italienischen Tertiärbildungen publicirten Vaginellen scheinen nur auf unvollständige Exemplare begründet zu sein; theilweise dürften sich diese konischen Vaginellen als zu der Gattung *Creseis* gehörig erweisen, jedenfalls führen sie uns aber zu dieser letzteren Gattung hinüber.[1])

Auch gegen die Gattung *Balantium* ist die Grenze keine so scharfe, wenn man einzelne Vaginellen, z. B. *Vaginella austriaca*, in Betracht zieht: namentlich Exemplare mit deutlich entwickelten Seitenkanten erinnern uns sofort an die Gattung *Balantium*; ist an einem solchen Exemplare die contrahirte Mundöffnung abgebrochen, nehmen wir an: etwa längs einer Anwachszone beiläufig in der Mitte der Schale, so tritt diese Aehnlichkeit noch mehr hervor. Sehr nahe stehen die konischen Vaginellen der Gattung *Balantium*, wie sie in italienischen Miocenablagerungen vorkommen.[2])

Nach unseren bisherigen Kenntnissen scheint diese Gattung auf die Tertiärablagerungen vom Oligocen aufwärts beschränkt zu sein.

Wir haben in dem Folgenden sechs Formen zu beschreiben, nämlich: 1. *Vaginella Lapugyensis* n. f.; 2. *V. tenuistriata* Semper; 3. *V. austriaca* n. f.; 4. *V. Rzehaki* n. f.; 5. *V. depressa* Daudin; 6. *V. lanceolata* v. Koenen. Von diesen sind *V. tenuistriata* und *V. lanceolata* nur aus dem Oberoligocen von Mecklenburg bekannt, und wurden diese zwei Formen hier deshalb mit behandelt, weil sie ein interessantes und wichtiges Vergleichsmaterial für die übrigen, miocenen, Formen darstellen und überdies genügende Abbildungen derselben noch nicht veröffentlicht sind.

Vaginella Lapugyensis n. f.

Taf. II, Fig. 4 und 5.

Die Schale dünn, glatt, langgestreckt, kegelförmig, die Spitze ist etwas ausgezogen, scharf; Seitenkanten sind angedeutet, der Querschnitt der Schale ist elliptisch, die Mündung wahrscheinlich ähnlich dem Querschnitt, nicht verengt.

Diese gleichmässig konisch anwachsende Form liegt nur in wenigen, überdies nicht ganz vollständigen Exemplaren vor. Da dieselben aber von allen uns bisher mit Sicherheit bekannten Vaginellen in der Form bedeutend abweichen, so glaubte ich sie nicht mit Stillschweigen übergehen zu sollen. *Vaginella Lapugyensis* gleicht manchen *Creseis*-Formen, namentlich solchen, welche wir für unvollständige oder unausgewachsene Exemplare halten, wie *Creseis spina* Reuss[3]) und *Creseis Dussertiana* Bourg.; diese Aehnlichkeit beschränkt sich aber nur auf die Hauptform und fehlen bei *Creseis* stets die bei der *Vaginella Lapugyensis* vorhandenen Seitenkanten. Gerade dieses Auftreten von Seitenkanten hat uns aber veranlasst, die in Rede stehende Pteropodenform der Gattung

[1]) Vgl. *Vaginella Lapugyensis*.

[2]) Mir liegen solche flache, stark konische Formen von Serravalle und anderen Orten vor. Sie schliessen sich zunächst an *Balantium acutissimum* an; man pflegt dieselbe gewöhnlich zu *Vaginella depressa* Daudin zu rechnen, was mir jedoch ganz unthunlich erscheint.

[3]) Man vergleiche oben das über *Creseis spina* Bemerkte.

Vaginella zuzutheilen. Es sei hier gleich einiger aus italienischen Tertiärablagerungen beschriebener Pteropoden-Reste Erwähnung gethan, welche man zum Vergleiche mit *Vaginella Lapugyensis* oder mit den anderen weiter unten von uns beschriebenen Vaginellen heranziehen könnte. G. Ponzi[1]) citirt aus den jungtertiären (pliocenen) Pteropoden-Mergeln des Monte Vaticano eine *Vaginella spinifera* Rang; dieselbe würde nach der von Ponzi gegebenen Abbildung in den Hauptumrissen wohl mit *Vaginella Lapugyensis* übereinstimmen, es scheint jedoch bei ersterer eine Längsfurche vorhanden gewesen zu sein, wie dies bei der *Creseis spinifera* Rang der Fall ist. Rang[2]) hat nur eine *Creseis spinifera* beschrieben. Ponzi scheint daher nur einen falschen Gattungsnamen citirt zu haben; eine Beschreibung gibt er nicht. Derselbe Autor führt ferner vom Monte Vaticano die *Vaginella Calandrellii* Michelotti an. Michelotti selbst hat diese Form nur auf wenige Abdrücke begründet,[3]) auch ist seine Beschreibung ungenügend. Ponzi citirt auch hier[4]) einfach nur den Namen und gibt eine allerdings zur Charakterisirung der Hauptform genügende Abbildung, die aber viele wichtige Eigenschaften nicht erkennen lässt. Bellardi[5]) gibt eine viel breitere Abbildung derselben Form; nach seiner Angabe fehlen bei dieser *Vaginella*, sowie bei der von ihm aufgestellten *V. testudinaria*[6]) die Seitenkanten. Es scheint uns, dass keine Form aus dem Miocen Oesterreich-Ungarns auf einen der genannten Namen bezogen werden kann. Immerhin scheinen auch Bellardi keine vollständigen Exemplare vorgelegen zu haben. Ueberdies fanden sich in einer von Herrn Prof. Ch. Mayer-Eymar in Zürich eingesendeten Serie interessanter und seltener Tertiär-Conchylien Exemplare von Vaginellen aus dem Schlier von Serravalle di Scrivia, welche von Prof. Mayer-Eymar als *Vaginella Calandrellii* bestimmt waren. Auch an diesen Exemplaren konnte die Nichtübereinstimmung mit den österreichisch-ungarischen Vaginellen erkannt werden.

Vorkommen: Lapugy in Ungarn in den Pleurotomen-Tegeln der zweiten Mediterranstufe (3 Exemplare); des von hier abgebildeten Exemplares Länge: 7·5 Mm., Breite: 2·0 Mm., Dicke: 1·4 Mm. Nusslau bei Seelowitz im Schlier (3 Exemplare).

Vaginella tenuistriata Semper.

Taf. II, Fig. 6 und 7.

1849. *Creseis vaginella*, H. Karsten, Verzeichniss der im Rostocker akademischen Museum befindlichen Versteinerungen des Sternberger Gesteins. Rostock, Rectoratsprogramm, p. 10.

1861. *Vaginella tenuistriata* (Boll in litt. et specim.), J. O. Semper, Beiträge zur Kenntniss der Tertiärformation. Archiv, Mecklenburg, Band 15, pag. 272.

Der von Semper gegebenen Diagnose ist wohl kaum etwas beizufügen. Diese zu den grössten Vaginellen gehörige Form ist zugespitzt cylindrisch-konisch, mit kreisförmigem bis elliptischem Querschnitte; das Gehäuse ist oben fast ganz gerade cylindrisch

[1]) G. Ponzi, I fossili del Monte Vaticano. Atti R. Acc. dei Lincei ser. II, vol. III, tav. III, fig. 9 (pag. 24 des Auszuges).

[2]) Rang, Notice sur quelques mollusques tenant au genre Cléodore et monographie du sous-genre *Creseis*. Annales des sciences naturelles, tome XIII (1828). Man vergleiche auch Rang, Description de cinq espèces de coq. foss. Ptéropodes in Annales des sciences naturelles, tome XVI (1829).

[3]) Michelotti, Description des fossiles des terrains miocènes de l'Italie septentrionale. Leyden 1847, pag. 147.

[4]) Ponzi, l. c., tav. III, fig 7.

[5]) Bellardi, Molluschi terz. del Piemonte e della Liguria vol. I, 1872, pag. 35, tav. III, fig. 17.

[6]) Bellardi, l. c., tav. III, fig. 18.

und nimmt von der grössten Breite, welche etwa in der halben Länge liegt, gegen die Spitze zu langsam und regelmässig ab; es ist nie bauchig angeschwollen. Die Mündung ist mit scharfen geraden Mundrändern versehen, die vorne und hinten stark ausgebogen sind; es senkt sich deshalb der Rand an den Seiten herab. Besonders charakteristisch für *Vaginella tenuistriata* ist das Fehlen seitlicher Kanten, sowie das Auftreten einer äusserst feinen, nur unter der Lupe wahrnehmbaren Längsstreifung. Durch dieses letztere, freilich nur auf der äussersten Schalenlage älterer Individuen erkennbare Merkmal unterscheidet sich diese bisher nur aus dem sogenannten »Sternberger Gestein« Mecklenburgs bekannte Form von allen anderen ähnlichen Vaginellen, von welchen schon Semper die bereits oben erwähnte *Vaginella Calandrellii* Michti. hervorhebt.[1]) Die Dimensionen des abgebildeten, aus der Wiechmann'schen Sammlung in die des k. k. naturhistorischen Hofmuseums übergegangenen Exemplares sind: Länge 14 Mm., Breite 3·7 Mm., Dicke 3·0 Mm.

Vorkommen: Oligocenes Sternberger Gestein Mecklenburgs; es liegen uns 15 Exemplare vor. Nach Koch[2]) ist dieses einzige Vorkommen so charakteristisch und häufig, dass die *Vaginella tenuistriata* »recht eigentlich als eine Leitmuschel dieses (des Sternberger) Gesteins anzusehen ist«.

Vaginella austriaca n. f.

Taf. II, Fig. 8—12.

1851. *Vaginella depressa* (partim), M. Hörnes, Fossile Mollusken des Wiener Beckens I, Taf. 50, Fig. 42a, pag. 663.

1880. *Vaginella* cf. *depressa* (partim), A. Rzehak, Die ältere Mediterranstufe bei Gross-Seelowitz, Verh. der k. k. geol. Reichsanstalt 1880, Nr. 16.

1884. *Vaginella* cf. *depressa* (partim), A. Makowsky und A. Rzehak, Die geologischen Verhältnisse der Umgebung von Brünn, pag. 118.

Die Schale ist zart, glatt, länglich-pfriemförmig, unten zugespitzt, in einen fadenförmigen, mit einer Erweiterung versehenen Embryonaltheil auslaufend, der nach vorne etwas aufgebogen ist. Die eigentliche Schale trägt zarte, nach oben gekrümmte Anwachsstreifen; die Mitte der Schale ist schwach bauchig aufgetrieben, die Vorderseite mehr gewölbt als die Hinterseite. Der Querschnitt der Schale ist nur in dem, dem Embryonaltheile zunächst liegenden Theile, sowie in jenem selbst kreisförmig, weiter oben stets elliptisch; unterhalb der Mündung ist das Gehäuse in seitlicher Richtung fast gar nicht, von vorne nach hinten nur wenig contrahirt. Die Mündung selbst erscheint dagegen etwas zusammengedrückt; von oben gesehen ist sie länglich, schlitzförmig, an den Seiten abgerundet. Vorne und hinten wird der Mundrand von je einem breiten,

[1]) In der Sammlung des k. k. naturhistorischen Hofmuseums befinden sich auch die von F. v. Hochstetter auf der Nordinsel von Neu-Seeland in der Orakei-Bay gesammelten Vaginellen-Steinkerne. Dieselben schliessen sich in Form und Grösse an *Vaginella tenuistriata* an. Es sind jedoch bei den meisten Exemplaren discontinuirliche Seitenkanten angedeutet; v. Hochstetter citirt diese Vaginellen-Steinkerne auch aus den Papakura-Bergen. An beiden Localitäten finden sie sich in tertiären Sandsteinen (Waitemata-Schichten). Man vergleiche: Reise der österreichischen Fregatte Novara, Geologischer Theil, I. Band, 1. Abtheilung. F. v. Hochstetter: Geologie von Neu-Seeland, pag. 41 und 43. Ferner 2. Abtheilung: Paläontologie von Neu-Seeland: K. A. Zittel: Fossile Mollusken etc., pag. 23, Fig. 1 d auf Taf. IX.

[2]) F. E. Koch, Katalog der fossilen Einschlüsse des oberoligocenen Sternberger Gesteins in Mecklenburg. — Archiv des Vereines der Freunde der Naturgeschichte in Mecklenburg, Jahrg. 30, 1876, pag. 181.

meist geraden Lappen begrenzt, wovon der hintere in der Regel der höhere ist, selten sind sie in gleicher Höhe ausgebildet. Scharfe seitliche Kanten oder Leisten sind fast immer vorhanden, in der Mitte und im oberen Theile des Gehäuses verschwinden dieselben stellenweise oder ganz. In ihrer Fortsetzung findet man an den Seiten des Mundrandes an vollständig ausgebildeten Exemplaren kleine konische Erweiterungen oder Ausrandungen, welche niedriger als die erwähnten Medianlappen des Mundrandes sind und die von oben bemerkbaren seitlichen Abrundungen der Mundöffnung erzeugen. Auf diese Ausrandung pflegen sich die seitlichen Leisten nie zu erstrecken.

Schon M. Hörnes[1]) wies darauf hin, dass die österreichischen Exemplare der *Vaginella depressa* schlanker geformt seien als die französischen; trotzdem nahm dieser Autor eine Abtrennung jener von diesen nicht vor, wahrscheinlich lag damals noch nicht genügendes Material vor. Auch v. Koenen[2]) gibt an, dass in dem ihm vorliegenden Materiale aus dem norddeutschen Miocen mehrere Formen der »*Vaginella depressa*« zu unterscheiden seien; ob auch unsere *Vaginella austriaca* darunter sei, vermag man ohne Untersuchung der betreffenden Exemplare selbstverständlich nicht zu entscheiden. Die von Hörnes gegebene Abbildung eines Exemplares von Baden ist ziemlich richtig, nur ist die Schattirung nicht ganz entsprechend; diesem Exemplare fehlt auch der Embryonaltheil. Unter dem reichlich zu nennenden, uns vorliegenden Materiale fand sich nur das einzige, in Fig. 9 abgebildete, ganz vollständige Exemplar, bei welchem auch der so charakteristisch geformte, zarte Embryonaltheil erhalten ist. Fig. 10 ist dasselbe Exemplar in doppelter Grösse, in Fig. 10 a dagegen ist der Embryonaltheil desselben in vierfacher Grösse dargestellt. Von der scharfen Spitze aus, die, wie schon oben bemerkt, etwas nach vorne gerichtet ist, erweitert sich der Embryonaltheil schwach konisch, verengt sich darauf wieder, um eine kurze, enge, cylindrische Röhre zu bilden, die sich erst weiter oben zu der eigentlichen Schale ganz allmälig zu erweitern beginnt. Da der Embryonaltheil nach vorne gebogen ist, so bildet dessen Axe mit derjenigen der eigentlichen Schale einen stumpfen Winkel.

Vaginella austriaca unterscheidet sich von der echten *Vaginella depressa* Daudin, mit welcher sie bisher verwechselt wurde, durch ihre schlankere Form, durch einen spitzeren Winkel der unteren Schalenhälfte, durch die Form des Embryonaltheiles, welcher bei *Vaginella depressa* in fast allen Fällen einfach konisch ist und direct in das eigentliche Gehäuse übergeht, endlich durch den viel weniger stark aufgetriebenen Mitteltheil des Gehäuses; auch ist die seitliche Contraction unterhalb der Mundöffnung eine geringere. Die schlanke, übrigens sehr seltene Varietät der *Vaginella depressa* (siehe Fig. 20 und 21) steht in der allgemeinen Form unserer *Vaginella austriaca* noch am nächsten. Die unten zu beschreibende *Vaginella Rzehaki* ist breiter und auch sonst in der Form von *Vaginella austriaca* verschieden. In den österreichisch-ungarischen Miocenablagerungen grösserer Tiefen ist die *Vaginella austriaca* gewiss sehr verbreitet und gelangt wahrscheinlich nur der grossen Gebrechlichkeit der zarten Schale wegen so selten in die Sammlungen.

Die Dimensionen der abgebildeten Exemplare sind:

Figur 8 und 12,		von Baden;	Länge 8·2	Mm.,	Breite 3·0	Mm.,	Dicke 1·7	Mm.
9 » 10,		» Lapugy;	» 5·2	»	» 2·0	»	» 1·0	»
» 11,		» Baden;	» 7·7	»	» 2·8	»	1·6	»

[1]) M. Hörnes, Fossile Mollusken, pag. 664.

[2]) v. Koenen, Die *Gasteropoda holostomata*, *Pteropoda* und *Cephalopoda* des norddeutschen Miocen. Neues Jahrbuch für Mineralogie etc. 1882, Beilage-Band II, pag. 355 und 356.

Als mittlere Dimension würden diese Abmessungen ergeben:

Länge 7·7 Mm., Breite 2·6 Mm., Dicke 1·43 Mm.
oder » 5·4 » » 1·8 » » 1·00 »

Vorkommen: In dem der zweiten Mediterranstufe angehörigen Pleurotomen-Tegel, und zwar von Baden (es liegen 11 Exemplare vor), Vöslau (15 Exemplare), Soos (5 Exemplare), ferner aus den äquivalenten Bildungen Ungarns, und zwar von Forchtenau (1 Exemplar), Kostej (15 Exemplare), Lapugy (40 Exemplare, hier am besten erhalten), dann aus mährischen Localitäten, nämlich aus dem Tegel von Ruditz (4 Exemplare), Dombrau (7 Exemplare) und Polnisch-Ostrau, Josef-Schacht (11 Exemplare), endlich aus dem «Schlier» von Laa (1 Exemplar) und Nusslau bei Seelowitz (16 Exemplare), Pratzer Berg bei Brünn (die von Herrn Professor A. Rzehak eingesendeten Exemplare von Vaginellen-Steinkernen in einem Mergelknollen dürften am besten der *Vaginella austriaca* angeschlossen werden, wenngleich der Erhaltungszustand kaum eine sichere Bestimmung gestattet).

Vaginella Rzehaki n. f.

Taf. II, Fig. 13—16.

1880. *Vaginella* cf. *depressa* (partim), A. Rzehak, Die ältere Mediterranstufe bei Gross-Seelowitz, Verh. der k. k. geol. Reichsanstalt 1880, Nr. 16.

1884. *Vaginella* cf. *depressa* (partim), Makowsky und Rzehak, Die geologischen Verhältnisse der Umgebung von Brünn, Verh. des naturf. Vereines in Brünn, Band XXII, pag. 246.

Die Schale ist in der oberen Hälfte (von der Mündung abgesehen) nahezu cylindrisch, in der unteren Hälfte gleichmässig konisch unter einem Winkel von 30 bis 40° zugespitzt, die Spitze ist nur wenig ausgezogen. Der Querschnitt des Gehäuses ist elliptisch. Seitenkanten sind mehr oder minder deutlich ausgeprägt, aber stets vorhanden. Der Mundrand ist verbreitert. Die Mundöffnung ist länger und schmäler als der Querschnitt. Ein uns von Herrn Prof. A. Rzehak mitgetheilter Abdruck von Seelowitz (siehe Fig. 16) zeigt eine feine schüttere Längsstreifung angedeutet. Dieses Seelowitzer Exemplar ist von besonderer Grösse, nähert sich in den Umrissen schon der *Vaginella austriaca*, während die besondere Grösse und die Längsstreifung an *Vaginella tenuistriata* erinnern. Möglicher Weise wird durch ein besseres Material eine genauere Bestimmung dieses Seelowitzer Exemplares ermöglicht werden.

Die im Allgemeinen grosse *Vaginella Rzehaki* ist breiter als *V. austriaca* und viel weniger bauchig als *V. depressa*, unterscheidet sich also hinlänglich von den beiden letztgenannten. Sie scheint für die älteren Mediterranbildungen Mährens und Schlesiens bezeichnend zu sein. Wahrscheinlich gehört ein Theil der von verschiedenen Autoren als *Vaginella depressa* aus oberitalienischen Tertiärablagerungen citirten Vaginellen hieher; vielleicht auch sogar *Vaginella Calandrellii* und *V. testudinaria* Bellardi's.[1]) Dass dessen Beschreibung nicht dafür spräche, wurde bereits oben erwähnt. Mir liegen jedoch einige, allerdings mangelhafte, Exemplare vor, die ich an *Vaginella Rzehaki* anzuschliessen keinen Anstand nehme. Wir hätten noch die von Speyer[2]) aus dem Casseler Oligocen beschriebene *Vaginella depressa* Speyer (nec Daudin) als einer näher verwandten Form zu erwähnen.

[1]) Bellardi, l. c.

[2]) O. Speyer, Die Conchylien der Casseler Tertiärbildungen, Cassel 1870, Fig. 11 und 12 auf Taf. 35, pag. 282.

Die Dimensionen der abgebildeten Exemplare sind:

Figur 13	von	Polnisch-Ostrau;	Länge 9·0	Mm.,	Breite 3·6	Mm.,	Dicke ?	Mm.
» 14	»	Poremba;	» 7·0	»	» 2·2	»	» ?	»
» 15	»	Dombrau;	» ?	»	» 3·0	»	» 2·0	»
» 16	»	Seelowitz;	» 11·5	»	» 4·0	»	» ?	»

Das Verhältniss der Dicke zur Breite wurde noch an anderen, nicht abgebildeten Exemplaren gemessen; es ergab sich darnach die mittlere Dimension mit einer:

Länge 9·2 Mm., Breite 3·3 Mm., Dicke 2·3 Mm.

oder bei einer Dicke = 1: » 3·9 » » 1·4 » » 1·0 »

Vorkommen: Im Schlierthon von Seelowitz (1 Exemplar), im Tegel von Polnisch-Ostrau (Josef-Schacht), von wo 7 Exemplare vorliegen; im Tegel von Poremba, Bohrloch II der Alpinen Montangesellschaft (1 Exemplar); von ebendort, Bohrloch III (4 Exemplare); im Eleonoren-Schacht zu Dombrau (5 Exemplare in Fragmenten); von oberitalienischen Miocen-Localitäten liegen vor, und zwar von Turin: 1 Exemplar, von Serravalle di Scrivia: 6 Exemplare.

Das mir von Herrn Prof. A. Rzehak mitgetheilte Exemplar von Seelowitz befindet sich in der geologischen Sammlung der k. k. technischen Hochschule in Brünn. Die Exemplare von Polnisch-Ostrau verdanke ich Herrn J. Frič in Polnisch-Ostrau, welcher dieselben bei der Abteufung des Josef-Schachtes mit grosser Sorgfalt gesammelt hatte, die von Poremba übergab mir Herr C. Prausa in Orlau.

Vaginella depressa Daudin.

Taf. II, Fig. 17—22, 34.

1800. *Vaginella depressa* Daudin, Bulletin soc. philomatique, no. 43, pag. 1.
1823. *Cleodora strangulata* Deshayes, Dict. class. vol. IV, pag. 204.
1825. *Vaginella depressa* Basterot, Mém. Bordeaux, pag. 19, tab. IV, fig. 16.
1828. *Creseis vaginella* Rang, Annales des sciences naturelles vol. 13, pag. 309, tab. 18, fig. 2.
1829. » » » » » » » » 16, » 497, » 19, » 4.
1840. *Cleodora strangulata* Grateloup, Atl. conch. foss. Adour, tav. I, fig. 3 und 4.
1842. *Vaginula Daudinii* Sowerby, The genera of recent and fossil shells (*Pteropoda*).
1842 und 1847. *Cleodora strangulata* E. Sismonda, Synops. method. anim. invert. Pedem. foss., pag. 57.
1847. *Cleodora strangulata* Michelotti, Description des fossiles des terrains miocènes de l'Italie septentrionale, pag. 146.
1851. *Vaginella depressa* (partim) M. Hörnes, Fossile Mollusken des Tertiärbeckens von Wien, I. Band, pag. 664.
1852. *Vaginella depressa* A. d'Orbigny, Prodrôme de paléont. strat. univers. des anim. moll. et ray., vol. III, pag. 96.
1861. *Vaginella depressa* Semper im Archiv, Mecklenburg, Band XV, pag. 274.
1872. *Vaginella depressa* Bellardi, Molluschi terz. del Piemonte e della Liguria vol. I, pag. 34 (partim).
1873. *Vaginella depressa* R. Tournouër, Terr. mioc. de Sos et Gabaret; Actes soc. Lin. Bordeaux, tome XXIX, pag. 266.
1876. *Vaginella depressa* F. E. Koch, Katalog der fossilen Einschlüsse des Sternberger Gesteins. Mecklenburger Archiv, XXX. Band, pag. 180 (partim).
1879. *Vaginella depressa* G. Seguenza, Le formazioni terziarie della Prov. di Reggio (Calabria), pag. 60.
1880. *Vaginella depressa* N. Tiberi, Cefalopodi, Pteropodi, Eteropodi viventi nel Mediterraneo e fossili nel terr. terz. italiano; Bulletino Soc. Malacologica Italiana vol. VI, pag. 37.
1882. *Vaginella depressa* v. Koenen, Die *Gasteropoda* etc. des norddeutschen Miocen; im Neuen Jahrbuch für Mineralogie etc., Beilage-Band II pro 1882, pag. 356.

Viele zweifelhafte Synonyme und minder wichtige Citate, namentlich in Lehr- und Handbüchern, sind in dem vorstehenden Literaturverzeichnisse nicht angeführt.

Da von manchen Autoren andere Vaginellen mit der *Vaginella depressa* verwechselt, zum Theile auch absichtlich mit derselben vereinigt wurden, so sehen wir uns veranlasst, die Charakterisirung der echten *Vaginella depressa* in dem Folgenden genauer zu fassen.

Die Schale ist glatt, in der Mitte stark bauchig aufgetrieben, unten mehr oder weniger scharf zugespitzt. Der Querschnitt ist in der Mitte kreisförmig bis elliptisch, oben, bei der Mündung zusammengedrückt; unterhalb der Mündung ist die Schale meist schwach eingeschnürt. Die längliche, schlitzförmige Mündung ist von zwei geraden (d. h. in axialer Richtung stehenden) breiten, ausgerundeten Lappen begrenzt, auf welchen nur in seltenen Fällen am Rande eine bis drei, meist unregelmässige, wellenförmige Falten bemerkbar werden. Von der Spitze laufen bei einigen Exemplaren schärfere Kanten an den Seiten bis zu den abgerundeten und etwas ausgerandeten Mündungswinkeln. Diese Kanten sind bei anderen Exemplaren auf dem bauchigen Mitteltheile der Schale oft nur angedeutet oder verschwinden hier ganz, um mitunter in der Nähe der Mündungswinkeln wieder zu erscheinen. Es ist klar, dass die Form des Gehäuses in den verschiedenen Alterstadien sehr verschieden aussehen wird. Die Form der Mündung namentlich ist gerade bei der *Vaginella depressa* im Verlaufe der Ausbildung jenen bedeutenden Veränderungen unterworfen, welche sich durch die verschiedenen Anwachszonen hindurch zu erkennen geben. Im Embryonalstadium kreisförmig mit geraden Rändern, später elliptisch mit stark ausgebildeten Lappen oder Lippen (die Schale erinnert in diesem Stadium an *Balantium*), dann immer mehr in die Breite gezogen mit endlichem Uebergang in die Form eines geraden, mitunter unregelmässig gewundenen Schlitzes, dessen Enden abgerundet erscheinen.

So sind wir bei dem oben bereits charakterisirten Mundrande ausgewachsener Exemplare angelangt. Bezüglich desselben wäre nur noch zu bemerken, dass die unterhalb des Mundrandes auftretende Contraction die Ränder etwas ausgebogen erscheinen lässt, namentlich an den Seiten. Von der Seite jedoch gesehen, stehen sie gerade in axialer Richtung. Selten findet man die Mundränder von allen Seiten aus gesehen ganz gerade, was darauf hindeutet, dass das betreffende Individuum den Höhepunkt seiner Entwicklung noch nicht erreicht hat.

Die Anwachsstreifen sind schon unter dem bauchigen Schalentheile stark nach aufwärts gebogen, hier sogar meist stärker, als weiter oben, wo diese Ausbiegung in der Regel verhältnissmässig schwächer ist. Auf einer Schmalseite des Gehäuses sieht man daher die Anwachsstreifen an der Seitenkante unter einem nach oben geöffneten Winkel zusammenlaufen, der in der Mitte etwa 90 Grad beträgt, oben und unten jedoch grösser ist. Die Seitenkanten ergeben sich als durch die Zuschärfung oder Ausrandung der successiven Mundränder gebildet.

Die Spitze der Schale ist einfach ausgezogen und zugeschärft und hat in der Regel keine embryonale Erweiterung, wenigstens haben wir bei den zahlreichen uns vorliegenden Exemplaren nirgends eine bemerken können. Die weitaus meisten der uns vorliegenden Gehäuse sind kurz und bauchig aufgetrieben, nur einzelne Exemplare sind schlank, es fehlt diesen letzteren aber nicht die bauchige Auftreibung, nur liegt sie etwas weiter unten. Die schlanken Exemplare haben gleichsam nur den über der bauchigen Erweiterung liegenden eingeschnürten Schalentheil cylindrisch verlängert. Ob man es daher mit älteren Individuen oder mit einer besonderen Varietät zu thun habe, mag noch dahingestellt bleiben. Fig. 17 und 18 zeigen die Form der normal ausgebildeten Gehäuse, Fig. 19 ist ein stark bauchiges Exemplar in zweifacher Grösse. Ein schlankes Exemplar ist in Fig. 20 und 21 abgebildet. Wenn auch schon mehrfache Abbildungen dieser *Vaginella* existiren, so zeigen sie alle einige Mängel und erlauben kaum die feineren Eigenthümlichkeiten der Schale, sei es in Form oder in Sculptur, zu erkennen; wir haben uns deshalb entschlossen, die echte *Vaginella depressa* von Léognan in mehreren Varietäten abzubilden, um einerseits eine genaue Abgrenzung gegen andere Vaginellen hiedurch zu unterstützen und andererseits einen Vergleich derselben mit dem ebenfalls abgebildeten Exemplare von Forchtenau zu ermöglichen.

Speyer[1]) hat aus dem Oligocen von Nieder-Kaufungen bei Cassel zwei Steinkerne als *Vaginella depressa* abgebildet und beschrieben, was ich hier erwähne, ohne diese Bestimmung als ganz sicher zu betrachten; übrigens sagt auch Semper[2]) über diese Exemplare, dass sie »mehr konisch seien, vom Typus abweichen, die seitlichen Leisten aber besitzen«. Auch Speyer selbst spricht von einer mehr konischen und einer bauchigen Varietät der *Vaginella depressa*. Es wäre wohl wahrscheinlich, dass die »konischen« Exemplare einer bisher genauer nicht gekannten *Vaginella* angehören, welche unserer *Vaginella Rzehaki* nahe stehen würde. Was von den aus oberitalienischen Tertiär-Localitäten als *Vaginella depressa* angeführten Exemplaren zu dieser Form in unserer engeren Fassung zu rechnen sei, lässt sich natürlich ohne Vergleichung der betreffenden Originalexemplare wohl kaum genau angeben, es liegt uns aber auch die echte *Vaginella depressa* von Turin (vermuthlich aus den Serpentinsanden) vor. Die Vaginellen aus dem Schlier dürften zum Theile zu *Vaginella Rzehaki* zu stellen sein.

Die Dimensionen der abgebildeten Originalexemplare sind:

von Figur 17 (Léognan)	Länge	7·6 Mm.,	Breite	3·2 Mm.,	Dicke	2·8 Mm.
» » 18 »	»	4·6 »	»	2·4 »	»	2·2 »
» » 19 »	»	6·6 »	»	3·2 »	»	2·9 »
» 20 & 21 »	»	6·5 »	»	2·0 »	»	2·0 »
» » 22 (Forchtenau)		4·0 »	»	1·6 »	»	1·5 »

Wir erhielten demnach daraus die mittleren Dimensionen mit:

	Länge	5·8 Mm.,	Breite	2·5 Mm.,	Dicke	2·3 Mm.
oder bei einer Dicke = 1:	»	2·5 »	»	1·1 »	»	1·0 »

Vorkommen: Häufig im unteren Miocen (erste Mediterranstufe, Langhien und Aquitanien in Frankreich und Italien), so bei Saucats (Léognan) und Dax nächst Bordeaux, bei Reggio in Calabrien,[3]) bei Turin. Seltener im obern Miocen (zweite Mediterranstufe, Helvetien und Tortonien), so in Ungarn, in Belgien bei Edeghem im »Diestien«.[4]) Ferner selten im Miocen Norddeutschlands; v. Koenen[5]) citirt von dort die Localitäten: »Holsteiner Gestein bei Stolpe (Reimers), Kiel, Ellerbeck, Reinbeck (Koch)«. In der Sammlung des k. k. naturhistorischen Hofmuseums zu Wien liegen uns Exemplare vor von: Mérignac (10 Exemplare), Saucats bei Léognan (circa 150 Exemplare), Turin (2 Exemplare), Kiel (2 Exemplare); endlich aus Ungarn: von Forchtenau (2 Exemplare) und von Oedenburg (4 Exemplare).

[1]) O. Speyer, Die Conchylien der Casseler Tertiärbildungen. I. Cassel, 1870, pag. 282, Fig. 11 und 12 auf Taf. 35.

[2]) Semper, l. c., pag. 276.

[3]) Seguenza, l. c.

[4]) Nach einer von Nyst gegebenen Liste in G. Dewalque, Prodrôme d'une description géol. de la Belgique 1868, pag. 426. — M. Mourlon nennt die betreffenden Ablagerungen »mio-pliocène«. (Géologie de la Belgique 1880.)

[5]) v. Koenen, l. c.

Vaginella lanceolata v. Koenen.

Taf. II, Fig. 34.

1846. *Belemnites lanceolatus* E. Boll, Geognosie der Ostseeländer, pag. 176, Taf. II, Fig. 16.
1849. *Creseis Daudinii?, Vaginula Daudinii* Sow? H. Karsten, Verzeichniss der im Rostocker akademischen Museum befindlichen Versteinerungen aus dem Sternberger Gestein, pag. 10.
1861. *Vaginella depressa* J. O. Semper (partim). Katalog einer Sammlung Petrefacten des Sternberger Gesteins; im Mecklenburger Archiv, Band XV, pag. 274.
1876. *Vaginella depressa* F. E. Koch, Katalog der fossilen Einschlüsse des oberoligocenen Sternberger Gesteins in Mecklenburg. — Mecklenburger Archiv, XXX. Band, pag. 180.
1882. *Vaginella lanceolata* v. Koenen, Die *Gasteropoda*, *Cephalopoda* und *Pteropoda* des norddeutschen Miocen. Neues Jahrbuch für Mineralogie etc., Beilage-Band II pro 1882, pag. 356.

Nach v. Koenen's Vorgange, welchem wir uns anschliessen, ist die *Vaginella depressa* aut. des Sternberger Gesteins nicht mit der echten *V. depressa* zusammenzustellen. Die erste charakteristische Beschreibung lieferte Boll; er hebt eine tiefe Marginalfalte hervor; aus der Abbildung scheint aber hervorzugehen, dass die andere, symmetrisch dazu auf der andern Seite gelegene von ihm nur übersehen wurde. Karsten's Beschreibung dagegen ist vollkommen zutreffend; er schreibt: »Unsere Exemplare sind $1^1/_2$'''—2''' lang, bauchig, mit kurzer, rasch abnehmender Spitze, die Oeffnung plattgedrückt, mit zwei tiefen Falten, so dass sie dreilappig erscheint.« Koch verwechselt diese Form wieder mit der echten *Vaginella depressa*, wie dies vor ihm schon Semper that, aber er führt an, dass ihm ein Stück vorgelegen habe, »welches ein deutliches Tröpfchen an der Spitze zeigt.« Es weist diese Beobachtung auf eine Erweiterung des Embryonaltheiles hin. Endlich hebt v. Koenen hervor: »Bei den Stücken aus dem Sternberger Gestein sind diese Einsenkungen (nämlich die submarginalen vom Mundrande abwärts laufenden) tiefer, mehr furchenartig, länger nach unten fortgesetzt, weiter von der Seite entfernt und dieser ziemlich parallel. Diese Vorkommnisse, welche von Boll als *Vaginella lanceolata*[1]) beschrieben wurden, sind hiernach nicht mit *V. depressa* zu vereinigen.«

In der Hauptform stimmt die *Vaginella lanceolata* mit schlanken Exemplaren der *V. depressa* überein. Der Unterschied von diesen liegt in den auf der Vorderseite[2]) gelegenen, den Seiten parallelen, vom Mundrande abwärts laufenden, eingestülpten Falten, sowie in der dadurch bedingten dreilappigen Form der Mundöffnung. Eine Verbreiterung des Mundrandes gegenüber dem unmittelbar darunter liegenden Schalentheile konnten wir an den uns vorliegenden Exemplaren nicht wahrnehmen. Die angeführten submarginalen Falten verschwinden vor der Ausbauchung in ein Drittel bis ein Viertel der Schalenlänge. Das Embryonalende würde nach der schon angeführten Beobachtung Koch's eine Erweiterung zeigen.

Das abgebildete Exemplar hat folgende Dimensionen:

	Länge	Breite	Dicke
	5·3 Mm.,	2·1 Mm.,	1·9 Mm.
für eine Dicke = 1 sind:	» 2·8	» 1·1	» 1·0

Vorkommen: Bisher mit Sicherheit nur aus dem oligocenen Sternberger Gestein Mecklenburgs bekannt; es liegen uns acht Exemplare vor.

[1]) Boll hat, wie oben gezeigt, diese Form als »*Belemnites lanceolatus*« angeführt, weshalb wir v. Koenen die Autorschaft zuschreiben.

[2]) v. Koenen (l. c.) nennt sie die »Dorsalseite«.

Uebersicht der beschriebenen Formen von *Vaginella* und ihrer Dimensionen.

	Mittlere Dimensionen			Dimensionen bei einer Dicke = 1		
	Länge Mm.	Breite Mm.	Dicke Mm.	Länge Mm.	Breite Mm.	Dicke Mm.
Vaginella Lapugyensis	7·5	2·0	1·4	5·4	1·4	1·0
« *tenuistriata* . .	9·5	2·2	1·9	5·0	1·1	1·0
« *austriaca* . . .	7·7	2·6	1·4	5·4	1·8	1·0
« *Rzehaki* .	9·2	3·3	2·3	3·9	1·4	1·0
« *depressa* . .	5·8	2·5	2·3	2·5	1·1	1·0
lanceolata . .	5·3	2·1	1·9	2·8	1·1	1·0

3. Genus *Balantium* Adams.[1])

Schale scheidenförmig, mit scharfkantigen Seitenrändern,[2]) unten zugespitzt, gerade oder mit nach hinten aufgebogener Spitze, in der Regel mit einer embryonalen Erweiterung versehen. Vorder- und Hinterfläche gewölbt,[3]) quer gestreift, der obere Theil beider oder der Hinterfläche allein mit Längsrippen oder Längsrinnen versehen. Querschnitt länglich, beiderseits zugespitzt; die Mündung von derselben Form wie der Querschnitt, einfach weit, beiderseits abgestutzt.

Der grösste Theil der hieher gehörigen recenten Formen ist nur wenig länger als breit, unter den tertiären Balantien findet man dagegen häufig schmälere Formen neben breiten, den recenten ähnlichen.

Man kann sämmtliche Formen zum Zwecke einer besseren Uebersicht in mehrere Gruppen theilen und wollen wir die folgenden anführen:

1. **Mittelbreite und breite Formen, beiderseits mit Längsrinnen oder Leisten.** Beispiele: *Balantium deflexum* v. Koenen,[4]) *Balantium* n. f.[5])

[1]) Adams, Genera of mollusca 1858, citiren »Leach« als Autor, Chenu im »Manuel de Conchyliologie« dagegen: »Leach? 1833?« Woodward im »Manual of the mollusca«: »Leach M. S.«; aus diesem letzteren Citat scheint hervorzugehen, dass Leach eine Diagnose der Gattung *Balantium* nicht publicirt hat.

[2]) Sollte dies Merkmal an einer oder der anderen recenten Form von *Balantium* fehlen, so hätte es als Gattungsmerkmal zu entfallen.

[3]) Ausser den von uns als typisch betrachteten recenten Formen wie: *Balantium recurvum* Child., *B. balantium* Férussac wird in der Regel auch die *Cleodora australis* Rang et Soul. zu *Balantium* gestellt. Bei dieser Form ist aber nicht nur die obere Hälfte der Vorderseite concav, sondern scheinen auch die Seitenränder nicht scharfkantig, sondern abgerundet zu sein. Diese beiden Eigenthümlichkeiten fehlen aber den anderen Balantien ganz, weshalb wir die genannte Form nicht zu der Gattung *Balantium*, dagegen eher noch in die Nähe der Gattung *Vaginella* gestellt sehen möchten.

[4]) A. v. Koenen, Die Gasteropoden des norddeutschen Miocens (l. c.), pag. 253, Taf. VII, Fig. 9 a, b.

[5]) Es ist dies eine fossile Form, welche in sehr schöner Erhaltung ein mir in der Sammlung des k. k. naturhistorischen Hofmuseums vorliegendes Gesteinsstück ganz erfüllt. Als Fundortsangabe ist die Bezeichnung: »Nordamerika« freilich nur ungenügend. Das Stück stammt aus der Sammlung, welche im Jahre 1852 von Sr. Excellenz Herrn Josef Ritter von Hauer dem Hof-Mineraliencabinete überlassen wurde.

2. Typische, breite Formen, welche höchstens auf einer Seite eine Längssculptur tragen, wie: *Balantium recurvum* Children, *B. Fallauxi*.

3. Schlankere Formen, beiderseits ohne Längsverzierung, wie: *Balantium pedemontanum* Mayer, *B. acutissimum* Seguenza, *B. Bittneri*.

Von der ersten Gruppe wäre nur noch zu bemerken,[1]) dass sie sich durch die reichere Längssculptur an die Gattung *Cleodora* anlehnt; man könnte sogar vermuthen, dass einige der vorläufig noch mit dieser Gruppe zu der Gattung *Balantium* gestellten Formen sich als unvollständige oder unausgebildete Exemplare von bisher vollständig nicht gekannten Formen von *Cleodora*, vielleicht auch von *Diacria* herausstellen werden.

Aus den Miocenablagerungen Oesterreich-Ungarns beschreiben wir drei Formen, und zwar:

1. *Balantium Fallauxi* n. f.
2. *Balantium Bittneri* n. f.
3. *Balantium pedemontanum* (C. Mayer).

Balantium Fallauxi n. f.

Taf. II, Fig. 23—26.

Die flache Schale ist von vorne und hinten gesehen rundlich dreiseitig, in der Seitenansicht schmal-dutenförmig, mit nach hinten gebogener Spitze. Der Querschnitt des Gehäuses ist länglich, beiderseits zugespitzt und in scharfe Schneiden ausgezogen. Der Mundrand ist einfach, eher erweitert als verengt, die beiden denselben bildenden Schalenlippen bilden nach oben convexe Bögen, die vordere ist bei erwachsenen Exemplaren etwas ausgebogen. Sehr zarte Querstreifen und gröbere Querrunzeln, welche beide den Anwachszonen entsprechen, bedecken fast die ganze Schale. Auf den einzelnen, von der Spitze wellenförmig auslaufenden Runzeln stehen zwei bis vier Streifen. Auf dem untersten Drittheil des Gehäuses verlieren sich die Runzeln fast ganz. Von dieser Ornamentik sind nur schmale, die Schneiden der Seitenränder umsäumende Bänder frei. Die eben genannten Schneiden der Seitenränder erscheinen nach vorne etwas umgebogen. Die Innenseite der Schale ist glatt. Das Ende der umgebogenen Spitze ist bei den vorliegenden Exemplaren nicht erhalten; es dürfte aber, analog den verwandten recenten Formen, von welchen wir *Balantium recurvum* Child. (= *B. Chaptali* Eyd. et Soul.) und *B. balantium* Rang anzuführen haben, eine embryonale Erweiterung vorhanden gewesen sein.

Von den angeführten recenten Formen unterscheidet sich das *Balantium recurvum* von dem *B. Fallauxi* hauptsächlich durch die drei auf der Hinterseite der Schale auftretenden Längsfalten, welche bei der letztgenannten Form ganz zu fehlen scheinen. Es scheint daher das recente *B. balantium* unserer fossilen Form noch näher zu stehen, da demselben die Längsfalten ebenfalls fehlen. Wir glauben daher in dem *B. balantium* (Rang) den heute noch lebenden Nachkommen des miocenen *B. Fallauxi* ansprechen zu sollen.

[1]) Möglicher Weise gehört auch *Balantium pulcherrimum* (C. Mayer) zu dieser Gruppe; die darüber von C. Mayer im Journal de Conchyliologie 1868 (vol. XVI), pag. 105 und Taf. II, Fig. 3 gemachten Angaben, sowie diejenigen anderer Autoren, lassen jedoch nicht mit wünschenswerther Sicherheit erkennen, ob die Längssculptur thatsächlich auf beiden Seiten auftritt. Mir liegen nur Abdrücke einer Seite vor, welche das k. k. naturhistorische Hofmuseum Herrn Prof. C. Mayer-Eymar in Zürich verdankt.

Ausgezeichnete Exemplare des *B. Fallauxi* verdanke ich dem erzherzoglich Albrecht-schen Schichtmeister Herrn C. Fallaux in Karwin. Beide stammen von dem Albrecht-Schachte in Peterswald und zeigen die Hinterseite sehr schön und fast vollständig erhalten. Diese Exemplare repräsentiren den Typus der oben beschriebenen Form. Damit vollständig übereinstimmende fragmentarische Exemplare fanden sich in dem von Herrn Betriebsleiter Mladek im Eleonoren-Schachte in Dombrau aufgesammelten Materiale. Der Typus von *B. Fallauxi* ist in den Figuren 23, 24 und 25 dargestellt.

Andere verdrückte Exemplare, welche Herr Oberingenieur J. Frič im Tegel des Josef- und des Jacob-Schachtes in Polnisch-Ostrau gesammelt und mir für das k. k. naturhistorische Hofmuseum freundlichst übergeben hat, weichen in untergeordneten Eigenschaften von unserer typischen Form ab; wir sind daher geneigt, diese als eine Varietät des *B. Fallauxi* anzusehen. Das allerdings flachgedrückte Gehäuse hat weniger gekrümmte Seitenkanten (dieselben könnten fast als geradlinig bezeichnet werden), ist unten weniger zugespitzt, die Vorder- und die Hinterfläche scheinen weniger gewölbt zu sein, die Sculptur der Schale ist weniger deutlich ausgeprägt. Da man wohl annehmen muss, dass ein grosser Theil dieser Eigenthümlichkeiten (vielleicht sogar alle) durch Verdrückung der flach im Tegel liegenden zarten Gehäuse hervorgebracht sei, so erschien es uns angezeigt, auch die Exemplare von Polnisch-Ostrau an *B. Fallauxi* anzuschliessen. Sollte besseres Material ergeben, dass die angeführten Eigenschaften constant auftreten, so würde eine Abtrennung immerhin gerathen erscheinen. Diese Varietät von *B. Fallauxi* ist in Fig. 26 dargestellt. Ein uns vorliegendes Steinkernfragment (es fehlt das untere Drittel des Gehäuses) vom Pratzer Berg schliesst sich dieser Varietät ganz gut an, die Querriefung ist aber auf demselben besser ausgeprägt als bei den Exemplaren von Polnisch-Ostrau.

Die Dimensionen der abgebildeten Exemplare sind:

für Fig. 23—25 von Peterswald:	Länge 13·7 Mm.,	Breite 10 Mm.,	Dicke 4? Mm.
» » 26 » Poln.-Ostr.:	» 12·0 »	» 10 »	» ? »

Vorkommen: Die meisten der bisher bekannten Exemplare stammen aus dem miocenen Tegel des Ostrau-Karwiner Steinkohlenreviers; es liegen uns vor: vom Albrecht-Schacht in Peterswald (2 Exemplare), vom Eleonoren-Schacht in Dombrau (3 Exemplare), von den Schächten Josef und Jacob in Polnisch-Ostrau (4 Exemplare). Das aus den Mergelknollen des Pratzer Berges bei Brünn stammende Fragment hat Herr Prof. A. Rzehak gesammelt und freundlichst zur Verfügung gestellt.

Balantium Bittneri n. f.

Taf. II, Fig. 27.

Balantium spec. A. Bittner, Die Tertiärablagerungen von Trifail und Sagor. Jahrbuch der k. k. geol. Reichsanstalt 1883, pag. 488.

Die Schale ist flach zusammengedrückt, dreiseitig, oben wenig gewölbt, die Seitenränder vorne und hinten durch je eine seichte Furche zu einem schmalen scharfen Saum abgesetzt, der mehr oder weniger nach vorne umgebogen ist. Die Schale ist glatt, mit meist in verschiedenen Distanzen, selten in gleichen Zwischenräumen auftretenden Anwachsstreifen geziert, so dass eine feine, quer verlaufende Ornamentik entsteht.

Diese Form steht dem im oberitalienischen Miocen häufigen *B. pedemontanum* C. Mayer jedenfalls nahe, unterscheidet sich jedoch von dem letzteren besonders durch das flachere Gehäuse und durch den grösseren Winkel, welchen die Seitenkanten einschliessen. Auch ist die Breite der glatten Seitenbänder bei *B. Bittneri* geringer als bei *B. pedemontanum.*

Als mittlere Dimensionen möchten wir angeben:

Länge 8 Mm., Breite 6 Mm., Dicke 2 Mm.

Vorkommen: In zahlreichen Exemplaren ganze Bänke erfüllend in den miocenen Mergeln ober dem Tagbaue I in Trifail. Die von Herrn Dr. A. Bittner gesammelten und mir freundlichst mitgetheilten Exemplare befinden sich in der Sammlung der k. k. geologischen Reichsanstalt.

Balantium pedemontanum (Mayer).

Taf. II, Fig. 28 und 33.

1868. *Cleodora pedemontana* C. Mayer. Description de coqu. fossiles des terr. tert. im Journal de Conchyliologie vol. XVI, pag. 104, pl. II, fig. 2.

1872. *Balantium pedemontanum* L. Bellardi. Molluschi terz. del Piemonte e della Liguria I, pag. 31, tav. III, fig. 10.

1884. *Balantium sp.* A. Makowsky und A. Rzehak, Die geologischen Verhältnisse der Umgebung von Brünn. In den Verhandlungen des naturforschenden Vereines in Brünn, XXII. Bd., 1884, pag. 248.

C. Mayer gibt nach den von ihm im Schlier von Serravalle di Scrivia aufgefundenen Exemplaren die folgende Diagnose: »Testa elongata-trigona, pyramidali, lateribus compressa, medio ventriuscula, apice acutissima, ad aperturam coarctata; sulculis transversis coarctatis, numerosis (circ. 30) aequalibus ornata.« Von demselben an das k. k. naturhistorische Hofmuseum freundlichst eingesendete Exemplare des erwähnten Fundortes gestatten mir, zu erkennen, dass *B. pedemontanum* auch in den österreichischen Miocenablagerungen, freilich als grosse Seltenheit, vorkommt. Behufs schärferer Abtrennung von anderen Balantienformen wäre der von Mayer gegebenen Diagnose noch beizufügen, dass beiderseits der medianen Ausbauchung an den geraden Seitenkanten breite, ganz flache, nahezu glatte, gegen die Spitze zu verjüngte Bänder verlaufen; von diesen erwähnt Mayer nichts,[1]) auch sind sie in seiner Abbildung nur ungenügend angedeutet. Diese die Seitenkanten einsäumenden flachen Bänder sind bei den von Serravalle di Scrivia uns vorliegenden Exemplaren durchschnittlich etwas schmäler als bei dem leider bisher einzigen Exemplare aus Oesterreich. Die Breite des flachen Saumes zeigt sich als sehr variabel. Bei einigen der vorliegenden italienischen Exemplare kann man erkennen, dass die flachen Marginalbänder nicht durchwegs als ganz flach oder glatt bezeichnet werden dürfen, da namentlich auf der Hinterseite die Querrippen an den Marginalbändern in eine auch schon dem freien Auge erkennbare feine Querstreifung übergehen. Bezüglich des aus dem österreichischen Miocen vorliegenden Exemplares wäre ausser der verhältnissmässig grossen Breite des Marginalsaumes die starke mediane Wölbung, sowie die schwächere Querornamentik der Schale als bemerkenswerth hervorzuheben. Wir glauben aber auch in diesem Falle einen guten Theil der individuellen Eigenthümlichkeiten auf Rechnung der mangelhaften Erhaltung und der Deformirung durch äussere Kräfte setzen zu sollen. Die Schale selbst ist überdies verschwunden, die in Fig. 28 gegebene Abbildung daher nur ein Steinkern. Als grösste Dimensionen dürfen nach den vorliegenden Exemplaren gelten: eine Länge von 20 Mm., eine Breite von 10 Mm. und eine Dicke am Mundrande von 4—5 Mm. Die

[1]) Bellardi (l. c.) erwähnt wohl auch die mediane Ausbauchung der Vorder- und Hinterseite, aber die glatten Marginalbänder ebenfalls nicht.

Ermittlung der Dicke begegnet grossen Schwierigkeiten, da sämmtliche uns zugängliche Exemplare in grösserem oder geringerem Masse verdrückt sind.

Vorkommen: Das einzige aus dem österreichischen Miocen bisher bekannte Exemplar wurde von Herrn Prof. A. Rzehak in einem Mergelknollen eines der zweiten Mediterranstufe angehörigen Conglomerates[1]) zusammen mit zahlreichen anderen Pteropoden-Fragmenten am Pratzerberg bei Brünn gesammelt und mir von dem genannten Herrn zur Untersuchung freundlichst mitgetheilt. Von oberitalienischen Fundorten gibt Ch. Mayer[2]) Serravalle di Scrivia und Acqui an; Bellardi[3]) fügte diesen noch die Localitäten: Pino Torinese und Valle dei Salici hinzu; nach diesem Gelehrten wären letztere Localitäten in das »Miocenico medio«, erstere in das »Miocenico superiore« zu stellen, wogegen Prof. Ch. Mayer nach freundlichen Mittheilungen[4]) Serravalle di Scrivia in das Langhien, Pino Torinese dagegen in das Helvetien stellt.

4. Genus *Hyalaea* Lam.

Diese Gattung zählt (ausschliesslich der zu *Diacria* gehörigen Formen) etwa ein Dutzend lebende Vertreter. Ebensoviele Formen mögen aus Tertiärablagerungen bekannt sein. Besonders reich ist das Tertiär Italiens. Tiberi[5]) citirt von dort 11 Formen, wovon 7 auf das Miocen, 4 auf das Pliocen entfallen, eine Form kennt man aus dem Miocen Frankreichs,[6]) ebenso ist bisher nur eine einzige Form aus dem norddeutschen Miocen[7]) bekannt geworden. Aeltere als miocene Formen kennt man bisher nicht. Aus dem Miocen Oesterreich-Ungarns war bis nun gar keine Form beschrieben worden; auch uns liegt nur eine einzige vor, deren Beschreibung wir hiemit folgen lassen.

Hyalaea bisulcata n. f.

Taf. II, Fig. 29—32.

Die sehr dünne Schale war sehr wahrscheinlich weniger kugelig, als man es bei *Hyalaea* zu finden gewohnt ist. Die Begrenzung der Seitentheile unten ziemlich gerade, nur oben gegen die den Mundrand begrenzenden Medianlappen zugerundet. Der vordere Medianlappen ist halbkreisförmig, der hintere ebenfalls kreisförmig gebogen, etwa zwei Drittel eines Kreisbogens umfassend. Der oberste Theil scheint noch weiter ausgezogen gewesen zu sein. Auf der Vorderseite sind zwei, oben tiefere, nach unten allmälig seichter werdende Furchen, welche von den Seiten des Medianlappens gegen die Mitte des unteren Schalentheiles radial zusammenlaufen. Die Rückseite scheint ähnlich geformt gewesen zu sein, war jedoch jedenfalls flacher und scheinen nicht zwei, sondern vier (nämlich beiderseits des Medianlappens je zwei) nach der unteren Schalenmitte convergirende

[1]) Nach Makowsky-Rzehak (l. c., pag. 243) daher wohl älter, etwa: »erste Mediterranstufe (Schlier).« [2]) C. Mayer, l. c.

[3]) Bellardi, l. c.

[4]) Man vergleiche auch Ch. Mayer, Sur la carte géol. de la Ligurie centrale; im Bulletin de la soc. géologique de France 1876—1877, pag. 282 ff.

[5]) N. Tiberi, Cefalopodi, Pteropodi, Eteropodi viventi nel Mediterraneo e fossili nel terr. terz. italiano; Bulletino Soc. Malacologica Italiana vol. VI, 1880.

[6]) *Hyalaea aequensis* Grateloup. Conchyliol. foss. des terr. tert. du bassin de l'Adour 1840. pl. I, fig. 1—2.

[7]) *Hyalaea perovalis* v. Koenen, Die *Gasteropoda* etc. des norddeutschen Miocen. Neues Jahrbuch für Mineralogie etc. 1883, Beilage, Band II, pag. 354, Taf. VII, Fig. 15.

flache Furchen vorhanden gewesen zu sein. Unten ist die Schale fast horizontal abgeschnitten. Die Spitzen der beiderseits dadurch entstehenden rechten Winkel sind etwas ausgezogen. Der mittlere Theil der unteren Begrenzung, der Embryonaltheil, ist an unseren Exemplaren nicht erhalten. Die Schale zeigt auf der Aussenseite concentrische feine Anwachsstreifen. An den Rändern der Seitenflügel ist die Andeutung einer sehr schmalen saumartigen Zuschärfung erkennbar. *Hyalaea bisulcata* ist nach unseren bisherigen Kenntnissen von allen beschriebenen recenten und fossilen Hyalaeen verschieden. Während die gedrungene Hauptform mit den echten Hyalaeen gemeinsam ist, so wird durch die Furchung der Vorderseite eine Annäherung an der Gattung *Diacria* angehörige Formen gegeben.

Die Dimensionen des abgebildeten Exemplares in dem zerdrückten Zustande sind:

Länge 9·0 Mm., Breite 7·7 Mm., Dicke 2·2 Mm.

Die Dimensionen des Fossiles in unzerdrücktem Zustande sind wohl andere gewesen, namentlich war die Breite wohl etwas geringer, die Dicke dagegen bedeutend grösser.

Vorkommen: Dasselbe beschränkt sich auf den miocenen Tegel des Josef-Schachtes in Polnisch-Ostrau, in welchem Herr Oberingenieur J. Frič die vorliegenden zwei fast vollständigen Stücke und ein fragmentarisches Exemplar gesammelt hat.

II. Spirialidae Chenu.[1])

Die zu dieser Familie gehörigen fossilen Reste hat man bisher theils der Gattung *Limacina*, theils der Gattung *Spirialis* zugetheilt. Diese zwei, für recente Vorkommnisse aufgestellten Gattungen unterscheiden sich in den Harttheilen im Wesentlichen nur durch das Fehlen und das Vorhandensein eines Deckels. Bei fossilen Formen wird die auf einem solchen Merkmale beruhende Trennung derselben in zwei Gattungen um so weniger durchführbar erscheinen, je weniger auf die Fossilisation des Deckels überhaupt und besonders in situ zu rechnen ist; es wird sich daher vorerst empfehlen, die tertiären Spiraliden in eine einzige Gattung zusammenzufassen, der man den älteren Namen *Limacina* Cuvier belassen könnte. Die meisten tertiären Formen schliessen sich aber sehr enge an lebende *Spirialis*-Arten an. Dieser Umstand, sowie die geringe Zahl sicherer *Limacina*-Arten überhaupt scheinen denn auch in neuerer Zeit für die meisten Paläontologen, welche fossile Spiraliden beschrieben haben, die Beweggründe für die Wahl des Gattungsnamens *Spirialis* gewesen zu sein. Diesem Vorgange schliessen wir uns schon aus praktischen Gründen gerne an. Ebenso folgen wir nur einem jetzt allgemeiner gewordenen Gebrauche, wenn wir die planorboiden Formen der Spiraliden unter dem Gattungsnamen *Embolus* Jeffreys zusammengefasst wissen wollen und daher nicht in die Gattung *Spirialis* miteinbeziehen.

5. Genus *Spirialis* (Souleyet).

Das dünnschalige Gehäuse ist linksgewunden, mit erhaben konischer, selten mit flacher Spira. Nabel fehlend oder sehr enge. Umgänge stark bauchig, weit übergreifend. Mundöffnung oben winklig, unten gerundet, oft gegen die Spindel schräg herabgezogen.

[1]) Dieselben später anzuführenden Gründe, welche uns veranlassen, den Gattungsnamen *Spirialis* dem älteren Namen *Limacina* vorzuziehen, bewogen uns auch, den von Chenu acceptirten Familiennamen: »*Spirialidae*« anstatt des von Gray herrührenden Namens: »*Limacinidae*« zu gebrauchen.

Während man nach Adams[1]) dreizehn lebende *Spirialis*-Formen kennt, sind bisher aus den einzelnen Abtheilungen des Tertiär beschrieben worden: Aus dem Eocen: eine Form,[2]) aus dem Oligocen: eine Form,[3]) aus dem Miocen: eine Form,[4]) aus dem Pliocen: drei noch lebende Formen.[5]) Wir werden den miocenen Formen drei neue hinzuzufügen haben, und werden uns in dem Folgenden daher mit sechs Formen beschäftigen, und zwar: *Spirialis stenogyra* Phil., *Sp. Koeneni* n. f., *Sp. valvatina* Reuss, *Sp. hospes* Rolle, *Sp. Tarchanensis* n. f., *Sp. Andrussovi* n. f.

Mit Ausnahme der *Sp. hospes,* welche zuerst aus dem Oligocen beschrieben wurde, sind alle angeführten Formen im Miocen vertreten. — *Sp. stenogyra* war bisher aus dem Miocen nicht bekannt.

Spirialis stenogyra (Philippi).

1844. *Scaea stenogyra* Philippi, Enumeratio Moll. Siciliae vol. II, pag. 164, tav. 25, fig. 20.
1855. *Limacina stenogyra* Pictet, Traité de paléontologie tome III, pag. 317, tav. 70, fig. 13.
1859. *Spirialis stenogyra* Chenu, Manuel de Conchyliologie vol. I, pag. 113, fig. 499.
1862. *Spirialis stenogyra* Seguenza, Notizie succinte intorno alla costituzione dei terreni terziarii del distretto di Messina. — Messina 1862, pag. 30.
1867. *Spirialis stenogyra* Seguenza, Paleontologia malacologica dei terreni terziarii del distretto di Messina (Pteropodi ed Eteropodi), Mem. Soc. Italiana di sc. nat. tomo II, no. 9, pag. 13, fig. 11.
1868. *Spirialis trochiformis* Weinkauff, Die Conchylien des Mittelmeeres, Band II, pag. 428.
1880. *Spirialis retroversus* N. Tiberi, Cefalopodi, Pteropodi, Eteropodi viventi nel Mediterraneo e fossili nel terreno terziario italiano etc.; Bulletino soc. malacolog. italiana vol. VI, pag. 38.

Das Gehäuse ist bis auf zarte Anwachsstreifen ganz glatt, mit steil erhobener Spira, deren Spitze in der Regel flacher ist. Die Umgänge, deren Anzahl nie mehr als sieben beträgt, sind rund bauchig, durch tief eingesenkte Nähte gesondert. Die Jugendwindungen wachsen nur langsam an, die späteren dagegen rascher (sie erlangen etwas weniger als das Doppelte des Durchmessers). Die Jugendwindungen und die mittleren sind etwa fünfmal so breit als hoch, der letzte Umgang ausgewachsener Exemplare ist gross, mit erweiterter Mündung; das Peristom erscheint stets in der Richtung der Spindel nach unten ausgezogen. Bei ausgewachsenen Exemplaren ist die der Spindelaxe zunächst liegende Partie der Innenlippe etwas umgeschlagen, wodurch, aber eben nur bei älteren Exemplaren, ein Nabelspalt gebildet wird, der bei jüngeren Exemplaren ganz fehlt. Der Gehäusewinkel jüngerer Exemplare ist anfangs ganz flach und stumpf (siehe Fig. 35), der älterer Exemplare kann bis 50 Grad herab betragen (siehe Fig. 36).

Weinkauff hält *Spirialis stenogyra* für ident mit *Sp. trochiformis* Orb., Jeffreys[6]) und Tiberi identificiren erstere mit der recenten *Sp. retroversa* (Fleming[7]). Ohne grösseres Vergleichsmaterial an recenten Spiraliden können wir die Frage,

[1]) H. und A. Adams, The Genera of the recent Mollusca, pag. 58—60 führen an: von *Limacina* 1 Art, von *Spirialis* 5 Arten, von *Heterofusus* 7 Arten.

[2]) *Ampullaria pygmaea* Lamk. (Hist. nat. anim. sans vertèbres 1822, tome VII, pag. 547) wurde nach Zittel (Handb. der Paläont. I, 2. Abth., pag. 312, Fig. 459) von Deshayes zu *Spirialis* gestellt.

[3]) *Limacina hospes* Rolle.

[4]) *Spirialis valvatina* Reuss, ferner beschreibt v. Koenen zwei weitere miocene Formen, welche aber zu *Embolus* zu stellen sind. (Die *Gasteropoda* etc. des norddeutschen Miocen. Neues Jahrbuch für Mineralogie 1883, Beilage, Band II, pag. 358 und 359.)

[5]) Vgl. Tiberi, l. c.

[6]) British Conchology vol. V, pag. 116.

[7]) *Fusus retroversus* Fleming, On a reversed species of Fusus. Edinburgh, Mem. Wern. Soc. vol. IV, pag. 498—500, tab. XV, fig. 2.

ob die fossile *Sp. stenogyra*, welche von Philippi[1]) zuerst für pleistocene Vorkommnisse aufgestellt worden ist, mit einer lebenden Form identisch sei, kaum entscheiden. Daher hielten wir es aus diesen und anderen Gründen für angezeigt, für die fossilen Formen Philippi's Namen festzuhalten, eventuell denselben auf diejenigen fossilen Exemplare zu übertragen, welche sich als von den lebenden abweichend erweisen sollten. Ausser den genannten lebenden Formen hat Seguenza[2]) noch *Sp. australis* Eyd. et Soul. als eine der *Sp. stenogyra* ähnliche angeführt, was nach der von Rang und Souleyet[3]) gegebenen Abbildung als ganz zutreffend erscheint. Jedenfalls halten wir es demnach für erwiesen, dass der fossilen *Sp. stenogyra* sehr nahestehende lebende Formen existiren.

An vorliegenden Exemplaren fand ich die folgenden Dimensionen: an einem Gehäuse aus dem Pliocen von Palermo: eine Höhe von 2·2 Mm., eine Breite von 1·6 Mm., an dem in Fig. 36 abgebildeten verkiesten Steinkerne aus dem Salzthon von Ronaszék in Ungarn (Miocen) eine Höhe von 1·8 Mm., eine Breite von 1·2 Mm. Dies sind aber Dimensionen besonders grosser, ausgewachsener Exemplare.

Vorkommen: Wir kennen in der österreichisch-ungarischen Monarchie bisher nur die eine Fundlocalität von Ronaszék in Ungarn, von wo uns verkieste Steinkerne von etwa 40 Individuen vorliegen. Diese Localität ist jedenfalls eine miocene. — Von auswärtigen Fundorten führte zuerst Philippi an: Pezzo in Calabrien und Palermo in Sicilien; Seguenza nennt noch: Milazzo bei Messina, endlich Ponzi auch die Mergel des Monte Vaticano bei Rom. Uns liegen in der Sammlung des k. k. naturhistorischen Hofmuseums vor: von Palermo 4 Exemplare, von Milazzo 4 Exemplare, endlich von der Insel Rhodus 5 Exemplare. Mit Ausnahme von Rhodus gehören alle diese auswärtigen Fundorte dem Pliocen Italiens an. Auch auf Rhodus findet man die *Sp. stenogyra* im Pliocen.

Spirialis Koeneni n. f.

Taf. II, Fig. 37.

Der Gehäusewinkel schwankt um 90 Grad, die Umgänge sind weit bauchig, gerundet, die Nähte tief; es ist ein verhältnissmässig weiter Nabel vorhanden.

Durch den steilen Gehäusewinkel schliesst sich diese Form an *Sp. stenogyra* an, durch das Vorhandensein eines Nabels und die geringere Steilheit des Gehäuses sind genügende Unterscheidungsgründe gegeben. Von fossilen Formen schliesst sich diese Form enge an *Sp. globulosa* Seguenza an; da jedoch die davon gegebene Abbildung eine flachere Spira und eine in dem obern Theile engere Mündung zeigt, so müssen wir vorläufig davon abstehen, diesen Namen auf unsere Exemplare zu übertragen. Unter den von v. Koenen als *Sp. valvatina* Reuss angeführten[4]) Exemplaren aus dem norddeutschen Miocen kann man hieher gehörige vermuthen, aber ohne Vergleichung der Fossilien selbst keines zu *Sp. Koeneni* stellen.

Von recenten Formen steht *Sp. trochiformis* Eyd. et Soul. sehr nahe, dürfte jedoch kaum ganz übereinstimmen.

Das in eilffacher linearer Vergrösserung in Fig. 37 dargestellte Exemplar ist etwa 1·2 Mm. hoch und ebenso breit.

Vorkommen: Die mir vorliegenden zwei Exemplare aus dem Miocen von Langenfelde sind verkieste Steinkerne, die Mundränder derselben etwas defect.

[1]) Philippi, l. c. [2]) Seguenza, l. c.
[3]) Histoire naturelle des mollusques ptéropodes, pl. XIV, fig. 19—23. [4]) v. Koenen, l. c.

Spirialis valvatina Reuss.

Taf. II, Fig. 38.

1867. A. E. Reuss, Die fossile Fauna der Steinsalzablagerung von Wieliczka. Sitzungsber. der Wiener Akad., LV. Band, I. Abth., pag. 146, Tab. VI, Fig. 11.
1876. Gottsche, Festschrift der 49. deutschen Naturforscherversammlung zu Hamburg, pag. 23.
1882. A. v. Koenen, Die *Gasteropoda* etc. des norddeutschen Miocen; im Neuen Jahrbuch für Mineralogie etc., Beilage-Band II, pag. 357.

Den Angaben von Reuss und v. Koenen haben wir um so weniger beizufügen, als ja dieselben erschöpfend sind und uns auch kein neues Material zu Gebote steht. Die beiden genannten Autoren weisen darauf hin, dass Rolle's *Limacina hospes* sehr wahrscheinlich mit der *Spirialis valvatina* identisch sei; Koch[1]) spricht sich unbedingt für diese Identität aus. Nach einer sorgfältigen Vergleichung der uns in der Sammlung des k. k. naturhistorischen Hofmuseums vorliegenden Originalexemplare von Rolle und Reuss glauben wir die zwei in Rede stehenden Formen allerdings als sehr nahe stehende, jedoch nicht als ganz identische betrachten zu sollen. *Sp. hospes* (Rolle) hat einen etwas flacheren Gehäusewinkel und zeigt ein rascheres Anwachsen der Windungen als *Sp. valvatina*.

Die Dimensionen der vorliegenden Exemplare von Wieliczka sind meist sehr geringe; das von uns des besseren Vergleiches wegen nochmals in Fig. 38 abgebildete Originalexemplar von Reuss hat eine Höhe von 0·7 Mm. und eine Breite von 0·8 Mm. Einzelne Fragmente lassen uns schliessen, dass bei ganz ausgewachsenen Exemplaren die Dimensionen drei- bis viermal so gross waren.

Vorkommen: Im Salzthon zu Wieliczka (8 Exemplare). — Nach v. Koenen[2]) dürften noch folgende, dem norddeutschen Miocen angehörige Fundorte zu nennen sein: Langenfelde, Gühlitz (?), Holsteiner Gestein bei Stolpe und Wendisch-Wehningen; derselbe Autor nennt ferner Antwerpen als Fundort. — Anmerkungsweise sei hier noch erwähnt, dass mir Herr Prof. A. Rzehak ein Gesteinsstück aus dem Schlier von Nusslau bei Seelowitz eingesendet hat, auf welchen sich zahlreiche Steinkerne zerdrückter *Spirialis*-Gehäuse[3]) erkennen lassen. Eine sichere Bestimmung derselben ist natürlich unmöglich; aber vermuthen könnte man, dass dieselben am ehesten noch Gehäusen angehört haben, die der *Spirialis valvatina* nahestehen.

Spirialis hospes (Rolle).

Taf. II, Fig. 39.

1861. *Limacina hospes* F. Rolle, Ueber einige neue oder wenig gekannte Mollusken-Arten aus Tertiärablagerungen. Sitzungsber. der Wiener Akad., XLIV. Band, pag. 205, Taf. I, Fig. 2.
1876. *Limacina hospes* F. E. Koch, Katalog der fossilen Einschlüsse des oberoligocenen Sternberger Gesteins in Mecklenburg. Archiv des Vereines der Freunde der Naturgeschichte in Mecklenburg, Jahrg. 30, pag. 181.

Ueber die Beziehungen zu *Sp. valvatina* haben wir uns bereits oben ausgesprochen. Diesbezüglich hätten wir noch zu erwähnen, dass Koch (l. c.) das Folgende angibt:

[1]) Archiv des Vereins der Freunde der Naturwissenschaften in Mecklenburg, Band 30, 1876, pag. 182.
[2]) v. Koenen, l. c.
[3]) Auch planorboide Formen *(Embolus)* scheinen nicht ganz zu fehlen.

»die Abbildung, die Herr Reuss von seiner Art gibt, stimmt sogar besser zu den mir vorliegenden Stücken der Sternberger Art als diejenige des Herrn Rolle, so dass eine Vergleichung der Abbildungen mit unserem Vorkommen mich veranlassen würde, demselben den von Reuss gegebenen Namen beizulegen, wenn nicht Herr Rolle seine Art speciell für das Sternberger Vorkommen aufgestellt hätte.« Auch v. Koenen[1]) erwähnt, dass ihm ein Exemplar aus dem Sternberger Gestein vorliege, das eine erheblich niedrigere Mündung als Rolle's Abbildung zeige. Wir können nur anführen, dass Rolle's Abbildung mit dem uns vorliegenden Originale vollkommen übereinstimmt. Wir halten dieses Original für ein vollständig ausgebildetes Gehäuse, bei welchem, wie überhaupt bei allen *Spirialis*-Formen, die Mündung unten schräg gegen die Spindel zu erweitert ist. Wenn demnach den Herren Koch und v. Koenen Exemplare mit niedrigerer Mündung vorgelegen haben, so möchten wir schliessen, dass dies unausgebildete Exemplare gewesen seien. Das in Fig. 39 abgebildete Original Rolle's misst in der Höhe 1·0 Mm., in der Breite 1·2 Mm.

Vorkommen: Die oligocene *Sp. hospes* kennt man bisher nur aus oberoligocenem Sternberger Gestein Mecklenburgs.

Spirialis Tarchanensis n. f.

Taf. II, Fig. 40.

Der Gehäusewinkel ist sehr flach (meist sogar flacher als bei *Sp. hospes*), die Umgänge sind rund bauchig, etwas höher als breit, durch tiefe Nähte gesondert. Die meisten, namentlich der ausgewachsenen Exemplare sind enge genabelt, doch kommen unter den nicht ausgewachsenen Exemplaren auch ungenabelte vor. Die Mündung ist etwas schräg gestellt, länglich, etwa zweimal so lang als breit, unten gegen die Spindelaxe zu etwas ausgezogen. Diese Form ist mit *Sp. hospes* und mit *Sp. globulosa* Seg. verwandt; in einer Mittheilung des Herrn Andrussow[2]) sind unsere ersten Bestimmungen der Pteropodengehäuse angeführt. Es wurden damals die Gehäuse von *Sp. Tarchanensis* von uns als *Sp. globulosa* Seg. und als *Limacina hospes* Rolle bestimmt. Wiederholtes genaueres Studium hat uns gelehrt, dass die von Andrussow entdeckten Spirialiden von Kertsch mit den zwei angeführten älteren Namen nicht zu identificiren seien, wenn sie ihnen auch sehr ähnlich sind. Wir konnten nun erkennen, dass der Gehäusewinkel der *Sp. Tarchanensis* viel flacher ist als der von *Sp. globulosa*, ferner, dass die Umgänge der *Spirialis* aus der Krim bedeutend höher als bei *Sp. hospes* sind. Von recenten Formen scheint uns *Sp. ventricosa* Eyd. et Soul. am ähnlichsten zu sein. — Ausgewachsene Gehäuse der *Sp. Tarchanensis* sind 1·0—1·3 Mm. hoch und 0·9—1·3 Mm. breit.

Vorkommen: Nach den freundlichen Mittheilungen des Herrn Andrussow findet sich die *Sp. Tarchanensis* in sandigem, miocenem Thon an der Grenze zwischen dem Tschokrak-Kalkstein und den unteren, dunklen Thonen am Ufer des Azow'schen Meeres zwischen Cap Tarchan und Cap Chronevi in einem leichten, lockeren, fast nur aus Gehäusen dieser Form aufgebauten Gesteine. Ferner bei Cap Tarchan in einem ähnlichen, aber zäheren Gesteine. Von beiden Fundorten der Halbinsel Kertsch liegen uns zahlreiche Exemplare vor.

---

[1]) v. Koenen, l. c.

[2]) N. Andrussow, Ueber das Alter der unteren, dunklen Schieferthone auf der Halbinsel Kertsch. Verh. der k. k. geol. Reichsanstalt 1884, pag. 213 u. f.

Spirialis Andrussowi n. f.

Taf. II, Fig. 41.

Die Spira ist ganz flach, die oberen, runden Windungen erheben sich nicht über die letzte. In der Nähe der Mündung ist der Obertheil etwas herabgesenkt. Diese *Spirialis*-Form ist ganz ungenabelt. Die Mündung ist schräggestellt, an der Spindel nach unten ausgezogen. Diese Form, welche sich in manchen Beziehungen an *Sp. Tarchanensis* nahe anschliesst, unterscheidet sich jedoch von der letzteren durch die ganz flache Spira. Es wurde *Sp. Andrussowi* von der einzigen bisher bekannten Localität durch N. Andrussow[1]) als *Limacina hospes* angeführt, mit welcher Art auch wir dieselbe in Beziehung brachten, von der sie sich aber ganz unterscheidet. Es sind namentlich die Beschaffenheit der Spira, die höheren Windungen, die Form und Stellung der Mundöffnung, welche sie von *Sp. hospes* unterscheiden. Diese, sowie die vorige Form hat uns Herr N. Andrussow zur Bearbeitung freundlichst überlassen.

Das abgebildete Exemplar ist 0·9 Mm. hoch und 0·8 Mm. breit; die Dimensionen der meisten Gehäuse bleiben aber noch unter dieser Grösse.

Vorkommen: Massenhaft in gypsführendem, sandigen Kalke, welchen Andrussow von einer Localität bei dem Dorfe Kop-Kotschegen auf der Halbinsel Kertsch durch Herrn A. Herrmann in Kertsch erhalten hat.

Schlussbemerkung.

Aus der unten angeschlossenen Tabelle geht hervor, dass die oligocenen Formen in das Miocen nicht unverändert aufsteigen; die Vaginellen des Oligocen zeigen Eigenthümlichkeiten, welche wir bei anderen Formen der Gattung bisher nicht kennen. Für das österreichisch-ungarische Miocen erscheinen *Vaginella austriaca* und *Balantium Fallauxi* als besonders bezeichnend, während andere Formen, wie *V. depressa*, *V. Rzehaki* und *B. pedemontanum* eine grössere geographische Verbreitung aufweisen. Auffallend ist das häufige Vorkommen der Gattung *Spirialis* in Schichten, welche mit Steinsalzablagerungen verknüpft sind, wie in Wieliczka und Ronaszék. An diese Art des Vorkommens schliesst sich auch das Auftreten der *Spirialis Andrussowi* in gypsführenden Bänken bei Kop Kotschegen auf Kertsch insoferne an, als ja Gyps mit Steinsalzlagern stets verbunden ist und wahrscheinlich unter ähnlichen Verhältnissen zum Absatze gelangte, wie Steinsalz. Die grosse Seltenheit der Gattung *Hyalaea* im Miocen, ihr häufigeres Auftreten im Pliocen und der grosse Formenreichthum in der Jetztzeit weisen auf eine fortschreitende Entwicklung dieser Gattung hin, wie umgekehrt die Gattung *Vaginella* den Höhepunkt ihrer Entwicklung im oberen Tertiär schon erreicht zu haben scheint. Auch ist für diese Gattung durch das oben erwähnte Vorkommen in Neu-Seeland eine bedeutende Ausdehnung ihres geographischen Verbreitungsgebietes zur Miocen-Zeit sichergestellt. Manche Pteropoden-Formen, wie *Cleodora*, *Diacria* etc. fehlen uns aus dem Miocen noch ganz. Die Spiraliden mögen aber aus dem unteren Tertiär bis in die Jetztzeit in wenig geänderter Formenzahl aufgestiegen sein.

[1]) N. Andrussow, l. c., pag. 214, Anmerkung.

Es braucht wohl kaum besonders hervorgehoben zu werden, dass das vorliegende Pteropoden-Material aus dem österreichisch-ungarischen Miocen zu einer Klärung der so vielfach discutirten und noch immer nicht endgiltig gelösten Frage über die Trennbarkeit der marinen Miocen-Ablagerungen in Oesterreich-Ungarn in zwei Stufen oder sogar mehrere Horizonte keine bedeutenden Anhaltspunkte liefern kann; das Wenige, was diesbezüglich angeführt werden könnte, ist wohl leicht aus der folgenden Tabelle zu entnehmen; Einiges ist schon oben[1]) bemerkt worden.

Tabellarische Uebersicht

der beschriebenen Pteropoden und ihres Vorkommens.

	Oberoligocen i. Norddeutschland	Miocen-Localitäten in Oesterreich-Ungarn																	Miocen ausserhalb Oesterr.-Ungarns						
		Rattaszek	Wieliczka	Dombrau	Poremba	Peterswald	Polnisch-Ostrau	Nusslau bei Seelowitz	Ruditz	Rebeschowitz	Pratzer Berg b. Brünn	Laa	Trifail	Kostej	Lapugy	Forchtenau	Oedenburg	Baden-Vöslau	Krim	Norddeutschland	Belgien u. Niederlande	Frankreich	Ober-Italien	Mittel-Italien	Süd-Italien
Creseis Fuchsi n. f.	.	.	.	.	.	.	.	.	.	.	.	.	.	.	.	3	.	.	.	.	.	.	.	.	.
Creseis Spina (Reuss) = *Vaginella Lapugyensis*	.	.	5	.	.	.	.	.	.	.	.	.	.	.	.	.	.	.	.	.	.	.	.	.	.
Vaginella Lapugyensis n. f.	.	.	.	.	.	.	.	3	.	.	.	.	.	.	3	.	.	.	.	.	.	.	.	.	.
Vaginella tenuistriata Semper	15																								
Vaginella austriaca n. f.	.	.	.	7	.	.	11	16	+	.	3	1	.	15	10	1	.	31							
Vaginella Rzehaki n. f.	.	.	.	5	5	.	7	.	1	.	.	.	.	.	.	.	.	.	.	.	.	.	+	×	
Vaginella lanceolata v. Koenen	8																								
Vaginella depressa Daudin	.	.	.	.	.	.	.	.	.	×	.	.	.	.	.	2	4	.	.	+	–	+	+	.	+
Balantium Fallauxi n. f.	.	.	.	3	.	2	+	.	.	.	1	.	.	.	.	.	.	.	.	.	.	.	.	.	.
Balantium Bittneri n. f.	.	.	.	.	.	.	.	.	.	.	.	.	pl.												
Balantium pedemontanum (Mayer)	.	.	.	.	.	.	.	.	.	.	1	.	.	.	.	.	.	.	.	.	.	.	+	.	.
Hyalaea bisulcata n. f.	.	.	.	.	.	.	3																		
Spirialis stenogyra Phil.	.	40	.	.	.	.	.	.	.	.	.	.	.	.	.	.	.	.	.	.	.	.	.	.	.
Spirialis Koeneni n. f.	.	.	.	.	.	.	.	.	.	.	.	.	.	.	.	.	.	.	.	2	.	.	.	.	.
Spirialis valvatina Reuss	.	.	8	.	.	.	.	×	.	.	.	.	.	.	.	.	.	.	.	×	×	.	.	.	.
Spirialis hospes (Rolle)	+	.	.	.	.	.	.	.	.	.	.	.	.	.	.	.	.	.	.	.	.	.	.	.	.
Spirialis Tarchanensis n. f.	.	.	.	.	.	.	.	.	.	.	.	.	.	.	.	.	.	.	pl.	.	.	.	.	.	.
Spirialis Andrussowi n. f.	.	.	.	.	.	.	.	.	.	.	.	.	.	.	.	.	.	.	pl.						

In der Tabelle bedeuten:

Die Zahlen: Die Anzahl der vorliegenden Exemplare.

+: Das Vorkommen überhaupt (derselben Form).

×: Das Vorkommen einer nahestehenden Form oder ein zweifelhaftes Vorkommen derselben Form.

pl.: Das massenhafte Vorkommen.

[1]) Siehe Seite 51 und 56.

Tafel-Erklärung.

Fig. 1—3. *Creseis Fuchsi* n. f. aus den miocenen Mediterranablagerungen von Forchtenau (Oedenburger Comitat) in Ungarn.

Fig. 2. Das Originalexemplar in natürlicher Grösse.

Fig. 1. Dasselbe in doppelter Grösse mit vier Querschnitten.

Fig. 3. Der Mundrand in achtfacher Vergrösserung.

Fig. 4 und 5. *Vaginella Lapugyensis* n. f. aus den Mediterranablagerungen von Lapugy in Ungarn.

Fig. 4. Vorderansicht, Seitenansicht und Querschnitt des Originals in natürlicher Grösse.

Fig. 5. Embryonaltheil eines anderen Exemplars in natürlicher Grösse und in vierfacher linearer Vergrösserung.

Fig. 6 und 7. *Vaginella tenuistriata* Semper aus dem oberoligocenen »Sternberger Gestein« Mecklenburgs; das abgebildete Originalexemplar kam aus der Wiechmann'schen Sammlung in den Besitz des k. k. naturhistorischen Hofmuseums.

Fig. 6. Das Originalexemplar in natürlicher Grösse.

Fig. 7. Dasselbe in doppelter linearer Vergrösserung.

Fig. 8—12. *Vaginella austriaca* n. f. aus den miocenen Mediterranablagerungen von Oesterreich-Ungarn.

Fig. 8. Das Originalexemplar von M. Hörnes' *Vaginella depressa* in doppelter Grösse in vier Ansichten; der Embryonaltheil ist nach dem in Fig. 9 und 10 abgebildeten Exemplar ergänzt. Dieses Gehäuse stammt aus dem Tegel von Baden.

Fig. 9. Vollständiges Exemplar (mit erhaltenem Embryonaltheil) von Lapugy in Ungarn.

Fig. 10. Dasselbe, in zweifacher Vergrösserung.

Fig. 10a. Embryonaltheil in vierfacher (linearer) Vergrösserung.

Fig. 11. Exemplar aus dem Tegel von Baden in natürlicher Grösse.

Fig. 12. Das in Fig. 8 in zweifacher Vergrösserung abgebildete Originalexemplar von M. Hörnes in natürlicher Grösse.

Fig. 13—16. *Vaginella Rzehaki* n. f.

Fig. 13. Flachgedrücktes Exemplar aus dem Tegel von Polnisch-Ostrau (Josef-Schacht).

Fig. 14. Etwas flachgedrücktes Exemplar, gefunden im Tegel des Bohrloches II der Alpinen Montan-Gesellschaft in Poremba (Oesterr.-Schlesien).

Fig. 15. Fragmente unzerdrückter Individuen aus dem Tegel des Eleonoren-Schachtes in Dombrau (Oesterr.-Schlesien).

Fig. 16. Flachgedrücktes Exemplar (zum Theile nur Abdruck) aus dem Schlierthon von Seelowitz. — Das Original befindet sich in der Sammlung der k. k. technischen Hochschule in Brünn.

Fig. 17—20. *Vaginella depressa* Daudin aus dem Langhien von Léognan.

Fig. 17. Grösseres Exemplar mit geradem Mundrande in natürlicher Grösse.

Fig. 18. Kleineres bauchiges Exemplar mit ausgebogenem Mundrande in natürlicher Grösse.

Fig. 19. Grosses, stark bauchiges Exemplar in doppelter natürlicher Grösse; überdies der Umriss in natürlicher Grösse.

Fig. 20. Schlankes Exemplar in natürlicher Grösse.

Fig. 21. Dasselbe, zweimal vergrössert, um die Fältelung des Mundrandes zu zeigen.

Fig. 22. *Vaginella depressa* Daudin aus den Mediterranschichten von Forchtenau in Ungarn; je zwei Ansichten in einfacher und in doppelter Grösse.

Fig. 23—26. *Balantium Fallauxi* n. f.

Fig. 23. Hinterseite und grösster Querschnitt eines Exemplars vom Albrecht-Schacht in Peterswald aus dem miocenen Tegel in natürlicher Grösse.

Fig. 24. Ideal ergänzte Seitenansicht desselben Exemplars.

Fig. 25. Vierfach vergrösserter Längsschnitt durch die Schalenoberfläche der Hinterseite.

Fig. 26. Flachgedrücktes Exemplar vom Josef-Schacht in Polnisch-Ostrau aus dem miocenen Tegel; Hinterseite und grösster Querschnitt in natürlicher Grösse.

Fig. 27. *Balantium Bittneri* n. f. aus den miocenen Mergeln von Trifail in Steiermark; Vorderansicht, Seitenansicht und grösster Querschnitt (nach den in der k. k. geologischen Reichsanstalt befindlichen Exemplaren) in natürlicher Grösse.

Fig. 28 und 33. *Balantium pedemontanum* (Mayer).

Fig. 28. Hinterseite, ergänzte Seitenansicht und Querschnitt in natürlicher Grösse eines Steinkernexemplars aus einem im miocenen Conglomerate des Pratzer Berges bei Brünn eingeschlossenen Mergelknollen. Das Exemplar lag bei Ausführung der Lithographie nicht vor, weshalb die Figur in der Ornamentik kleine Mängel zeigt. Die Furchen sind etwas weniger scharf eingeschnitten als in der Zeichnung dargestellt ist, die Ornamentik ist undeutlicher als bei Fig. 33, nähert sich derselben aber mehr als aus der Zeichnung ersichtlich ist.

Fig. 33. Vorderseite und restaurirte Seitenansicht nach Exemplaren aus den Schliermergeln (Langhien) von Serravalle di Scrivia bei Novi in Oberitalien in natürlicher Grösse.

Fig. 29—32. *Hyalaea bisulcata* n. f. aus dem miocenen Tegel des Josef-Schachtes in Polnisch-Ostrau, nach zwei, etwas verdrückten Exemplaren ergänzt.

Fig. 29. Vorderansicht.
Fig. 30. Hinterseite.
Fig. 31. Seitenansicht.
Fig. 32. Querschnitt in halber Höhe.

Fig. 34. *Vaginella lanceolata* v. Koenen aus dem oberoligocenen Sternberger Gestein Mecklenburgs in einfacher und doppelter Grösse.

Fig. 35 und 36. *Spirialis stenogyra* (Philippi), verkieste Steinkerne aus dem miocenen Salzthon von Ronaszék in Ungarn in zehnfacher linearer Vergrösserung.

Fig. 37. *Spirialis Koeneni* n. f., verkiester Steinkern aus dem Miocen von Langenfelde in eilffacher linearer Vergrösserung.

Fig. 38. *Spirialis valvatina* Reuss aus den miocenen Steinsalzablagerungen von Wieliczka in Galizien; nach den Originalen von Reuss in fünfzehnfacher linearer Vergrösserung.

Fig. 39. *Spirialis hospes* (Rolle) aus dem oberoligocenen Sternberger Gestein Mecklenburgs in zwölffacher linearer Vergrösserung; nach dem Originalexemplar Rolle's.

Fig. 40. *Spirialis Tarchanensis* n. f. aus sandigem miocenen Thone vom Ufer des Azow'schen Meeres zwischen Cap Tarchan und Cap Chronevi. Schalenexemplar in zehnfacher linearer Vergrösserung.

Fig. 41. *Spirialis Andrussowi* n. f. Steinkernexemplar von Kop-Kotschegen auf der Halbinsel Kertsch aus gypsführendem Thon in zehnfacher linearer Vergrösserung.

Ueber neue und seltene Antilopen

des k. k. naturhistorischen Hofmuseums.

Von

Franz Friedr. Kohl.

Mit vier lithogr. Tafeln (Nr. III—VI).

Das k. k. naturhistorische Hofmuseum erwarb vor Kurzem von dem Afrikareisenden Herrn J. Menges einige interessante Säugethiere aus dem Somali-Lande, welche für dieses bisher noch sehr mangelhaft durchforschte Gebiet der äthiopischen Region eigenthümlich sind, und zwar:

Gazella Spekei Blyth (mas ad.).
Gazella Pelzelnii n. sp. (mas ad.).
Gazella Walleri Brooke (mas ad.).
Tragelaphus imberbis Blyth (mas et fem. ad.).
Asinus taeniopus var. *somalica* P. L. Sclater.

Die Antilopen dieser Sendung schienen mir einer Abhandlung um so mehr werth, als sich dabei eine passende Gelegenheit darbot, neben anderen Notizen, welche zur Erweiterung der Kenntniss dieser Wiederkäuer beitragen sollten, auch noch die unbekannten kraniologischen Verhältnisse bekannter Gazellen im Sinne der Systematik zu verwerthen. Um der etwaigen irrthümlichen Meinung, als handle es sich hier um eine erschöpfende vergleichende Untersuchung der Gazellenschädel, vorzubeugen, muss im Vorhinein auf die Einschränkung hingewiesen werden, welche mir durch das etwas spärliche Materiale überhaupt, besonders aber durch den Mangel von Schädeln in jüngeren Altersstufen auferlegt wurde. Es kamen nur Schädel erwachsener Thiere, und diese mehr in Bezug auf peripherische Configuration als auf Eigenthümlichkeiten der Schädelräume, zur Untersuchung. Auch schien es mir sehr wünschenswerth, dem Aufsatze einige Tafeln mit Abbildungen der Schädel folgen zu lassen, da ich die Anschauung gewonnen habe, dass bei der Gattung *Gazella* Artbestimmungen nach dem Schädel in vielen Fällen in überzeugenderer Weise durchgeführt werden können als etwa nach Färbungsverhältnissen und anderen veränderlichen äusseren Merkmalen.

Um die Abbildungen möglichst naturgetreu zu erhalten, wurden ihnen photographische Aufnahmen zu Grunde gelegt, welche Herr J. Langl, Professor an der k. k. Oberrealschule des II. Bez. in Wien, unentgeltlich selbst besorgte.[1] Ich erachte es für eine angenehme Pflicht, diesem Herrn hiefür den wärmsten Dank auszudrücken. Zu grossem Danke fühle ich mich auch Herrn Custos Aug. v. Pelzeln verpflichtet für die Liebenswürdigkeit, mit welcher er mich bei diesem Aufsatze durch Rath und That unterstützte.

---

[1] Die photographischen Platten werden im Museum (zool. Abth., Gruppe für Vögel und Säugethiere) aufbewahrt.

Gazella Pelzelnii Kohl n. sp. (Taf. III, Fig. links).

Eine kleine Notiz über diese schöne neue Gazelle habe ich in den Sitzungsberichten der zool.-bot. Gesellschaft in Wien (Jänner 1886) veröffentlicht und lasse hier eine eingehendere Beschreibung folgen.

Mas ad. — Stria nasalis rufescenti isabellina, in basi obscurior utrinque striae duae contiguae: supraocularis alba et ocularis obscure isabellina. Tergaeum ad caudam usque rufescenti isabellinum, stria lateralis paulo obscurior. Ea pars, quae conspicitur inter striam lateralem et tergaeum, colore pallidior, praeter tergaei et striae lateralis colorem eminet. Gastraeum, crurum superficies interna, nec non pygaeum alba; cauda nigra. Scopae carpi distinctae, in basi fuscae. Cornua capite multo longiora, gracilia, valde compressa, admodum annulata, apice laeva, tantummodo paulum recurvata, quam in Gazella arabica evidenter plus divergentia.

Hanc gazellam insignem in honorem Dom. Aug. de Pelzeln, custodis Musei imper. Vindobonensis, gratissimo animo denominare velim.

Berberah (terra somalica) 21. Jänner 1885. J. Menges legit.

Maasse:

Ganze Körperlänge (ohne Schwanz, am trockenen Balge gemessen)	103	Cm.
Körperlänge vom Ohre bis zur Schwanzwurzel	84	
Länge des Schwanzes mit dem Haarbüschel	13	
Abstand des oberen Randes des Foramen occipitale von dem vorderen Ende des Intermaxillare	17·2	
Länge eines Hornes vorne, nach der Krümmung gemessen	27	
Directer Abstand der Hornbasis von der Spitze (vorne)	25·5	
Abstand der Hörner an der Basis	1·9	
Abstand der Hörnerspitzen von einander	13·6	
Umfang eines Hornes an der Wurzel	8·4	
Länge des glatten Spitzentheiles des Hornes	5·2	»

Zahl der Ringe 21, die allerletzten nur vorne entwickelt.

Pupille länglich, Iris tief dunkelblau (nach Menges).

Als nächstverwandte Arten müssen zur Vergleichung *G. arabica* Ehrenb., *Spekei* Blyth und *G. Granti* Brooke herangezogen werden.

G. arabica unterscheidet sich von *G. Pelzelnii* durch die bedeutendere Grösse und die viel dunklere Tracht. Die Art der Färbung und Zeichnung ist zwar bei beiden Species dieselbe, nur zieht bei letzterer das Isabellfarbige des Körpers stark in einen rosthellen Ton. Viel wichtiger als die Färbung ist zur Erkennung die Bildung und Stellung der Hörner (Taf. II., Fig. 1 a und 1 b); sie sind noch viel schlanker als bei *arabica*, seitlich stärker zusammengedrückt, verhältnissmässig auch etwas länger, ihre Divergenz und die Zahl der Ringe beträchtlicher.

Nach Ehrenberg hat man bei *G. arabica* (mas) 13—17 Ringe beobachtet, unser Stück von *Pelzelnii* hat dagegen 21 Ringe.[1])

In Folge der grösseren Divergenz bei *G. Pelzelnii* ist auch der Abstand der Hörnerspitzen voneinander grösser; bei dem vorliegenden Stücke beträgt sie 13·6 Cm. (5″ 2‴ Wiener Mass) gegenüber dem Abstande von 9·5—10·4 Cm. (3″ 6‴—3″ 10‴ Pariser Mass) bei *arabica*.[2])

---

[1]) Im hiesigen Museum ist ein ausgestopftes männliches Exemplar von *G. arabica*, bei dem die Zahl der Ringe an jedem Horne 14 ist. Die Entfernung der Hörner an der Basis beträgt 2 Cm., die der Spitzen 8·8 Cm., die Länge der Hörner nach der vorderen Krümmung 25·5 Cm., der directe Abstand der Basis von der Spitze 24·6 Cm.

[2]) Nach Messungen von Ehrenberg (Symb. phys.) an Stücken, welche *G. Pelzelnii* an Grösse bedeutend übertrafen.

Auf eine Eigenthümlichkeit des Schädels (Taf. IV, Fig. 1) glaube ich aufmerksam machen zu müssen. Die aufsteigenden Fortsätze der Zwischenkiefer erreichen die Nasenbeine eben noch, ohne sich mit ihrer Breite an sie anzulegen; auf diese Weise kommt es, dass der Oberkiefer zwischen dem Thränenbein und dem Zwischenkiefer eine so beträchtliche Ausdehnung erlangt, wie wir sie nur bei sehr wenigen Gazellen wieder finden; sie übertrifft die Breite des Intermaxillare ungefähr 2·5 mal, während sie bei *G. arabica* sowohl als *Spekei*, den nächststehenden Formen, der Breite des Intermaxillare ungefähr gleichkommt. Bei *arabica* ist überdies das Nasenbein viel länger und gewölbter; seine Länge entspricht fast dem Abstande der Spitzen seines Vorderrandes vom Zwischenkieferende, was bei *G. Pelzelnii*, übrigens auch *Spekei* nicht annähernd der Fall ist.

Einsenkung im Thränenbeine wie bei *arabica* tief — aber nicht ganz in demselben Masse ausgedehnt; Thränenbein verhältnissmässig klein, in der Gesichtsfläche weniger weit nach vorne sich erstreckend.

Mit *G. Granti* V. Brooke (Proc. Zool. Soc. 1872, 601, Pl. XLI. — Ibid. 1873, 550. — Sclater, Ibid. 1875, 535. — Brooke, Ibid. 1878, 723) hat sie mehr die Form der Hörner, als die Grössen- und Färbungsverhältnisse gemein. Während *G. Pelzelnii* etwa die Grösse eines kleinen Rehes (Schmalrehes) zu erreichen scheint, zeigt *G. Granti* die stattliche Gestalt der *G. dama* und dürfte mit dieser, der *G. Soemmerringii*, vielleicht auch *euchore* in eine Gruppe gehören, da sich auch bei ihr, ebenfalls zum Unterschiede von *Pelzelnii*, das Weiss des Spiegels beträchtlich über den Schwanz hinauf erstreckt und beiderseits winklig in die isabelle Rückenfärbung hineindrängt. Die Hörner sind viel länger, nach Brooke (nach der Krümmung gemessen) beim erwachsenen Männchen 24—26, beim Weibchen 15 englische Zoll lang. In der Divergenz und den Krümmungsverhältnissen der Hörner gleichen sich *G. Granti* und *Pelzelnii* fast vollständig, soweit es die Abbildungen Brooke's (Proc. Zool. Soc. 724—725, Fig. 1, 2) zu beurtheilen gestatten.

Gazella Spekei Blyth (Taf. III, Fig. rechts).

Diese Art wurde im Jahre 1856 in Journ. Asiat. Bengal vol. XXIV, p. 296 von Blyth beschrieben. Blyth hatte zu seiner Beschreibung nur Kopf und Hals des Thieres vorliegen, musste sich daher auf Angaben über die Form der Hörner und die Farbe einiger Kopftheile beschränken. Eine Wiederholung der Beschreibung gab derselbe Autor in Cat. Mamm. As. Soc. p. 172, 1863.

Später wird von *G. Spekei* erst wieder im Jahre 1870 Erwähnung gethan. W. T. Blanford liefert nämlich bei Gelegenheit einer Beschreibung der *G. Dorcas* Licht. (= *Isabellae* Gray) in Observ. on the Geology and Zoology of Abyssinia p. 261. Pl. I, Fig. 5—5a eine gute Abbildung der Hörner des Männchens und Weibchens (Vorder- und Seitenansicht).

In der Monographie der Gazellen von V. Brooke, »On the Antilopes of the Genus Gazella and their distribution« (Proc. Zool. Soc. Lond. p. 543, 1873) erfolgt keine Erweiterung der Beschreibung, sondern nur eine Wiederholung der Originaldaten Blyth's mit der ausdrücklichen Bemerkung: »Head and neck of male and female only known.« Brooke war von Blanford eine Photographie der Type verschafft worden, und fand, dass die Hörner denen der *G. arabica* Licht. sehr ähnlich seien, von welcher Art sich *G. Spekei* übrigens durch die Färbung des Gesichtes, Halses und der Ohren beträchtlich unterscheide.

Das von unserem Museum erworbene Stück ist ein Männchen in vollkommenem Balge mit Schädel und Gehörn und ermöglicht die Vervollständigung der Artkenntniss.

Stria nasalis rufescenti-brunnea, macula distincta nigrofusca ante nares. Vitta supraocularis alba, ocularis rufescenti-brunnea, aures griseo-albidae. Tergaeum a nucha ad caudam usque brunnescenti-isabellinum. Stria lateralis lata (4·5 Cm.) *nigrofusca. Collus reliquus et ea pars, quae conspicitur inter striam lateralem et tergaeum, colore pallide-isabellino eminet. Gastraeum, crurum superficies interna nec non pygaeum alba. Cauda nigra. Scopae carpi distinctae, in basi fuscae. Cornua robusta, parum divergentia, quam in G. arabica plus curvata, apicibus laevis paulum recurvatis.*

Mas. — Gerbati (terra somalica septentrionalis) 14. März 1885. J. Menges legit.

Maasse:

Ganze Körperlänge (am trockenen Balge gemessen, ohne Schwanz)	112	Cm.
Körperlänge vom Ohre bis zum Schwanze	93	»
Länge des Schwanzes mit dem Haarbüschel	13	»
Abstand des oberen Randes des Foramen occipitale von dem vorderen Ende des Zwischenkiefers	18	»
Länge eines Hornes vorne nach der Krümmung	25·5	
Directer Abstand der Basis eines Hornes von der Spitze (vorne)	23·5	»
Abstand der Hörner an der Basis	1·2	»
Abstand der Hörnerspitzen von einander	13·6	
Umfang eines Hornes an der Wurzel	10·8	»
Länge des glatten Spitzentheiles des Hornes	5·5	»

Zahl der Ringe 15, die beiden letzten schwach, nur an der Vorderseite bemerkbar.

Pupille länglich, Iris tief dunkelbau (nach Menges).

G. Spekei hat sich meines Erachtens als nächste Verwandte an die Seite der *G. arabica* zu stellen. So gross wie diese, hat sie gleichfalls eine dunklere Tracht als *G. dorcas* oder *Pelzelnii*; nur sind die Randstreifen an den Seiten viel dunkler und auffälliger. Die Hörner (Taf. II, Fig. 3a und 3b), von denen Blanford (l. c.) eine ganz richtige Abbildung liefert, haben ebenfalls viel Aehnliches mit denen der verglichenen Art, sind aber ein wenig dicker, stärker divergent und erscheinen, von der Seite gesehen, mehr gebogen.

Der Schädel von *G. Spekei* (Taf. IV, Fig. 3) hat grosse Aehnlichkeiten mit denen von *G. arabica* und *G. Bennettii*, nur finde ich die Concavität des Thränenbeins nicht in demselben Masse ausgedehnt und vom Jochbein nur äusserst wenig an ihrer Bildung betheiligt. Auch bedingen die bedeutendere Dicke der Stirnzapfen, deren Basaltheil sich viel steiler erhebt, besonders aber der von *G. arabica* und *G. Bennettii* verschiedene Krümmungsgrad der Hörner ein etwas anderes Bild der vorderen Frontalregion.

Gazella mhorr Benn. und *Gazella addra* Benn.

Im Jänner des Jahres 1872 kam aus der Schönbrunner Menagerie, wo schon seit längerer Zeit die *G. addra* gehalten worden war, ein verendetes männliches Thier dieser Antilope an das kaiserl. Museum. Es stimmt mit der Bennett'schen Beschreibung der Mhorr-Antilope (Trans. Zool. Soc. I, t. 8) ausgezeichnet überein, nur möchte ich das Braun des Körpers kein dunkles, sondern ein Rostbraun nennen. Dieses Stück stammt aber aus Ost-Afrika und nicht, wie von *G. mhorr* angegeben wird, aus West-Afrika. Die übrigen von Ost-Afrika stammenden Exemplare von *G. addra* unseres Museums zeigen der Hauptsache nach die Färbung der Rüppel'schen (Atl. Zool. t. 14) und Ehrenberg'schen (Symb. Phys.) Abbildung, wenn auch bei einem jungen Weibchen mit brauner Stirne und einem alten Männchen sich das Isabellbraun der Körperoberseite in einem breiten, nach hinten mehr verschwindenden Streifen quer über den Schenkel fortsetzt. Bei diesem letzterwähnten Männchen erscheint übrigens nicht nur die Rückenschabracke mehr ausgebreitet, sondern das Rostbraun an der unteren Halsseite ausgedehnter und der weisse Kehlfleck mehr ausgeprägt. Auch der Haarschopf auf der Stirne ist verschieden lang und dicht, am längsten bei dem erstgenannten Thiere mit der Mhorr-Färbung aus weissen, schwarzen und braunrothen Haaren gebildet, im Ganzen von grauem Aussehen; auch die Haare des übrigen Körpers sind bei diesen länger als bei allen anderen Stücken, so dass ich glaube, ein Thier im Winterkleid vor mir zu sehen. Da nun aber dieses Stück sich im Uebrigen von *G. addra* nicht unterscheidet, zwischen *G. addra* und *G. mhorr* der Autoren nur Färbungsunterschiede zu herrschen scheinen, und mir die genannten Zwischenfärbungen bekannt geworden sind, so trage ich kein Bedenken, *G. mhorr* Benn. und *G. addra* Benn. als zusammengehörig zu betrachten, umsomehr, als die meisten afrikanischen Thiere über einen grossen Theil der äthiopischen Region, manche fast über deren ganzes Gebiet verbreitet sind.

Freilich bleiben noch die Fragen offen, inwieweit die Umfärbung von Jahreszeiten, localen Verhältnissen, von Geschlecht und Altersstadien abhängig ist.

Auffallend bleibt nur der Umstand, dass Ehrenberg die verschiedenen Altersstadien und Geschlechter von *G. dama* in einem und demselben Kleide darstellt.

In Rücksicht auf die Priorität muss die Bennett'sche und Gray'sche Artbenennung vor der Pallas'schen (»dama«) zurücktreten.

Der Schädel von *G. dama* (Taf. V, Fig. 2) ist sehr eigenartig und nicht leicht mit einer der in diesem Aufsatze berücksichtigten Schädelformen zu verwechseln. Der Gesichtstheil erscheint bei erwachsenen Stücken, wenigstens im Vergleich zum Gehirnschädel, aussergewöhnlich entwickelt, so zwar, dass der directe Abstand des Vorderendes des Zwischenkiefers von der Stelle, wo die Thränenbein-Jochbeinnaht über den Augenrand setzt, grösser ist als die Entfernung dieser Stelle vom Oberrande des Hinterhauptloches; bei den übrigen Gazellen ist er etwa so gross als die Entfernung der genannten Stelle von der Hinterhauptschuppen-Schläfenbeinnaht. — Hinterhauptschuppe mit sehr kurzer Horizontalfläche.

Backenzähne derb, hoch, die Reihen lang. Im Zusammenhange mit ihrer kräftigen Entwicklung steht die sehr bedeutende Auftreibung der Antlitzseiten (Oberkiefer) einerseits, die Derbheit der Unterkiefer andererseits. Kronenfortsatz von der Länge des Augenhöhlendurchmessers, am Rande gemessen. Thränenbeine sehr weit, weiter als bei den anderen hier besprochenen Gazellen, ins Gesicht heraustretend und im Vergleich mit diesen ziemlich flach, was auch bewirkt, dass die Augenhöhlenränder weniger auffällig hervorragend erscheinen. Zwischenkiefer bis an die Nasenbeine hinaufreichend, mit ihrer Breite sich an sie anlehnend. Oberkiefertheil zwischen Thränenbein und Intermaxillare, etwa von der Breite des letzteren oder ein wenig breiter. Nasenbeine etwas kürzer als der Abstand ihrer Vorderspitzen vom vorderen Zwischenkieferende.

Litocranius (Gazella) Walleri V. Brooke.

Diese Antilope wurde in der Literatur erst zweimal besprochen, das erste Mal in den Proc. Zool. Soc. 1878, p. 929, Pl. LVI, wo V. Brooke den durch viele Eigenthümlichkeiten ausgezeichneten Schädel beschreibt und abbildet, das zweite Mal von P. L. Sclater im Jahre 1884 (Proc. Zool. Soc. p. 538, Pl. XLIX). Sclater behandelt die äussere Erscheinung des Thieres, den taxidermischen Theil und liefert eine Abbildung des Felles und des Kopfes mit dem Gehörne.

Das Stück des Wiener Museums, ein Männchen, stimmt zwar der Hauptsache nach mit den Angaben Brooke's und Sclater's überein, weicht jedoch in einigen Details davon ab, so dass folgende vergleichende Zusammenstellung der Masse wünschenswerth erscheinen dürfte.[1])

	V. Brooke's ♂		Sclater's ♂		Hofmuseum ♂	
	Cm.	Wiener Maass	Cm.	Wiener Maass	Cm.	Wiener Maass
Länge des Körpers bis zum Schwanze (nach dem trockenen Balge)					154	
Länge des Körpers vom Ohre bis zum Schwanze					131	
Länge des Schwanzes					20	7″7‴
Breite des braunen Rückenstreifens in der Mitte					22	8″4‴
Länge eines Hornes nach der Krümmung (vorne)	30·5	11″4‴	35·6	13″6‴	32·5	12″4‴
Gerader Abstand der Hornspitze von der Hornbasis			27·8	10″7‴	27·2	10″4‴
Abstand der Hörnerspitzen von einander			7·7	2″10·8‴	13·5	5″1·5‴
Abstand der Hörner an der Basis					3·9	1″6‴
Länge des glatten, nach vorne gekrümmten Spitzentheiles der Hörner					9·5	3″7·5‴
Umfang eines Hornes an der Basis	11·1	4″2·5‴	12·3	4″8‴	12·2	4″7·5‴
Länge der Schädelaxe gezogen vom oberen Rande des Hinterhauptloches bis zur vorderen Spitze des Zwischenkiefers					24	9″1·5‴

Die Zahl der Hornringe wird weder von Brooke noch Sclater angegeben; unser Stück zählt 26 Hornringe.

Somali-Land bei Gerbati, 14. März 1885. — Pupille länglich, Iris grau (nach J. Menges).

Es liegen die Schädel von folgenden Gazellen vor: *G. arabica, G. Spekei, G. Pelzelnii, G. dama, G. Soemmerringii (?), G. Bennettii, G. subgutturosa* und *G. Walleri* vor.

Die ersten sieben Arten bekunden, von weniger bedeutenden, nur in der artlichen Verschiedenheit begründeten Unterschieden abgesehen, in der Physiognomie des Schädels eine grosse Einförmigkeit, als Gewähr für ihre generelle Zusammengehörigkeit.

Ganz anders verhält es sich mit dem Schädel von *G. Walleri* (Taf. V, Fig. 3 und Taf. VI, Fig. 2), auf dessen Eigenthümlichkeit bereits V. Brooke und Sclater hingewiesen haben. Vor Allem fällt an ihm die aussergewöhnliche Gestrecktheit aller seiner Theile auf. Ein Axenstück, welches bei geschlossenen Kiefern vom Oberrande der Augenhöhle bis zum Unterrande des Unterkieferastes vertical gezogen wird, würde in anderer Lage etwa von der Ohröffnung bis zur Stelle reichen, wo die Jochbein-Thränenbeinnaht über den Augenhöhlenrand setzt. Von dem durch seine auffällige Abplattung ausgezeichneten Neuraldach zeigt besonders die Occipitalzone im Horizontaltheile der Squamma occipitale eine so ungewöhnliche Längenentwicklung, dass sie jener der Parietalzone nur wenig nachsteht. Die horizontale Fläche der Schuppe verschmälert sich nach hinten stark und bildet hinten einen über den abfallenden Hinterhauptstheil hinausquellenden Höcker. Die Bulla ossea tritt zum Unterschied von den genannten Gazellen stark gegen die Mittelaxe zurück, so dass der hinter dem Gehörgange gelagerte Theil des Schläfenbeins und selbst noch das Paramastoideum besonders hervorgehoben erscheinen.

An der Verlängerung des Gesichtsschädels betheiligt sich in geringerem Masse das Thränenbein als der Oberkiefer; dieser behält zwischen jenem und dem aufsteigenden Aste des Intermaxillare eine Längenausdehnung, welche die Breite des letzteren drei- bis viermal übersteigt.

[1]) Die englischen Maasse sind in das Meter- und Wiener Maass umgerechnet.

Thränenbeine verhältnissmässig tief ausgehöhlt, nur unter schwacher Betheiligung des Jochbeines die Thränengruben bildend. Thränenbein und Jochbein, an ihrem hintern oberen Theile mit der Bildung des Augenhöhlenrandes beschäftigt und fast vertical aufgestellt, lassen diese besonders stark heraustreten.

Der Zwischenkiefer erreicht, ähnlich wie bei *Eleotragus, Capricornis, Nemorrhedus* und anderen Gattungen, zum Unterschiede von den übrigen Gazellen die Nasenbeine nicht, sondern springt winklig in den Oberkiefer hinein. Dass diese Eigenthümlichkeit keine nur zufällige, individuelle ist, scheint mir die Brooke'sche Abbildung des Schädels zu beweisen, da sie genau das nämliche Verhältniss zeigt.

Nasenbeine flach, lang, sehr viel länger als der Abstand ihrer mittleren Spitzen des Vorderrandes vom vorderen Zwischenkieferende, etwa dreimal so lang als in der Mitte breit. Ethmoidallücke vorhanden.

Backenzähne verhältnissmässig sehr klein und ihre Reihen entsprechend kurz; Reihe im Oberkiefer viel kürzer als ihr Abstand vom Vorderende des Zwischenkiefers, jene im Unterkiefer etwas kürzer als ihr Abstand vom hintersten Schneidezahn.

Unterkiefer in folgerechter Uebereinstimmung mit den Entwicklungsverhältnissen des Zahnsystems und der von dessen Function abhängigen Kaumuskulatur ungemein schmal und verlängert erscheinend. Seine Verlängerung prägt sich besonders darin aus, dass das Foramen mentale von dem vordersten Backenzahn ungefähr doppelt so weit entfegen erscheint als vom hintersten Schneidezahn.

Kronenfortsatz stark verlängert, etwa so lang als der Durchmesser der Augenhöhle am Rande.

Entfernung des vorderen Zwischenkieferrandes von der Stelle, wo die Thränenbein-Jochbeinnaht über den Augenhöhlenrand setzt, grösser als der Abstand der Schläfenbeinschuppen-Hinterhauptsschuppennaht von ebenderselben Stelle.

Auch von oben gesehen bietet der Schädel dieser Antilope ein von den übrigen Gazellenschädeln wesentlich verschiedenes Bild. Abgesehen von der kegelförmig sich zuspitzenden, langen Supraoccipitalschuppe fällt sofort die im Zusammenhange mit dem aussergewöhnlich grossen Basalabstand der Hörner stehende Breite der Stirnzone auf, welche an der Basis der Nasenbeine sich rasch sehr stark verschmälernd in den schmalen Gesichtsschädel übergeht (Taf. VI, Fig. 2); an diesem fallen die verlängerten Nasalia auf. Länge des Gaumentheiles, der Zwischenkiefer und der Kinnsymphyse der übrigen Verlängerung des Gesichtsschädels entsprechend.

Alle diese Auszeichnungen des Schädels bewirken nun im Ganzen eine Configuration, welche von der der übrigen Gazellenschädeln ganz bedeutend verschieden ist, und zwar nicht nur der Schädel von Gazellenarten im engsten Sinne, sondern auch von Arten jener Gattungen, welche jüngere Autoren aus der meiner Anschauung nach völlig unbegründeten Zersplitterung der natürlichen Gattung *Gazella* gewonnen haben, wie *Tragopsis, Antidorcas, Leptoceros, Eudorcas, Antilope.*

Die Merkmale, auf welche hin die Abtrennung der genannten Gattungen erfolgte, sind doch gewiss zu unbedeutend, als dass sie ernstlich zur Auffassung natürlicher Gattungen verwendet werden könnten; sie scheinen mir vielmehr die eigentlichen Artcharaktere bei der Gattung *Gazella* zu sein. Hiefür spricht auch der Umstand, dass von den sechs losgetrennten Gattungen vier nur durch eine einzige, die zwei anderen durch je zwei Arten vertreten werden.

Es scheint mir z. B. unlogisch, die Erscheinung der Hörner, die doch nach ihrer Anlage und ihrem physiologischen Werthe nicht verschieden sind, in Bezug auf den

6*

Grad und die Art der Krümmung in dem einen Falle als Art-, in dem andern als Gattungsmerkmal aufzufassen.

So wurde *Gazella Cuvieri* wegen des einzigen Umstandes, dass ihre Hörner gestreckt sind, zur Gattung *Leptocerus*[1]) gestempelt. Würde man consequenter Weise weiter fahren, Gattungen zu bilden, so müsste auch *G. arabica* Ehrenb., weil bei ihr die Hörner verhältnissmässig parallel und nur in geringem Masse gekrümmt verlaufen, von der Gruppe der *G. dama* mit stark gebogenen, leierförmigen Hörnern, *G. Spekei* wieder von *G. arabica* wegen des stärkeren Grades der Krümmung generisch geschieden werden u. s. w. Wo blieben dann die Arten? Ebensowenig kann ich in der spiraligen Drehung der Hörner bei *Cervicapra bezoartica* Aldrov. (*Antilope cervicapra*) einen generischen Werth, sondern eben nur einen Krümmungsgrad, der die Art kennzeichnet, erblicken. Sundevall bemerkt in seiner bekannten Arbeit über die Wiederkäuer sehr zutreffend: »Wir müssen nur nicht glauben, wie so oft geschieht, dass jede kleine Abweichung in der Form der Hörner generischen Unterschied bedingt.«

Freilich ist bei *Cervicapra* ausserdem das Weibchen ungehörnt; es mag aber der Nachweis, dass dieser Umstand hier als generisches Kriterium und nicht nur als artbeständige Aeusserung sexualer Verschiedenheit, welche ja auch bei den übrigen Gazellen im schwächeren Gehörne der Weibchen Ausdruck erhält, zu betrachten sei, kaum geliefert werden können. In dieser Hinsicht äussert sich Sundevall: »Man hat es als von grosser Bedeutung für die Systematik angesehen, dass ein Theil Weibchen Hörner hat, andere nicht; ich kann aber darin nichts Anderes sehen als eine Wirkung derselben Ursachen, welche macht, dass Bart-, Haar- oder Federbüschel und andere Zierden oder Farben bei den Weibchen nicht entwickelt werden. Man hat Beispiele vom Auswachsen der Hörner bei alten, sterilen Hirschkühen, und im Fall man eine Rennthiersorte entdecken sollte, deren Kühe immer hornlos wären, so würde ich nicht allein dieses Umstandes halber für nothwendig halten, diese Thiere als von den gewöhnlichen verschieden zu betrachten, wenigstens nicht als Gattung, gleichwie *Antilope subgutturosa* nicht um derselben Ursache willen von *A. dorcas* und den übrigen Gazellen wird getrennt werden können. Man erinnere sich nur der Leichtigkeit, womit hornlose Varietäten unter den Hausthieren entstehen, und dass im Norden alles Rindvieh hornlos wird.«

Auch die Entwicklung der Haarbüschel an Hand- und Fusswurzel und die Grössenverhältnisse der Thränengruben scheinen mir nur Artkennzeichen zu bilden.

Während nun nach meinem Dafürhalten die erwähnten Gattungen bei einer weiteren, natürlichen Auffassung der Gattung *Gazella*, welche sich in ihren Arten durch grosse Einförmigkeit des Schädelplanes auszeichnet, werden verschwinden müssen, scheint es mir bei der früher besprochenen Eigenthümlichkeit des Kopfskeletes nothwendig, *G. Walleri* als Gattung oder zum Mindesten als Untergattung abzutrennen. Ich schlage dafür die Bezeichnung *Litocranius* vor.

Tragelaphus (*Strepsiceros*) *imberbis* Blyth, Kleiner Kudu.

Wurde zuerst von Blyth als neue Art erkannt und kenntlich beschrieben (Proc. Zool. Soc. 1869, p. 54—55, Fig. B). P. L. Sclater[2]) gab in derselben Zeitschrift (Jahrg. 1884, p. 45, Fig. 1 und Pl. IV) eine erweiternde Beschreibung auf Grundlage neuen Ma-

[1]) Ein in der Zoologie bereits mehrfach vergebener Name.

[2]) Die Sclater'schen Stücke stammen, wie unserige, aus dem Somali-Lande.

terials. Ebenfalls im Interesse einer nähern Kenntniss des noch sehr wenig bekannten Thieres folgen hier die Masse des von unserem Museum erworbenen Pärchens:

	Männchen	Weibchen
Länge des Körpers (ohne Schwanz, am trockenen Balge gemessen) . . .	175 Cm.	130 Cm.
Länge des Schwanzes (ohne Haarpinsel)	27 »	18 »
Länge der Hörner (directer Abstand ihrer Basis von der Spitze)	63 »	—
Abstand der Hörnerspitzen von einander	34·5 »	—
Basalabstand der Hörner:		
a) an der Stelle, wo die vordere Längskante verläuft	5 »	—
b) hinten	3 »	—
Gerader Abstand des Oberrandes des Hinterhauptloches vom Vorderende des Zwischenkiefers	32·5 »	22 »
Zahl der weissen Querbinden	10—11	11—12

Die Masse des Männchens verglichen mit denen Sclater's und Blyth's (18·5 bis 19·5 engl. Zoll) lassen es als ein erwachsenes, ausserordentlich grosses Exemplar erscheinen, das in der Entwicklung des Gehörnes dem grossen Kudu (*Trag. strepsiceros* Pall.) sehr wenig nachgibt, ohne jedoch dessen Körpergrösse annähernd zu erreichen.

Das Weibchen ist viel kleiner und dürfte möglicherweise ein noch nicht vollständig ausgewachsenes Thier sein; seine Rückenfarbe, die beim Männchen graubraun genannt werden könnte, sticht stark ins Rostrothe. Ueber den Hinterrücken zieht sich ein scharfabgesetzter, linienartiger schwarzer Streifen, der auf dem Rücken in einen über dem Rückgrat bis zum Schwanze verlaufenden weissen übergeht.

Beim Männchen wird dieser Streifen von 1—2·5 Zoll langen Haaren gebildet.

Gerbati, 14. März 1885. — Pupille länglich, Iris dunkelbraun (nach J. Menges).

Hippotragus leucophaeus Pallas.

Die *Antilope leucophaea* Pall., der Blaubock der holländischen Colonisten, wie sie Pallas in seinen Misc. Zool. p. 4 und Spicil. Zool. Fsc. I, p. 1767 beschreibt, ist eine Art, über deren Werth die Meinungen trotz vielfacher Erörterungen noch immer sehr getheilt sind.

Während sich ein Theil der Autoren (Sundevall, Laurillard, Fitzinger) deutlich gegen die Thunlichkeit einer Vereinigung mit *Hippotragus equinus* Geoffr. (Rossantilope) ausspricht, wird der Blaubock von anderen (A. Smith, J. E. Gray, Harris) als kleinere Varietät oder Jugenderscheinung als zu dieser Art gehörig betrachtet. L. Reichenbach und Wagner enthalten sich eines Urtheils und behandeln die Frage als eine offene.

Ein endgiltiges Urtheil hierüber scheint besonders in Folge eines Umstandes schwierig zu werden. Im Jahre 1799 ist nämlich das erinnerlich letzte Stück dieser in der Capcolonie lebenden, aber von jeher seltenen Antilope geschossen worden; seit dieser Zeit hat man von ihr keine sichere Kunde[1]) mehr bekommen, und es scheint, dass man sie zu den vom Menschen in jüngster Zeit ausgerotteten Thieren rechnen kann.

[1]) Nach einem Aufsatze Sclater's (»On the Mamm. coll. and obs. by Capt. J. Speke during the East-Afric. Exped.« — Proc. Zool. Soc. Lond. 503, 1864) soll *Aegocerus leucophaeus* von Speke bei Kazeh geschossen und ein Kopf mitgebracht worden sein. Da aber aus späteren Aufsätzen Sclater's, von dem die Bestimmung herrührte, hervorgeht, dass ihm der eigentliche Blaubock unbekannt war, muss die Speke'sche Notiz auf den *Hippotragus equinus* Geoffr. in Anwendung kommen.

Ausgestopfte Stücke besitzen nur die Museen von Wien, Paris, Stockholm, Upsala und Leyden. Die einzige Aussicht auf Entscheidung der offenen Fragen kann daher am ehesten noch von diesen Instituten zu erwarten sein.

Sowohl L. J. Fitzinger als Laurillard, ersterer am Wiener, letzterer am Pariser Museum, haben ihrerzeit trotz der bekannten Anschauungen A. Smith's nicht gezögert, *A. leucophaea* als selbständige Art zu erklären. Sundevall, der drei Stücke von *H. leucophaeus* (in Upsala, Stockholm, Paris) gesehen hatte, führt ihn gesondert neben *H. equinus* als eigene Art an und erklärt ausdrücklich: »Minime animal fictum ut credidit A. Smith, sed fere certe, ut docuit Lichtenstein, in fine saeculi prioris extinctum« (Pecora, 1848, p. 72).

Das Exemplar des *H. leucophaeus* im Wiener Museum ist ein Weibchen; da wir auch ein Weibchen des *H. equinus* besitzen, so war es möglich, folgende Masse zu nehmen und zu vergleichen:

	H. equinus J. Geoffr. ♀	*H. leucophaeus* Pall. ♀
Körperlänge ohne Schwanz (am ausgestopften Thiere gemessen)	200 Cm.	188 Cm.
Länge des Schwanzes mit der Quaste	61 »	49 »
Schulterhöhe	124	102
Länge eines Hornes vorne nach der Krümmung gemessen	38 »	51 »
Gerader Abstand der Hornbasis (hinten) von der Spitze	33 »	41 »
Umfang eines Hornes an der Basis	13·5 »	12·5 »
Glatter Spitzentheil des Hornes	16 »	13·7

Zahl der Ringe bei *H. equinus* 13, bei *H. leucophaeus* 26.

Nasenrücken bei *H. equinus* bis über die Wangen herab braunschwarz; zwischen ihm und den Augen zieht sich beiderseits, ganz in der braunschwarzen Färbung liegend, ein weisslicher, fast ganz durch einen weissen Haarbüschel gebildeter Streifen schief in der Richtung gegen den Mundwinkel herab. Dem *H. leucophaeus* fehlt die schwarze Färbung des *H. equinus* gänzlich und der Haarbüschel ist nicht weiss, sondern blassbraun und auch schwächer.

Da aus der Vergleichung obiger Notizen besonders hervorgeht, dass *H. leucophaeus* kleiner als *H. equinus*, die Länge seiner Hörner und die Zahl deren Ringe trotzdem eine sehr viel beträchtlichere ist, so wäre es doch gewiss ungereimt, den kleineren *H. leucophaeus* als Jugenderscheinung von *H. equinus* aufzufassen; denn wollte man dies in diesem Falle, dann müsste man auch in allen anderen Fällen, den Erfahrungen zuwider, es aufgeben, das Entwicklungsverhältniss der Hörner zur Beurtheilung des Alters der Individuen länger zu verwerthen.

Bringt man zugleich in Anschlag, dass *H. leucophaeus* im Gesichte anders gefärbt ist und keine Mähne auf dem Halse trägt wie *H. equinus*, so kann wohl von der Vereinigung beider Formen in eine Art keine Rede sein.[1])

Ich halte demnach den *H. leucophaeus* weder für eine kleinere Varietät, noch für eine Jugenderscheinung, sondern für eine selbständige Art, die nunmehr wahrscheinlich ausgerottet ist.

Da von jüngeren Autoren, wie J. E. Gray, Giebel und Anderen, denen *H. leucophaeus* nur aus Abbildungen und Werken, nicht aber aus eigener Anschauung bekannt war, beide Arten vereinigt werden, so schien mir diese Erörterung sowohl, als auch folgende genaue Sichtung der Synonyma nöthig:

[1]) Ein Unterschied in der Grösse der Hufe, wie ihn Fitzinger angibt, besteht nur insoweit, als eben auch *H. leucophaeus* dem *H. equinus* an Grösse bedeutend nachsteht, also nicht absolut.

H. leucophaeus Pall.

Capra coerulea Kolbe: Capens. vol. I. ed. germ. 141, ed belg. 169, 1741.
Antilope leucophaea Pallas: Misc. Zool. 4, 1766, et Spicil. Zool. Fsc. I. 6, 1767.
Blue Antelope Penn.: Syn. Quadrup. 24, Fig. capit. 39, 1771.
A. leucophaea Erxl: Syst. regn. anim. 271, 1777.
A. leucophaea Zimmermann: Geogr. Gesch. II. 106, 1778—1783.
Gazella Tzeiran Buffon: Hist. nat. Suppl. t. VI. 168, 1782.
A. leucophaea Gmel.: Syst. Nat. ed. XIII. t. I. 182, 1789.
Blaauw bock in Verhandl. Batav. Genoot. 1792.
A. leucophaea Shaw.: Gener. Zoology II. P. 2. 355, Tab. 195, 1801.
A. leucophaea Lichtst.: Mag. d. Gesellsch. naturf. Freunde, Berlin, VI. 159, 1807.
Blaubock Lichtst.: Reise II. 121, 1811.
A. leucophaea Thunberg: Mém. de l'Acad. Pétersb. III. 314, 1811.
A. (Oryx) leucophaea Blainv.: Bull. Sc. Phil. 75, 1816.
A. leucophaea Desmar.: Nouv. Dict. d'hist. nat. II. 204, 1816—1819.
A. leucophaea Cuv.: Règne. anim. I. 262, 1817.
A. leucophaea Schreber: Säugeth., V. Abth. 1183, Taf. 278, 1817.
A. leucophaea Schinz: Das Thierreich von Cuvier 394, 1820.
A. leucophaea Desmar.: Mammalogie 475, 1820—1822.
Aegocerus Leucophaea Ham. Smith: Griff. Anim. Kingd. V. 510, 1827.
A. leucophaea J. B. Fischer: Synops. Mamm. 479, 1829.
A. leucophaea Smuts: Enum. Mamm. cap. 68, 1832.
A. leucophaea Ham. Smith: Griff. Anim. Kingd. V. 817.
A. leucophaea L. Reichenb.: Naturgesch. d. Säugeth., 3. Bd. 130, Taf. XI., Fig. 235, 1845.
Aigocerus leucophaeus Schinz: Synops. Mamm. 440, 1845.
Hippotragus leucophaeus C. Sundevall: Meth. Uebers. d. wiederkäuend. Thiere (Linné's Pecora) (Uebersetzung von Dr. C. Fr. Hornschuch) 72, 1848.
Aegocerus equinus J. E. Gray: Proc. Zool. Soc. P. XVIII. 133 (var.), 1850.
Aegocerus leucophaeus J. E. Gray: Cat. Mamm. Brit. Mus. P. III. 104 (var.), 1852.
Antilope (Hippotragus) equina var. β Wagner: Schreber's Säugeth. Suppl. V. Abth. 436, 1855.
Aegocerus leucophaeus L. Fitzinger: Naturgesch. d. Säugeth., IV. 314, 1859.

H. equinus J. Geoffr.

Antilope equina J. Geoffr.: Cat. d' Musée.
A. (Oryx) equina Blainv.: Bull. Sc. Phil. 75, 1816.
A. equina Desmar.: Nouv. Dict. d'hist. nat. II. 204, 1816—1819.
A. equina Cuv.: Dict. scient. nat. II. 446, Fig., 1817.
A. leucophaea Schreber: Säugeth., V. Abth. 1186, 1817 (ex parte).
A. equina Cuv.: Règne anim. I. 263, 1817.
A. equina Desmar.: Mamm. 476, 1820—1822.
A. equina Schinz: Das Thierreich von Cuvier 394, 1820.
A. equina Schinz: Naturg. Abbild. d. Säugeth. 305, Taf. 130, 1827.
A. equina Desmoul.: Dict. class. hist. nat. VI. 446, Fig., 1827.
Aegocerus Equina Ham. Smith: Griff. Anim. Kingd. IV. 177, t. V. 811, 1827.
A. equina J. P. Fischer: Synops. Mamm. 480, 1829.

A. equina Smuts: Enum. Mamm. cap. 69, 1832.
Aigocerus equinus Andr. Smith: Illustr. of the Zool. of South Africa, n. 12, Tab. 27, 1840—1845.
A. equina Wagn.: Schreber's Säugeth. Suppl. IV. Abth. 482, 1844.
A. equina Schinz: Synops. Mamm. 441, 1845.
A. equina L. Reichenbach: Naturgesch. d. Säugeth. 3. Bd. 128, 1845.
A. (Aigocerus) equina Schinz: Monogr. d. Säugeth. 13. 14. Heft, 37, Taf. 42, 1846.
Hippotragus equinus C. Sundevall: Linné's Pecora, 72, 1848.
Aegocerus equinus J. E. Gray: Proc. Zool. Soc. P. XVIII. 132 (excl. var.), 1850.
Aegocerus leucophaeus J. E. Gray: Cat. Mamm. Brit. Mus. P. III. 102, 1852.
A. leucophaea Giebel: Die Säugethiere 295, 1855.
A. (Hippotragus) equina Wagn.: Schreber's Säugethiere, V. 435 (excl. var.), 1855.
Aegocerus equinus L. Fitzinger: Naturgesch. d. Säugeth., IV. 314, Fig. 203, 1859.

Als zweifelhafte Synonyma dieser beiden Arten müssen gelten:

Täkhitze Fruter et Sommerville in Geogr. Ephem. 274, 1807.
Bastard Eland Lichtenstein: Reise nach Afrika II. 262, 1811.
Bouquetin à crinière d'Afrique Cuv.: Règne anim. I. 266, 1817.
Capra aethiopica Schinz: Das Thierreich von Cuvier I. 403, 1820.
Takkaize Daniell's Afric. Scen. n. XXIV, 1820.

Zum Schlusse sei bemerkt, dass die Arten dieser Gattung, wenigstens *A. leucophaea* und *A. equina* nicht, wie Smuts (Enum. Mamm. cap. 1832) zuerst berichtet und andere, besonders jüngere Autoren ihm nachschreiben, blos zwei, sondern vier Zitzen haben.

Erklärung der Tafeln.

Taf. III, Fig. rechts: *Gazella Spekei* Blyth, altes Männchen.
Fig. links: *Gazella Pelzelnii* n. sp., altes Männchen.

Taf. IV, Fig. 1: *Gazella Pelzelnii* n. sp., altes Männchen. Schädel. ($^1/_2$ d. nat. Grösse.)
Fig. 1a: *Gazella Pelzelnii* n. sp., altes Männchen. Gehörn. ($^1/_5$ d. n. Gr.)
Fig. 1b: *Gazella Pelzelnii* n. sp., altes Männchen. Horn. Seitenansicht. ($^1/_5$ d. n. Gr.)
Fig. 2: *Gazella Bennettii* Syk., altes Männchen. Schädel. ($^1/_2$ d. n. Gr.)
Fig. 3: *Gazella Spekei* Blyth, altes Männchen. Schädel. ($^1/_2$ d. n. Gr.)
Fig. 3a: *Gazella Spekei* Blyth, altes Männchen. Gehörn. ($^1/_4$ d. n. Gr.)
Fig. 3b: *Gazella Spekei* Blyth, altes Männchen. Horn. Seitenansicht. ($^1/_5$ d. n. Gr.)

Taf. V, Fig. 1: *Gazella arabica* Ehrenb., altes Männchen. Schädel. ($^1/_2$ d. n. Gr.)
Fig. 2: *Gazella dama* Pall., altes Männchen. Schädel. ($^1/_4$ d. n. Gr.)
Fig. 3: *Litocranius Walleri* Brooke, altes Männchen. Schädel. ($^1/_2$ d. n. Gr.)

Taf. VI, Fig. 1: *Gazella Spekei* Blyth, Schädel, obere Ansicht. ($^1/_2$ d. n. Gr.)
Fig. 2: *Litocranius Walleri* Brooke, Schädel, obere Ansicht. ($^1/_2$ d. n. Gr.)
Fig. 3: *Tragelaphus imberbis* Blyth, altes Männchen, Schädel. ($^2/_5$ d. n. Gr.)

Ansichten über die paläozoischen Insecten und deren Deutung.

Von

Prof. Dr. *Friedrich Brauer.*

Mit zwei photo-zinkogr. Tafeln (Nr. VII und VIII).

Einleitung.

Noch vor wenigen Jahren schrieb H. Credner (Elemente der Geologie 1872, p. 310): Es ist ein fremdartiger Anblick, welchen unser Planet während der Silurperiode dem Auge der Geologen bietet. Fast das ganze Erdenrund ist vom Wasser bedeckt, über dessen Spiegel sich nur einzelne felsige Inseln erheben. Sie entbehren noch des Schmuckes einer Pflanzendecke und des Lebens thierischer Bewohner, — todt und starr stehen sie da! — Die Flora und Fauna des silurischen Zeitalters war ausschliesslich marin.

Seither hat man Spuren von niederen Landpflanzen (Goss, Ent. m. mag. p. 126, Note, T. XV. Scoville, Rominger) und zweifellose Landthiere entdeckt. Vor zwei Jahren hat die Auffindung eines Scorpions (*Palaeophoneus nuncius* Lindstr.) im oberen Silur allgemeines Aufsehen erregt, und noch überraschender war die Entdeckung eines Insectes im älteren mittleren Silur. Es wurde nämlich ein Flügelabdruck gefunden, der im Vergleiche mit jetzt lebenden Insecten mit Vorbehalt als solcher einer Schabe (Blattide) gedeutet wurde (Brongniart).

Gewiss ist, dass beide nicht die einzigen und ersten Formen luftathmender Gliederfüssler waren und dass sie das Vorhandensein von Pflanzen bedingen. Beide Formen sind schon so weit in ihrer Organisation von den ausschliesslichen Wasserbewohnern und Wasserathmern entfernt, dass es gerechtfertigt erscheint, zahlreiche Zwischenformen und Vorläufer anzunehmen. Auch lassen sich nicht alle späteren luftathmenden Arthropoden von diesen beiden Typen herleiten.

Es scheint uns auch die Aeusserung Brongniart's etwas voreilig, nach welcher durch die Entdeckung des ältesten Insectes die Ansichten der Biologen verdrängt und widerlegt werden sollten. Denn diese haben als Urtypus eines Insectes, in Uebereinstimmung mit Fritz Müller's Ansichten über die Verwandlung, eine Form angenommen, welche zumeist mit den heute lebenden Thysanuren, *Machilis, Lepisma* (Paul Mayer) oder *Campodea* (Brauer, Lubbock) verwandt sein sollte. Es ist aber ganz falsch und unwahr, was Scudder (Handbuch der Paläontologie von A. Zittel, p. 825, 1885) sagt, dass die Biologen der Ansicht waren, die Hexapoden stammen von fusslosen Vorfahren ab, oder wie Scudder sich ausdrückt: von »fusslosen Hexapoden«. — In der That stellten die Systematiker bisher die Thysanuren in den Kreis der Orthopteren im weiteren Sinne und ganz nahe an die Blattiden, da die Mundwerkzeuge von *Blatta* und

Lepisma einander sehr ähnlich sehen (Gerstäcker). — Wir haben allerdings keinen Beleg dafür, dass vor den Schaben Lepismiden existirt hätten, da ihr ältester Repräsentant eben auch jetzt von Brongniart erst in der Kohlenperiode entdeckt wurde *(Dasyleptus Lukasii* Brgt.). Wir wissen aber, dass Formen, welche durch Rückbildung aus anderen ableitbar sind, oft eine Aehnlichkeit mit den Vorfahren vollkommener Formen zeigen können. — Aus Gründen, welche aus der Biologie und Morphologie hervorgehen, scheint es daher gerechtfertigt, die Formen der ersten Insecten so anzunehmen, dass sie eine gewisse Aehnlichkeit mit Thysanuren zeigen *(Campodea)*, da viele Jugendformen der Insecten *(Chloë)* ganz gut einen Vergleich mit Thysanuren zulassen und diese Jugendformen den sonst so verschiedenen vollkommenen Insecten aus ganz unähnlichen Ordnungen gemeinsam sind. — Ebenso zeigt die Gruppe, in welche der Scorpion gehört, eine merkwürdige Beziehung zu den Gigantostraken, wohin *Limulus* und vielleicht die Trilobiten gehören. Die verschiedenen Forschungsrichtungen müssen sich unterstützen und ergänzen, niemals aber einander feindlich und schroff gegenüberstellen.

Es wird auch hervorgehoben, dass sich ein Vergleich der fossilen Insecten mit anderen fossilen Thiergruppen sehr sonderbar ausnimmt.

Während in allen anderen Thiergruppen fast nur fremdartige Gestalten erscheinen, treffen wir in den paläozoischen und mesozoischen Schichten Insectenformen an, die man sofort in die betreffenden, jetzt lebenden Ordnungen oder Familien bisher einreihen konnte, und gar keine in dieser Hinsicht zweifelhafte Form erscheint uns in diesen Perioden.[1]) Die Classen und Ordnungen anderer Thiergruppen der Silurperiode erlöschen bis in die Jetztzeit fast vollständig, oder sie schmelzen auf wenige Formen zusammen, und diese sind oft so verändert, dass sie nur mit Mühe und spät als Abkömmlinge jener erkannt werden konnten *(Limulus)*; nur die Classe der Insecten erscheint gleich vom Anbeginn in der Form eines Orthopteron, einer Blattide, und ist in der mesozoischen Zeit fast durch sämmtliche Ordnungen vertreten, ohne früher irgend welche Zwischenformen oder Schalttypen gezeigt zu haben. — Ebensowenig kennt man Schalttypen zwischen den einzelnen Classen des Arthropoden-Kreises in den späteren Perioden, während Schalttypen zwischen Amphibien und Reptilien, nämlich die Labyrinthodonten oder Froschsaurier, oder zwischen Vögeln und Reptilien: der *Archaeopteryx, Odontopteryx, Hesperornis,* oder zwischen Reptilien, Fischen und Vögeln: der *Ichthyornis,* oder zwischen Reptilien und Vögeln: der *Pterodactylus,* zwischen Reptilien und carnivoren Säugethieren: die *Theriodonten,* oder zwischen den Ordnungen der Wiederkäuer, Dickhäuter und Schweine: die *Anoplotherien* bekannt wurden etc.

Einige solcher Schalttypen leben heute noch, z. B. die einzige Art der Rhynchocephaliden, ein Reptil mit vielen Charakteren der Vögel; die Monotremen, eierlegende Säugethiere; die Dipnoi, lungenathmende Fische; die Beutelthiere, eine Schalttypen-Gruppe zwischen Monotremen und placentalen Säugethieren; die Leptocardien, eine Schalttype zwischen Tunicaten und Wirbelthieren; die Placophoren, zwischen Würmern und Mollusken u. m. a. *(Neomenia, Chaetoderma* und Placophoren, *Chiton)*.

Man hat zwar in neuester Zeit auch unter den fossilen Insecten einige als Schalttypen deuten wollen, aber diese bis jetzt nicht zweifellos feststellen können. Auch scheint man dieselben zwischen Insectenordnungen zu suchen, wo sie vielleicht nie gelegen waren.

---

1) Goss gibt einen Vergleich aus dem englischen Lias. Man trifft dort nach Westwood Carabiden, Telephoriden, Elateriden, Curculioniden, Chrysomeliden, Blattiden, Grylliden etc., dagegen von Vertebraten die Hydro-Saurier, den *Pterodactylus* und gigantische Reptilien.

Will man die allmälige Entwicklung eines Thiergeschlechtes verfolgen, so scheint es, wie neuere Untersuchungen festgestellt haben, am zweckmässigsten, von der Jetztzeit auf die jüngsten geologischen Perioden zurückzugehen und die nächsten Schalttypen zuerst in der der gegenwärtigen zunächst liegenden Zeit zu suchen.

Auf diese Weise ist man bei höheren Thieren im Stande gewesen, die isolirte Ordnung der Einhufer von einer ganzen Reihe von Vorfahren abzuleiten, welche den Zusammenhang mit heute noch lebenden Unpaarzehern (Tapir, Rhinoceros) herstellt.

Lässt sich daher bei Betrachtung der paläontologischen Funde vom Silur angefangen auch ein allmäliger Fortschritt in der Entwicklung der Thierformen deutlich von niederen Typen zu höheren erkennen, so wird doch der genetische Zusammenhang der verschiedenen Formen durch morphologische Schalttypen noch weit mehr durch den umgekehrten Weg veranschaulicht, weil weit mehr Formen erhalten geblieben sind, welche die zuletzt aufgetretenen Gattungen verbinden, als dies bei den höheren Kategorien des Systems der Fall ist, deren höherer systematischer Rang mit dem Alter ihres Ursprunges und der Mangelhaftigkeit ihrer Genealogie im geraden Verhältnisse steht.

Mit der Beurtheilung der fossilen Insecten werden wir nicht weit kommen, wenn wir so engherzig sind und die Formen dieser Classe immer in die wenigen sieben oder neun Ordnungen gruppiren. Unsere jetzt lebenden Insecten sind durch so allgemeine Charactere in wenige Ordnungen untergebracht, dass eben diese auch noch die fossilen Formen ohne Widerspruch aufnehmen können. — Und das ist auch die eine Ursache, warum die fossilen Insecten sich in so auffallendem Widerspruch mit den übrigen Thierformen befinden; von jenen haben wir stets nur Orthopteren, Neuropteren, Hemipteren etc., von diesen aber Thiergruppen, die in der Jetztwelt nicht mehr vorkommen, in einzelnen Formationen auftauchen und wieder untergehen, z. B. die Labyrinthodonten, die Trilobiten, Ammoniten etc. — Eine zweite Ursache liegt aber in dem uralten Ursprunge vieler Insectengruppen, welche wir als Ordnungen unterscheiden, und eine dritte Ursache in der mangelhaften Kenntniss jener Organtheile, welche uns in der Regel am besten erhalten worden sind — der Flügel — und deren Verhältniss zur Gesammtorganisation.

Man beschreibt die Flügel nur stets zur Unterscheidung der nächsten verwandten Gattungen und Arten, vergleicht aber nicht die der Ordnungen. Es hat bis jetzt noch Niemand unternommen, eine Charakteristik eines Lepidopteren-, Dipteren-, Neuropteren-, Coleopteren-, Ephemeren- oder Orthopterenflügels zu geben, und es darf daher nicht überraschen, dass, als Brongniart zu den Flügeln der für ausgestorben erklärten Paläodictyopteren die Körper fand, diese Phasmiden angehörten, oder dass der Eine dieselben fossilen Flügelabdrücke für solche von Wasserwanzen oder von Cicaden, der Andere für solche von Lepidopteren oder Hymenopteren deutet.

Eine vergleichend anatomische Untersuchung der vorzüglich erhalten gebliebenen Theile der Insecten fehlt fast vollständig, während diese bei Wirbelthieren zur Deutung der fossilen Reste selbstverständlich zuerst in Angriff genommen wurde.

Ein vierter Grund liegt in der Mannigfaltigkeit der Verhältnisse, denen sich Insecten anpassen können, so dass es immerhin weit begreiflicher ist, wenn wir noch heute Insecten finden, welche mit den ältesten fossilen Formen in eine Ordnung gebracht werden können. Besitzen wir ja auch unter den Placophoren noch eine Form, welche im Silur schon vertreten war, z. B. die Gattung *Chiton* und unter den Brachiopoden die Gattung *Lingula*.

Das Verzeichniss solcher Formen würde sich bedeutend vermehren lassen, wenn wir, wie ich schon bemerkte, andere Thiergruppen nach denselben Principien auffassen wollten, wie sie für Insecten geläufig sind. So würden wir den *Limulus* und die Trilobiten in eine Ordnung der Crustaceen stellen, die Schalttypen der Amphibien und Reptilien verschwänden, wenn wir an der alten Classe der Amphibien festhielten, und ebenso die interessanten Zwischenformen, welche die Monotremen und Beutelthiere bilden, würden verloren gehen unter der unrichtigen systematischen Anschauung und durch die Unkenntniss der Werthe systematischer Kategorien. Ebenso verhielte es sich mit den anderen Schalttypen, die ich vorhin aufgezählt habe.

Fassen wir die Classen und Ordnungen etc. subtiler auf und vereinigen wir innerhalb der Classencharaktere etc. nicht die heterogensten Formen, zwischen denen gar keine morphologischen Bindeglieder liegen, so tritt die Verschiedenheit der Thierformen früherer Erdperioden von den jetzt lebenden um so schärfer hervor, und, mit Rücksicht auf die lückenhafte Urkunde der paläontologischen Entwicklung des Thierreiches, zeigt sich auch die Uebereinstimmung der biologischen Resultate mit den paläontologischen. Wir wundern uns allerdings, dass in den ältesten Zeiten schon Wirbelthiere existirt haben, aber wir begreifen, dass dies Fische waren, und noch mehr begreifen wir, dass diese Fische nur zur Gruppe der Paläichthyes gehörten. Ebenso erregt das Erscheinen eines Insectes im Silur Aufsehen, aber es erscheint uns sofort natürlich, dass dieses zu den Orthopteren gehört. Wenn von dem ersten Auftreten der Säugethiere gesprochen wird, und wir führen die mesozoische Zeit an, so finden wir als sofort bedingend, dass Amphibien und Reptilien diesen in der paläozoischen Zeit vorausgingen und jene Beutelthiere waren u. s. w.

Hier ergänzen Paläontologie und Biologie sich durchaus und letztere füllt die leeren Blätter der lückenhaft überkommenen Urkunde.

Eine geistige Reise in jene längst entschwundenen Länder zur Erforschung ihrer Fauna kann nur mit Hilfe verschiedener Forschungsrichtungen mit Erfolg gemacht werden, und zwar müssen die entwicklungsgeschichtliche Richtung, die vergleichend anatomische Richtung, die vergleichend morphologische Richtung, die zoobiographische Richtung, sowie Zoogeographie über die verschiedenen Hindernisse hinweghelfen, wie man sich auf einer weiten Reise verschiedener Verkehrsmittel bedienen muss, und schliesslich müssen noch andere Wissenschaften zu Hilfe kommen, um uns über das uralte Vorkommen von Organismen auf unserem Planeten aufzuklären, deren Formen durch die Zeit vollständig vernichtet wurden. So lehrt uns die Geologie, die Aehnlichkeit zwischen dem Auftreten der Graphitlager und dem jüngeren Kohlengestein, welche so gross ist, sagt Credner, dass die Versuchung nahe liegt, in dem Graphite das Endresultat des Verkohlungsprocesses zu erblicken, durch welchen die Holzfaser in Braunkohle, Steinkohle und Anthracit umgewandelt wurde. Damit ist die Andeutung organischen Lebens in der vorsilurischen Laurentischen Periode gegeben und anderseits das plötzliche Auftreten einer immerhin mannigfaltigen Pflanzen- und Thierwelt in der silurischen Periode verständlich.

Wenn wir uns an die früher erwähnte Mannigfaltigkeit und das Anpassungsvermögen der Insecten erinnern, so wird es weniger merkwürdig erscheinen, dass uns aus den verschiedenen nacheinander aufgetretenen Gruppen und von den alten Geschlechtern dieser Classe mehr Formen bis in die Jetztzeit erhalten geblieben sind und wir heute viele derselben gleichzeitig nebeneinander sehen, während in anderen Thiergruppen zahlreiche Geschlechter und Ordnungen ausgestorben sind. Theilweise jedoch ist das, wie erwähnt, eine Täuschung und sehen wir durch ein sehr gefärbtes Glas bei diesem Ausspruche. Halten wir an den sieben Insecten-Ordnungen (*Orthoptera, Rhynchota, Neuroptera, Diptera, Lepidoptera, Coleoptera, Hymenoptera*) fest und stellen sie in einen Kreis, so könnten sieben Zwischenglieder zu suchen sein; theilen wir dieselben in zwei Classen

(Synaptera und Pterygogenea) und erstere in 2, letztere in 16 unvermittelte Ordnungen, so könnten wir glauben, wir hätten mehr als doppelt so viel verlorene Schalttypen, und zwar solche zwischen zwei Classen und zwischen 18 Ordnungen zu suchen. Doch wäre dies ein grosser Fehler; denn die Schalttypen zeigen uns ja an, dass dereinst viel weniger Ordnungen existirt haben, indem sie die Charaktere mehrerer Ordnungen vereinigten. Wir haben daher zu erforschen, welche und wie viele jetzige Ordnungen auf eine Schalttype zurückzuführen seien. Wir wissen auch nicht, wie die Abzweigungen der Ordnungen stattgefunden haben, ob 2 oder 3 oder mehrere jetzige Ordnungen einen bestimmten Ausgangspunkt gehabt haben, oder wie viele solche Punkte vorhanden sind. Durch anatomische und vergleichend morphologische Untersuchungen kommen wir, von den jetzigen Formen ausgehend, auf fünf oder sechs Typen, auf welche die 16 Ordnungen der geflügelten Insecten zurückzuführen sind, und da die Flügel dieser sechs Typen, an denselben Segmenten liegend, einander homolog sind, so dürften die geflügelten Insecten *(Pterygogenea)* auf einen Ausgangspunkt hinweisen, der uns aber ganz unbekannt ist: 1. *Orthoptera polynephria*; 2. *Orthoptera oligonephria*; 3. *Thysanoptera*; 4. *Rhynchota*; 5. *Metabola oligonephria* und 6. *Metabola polynephria*.

Von diesen sechs Typen oder Phylen enthält das I. die Ordnungen: 1. *Dermaptera*, 2. *Ephemeridae*, 3. *Odonata*, 4. *Plecoptera*, 5. *Orthoptera genuina*; das II. Ordo 6: *Corrodentia*; das III. die 7. Ordo: *Thysanoptera*; das IV. die Ordo 8: *Rhynchota*; das V. die Ordines 9: *Neuroptera* s. str.; 10: *Panorpatae*; 11: *Trichoptera*; 12: *Lepidoptera*; 13: *Diptera*; 14: *Siphonaptera*; 15: *Coleoptera* und das VI. die Ordo 16: *Hymenoptera*.

Confer. Syst. zool. Studien. Sitzungsber. der kais. Akad. der Wissensch., Wien, Bd. XCI., 1885, p. 337.

1. *Ueber die Bestimmung fossiler Insecten im Allgemeinen.*

Bei Beurtheilung der mangelhaft erhaltenen fossilen Insecten muss in erster Linie die Kenntniss der lebenden Insecten in vergleichend anatomischer und morphologischer Richtung vorausgesetzt werden. Es muss dem Beurtheiler bekannt sein, welche lebenden Formen, oder welche der unterschiedenen Ordnungen in diesen Richtungen mit einander zunächst systematisch, das ist auch genealogisch verwandt sind und welche einander hie und da sehr ähnlich sind, aber bei näherer Untersuchung ganz verschieden und gar nicht oder nur sehr entfernt verwandt erscheinen. — Von der Anatomie der fossilen Formen ist uns nichts bekannt und können wir dieselbe nur aus der Correlation gewisser Organe (Mundtheile und Darmcanal) erschliessen. — Wenn wir eine jetzt lebende Libelle anatomisch untersuchen, so gleicht ihr Darm jenem eines Heuschrecken viel mehr und ebenso ihre Mundtheile, als jenen des ihr äusserlich oberflächlich betrachtet so ähnlichen Ameisenlöwen. Hätten wir beide nur fossil und könnten über ihren inneren Bau und ihre Entwicklung nichts erfahren, so brächten wir sie vielleicht durch eine Menge äusserer, scheinbar verwandtschaftlicher Merkmale in Eine Ordnung. Damit sage ich keineswegs zu viel; denn bevor man ihre Anatomie genau kannte und auch noch später, als man wenig Werth auf diese und die Biologie legte, oder nur ein unnatürliches System auf einzelne Merkmale gründete — gehörten beide in Eine Ordnung, und zwar der Netzflügler, *Neuroptera* Linné. Man hatte damals auch nicht darauf Rücksicht nehmen können, dass die reich genetzten Flügel in Bezug ihrer homologen Adern eine ganz verschiedene Vertheilung zeigen.

Wenn eine solche Systematik noch von Einigen heute cultivirt wird, so heisst das auf alle weiteren enthüllten wissenschaftlichen Wahrheiten keine Rücksicht nehmen und seit Linné nicht fortgeschritten sein. — Die aus der Untersuchung hervorgegangene Kenntniss der grossen Verschiedenheit dieser beiden Formen zeigt aber sofort, dass zwischen beiden zunächst keine Schalttype zu suchen sei, und dass fossile Funde, wenn sie auch noch so sehr den Schein einer Schalttype gewähren sollten, niemals als solche schlechtweg erklärt werden können. — Die Aehnlichkeiten beider Thiere beruhen in unserem Falle auf heterophyletischer, gleich reicher Entwicklung des Adernetzes der Flügel, welch' letztere beide von uns unbekannten geflügelten gemeinsamen Vorfahren, also homophyletisch, ererbt haben.

Die vergleichende Morphologie und Anatomie kommen hier der Deutung zu Hilfe; denn man hat durch sie Anknüpfungspunkte von beiden an ganz andere Gruppen gefunden und die Libellen stellen sich sonach als das Ende einer Entwicklungsreihe dar, als einer Gruppe angehörend, die ihren Höhepunkt wahrscheinlich bereits überschritten hat und deren Formenreichthum in der Abnahme begriffen ist. Der höher entwickelte Ameisenlöwe kann aber nicht mehr von hier seinen Ausgangspunkt genommen haben, da er, als Neuropteron, das Muskelsystem mit den wahren Orthopteren und den Vorgängern der Libellen, den Ephemeren, und nicht mit den Libellen gemeinsam hat und dessen Thoraxbau mit dem *Segmentum mediale* an die *Hymenoptera* erinnert. Nach Scudder sollen die Homothetiden aus dem Devon eine Schalttype zwischen Libelluliden *(Odonata)* und Neuropteren *(Sialiden)* bilden, das nach obigem Beweis aber unmöglich ist. — Brongniart erklärt sie für Ephemeren, nach Hagen sind sie Neuropteren, und zwar echte Sialiden und gar keine Schalttype.

Ebenso beweist die Biologie und Anatomie, dass die Ephemeren ein Bindeglied zwischen Libellen und Perliden (Plecopteren) bilden (Wolter), obschon uns eine Zwischenform nicht erhalten geblieben ist. Eine directe Schalttype aber zwischen Ephemeren einerseits und Sialiden *(Sialis* und *Rhaphidia)* und Megalopteren *(Coniopteryx)* andererseits ist weder aus der Biologie, noch aus der Anatomie und Morphologie zu erschliessen. Es können also Xenoneura oder die Xenoneuriden aus dem Devon kaum als solche angesehen werden. Brongniart erklärt sie als besondere Neuropterenform, Hagen ebenfalls. Ebensowenig kann die Gattung Corydaloides aus der Steinkohle eine Schalttype von Pseudoneuropteren und Neuropteren bilden, wenn wir sie mit Brongniart zu den Pseudoneuropteren stellen, wozu Libelluliden, Ephemeren und Perliden gehören. Sie entfernt sich von allen diesen beträchtlich und steht ganz nahe der jetzt lebenden Neuropterengattung *Sialis*. Auch treten Pseudoneuropteren und Neuropteren vollständig nebeneinander im Devon und in der Kohle ohne Vermittlung auf, so dass sie schon damals einander nur durch die genetzten Flügel ähnlich, aber stets nach einem differenten Schema gebaut waren, gerade wie in der Jetztwelt. Die Zurückführung auf einen gemeinsamen Ausgangspunkt ist daher nicht möglich. Sind die Schwanzfäden und die Tracheenkiemen bei *Corydaloides* richtig gedeutet, so hat die Gattung doch sonst nichts mit Perliden (*Pteronarcys* u. a.) und *Euphaea* unter den Odonaten (abdominale Tracheenkiemen) gemeinsam, wohl aber das für *Sialis* typische Flügelnetz und die Abdominalkiemen entsprechen jenen der jetzt lebenden *Sialis*-Larve. Wir hätten daher eine Sialide, bei welcher die Tracheenkiemen der Larve persistent geblieben wären, wodurch aber noch nicht die Verwandtschaft mit den genannten Pseudoneuropteren erwiesen ist, da derartige Bildungen heterophyletisch entstehen können. — Würden zum Sialiden-Flügelnetz, die Mundtheile nach Art der Perliden etc.

gebildet sein, und wären sie im Fossil erhalten, dann würden die Verhältnisse erst zu Gunsten für Brongniart's Ansicht einer Schalttype sein.

Mit Rücksicht auf die Wirbelthiere müssen wir einsehen, dass uns die paläozoischen Formen der Insecten in einer Weise erhalten worden sind, dass wir mehr Anhaltspunkte zur Erkenntniss der Classe und zur Unterscheidung von Arten und Gattungen, vielleicht auch Familien haben als zur Feststellung der Ordnung; denn gerade die für diese nothwendigen Merkmale sind ungenügend erhalten geblieben oder können überhaupt nicht ohne Beobachtung lebender Thiere oder anatomische Untersuchung erkannt werden. Auch noch lebende Insecten blieben in Bezug ihrer systematischen Stellung ein Räthsel, so lange ihre Biologie und Anatomie nicht bekannt war, und wurden sie in irgend eine Ordnung, ihrer anderen Merkmale und Erscheinung wegen, gebracht, so war das sehr oft fehlerhaft. — Die Körperform, der Habitus des Thieres, ja selbst das Verhältniss einzelner Körpertheile sind nicht massgebend (wie Brongniart irrthümlich meint) und somit sind auch diese Momente nicht mehr werth als der Bau der Flügel und nur secundäre Anhaltspunkte in solchen Fällen, wo wir zufällig ein ähnliches lebendes Insect genau kennen. Wäre uns die Gattung *Mantispa* unbekannt und fänden wir sie im fossilen Zustande so gut erhalten, dass wir den Körper und die Flügel genau verstehen könnten, so würden wir sie mit *Mantis* zusammenstellen, deren Körperbau sie besitzt, und die neuropterenartigen Flügel dürften, ihres verschiedenen Geäders wegen, nicht in Betracht kommen, da nach Brongniart die Verhältnisse der Körperabschnitte etc. das Wichtigste zur Bestimmung der Ordnung sind. — Ebenso erging es aber auch den Systematikern bei Entdeckung der lebenden *Mantispa*, sie wurde für ein Orthopteron gehalten und in die Gattung *Mantis* gestellt und blieb darin so lange, bis Erichson die für die Ordnungsbestimmung massgebenden Mundtheile untersuchte und sofort die Gattung zu den Neuropteren brachte. Lange nachher bestätigte auch die vom Verfasser entdeckte Verwandlung und Larvenform die volle Richtigkeit von Erichson's Ansicht. — Hier waren also die Mundtheile, die Verwandlung und Larve und ferner auch gerade das Flügelgeäder wichtigere Merkmale als der allgemeine Körperbau.

Bei dem fingirten Fossil, an dem man aber weder die Mundtheile erkennen konnte, noch von der Larve etwas wusste, wären also gerade die Flügel das richtige Merkmal zur Erkenntniss der Ordnung gewesen.

Wie weit aber durch ähnliche Körperverhältnisse die Aehnlichkeit von zwei, ganz verschiedenen Ordnungen angehörenden, Insecten gehen kann, lehrt uns die Mimicry lebender Formen, aus deren Erscheinung wir doch weit früher die differenten Ordnungen erkennen sollten, als aus den Abdrücken und Resten fossiler Thiere. Bei Wirbelthieren sind gerade die zur Erkenntniss der Classe und Ordnung wichtigen Skelettheile, Kiefer, Gliedmassen, am besten erhalten und weit besser, als Gattungs- und Artmerkmale, über welche oft sehr getheilte Ansichten herrschen. Dadurch wird es hier möglich, wirkliche Schalttypen festzustellen.

Ist es uns bei einem Insecte der paläozoischen Zeit nicht möglich die Ordnung zu erkennen, weil aus den Resten keine besonders hervorragende Aehnlichkeit mit einem bekannten lebenden Insecte zu entdecken ist, so können wir dessen systematische Stellung ebensowenig feststellen, als bei einem abnorm aussehenden lebenden Insecte, wenn uns die Zergliederung des letzteren nicht gestattet wird. Es bleibt da nur noch der eine Weg, und zwar abzuwarten, ob nicht später Formenreihen gefunden werden, welche allmälig Uebergänge zu gewissen bekannten Formen anbahnen (*Strepsipteren, Thysanoptera*). Finden wir aber an den fossilen Fragmenten eines Insectes eine so grosse

Aehnlichkeit mit denselben Theilen einer jetzt lebenden Insectengruppe, dass wir jenes in diese stellen können, dann setzen wir auch voraus, dass in den uns unbekannten primären Ordnungscharakteren, zwischen dem ausgestorbenen und den lebenden Repräsentanten dieser Gruppe, kein für die Ordnung etc. wesentlicher Unterschied bestehen darf.

Da man nun von den fossilen Insecten der paläozoischen Zeit die Ordnung nur nach secundären Merkmalen und daher zuweilen gar nicht bestimmen kann, so wird man auch nicht im Stande sein, mit Sicherheit eine neue Ordnung aufzustellen, welche in den uns nicht sichtbaren Theilen (Mundtheile, Darm etc.) die Charaktere zweier Ordnungen verbinden soll; denn der allgemeine Körperbau und die Flügel, als secundäre Merkmale, sind schon nicht mehr massgebend gewesen, um diese Insecten irgend einer bekannten lebenden Form anzureihen.

Wollten wir bei höheren Thieren nach dieser Methode, ohne Rücksicht auf Anatomie und Biologie, nach einzelnen secundären Merkmalen Schalttypen aufstellen, so könnte es geschehen, dass, wenn von allen Nagethieren nur das Eichhörnchen und von den Insectivoren nur der Igel bekannt wären, bei Entdeckung des Stachelschweines dieses, der mit dem Igel gemeinsamen Stacheln wegen, für deren synthetische Type erklärt würde. — Genuine Orthopteren, Pseudoneuropteren und genuine Neuropteren stehen aber anatomisch in einem noch entfernteren Verhältnisse, als die Ordnungen der Nagethiere und Insectenfresser, denn die Pseudoneuropteren bilden drei ganz gute Ordnungen, welche anatomisch weit verschiedener sind als jene Ordnungen der Säugethiere.

Eine ebensolche Unsicherheit in der Aufstellung von Schalttypen liesse sich aus ähnlichen Ursachen für den Kreis der Mollusken beweisen, von denen auch nur ein Theil des Thieres (die Schale) erhalten geblieben ist. Man vergleiche, was unmittelbar vor Scudder (Zittel, p. 328 a) Ihering über die paläozoischen Prosobranchier sagt und das mit unserer Ansicht ganz übereinstimmt.

Sind daher zur Erkenntniss fossiler Formen in erster Linie morphologische Studien von grösster Wichtigkeit, ferner eine umfassende Kenntniss der lebenden Familien, Gattungen und Arten und ist deshalb gerade bei Insecten, Mollusken und anderen Gruppen die Beherrschung der niederen systematischen Kategorien eine Hauptbedingung, weil die fossilen Reste wegen mangelhaft erhaltenen Charakteren zuerst als bestimmten Gattungen angehörend erkannt werden oder mit diesen verglichen werden müssen; so treten Anatomie und Biologie sofort in ihre Rechte, wenn es sich um die Beurtheilung eines Fossils handelt, das scheinbar in keine bekannte Ordnung, Familie oder Gattung passt. — Die Stellung einer solchen Form wird oft nicht von den Paläontologen durch Vergleich mit anderen fossilen Formen, sondern von dem Zoologen aus der Biologie und Anatomie ganz different erscheinender lebender Formen erkannt (Trilobiten-Limulus, Chiton-Würmer) und die Schalttypen können durch die Untersuchung lebender Thiere vorhergesagt werden, d. h. man kann gewisse verwandtschaftliche Annäherungen nachweisen und daraus eine einstige Verbindung erschliessen. Die allgemeine Körpergestalt einer Schalttype lässt sich aber nicht bestimmen, d. h. ob die Vereinigung der primären Charaktere zweier Ordnungen auch gerade in der Gesammterscheinung eines Thieres dieser Schaltgruppe zum Ausdrucke kommt, — und das soll nun gerade bei den Schalttypen der Insectenordnungen der Hauptgrund ihrer Aufstellung sein, bei welcher das Vorhandensein der combinirten primären Charaktere, die unbekannt sind, nur angenommen wurde; denn Körperform und Flügel sind ja nur erhalten. — Dohrn allein suchte den als Schalttype aufgestellten *Eugereon* auch durch den Bau der Mundtheile zu charakterisiren, die jedoch von Brongniart und vom Verfasser angezweifelt und anders gedeutet wurden.

Weit bessere Anhaltspunkte für die Verwandtschaft der jetzigen Insectenordnungen erhält man daher durch morphologische, anatomische und biologische Untersuchungen der lebenden Insecten, und sie werden als Schutz dienen müssen gegen die Ausbrüche der Phantasie.

Im gleichen Sinne müssen wir die Schaltordnungen Brongniart's betrachten, da derselbe von der Ansicht Packard's beeinflusst ist, dass Pseudoneuropteren und Neuropteren direct von einander abzuleiten seien, und bei seinen Neurorthopteren nicht zu ersehen ist, ob sie nur eine Schaltgruppe zwischen Pseudoneuropteren und genuinen Orthopteren, oder zwischen letzteren und den Neuropteren im weiteren Sinne seien (*Neuroptera et Pseudoneuroptera*). In der That scheint uns bei Brongniart das Letztere der Fall zu sein, da wir unter seinen Pseudoneuropteren nebst *Corydaloides* noch als 6. Familie auch die Protomyrmeleoniden mit der Gattung *Protascalaphus* Brgt. finden.

Einstweilen haben auch Packard und Scudder keine so kräftigen Beweise für die Wiedervereinigung der Neuropteren mit den Libellen, Ephemeren und Perliden gebracht, wie jene seinerzeit von Erichson für deren Trennung waren. Wir halten die Vereinigung daher für einen Rückschritt.

Scudder sagt (in Zittel p. 771): »Erichson betrachtet die *Pseudoneuroptera* als eine Unterordnung der *Orthoptera*, während viele (?) neuere Autoren ohne genügenden Grund (!) eine selbstständige Ordnung dafür errichten etc.« Das Erste dieses Satzes ist richtig, das Zweite aber ganz falsch. Die neueren Autoren betrachten aber die wahren metabolen Neuropteren als gar nicht verwandt mit den Pseudoneuropteren und haben dafür ganz genügende Gründe, die weder Scudder noch Packard verstehen wollen. Die Gruppen der Pseudoneuropteren wurden längst als Zünfte betrachtet und das beweist ihre Selbstständigkeit, so dass der Verfasser keinen Anstand genommen hat, sie aus diesen ganz genügenden Gründen als eigene Ordnungen (nicht als Eine Ordnung) anzusehen. — Wenn man sich zur Charakteristik der Ordnungen so wenig Mühe nimmt, wie das bei den Neuropteren und Paläodictyopteren, Paläoblattarien u. a. m. der Fall ist, dass man gar kein bestimmtes, (siehe weiter unten) oder nur sehr oberflächliche Merkmale herausfindet, so ziemt es sich nicht, über wohlbegründete systematische Ansichten Anderer ohne alle Rücksicht abzusprechen. — Da Unwahrheiten sehr schwer aus der Wissenschaft zu entfernen sind und sich in Handbüchern für Decennien festsetzen, so können wir nur bedauern, dass Wahrheiten, welche deutscher Fleiss festgestellt hat, ohne wissenschaftliche Begründung amerikanischen Ansichten geopfert wurden. — Möge uns doch Herr Scudder die paläontologischen Thatsachen nennen, welche für eine so unnatürliche Verbindung der Pseudoneuropteren mit den Netzflüglern bestehen.

Wir erfahren in dieser Richtung von demselben aus Zittel's Handbuch (p. 822): »Einzelne Entdeckungen, wie die der Gattungen *Eugereon* und *Protophasma*, haben wichtige Aufschlüsse über die Natur der paläozoischen Insecten geboten. *Eugereon* besass . . . vier gleichartige, grosse, häutige, nach Art der Libellen (?) netzförmig geaderte Flügel . . .; auch Protophasma vereinigt mit typischen Neuropterenflügeln einen Leib, welcher . . . an Orthopteren (Phasmiden) erinnert.« — Da nun aber weder *Eugereon* noch *Protophasma* typische Neuropteren- oder Pseudoneuropterenflügel, sondern ganz solche wie Orthopteren zeigen (Mantiden und Phasmiden), so sehen wir einfach, dass Scudder gar nicht berücksichtigt, wodurch sich die Flügel der Insecten unterscheiden und charakterisiren lassen. — Warum eine Trennung der wahren Neuropteren und Pseudoneuropteren von dem Erscheinen der Ordnung *Hemiptera* abhängig gemacht wird, wollen wir nicht weiter verfolgen; denn die Basis bilden zu diesem Dogma alle jene Familien, deren Natur und Existenz gleich problematisch sind (cfr. p. 823). Ich meine die Homothetiden, Paläopteriden, Xenoneuriden und Gerarinen.

Die Verwirrung erreicht durch die Annahme der *Palaeodictyoptera* ihren Höhepunkt damit, dass die Heuschrecken von den Protophasmiden, also von zweifellosen Heuschrecken, die Homopteren von Fulgorinen, also zweifellosen Homopteren abstammen sollen, was gewiss niemand bezweifeln wird; wie aber die Eintagsfliegen von der gemischten Gruppe der Platephemeriden und die Sialiden von den, mit Mantiden und anderen Orthopteren verwandten, Hemeristinen abstammen sollen, während sie anderseits mit den, von den Platephemeren herkommenden, Pseudoneuropteren (Ephemeren) eine Ordnung Neuroptera bilden müssen, insolange die Welt noch keine Hemipteren differenzirt hat, kann schwerlich jemand beweisen. Damit hätte Scudder wohl bewiesen, dass die Ordo *Neuroptera* s. lat. aus zwei heterophyletischen Reihen, das ist zwei Ordnungen besteht.

Nehmen wir eine Sichtung der von Brongniart aufgestellten Schalttypen vor, so können wir die Verdienste dieses Forschers nicht genug hervorheben und würden vollständig die Errichtung von neuen Insectenordnungen billigen, nur hätte derselbe zuerst an die Vermehrung der bisher angenommenen Ordnungen der lebenden Insecten gehen müssen, wie wir dies bereits im Vorjahre gethan haben, wodurch wahre Schalttypen unter den neuen Ordnungen erscheinen. Schon aus den früheren Auseinandersetzungen geht hervor, wie die Untersuchung lebender Formen[1]) auf die Verbindung derselben weit besser schliessen lässt und wie vergleichend-morphologische Studien die natürliche Verwandtschaft deutlich machen, indem sich die von uns als Ordnungen angenommenen Plecopteren, Ephemeriden und Odonaten von einander ableiten liessen. Die Plecopteren aber sind anatomisch ebenso verwandt mit den Forficuliden (Ordo *Dermaptera*) und auch in einer anderen Richtung die Verbindung zu den wahren Orthopteren, in welcher Ordnung wir wieder eine anerkannte Verwandtschaft der niederen Blattiden mit den höheren Mantiden und Phasmiden, sowie Saltatorien finden, während eine andere Linie von den Blattiden zu den damit gewiss nahe verwandten Embiden und Termiten in die Ordo *Corrodentia* führt. Wir unterlassen nicht zu bemerken, dass unter den homomorphen Insecten mit beissenden Mundtheilen die Corrodentien die einzigen sind, deren Anatomie mit den metabolen Neuropteren eine wirkliche Aehnlichkeit zeigt, während abgesehen von den Mundtheilen die Rhynchoten ebenso viele Beziehungen zu den Dipteren, Orthopteren und Neuropteren zeigen. Die Rhynchoten sind auch die einzige Ordnung der homomorphen Insecten, in welcher wir den Uebergang zu einem ruhenden Nymphenstadium verfolgen können (Cocciden). Die Herkunft der Hymenopteren ist wohl ganz in Dunkel gehüllt, aber es scheinen zwei Momente beachtenswerth: 1. die zahlreichen Harngefässe, wie bei Orthopteren, und 2. die mit letzteren ganz gleiche Anlage der weiblichen Legeapparate und des Bienenstachels (Dewitz). Natürlicher verwandt scheinen die Ordnungen der Dipteren und Lepidopteren durch die bei beiden auftretende Mumienpuppe und die grosse Aehnlichkeit des Flügelgeäders. Wenn neuester Zeit als eine Zwischenform von Lepidopteren und Hymenopteren fossile Formen aus der mesozoischen Zeit aufgeführt werden, die in ihrer Erscheinung weit mehr Aehnlichkeit mit Siriciden (*Oryssus, Tremex*) besitzen, namentlich durch die Flügelzellen, welche bei Lepidopteren

[1]) Lange vor Entdeckung des *Archaeopteryx* hat die Untersuchung der Vögel und Reptilien eine solche Schaltype vermuthen lassen und die Entdeckung war nur der Beweis der richtigen Untersuchung.

nicht in dieser Form auftreten (Oppenheim, Die Rhipidorhabdi und Fabellovenae. Berl. Ent. Ztg. 1885), so wäre damit nur eine Bestätigung von Walter's Ansicht gegeben, welcher die Mikropterygiden-Mundtheile *(Lepidoptera)* mit jenen der Tenthrediniden *(Hymenoptera)* vergleicht und aus vergleichend-anatomischen Gründen beide Ordnungen von einander ableitet, so dass die Hymenopteren den Lepidopteren vorausgingen. In den niedersten Formen der ersteren (Tenthrediniden, Phytophagen, Symphyta) wären uns die Reste einer Schaltordnung übrig geblieben. Doch erscheint uns diese Ansicht durchaus noch nicht zweifellos, denn die Anatomie der Hymenopteren ist sehr verschieden von jener der Lepidopteren und Dipteren, und überdies sehen Andere in den Trichopteren Schalttypen von Neuropteren und Lepidopteren, vielleicht aber sind diese nur eine besondere Linie gemeinsamer Vorfahren und gewiss näher den Panorpen verwandt. Beachtenswerth bleibt es, dass gerade bei Panorpen, Tenthrediniden, Uroceriden und Lepidopteren raupenförmige Larven erscheinen, von denen die ersteren (Panorpen) näher mit den Larven der Trichopteren und Sialiden, die Tenthrediniden mit jenen der Lepidopteren Aehnlichkeit zeigen, namentlich die Klammerbeine des Abdomens gemeinsam haben, während erstere nur kegelförmige Kriechbeine besitzen *(Panorpa, Bittacus)*.

Es fehlen aber gänzlich bestimmte Anhaltspunkte über den Ursprung der Coleopteren, welche zuerst in der mesozoischen Zeit in der Trias und dem schwarzen Jura auftreten; während alle übrigen heteromorphen Insecten sich mehr nähern und von einander wenigstens scheinbar ableiten lassen, bleibt für die Käfer nur die mit den älteren Neuropteren gemeinsame, freigliedrige Nymphe und eine gewisse Aehnlichkeit mit Corrodentien *(Oligonephria)* und Orthopteren *(Blattidae: Eleutherodea)*.

Das Erscheinen der Insectenordnungen in den verschiedenen geologischen Perioden stellt sich im Ganzen so dar, wie es auch die biologischen Forschungen erwarten lassen:

Im paläozoischen Zeitalter erscheint im Silur nur die als Blattide gedeutete *Palaeoblattina Douvillei* Brgt., also die Ordo der genuinen Orthopteren.

Im Devon treten odonatenartige und sialidenartige Formen auf, also die Ordo *Odonata* und *Neuroptera*. Wahre Orthopteren sind hier nicht wieder gefunden. In der Kohle erscheinen diese aber zahlreich (Phasmiden, Mantiden, Blattiden), ferner Odonaten, Ephemeriden, Neuropteren (Sialiden), Homopteren (Fulgoriden) und Thysanuren *(Dasyleptus)*. — Im Perm erscheinen mantidenartige Formen, *Eugereon*.

Im mesozoischen Zeitalter finden sich in der Trias Coleopteren und Neuropteren (sensu lat. *Odonata*), im Lias und schwarzen Jura Neuropteren, Orthopteren, Coleopteren, Hemipteren und Hymenopteren, im Oolith treten fragliche Lepidopteren hinzu, die aber nach Scudder Homopteren sind.

Im weissen Jura, obere Lage Oolith, erscheinen auch *Diptera* und jene siricidenartigen Reste, für die die Ordo *Rhipidorhabdi* und *Fabellovenae* aufgestellt wurde, also mit Ausschluss der Lepidopteren (mit Beziehung auf frühere zweifelhafte Formen) alle Ordnungen.

In der känozoischen Zeit erscheinen bereits alle Ordnungen, auch *Thysanoptera* (Scudder) und viele in jetzt vertretenen Gattungen. Mit dem Auftreten der Blüthenpflanzen erscheinen Hymenopteren und Lepidopteren zahlreich.

Viele Gattungen wurden zuerst fossil im Bernstein entdeckt und später als noch lebend nachgewiesen, z. B. *Elephantomyia, Amphientomum, Epidapus, Thermopsis* u. a.

2. *Allgemeines über die systematische Stellung der paläozoischen Insecten.*

Im Folgenden werden die von Scudder und Brongniart charakterisirten paläozoischen Insecten besonders aufgeführt und miteinander verglichen, wobei die ver-

7*

schiedenen Ansichten beider Autoren und auch anderer Forscher zur Geltung gebracht wurden. Ebenso haben wir uns die eigenen Meinungen auszusprechen erlaubt, die jedoch insofern mit Vorbehalt geäussert werden mussten, weil wir die fossilen Funde nur nach den Abbildungen beurtheilen konnten.

Anders verhält sich die Sache aber bei den von jenen Autoren aufgestellten Systemen, zu deren Beurtheilung wir uns im gleichen Rechte mit denselben befinden. Obschon wir in dieser Richtung unsere Arbeit getheilt haben, so war es doch nicht immer möglich, ausschliesslich den einen oder den anderen Autor isolirt zu betrachten. Mögen wir auch hie und da im grellen Widerspruch mit den Autoren stehen, so freuen wir uns doch, durch ihren Fleiss so Vieles über die Vorläufer der jetzigen Insecten gelernt zu haben. Im Ganzen schliessen sich unsere Ansichten näher an jene Brongniart's als an die Scudder's an.

Fast aus jeder Insectenordnung, sowie auch in jeder Familie und Gattung können wir gewisse Gruppen ausscheiden und als ältere Formen betrachten, nicht immer weil sie weniger differenzirt erscheinen, z. B. die Hinterleibsringe fast gleich entwickelt, die Thoraxringe getrennt und homonom ausgebildet, die Flügel oft gleich gebaut haben etc., sondern weil einige derselben wahrscheinlich auch zuerst aufgetreten sind.

So bilden unter den Hymenopteren die Tenthrediniden und alle *Symphyta* gleichsam die *Palaeohymenoptera*, unter den Lepidopteren die Tineiden die *Palaeolepidoptera*, unter den Dipteren die *Orthorhapha*, insbesondere die *Nemocera* die *Palaeodiptera*, unter den Coleopteren die Malacodermen die *Palaeocoleoptera*, unter den Neuropteren die Sialiden die *Palaeoneuroptera*. Panorpen und Trichopteren gehen wohl als Seitenlinien der Neuropteren aus den Sialiden hervor und von letzteren sind die Isopalpen wohl die älteren. — Unter den Rhynchoten scheinen die *Homoptera* die *Palaeorhynchota*, unter den Corrodentien die Termiten die *Protocorrodentia*, unter genuinen Orthopteren die *cursoria* und *gressoria (Blattidae, Mantidae, Phasmidae, Embidae?)* und die Gryllotalpiden die *Palaeorthoptera*, unter den Odonaten die Calopterygiden die *Palaeodonata* zu sein. — Ephemeren, Perliden und Dermapteren lassen keine älteren Formen mehr unter sich erkennen und gehen letzteren voraus.

Bemerkenswerth ist, wie Th. Fuchs hervorgehoben hat, dass auch bei den Insecten die Mehrzahl, der für die älteren angenommenen Formen jeder dieser Gruppen, Dämmerungs- oder Nachtthiere sind. — *Dermaptera, Plecoptera, Ephemeridae, Gryllotalpidae, Blattidae, Mantidae, Phasmidae, Orthoptera saltatoria* (die drei letzteren sind sowohl Tag- als Nachtthiere), Termiten, *Homoptera* (Fulgoriden), *Sialidae*, Malacodermen, *Nemocera*, Tineiden, Cossiden, *Hepialidae*, viele Tenthrediniden und Uroceriden.

Wir schicken diese Ansichten voraus, um zugleich zu zeigen, dass ältere Formen, welche einfacher gebaut, d. h. deren homoplastische Organe, z. B. Gliedmassen, mehr weniger homonom gebildet sind, auch einander häufig weit ähnlicher sehen, als dies bei den in bestimmter Richtung typisch ausgebildeten Ordnungs- etc. Repräsentanten der Fall ist, und demzufolge der Weg zur Feststellung von Schalttypen zumeist zwischen den älteren Formen gesucht werden soll. — In eine natürliche Gruppe dürfen aber die älteren Formen nur dann vereinigt werden, wenn sie durch gemeinsame Merkmale von den anderen Formen abgetrennt werden können.

Wenn eine Schalttype zwischen Orthopteren und Neuropteren aufgestellt wird, so muss Jeder fragen: zwischen welchen Orthopteren und Neuropteren? Wir haben gezeigt, dass die Orthopteren im Sinne Gerstäcker's, nach welchem sie nebst den Pseudoneuropteren und Corrodentien noch die Thysanuren enthalten, über den Ordnungsbegriff hinausgehen, und es wäre sehr schwer, sich eine Schalttype zwischen diesen Formen und den wahren Neuropteren vorzustellen oder diese aus fossilen Fragmenten zu erkennen.

Verwandt erscheinen bekanntlich die Blattiden und Mantiden, dann die Embiden, Blattiden und Plecopteren, und letztere mit den beiden ersteren, sowie mit Ephemeriden und Odonaten. — Es gibt genuine Orthopteren (Mantiden und Grylloden) mit langen Cercis wie Plecopteren, mit ähnlichen Beinen wie Blattiden, kurzem und oft breitem Pronotum und mit dem Flügelgeäder der Blattiden und Embiden, bei welchen zwischen je zwei convexen Längsadern eine concave Schaltader verläuft (cfr. *Periplaneta, Chaetessa, Embia*). Ebenso gibt es Blattiden (*Paranauphoeta rufipes* Brunn. Ternate), deren Hinterflügel so geadert erscheint wie bei Plecopteren, namentlich im Felde vor der concaven Analader, die den Fächer abgrenzt, in welchem bei beiden radiär auseinanderweichende Queradern liegen. Hier können Schalttypen gefunden werden, ebenso zwischen Plecopteren und Ephemeriden und diesen und Odonaten. — Die Embiden schliessen sich durch die Basalzelle näher an die Plecopteren (*Isopteryx*) als an die Termiten. Wichtig wäre die Zahl der Malpighi'schen Gefässe festzustellen. Ebenso zeigen sie Beziehungen zu Blattiden und Mantiden.

Anders gestaltet sich daher die Sache, wenn wir zwischen zwei Reihen, deren jede wirklich verwandte Formen enthält, z. B. zwischen Odonaten und Ephemeriden, oder zwischen Perliden und Ephemeriden, oder zwischen Perliden und *Orthoptera genuina*, z. B. Mantiden, oder Mantiden und Blattiden eine Schalttype feststellen oder vermuthen. Wir werden später zeigen, dass wir in solchen Fällen auch berechtigt sind, eine morphologische Schalttype zu vermuthen, gerade so wie man zwischen Reptilien und Vögeln ein Zwischenglied ahnen konnte.

Wir sind ferner überzeugt davon, dass Brongniart in der Folge die systematischen Ansichten Packard's aus dem Jahre 1863 und Scudder's aufgeben wird, da wenigstens Packard selbst nicht mehr jener verfehlten, durch Nichtbeachtung des inneren und äusseren Baues entstandenen Eintheilung in seinen späteren Arbeiten gedenkt und der Differenzialcharakter der *Metabola* und *Heterometabola* Packard's so viele Unwahrheiten enthält, dass Niemand Insecten nach diesen Charakteren gruppiren könnte.

Wenn auch der Charakter der *Metabola* für *Lepidoptera* (mit Ausschluss der Tineiden), *Diptera* und *Hymenoptera* so ziemlich passt, so haben die Autoren aber vergessen, dass unter den Heterometabolen, wohin Brongniart alle übrigen Ordnungen, mit Ausschluss der *Coleoptera*, stellt, die Cicaden den Thorax der Dipteren, dass die Rhynchoten überhaupt saugende Mundtheile haben und die Larven der Hemerobiden gewiss der *Imago* sehr unähnlich sind. — Kein einziger Charakter der *Heterometabola* ist für die angegebenen Formen wahr. — Wie nun die Coleopteren, welche nach Packard noch *Heterometabola* sind, eine zwischen diesen beiden vermittelnde Gruppe bilden können, ist nach dem oben Gesagten vollends nicht einzusehen, da sie nur den Metathorax vorwiegend entwickelt haben, oder wie sie dann *Heterometabola* mit gleichentwickelten Thoraxringen und dem erwachsenen Zustande ähnlichen Larven sein sollen (nach Scudder). — Wir sehen daher nicht ein, wie diese niemals wahr gewesene Classificirung diejenige wäre, welche am besten mit den Annahmen der Paläontologie, der Embryologie und Morphologie übereinstimmen sollte. — Wir brauchen nicht daran zu erinnern, dass wohl noch Niemand daran gedacht hat, eine Schalttype zwischen Coleopteren einerseits und Lepidopteren, Dipteren und Hymenopteren anderseits zu suchen, wohl aber sind zahlreiche Forscher, darunter auch Packard, dafür eingetreten, unter den Trichopteren und Neuropteren solche Verbindungen mit letzteren zu vermuthen.

Der Ursprung der Coleopteren ist uns heute noch völlig unbekannt, und noch weniger sind wir berechtigt, andere, mit ihnen fast gleichzeitig erschienene, Formen daraus abzuleiten.

Ich habe (Sitzungsber. der kais. Akad. der Wissensch., Bd. XCI, mat.-nat. Cl., 1885, p. 346) nachzuweisen gesucht, dass die Neuropteren, wie das bereits Andere angeführt haben, die differenten Charaktere der anderen metabolen Insecten in mancher Hinsicht vereinigt zeigen, was man von den Coleopteren nicht behaupten kann, deren Larven und Nymphen nur einen Vergleich mit jenen der Neuropteren zulassen. Auch stimmen Scudder, Packard, Hagen und Brongniart darin überein, dass unter den ältesten Funden von den heteromorphen Insecten die Neuropteren im Sinne Erichson's die einzig vorhandenen sind, und ebenso sind es wieder die *Palaeoneuroptera* (Sialiden), welche, wie wir gezeigt haben, einen Vergleich mit manchen homomorphen Insecten zulassen. Schon in meinen systematisch-zoologischen Studien (1885) habe ich hervorgehoben, dass (p. 153) die Larve von *Corydalis* einen Kaumagen wie Orthopteren *(Blatta)* oder, weil weniger Harngefässe vorhanden sind, einen Darm wie die Corrodentien, die Nymphe den Saugmagen wie Megalopteren (Neuropteren) und die Imago einen Darm wie die Trichopteren besitzt. Wir müssen aber diese Neuropteren aus Packard's *Heterometabola* ausscheiden und als *Metabola* betrachten, weil der Thorax bei vielen ganz ähnlich gebaut ist wie bei Tineiden, und weil sie eine Verwandlung mit ruhender Nymphe etc. besitzen. Ueberdies ist die Trennung und Selbstständigkeit der Thoraxringe kein Charakter der *Heterometabola* Packard's; denn die Odonaten und Cicaden zeigen einen vollständigen Thoraxcomplex, jede Gruppe in ganz besonderer Art.

Scudder geht von der Idee aus, dass die Insecten aus dem Devon und der Steinkohle zwar in vieler Hinsicht manche Aehnlichkeit mit jetzt lebenden Insecten zeigen, aber in keine jetzt lebende Ordnung genau genommen gehören, etwa so wie sich bei höheren Thieren in der Gruppe der Beutelthiere die Formen der Nagethiere, Raubthiere etc. der placentalen Säugethiere wiederholen. Doch haben wir für die Beutelthiere, abgesehen von ihrer Gesammtform, bestimmte gemeinsame Charaktere, die sie von den placentalen Säugethieren trennen, während solche Charactere bei den Paläodictyopteren Scudder's gar nicht erwiesen sind.

Der von Scudder (Mem. Boston Soc. of Nat. hist. vol. III, Nr. XI, 1885, p. 322) gegebene Charakter der *Palaeodictyoptera* passt ganz auf die Orthopteren und ist insofern unrichtig, als bei manchen dorthin zu rechnenden Formen *(Lamproptilia, Eugereon)* der Hinterflügel fächerfaltig erscheint. Ebenso kann derselbe aber auch auf die Sialiden und Fulgoriden angewendet werden, bei denen auch der Fächer im Hinterflügel nicht sehr zur Entwicklung kommt. Einen Unterschied zwischen diesen jetzt lebenden Reihen und den Paläodictyopteren findet man aus der Beschreibung nicht. Man kann höchstens sagen, dass die hier zusammengefassten Orthopteren, Neuropteren und Hemipteren jenen einzelnen Gruppen in diesen Ordnungen entsprechen, welche wir oben als die älteren Formen erkennen zu sollen glaubten, nämlich den Paläorthopteren (Phasmiden, Mantiden, Blattiden), den Paläoneuropteren (Sialiden) und den Paläorhynchoten (Fulgoriden), und der gemeinsame Charakter in nichts Anderem besteht als in dem gemeinsamen zeitlichen Vorkommen, der dieser Zeitfauna einen Habitus verleiht, wie ihn Thiergesellschaften eines Faunengebietes zeigen können, obschon sie systematisch nicht verwandte Formen enthalten.

Nehmen wir an, dass alle unsere jetzt lebenden Insectenordnungen von den Paläodictyopteren ihren Ausgang genommen haben, dann müssten letztere allerdings die Charaktere der heutigen homomorphen und heteromorphen Insecten vereinigt gezeigt haben, und ein den Phasmiden sehr ähnliches Insect der paläozoischen Zeit müsste durch einige wesentliche Charaktere von den jetzigen Phasmiden abweichen und hierin etwa mit mehreren heute lebenden anderen Ordnungen in Beziehung treten. Ebenso müsste das mit anderen paläozoischen Insecten der Fall sein, weil ja in denselben unsere heutigen differenten Ordnungen noch gleichsam enthalten waren, wie das in ähnlicher Weise in *Archaeopteryx* für Reptilien und Vögel der Fall ist. Solche Merkmale sind aber bis jetzt nicht nachgewiesen. — Es ist auch nicht zu sagen, warum alle diese alten Formen nur Eine Ordnung gebildet haben sollten. Wir müssen daher annehmen, dass die Insectenordnungen der paläozoischen Zeit, ebenso wie die Placophoren und andere Thiere, bis heute erhalten geblieben sind und jene Formen, von welchen die metabolen Coleopteren, Hymenopteren, Dipteren und Lepidopteren ihren Anfang genommen haben, noch nicht aufgefunden wurden. Eine einzige oder mehrere paläozoische Insectengruppen können es sein, aus deren in besonderer Richtung entwickelten Formen sich jene zuletzt entwickelt haben. Da nun die Differenzirung erst in der meso- und theilweise känozoischen Zeit bemerkbar wird, so liegen etwaige Schalttypen vielleicht noch sehr weit von den paläozoischen Formen entfernt, und wir finden sie viel früher zwischen den jetzt lebenden Insecten noch erhalten *(Diptera, Lepidoptera, Trichoptera)* als zwischen den, ganz differenten Gattungen angehörenden, paläozoischen Formen angedeutet, die wir in bestimmte Familien einiger jetzigen Insectenordnungen einreihen können. Welche Arten oder Gattungen aus diesen Familien die Zwischenglieder zu den später aufgetretenen Insectenordnungen gebildet haben, wissen wir nicht, jedenfalls aber gehören solche Schalttypen nicht der paläozoischen, sondern erst dem Ende derselben und den folgenden Perioden an. Wenigstens ist an den paläozoischen Insectengattungen noch keine Spur von Merkmalen zu finden, um etwa aus dem einen eine Beziehung zu Hymenopteren, aus dem anderen zu Dipteren oder Lepidopteren oder Coleopteren festzustellen oder nur zu vermuthen.

Einzig und allein die Neuropteren im Sinne Erichson's treten als metabole Insecten auf, und wir haben einen Vergleich dieser mit den Plecopteren in Bezug auf eine Verwandtschaft für gewagt erklärt. Die Ordnung der *Neuroptera* enthält in dieser Periode aber auch noch keine anderen Formen, welche etwa besser als Schalttypen zwischen denselben und anderen Orthopteren im weiteren Sinne erklärt werden könnten als heute noch. Die jetzt lebenden Sialiden verhalten sich in Bezug der Analogien mit den Plecopteren ebenso wie damals, nach den Resten von *Corydaloides* u. a. zu schliessen. Ebensowenig finden wir unter den paläozoischen Neuropteren mehr Beziehungen zu den späteren Insectenordnungen, als zwischen den lebenden und diesen, im Gegentheile bei letzteren viel wahrscheinlichere Schalttypen, und das deutet auf eine sehr späte Abtrennung der höheren Ordnungen und für die paläozoischen nur auf ein ähnliches Ausdauern wie etwa für die Gruppe der Chitonen, deren wahre Verbindung zu anderen Typen ebenfalls noch heute lebt. — Die Silur-Chitonen sind darum keine andere Ordnung.

Die Merkmale der Ordnungen der Dipteren, Lepidopteren, Hymenopteren und Coleopteren haben also erst bei einigen Nachkommen der paläozoischen Formen zu keimen begonnen und diese Nachkommen sind nicht gefunden und werden es vielleicht mit Sicherheit nie werden, weil jene Körpertheile, welche zur Feststellung einer solcher Schalttype nothwendig untersucht werden müssen, bei fossilen Insecten möglicherweise nicht erhalten geblieben, oder weil überhaupt solche morphologische Schalttypen nie als geschlechtsreife Thiere zur Selbstständigkeit gekommen sind. (Cfr. meine Arbeit p. 295. 1885.) Die Untersuchung der lebenden Formen berechtigt aber, die Verwandtschaft gewisser Ordnungen aus anatomischen und vergleichend-morphologischen Befunden festzustellen und andere Zwischenformen zurückzuweisen.

Weil es etwa möglich wäre, dass im inneren Bau oder an den Mundtheilen der paläozoischen Insecten Merkmale gelegen waren, die für diese Frage entscheidend wären, können wir doch nicht behaupten und uns einbilden, dass solche vorhanden sein müssen.

Es dürfte auch nicht behauptet werden, dass die paläozoischen Insecten schon darum eine besondere Ordnung bilden müssten, weil einige Gruppen derselben den Ausgangspunkt für die höheren metabolen Insecten gebildet haben müssen, da letztere erst in späteren Perioden gefunden werden. Wollten wir auch alle Bedenken gegen die Sicherheit solcher Behauptungen unterdrücken und dieselben gelten lassen, so würde es doch mit der Aufstellung einer besonderen Ordnung sein Bewenden haben; denn obschon wir wissen, dass aus Fischen Amphibien und Reptilien und aus diesen Vögel und Säugethiere ihren Ursprung nahmen, bleiben die ältesten Fische doch solche und ebenso Amphibien und Reptilien. Hat doch die Classe der Fische einst jene Reihen enthalten, welche die Keime der höheren Formen bildeten, und ebenso die der Reptilien, gewiss Eigenthümlichkeiten, welche der heute lebenden ganzen Classe abgehen, die aber theilweise sehr spät an morphologischen Schalttypen zur Erscheinung kamen (Theriodonten, *Archaeopteryx*, *Ichthyornis* etc.).

Und so wie heute noch Repräsentanten von Fischformen aus früheren Erdperioden oder Kiemenmolche und alle diese früher genannten Classen noch gleichzeitig vorkommen, so ist das auch bei den Insectenordnungen der Fall. Es ist daher kein Grund vorhanden, die paläozoischen Heuschrecken für etwas Anderes als Orthopteren zu erklären; denn man findet an ihnen kein einziges Merkmal, welches diese Trennung rechtfertigen könnte, und ebenso verhält es sich mit den anderen Gruppen.

Verwerfen wir die Ordnung *Palaeodictyoptera* Scudder's und sehen wir darin nur ein Gemische mehrerer, schon damals getrennter Insectenordnungen, dann erscheinen die als erloschen angegebenen Formen der Gruppe der *Palaeodictyoptera* noch durch viele Arten in der Jetztzeit, und zwar in mehreren Ordnungen (*Orthoptera*, *Neuroptera*, *Rhynchota*) erhalten, und diese jetzt lebenden Ordnungen reichen eben mit ihren ältesten Formen nicht, wie Scudder meint, nur in die mesozoische Zeit, sondern bis in die paläozoische. Nach den neuesten Entdeckungen Brongniart's liesse sich jedoch vermuthen, dass eine (Familie) Gruppe innerhalb der Ordnung der *Orthoptera genuina* existirt habe, welche ein Zwischenglied der *Orthoptera gressoria* (Mantiden, Phasmiden) und *Saltatoria* bildete und neben diesen aus früherer Zeit her noch damals erhalten geblieben wäre, nämlich die Dictyoneuren Goldenberg's pro parte. Die Formen mit langen Cercis nähern sich jedoch sehr unseren jetzt lebenden Gryllen und Gryllotalpen.

Innerhalb der heute lebenden Familien der Mantiden finden sich ja noch vermittelnde Formen zu den Cursorien (Blattiden) und Perliden, zu welchen wir *Chaetessa* ziehen möchten, und diese sind wahrscheinlich fossil durch *Hemeristia* vertreten.

Warum für die Gruppe *Palaeodictyoptera* zusammenfassende Charaktere dennoch vorhanden sein sollen, ist nicht einzusehen, da nicht alle anderen Thiere aus dem Silur Vorordnungen und andere Classen etc. als die jetzt lebenden bilden, sondern höchstens verschiedenen Familien, Gattungen oder Arten angehören (*Palaeophonus nuncius* Ldstr.).

Wir haben ebenso gezeigt, dass man in jeder Insectenordnung und Familie etc. gewisse noch jetzt repräsentirte Formen als ältere auffassen kann, gerade so, wie das in anderen Typen und Classen, z. B. bei den Fischen und Amphibien (*Palaeichthyies*, Perennibranchiaten) der Fall ist.

Als weiterer Beweis der Richtigkeit unserer obigen Ansicht erscheinen die höchst interessanten Funde Brongniart's, nach welchen die typischsten Formen der *Ortho-*

ptera genuina, die Feldheuschrecken *(Saltatoria)*, schon in der Steinkohlenperiode reichlich vertreten waren *(Palaeacridiodea* sieben Gattungen). Es liesse sich daraus schliessen, dass alle tiefer stehenden Familien (Phasmiden, Mantiden, Blattiden) und die Pseudoneuropteren (Ordo *Odonata, Plecoptera, Ephemeridae*) weit früher vorhanden waren oder besondere Entwicklungsrichtungen oder Rückbildungen sind, die den Urformen dadurch wieder ähnlich geworden sind. Letzteres ist jedoch nicht wahrscheinlich, wenigstens nicht für Ephemeren und Perliden, und ersteres wäre höchstens, wie wir bereits hervorgehoben, für die Odonaten anwendbar, weil letztere eine ebenso typische Form ausgebildet zeigen wie die Saltatorien. Die Ephemeren und Perliden sind aber in allen Beziehungen den niedrigeren Typen der Hexapoden (Thysanuren) sehr verwandt.

Es ist ganz richtig, was Brongniart von dem in vielen Fällen zweifelhaften Werthe des Flügelgeäders (p. 51 II.) und von der Beachtung des Körperbaues sagt,[1]) aber das rührt wohl daher, weil die Insectenflügel der einzelnen wirklich verwandten Gruppen, wie erwähnt, erstens nicht vergleichend studirt wurden und zweitens bei allen Insecten nach einem Typus gebaut und auch darum homöophyletisch erscheinen, weil sie stets an den nämlichen Körpersegmenten auftreten. Ein ursprünglich oder ein secundär einfaches Flügelgeäder werden sich daher in allen Ordnungen ähnlich sehen, und daher eignet sich nur der für eine Entwicklungsrichtung typisch ausgebildete Flügel zum Erkennen einer Gruppe, weil die weitere Entwicklung des Flügelnetzes nach verschiedenen Richtungen heterophyletisch entsteht. Flügel mit complicirtem, aber dennoch ähnlich erscheinendem Flügelgeäder, zeigen bei näherer Untersuchung nach Adolph's Theorie sehr bald, dass die ähnlich verlaufenden Adern gewöhnlich einander nicht homolog sind. Das ist der Grund, warum Homopteren- und Siricidenflügel als solche von Lepidopteren etc. beschrieben wurden. — Den Untersuchungen fossiler Insectenflügel muss vor Allem eine umfassende Kenntniss der Flügel der lebenden Insecten vorausgehen, und diese müssen mit einander nach Adolph's Theorie verglichen werden, denn ohne deren Beachtung läuft man Gefahr, bei ganz nahe verwandten Insecten die homologen Adern nicht zu erkennen und verschiedene Adern mit gleichen Namen zu belegen. In Eaton's ausgezeichneter Ephemeriden-Monographie (Trans. of the Linn. Soc. 1885), sind einige Adern des Vorder- und Hinterflügels für homolog gehalten und haben gleiche Namen, obschon sie es nicht sind.

Einstmals hatte man keinen Anhaltspunkt für die Homologie zweier Adern, und so konnte Fischer die Adern bei Saltatorien und Mantiden ganz falsch auffassen. Wenn auch die Bestimmung der Homologie zweier Adern heute noch Schwierigkeiten macht, so sollte man doch nicht Convex- und Concavadern mit einander verwechseln.

Brongniart führt das von ihm angenommene System Packard's und Scudder's aber dadurch selbst ad absurdum, indem er, wie bemerkt, den Körperbau der Insecten zur Bestimmung fossiler Formen für wichtiger hält, als jenen der Flügel. In Packard's Abtheilung der *Heterometabola* sind aber die Körper fehlerhaft charakterisirt, und wir müssten, ohne Rücksicht auf die Flügel, die Cicaden, ihrer Mundtheile und ihres Thoraxbaues wegen, zu den *Metabolis*, oder die Tineiden aus der letzteren Gruppe ausscheiden und zu den heterometabolen Trichopteren Packard's stellen, weil beide einen gleichen Thoraxbau zeigen. Haben ferner die Odonaten nach Packard keinen Thoraxcomplex?

[1]) Man vergleiche *Diaphana Fieberi* Brunn., *Latindia signata* Brn. und *Periplaneta orientalis* oder *Deropeltis*, sämmtlich Blattiden (Brunner de Wattenwyl, Nouv. Syst. des Blattaires, Vienne 1865, Zool.-bot. Gesellschaft, mit 13 Tafeln).

Bieten nun schon die ganzen recenten Flügel Schwierigkeiten bei der Bestimmung, so muss das umsomehr bei den nur fragmentarisch erhaltenen fossilen der Fall sein, und es erklären sich hieraus die verschiedenen Ansichten Scudder's, Hagen's und Brongniart's namentlich über die Reste aus dem Devon. Es muss bei solchen Fragmenten vorerst hervorgehoben werden, dass es fast unmöglich ist bei vielen zu sagen, ob wir es mit der Ober- oder Unterseite des Flügels zu thun haben, und dieses ist zur Erkenntniss der Adern sehr nothwendig, weil sich die Convex- und Concavrippen[1]) oder Berg- und Thaladern auf beiden Flächen gerade umgekehrt verhalten.

3. Specielle Besprechung einiger von Brongniart abgebildeten Formen.

Palaeoblattina Douvillei Brgt.

Die Flügelreste dieses ältesten Insectes werden von Brongniart, nicht ohne Zweifel, für solche einer Blattide gedeutet, weil sie mit denselben viele Aehnlichkeiten zeigen, obschon sie mit keiner fossilen und lebenden Gattung eine vollständige oder auch nur zunächst die meiste Annäherung gestatten. Die Insectennatur dieses Restes vorausgesetzt, finde ich bei den vielen Vergleichen, welche ich nach der Abbildung gemacht habe, eine grössere Verwandtschaft mit den weiblichen Vorderflügeln der Grylloden, speciell der Gryllotalpinen, namentlich kehren hier fast sämmtliche Adern im Mittel- und Hinterfelde die concave Seite ihrer Biegung nach vorne, und ebenso laufen in der Mitte vier bis fünf Längsadern parallel vom Grunde zur Flügelspitze. Jedenfalls muss die Auffindung weiterer Exemplare abgewartet werden. (Confr. *Scapteriscus oxydactyla* Perty Brasil, und *Gryllotalpa.)*

Es scheint mir nicht zu weit gegangen, wenn ich, durch den Bau des Kopfes und Hinterleibes (lange Cerci), ferner in der Stellung der Fühler (vor den Augen), dem Mangel der Sprungbeine etc., in den Gryllotalpinen eine Mischform von Blattiden, Mantiden, Grylloden und auch anderen weiter entfernten Gruppen erblicke. Schon einmal (Verwandlungen der Insecten im Sinne der Descendenztheorie I, 1869, p. 311, 312) habe ich auf die Beziehungen der jungen Gryllotalpen und Termiten hingewiesen. Ferner zeigt das Vorhandensein eines rudimentären Stimmorganes am Grunde des Hinterleibes die Beziehung zu den ebenso synthetisch aussehenden *Pneumora*-Arten, bei denen das Organ ganz entwickelt ist, während es sonst nur als sogenanntes Gehörorgan erscheint (Landois). Die Körper der Neurorthopteren, welche Brongniart entdeckte, zeigen meist lange Cerci nach Art der Plecopteren und Gryllotalpen, und so haben wir vielleicht in dieser abenteuerlichen Form den letzten Nachkommen der formenreichen Gruppe der Dictyoneuren, die demnach sicher Orthopteren gewesen wären.

Die mit Gryllotalpen verwandten *Tridactylus*-Arten (Oliv.) haben den Bau und die Stellung der Beine der Plecopteren und leben am Rande von Gewässern und auf dem Wasser. Plecopteren, *Dermaptera*, Gryllotalpiden und Phasmiden haben die Fühler unter und vor den Augen, am Rande des Kopfes liegend, bei Blattiden und Grylloden rücken sie etwas aufwärts unter das Auge, bei Mantiden und Saltatorien liegen sie zwischen den Augen oder über denselben.

Wenn auch die Gryllotalpinen zum Theil als Anpassungsformen erscheinen, so zeigen sie doch anderseits Charaktere einer Collectivtype der Gruppen der Cursorien, Gressorien und Saltatorien und sind insofern nicht als reine Anpassungsformen der letzteren auf-

[1]) Die gehobenen und gesunkenen Adern.

zufassen, wie aus der oben erwähnten Kopfbildung und Lage und der Stellung der Antennen (wie bei Phasmiden) und ebenso aus der Lage der Gehör- und Stimmorgane, worin sie Locustinen und Acridier (da sie das Organ am Hinterleibe und an der Vorderschiene besitzen) verbinden, hervorgeht. Das grosse Präcostalfeld und die submarginale Costa haben sie mit Phasmiden und allen Saltatorien, die langen Cerci mit den Grylloden, vielen fossilen orthopteroiden Dictyoneuren und mit Mantiden gemeinsam, ausserdem charakterisiren sie sich durch den Mangel einer Legeröhre (♀).

Woodwardia nigra Brgt.

Betrachten wir die von Brongniart zu den Pseudoneuropteren gestellten Megasecopteriden, so finden wir allerdings im Flügelgeäder von *Woodwardia* und *Corydaloides* eine gewisse Aehnlichkeit und können in der Heliographie der ersteren sogar Convex- und Concavfelder deutlich erkennen. — Als Pseudoneuropteren haben wir unsere Ordnungen der Odonaten, Ephemeriden und Plecopteren in Betracht zu ziehen. Das Fehlen eines Nodus am Vorderrande schliesst die sonst ähnlichen Calopterygiden vom Vergleich mit *Woodwardia* aus, obschon sich die Flügelterminologie Selys' trefflich auf die Nervatur von *Woodwardia nigra* anwenden lässt. Deuten wir nach dem Bilde und dessen Beleuchtung die erste Ader am Rande als convex, die zweite helle, vorne und hinten von winkelig gegeneinander stehenden Queradern gesäumt, als concave Subcosta, so erscheint die vierte Ader, in der Mitte des Flügelvorderrandes betrachtet, concav. Diese würde dem Sector principalis (concav) der Odonaten entsprechen, der mit 8 (Sector medius) als gemeinsamer Stamm aus der Basalzelle entspringt. Hinter diesem geht aus der Mitte der Zelle der Sector brevis (interno-media) hervor. Den Hinterrand der Basalzelle bildet der Sector trianguli superior (10, subinterno-media) und auf ihn folgt der Sector trianguli inferior mit mehreren Gabelästen zum Hinterrand. Bei Plecopteren fehlt der Sector principalis und vom Sector nodalis ist nur eine Falte vorhanden, dagegen sind der Sector brevis mit zwei parallelen Gabelästen, der Sector trianguli inferior und eine Falte des Sector trianguli superior, sowie der Sector subnodalis entwickelt (confr. Fig. 15, 4 und 10). Bei *Isopteryx* ist der Stamm des Sector subnodalis verschwunden und durch eine Concavader (? Sector medius) ersetzt und von ersterem nur die Endgabel erhalten. Von dem Geäder der Odonaten unterscheidet sich das der *Woodwardia* auch noch dadurch, dass der Vorderrand der Basalzelle nicht vom Radius gebildet wird, sondern durch eine Concavfalte oder Ader von demselben getrennt bleibt, deren Fortsetzung der Sector principalis ist. Bei Plecopteren wird der Vorderrand der Basalzelle auch nicht vom Radius, sondern vom Sector subnodalis (Vorderflügel) oder vom gemeinsamen Stamm des letzteren und des Sector radii (Hinterflügel) gebildet, weil die vorhergehenden Concavadern rudimentär geworden sind (nodalis, medius). Nur bei *Isopteryx* wird auch der Sector subnodalis am Grunde rudimentär und verschmilzt mit dem Radius (confr. Fig. 10), wodurch die Basalzelle, wie bei den Odonaten, auch vorne vom Radius begrenzt wird.

Der Hinterflügel von *Woodwardia* gleicht fast ganz dem Vorderflügel, zeigt daher keinen Fächer am Hinterrande wie bei den meisten genuinen Orthopteren, von welchen *Woodwardia* auch durch das Auftreten einer Basalzelle abweicht, welche, mit Ausnahme von Gryllotalpiden, dort stets fehlt.

Die Flügel von *Woodwardia* machen den allgemeinen Eindruck jener eines Calopterygiden, sind aber, genau betrachtet, jenen der *Orthoptera genuina* ähnlicher und lassen auch einen Vergleich mit Perliden zu. — Wenn die beiden Abbildungen wirklich dieselbe Gattung und Art darstellen sollen, so würde zu diesen, einer *Calopteryx*

(Vestalis) luctuosa ähnlichen, Flügeln ein sehr plumper Körper und ein Hinterleib von der Form und mit der eigenthümlichen Längsstreifung einer *Ephemera vulgata* gehören, der mit zwei dicken, langen, genäherten Cercis endigt. Die flügeltragenden Thoraxringe erscheinen mehr getrennt, als dies bei Odonaten der Fall ist.

Mit Rücksicht auf die von mir vorgeschlagene Auflösung der Ordnung *Orthoptera* sensu latiori in sechs Ordnungen erscheint gerade diese Form als eine wahrscheinliche Schalttype zwischen den Plecopteren, Ephemeriden und Odonaten. Halten wir an der alten Eintheilung fest, dann stellt sie nur eine heute nicht mehr vorkommende Gruppe der Orthopteren vor.

Corydaloides Scudderi Brgt.

Die Form erinnert auffallend an Sialiden. Mit *Woodwardia* erscheint sie uns nicht ähnlich, obschon dies Brongniart behauptet. Vielleicht zeigen die Abdrücke selbst eine grössere Aehnlichkeit, als dies aus den Abbildungen zu entnehmen ist. — Die gleiche Bildung der Vorder- und Hinterflügeln findet sich bei Plecopteren *(Isopteryx)* und Sialiden. Es würde sich hier ferner darum handeln, ob die vierte Ader vom Vorderrande ein concaver Sector principalis, wie bei *Woodwardia* angenommen wurde, oder ein convexer Sector radii, wie bei Sialiden, sei. Plecopteren und Sialiden verhalten sich in letzterem Punkte merkwürdig gleich, namentlich ist es auffallend, dass der Sector radii bei beiden im Vorderflügel vom Radius abzweigt, während er im Hinterflügel als selbstständige Längsader vom Grunde zusammen mit der siebenten Ader (subnodalis) entspringt oder fast stets diesen Ursprung durch eine Verbindung mit der siebenten Ader erkennen lässt, wenn er auch scheinbar aus dem Radius hervorgeht. Bei *Corydaloides* ist das ebenfalls in der Zeichnung ausgedrückt. In Betreff der genuinen Neuropteren bemerke ich Folgendes: Diese Verbindung fehlt bei Myrmeleonen u. a. m., oder der Sector entspringt wie eine Schaltader aus zwei Queradern *(Megistopus)*. Für die Beschreibung der Gattungen und auch mancher Arten scheint mir die Verbindung des Sector mit der folgenden Längsader am Grunde des Hinterflügels durch eine meist leicht S-förmig geschwungene Längsader von Wichtigkeit. — Ich finde diese Verbindung bei *Hemerobius, Polystoechotes, Dilar, Psychopsis, Sisyra, Osmylus, Chrysopa;* sie fehlt bei *Porismus, Mantispa, Drepanicus, Stenosmylus, Nymphes, Myiodactylus, Myrmeleoniden* und *Ascalaphiden.* Bei *Nymphes* sind im Hinterflügel Ader 5 und 8 am Grunde nur durch eine Falte verbunden, im Vorderflügel erscheint daselbst, verschieden von allen genannten Gattungen, eine Verbindung der fünften bis zehnten Ader durch starke coincidente schiefe Queradern.

Bei Sialiden ist die Verbindung des Sectors (5) mit Ader 6 oder 7 im Hinterflügel fast stets vorhanden, z. B. bei *Corydalis, Neuromus, Sialis* und der Mehrzahl der *Chauliodes*-Arten und Rhaphidien: *Rhaphidia affinis, notata* Fbr., *ophiopsis, laticeps., cognata* Rbr. ♂. Sie fehlt dagegen bei *Chauliodes pectinicornis* L., bei *Inocellia crassicornis* Schum., aber nicht bei der fossilen Art im Bernstein und mehreren *Rhaphidia*-Arten, z. B. *Rhaphidia oblita* Hg. (Californien), *Rhaphidia Ratzeburgi* Brauer, *Rhaphidia* nov. sp. Frankfurt a. M. *Rh. xanthostigma, Rh. cognata* Rbr. ♀ (nicht ♂). — In allen diesen Fällen ist eine Verbindung so verstanden, dass die Wurzel des Sector radii gleich anfangs durch eine geschwungene Längsader mit der Wurzel der nächsten Längsader verbunden wird. — Ich bemerke das deshalb, weil bei einigen Rhaphidien diese Verbindung durch eine vielleicht homologe Querader hergestellt oder ersetzt wird, die aber den Stamm der nächsten Längsader erst weit vom Grunde ab trifft und nur schief verläuft. Solche Formen hätten dann zwar dieselbe Verbindung, aber in anderer Form (nicht der Basalenden beider Adern). Bei *Inocellia* fehlt aber diese vollständig, und eine quere Verbindung tritt überhaupt nur bei den vorhin genannten Rhaphidien, nicht bei anderen Neuropteren auf.

Panorpen fehlt die Verbindung vollständig. Durch dieses Verhältniss entsteht am Grunde eine ähnliche Basalzelle wie bei Plecopteren, deren vordere Grenze der Sector subnodalis ist. Auf den Sector radii folgt, bei *Corydalis* nur als Falte, bei *Sialis* aber als concave Längsader, der Sector medius (8) wie bei Corydaloides, ferner der Sector brevis und die Falte des Sector trianguli superior (Clavalfalte). Vom Sector subnodalis bleiben nur die Endgabeln erhalten, wie bei *Isopteryx* (Fig. 10).

Corydaloides zeigt, ebenso wie *Woodwardia*, keinen Fächer im Hinterflügel. Von den Sialiden der Jetztzeit zeigt die Gattung *Sialis* das ähnlichste Flügelgeäder. Die fossile Gattung *Corydaloides* trennt sich aber davon durch das nicht geäderte leere Randfeld und das Verschmelzen von Subcosta und Radius lange vor der Flügelspitze, wodurch die vorderen Zweige des Sector radii in den Radius selbst und nicht in den Vorderrand münden. Ferner bleibt die Basalzelle (nach der Abbildung) vorne nur vom Radius begrenzt, weil der Stamm des Sector brevis am Grunde einfach bleibt und der des Sector subnodalis ganz verschwunden ist. Doch kann hier ganz gut der concave Sector medius, der auch bei *Sialis* an die Stelle des Sector subnodalis tritt, übersehen oder undeutlich sein. — Im Radialstreifen zwischen Radius und Sector fehlen bei *Corydaloides* alle Queradern, nur am Ende erscheinen die nach vorne gehenden Endgabeln des Sectors.

Von allen Sialiden der Jetztzeit unterscheidet sich *Corydaloides* durch die oben erwähnten persistirenden abdominalen Tracheenkiemen und die langen Cerci. Ob letztere richtig gedeutet sind, wäre noch mit Rücksicht der bei Rhaphidien vorkommenden Legeröhren zu erwägen.

Die Analogien der Plecopteren und Sialiden sind jedenfalls zu beachten. Die fast gleich entwickelten Thoraxringe mit gleichen indirecten Flugmuskeln nähern die Sialiden am meisten den homomorphen Insecten.

Zu beachten ist hier allerdings die a. a. O. hervorgehobene Aehnlichkeit des Darmcanales der *Corydalis*-Larve mit jenem von Blattiden und Corrodentien, mit welchen auch die Plecopteren Aehnlichkeit haben.

Ich möchte daher beide Formen, *Woodwardia* und *Corydaloides*, nicht unbedingt in dieselbe Ordnung und Familie stellen. Jedenfalls haben die Sialiden mit *Corydaloides* früher ein Recht Neurorthopteren zu heissen als die Protophasmiden und andere unter diesem Namen vereinigte Familien.

Brongniart reiht an diese Pseudoneuropteren sibi mit *Corydaloides* und zu den Megasecopteriden auch den als *Breyeria borinesis* beschriebenen Flügel. Derselbe lässt aber auf eine Verwandtschaft dieser Formen nicht schliessen und wurde von M'Lachlan (siehe meine zool.-syst. Studien 1885, p. 119) als Ephemerenflügel gedeutet, wofür indess auch keine genügenden Anhaltspunkte vorhanden sind. Vielleicht gehört derselbe einem Homopteron an, deren einige die Flügelform der Tagschmetterlinge haben.

Meganeura (Dictyoneura) Monyi Brgt.

Das Flügelgeäder erinnert durch die zahlreichen nach vorne strebenden Zweige der Vena interno-media (9) an das der Mantiden und Plecopteren. Bei letzteren sendet aber der vordere Ast der Vena interno-media diese Bogenäste ab. Bei *Meganeura* scheint indess im Gegensatze zu den genannten Gruppen keine marginale Costa entwickelt zu sein, sondern ein Präcostalfeld. Die vom Radius breit abstehende fragliche Vena subexterno-media (Ader 5 oder 6) verläuft wie bei Gryllacris, und so hätten wir hier eine Form, welche einerseits an Phasmiden (Abdomen und Genitalien), anderseits an Mantiden *(Chaetessa)* und Grylloden (lange Cerci) und ebenso an Laubheuschrecken erinnert, also ein genuines *Orthopteron*. Uebrigens ist die Heliographie dieser Figur stark retouchirt, daher unsicher zu beurtheilen.

Protokollaria ingens Brgt.

Der auf Taf. III, Fig. 3 von Brongniart abgebildete Flügeltheil einer *Protoperlidae* (*Protokollaria ingens* Brgt.) weicht von allen mir bekannten Plecopteren-Flügeln dadurch ab, dass hinter der hinteren basalen Gabelzinke des Sector brevis (Vena interno-media) eine lanzettförmige Zelle liegt, deren Hinterrand vom basalen Stück des concaven Sector trianguli superior (Clavalfalte oder Ader) gebildet wird, welcher mit der vorigen Ader im spitzen Winkel zusammentrifft, um dann wieder gesondert nur als Falte zum Analrande des Flügels zu laufen. Diese Zelle entspricht nicht der Basalzelle der Plecopteren; denn diese liegt zwischen Sector subnodalis und brevis, während sie sich bei *Protokollaria* zwischen Sector brevis und dem concaven Sector trianguli superior befindet, also im Raume hinter jener. Ein ganz ähnliches Verhältniss wie bei *Protokollaria* findet man im Vorder- und Hinterflügel von Locustinen *(Locusta viridissima, Decticus albifrons* Fbr., *Moristus Stål)*. Alle diese zeigen diese lanzettförmige Zelle vor der Clavalfalte, besonders die Vorderflügel des Weibchens, weil beim Männchen hinter der Stelle der Tonapparat gelegen ist. Bei *Decticus* wird die Zelle weniger deutlich, weil der Sector trianguli superior im ganzen Verlauf eine Falte bleibt. Ebenso zeigen diese Locustinen den Sector nodalis (Vena subexterno-media, concav) von dem Verlaufe eines convexen Sector radii (Sector intercalaris) der Plecopteren und Sialiden, und das scheint auch bei *Protokollaria* der Fall zu sein, da man diese Ader fast bis zum Grunde verfolgen kann, wie im Hinterflügel der genannten Locustinen, wo sie bis zur Flügelwurzel läuft oder aus dem Radius am Grunde entspringt und nicht aus der folgenden Ader, wie das bei Plecopteren und Sialiden mit dem convexen Sector radii der Fall ist, welcher im Hinterflügel aus dem Sector subnodalis hervorgeht. Nach dem Gesagten halte ich daher *Protokollaria* für ein *Orthopteron* mit ähnlichem Geäder, wie es in der Gruppe der Locustiden vorkommt. Vielleicht ist auch sie mit *Dictyoneura* verwandt.

Homaloneura Brgt.

Auf Taf. III, Fig. 2 werden die Flügel von einer anderen Pseudoneuroptere, einer Protephemerine der Gattung *Homaloneura (H. elegans)* Brgt. abgebildet. Hier vermuthe ich einen Druckfehler, denn Vorder- und Hinterflügel sind gleich lang und sind ähnlich geadert wie bei Megalopteren, d. h. wahren metabolen Neuropteren. Vielleicht ist mit dieser Abbildung Brongniart's *Protascalaphus* aus der Familie der Protomyrmeleoniden gemeint. Als Hemerobide gehört das Thier jedenfalls in jene Gruppe, bei welcher der Sector radii dem Radius parallel läuft und die Aeste (Ramuli sectoris) parallel zum Hinterrande sendet. Auf ihn folgt längs der Mitte des Flügels eine Concavader, wie bei *Chrysopa*, da aber in der weiten Gabel der neunten Ader (Sector brevis) eine Concavfalte oder Ader liegt, so gleicht das Geäder noch mehr demjenigen eines *Myrmeleon*, da auch hinter dem hinteren Gabelast der neunten Ader ein langer concaver Sector trianguli superior hinzieht. Von einer Aehnlichkeit mit Ephemeriden ist hier keine Spur.

Ein so reiches Flügelnetz, bei dem zugleich alle Schaltsectoren fehlen, kommt bei Ephemeriden selten vor, ebenso fehlen stets gleich grosse Flügel. Auch die Concavadern sind, bei reichem Geäder ohne Schaltsectoren (z. B. *Palingenia Hecuba)*, anders vertheilt und stets tritt dann hinter dem Radius der concave Sector principalis auf, während bei ***Homaloneura*** ein convexer Sector radii und kein Sector principalis erscheint, der seine Aeste nach dem Hinterrande sendet.

Lamproptilia Grand'Euryi Brgt.

Unter den Neurorthopteren ist die Familie der Platypteriden, wohin diese und die folgenden Gattungen gehören, sehr merkwürdig. Wir finden bei flüchtiger Betrachtung fast nur Beziehungen zu genuinen Orthopteren. Das anscheinend grosse fächerartige Analfeld des Hinterflügels scheint indess weniger gerade einfache Längsadern, wie bei Phasmiden, Saltatorien und Mantiden, als vielmehr verzweigte Gabeläste zu enthalten, wie solche in den faltig umschlagbaren Analfeldern der Sialiden, Trichopteren und Plecopteren vorkommen, obschon bei letzteren niemals so zahlreiche Queradern zwischen diesen Analadern vorkommen, sondern nur einzelne wenige (bei Sialiden und Trichopteren) oder nur Ausnahmsweise mehr *(Eusthenia)*. Es ist aus der Abbildung auch nicht sicher zu ersehen, ob ein Präcostalfeld anzunehmen sei oder eine marginale Costa, und nach dem Folgenden scheint letzteres wahrscheinlicher. Man könnte daher die Randader o für die Costa (1) ansehen und Ader 2 als undeutlich weglassen, während 1 der Abbildung = 2 wäre. Ob der Sector radii hier convex oder concav verläuft (also Ader 5 oder 6 wäre), ist schwer zu sagen und oft bei lebenden Formen nicht deutlich ausgedrückt *(Locusta viridissima)*. Ader 7 und 9 scheinen mir richtig gedeutet. Indessen wird von dem als Sector radii erscheinenden Aste ein Flügelfeld abgegrenzt, wie es bei Hemerobiden, Sialiden und Panorpiden als Sectoralfeld auftritt, oder seltener bei Orthopteren (Gryllacriden, Locustiden).

Wir haben es nicht für überflüssig gehalten, bei dieser Form auf die Trichopteren aufmerksam zu machen, obschon wir, der vielen Queradern wegen, den Flügel von *Lamproptilia* nicht dorthin rechnen können. Wenn wir die mit den Trichopteren nahe verwandte Gruppe der Panorpinen in Betracht ziehen, so finden wir in dieser zwar das Analfeld auch nicht fächerförmig, aber im ganzen Flügel viele und oft reichliche Queradern *(Merope* Westw.) und, was das Merkwürdigste ist, bei manchen Arten *(Bittacus Blanchetti* Pictet aus Brasilien) genau jene ringförmigen dunklen Flecke zwischen je zwei Adern oder in den Gabeltheilungen und oft an denselben Stellen des Flügels wie bei *Lamproptilia* Grand' Euryi Brgt. Aehnliche, aber nicht genau solche Zeichnungen und blasenrestartige Ringe finden sich in den Flügelzellen von *Corydalis* und bei manchen Trichopteren *(Neuronia reticulata)*.

Die ringförmigen Flecke der Orthopteren-Flügeln erstrecken sich über grössere Zellencomplexe und stimmen weniger mit diesen Zeichnungen bei *Bittacus Blanchetti* und *Lamproptilia*. Obschon es andere Insectengruppen gibt, bei welchen breite Hinterflügel mit schmalen zugleich vorkommen (Trichopteren, Perliden: *Perla, Isopteryx)* so halten wir es doch für gewagt, nach dem eingangs über den Werth der Flügel Gesagten, die Platypteriden für Panorpinen zu halten. Der Flügel von *Megaptilus Blanchardi* Brgt. würde weniger dagegen sprechen. Immerhin wird man die heute als synthetische Gruppe erscheinenden Panorpinen nicht vergessen dürfen. Nach allen Erwägungen halten wir die *Lamproptilia* mehr für ein *Neuropteron*, als für ein *Orthopteron*.

Vergessen dürfen wir allerdings nicht, dass Brongniart diese Form mit zwei folgenden und *Megaptilus* in eine Gruppe stellt und erstere viele Momente mit Perliden gemeinsam haben, dass es ferner unter den Plecopteren Gattungen gibt, welche wahre Orthopteren nachahmen und einen Fächer im Hinterflügel mit vielen Queradern besitzen. Wir meinen die neuholländische Gattung und Art *Eusthenia spectabilis* Wstw. mit ihren schön gefärbten Flügeln.

Spilaptera Packardi und *Zeilleria fusca* Brgt. sind nach den Abbildungen nicht zu deuten. Der Körper scheint bei *Zeilleria* ähnlich wie bei Ephemeriden mit langen Schwanzfäden, aber die Flügel sind gleich lang entwickelt. Rechts sieht man die Spitzen beider sich fast deckenden Flügel. Das reiche Geäder erinnert an Calopterygiden, der Aderverlauf scheint aber ähnlich wie bei Mantiden und gewissen Plecopteren. Im Basaldrittel bemerkt man bei *Spilaptera* eine Längsfalte, welche ein Analfeld abgrenzt (Sector trianguli superior) und von einer Querader nach innen gekreuzt wird, wie man zuweilen bei Plecopteren, Mantiden und Blattiden sehen kann, bei denen das Analfeld deutlich abgegrenzt erscheint. Es wäre nach dem Gesagten vielleicht nicht so gefehlt, das Insect für eine Plecoptere zu halten. Die langen Schwanzfäden, das den Mantiden ähnliche Flügelgeäder, die Gabelung der Adern ohne Schaltsectoren und die gleich grossen Flügel kommen vereinigt bei Plecopteren, aber nicht bei Blattiden, Mantiden und Ephemeriden vor. Ebenso gibt es Plecopteren, denen die langen Anhänge fehlen (*Nemura*). Brongniart stellt die beiden Formen in die Familie *Palaeodictyoptera Platypteridae*, zu welcher auch die *Lamproptilia* Grand'Euryi s. gebracht wird. Ganz ähnliche Flügel besitzt auch *Megaptilus Blanchardi* (dieser Flügel wurde fälschlich früher zu *Titanophasma* gebracht und ist von Scudder noch daneben abgebildet). Eine Schalttype zwischen Orthopteren s. l. und Neuropteren s. str. stellen aber weder diese beiden noch die frühere Form dar und können als *Neurorthoptera* höchstens mit den Neuropteren, den Orthopteren und Pseudoneuropteren in Beziehung gebracht werden, eine sichere Entscheidung aber ist nach den Resten nicht zu erwarten.

Die unter dem Namen *Leptoneura* sp. Fig. 3 abgebildete Form halte ich für eine wahre Phasmide. Die ganze Gestalt, die Form des Kopfes und Lage des ersten Beinpaares stimmen ganz mit lebenden Formen. Ob *Leptoneura Oustaleti* Brgt. ebenfalls hieher gehöre, vermag ich nach dem Bilde nicht zu entscheiden, aber ich halte das Thier für ein *Orthopteron* s. str. Brongniart stellt beide in die Subordo *Palaeodictyoptera* der Ordnung *Neurorthoptera* und mit *Miamia* Sedd. in die Familie *Hadrobrachypoda* s.

4. Specielle Besprechung einiger von Scudder beschriebenen und abgebildeten Formen.

Nach der im Jahre 1885 gegebenen Abbildung kommen wir über die Devon-Insecten zu folgenden Schlüssen:

Platephemera antiqua (Fig. 10 und 11). Der Flügelrest lässt sich zunächst mit jener Stelle im Gomphiden-Flügel (Hinterflügel) vergleichen, welche zwischen dem *Subnodalis* an dessen Gabel und dem Sector brevis gelegen ist und vorne vom Sector principalis und nodalis begrenzt wird. Es findet sich bei allen verglichenen Ephemeriden keine solche

Verzweigung der neunten Ader (Sector brevis = 6 und 6′ Eaton) nach rückwärts und mit *Polymitarcys* stimmt das Geäder am wenigsten, weil bei dieser die Zellen sehr regelmässig erscheinen, während sie bei *Platephemera* unregelmässig begrenzt sind. Nicht zu leugnen bleibt jedoch, dass *Platephemera* auch einen Vergleich mit gewissen Mantiden-, Blattiden- und Locustiden-Flügeln zulässt, bei welchen zwischen Vena interno-media und den Analvenen (Sector brevis und trianguli inferior) zuweilen ein ähnliches Geäder erscheint (confr. *Phyllocrania, Humbertiella, Chaetessa*), oder zwischen den *Ramulis venae externo-mediae* oder subexterno mediae und der Vena interno-media, zwischen sechster, siebenter und neunter Ader (confr. *Locusta viridissima*).

Ich neige mich daher der Ansicht Hagen's zu, welcher *Platephemera antiqua* für einen Gomphiden und verwandt mit *Stenophlebia* hält. (Confr. *Cordulegaster*-Hinterflügel.) — Ohne Basaltheil des Flügels ist keine sichere Bestimmung möglich. Brongniart's Vergleich mit *Polymitarcys virgo* wurde wahrscheinlich nach der zuerst erschienenen Abbildung gemacht, in welcher die Flügelzellen regelmässiger gezeichnet waren. Die *Orthoptera gressoria* haben keine Basalzellen und die Flügelbasis fehlt in diesem Falle. *Palaeodictyoptera neuropteroidea*, Fam. *Platephemeridae* (nicht *Palephemeridae*) Sedd.

Gerephemera simplex: Wir können hier ebenso Mantiden in Betracht ziehen als Odonaten und möchten, auf die nach vorne gerichteten Gabeläste der Hauptlängsadern hin, das Thier für keinen Odonaten halten, aber auch nicht für eine *Ephemera*. Scudder stellt es jetzt zu Protophasmiden *(Haplophlebium)*. In der That finden sich nach vorne entspringende Gabeläste häufig am Sector subnodalis und brevis der Mantiden und Perliden (*Vena interno-media* Fisch.). Brongniart hält das Fragment für zu klein zu einer Determination, und dieser Ansicht müssen wir auch beistimmen. Jedenfalls war es von Scudder sehr gewagt, hierauf die Familie *Atocina* zu gründen. Hagen hielt das Thier für verwandt mit der Calopterygiden-Gattung *Isophlebia* s. (Foss.), das nach dem eingangs Gesagten nicht wahrscheinlich scheint. *Palaeodictyoptera orthopteroidea*, Fam. *Protophasmidae* Scudder.

Lithentomum Harttii Sedd.: Fragment einer Flügelspitze, dessen Deutung mir wie Brongniart sehr zweifelhaft scheint. Scudder hält dafür, dass das Insect zu den Neuropteren, und zwar Sialiden gehörte, und errichtete die Gruppe *Cronicosialidae*. Nach Hagen gehört das Fragment ebenfalls einer *Sialidae*. Dafür sprechen die eigenthümlichen gabeligen Queradern im Vorderrandfeld, dagegen jedoch die vielen unregelmässigen Queradern zwischen den Längsadern hinter dem Radius und die kleinen Gabelzellen an der Flügelspitze. Ohne Kenntniss der Flügelbasis lässt sich keine sichere Bestimmung machen, da auch Homopteren und Orthopteren ähnliche Flügel zeigen. *Palaeodictyoptera neuropteroidea*, Fam. *Hemeristina* Sedd.

Homothetus fossilis Sedd.: Der ziemlich vollständig erhaltene Flügel wird von Scudder in eine eigene Gruppe paläozoischer Insecten gebracht, die er *Homothetidae* nennt und als Zwischenglied von Neuropteren und Pseudoneuropteren betrachtet. Dieselbe soll durch Selbstständigkeit der Mediastinalader (Subcosta) und die ganz unverzweigte Scapularader (Radius) charakterisirt sein. Wir haben bei *Corydaloides* auf ähnliche Verhältnisse aufmerksam gemacht und den Mangel der Queradern im Costalstreifen hervorgehoben, ferner die Verbindung des Sector radii am Grunde mit der hinter demselben liegenden Längsader, anstatt mit dem Radius. Ein ähnliches Verhältniss besteht heute noch bei den meisten Sialiden und Plecopteren, aber nur im Hinterflügel. Entspringt der Sector radii aber nicht aus dem Radius, so bleibt dieser ebenso astlos wie bei den Homothetiden Scudder's. Es wurde ebenso gezeigt, dass der sogenannte Sector radii seiner Entstehung nach niemals ein Ast des Radius sei, sondern eine selbstständige

Längsader, die nur meist gleich nach ihrem Ursprung mit dem Radius verwächst und sich erst später als scheinbarer Ast desselben wieder abzweigt. Die Verwachsung ist bei verschiedenen Insecten in sehr verschiedenem Grade entwickelt und bei einigen sofort als Anlagerung (Harmonie) zweier Adern zu erkennen. Wir sehen hierin also bei den Homothetiden keinen fundamentalen Unterschied von den jetztlebenden Sialiden, zu welchen Hagen *Homothetus* stellen will.

Bei Sialiden ist die Verbindung des Sector radii am Grunde mit der folgenden Längsader (Sector subnodalis) meist durch eine »S«-förmige Längsader erhalten.

Ganz im Widerspruch mit den Ansichten Scudder's und Hagen's befindet sich Brongniart, der *Homothetus fossilis* für eine *Ephemeridae* und verwandt mit *Ephemera* und *Potamanthus* hält. Es ist nicht zu leugnen, dass man eine ziemliche Aehnlichkeit im Flügel von *Homothetus* und Ephemeriden bemerkt, besonders wenn wir in Eaton's schöner Monographie Taf. XIII, Fig. 20* *Thraulus exiguus* betrachten. Hier müsste man die Homologie der Adern bei *Homothetus* und Ephemeren feststellen, weil bei letzteren ein Sector principalis (concav) der *Mediana* (scapularis) parallel läuft, bei Sialiden aber ein convexer Sector radii. Ich schliesse mich mehr der Ansicht Hagen's an und halte *Homothetus* für eine Sialide, und zwar hauptsächlich deshalb, weil der Sector radii seine Aeste nach hinten zum Hinterrande abgibt, während bei Ephemeriden eine mit dem Sector ähnlich verlaufende, aber damit nicht homologe Ader im Flügelspitzenfelde (zwischen Ader 4 und 5, Eaton) stets ihre Zweige nach vorne zum Spitzenrande sendet. Diese Ader entspricht dem Sector subnodalis der Odonaten und von ihren Aesten entspricht der vordere dem Sector, der meist als Schaltader auftritt.

Auch verlaufen die Adern im Analfelde ähnlich jenen der Sialiden. Durch diese verschiedenen Ansichten fühlen wir uns aber verpflichtet, auf die angedeuteten Aehnlichkeiten (siehe *Corydaloides*) der Sialiden und Perliden hinzuweisen, da letztere wieder mit Ephemeriden verwandt sind und anderseits ein den Sialiden vielfach ähnliches Flügelgeäder besitzen, namentlich den Sector radii und dessen differenten Ursprung im Vorder- und Hinterflügel. Die Plecopteren scheinen in der That äusserlich die meisten täuschenden Anhaltspunkte für einen hier bestandenen Zusammenhang derselben mit den Neuropteren zu bieten, ob solche synthetischen Typen aber möglich sind, ist schon sehr gewagt, umsomehr ob die Homothetiden es waren, ist mit Rücksicht auf die verschiedenen anatomischen Verhältnisse nicht zu sagen und aus dem Flügel allein nicht nachweisbar. — Nach Scudder: *Palaeodictyoptera neuropteroidea*, Fam. *Homothetidae*.

Xenoneura antiquorum Scdd.: Scudder stellt eine eigene ausgestorbene Gruppe der Neuropteren, Xenoneuriden auf. Es lässt sich weder etwas für, noch gegen diese Ansicht sagen, es ist auch nicht sicher bei diesem einfachen Geäder, ob es nicht das eines genuinen Orthopterons oder eines Sialiden sei. Letzteres scheint sehr wahrscheinlich. Das Anlagern des Sector subnodalis oder brevis an den Radius am Grunde findet sich sowohl bei Sialiden als Hemerobiden (*Rhaphidia*, *Mantispa*, *Belonopteryx*, *Chrysopa* u. a.) und hiedurch eine ähnliche Bildung wie im *Xenoneura*-Flügel. Dasselbe findet sich auch bei Mantiden, doch laufen hier am Vorderrande vier Adern hintereinander (Costa, subcosta, radius und subexterno-media [nodalis] oder subnodalis). Die entfernt ähnlichen Plecopteren (*Isopteryx*) zeigen eine Basalzelle, die den Xenoneuriden fehlt. Nach Scudder's neuester Arbeit gehört die Gattung zu den *Palaeodictyopteris neuropteroideis* in die Familie *Palaeopterina* mit *Miamia* s.

Dyscritus vetustus Sedd. ist nicht zu entziffern. Der Flügelrest kann in fast alle Orthopteren- und Ephemeren-Flügeln eingepasst werden. Nach Brongniart fraglich eine Ephemere.

Von den amerikanischen Steinkohleninsecten aus der Ordnung *Palaeodictyoptera neuropteroidea* erwähnen wir z. B. *Genentomum validum* Scudder. Vorder- und Hinterflügel weisen das Insect in die Gruppe der Sialiden und ganz nahe zu *Corydalis*. Namentlich findet sich der Sector radii im Hinterflügel an seiner Wurzel am Radius durch eine schiefe Ader mit dem Stamme der folgenden Längsader verbunden. Scudder rechnet das Insect zu den *Palaeodictyopteris neuropteroideis* in die Familie *Homothetidae*, wohin auch einige andere Formen gehören, die wir schlechtweg für Sialiden gedeutet haben. In eben diese Gruppe wird aber auch von Scudder der Flügel von *Genopteryx lithanthraca* Goldenberg gebracht, der nicht zu Sialiden gehören kann. Wir finden in demselben viele Aehnlichkeiten mit dem Flügel von *Hemeristia*, *Chaetessa* und anderen Formen (Blattiden), die zu Orthopteren gehören. Die Homothetiden sind daher keine natürliche Gruppe. *Genopteryx* müsste zu Scudder's *Palaeodictyopteris orthopteroideis* gestellt werden. Zu diesen wird aber nur als Protophasmide der *Archegogryllus priscus* gebracht, welchen Brongniart gerade mit den Protophasmiden zu den *Neurorthopteris* stellt.

Platephemera antiqua, welche nach Hagen und nach unserer Ansicht zu den Odonaten gehört, wird von Scudder mit *Ephemerites Rückerti* Geinitz und *Palingenia Feistmanteli* Fritsch zu den Platephemeriden in eine Familie gestellt; weil letztere *Palingenia* mit *Dictyoneura Goldenbergi* durch die Hinterleibsanhänge eine gewisse Aehnlichkeit zeigt, soll sie ebenfalls zu den Paläodictyopteren und nicht zu den Ephemeriden gehören. *Didymophleps contusa* Brgt. Scudder (= *Goldenbergia contusa* Brgt. *Termes* Sedd. olim) scheint zu den Orthopteren zu gehören. Nach Brongniart gehört die Form mit *Eugereon* und anderen von uns als Orthopteren gedeuteten Formen in eine Gruppe: Ordo *Neurorthoptera*, Subordo *Palaeodictyoptera*, Familie *Stenodictyoptera*. Die falschen Termiten der paläozoischen Zeit gehören ebenfalls hieher. Wir vermuthen hier ein Gemisch von verschiedenen Orthopteren-Familien (Phasmiden, Mantiden, ? Perliden).

In Scudder's Gruppe *Palaeodictyoptera neuropteroidea palaeopterina* gehören zum Theile kaum eruirbare Formen. Wir erwähnen den Flügel von *Aethophlebia singularis* Sedd., Taf. 31, Fig. 9, weil derselbe eine bei Phasmiden der Jetztzeit häufig vorkommende faltige Einziehung des Mittelfeldes in der Längsachse zeigt und demnach wohl manche dieser Formen zu den Orthopteren gehören dürften. Uebrigens könnte man auch nur nach Heliographien sich ein eigenes Urtheil bilden.

Streptocladus subtilis Kliv. stimmt ebenso mehr mit Blattiden und Mantiden, also mehr mit Orthopteren als Neuropteren.

Auch der Charakter von *Miamia* passt mehr auf Orthopteren (siehe Zittel, p. 760), und zwar durch die unmittelbar auf den Radius folgende Längsader (? Sector). Ueber *Propteticus* und *Dieconeura* Sedd. lässt sich schwer etwas sagen, ersterer liesse noch einen Vergleich mit Sialiden zu.

Die Familie der Hemeristinen enthält einige entschieden mantidenartige Orthopteren. *Lithomantis carbonaria* Woodw. und *Hemeristia occidentalis* lassen kaum einen Zweifel über die Ordnung. Man vergleiche über erstere auch das, was ich über *Eugereon* gesagt habe (Zool. syst. Studien, 1885) und stelle die Flügel von *Hemeristia*, Blattiden und *Chaetessa* nebeneinander (Fig. 1, 5 und 17). *Lithosialis* wird von Brongniart zu den Orthopteren (*Palaeacridiodea*) gestellt, *Brodia* zu den Pseudoneuropteren (Megasecopteriden). Nach der Charakteristik (in Zittel p. 76) von Scudder müsste das Flügelgeäder ähnlich wie bei *Genentomum* sein, also sialidenartig. *Pachytylopsis Persenairei* D. B. wird von Brongniart zu den Homothetiden gestellt, welche

8*

er jedoch für Ephemeriden hält, während wir dieselben mit Sialiden verglichen haben. Sowohl bei *Genentomum*, als auch bei *Pachytylopsis* ist zwischen dem Ursprung des Sector radii und der folgenden Längsader eine schiefe Querader, wie sie oft bei *Rhaphidia* vorkommt, aber verschieden von jener, einem liegenden »S« gleichenden Verbindung des Sectors mit der folgenden Ader an der Flügelwurzel. Bei *Pachytylopsis* entsteht dadurch die Aehnlichkeit mit *Pachytylus*. Doch sprechen die Flügel mehr für die Beziehungen mit Sialiden. Eine Untersuchung der Lage der Flügeladern, ob convex oder concav, würde vielleicht die Entscheidung geben.

Lithentomum Hartii wurde oben erwähnt, es bleibt ebenfalls für Sialiden fraglich.

Chrestotus lapidea Sedd. scheint wieder mantidenartig zu sein, da die Vena internomedia (Sector brevis) ihre Aeste nach vorne entsendet.

Ebensowenig möchten wir die unter dem Namen *Gerarina* vereinigten Formen als zusammengehörig betrachten. Einige scheinen zu Homopteren zu gehören, z. B. *Megathentomum pustulatum* Sedd. Eine ganz ähnliche Bezahnung des Costalrandes (Sedd. Taf. 32, Fig. 1, 9, 10) findet sich bei Homopteren aus der Gruppe *Derbe*, und ebenso haben dorthin gehörende Formen ein ähnliches Flügelgeäder wie *Polyernus*. In Bezug der pustulösen Flecke vergleiche man die Gattungen: *Flata* F., *Colobesthes* Serville *(guttifascia* Wlk.) und *Poeciloptera phalaenoides* F. In dieser Gruppe erscheint auch eine gewisse Aehnlichkeit mit Sialiden und habe ich bereits früher (1885) eine zu letzteren gehörende Art mit solcher Flügelfleckung erwähnt (*Hermes guttiferus* Wlk. aus Australien). Brongniart zählt diese Formen zu den Neurorthopteren *(Stenaropteridae)*.

Zu den *Palaeodictyopteris hemipteroideis* wird von Scudder in erster Linie *Eugereon Böckingii* Dohrn gestellt. Wir haben bereits früher (Zool. syst. Studien 1885, p. 277) unsere Ansichten über dieses Insect und *Lithomantis* Wdw. weiter ausgeführt. Nachdem Brongniart bei ähnlichen Formen die von Dohrn beschriebenen Mundtheile nicht wieder gefunden hat, so halten wir unsere Ansicht aufrecht und vermuthen in *Eugereon* ein *Orthopteron* mit ähnlichem Flügelgeäder wie bei gewissen Mantiden. Gegen Fulgoriden spricht auch der Mangel einer Basalzelle. Der Fächer im Hinterflügel ist hier, gegen Scudder's Charakter der *Palaeodictyoptera*, gut entwickelt. Brongniart stellt *Eugereon* zu seinen Neurorthopteren in die Subordo *Palaeodictyoptera*, welche aber verschieden von Scudder's gleichnamiger Gruppe und nur ein Theil derselben ist. *Eugereon* gehört mit *Goldenbergia, Dictyoneura* und anderen in die Familie der *Stenodictyoptera*, von welchen wir *Meganeura (Dictyoneura) Monyi* Brgt. und *Goldenbergia (Didymophleps) contusa* Sedd. ebenfalls als Orthopteren gedeutet haben.

In eben diese Gruppe wird auch die *Fulgora Ebersii (Fulgorina)* Gldb. gebracht, bei welcher wir (l. c., p. 366) gerade die für die Homopteren, speciell Fulgoriden, charakteristische quere Flügelfalte hervorgehoben haben. Es geht doch etwas zu weit, wenn solche Thatsachen — Charaktere für ganze Ordnungen — als nebensächlich betrachtet werden, Thiere nach den an den Fragmenten vorhandenen charakteristischen Merkmalen, durch welche sie mit noch existirenden Formen übereinstimmen, nicht zu diesen gestellt, sondern mit Insecten, welche diese Charaktere nicht besitzen, zusammen gebracht werden, und zwar auf Grundlage von eingebildeten, nicht sichtbaren gemeinsamen Merkmalen. Die *Palaeodictyoptera hemipteroidea* sind also theils Orthopteren, theils wahre *Homoptera*, und das Synthetische der hier vereinigten Formen beschränkt sich bei den Orthopteren auf Formen, welche zwischen jetzt getrennten Familien Schalttypen gewesen zu sein scheinen (Mantiden, Phasmiden, Locustiden), bei den Homopteren aber nicht einmal auf solche; denn wir sind in keiner Weise genöthigt, für

Fulgorina Ebersii eine eigene Familie aufzustellen, die etwa zwischen heute lebenden Familien eine Schalttype enthalten sollte, wir haben eine wahre Fulgoride vor uns.

In der Gruppe *Palaeodictyoptera orthopteroidea* wird die Familie *Palaeoblattariae* für die paläozoischen Blattiden errichtet, die also ebenso keine Orthopteren und keine Blattiden sein sollen. Es wird als ein wichtiger Charakter aller dieser den Blatten ähnlichen Paläodictyopteren hervorgehoben (Scudder in Zittel, p. 753 und Mem. of the Boston Soc. of Nat. Hist. vol. III, P. 1, Nr. III, p. 28, 29), dass im Vorderflügel die Vena externo-media vollständig von der Scapularader getrennt bleibt, was bei lebenden wahren Blattiden nur im Hinterflügel der Fall sein soll, ferner, dass die Aeste der Analader am Innenrande des Flügels enden. Letzteres findet sich bei *Blabera* und *Archiblatta*, und dass diese Verschiedenheit nicht berechtigt, die paläozoischen Blatten als eine andere Ordnung zu betrachten, beweist die verwandte Mantidenfamilie, bei welcher der Verlauf der Adern im Analfelde bald zum Hinterrande (*Mantis, Chaetessa*), bald mehr in eine vorher verlaufende Analader wie bei den meisten Blatten zu sehen ist (*Hierodula*). Ersteres Verhältniss ist aber in keiner Weise nur für die fossilen Blatten von Geltung. Das Wiener k. k. naturhistorische Hofmuseum besitzt eine Art vom Cap der guten Hoffnung (*D. granulifera* Krauss, ? = *Deropeltis erythrocephala* Fabr. vom Cap der guten Hoffnung), bei welcher in den wenig lederartigen Vorderflügeln die Vena scapularis (Radius), externo- (subnodalis) und interno-media (brevis) vollständig bis zur Flügelwurzel getrennt bleiben. Auch Brunner von Wattenwyl unterscheidet schon eine Vena mediana, die in eine sogenannte externo- und interno-media getheilt sein kann. Es muss hier bemerkt werden, dass sowohl Saussure's ausgezeichnete Arbeit über die Blattidenflügel, als auch Brunner's Monographie lange vor dem Erscheinen von Adolf's Theorie veröffentlicht sind und namentlich in ersterer Arbeit eine strenge Scheidung der Flügelfelder und deren Homologie für beide Flügel durchgeführt wurde. Das Einzige ist die verschiedene Benennung der Flügeladern, die, selbst im Vergleiche mit Fischer, bei Brunner vorkommt. Wenn eine Ader Mediana genannt wird, so muss man wohl bedenken, dass dieser Name allen Entomologen geläufig ist, man verstand bisher die Ader hinter der subcosta oder den Radius darunter. Nun soll diese aber nach Brunner hinter dem letzteren liegen, ist daher eine ganz andere Mediana, und das Verständniss wird noch erschwert, wenn Scudder (Zittel, p. 826) Mediastinalader statt Mediana sagt. Wir stellen hier die Bezeichnung zusammen:

Brunner:		Brauer:
Mediastina		Subcosta = scapularis Fisch.
Scapularis		Radius = Mediana = scapularis Scudd. externo-media Fisch.
Mediana	externo-media	Subnodalis; pp = externo-media Scudd.
	interno-media	Sect. brevis = interno-media Fisch.
Analis		S. trianguli sup. = subinterno-media Fisch.

Ausserdem besteht in den Ansichten Scudder's und Saussure's noch eine Verschiedenheit in Betreff des Verschwindens der Vena externo-media (subnodalis 7) im Vorderflügel, indem Scudder sie mit der vorhergehenden Ader (seiner scapularis 3) verschmelzen lässt, während Saussure und Brunner das Verschwinden durch eine Vereinigung von externo- und interno-media zur Mediana 7 und 9 erklären. *Etoblattina Manebachensis* Gldbg. (Scudder Taf. 2, Fig 14) zeigt die scapularis (3) und externo-media am Grunde vereinigt (vide Fig. 8). Diese externo-media (false 7) Scudder's entspricht der gleichnamigen Ader der lebenden Blattiden nach Brunner und Saussure und bildet hier in der That einen gemeinsamen Stamm mit der scapularis (unserem Radius), und zwar gehören die Aeste, welche der Radius (scapularis Scdd.) zur Costa sendet, anfangs der scapularis, später an der Flügelspitze aber der sogenannten externo-media Scudder's nach seiner Deutung. Ein solches Verhältniss tritt noch deutlicher bei *Ectobia* ein, wo sich auch die interno-media dem gemeinsamen Stamme anschliesst und den gefiederten Verlauf der Seitenzweige bedingt, wie in einem scheinbar winkelnervigen Blatte. Uns scheint hierin kein Unterschied von den lebenden Blattiden gelegen, sondern derselbe basirt auf einer falschen Auffassung Scudder's.

Die Ader (false 7), welche Scudder sich bei den lebenden Blatten mit dem Radius (scapularis) im Vorderflügel verwachsen denkt, existirt nämlich gar nicht, sondern alle Aeste gehören dem Radius (scapularis Scdd.), und die bei fossilen Blatten von der letzteren abgetrennte Ader, S. subnodalis (7) ist das auch bei lebenden, nur sendet sie wenig oder gar keine Zweige zum Vorderrande und zur Spitze, sondern hinter dieser zum Hinterrande (confr. Fig. 1 und 8), und die Vena interno-media (9) sendet, im Gegensatze zu den paläozoischen Blatten, ihre Zweige nach aussen und vorne ab, und zwar zum Hinterrande zwischen externo-media und ihr eigenes Ende, also nicht nach hinten und innen von ihrem Ende (Fig. 1). Im Hinterflügel von *Paranauphoeta rufipes* (Brunner) entspringen externo- und interno-media von einem gemeinsamen Stamme (Mediana Brunner), und erstere läuft hinter der scapularis zur Spitze und endet gabelig, letztere beugt, etwas nach vorne concav, ab und sendet als stärkste Längsader ihre Zweige zur Analfurche und später zum Hinter- und Spitzenrande. Zwischen beiden liegt eine Concavader als Schaltader, ein Rest des Sector medius, der bei Odonaten ausgebildet ist.

Im Sinne Scudder's existirt daher eine Verwachsung der Vena scapularis und seiner externo-media bei lebenden Blatten gar nicht, und eine Verwachsung der externo- und interno-media am Grunde kommt auch bei paläozoischen Blatten vor (*Etoblattina Manebachensis* Gldbg. Scudder T. 2, Fig. 14). Bei lebenden kommt aber eine Vereinigung der siebenten Ader und internomedia (3—9) mit dem Radius bei *Ectobia* vor, sonst bleiben alle drei meist getrennt. Der Unterschied der paläozoischen Blatten liegt mehr darin, dass deren S. subnodalis (7) sich weit mehr am Vorder- und Spitzenrande ausbreitet (bei den lebenden am Hinterrande) und dass bei denselben der vordere Ast der internomedia viele Aeste nach hinten zum Hinterrande abgibt, während der hintere, neben der Analfurche verlaufende Ast gar keine Zweige nach aussen sendet. Bei der Mehrzahl lebender Blattiden verdrängen gerade diese nach aussen abgehenden Aeste die Zweige des vorderen Astes. Aber es ist dieses Geäder keine Eigenthümlichkeit der paläozoischen Blatten; denn auch unter den lebenden zeigen die Gattungen *Ischnoptera* (confr. *I. lata* Brun. aus Nordamerika), *Ceratinoptera, Ectobia, Archiblatta* und andere ein ganz gleiches Verhalten der Aeste der Vena interno-media. Es gehören daher die paläozoischen Blattiden wohl in eine bestimmte Formengruppe, aber wir sind nicht berechtigt, sie als blattidenähnliche Formen einer anderen Ordnung einzureihen und mit ganz anderen Insecten in nähere Beziehung zu bringen als mit den lebenden Blattiden. Die drei fundamentalen Charaktere der »Urschaben« Scudder's existiren daher gar nicht.

Im Charakter der Protophasmiden findet sich (Zittel l. c., p. 756 und 824) ein gewaltiger Irrthum. Es heisst dort: Flügel gleichmässig entwickelt etc. und mit durchsichtigen Vorderflügeln. Auf p. 757 zeigt aber das schöne Bild von *Protophasma Dumasi* Brgt., dass die Vorderflügel oft gerade so verkümmert und kurz sind wie bei der Mehrzahl der lebenden Phasmiden. Warum *Breyeria* ein Protophasmide sein soll, ist ebenfalls nicht zu sagen.

Schlussbemerkungen.

Wir sind daher der Ansicht, dass:

1. die paläozoischen Insecten in keiner Weise die Ansichten der Biologen über den Ursprung der Insecten widerlegen, denselben aber in eine sehr ferne Zeit hinausrücken;

2. die paläozoischen Insecten keine besondere Ordnung bildeten, welche die gemeinsame Basis der heutigen Insectenordnungen war.

3. Von den jetzigen Insectenordnungen sind die Rhynchoten, genuinen Orthopteren, Plecopteren, Ephemeriden, Odonaten und die genuinen Neuropteren durch paläozoische Repräsentanten nachgewiesen, und zwar so, dass gewisse Gruppen ausschliesslich (für *Rhynchota* nur *Homoptera*) oder vorzüglich (von Neuropteren, Sialiden, von Orthopteren *cursoria* und *gressoria*, von Odonaten Agrioniden) vertreten waren.

4. Dass in einer oder mehreren dieser noch heute erhaltenen Ordnungen zwar Formenreihen zur Ausbildung gelangt sein dürften, welche die Keime der anderen metabolen Insectenordnungen bildeten (der *Coleoptera, Hymenoptera, Trichoptera, Lepidoptera, Diptera* etc.), von solchen aber in den erhaltenen paläozoischen Resten nichts zu entdecken ist. — Umgekehrt führt aber ein Vergleich dieser heutigen höheren Ordnungen zur Erkenntniss eines anatomischen Bandes zwischen einigen derselben und zu muthmasslichen Schaltordnungen, welche in der paläozoischen Zeit noch nicht existirten (*Corrodentia, Trichoptera, Panorpina* u. a.).

5. Dass es die mangelhafte Erhaltung der fossilen Insecten überhaupt unmöglich macht, mit Bestimmtheit eine Schaltordnung festzustellen, dass es aber unter den von Brongniart abgebildeten Formen solche gibt, die, mit Rücksicht auf eine Unterscheidung von 16 Ordnungen, Schaltformen zwischen den einstigen Familien der *Orthoptera genuina* oder Zünften der *Orthoptera amphibiotica* zu bilden scheinen; niemals aber, aus anatomischen und biologischen Gründen, solche zwischen Orthopteren sensu latiori und Neuropteren sensu strictiori. Die Orthopteren zeigen heute noch in den Gryllotalpen, Phasmiden und Grylloden morphologische Schalttypen zwischen Cursorien, Gressorien und Saltatorien und die *amphibiotica* sind morphologisch und anatomisch verbunden, obschon eine Zwischenform nicht zur Erscheinung kommt. Die Aehnlichkeit der letzteren mit metabolen Neuropteren lässt sich nirgends als Verwandtschaft deuten.

6. Sind wir der Ansicht, dass die Coleopteren keine transitorische Type von den Neuropteren oder anderen paläozoischen Insecten zu den späteren metabolen Insecten bilden, sondern das Ende einer typischen Entwicklungsrichtung darstellen, und dass die Eintheilung der Insecten in Heterometabola und Metabola unnatürlich ist, sowie die Charaktere dieser Gruppen unwahr sind.

7. Es ist somit weder für die *Palaedictyoptera* im Sinne Scudder's, noch für die *Neurorthoptera* im Sinne Brongniart's ein Beweis ihrer einstigen Existenz zu erbringen. Fassen wir die Insecten aber nicht in ihre alten sieben Ordnungen, dann gibt es keine besseren Formen für den Namen *Neurorthoptera*, als die heute noch lebenden *Plecoptera*, wobei wir unter *Neuroptera* aber niemals die Metabolen zu verstehen haben, sondern Odonaten und Ephemeriden.

8. Eine Vereinigung der Gruppen der *Pseudoneuroptera* Erichson's in Eine Ordnung und eine Verbindung dieser mit den wahren Neuropteren ist ganz unnatürlich und lag auch Erichson ganz fern. Es gab eine Vereinigung der Pseudoneuropteren und genuinen Orthopteren inclusive *Thysanura*, es gab eine Zusammenfassung aller

dieser und der metabolen *Neuroptera* als *Gymnognatha* (Burmeister), aber niemals eine Ordo *Pseudoneuroptera*. — Bei Linné waren letztere mit den metabolen Netzflüglern als *Neuroptera* vereinigt. Charakter war nur der gemeinsame Habitus.

5. *Systematische Uebersicht nach Ch. Brongniart 1885.*

Les Insectes fossiles des terrains primaires. Bulletin de la Société des amis des Sciences naturelles de Rouen, 1885.

Uebersetzt im Jahrbuch der k. k. geolog. Reichsanstalt, 1885, Bd. 35, 4. Heft, Wien.

Insecten der Steinkohle nach Brongniart:

I. Ordo *Thysanura. Dasyleptus Lucasi* Brgt.

II. Ordo *Orthoptera.*

1. Familie. *Blattidae: Megablattina Klieveri* Brgt. = (*Fulgorina Klieveri* Gldbg.). *Palaeoblattariae* Scdd.

2. Familie. *Palaeacridiodeae:*

1. Gruppe.
- 1. Gattung *Oedischia* Brgt. I., Fig. 3.
- 2. Gattung *Sthenaropoda* I., Fig. 4.
- 3. Gattung *Protogryllacris* = (*Corydalis* olim = *Gryllacris* = *Lithosialis Brongniarti* Scdd.).
- 4. Gattung *Paolia* Scdd. *Protophasmidae* Scdd.

2. Gruppe.
- 1. Gattung *Sthenarocera* (ähnlich *Pachytylus*) Brgt. I., Fig. 1.
- 2. Gattung *Caloneura* Brgt.
- 3. Gattung *Macrophlebium Hollebeni* Gldbg. Nach Scudder fraglich eine Blattide.

III. Ordo *Neurorthoptera.*

1. Subordo: *Neurorthoptera.*

1. Familie. *Protophasmidae* Brgt.
- 1. Gattung *Protophasma* Brgt.
- 2. Gattung *Lithophasma* Brgt. = (*Gryllacris lithanthraca* Gldbg.) = (Fam. *Hemeristina* 1885, *Genopteryx* (*Lithosialis*) *lithanthraca* Scdd.).
- 3. Gattung *Titanophasma* Brgt. nur der Körper; 28 Cm.
- 4. Gattung *Archegogryllus* (*priscus* Scdd.) Sc. 1885, Pl. 29, Fig. 2, 3.

2. Familie. *Stenaropteridae* Brgt.
- 1. Gattung *Meganeura Monyi*. Flügel 30 Cm. lang = (*Dictyoneura Monyi* Brgt. olim).
- 2. Gattung *Archaeoptilus ingens* Scdd.
  Archaeoptilus Lucasii Brgt. Flügel 25—30 Cm.
- 3. Gattung *Megathentomum pustulatum* Gldbg. = Fam. *Gerarina* Scdd.
  Megathentomum formosum Gldbg. = (*Acridites for.* G.).
  Megathentomum carbonatus = (*Acridites id.* G.).

2. Subordo: *Palaeodictyoptera* Gldbg.

1. Familie. *Stenodictyoptera.*
- 1. Gattung *Eugereon* Gldbg., *E. Boeckingii* Gldbg., *E. Heeri* Brgt.
- 2. Gattung *Scudderia* Brgt. Flügel 9 Cm. lang.

3. Gattung *Megaptilus Blanchardi* Brgt. (Hiezu der Flügel, welcher früher zu *Titanophasma* gebracht wurde.) Flügel 18 bis 20 Cm. lang und 5 Cm. breit. Scdd. Zittel p. 756, Fig. 937.

4. Gattung *Haplophlebium Barnesii* Scdd.
Haplophlebium longipennis Scdd.

5. Gattung *Goldenbergia* Scdd.
Brongniart rechnet hieher:
G. (Termes) Heeri Gldbg.
G. (Termes) affinis Gldbg.
G. (Termes) laxus Gldbg.
G. (Termes) contusa Scdd. (*Didymophleps* Scdd.).
G. (Termes) longitudinalis Scdd.
G. (Termitidium) amissum Gldbg.
G. (Dictyoneura) Decheni Gldbg.
G. (Dictyoneura) Humboltiana Gldbg.
G. (Dictyoneura) anthracophila Gldbg.
G. (Dictyoneura) elegans Gldbg.
G. (Dictyoneura) elongata Gldbg.
G. (Dictyoneura) Smitzii Gldbg.
G. (Dictyoneura) obsoleta Gldbg.
G. (Dictyoneura) sinuosa Scdd.

6. Gattung *Dictyoneura* s. str. Brgt.
Dictyoneura Goldenbergii Brgt.
Dictyoneura libelluloides Gldbg.
Dictyoneura jucunda Scdd.

2. Familie. *Hadrobrachypoda.*

1. Gattung *Miamia Bronzoni* Scdd.

2. Gattung *Leptoneura* Brgt.
Leptoneura Oustaleti Brgt.
Leptoneura delicatula Brgt.
Leptoneura robusta Brgt.
Leptoneura elongata Brgt.

3. Familie. *Platypteridae.*

1. Gattung *Lamproptilia* Brgt.
Lamproptilia Grand' Euryi Brgt.
Lamproptilia priscotincta Brgt.
Lamproptilia elegans Brgt.

2. Gattung *Zeilleria* Brgt.
Zeilleria fusca Brgt.
Zeilleria formosa Brgt.
Zeilleria carbonaria Brgt.

3. Gattung *Spilaptera* Brgt.
Spilaptera Packardi Brgt.
Spilaptera venusta Brgt.
Spilaptera libelluloides Brgt.
Spilaptera (Acridites) prisca Andree.

IV. Ordo *Pseudoneuroptera*. 6 Familien.

1. Familie. *Megasecopteridae*.
   1. Gattung *Protocapnia* Brgt.
   2. Gattung *Brodia* Brgt.
      priscotincta Scdd. (Fam. *Hemeristina* Scdd.).
   3. Gattung *Trichaptum* Brgt.
   4. Gattung *Campyloptera* Brgt.
   5. Gattung *Sphecoptera* Brgt.
      Hieher: (*Breyeria borinensis* Peudh.).
   6. Gattung *Woodwardia* Brgt.
      Woodwardia modesta Brgt.
      Woodwardia nigra Brgt.
      Woodwardia longicauda Brgt.
   7. Gattung *Corydaloides* Brgt.
      Corydaloides Scudderi Brgt.
      Corydaloides gracilis Brgt.
2. Familie. *Protodonata* Brgt.
   Gattung *Protagrion*. Flügel 10 Cm. lang, 2 Cm. breit.
3. Familie. *Homothetidae* Scdd.
   1. Gattung *Hemeristia occidentalis* Scdd.
   2. Gattung *Pachytylopsis Persenairei* Prd. d. Borr.
   3. Gattung *Chrestotes* Scdd.
      Chrestotes lapidea Scdd.
      Chrestotes Danae Scdd. (= *Mamia Danae* Sc. ol.).
      Chrestotes lugauensis Sterzel.
   4. Gattung *Omalia macroptera* Coemans et v. Beneden.
   5. Gattung *Oustaletia* Brgt.
   6. Gattung *Brachyptilus* Brgt.
   7. Gattung *Diaphanoptera* Brgt.
4. Familie. *Protephemerina* Brgt.
   Gattung *Homaloneura* Brgt.
5. Familie. *Protoperlidae* Brgt.
   1. Gattung *Protodiamphipnoa* Brgt.
   2. Gattung *Protokollaria* Brgt.
   3. Gattung *Pictetia* Brgt.
   4. Gattung *Protoperla* Brgt.
6. Familie. *Protomyrmeleonidae* Brgt.
   Gattung *Protascalaphus* Brgt.

V. Ordo *Rhynchota*.

Subordo: *Homoptera*.

Fulgorina Ebersi Gldbg. (? Perm). (? *Blattidae* Scdd.)
Fulgorina Lebachensis Gldbg. (? Perm).
Fulgorina Goldenbergi Brgt.
Fulgorina ovalis Brgt.
Fulgorina minor Brgt.
Rhipidioptera elegans Brgt.
Dictyocicada antiqua Brgt.
Palaeocixius Fayoli Brgt.

Palaeocixius antiquus Brgt.
Protociccus parvulus und *fuscus* Brgt.
Phthanocoris occidentalis Scdd., verwandt mit *Paecocera olivacea* Blanchard.

6. Systematische Uebersicht der paläozoischen Insecten nach S. Scudder 1885.

Memoires of the Boston Society of Natural History vol. III, nr. XI.

Nebst dieser Arbeit erschien eine Reihe von Arbeiten, von welchen wir folgende besonders anführen:

a) The earliest winged Insects of America a reexamination of the Devonian Insects of New Brunswick. Cambridge, 1885.
b) Zusatz zu: The Devonian Insects in Anniversary Memoires of the Boston Society of Natural History (1830—1880).
c) Boston Society of Natural History, 1865. 18. Jan. first discovered traces of fossil Neuropt.
d) Palaeozoic cockroaches. Memoires of the Boston Society of Natural History vol. III, P. 1, nr. III, 1879.
e) Handbuch der Paläontologie von Zittel, 1. Abth., II. Bd., 5. Lief. *Myriopoda, Arachnoidea* und *Insecta* von S. Scudder, München und Leipzig, 1885.

Palaeodictyoptera.

A. Orthopteroid *Palaeodictyoptera.*
1. Familie. *Palaeoblattariae* Scdd., viele Gattungen und Arten.
2. Familie. *Protophasmida* Brgt.
Archegogryllus priscus Pl. 29, Fig. 2, 3 = *Neurorthoptera;* Fam. *Protophasmidae* Brgt. Steinkohle.

B. Neuropteroid *Palaeodictyoptera.*
1. Familie. *Platephemeridae* (false *Paleph.*) Scdd.
Platephemera antiqua Scdd. Devon. *Odonata.*
Ephemerites Rückerti Geinitz. Lower Dyas. *Ephem.*
Palingenia Feistmanteli Fritsch. Steinkohle, Böhmen. *Ephem.*
2. Familie. *Homothetidae.*
Acridites priscus Andree. Steinkohle, Böhmen = *Platypteridae,* Gattung *Spilaptera* Brgt.
Eucaenus ovalis Scdd. 1885, Pl. 29, Fig. 4. Mazon Creek. Steinkohle. Ordo?
Gerapompus Scdd. 1885. Steinkohle.
Gerapompus blattinoides Scdd., Pl. 29, Fig. 1.
Gerapompus extensus Scdd., Pl. 29, Fig. 5, 8. Ordo?
Anthracothremma Scdd. 1885. Ordo?
Anthracothremma robusta Scdd., Pl. 30, Fig. 1, 5, 6. Steinkohle.
Genopteryx Scdd. 1885. Steinkohle.
Genopteryx constricta Scdd. 1885, Pl. 29, Fig. 11.
Genopteryx lithanthraca Gldbg. *(Gryllacris), Neurorthoptera, Protophasmidae* Brgt.
Cheliphlebia Scdd. 1885. Ordo? Steinkohle.
Cheliphlebia carbonaria Scdd., Pl. 30, Fig. 8.
Cheliphlebia elongata Scdd., Pl. 29, Fig. 7.
Genentomum Scdd. 1885. ? *Sialidae.* Steinkohle.

Genentomum validum Scdd., Pl. 30, Fig. 2, 3.
Didymophleps Scdd. 1885. Steinkohle.
Didymophleps contusa Scdd., Pl. 29, Fig. 6 = *Termes contusus* Scdd. = *Goldenbergia contusa* Brgt. *Palaeodictyoptera, Stenodictyoptera.*
Homothetus Scdd. Devon.
Homothetus fossilis Scdd. *Sialidae.*
Mixotermes Sterzel.
Mixotermes lugauensis Sterzel. Steinkohle Deutschland.
? *Omalia Coem.* van Ben. Steinkohle Belgien.
Omalia macroptera C. v. B.
3. Familie. *Palaeopterina* Scudd.
Miamia Bronsoni Dana. Mazon Creek.
Propteticus Scdd. 1885. *Sialidae.*
Propteticus infernus Scdd., Pl. 31, Fig. 3, 4. Steinkohle.
Dieconeura Scdd. 1885. Steinkohle.
Dieconeura arcuata Scdd., Pl. 30, Fig. 4. } Ordo?
Dieconeura rigida Scdd., Pl. 29, Fig. 10. } Ordo?
Strephocladus Scdd. 1885. Steinkohle.
Strephocladus subtilis Kliver. *(Petroblattina.)* (Flügel einer Blattide oder Mantide.)
Aethophlebia Scdd. 1885. Steinkohle.
Aethophlebia singularis Scdd., Pl. 31, Fig. 9. Ordo? *Phasmidae?*
4. Familie. *Xenoneuridae* Scdd. *Neuroptera* p. p.
Xenoneura antiquorum Scdd. Devon.
5. Familie. *Hemeristina* Scdd. *Orthoptera* pro parte.
Lithomantis Woodw. = *Mantidae.*
Lithomantis carbonaria Woodw. Steinkohle Schottland.
Lithosialis Scdd. = *Protogryllacris* Brgt. *Orthoptera, Palaeacridiodea.*
Lithosialis Brongniarti Scdd. Steinkohle England.
Lithosialis bohemica Scdd. (*Gryllacris bohemica* Novák.) Steinkohle Böhmen.
Lithosialis carbonaria Germ. (*Acridites carbonarius* Germ.) Steinkohle Deutschland.
Brodia priscotincta Scdd. Steinkohle England. *Pseudoneuroptera* Fam. *Megasecopteridae* Brgt.
Pachytylopsis De Borre. Steinkohle Belgien. *Persenairei* De Borre, Pl. 31, Fig. 7. (*Pseudoneuroptera* Fam. *Homothetidae* Brgt.)
Lithentomum Scdd. Devon.
Lithentomum Hartii Scdd. *Sialidae* (nach Brgt.?).
Chrestotes Scdd.
Chrestotes lapidea Scdd. Steinkohle Illin., Pl. 31, Fig. 2.
Hemeristia occidentalis Dana Scdd. ? *Mantidae.* Steinkohle Illin. (*Pseudoneuroptera* Brgt.)
6. Familie. *Gerarina.* Ordo?
Polyernus Scdd. 1885. Mazon Creek Illin.
Polyernus complanatus Scdd., Pl. 32, Fig. 8, 11.

Polyernus laminarum Sedd., Pl. 31, Fig. 1.
Gerarus Sedd. 1885. Ordo?
Gerarus vetus Sedd., Pl. 31, Fig. 6. Mazon Creek Illin.
Gerarus mazonus Sedd., Pl. 32, Fig. 7. Illin.
Gerarus Danae Sedd., Pl. 31, Fig. 5. Illin.
Adiphlebia Sedd. 1885. Mazon Creek. Steinkohle Illin.
Adiphlebia Lacoana Sedd., Pl. 32, Fig. 6. Ordo?
Megathentomum Sedd. (*Neurorthoptera, Stenaropteridae* Brgt.)
Megathentomum pustulatum Sedd., Pl. 32, Fig. 1, 9, 10. Nach der Bezahnung des Costalrandes ein Fulgoride *Homoptera*, verwandt mit *Derbe*, confr. *flata* F., *Colobesthes* Servill., *guttifascia* Wlk. und *Poeciloptera phalaenoides* F. Mazon Creek.
Megathentomum formosum Gldbg. (*Acridites*) Fischbach Deutschland.

Nach Brongniart gehört *Megathentomum* zu den *Neurorthopteris* in die Familie *Stenaropteridae*. Auch *Acridites carbonatus* Gldbg. soll hier stehen.

C. Hemipteroid *Palaeodictyoptera*.

a. *Eugereon Böckingi* Dohrn. (*Neurorthoptera, Palaeodictyopt.* Fam. *Stenodictyopt.* Brgt.) Perm. (*Mantidae* m.)
b. *Fulgorina Ebersi* (Dohrn) Gldbg. Steinkohle Deutschland. (*Homoptera* Brgt.)
c. *Phthanocoris occidentalis* Sedd., Pl. 32, Fig. 4. Steinkohle Kansas.

Scudder's Nachtrag 1885, p. 350.

(*Euephemerites primordialis* Sedd. ist eine Pflanze: *Cyclopteris*. — Ebenso drei *Ephemerites* von Scudder in Geol. Surv. Inst. vol. III.)

Libellula carbonaria Sedd. ? Arachnid.
Termitidium amissum = *Goldenbergia* Brgt.
Termitidium rugosum ? orthopt.
Corydaloides Scudderi Brgt. ? für Scudder, wohl ein Sialide.
Termes longitudinalis Lacoes list of palaeozoic Ins. p. 15, ?

In Zittel's Handbuch finden wir diese Anordnung etwas verändert durch Aufnahme der europäischen Formen der Protophasmiden.

A. *Palaeodictyoptera* Gldbg.

1. Section. *Orthopteroidea* Sedd.

1. Familie. *Palaeoblattariae* Sedd.

1. Unterfamilie. *Mylacridae* Sedd.
2. Unterfamilie. *Blattinariae* Sedd.

2. Familie. *Protophasmidae* Brgt.

Zum Körper des *Titanophasma* wird noch der Flügel von *Megaptilus* abgebildet.

Titanophasma Fayoli Brgt.
Litoneura Sedd. 3 sp.
Dictyoneura Gldbg. 4 sp.
Polioptenus Sedd. 1 sp. (? Mantide).
Archaeoptilus Sedd., *ingens* Sedd.
Protophasma Brgt., *Dumasii* Brgt.

Breyeria De Borre. 1 sp.
Meganeura Brgt. 2 sp.
Aedoeophasma Scdd. 1 sp.
Goldenbergia Scdd. 5 sp.
Haplophlebium Scdd. 2 sp.
Paolia Smith. 4 sp.
? *Archegogryllus* Scdd., *priscus* Scdd.

7. Zur Terminologie der Flügel.

Zum besseren Verständnisse der hier gebrauchten Terminologie des Flügelgeäders haben wir die Bezeichnung von Fischer, Scudder, Brunner v. Wattenwyl und Eaton vergleichend in beifolgender Tabelle zusammengestellt und das Geäder des Odonaten-Flügels zu Grunde gelegt, weil in demselben die Mehrzahl der ursprünglichen Convex- und Concavadern vorhanden sind und für dasselbe eine genaue Terminologie vergleichend anatomisch durch Hagen und Selys festgestellt wurde, so dass die homologen Adern gleiche Namen führen, obschon deren Verlauf oft sehr verschieden erscheint. Lange vor Adolph's Theorie sind hier Convex- und Concavadern genau unterschieden worden. Es ist insofern zu bedauern, dass spätere Bearbeiter verwandter Insectengruppen hierauf keine Rücksicht genommen haben, und wie z. B. Eaton in seiner sonst so ausgezeichneten Ephemeriden-Arbeit wieder neue Namen eingeführt hat, obschon das Geäder leicht auf jenes der Odonaten zurückführbar ist. Ich unterlasse es, über die Flügel mehr zu sagen, da in nächster Zeit eine genaue vergleichende Pterygographie der Insecten von J. Redtenbacher erscheinen wird, welche nicht nur den Entomologen, sondern besonders den Paläontologen sehr viel Nutzen bringen wird. Convexadern sind mit »x«, Concavadern mit »v« bezeichnet. »R« bezieht sich auf eine Bezeichnung Redtenbacher's.

Es folgt aus dieser Darstellung, dass ein sehr einfach aussehendes, aus wenigen Längsadern und Flügelzellen bestehendes Geäder, z. B. eines Hymenopterons, streng genommen ein viel complicirteres ist, als das verwirrend reichmaschige Flügelnetz einer Libelle oder eines Netzflüglers; denn bei letzteren sind die ursprünglichen Adern erhalten, bei ersteren muss man durch Vergleich von vielen Formenreihen die Homologie der übrig gebliebenen Adern feststellen. Es ist ferner nicht leicht zu entscheiden, ob ein einfaches Geäder, das aus wenigen Adern besteht, ein ursprüngliches oder ein durch Schwund entstandenes sei. Ein einfaches Geäder enthält in der Regel fast nur Convexadern und nur eine, nur wenige oder gar keine Concavadern, und jene sind wenig oder gar nicht verzweigt, z. B. bei reducirtem Geäder (*Oligoneuria*, *Platyura*), oder eigenthümlich verbunden und grosse Zellen umfassend, bei complicirtem, scheinbar einfachem Geäder (*Hymenoptera*, *Rhaphidia*). Flügel ohne Convexadern und nur mit Concavadern gibt es nicht.

Nr.		*Orthoptera g.*		*Blattidae*	*Ephemeridae*	*Ephemeridae*
0.	Area praecostalis = margo praecost.	pp. vena marginalis Fischer *M* bei Phasmiden und Saltatorien.		= 0	Vorderflügel. 0	Hinterflügel. 0
1. X.	*Odonata.* costa	pp. vena marginalis μ' pp. vena mediastina μ Fischer *Phasmidae Saltatoria.*	1 R.	vena marginalis.	costa Eaton (1)	costa (1)
2. V.	subcosta	vena scapularis Fisch. σ' mediastina Sdd.	2 R.	mediastina Brunn. Sdd.	subcosta Eaton (2)	subcosta (2)
3. X.	Mediana = Radius Fisch., non Brunner	vena externo-media Fisch. ε' scapularis Sdd. Brunn.	3^1 R.	scapularis Brunn. non Fischer.	Radius Eaton (3)	Radius (3)
4. V.	Sector principalis	= 0	3^2 R.	0	Sector Eaton (4)	Sector (4)
5. X.	Sector intercalaris	Ramuli venae externo-mediae (Sectores radii)	3^3 R.	0	intercalaris x. mit vorderen Aesten Brauer.	als Schaltader oder = 0. (Ohne Namen bei Eaton.)
6. V.	Sector nodalis	vena subexterno-media ε'' Sector radii spurius.	4 R.	0	nodalis als Schaltader. Br. im Hinterflügel = 0.	(Ohne Namen bei Eaton.)
7. X.	Sector subnodalis	Ramuli venae subexterno-mediae bei *Mantis*, nur an der Flügelspitze (ε), fälschlich interno-media.	5 R.	externo media Sdd. (Mediana Brunner)	subnodalis als Schaltader.	= 0. (Ohne Namen bei Eaton.)
8. V.	Sector medius	0	6 R.	0 (Mediana Brunner)	Cubitus (5) Eaton concav	Sector (4')
9. X.	Sector brevis	vena interno-media ι''	7 R.	interno-media = inframedia Br. (Mediana Brunner)	Praebrachialis (6 und 6') ram. ant. et post.	Cubitus (5 und 5') convex.
10. V.	Sector trianguli superior	vena subinterno-media ι'	8 R.	Analfurche.	Postbrachialis (7 und 7')	Praebrachialis (6 und 6') concav.
11. X.	Sector trianguli inferior	vena analis pp. Fächergabeln	9 R.	Analnerven.	Analis (8)	Postbrachialis (7) convex.
12. V.	postcostales	Fächerradien		Fächer.	axillares (9 und 9')	Analis (8) concav.
13. X.						axillaris (9) convex.
14. V.						

Erklärung der Figuren.

Fig. 1. *Deropeltis granulifera* Krauss. Cap. b. sp. Vorderflügel. Die Punkte bezeichnen die Regionen nach Scudder. Confr. Fig. 8. *(Blattidae.)* Die Aeste: »false 7« sind solche von Ader Nr. 3, wie bei Fig. 8.

Fig. 2. *Paranauphoeta rufipes* Burm. Molukken. Hinterflügel. *(Blattidae.)*

Fig. 3. *Mantis religiosa* L. Vorderflügel. *(Mantidae.)*

Fig. 4. *Perla marginata* P. Hinterflügel. *(Plecoptera.)*

Fig. 5. *Chaetessa filata* Burm. Brasil. Vorderflügel. *(Mantidae.)* Confr. Fig. 1.

Fig. 6. *Protokollaria ingens* Brgt. Steinkohlenperiode. Vorderflügel. Confr. Fig. 5 und 7 *x*. (*Protoperlidae* Brgt.) Fossil. Nach Brongniart.

Fig. 7. *Locusta viridissima* L. ♀. Vorderflügel. Confr. Fig. 6 *x*. *(Saltatoria Locustina.)*

Fig. 8. *Etoblattina manebachensis* Gldbg. Steinkohle. Fossil. (*Palaeoblattariae*. Ordo *Palaeodictyoptera* Sedd.) Nach Scudder. Die Aderäste: »false 7« sind nur solche von Nr. 3.

Fig. 9. Schema eines Calopterygiden-Flügels. *(Odonata.)* B: Basalzelle.

Fig. 10. *Isopteryx flava*. Hinterflügel. *(Plecoptera.)* B: Basalzelle.

Fig. 11. *Embia Savignyi*. Hinterflügel. *(Embidae. Orthoptera.)* B: Basalzelle. Confr. Fig. 10.

Fig. 12. *Woodwardia nigra* Brgt. Nach Brongniart's Heliographie erklärend dargestellt. Confr. Fig. 9, 13 und 15. *(Pseudoneuroptera. Megasecopteridae.)* Fossil. Steinkohle.

Fig. 13. *Hierodula pustulata* Servil. ♀. Madagaskar. Abnorm geaderter rechter Vorderflügel. *(Mantidae.)*

Fig. 14. *Lamproptilia Grand' Euryi* Brgt. Fossil. Steinkohle. Nach Brongniart's Heliographie erklärend dargestellt. (Ordo *Neurorthoptera*, Subordo *Palaeodictyoptera*, Familia *Platypteridae* Brgt.) Vorder- und Hinterflügel.

Fig. 15. *Diamphipnoa viridescentipennis* Blanch. Chile. (= *lichenalis* Gerst., *secund.* M'Lachl.) Vorderflügel-Basis. Confr. Fig. 5, 6 und 12. *(Plecoptera.)*

Fig. 16. *Spilaptera Packardi* Brgt. Fossil. Steinkohle. Nach Brongniart's Heliographie erklärend gezeichnet. (*Neurorthoptera palaeodictyoptera*, *Platypteridae* Brgt.) Confr. Fig. 14.

Fig. 17. *Hemeristia occidentalis* Sedd. Fossil. Steinkohlenf. Illinois. Nach Scudder's Zeichnung. Von der punktirten Linie zur Spitze sind die Adern von Scudder ergänzt. *Palaeodictyoptera neuropteroidea*, Familia *Hemeristina* Sedd., *Pseudoneuroptera*, *Homothetidae* Brgt. Confr. Fig. 1 und 5.

Fig. 18. *Acridium tataricum* L. Vorderflügel. *(Orthoptera saltatoria. Acridiodea.)*

Fig. 19. *Scapteriscus oxydactyla* Perty. ♀. Brasil. Vorderflügel. Confr. Fig. 20. *(Gryllotalpina.)*

Fig. 20. *Palaeoblattina Douvillei* Brgt. Fossil. Silurformation. Nach Brongniart skizzirt. Confr. Fig. 19. *Blattidae?* Brgt. ? Scudder.

Fig. 21. *Bittacus Blanchetti* Pict. Brasilien. Vorderflügel. Confr. Fig. 14.

Bei sämmtlichen Figuren bezeichnen die gleichen Zahlen die einander homologen oder für homolog gedeuteten Adern und die Zahlen entsprechen den Nummern der Adern unserer Tabelle.

— —

Bestimmung des specifischen Gewichtes von Mineralien.

Von

Dr. *Victor Goldschmidt.*

Dass die Angaben über das specifische Gewicht der Mineralien unter sich so sehr differiren, liegt nicht sowohl in den Methoden der Bestimmung, als in der Auswahl des Materials.

Hat man auch möglichst reines, homogenes Material nach dem Augenschein ausgewählt, so zeigt es sich doch beim Eintragen in schwere Lösungen, dass die specifischen Gewichte der Einzelkörner in oft weiten Grenzen schwanken. Die Ursache liegt in manchen Fällen in isomorphen Verwachsungen, in der Regel in Einlagerungen und Hohlräumen und endlich in Umwandlungen der Substanz (Zersetzungen).

Im ersteren Falle ist nur möglich, selbst in dem Einzelkorn ein Durchschnittsresultat für die verschiedenen isomorphen Bestandtheile zu haben. Will man mit einem solchen Resultat etwas anfangen, so muss es mit der chemischen Analyse, eventuell mit krystallographischen und optischen Bestimmungen verbunden sein, und es empfiehlt sich, an gleichfälligen Körnern specifisches Gewicht und Zusammensetzung zu bestimmen, damit auch bei beliebiger Entnahme des Materials zu den weiteren Bestimmungen die Angaben, soweit sich das erreichen lässt, sich auf die gleiche Substanz beziehen.

Bei der pyknometrischen Bestimmung, bei welcher man Durchschnittsresultate für verschiedenwichtige Körner erhält, ist eine solche Uebereinstimmung dem Zufalle ausgesetzt.

Wichtiger und mit dem ersten Falle noch combinirt sind die Ungleichheiten durch fremde Einlagerungen, Hohlräume und Zersetzungen; fast kein Material ist davon frei, und es besteht die Aufgabe, bei der specifischen Gewichtsbestimmung diesen Einfluss zu eliminiren. Bei pyknometrischen Bestimmungen ist dies nicht möglich, wohl aber bei dem Suspendiren in schwerer Lösung.

Nachdem das Material ausgesucht und zerkleinert ist, bringt man die Körner zur Suspension, und es zeigen sich stets in engeren oder weiteren Grenzen sich bewegende Differenzen. Man bestimmt nun das Gewicht der einzelnen Körner, wenn diese grob sind, von Gruppen, wenn sie feiner sind, und unterzieht das Resultat einer naturgemässen Discussion, die sich darauf bezieht, welches Material zu den weiteren Untersuchungen zu nehmen sei, und welches Gewicht ihm beizulegen sei. Als Hilfsmittel der Discussion dient die Betrachtung mit Loupe und Mikroskop.

Zum Beispiel: Eine Substanz enthalte nach mikroskopischem Befund leere Hohlräume und erscheine sonst homogen, so ist das Gewicht der schwersten Körner anzunehmen; es kann aber das ganze Material zur Analyse kommen.

Eine andere Substanz enthalte Glaseinschlüsse, und zwar die leichtesten Körner die meisten, so ist wieder das höchste Gewicht anzunehmen, aber zur Analyse nur das schwerste Material auszuwählen.

Ich will das Gesagte noch an einigen Beispielen aus der Natur erläutern, die zugleich zeigen sollen, in welchen Grenzen sich solche Gewichte bewegen, das heisst, welche

Genauigkeit man derartigen Bestimmungen beimessen kann. Das Material ist nach dem Aussehen rein ausgewählt und so, wie man es direct der pyknometrischen Bestimmung unterziehen würde. Die Bestimmungen sind durch Wägen der Lösung in 25 Cc. Kölbchen ausgeführt[1]) und es beträgt die Genauigkeit derselben 0·001 bis 0·002.

In diesen Beispielen bedeutet die angeschriebene Zahl das specifische Gewicht, die in Klammer die zugehörige Anzahl von Körnern.

Beispiele der Discussion.

Adular (Schweiz). Farblos, wasserhell, theilweise mit weisslicher Trübung.

2·534 (2) 2·562 (1) 2·565 (2) 2·569 (2) 2·570 (3) **2·571** (1).

Das specifische Gewicht ist herabgezogen durch die mikroskopischen Hohlräume, welche die milchige Trübung hervorbringen. Es ist das höchste Gewicht 2·571 als das richtige anzusehen.

Aktinolith (Zillerthal). Etwa 6 mm. starke Säulen.

3·018 (1) 3·020 (2) 3·023 (1) 3·030 (1) 3·031 (1) 3·034 (1) 3·039 (2) **3·041** (1).

Die Ursachen der Verschiedenheit können mehrfache sein, besonders Einlagerungen von Chlorit und Hohlräume, aber auch ungleiche Zusammensetzung durch isomorphe Mischung. Letzteres lässt Spielraum nach beiden Richtungen zu, doch dürfte bis auf specielle Untersuchung das höchste Gewicht 3·041 als das richtige anzusehen sein.

Anhydrit (Stassfurt). Wasserhelle, farblose Krystalle.

2·950 (1) 2·956 (1) 2·957 (2) 2·961 (1) **2·963** (9).

Das Gewicht ist herabgezogen durch Hohlräume, daher das höchste 2·963 als das exacteste anzusehen.

Aragonit (Herrengrund). Farblos, wasserhell.

2·919 (1) 2·920 (1) 2·927 (1) **2·936** (2) **2·937** (1).

Die Ursache der Differenzen liegt in Hohlräumen, und es ist das höchste Gewicht 2·936—2·937 als das exacteste anzusehen.

Aragonit (Bilin). Klare, weingelbe Krystalle.

2·927 (2) 2·933 (6) 2·934 (6) **2·935** (4) 2·936 (3).

Durch die zwei Körnchen 2·927 zieht sich ein schwacher Spalt, der allein als Erklärung des niederen Gewichtes dienen könnte. Die anderen Körner sind dem Aussehen nach auch unter Loupe und Mikroskop vollkommen klar und gleich, und es kann 2·933—2·936, im Durchschnitt 2·935 als das richtige Gewicht angesehen werden. Dies stimmt sehr wohl mit Herrengrund.

Calcit (Rathhausberg bei Gastein ?). Von rother Farbe, herrührend von mikroskopischen rothen Blättchen von Eisenglanz. Andere Partien sind dabei matt und weisslich, herrührend von mikroskopischen Hohlräumen.

2·723 — 2·725 (3) 2·725 — 2·727 (25) 2·728 2·729 (12) 2·729 — 2·731 (26) 2·731 — **2·733** (31) 2·733 — 2·735 (3).

Die schwersten Partien sind die klarsten, und es ist wohl 2·733 als das richtige Gewicht anzusehen, unter der Voraussetzung, dass die eingelagerten Eisenglanzpartikeln

1) Vgl. Goldschmidt. Jahrb. f. Min. 1881, Beilageb., I, 196.

so gering sind, dass sie das Gewicht nicht wesentlich hinaufziehen können, die Hohlräume dagegen starke Veränderung bringen. Darnach wäre zu vermuthen, dass genannter Calcit $Mg\,CO_3$, respective $Fe\,CO_3$ enthielte. Sicherheit in der Discussion des Gewichtes kann nur die Analyse geben, welche die Menge des $Fe_2\,O_3$, sowie des $Mg\,CO_3$ und $Fe\,CO_3$ feststellt. Zu einer solchen kann das gesammte Material, auch das weissliche verwendet werden. Die analytische Untersuchung ist noch nicht ausgeführt.

Calcit (Rabenstein). Klar und wasserhell.

2·715 (17).

Alle Körner gleichfällig. Der Calcit ist ganz rein und ohne Einlagerungen. Daher die schöne Uebereinstimmung.

Calcit (Island). Farblos und wasserhell.

2·713 (sehr viele Körner).

Alle Körner gleichfällig. Vollkommen frei von Einschlüssen.

Calcit (Nordmarken). Wasserhell und farblos.

2·717 (sehr viele Körner).

Alle Körner gleichfällig. Frei von Einschlüssen.

Calcit (Lörtschenthal in Wallis). Grobstenglige, aussen gelbe Massen, die inneren Theile farblos, wasserhell und ganz gleichfällig.

2·713 (sehr viele Körner).

Fassen wir die letzten vier Calcite zusammen, die alle als rein angesehen werden können, so dürfen wir in Anbetracht dessen, dass die Gewichtsbestimmung in der letzten Decimale um 1—2 Einheiten differiren kann, 2·714 als das Gewicht des reinen Calcits ansehen. Nordmarken, das um ein Geringes differirt, dürfte vielleicht etwas $Mg\,Co_3$ oder $Fe\,Co_3$ enthalten.

Eläolith (Brewig). Röthlich.

2·604 (1) 2·608 (1) 2·609 (1) 2·613 (1) 2·617 (2) **2·620** (4).

Die Differenz liegt in beginnender Zersetzung. Die schwersten Körner erscheinen am frischesten und am stärksten glänzend. Ihr Gewicht 2·620 ist als das exacteste anzusehen.

Heulandit (Island). Farblose, wasserhelle Krystalle. Sehr schönes Material.

2·201 (3) **2·202** (3) 2·206 (1).

Die Differenz ist sehr unbedeutend, und es darf wohl das Mittel 2·202 als sicher angeschrieben werden.

Labradorit (Küste Labrador). Grau mit blauem Farbenschiller.

2·682 (1) 2·683 (2) 2·685 (1) **2·689** (4) 2·694 (2) 2·700 (1).

Die Körner 2·689 erscheinen als die reinsten und klarsten. Die Differenzen dürften durch Einlagerungen und Veränderungen zu erklären sein. Ob verschiedene Zusammensetzung der Lamellen mitspricht, bedarf einer speciellen Untersuchung. Bis dahin ist 2·689 als das zuverlässigste Gewicht anzusehen.

Leucit (Vesuv). Ziemlich klar, glasig.

2·440 (1) 2·456 (1) 2·461 (1) 2·463 (3) **2·464** (1) 2·465 (3).

Das erste Korn differirt stark, das zweite wenig von den anderen. Die ersteren bilden geschlossene Krystalle, die letzteren sind Bruchstücke. Das erklärt die Differenz. Die

9*

ganzen Krystalle bestehen aus einem Kern und einem Mantel, die beim Zerschlagen sich trennen. Die Fuge zwischen beiden zieht das Gewicht herab. Als richtig ist 2·464 anzusehen.

Natrolith (Brevig). Starke, klare Einzelkrystalle.

2·246 (5) 2·249 (1).

Die Uebereinstimmung ist befriedigend, um die Körner für homogen zu halten. In Anbetracht der grossen Körnerzahl ist 2·246 der Vorzug zu geben.

Pektolith (Bergenhill). Farblose, glänzende Massen aus feinen, dicht geschlossenen Fasern.

2·865 (1) 2·867 (2) 2·870 (2) 2·871 (2) 2·876 (3) **2·880** (13).

Die Discussion gibt hier ein besonders interessantes Resultat. Das Material ist durch zwei Ursachen verändert:

1. Verwitterung. Die Handstücke werden beim Liegen an der Oberfläche matt und specifisch leichter.

2. Zerdrückung. Ein Einfluss, der anderwärts nicht so deutlich hervortreten dürfte.

Der Pektolith ist schwer zu zerkleinern, da die Fasern, die sich in radiale Bündel ordnen, unter sich, noch mehr aber mit den benachbarten Faserbündeln, mit denen sie verschränkt sind, zusammenhaften. Die Trennung kann nur durch starke Schläge erfolgen, ebenso die Befreiung vom Nebengestein. Nun hat der Pektolith noch die Eigenschaft, sich bei Druck und Schlag gern in asbestartige Fasern aufzulösen. Tritt nicht vollständige Abtrennung ein, so entfernen sich die Fasern von einander; die Stelle wird matt, weiss und das specifische Gewicht sinkt herab. In der That zeigen die leichteren Körner solche matte Partien, und es bestätigt sich die Auflockerung dadurch, dass sich die gelbe Lösung in die gelockerten Theile hineinzieht. Auch das Mattwerden durch Verwitterung zieht das Gewicht herab, und es ist deshalb das höchste Gewicht 2·880 als das richtige anzusehen.

Quarz (Middleville). Einzelne, rundum ausgebildete wasserhelle Krystalle.

2·650 (6).

Alle Körner gleichfällig. Vollkommene Uebereinstimmung wegen Reinheit und Gleichmässigkeit des Materials.

Schwefel (Girgenti). Rein und klar.

2·068 (6) **2·070** (6).

Gute Uebereinstimmung. Die leichteren Körner erscheinen etwas heller, doch muss das nicht eben von Bedeutung sein.

Wollastonit (Finnland). Farblos, glasglänzend, mit Calcit verwachsen.

2·878 (1) 2·881 (1) 2·889 (1) 2·897 (2) 2·902 (5) 2·904 (1) **2·907** (5).

Die verändernden Einflüsse sind in diesem Falle: Zersetzung, Einlagerungen besonders von Calcit und Faserung mit Hohlräumen. Alle diese Einflüsse suchen das specifische Gewicht herabzuziehen, und es ist das Gewicht der schwersten Körner 2·907 als das richtigste anzusehen. Diese Körner erscheinen auch nach ihrem Aussehen als die reinsten. Es ist jedoch möglich, dass die Zahl für die reine Substanz noch ein wenig zu nieder ist.

Aus den angeführten Beispielen geht mit Klarheit hervor, wie die Annahme von Durchschnittswerthen, wie sie bei Pyknometerbestimmungen nicht umgangen werden kann, unrichtig ist, dass man dagegen für solche Mineralien, die sich zur Suspension bringen lassen, oft sichere, in complicirteren Fällen der Wahrheit stark genäherte

Resultate erhalten kann. Es ist zu vermuthen, dass bei derartiger Discussion die weiten Grenzen in den Angaben der specifischen Gewichte, wie sie sich am besten in Websky's Zusammenstellung (Die Mineralspecies nach den für das specifische Gewicht derselben angenommenen und gefundenen Werthen. Breslau 1868) übersehen lassen, sich ganz ausserordentlich verengern werden und sich erst dann vergleichbare Zahlen gewinnen lassen.

Berücksichtigung der Temperatur.

Von manchen Autoren wird bei der Bestimmung des specifischen Gewichtes von Mineralien die Temperatur berücksichtigt, von anderen nicht. Es entsteht daher die Frage, wie weit die Temperatur von Einfluss sei, um zu beurtheilen, ob man diese vernachlässigen dürfe oder nicht. Die Bestimmungen werden in der Regel bei einer Zimmertemperatur vorgenommen, die sich in den Grenzen von 13—23° C. bewegt. Als Mittel der Bestimmungen können wir 18° annehmen, und es erscheint vortheilhaft, exacte Bestimmungen auf diese Temperatur zu reduciren, bei allen Bestimmungen aber, wo eine Angabe nicht gemacht ist, diese Temperatur vorauszusetzen.

Wir können unsere obige Frage nun dahin präcisiren: Wie ändert sich das Resultat der Bestimmung des specifischen Gewichtes, wenn diese nicht bei 18°, sondern bei 13°, resp. 23° vorgenommen wird?

Dieser Einfluss ist verschieden je nach der Methode der Bestimmung. Wir wollen nur die beiden wichtigsten Methoden untersuchen: mit dem Pyknometer und durch Suspendiren in schwerer Lösung.

Pyknometerbestimmung.

Hierbei machen wir die folgenden Wägungen. Wir bestimmen:

g = Gewicht des Minerals,
G = Gewicht des Wassers im vollen Pyknometer,
$\mathfrak{G}$ = Gewicht des Pyknometerinhalts von Wasser und Mineral.

Ausserdem möge bedeuten:

V = Inneres Volum des Pyknometers,
v = Volum des Minerals,
Σ = spec. Gewicht des Wassers bezogen auf das spec. Gewicht desselben bei 18° als Einheit,
σ = spec. Gewicht des Minerals,
$\varkappa$ = cubischer Ausdehnungscoëfficient des Minerals,
t = Differenz der Beobachtungstemperatur gegen 18° C.

Lassen wir für diese Betrachtungen den untergeordneten Einfluss des Gewichtes der verdrängten Luft bei den Wägungen ausser Acht, so ist:

$$\text{Spec. Gewicht} = \frac{\text{Gewicht des Minerals}}{\text{Gewicht des verdrängten Wassers}}$$

$$\sigma = \frac{g}{G + g - \mathfrak{G}}$$

Dabei ist:

$$G = V\Sigma$$

$$\mathfrak{G} = g + (V - v)\,\Sigma \qquad \text{daher:} \quad \sigma = \frac{g}{\Sigma(V - V + v)}$$

$$\boxed{\sigma = \frac{g}{\Sigma v}} \quad \ldots \; 1.$$

Wir wollen nun Alles, was sich auf eine andere Temperatur als 18° C. bezieht, mit einem Index bezeichnen, und, wo von einer speciellen Temperatur die Rede ist, mit der Temperaturzahl als Index, z. B. Σ_{13} = spec. Gewicht des Wassers für 13° C., bezogen auf Σ_{18} als Einheit.

Es ist dann: $\boxed{\sigma_1 = \frac{g}{\Sigma_1 v_1}}$

und im speciellen Fall: $\sigma_{13} = \frac{g}{\Sigma_{13} v_{13}}$

Nun ist $v_1 = v(1 + \varkappa t) = \frac{g}{\sigma}(1 + \varkappa t)$ daher: $\sigma_1 = \frac{g\sigma}{\Sigma_1 g(1 + \varkappa t)} = \frac{\sigma}{\Sigma_1(1 + \varkappa t)}$

$\boxed{\sigma = \sigma_1 \Sigma_1 (1 + \varkappa t)}$ . . . 2.

Der Einfluss des Werthes $(1 + \varkappa t)$ ist dem von Σ_1 entgegengesetzt, jedoch schwächer. Es steht daher die Formel $\boxed{\sigma = \sigma_1 \Sigma_1}$ . . . 3

der Wahrheit noch etwas näher als $\boxed{\sigma = \sigma_1}$ . . . 4.

Wir wollen an drei Beispielen den Einfluss sehen, den die Anwendung der Correcturformeln 2 und 3 gegenüber 4 hat.

Bleiglanz.

$\sigma_{13} = 7{\cdot}5$ beobachtet ohne Correctur	$\sigma_{23} = 7{\cdot}5$ beobachtet ohne Correctur
$\sigma = 7{\cdot}5032$ nach Formel 2	$\sigma = 7{\cdot}4948$ nach Formel 2
$\sigma_1 = 7{\cdot}5057$ nach Formel 3	$\sigma_1 = 7{\cdot}4922$ nach Formel 3

Flussspath.

$\sigma_{13} = 3{\cdot}18$ beobachtet ohne Correctur	$\sigma_{23} = 3{\cdot}18$ beobachtet ohne Correctur
$\sigma = 3{\cdot}1815$ nach Formel 2	$\sigma = 3{\cdot}1776$ nach Formel 2
$\sigma_1 = 3{\cdot}1824$ nach Formel 3	$\sigma_1 = 3{\cdot}1767$ nach Formel 3

Calcit.

$\sigma_{13} = 2{\cdot}715$ beobachtet ohne Correctur	$\sigma_{23} = 2{\cdot}715$ beobachtet ohne Correctur
$\sigma = 2{\cdot}7168$ nach Formel 2	$\sigma = 2{\cdot}7124$ nach Formel 2
$\sigma_1 = 2{\cdot}7171$ nach Formel 3	$\sigma_1 = 2{\cdot}7122$ nach Formel 3

Die cubischen Ausdehnungscoëfficienten sind der Arbeit von Kopp (Pogg. Ann. 1852, **86.** 156) entnommen, und zwar:

für Bleiglanz $\varkappa = 0{\cdot}000068$ Flussspath $\varkappa = 0{\cdot}000062$ Calcit $\varkappa = 0{\cdot}000018$.

Aus diesen Berechnungen geht hervor, dass der Einfluss der Temperatur in den Grenzen der Beobachtung sich auf die dritte Decimale beschränkt. Er wächst mit dem specifischen Gewicht des Minerals, und es beträgt die Differenz der nach Formel 2 corrigirten Werthe σ gegen die uncorrigirten Werthe σ_{23}, also die Maximaldifferenz

für Bleiglanz 0·0052,
» Flussspath 0·0024,
» Calcit 0·0026.

Formel 2 können wir als exact annehmen, durch Formel 3 ist eine Näherung erzielt, die wohl dann zur Anwendung geeignet erscheint, wenn man den Ausdehnungscoëfficienten des Minerals nicht kennt. Statt dessen könnte auch eine empirische Correctur angebracht werden von der Formel, deren Resultat der Wahrheit näher kommt als das aus Formel 3.

$\sigma = \sigma_1 + 0{\cdot}0001\ \sigma t$ wenn t^0 unter 18° beobachtet wurde
$\sigma = \sigma_1 - 0{\cdot}00015\ \sigma t$ » t^0 über 18° » » . . . 5.

Zum Beispiel: Beobachtet $\sigma_1 = 3{\cdot}18$ Bleiglanz) bei 23°; $\sigma = 3{\cdot}18 - 0{\cdot}000015 \,.\, 3{\cdot}18 \,.\, 5 = 3{\cdot}1784$.

Formel 2 würde ergeben haben 3·1776. In beiden Fällen ist zu schreiben 3·178.

Es mögen hier noch die Werthe Σ mit ihren Logarithmen folgen für die Temperaturen von 13—23°, bezogen auf $\Sigma_{18} = 1$, und zwar berechnet nach den Angaben von Volkmann (Wiedem. Ann. 1881, **14.** 277, resp. Landolt und Börnstein, Tabellen, S. 33).

Temp.	Σ	lg Σ	Temp.	Σ	lg Σ
13°	1·000768	00003334	**19°**	0·999812	99999182
14	1·000634	00002755	**20**	0·999608	99998299
15	1·000491	00002134	**21**	0·999401	99997399
16	1·000241	00001482	**22**	0·999185	99996459
17	1·000176	00000765	**23**	0·998959	99995474

Bestimmung durch Suspendiren.

Bei dieser Bestimmungsmethode (vgl. Jahrb. f. Min. 1881, Beilageb. I, 196) erhält die Lösung genau das specifische Gewicht des Korns bei der Beobachtungstemperatur. Es wird dann ein Kölbchen mit der Lösung gefüllt, das bei 18° C. ein bestimmtes Volum, am besten genau 25 Cc. fasst. Die Temperatur ist insofern von Einfluss, als sie das Mineralkorn ausdehnt und leichter macht, anderseits das Glaskölbchen erweitert und daher mehr Lösung zum Abwägen braucht. Beide Einflüsse wirken einander entgegen.

Es sei: σ = spec. Gewicht des Minerals bei 18°, bezogen auf Wasser von 18°.
σ_1 = spec. Gewicht, bei einer andern Temperatur bestimmt, ohne Correctur.
σ_{23} = spec. Gewicht, ohne Correctur, speciell bei 23° C. bestimmt.
V = Volum des Kölbchens bei 18° C.
V_1 = Volum des Kölbchens bei einer andern Temperatur, z. B. V_{23} = Volum des Kölbchens bei 23° C.
$\varkappa$ = Cubischer Ausdehnungscoëfficient des Minerals.
λ = Cubischer Ausdehnungscoëfficient des Glases vom Kölbchen.
t = Beobachtungstemperatur über (unter) 18° C.

Nun ist $\sigma_1 = \sigma(1 - \varkappa t)$ | $\sigma_1 V_1 = \sigma V (1 - \varkappa t)(1 + \lambda t)$
$V_1 = V(1 + \lambda t)$ | $\frac{\sigma_1 V_1}{V} = \sigma(1 - \varkappa t)(1 + \lambda t) = \sigma[1 + (\lambda - \varkappa)t]$

$$\sigma = \frac{\sigma_1}{1 + (\lambda - \varkappa)t}$$

$$\boxed{\sigma = \sigma_1[1 + (\varkappa - \lambda)t]} \; \ldots \; 6.$$

Der Ausdehnungscoëfficient des Glases ist verschieden; man kann ihn aber im Durchschnitt = 0·000025 setzen. Nehmen wir dieselben Beispiele wie oben, so ist:

Flussspath: $\varkappa = 0{\cdot}000062$.
Beobachtet: $\sigma_{13} = 3{\cdot}18$ | $\sigma = 3{\cdot}1794$
$\sigma_{23} = 3{\cdot}18$ | $\sigma = 3{\cdot}1805$.

Calcit: $\varkappa = 0{\cdot}000018$.
$\sigma_{13} = 2{\cdot}715$ | $\sigma = 2{\cdot}71502$
$\sigma_{23} = 2{\cdot}715$ | $\sigma = 2{\cdot}71498$.

Die Differenzen zwischen den corrigirten Werthen σ und den uncorrigirten σ_{13}, resp. σ_{23} betragen:

für Flussspath 0·0006,
» Calcit 0·0002.

Fassen wir die Resultate dieser Betrachtung zusammen, so ergibt sich, zugleich im Hinblick auf die oben dargelegten Schwankungen des specifischen Gewichtes der Einzelkörner, dass für allgemein mineralogische Bestimmungen bei der Methode des Suspendirens der Einfluss der Temperatur entschieden ausser Acht zu lassen ist. Bei pyknometrischen Bestimmungen mag er dann berücksichtigt werden, wenn das Material so gleichmässig rein ist, dass die dritte Decimale gesichert erscheint. Liegt ein solcher Fall vor, so kann man die Correcturformel 2 anwenden, oder auch, wenn der Ausdehnungscoëfficient des Minerals unbekannt ist, mit genügender Annäherung Formel 5. In den meisten Fällen jedoch kann man auch hier den Einfluss der Temperatur vernachlässigen. Dagegen empfiehlt es sich, der Gleichmässigkeit wegen, alle Angaben nicht auf 4° C., sondern auf eine mittlere Temperatur von 18° C. zu beziehen. Für physikalische Specialuntersuchungen muss nach Bedarf die Reduction auf 4° C. vorgenommen und eventuell das Gewicht der verdrängten Luft bei den Wägungen berücksichtigt werden.

Ueber die Krystallform des Tellurit.

Von

Dr. *Aristides Brezina.*

Mit drei Figuren im Texte.

Die nachfolgende Arbeit war bis auf die Nachberechnung einiger von Laspeyres am Valentinit beobachteten Flächen im Juli 1884 druckfertig gemacht; mancherlei andere Arbeiten kamen dazwischen und verzögerten den Abschluss; unterdessen erschien im April des Jahres 1885 die Untersuchung von D. Klein und J. Morel über den Dimorphismus der tellurigen Säure, worin eine tetragonale, dem regulären Oktaëder sehr nahe stehende, und eine rhombische, nahe tetragonale Modification angegeben werden; vorher (December 1884) war eine Arbeit von Mallard erschienen, worin die eigenthümlichen Beziehungen der Formen der Oxyde zu einander besprochen und die Rückführbarkeit derselben auf ein tesserales Netz nachgewiesen wurde. Ich habe gleichwohl meiner Arbeit ihre ursprüngliche Form belassen und nur an den entsprechenden Stellen den Hinweis auf die vorerwähnten fremden Publicationen eingefügt.

Die Arbeit von Klein und Morel bestätigt einerseits die von mir aus den Untersuchungen von Berzelius geschöpfte Vermuthung, dass neben der rhombischen eine oktaëdrische Modification der tellurigen Säure existire; dass diese aber nur pseudotesseral sei, könnte mit den von Mallard angenommenen Gesetzmässigkeiten der Anordnung zusammenhängen; es wäre aber auch andererseits denkbar, dass eine jede der in Frage stehenden Substanzen (Oxyde) polymorph sei und eine tesserale Modification besitze, was nach den Entdeckungen der letzten Jahre durchaus wahrscheinlich ist. Auf alle Fälle gehört diese Gruppe zu den interessantesten, welche bisher krystallographisch untersucht wurden, und verspricht bei genauerer Durchforschung reiche Aufschlüsse über die Beziehungen von Form und Mischung.

In den letzten Tagen ist, veranlasst durch die Ankündigung meiner vorliegenden Arbeit im ersten Hefte der Annalen, eine Notiz von Krenner »über den Tellurit von Facebaja« erschienen, worin für das ältere Telluritvorkommen Elemente bekannt gemacht werden, welche nahe mit den von mir am neuen Anbruche gefundenen übereinstimmen.

1. Aeltere Beobachtungen.

Die tellurige Säure TeO_2 wurde zuerst von Berzelius[1]) untersucht, welcher angab, dass sie durch Verdünnen einer salzsauren Lösung des Tellursuperchlorüres mit kochendem Wasser in wasserfreien Krystallen erhalten wird, deren Form oktaëdrisch zu sein

[1]) Berzelius, Untersuchung über die Eigenschaften des Tellurs. Pogg. Ann. XXXII, 1—32, 577—627, 1834.

schien. Messungen wurden nicht angestellt. Oppenheim,[1]) welcher später die Versuche von Berzelius wiederholte, vermochte auf dem angegebenen Wege keine Krystalle zu erhalten. Inzwischen war durch Petz[2]) die tellurige Säure in Begleitung von gediegen Tellur in Faczebaja im natürlichen Zustande aufgefunden und erkannt worden; »ein Mineral in ganz kleinen Kugeln von feinfaserigem Gefüge, gelblichweisser, ins Grauliche gehender Farbe, welches vor dem Löthrohre, in der offenen Röhre sowohl als auf Kohle, ganz das Verhalten von telluriger Säure zeigte«.

Offenbar hat jedoch schon im vorigen Jahrhundert Esmark[3]) dieselbe Substanz unter den Händen gehabt, wenn er gelegentlich des sogenannten problematischen Golderzes, d. i. gediegen Tellurs, schreibt (a. u. a. O., Seite 91): »Bei ihm traf ich einige sehr kleine Krystalle von gelblichgrauer Farbe an, welche längliche, sechsseitige Tafeln bildeten, stark glänzend, von Demantglanze und halbdurchsichtig waren, und deren übrige Kennzeichen ich, wegen ihrer Kleinheit, nicht bemerken konnte. Vor dem Löthrohre verflüchtigten sie sich in Rauchgestalt. Ich halte sie für gelbes Spiessglaserz.«

In neuerer Zeit wurde der Tellurit an drei Fundorten Colorado's, der Keystone, Smuggler und insbesondere in Spalten von gediegenem Tellur und als Ueberzug auf demselben auf der John Jay Grube durch F. A. Genth[4]) aufgefunden: »kleine, weisse, gelblichweisse und gelbe Kryställchen, einige weisse Krystalle scheinen spitze rhombische Pyramiden zu sein; meistens prismatisch; häufig der Länge nach gestreift, einzeln oder zu Bündeln vereinigt; Spaltbarkeit sehr deutlich in einer Richtung«.

So dürftig die vorstehenden Angaben über die Formen des Tellurit auch sind, deuten sie doch auf eine Dimorphie der Substanz hin, eine rhombische (oder monokline, trikline) natürlich vorkommende und eine tesserale, künstlich erhaltene Modification, falls man nicht annehmen will, dass Berzelius eine oktaëderähnliche rhombische Pyramide beobachtet hat.[5])

2. *Neues Vorkommen.*

Ich erhielt im Juni 1884 durch Herrn Adolf Genzsch eine Stufe gediegen Tellurs von Faczebaja, auf welcher derselbe ausgezeichnete Telluritkrystalle aufgefunden hatte. Insbesondere zeigten drei miteinander verwachsene Individuen deutliche, gut spiegelnde Endflächen, welche eine genauere Untersuchung gestatteten.[6]) Ausserdem fand ich bei Durchmusterung der älteren Tellurstufen des mineralogischen Hofkabinetes nicht nur zahlreiche Exemplare von Tellurit in der von Petz beschriebenen Form von zu Kugeln

1) Oppenheim, Ueber das Tellur und einige seiner Verbindungen. Journ. pr. Chem. LXXI. 266—282, 1857.

2) Petz Wilhelm, Zerlegung einiger Siebenbürger Tellurerze. Pogg. Ann. LVII, 467—478, 1842.

3) Esmark Jens., Kurze Beschreibung einer mineralogischen Reise durch Ungarn, Siebenbürgen und das Banat, Freyberg 1798.

4) Genth, F. A., On some Tellurium and Vanadium Minerals. Amer. Philos. Soc. XVII, 118 bis 128, 1877. Darin S. 123: »where it is found in minute white, yellowish-white and yellow crystals, mostly prismatic, often longitudinally striated, isolated or aggregated in bundles; a few of the white crystals are acute rhombic pyramids. Cleavage eminent in one direction«. Auch Zeitschr. für Krystallogr. II, 1—13, 1878, woraus das obige deutsche Citat.

5) Unterdessen haben Klein und Morel (Sur le dimorphisme de l'anhydride tellureux etc. Compt. rendus C, 1140—1143, 1885) eine oktaëderähnliche tetragonale Form von der Dichte 5·67 und eine rhombische Form (Grenzform zum tetragonalen System) vom specifischen Gewichte 5·90 erhalten.

6) Die Stufe, welche seither vom mineralogischen Hofkabinete erworben wurde, trägt die Nummer D. 196. Der grösste von den drei erwähnten Krystallen befindet sich noch auf der Stufe.

gehäuften Blättchen, sondern auch auf Stücken des neuen Anbruches (von 1883) von Faczebaja ein paar wetzsteinähnliche, kleine Krystallstöcke, welche durch parallele Aufeinanderlagerung von nach aussen immer kleiner werdenden Tellurittafeln erzeugt sind. Die Krystalle sitzen entweder auf Tellurkrystallen oder unmittelbar in Hohlräumen des stark porösen Gesteines, eines spröden, stellenweise fast glasigen Quarzsandsteines, wie er als Muttergestein des gediegen Tellur von Alters her bekannt ist. Zuweilen sind die Hohlräume des Gesteines ganz mit blanken oder in den lebhaftesten metallischen Farben angelaufenen Tellurkrystallen von meist geflossenem Aussehen bekleidet, über welche Baron Heinrich Foullon, welchem ich mein diesbezügliches Material zur Bearbeitung überlassen habe, genauere Nachrichten gebracht hat. Die einzeln ausgebildeten Telluritkrystalle scheinen mit Vorliebe in Hohlräumen dem Gesteine selbst aufzusitzen, während die (bei Weitem häufigeren) wetzsteinähnlichen Gebilde mehr auf Tellurkrystallen gefunden werden, welche Höhlungen des Gesteines auskleiden. Die Identität dieser Kryställchen mit Tellurit konnte allerdings nur durch einen qualitativen Versuch, das Verhalten im beiderseits offenen Glasrohr, erhärtet werden, wobei in strenger Rothgluth ein Schmelzen zu braunen Tröpfchen, sodann Verdampfen eintritt; doch stimmen sowohl das Vorkommen als auch alle anderen äusseren Eigenschaften so vollkommen mit den Beschreibungen des Tellurit von Petz und Genth, dass ein Zweifel über die Substanz kaum aufkommen kann. Angaben über die genauere Fundstelle verdanke ich Herrn Bergingenieur J. Heski, über dessen Anrathen Herr k. k. Baurath Friedrich Stach in Wien den seit den Jahren 1848—1849 darniederliegenden Bergbau von Faczebaja wieder aufgenommen hat. Herr Heski schreibt mir über das neue Vorkommen: »Die erwähnten Stufen entstammen einer Bergveste der sogenannten Präpestyenerkluft, welche Bergveste in den Stollen: Präpestyene, Dreifaltigkeit und Sigmund bekannt, derzeit jedoch nur im Präpestyenerstollen bebaut wird und nahezu press gehauen ist. Die Stufen des Hof-Mineraliencabinetes stammen aus dem Dreifaltigkeitsstollen vom Jahre 1883. Das Vorhandensein dieser Bergveste, sowie mancher kleinerer erklärt sich durch die in Faczebaja von jeher betriebene kunstwidrige Art des Abbaues und wohl auch durch den geringen Halt des Tellurerzes an Gold, speciell in dieser Bergveste, während z. B. im Jahre 1773 auf der Querenduskluft Tellurerze erschrotten wurden, welche 8% Feingold hielten. Die jetzt im Gange befindlichen Arbeiten haben hauptsächlich den Zweck, die Querenduskluft mit dem Sigmundsstollen zu erreichen und zu bebauen, da sie nur bis zur Sohle des Mathiasstollens abgebaut ist, während die Präpestyenerkluft bis 4 M. unter die Sohle des Sigmundsstollens press gehauen ist (abgesehen von einzelnen Bergvesten und Rücklässen des alten Manns), und deren Aufschluss in weiterer Teufe ein sehr namhaftes Capital erfordern würde. Beide Klüfte streichen Nord-Süd, verflächen 80° morgenseitig und sind von 1 M. 50 bis 20 Cm. mächtig. Die Gangart ist Quarz (Hornstein), seltener Kalkspath. Accessorisch: metallisches Gold, gediegen Tellur (andere Tellurverbindungen?) und güldischer Pyrit.«

Die Farbe der Tellurite ist zumeist honiggelb, nämlich die der schwach durchscheinenden Stöcke, während die einzelnen Krystalle durchsichtig und von strohgelber bis honiggelber Farbe sind. Im Ganzen sind die Farben dunkler als beim alten Vorkommen, das meist stroh- in weingelb war; nur einzelne Kugeln gingen bis honiggelb in der Farbe.

3. *Habitus. Flächenbeschaffenheit.*

Die untenstehenden Figuren 1 und 2 stellen, und zwar die erstere in gewendeter Stellung, *b* nach vorne, die wichtigsten Combinationen der frei ausgebildeten Krystalle dar, mit zonarem Aufbau aus Schichten von abwechselnd hellerer und dunklerer Farbe, welche den Umrissen der flachen Tafeln, insbesondere deutlich aber den Spuren der Pyramiden *p* folgen; in Fig. 1 sind nur die stärker ausgebildeten Formen *b*, *p* und *o* dargestellt, nach unten durch die (nicht beobachtete) Basis geschlossen und so den Habitus der mit dem unteren Ende aufgewachsenen Krystalle wiedergebend; Fig. 2 zeigt die an den untersuchten Telluriten auftretenden Flächen in idealer Ausbildung und in der normalen Stellung (*a* vorne, *b* seitlich). Herrschend ist immer die Fläche *b*, nach welcher die Krystalle dünntafelig sind, nach welcher auch ausgezeichnete Spaltbarkeit vorhanden ist. In der aufrechten Prismenzone $ab = [001]$ tritt ein nahe an *b* gelegenes Prisma *o* (3.16.0) auf, dessen Kante zu (010) durch ein noch stumpferes Prisma *n* (3.34.0) abgestumpft wird. Diese Flächen wurden nur einmal beobachtet, in allen anderen Fällen war die Tafel in der Richtung gegen *a* zu durch vollkommen unbestimmbare, reflexlose Flächenelemente geschlossen, von denen sich nur angeben lässt, dass sie ausserordentlich steilen, prismaähnlichen Pyramiden angehören dürften, welche etwa als Vicinalflächen zu *b* und *o* oder *b* und *n* zu deuten wären.

Fig. 1.

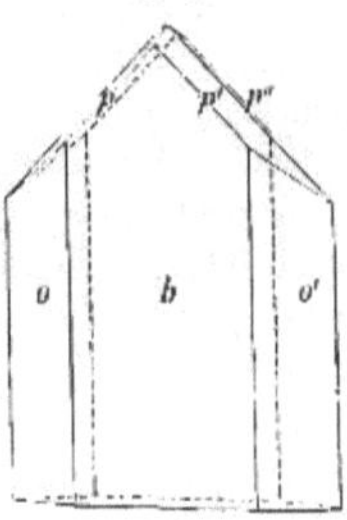

Fig. 2.

Die Umrandung der Tafeln nach oben zu geschieht durch die stets ebenflächig und glänzend ausgebildeten Flächen der Pyramide *p* (111), von welcher an jedem der beiden Krystalle *p* und *p''* verhältnissmässig stark entwickelt sind (etwa 0·0015 bis 0·002 Mm. Breite), während *p'''* kaum ein Drittel dieser Breite hat (0·0004 und 0·0007 Mm.) und die vierte Fläche *p'* ganz fehlt; an der Unterseite des grösseren Krystalles ist noch $\overline{p}$ äusserst klein ausgebildet. Die Gleichheit dieser zufälligen Eigenthümlichkeiten (es liegt keinerlei Grund vor, an eine monokline Symmetrie zu denken) ist eine Erscheinung, welche bei nahe nebeneinander gebildeten Individuen, offenbar in Folge der gleichen äusseren Umstände, sehr häufig auftritt.

Fig. 3.

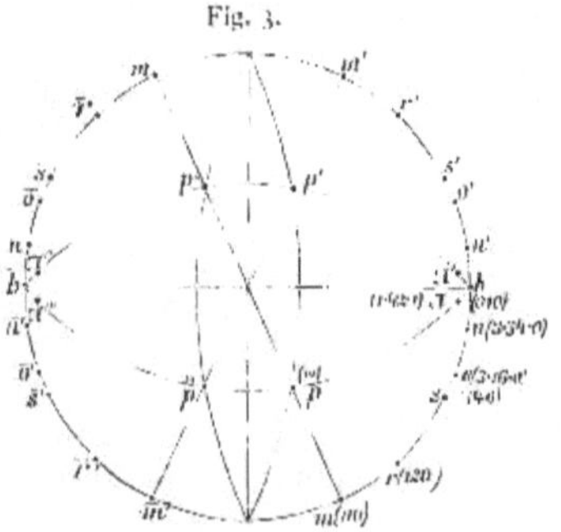

In der Zone *p b* treten Vicinalflächen *x* von *b* auf, deren Lage den Symbolen (1.42.1) entspricht, wie die weiter unten folgenden Winkelangaben zeigen; doch sollen diese, sowie die Symbole der obigen Vicinalflächen nur die Lage der Flächen darstellen, ohne dass damit gemeint ist, dass diese Flächen beständige Formen der Substanz seien.

Die wetzsteinähnlichen Formen der durchscheinenden, nach *b* nicht so stark abgeplatteten Complexe bauen sich durch Aufeinanderlagerung zahlreicher solcher dünner Tafeln mit den Flächen *b* auf, wobei der Umfang der Tafeln nach aussen immer kleiner wird.

Beim Losbrechen der Krystalle entstanden zahlreiche Vicinalflächen von *b* in der Zone $bc = [100]$, für welche ich keine eigenen Symbole berechnet habe; ebenso zeigen sich nahe an c Ansätze zu sehr stumpfen Pyramiden, für deren Symbolisirung keine Anhaltspunkte zu gewinnen waren.

Die Flächenausbildung des Tellurit lässt eine Eigenthümlichkeit erkennen, welche man an den meisten Substanzen mit ausgezeichneter Spaltbarkeit beobachten kann; während die ebenflächigen echten Flächen von constanter Lage meist unter grossen Winkeln gegen die Spaltfläche geneigt sind (so wie hier die Pyramide p mit $bp = 71^{\circ}$ 53), treten zahlreiche Vicinalflächen der Spaltungsebene in verschiedenen Zonen und mit schwankender Symbolisirung auf; denn dass die obigen hochzahligen Indices sich mit anscheinend grösserer Bestimmtheit ergeben, ist nur der geringen Anzahl von beobachteten Fällen zuzuschreiben.

Fig. 3 gibt die Lage aller symbolisirten Flächen in stereographischer Projection.

4. *Winkel. Elemente.*

Die absoluten Dimensionen der beiden gemessenen Krystalle sind 0·5 Mm., beziehungsweise 0·27 Mm. nach a, 0·02 Mm. nach b und 0·80 Mm., respective 0·50 Mm. nach c; die Flächen p geben in Folge ihrer Ebenheit und Glätte gute, jedoch durch Beugung langgezogene Bilder; insbesondere bei p''', welches am schmalsten ist, reicht das Bild beiderseits über das Gesichtsfeld hinaus, woraus sich die grosse Abweichung des Winkels $p\,p'''$ vom berechneten Werthe erklärt.

Aus den am Krystall Nr. 1 gemessenen Winkeln bp und pp'' hatte ich zuerst die Parameter

$$a : b : c = 0{\cdot}4552 : 1 : 0{\cdot}4686$$

berechnet; mit Hinzuziehung der am zweiten Krystalle beobachteten Werthe ergaben sich die genaueren Elemente

$$a : b : c = 0{\cdot}4566 : 1 : 0{\cdot}4693.$$

Krenner fand für das ältere Vorkommen:

$$a : b : c = 0{\cdot}45954 : 1 : 0{\cdot}46495$$

und die Formen b (010), m (110), r (120), s (140), p (111); (140) von schwankender Position, gegen (4. 17. 0) neigend.

Mit Zugrundelegung der Elemente des alten und des neuen Anbruches könnte man für den Tellurit das Axenverhältniss $a : b : c = 0{\cdot}458 : 1 : 0{\cdot}467$ annehmen.

Eine Abweichung der Symmetrie von der rhombischen war aus den Messungen nicht zu entnehmen; an den Elementen fällt die nahe Gleichheit der Parameter a und c auf, welche eine Annäherung der Elemente an ein tetragonales Axensystem mit b als Hauptaxe bedingt; der Flächenhabitus wiederholt jedoch diese Aehnlichkeit nicht, und demgemäss ist auch keine optische Analogie mit dem tetragonalen System vorhanden, indem auf b kein Axenbild erscheint; Krenner fand am älteren Vorkommen die Orientirung ($b\,a\,c$), Axenebene parallel a (100), negative Mittellinie senkrecht b (010).

Klein und Morel beschreiben die von ihnen für rhombisch gehaltene Modification der künstlichen tellurigen Säure als rechtwinkelige, langgestreckte Nadeln mit den Formen $h_1\, g_1\, a_1$ und den Winkeln $h_1\, a_1 = 90^{\circ}$; $a_1\, g_1$ nahe 90°; $a_1\, a_1$ ungefähr 45°; ihre Angabe, dass das zu Grunde liegende rhombische Prisma eine Grenzform des tetragonalen Systems zu sein scheine, ist aus den angeführten Werthen nicht ersichtlich, es müsste nur durch einen Druckfehler $a_1\, a_1$ anstatt $h_1\, a_1$ stehen. In diesem Falle ergäbe sich auch eine einfache Beziehung zu unseren Werthen ($h_1 a_1$ gemessen 45° Klein und Morel, 100 : 101 gerechnet 44° 13 Brezina).

In der folgenden Tabelle sind die für das neue Vorkommen von mir berechneten und gemessenen Werthe mit den entsprechenden von Krenner für das alte Vorkommen angegebenen zusammengestellt.

Brezina, neues Vorkommen						Krenner, altes Vorkommen	
Winkel		Rechnung	Messung	Zahl d. Kanten	Grenzwerthe	Rechnung	Messung
bp	(010) (111)	—	71° 52·8	6	71° 40 — 72° 12	71° 53	—
pp'''	(111) (1̄1̄1)	36° 14·4	36 53·0	1	—	—	36° 12
bπ	(010) (1.42.1)	4 9·7	4 8·7	3	4 0 — 4 21	—	—
ap	(100) (111)	47 3·9	—	—	—	47 28	—
pp'	(111) (1̄11)	85 52·3	—	—	—	—	85 4
cp	(001) (111)	48 29·4	—	—	—	—	—
pp''	(111) (1̄1̄1)	—	96 58·8	2	96 55·5 — 97 2	—	—
bm	(010) (110)	65 27·6		—	—	65 19	—
br	(010) (120)	47 36·0	—	—	—	47 25	—
bs	(010) (140)	28 42·2	—	—	—	28 33	—
bx	(010) (4.17.0)	27 14·9	—	—	—	27 7	—
bo	(010) (3.16.0)	22 19·6	22 26·5	1	—	—	—
bn {	(010) (1.11.0)	11 15·7	} 10 57·0	1	—	—	—
	(010) (3.34.0)	10 56·3					
rr̄'	(120) (1̄20)	84 48·0	—	—		85 10	85 6
sr	(140) (120)	18 53·8	—	—	—	18 52	19 1
mm'	(110) (1̄10)	49 4·8	—	—	—	49 22	49 30
rx	(120) (4.17.0)	20 21·1	—	—	—	20 18	20 15

5. Vergleich mit anderen Substanzen.

Der Tellurit zeigt sowohl im Habitus seiner Combinationen, als auch in Spaltbarkeit und Winkelverhältnissen eine grosse Aehnlichkeit mit den rhombischen Modificationen der arsenigen und antimonigen Säure.

Insbesondere mit der ersteren, dem Claudetit, ist die Uebereinstimmung eine ausserordentliche. Die ausgezeichnete Spaltbarkeit nach *b* (010),[1]) nach welcher dünntafelige Ausbildung vorhanden ist, die Vicinalflächen an *b* in der Prismen- und steilen Pyramidenzone und die durch dieselben bedingte Krümmung gegen *a* zu, ferner die Aehnlichkeit in der Lage der dominirenden, ebenflächigen Pyramide *o*, wodurch eine Näherung der beiderseitigen Elemente bedingt wird, endlich die Dimorphie zwischen einer rhombischen und einer tesseralen Modification (welche allerdings bei der tellurigen Säure nur mit Wahrscheinlichkeit angenommen werden darf) machen die Analogie zu einer sehr vollständigen; die beiderseitigen Elemente sind:

$$\text{Tellurit } a : b : c = 0{\cdot}4566 : 1 : 0{\cdot}4693 \ (a : c = 0{\cdot}9729)$$
$$\text{Claudetit } a : b : c = 0{\cdot}3758 : 1 : 0{\cdot}3500 \ (a : c = 1{\cdot}0737)$$

[1]) P. Groth, Ueber die Isodimorphie der arsenigen und der antimonigen Säure. Pogg. Ann. CXXXVII, 414—433. Taf. VII, Fig. 1—5. 1869.

Die Unterschiede zwischen den beiderseitigen Parametern sind allerdings nicht unbeträchtlich; sie werden jedoch minder auffallend, wenn man den Valentinit zum Vergleiche heranzieht.

Ueber den letzteren hat kürzlich Laspeyres[1]) zahlreiche Beobachtungen veröffentlicht, aus welchen er jedoch ganz unzulässige Schlüsse gezogen hat. Ich habe deshalb seine und die älteren Angaben über den Valentinit einer Discussion unterzogen, welche im Anhange ausführlich wiedergegeben ist; hier will ich nur als Resultat derselben anführen, dass sowohl den älteren Beobachtungen als auch denen von Laspeyres, soweit dieselben überhaupt in Betracht kommen können, am ungezwungensten ein Parameterverhältniss:

$$a : b : c = 0·3915 : 1 : 0·4205 \quad (a : c = 0·9310)$$

entspricht, auf welches bezogen die Formen nachstehende Symbole erhalten:

a (100) *h* (010) *z* (310) *m* (210) *σ* (540) *M* (110) *ϱ* (160) *r* (0.13.1) *d* (0.11.2) *o* (092) *e* (041) *p* (0.10.3) *f* (095) *q* (053) *g* (032) *n* (054) *s* (098) *i* (011) *l* (056) *ι* (405) *ξ* (102) *x* (1.20.19) *u* (4.13.5) *v* (122)

Man sieht, dass die Grundform des Valentinit zwischen denjenigen des Claudetit und des Tellurit steht, mit Ausnahme des Verhältnisses *a : c*, in welchem die Reihenfolge Claudetit, Tellurit, Valentinit ist. Auf alle Fälle steht die Form des Tellurit denen der beiden anderen ebenso nahe wie diese beiden einander. Wenn man also Claudetit und Valentinit isomorph nennt, muss man den Tellurit ebenfalls der Gruppe beizählen, umsomehr, als die Spaltbarkeit bei allen dreien dieselbe ist.

Man könnte nun versucht sein, die auffallende Thatsache der Isomorphie von TeO_2, As_2O_3 und Sb_2O_3 mit den bekannten, durch A. E. Nordenskjöld[2]) zwischen der Mehrzahl der rhombischen Oxyde nachgewiesenen Beziehungen zu erklären; derselbe fand, dass CrO_3, V_2O_5, MoO_3, WO_3, Sb_2O_3, Bi_2O_3, As_2O_3 und TiO_2, also Oxyde von ganz verschiedener chemischer Zusammensetzung sich durch Multiplication einzelner Parameter mit 2, 3 oder $\frac{3}{2}$ auf eine gemeinsame Grundform $a : b : c = 0·397 : 1 : 0·471$ beziehen lassen, wobei die Spaltbarkeit zwar nicht für alle Glieder dieselbe, aber doch immer nach einer Fläche der Zone [001] gerichtet ist. Dagegen ist jedoch zu bemerken, dass nach den heute geltenden Anschauungen von einer Isomorphie dieser Oxyde untereinander in morphologischer Beziehung nicht gesprochen werden kann. Eine Uebereinstimmung der Elemente nach Multiplication eines oder gar zweier Parameter mit wenn auch einfachen Zahlen bei gänzlicher Verschiedenheit des Habitus und abweichender Spaltbarkeit reicht nicht hin zur Begründung der Isomorphie, wenn sie auch immerhin eine interessante Beziehung darstellt und vielleicht in späterer Zeit zu weiteren Schlüssen

---

1) H. Laspeyres, Mineralogische Bemerkungen, VIII. Theil, 15. Krystallographische Untersuchungen am Valentinit. Zeitschr. für Krystallogr., IX, 162—185, 1884.

2) Om Vanadin-och Molybdensyrans Kristallformer. Öfv. 1860, Nr. 6, S. 299—302; auch Pogg. Ann. CXII, 160—163, 1861. In letzterer Uebersetzung sind alle Zehntelgrade irrthümlich als Minuten gesetzt; es ist zu verbessern:

S. 161, Z. 13 von oben	133·8 statt	133° 8′		S. 162, Z. 3 von oben	157·7	statt	157° 7′
S. 161, Z. 15 » »	92·3 »	92 3		S. 162, Z. 4 » »	148·5	»	148 5
S. 161, Z. 10 » unten ∞ $\bar{p}^{3}/_{4}$ »	$\bar{p}^{3},_{4}$			S. 162, Z. 5 » »	140·3	»	140 3
S. 161, Z. 9 » » ∞ p »	p			S. 162, Z. 18 » »	minder	»	einander

Bidrag till kännedomen om oxidernas Kristallformer. Öfv. 1860, Nr. 9, S. 439—452; auch Pogg. Ann. CXIV, 612—627, 1861.

Nordenskjöld schreibt Naumann'sche Zeichen, stellt aber *Z* vertical (Hauptaxe), *X* Makro-, *Y* Brachydiagonale, also *c* Basis, *a* Brachy-, *b* Makropinakoid.

verwendet werden kann. Zudem sind mehrere der obigen Substanzen nur ungenau untersucht, die Elemente sind zum Theile nur aus Messungen ebener Winkel unter dem Mikroskope abgeleitet.

Die einzige, wirklich in unsere Gruppe gehörige Substanz scheint, wie schon Breithaupt[1]) bemerkt hat, die von Letzterem untersuchte Modification der Molybdänsäure $Mo\,O_3$ zu sein, an welcher derselbe ein Prisma (110) von 43° 12, ein unbestimmbares Doma *(okl)*, vollkommene Spaltbarkeit nach (110), sehr deutliche nach (010) beobachtete; aus dem Prismenwinkel ergibt sich $a:b = 0{\cdot}3959:1$, auch die Biegsamkeit der Substanz entspricht der Cohäsion in unserer Gruppe. Hingegen scheint die von Nordenskjöld beobachtete Modification der Molybdänsäure mit der von Breithaupt untersuchten dimorph zu sein, er fand nämlich (*a* und *b* vertauscht)

$$a:b:c = 0{\cdot}3872:1:0{\cdot}4792,$$

Formen $a(100)$ $b(010)$ $c(001)$ $m(430)$ $r(203)$ $s(102)$ $t(103)$

Spaltbarkeit äusserst deutlich (010), minder deutlich (100) und (001).

Man sieht, dass zwischen beiden Modificationen vollkommen die Beziehungen bestehen, die man zwischen dimorphen Körpern zu finden gewohnt ist, eine Zone ähnlich ($bm = 73°48$ Nord., $bp = 68°24$ Breith.), Spaltbarkeit sehr verschieden, so dass beide Substanzen einen ganz anderen Modus der Anordnung besitzen. Es ist offenbar viel ungezwungener, die von Nordenskjöld untersuchte Modification auf das Parametersystem

$$a:b:c = 0{\cdot}2904:1:0{\cdot}2396;\ m(110)\ r(101)\ s(304)\ t(102)$$

zu beziehen. Jedenfalls erfordert die Molybdänsäure eine erneuerte krystallographische Untersuchung.

Auch das Verhalten der Vanadinsäure $V_2\,O_5$ ist eigenthümlich. Nordenskjöld gibt die Elemente (*a* und *b* vertauscht):

$$a:b:c = 0{\cdot}3832:1:0{\cdot}9590$$

Formen $a(100)$ $b(010)$ $c(001)$ $m(110)$ $n(1.20.0)$ $r(011)$ $t(014)$ (?)

Spaltbarkeit sehr deutlich (100), minder deutlich (010), (001).

Diese Substanz liesse sich ebenso gut auf die Elemente

$$a:b:c = 0{\cdot}3832:1:0{\cdot}4795;\ m(110)\ n(1.20.0)\ r(021)\ t(012)$$

beziehen und wäre dann mit unserer Gruppe vollständig isomorph bis auf den Umstand, dass die beste Spaltbarkeit nach (100) anstatt (010) ginge; diese vorzügliche Spaltbarkeit nach (100) ist aber auch aus dem Grunde befremdlich, als das gewöhnliche Prisma $m(110)$ zur besten Spaltbarkeit unter einem kleinen Winkel ($am = 20°58$) geneigt ist, hingegen das seltene *n*, das eher den Charakter einer Vicinalfläche trägt, unter einem sehr grossen ($an = 82°34$), während es gewöhnlich umgekehrt zu sein pflegt; man könnte allenfalls an eine Verwechslung von *a* und *b* denken, allein andererseits stimmt wieder der Charakter von *a* als dominirende Fläche, nach der die Krystalle abgeplattet sind, besser mit der vorzüglichen Spaltbarkeit nach dieser Fläche. Also auch hier sind die Verhältnisse ungewöhnlich, jedoch nicht von der Art, um eine Isomorphie mit unserer Gruppe ohneweiters annehmen zu lassen.

Die Tantalsäure $Ta_2\,O_5$ entspricht weder der Vanadinsäure, noch unserer Gruppe direct; Nordenskjöld fand (*a* und *b* vertauscht):

[1]) Aug. Breithaupt, Ueber die natürliche Molybdänsäure und ihre Homöomorphie mit der natürlichen antimonigen Säure. Berg- und Hüttenm. Ztg. XVII, 125—126, 1858.

$$a : b : c = 0{\cdot}8288 : 1 : 0{\cdot}8239;\ m(110)\ n(101)\ o(301)\ q(041)$$

Spaltbarkeit nicht angegeben.

Hier ist die nahe Gleichheit von a und c sehr deutlich ausgesprochen, dagegen die Zurückführung auf die Gruppenwerthe nicht zulässig, obwohl die Verdoppelung von b zu einem entsprechenden Parametersystem 0·4144 : 1 : 0·4120 führen würde; nachdem jedoch die Formen dann $m(120)$ $n(101)$ $o(301)$ $q(081)$, also minder einfach würden, kann eine solche Aufstellung ohne Kenntniss der Cohäsionsverhältnisse nicht angenommen werden.

Auch das Bleioxyd $Pb\,O$ hat durch nahe Gleichheit von a und c einen pseudotetragonalen Charakter, welcher hier in dem einen Typus (Fig. 8 in den Oefversigt, Fig. 12 in Poggendorff's Annalen, zweite Arbeit Nordenskjöld's) auch durch die Flächenausbildung zur Geltung kommt. Vertauschen wir Nordenskjöld's a und c mit einander, um im zweiten Typus (Fig. 9, beziehungsweise 13) die Längserstreckung aufrecht parallel Z zu erhalten, so wird

$$a : b : c = 0{\cdot}9764 : 0{\cdot}6706 : 1;$$

Formen $b(010)$ $r(111)$ $s(545)$ $t(323)$ Typus I

$b(010)$ $a(100)$ $d(h10)$ $q(4h.3.3h)$ $v(2h.1.h)$ Typus II

Auch diese Elemente lassen sich in Uebereinstimmung mit unserer Gruppe bringen, wenn man b verdreifacht; dann wird

$$a : b : c = 0{\cdot}9764 : 2{\cdot}0118 : 1 = 0{\cdot}4853 : 1 : 0{\cdot}4971$$
$$a(100)\ b(010)\ r(131)\ s(5.12.5)\ t(121)$$

Die Zahlen für die Indices vereinfachen sich noch, wenn man s als (252) annimmt, was mit der Beobachtung Nordenskjöld's und den von Rammelsberg[1]) gefundenen Zahlen auch noch vereinbar ist; in der That ist

	gemessen	berechnet für (252)	berechnet für (5.12.5)
ss'''	99° 36′ N. aus bs 98° 30′ – 45′. Rg.	98° 4	100° 24
ss'	67° 40 Rg.	65 25	66 41
$s\bar{s}''$	fast gleich ss'	63 41	64 55

Allerdings wäre auch hier der Fall denkbar, dass die von Nordenskjöld und Rammelsberg untersuchten Krystalle zwei dimorphen Modificationen angehören, indem die einzige von Letzterem gefundene Pyramide mit einer nicht ganz einfachen Form des anderen Typus und auch da nicht eben befriedigend übereinstimmt. Keinesfalls aber lässt sich eine dieser Formen ohneweiters in unsere Gruppe einreihen, da die obige Axenwahl nur dann annehmbar wäre, wenn die Substanz eine ausgezeichnete Spaltbarkeit nach b besässe, welche für b einen grossen Parameter erfordern würde; von einer Spaltbarkeit ist aber weder bei Nordenskjöld noch bei Rammelsberg die Rede.

Das Quecksilberoxyd $Hg\,O$ wird zwar von Nordenskjöld als mit dem Bleioxyd vollkommen isomorph betrachtet, ist es aber wohl kaum, wenigstens müsste diese Isomorphie erst durch Auffindung gleicher Cohäsionsverhältnisse erhärtet werden, welche von keiner der beiden Verbindungen angegeben sind; stellt man beide Körper mit der

[1]) Rammelsberg, Krystallographische Chemie. Berlin 1855. S. 30.

Längenerstreckung (nach welcher auch am $Hg\,O$ alle Prismenflächen gestreift sind) aufrecht, so werden die Elemente

$$\begin{array}{l} Pb\,O \ldots 0{\cdot}9764 : 0{\cdot}6706 : 1 \\ Hg\,O \ldots \quad 1 \quad : 0{\cdot}6522 : 0{\cdot}9459 \end{array}$$

was allerdings mit Nordenskjöld's Annahme auch nicht unvereinbar wäre; aber auch der ganze Charakter der Combinationen ist ein anderer; mit unserer Gruppe hat das Quecksilberoxyd keinen wahrnehmbaren Zusammenhang; wollte man es auf ein isomorphes Axensystem beziehen, so wäre b zu verdreifachen (also $a : b : c = 0{\cdot}5111 : 1 : 0{\cdot}4834$), wodurch die Prismen (welche allein ihr Zeichen ändern würden) anstatt (430) (110) (230) (120) (130) die Symbole (490) (130) (290) (160) (190) erhielten; eine solche Aufstellung wäre kaum zu rechtfertigen.

Das Wismutoxyd $Bi_2\,O_3$ hat nach Nordenskjöld die Elemente (a und b vertauscht)

$$a : b : c = 0{\cdot}8165 : 1 : 1{\cdot}0640;\ c(001)\ m(110)(034)\ r(011)\ s(032)(031)$$

um es mit der Gruppe isomorph zu machen, wäre b zu verdoppeln, wodurch wir erhielten

$$a : b : c = 0{\cdot}4083 : 1 : 0{\cdot}5320;\ c(001)\ m(120)(032)\ r(021)\ s(031)(061)$$

Die Symbole würden also etwas complicirter, das einzige vorhandene Prisma erhielte das Zeichen (120), was auch wieder nur zu rechtfertigen wäre, wenn eine ausgezeichnete Spaltbarkeit nach b vorhanden wäre.

Die Chromsäure $Cr\,O_3$ hat ein herrschendes Pinakoid b (010) und die Elemente

$$a : b : c = 1 : 0{\cdot}6920 : 0{\cdot}6285;\ b(010)\ m(110)\ q(120)\ s(111)\ r(331)$$

hier fällt wieder die nahe Gleichheit der Axen b und c auf; während dies aber bei den meisten übrigen Oxyden von den zwei zum ausgedehntesten Pinakoide parallelen Axen gilt, ist dies hier anders; auch lässt die Chromsäure kaum eine mit der Gruppe isomorphe Aufstellung zu.

Die Wolframsäure $W\,O_3$ hat nach Nordenskjöld die Elemente

$$a : b : c = 1 : 0{\cdot}6966 : 0{\cdot}4026;\ b(010)\ m(110)\ n(210)(201)(301)(401)(501)(801)$$

durch Verdreifachung von b und Verdoppelung von c erhielte man

$$\begin{array}{c} a : b : c = 1 : 2{\cdot}0898 : 0{\cdot}8052 = 0{\cdot}4785 : 1 : 0{\cdot}3853 \\ b(010)\ m(130)\ n(230)(101)(302)(201)(502)(401) \end{array}$$

also eine unbedeutende Erhöhung der Zahlen für die Indices, dafür aber complicirte Verhältnisse in der Prismenzone. Auch hier ist eine Einreihung in unsere Gruppe nicht gut thunlich.

Wie man sieht, bedürfen noch viele Umstände in der Gruppe der Oxyde eine genauere Untersuchung; von vielen Gliedern derselben fehlen Angaben über die so wichtigen Eigenschaften der Spaltbarkeit, und auch eine grosse Zahl von Formen sind nur sehr angenähert, durch mikroskopische Messungen festgestellt. Es wäre deshalb auch noch verfrüht, Schlüsse aus der anscheinenden Isomorphie des Tellurit mit den beiden oder drei anderen Gliedern, oder aus den Beziehungen zwischen den übrigen Oxyden und den genannten vier ziehen zu wollen. Es wäre aber eine lohnende Aufgabe, an reinem Materiale die so wichtigen Formen dieser Körper von Neuem zu bestimmen.

Die Annahme Mallard's würde allerdings für die auffallenden Erscheinungen der obigen Elemente eine Erklärung geben.

Anhang.

Die Elemente des Valentinit.

Im Nachfolgenden stelle ich chronologisch die auf die Formen und Elemente des Valentinit bezüglichen Publicationen zusammen; der Uebersichtlichkeit halber füge ich Flächensignaturen bei, und zwar, soweit dies möglich, die von den Entdeckern der betreffenden Flächen gebrauchten. Die Originalaufstellungen sind in den Axenlängen beibehalten, die Axen aber immer so gedreht, dass das Spaltungsprisma als Prisma *(h k o)*, das Spaltungspinakoid (parallel der kurzen Diagonale des Prismas) als (010) erscheint.

Behufs grösserer Uebersichtlichkeit stelle ich die für den Valentinit bisher angegebenen Formen in die untenstehende Tabelle zusammen; in erster Colonne steht die Flächensignatur, die folgenden Colonnen enthalten in chronologischer Ordnung die von den einzelnen Autoren gegebenen Formenreihen mit den von ihnen gebrauchten Signaturen; ein Punkt (.) an Stelle einer Signatur deutet an, dass der betreffende Autor die Fläche erwähnt, ohne sie zu signiren; ein Strich (—), dass er eine vorher schon bekannt gemachte nicht erwähnt. Aus der Anordnung der Tabelle ist sofort zu ersehen, welcher Autor eine Fläche zuerst bekannt gemacht hat.

	I		II					III			IV	V
	Mohs-Haidinger 0·7584 : 1 : 2·8283		Sénarmont 0·3942 : 1 : 1·4143		Miller	Descloizeaux	Groth (Pogg.)	Groth (Pogg.) 0·3859 : 1 : 0·3710	Groth Tab. Uebers. 0·3822 : 1 : 0·3414	Laspeyres 0·3914 : 1 : 0·3367	Brezina I 0·3915 : 1 : 0·4205	Brezina II 0·3915 : 1 : 0·3907
h	(010)	*h*	(010)	.	*a*	g^1	*h*	(010)	*b*	*b*	(010)	(010)
M	(210)	*M*	(110)	.	*m*	*m*	*M*	(110)	*p*	*p*	(110)	(110)
p	(012)	*p*	(011)	e^1	*r*	—	*p*	(041)		*r*	(0.10.3)	(052)
l	(018)	.	(014)	e^4	—	e^1	.	(011)		*l*	(056)	(035)
P	(111)	*P*	(121)	.	*x*	—	*P*	(481)	—	*x*	(361)	(241)
v			(041)		*v*	—	.	(0.16.1)	-	*t*	(0.13.1)	(0.10.1)
s			(013)		*s*	e^3	.	(043)	-	*k*	(098)	(056)
o			(043)			$e^{3/4}$	.	(0.16.3)	—	*s*	(092)	(0.16.5)
q			(012)				.	(021)	*q*	*q*	(053)	(054)
n								(032)	*q'*	*q'*	(054)	(0.9.10)
x								(1.20.15)	*x*	*x*	(1.20.19)	(1.20.25)
a								(100)		*a*	(100)	(100)
π								(310)		*π*	(310)	(310)
m								(210)		*m*	(210)	(210)
σ								(540)		*σ*	(510)	(540)
ϱ								(160)		*ϱ*	(160)	(160)
χ								(071)		*h*	(0.11.2)	(041)
d								(0.27.4)		*d*	(0.11.2)	(041)
c								(092)		*c*	(041)	(031)
f								(073)		*f*	(015)	(075)
g								(0.15.8)		*g*	(032)	(098)
i								(051)		*i*	(011)	(031)
ε								(101)		*ε*	(105)	(305)
ζ								(508)		*ζ*	(102)	(308)
u								(3.10.3)		*u*	(1.13.5)	(3.10.5)
ξ								(5.10.8)		*v*	(122)	(368)

10*

Phillips Williams, An elementary introduction. 3. ed. London 1823. 331.

»It yields to mechanical division parallel to the sides of a rhombic prism of 137°43′ and 42° 17′, by the reflective goniometer, but the principal cleavage is parallel to the lesser diagonal of the prism.«

Mohs Fr., Grundriss der Mineralogie. Dresden 1824. II, 168—171.

Die Axen nach obiger Regel vertauscht, werden die Elemente:

$$a : b : c = \sqrt{7{\cdot}77} : \sqrt{12{\cdot}5} : 10 = 0{\cdot}7884 : 1 : 2{\cdot}8283$$

$h(010) = Pr + \infty$; $M(210) = (Pr + \infty)^3$ Spaltungsprisma; $p(012) = \bar{P}r - 1$; $P(111) = P = 105°38 : 79°44 : 155°17$; ferner die Winkel $M = (210)(2\bar{1}0) = 43°2$ (Normalenwinkel) Refl. gon.; $p = (012)(0\bar{1}2) = 109°28$ Annäherung. Spaltbarkeit M sehr vollkommen. Zu letzterer fügt Haidinger in der Uebersetzung hinzu: »scarcely traces parallel to $\bar{P}r + \infty$.« (Treatise on mineralogy by Fr. Mohs, translated by W. Haidinger. Edinburgh 1825. II, 152.)

Beudant, Traité de minéralogie. 2 éd. Paris 1830. II, 615.

»Masses clivables parallèlement aux pans d'un prisme rhomboïdal de 137°43′, et aussi suivant les diagonales de ce prisme.« Laspeyres führt unter den Angaben Beudant's nur die Spaltbarkeit nach (110) und (010), nicht die nach (100) an, während Beudant solche nach beiden Diagonalen angibt.

Breithaupt, Vollständige Charakteristik. 3. Aufl., 1832, S. 62 (damit übereinstimmend Vollständiges Handbuch, 1841, II, 185) gibt an: »$\bar{P}\sim = \frac{1}{2}\overset{4}{\underset{8}{O}} = 109°28'16''$; $\sim P = \frac{913}{360}\sim O' = 43°2'21''$ (109°28′; 43°2′ Hdgr). Spaltbarkeit prismatisch, vollkommen, brachydiagonal unvollkommen.« Nachdem Breithaupt innere Winkel und für die Domen Polkantenwinkel verwendet, wäre obiges Doma allerdings ein flaches, während Mohs-Haidinger's Doma steil ist. Allein Breithaupt hat ohne Zweifel einfach übersehen, dass Mohs ein steiles Doma gemeint hat; dafür spricht vor Allem, dass er die Haidinger'schen Werthe zum Vergleich neben seine ohne weitere Bemerkung setzt, also offenbar voraussetzt, dass sie dieselben Gestalten betreffen. Die Täuschung ist wahrscheinlich dadurch entstanden, dass er in Folge des Mohs'schen Zeichens $Pr - 1$ an ein flacheres Doma dachte und nicht bemerkte, dass bei der Länge der von Mohs gewählten aufrechten Axe auch das flachere Doma noch immer ein steiles ist. Der Irrthum war um so leichter möglich, als Breithaupt offenbar keine Messung vornahm; seine gegen Mohs veränderten Winkel beruhen auf Rechnung, er gab nämlich für das Doma den genauen Oktaëderwinkel statt des auf Minuten abgerundeten, welcher bei Mohs erscheint, und für das Prisma den aus seinem Symbol $\frac{913}{360}\sim O'$ berechneten (43°2′19·5″). Nachdem also jedenfalls Breithaupt in einem Irrthum befangen war, ist seine Angabe einfach zu streichen. Es scheint mir deshalb auch nicht gut anzugehen, dass man, wie Groth gethan hat, die Angaben von Mohs in Zweifel stellt; Mohs kann ja nichts dafür, dass Breithaupt eine Confusion gemacht hat, und auch der zufällige Umstand, dass der Domenwinkel dem des regulären Oktaëders gleich gefunden wurde, lässt noch nicht mit Bestimmtheit die Deutung zu, dass diese Gleichheit nur auf Schätzung beruhe, wenngleich die Möglichkeit davon zugegeben werden muss. Und selbst wenn dies erwiesen wäre, kann man noch nicht daraus schliessen, dass die Schätzung eine ungenaue sei; sie kann im Gegentheil viel genauer sein als eine Messung mit dem Anlegegoniometer, welche man ja ohne Bedenken als Grundlage einer Elementenbestimmung annehmen würde.

Mohs, Leichtfassliche Anfangsgründe. 2. Auflage. Wien 1839. II, 155 fügt nach Beobachtung Haidinger's zu den früheren Flächen noch $Pr - 3 = 38^{0}\,56 = (018)$ hinzu. Bis hierher sehen wir somit ausschliesslich die erste, Mohs-Haidinger'sche Aufstellung im Gebrauche:

I. $\begin{cases} \text{Mohs-Haidinger. } a : b : c = 0{\cdot}7884 : 1 : 2{\cdot}8283 \\ h(010)\ M(210)\ p(012)\ d(018)\ P(111);\ hM = 68^{0}\,29';\ hp = 35^{0}\,16';\ hd = 70^{0}\,32' \end{cases}$

Sénarmont H. de, Note sur l'antimoine oxydé naturel de forme octaédrique. Ann. chim. phys. 1851, XXXI, 504—507. Gibt keine neuen Messungen, welche zur Bestimmung der Elemente beitragen könnten; er bezeichnet die Mohs'schen Formen $p(012)$ und $P(111)$ mit $e^{1} = (011)$ und $(b^{1}/_{3}\,h^{1}\,b^{1}) = (121)$, setzt also $a : b : c = 0{\cdot}3942 : 1 : 1{\cdot}4142$ und gibt die neuen Formen $e^{4} = (014)$ mit 38^{0} und $(b^{1}/_{4}\,h^{1}/_{12}\,b^{1}) = (1.3.24)$ mit der brachydiagonalen Polkante 34^{0} und dem Winkel zum Grundprisma 57^{0} an; das Zeichen dieser Pyramide stimmt, wie schon Laspeyres bemerkt, nicht mit den zwei angegebenen Winkeln (es würde nämlich den Polkantenwinkel $22^{0}\,0$ und den Winkel zum Prisma $77^{0}\,17'$ erfordern); Laspeyres vermuthet deshalb, dass das Zeichen $(b^{1}/_{5}\,h^{1}/_{12}\,b^{1}) = (2.3.12)$ heissen sollte, was aber auch nicht zulässig ist, da dieses Zeichen den Polkantenwinkel $36^{0}\,13'$ (nicht $32^{0}\,33'$, wie Laspeyres angibt) und den Winkel zum Prisma $52^{0}\,48'$ erfordern würde, also Winkel, welche von den Sénarmont'schen um 2 bis 4 Grade abweichen; der Winkel für das Doma e^{4} stimmt bei Sénarmont zwischen Rechnung und Messung auf einen Grad (38^{0} gemessen, $38^{0}\,56'$ berechnet), und man darf nicht einen um so viel grösseren Spielraum bei den zwei Pyramidenwinkeln voraussetzen. Aus Sénarmont's zwei Winkeln berechnet sich für die Pyramide das Zeichen (4.7.28), nämlich $k : h = 1{\cdot}758$ und $l : h = 7{\cdot}083$, oder $(b^{1}_{11}\,h^{1}_{28}\,b^{1}_{3})$; da dieses Zeichen keinerlei Beziehung zu dem von Sénarmont gegebenen erkennen lässt, kann man heute nicht mehr entscheiden, ob sich dieser Autor in den Winkeln oder im Symbol geirrt hat, und es bleibt nichts Anderes übrig, als diese Form bis auf neuerliche Beobachtung zu streichen.

Wir haben also jetzt die zweite Aufstellung:

II. $\begin{cases} \text{Sénarmont. } a : b : c = 0{\cdot}3942 : 1 : 1{\cdot}4142 \\ h(010)\ M(110)\ p(011)\ d(014)\ P(121);\ \text{Winkel wie unter I.} \end{cases}$

Miller W. H., Elementary introd. London 1852. S. 253—254 gibt die Fundamentalwinkel (a und b vertauscht) $011.001 = 54^{0}\,44'$; $110.010 = 68^{0}\,29$

	$h(010)$	$s(013)$	$p(011)$	$r(041)$	$M(110)$	$P(121)$
Miller's Signatur	a	s	r	r	m	x

worunter s und r neu, bezieht also die Krystalle auf dieselben Elemente wie Sénarmont; Miller gibt nur die aus den Mohs'schen Werthen berechneten Winkel, so dass zur Discussion der von mir gewählten Elemente nur die Symbole seiner neuen Flächen verwendet werden könnten.

Fellenberg E. v., Neues Jahrb. 1861, S. 302 erwähnt Valentinit von Felsöbanya mit den Flächen $\infty P(110)$, $0P(001)$, $\breve{P}\infty(011)$, $2\bar{P}\infty(021)$, $\infty\breve{P}\infty(010)$, $\infty\bar{P}\infty(100)$. Hievon wäre (021) neu; es ist zwar misslich, dass gar keine Messungen angeführt sind, was bei dem complicirten Baue der Valentinitkrystalle die Vermuthung entstehen lassen könnte, dass die Zeichen nur auf Schätzung beruhen, umsomehr, als Fellenberg nicht einmal angibt, auf welches Axenverhältniss seine Symbole bezogen sind; da jedoch derselbe Uebelstand auch bei vielen anderen Formen des Valentinit vorliegt, wird man auch diese von Fellenberg angegebene nicht gut ausschliessen können.

Dasselbe gilt von Descloizeaux, Nouvelles récherches (Savants étrang. XVIII, 568, 1867), welcher für Bräunsdorf die Formen e^3 (013) und e^4 (014) anführt, also offenbar auch die Sénarmont-Miller'sche Aufstellung adoptirt, und ausserdem eine neue Form gibt, $e^{3/4}$ = (034); Descloizeaux führt ausser dem Prismenwinkel keinen weiteren an.

Mit Hinzunahme der neu beobachteten Flächen lautet somit die zweite Aufstellung:

II. Sénarmont. $a : b : c = 0{\cdot}3942 : 1 : 1{\cdot}4142$
h(010) c(001) M(110) d(014) s(013) e(034) p(011) q(021) r(041) P(121)
$hM = 68°29$; $hd = 70°32$; $hs = 64°46$; $he = 43°19$; $hp = 35°16$; $hq = 19°28$;
$hr = 10°2$.

Groth, Ueber die Isodimorphie etc. Pogg. Ann. CXXXVII, 414—433, 1869, bespricht die Angaben von Mohs-Haidinger, Breithaupt, Dana und Descloizeaux; was die ersteren Autoren betrifft, wurde schon oben erwähnt; bezüglich Dana's vermisst Groth einen Nachweis über die Flächen (013) und (041); diese sind wohl aus Miller entnommen. Von Descloizeaux erwähnt Groth die neue Fläche $\frac{4}{3} \bar{P}\infty$. Als neu beobachtet erscheint — auf Sénarmont's Elemente bezogen — $\frac{1}{2} \bar{P}\infty = f$(012) mit dem Endkantenwinkel 110°, also $hf = 55°$ (berechnet nach Mohs' Werthen 54° 44).

Groth hat den Prismenwinkel neu gemessen und mit Beibehaltung des Mohs-schen Winkels hp ein neues Parametersystem gegeben (wobei c, wie Laspeyres bemerkt hat, durch einen Druckfehler verändert wurde); ich gebe seine Aufstellung, welche er zur Parallelisirung mit dem Claudetit vorgenommen hat und worin c ein Viertel des Sénarmont'schen Werthes beträgt, mit Bezugnahme auf die Mohs-Haidinger'schen Winkel:

III. Groth. $a : b : c = 0{\cdot}3942 : 1 : 0{\cdot}3535$
h(010), M(110), d(011), s(043), f(021), e(031), p(041), q(081), r(0.16.1), P(481)
Winkel wie unter II, nebstdem $hf = 54° 44'$.

In seiner zweiten Veröffentlichung über den Valentinit (Tabellarische Uebersicht. Braunschweig 1874. S. 84—85) berechnet Groth auf Grundlage neuer Messungen ($MM' = 41° 50$, $Mf = 78° 19$) die Elemente $a : b : c = 0{\cdot}3822 : 1 : 0{\cdot}3443$, gibt ein neues Doma $\frac{3}{2} \bar{P}\infty = g$(032) und eine Pyramide $\frac{4}{3} \bar{P} 20 = x$(1.20.15) und fünf gemessene Winkel, gg', xx', xx''' nebst obigen Fundamentalwinkeln an; die Bemerkung Groth's, dass die in seiner früheren Arbeit nachgewiesene Fläche f(021) mit dem Mohs'schen Doma identisch sei, hat nur dann Geltung, wenn man annimmt, dass Mohs Pol- und Seitenkantenwinkel verwechselt habe, für welche Annahme jedoch, wie ich oben gezeigt habe, kein Grund vorliegt.

Laspeyres, Mineralogische Bemerkungen VIII. Zeitschr. Kryst. IX, 162—195. 1884; darin krystallographische Untersuchungen am Valentinit, S. 162—185.

Ich will nicht die sämmtlichen Beobachtungen von Laspeyres hier einzeln besprechen, sondern gleich vorausschicken, dass unter allen von ihm gemessenen Formen nur zwei an einer grösseren Zahl von Krystallen ausgebildet waren; das Grund-, resp. Spaltungsprisma $M(p)$, für das sehr zahlreiche Werthe an allen Valentinitvorkommnissen ermittelt wurden, und das Doma i, das an acht verschiedenen Krystallen, welche zwei Stufen von Bräunsdorf entstammten, mit befriedigender Uebereinstimmung gemessen werden konnte; unter den übrigen zwölf von Laspeyres angegebenen neuen Formen sind sieben, nämlich *χ (h), u, f, ε, σ, π* und *m* nur je einmal beobachtet, *ρ* und *g* je zweimal (*g* mit einem Unterschiede von $1\frac{1}{2}$ Grad zwischen den zwei Messungen) und nur *d* viermal mit sehr nahe übereinstimmenden Werthen (*bd* zwischen 23° 47 und 23° 59). Schon hieraus geht hervor, dass die Mehrzahl der neuen Formen kaum Anspruch auf Selbstständigkeit besitzen, und dass daher bei der Wahl der Grundform wenig Rücksicht auf dieselben genommen werden kann.

Es erscheint deshalb angezeigt, die zwei Formen *p* und *i* als Grundprisma und -Doma anzunehmen, keinesfalls aber der Fläche *i* ein so complicirtes Symbol (054) beizulegen, wie Laspeyres gethan hat, lediglich der von Groth ausgesprochenen Vermuthung zu Liebe, dass eine (nicht beobachtete) Grundform (111) des Valentinit von ähnlichen Abmessungen wie am Claudetit existire; denn solche Beziehungen zwischen den Formen haben nur dann einen Werth, wenn sie aus der Natur herausgelesen werden; in dieselbe hineininterpretirt sind sie bedeutungslos.

Unter der Annahme *M* (110) und *i* (011) werden die Elemente des Valentinit (aus *hM* = 68° 37·3 und *hi* = 67° 11·5 berechnet)

$$a : b : c = 0·3915 : 1 : 0·4205.$$

Man sieht sogleich, dass die einzige Fläche, welche ausser *M* und *i* an einer grösseren Zahl von Krystallen beobachtet wurde, das Doma *d* nicht gleichzeitig mit *i* ein einfaches Zeichen besitzen kann, da aus *hd* = 23° 53 (Mittel von vier Werthen) ein Symbol (0.16.3) folgt (*hd* berechnt 24° 2). Es ergibt sich nämlich das Verhältniss der Indices $k : l = 5·3707$, was, in einen Kettenbruch entwickelt, der Reihe nach die Näherungsbrüche $\frac{5}{1}$, $\frac{11}{2}$, $\frac{16}{3}$, also die Symbole (051), (0.11.2), (0.16.3) ergibt, denen die Winkel *hd* = 25° 26, 23° 23 und 24° 2 entsprechen. Da die gemessenen Werthe zwischen 23° 47 und 23° 59 liegen, können die beiden Symbole (051) und (0.11.2) nicht gut gewählt werden. Wollte man die Hochzahligkeit des Symbols von *d* auf die beiden Formen *d* und *i* vertheilen, so könnte man diese mit *i* (034) und *d* (041) bezeichnen, wodurch die Elemente

$$a : b : c = 0·3915 : 1 : 0·5607$$

würden. Die letztere Annahme entspricht, wie weiter unten gezeigt werden wird, den Beobachtungen minder gut als die erstere und ist somit zu verwerfen.

Bevor wir nun die den Formen unter den verschiedenen Annahmen zu ertheilenden Symbole und die daraus berechneten Winkelwerthe mit den gemessenen zusammenstellen, sind noch einige Bemerkungen über die Formen und Beobachtungen vorauszuschicken.

Wenn wir die Reihe der für den Valentinit angegebenen Flächen durchgehen, so sehen wir zunächst, dass die Formen der aufrechten Zone

a (100) *π* (310) *m* (210) *σ* (540) *M* (110) *g* (160) *h* (010)

in den Aufstellungen von Groth und mir gleiches Zeichen behalten, also für die Discussion der Elemente ohne Belang sind.

Von den übrigen Formen sind *r (l)* und *s (k)* Miller, *o* Descloizeaux und *P* Mohs von den betreffenden Autoren ohne Angabe gemessener Winkel eingeführt, kommen also bei der Wahl der Elemente ebenfalls nicht in Betracht.

Die von Laspeyres angegebene Fläche *χ (h)* ist nur einmal beobachtet, mit einem gemessenen Winkel *χi* »von etwa 44° 31«. Derselbe Winkel für die viermal beobachtete

Fläche d ist $di = 43^\circ 26{\cdot}5$; da nun Winkeldifferenzen von ein bis anderthalb Graden am Valentinit etwas ganz Gewöhnliches sind, so ist ohneweiters klar, dass diese beiden Flächen vereinigt werden müssen, beziehungsweise dass die offenbar schlecht ausgebildete Fläche $\chi(h)$ zu streichen ist.

Bei den Formen u und f hat Laspeyres eine arge Verwirrung angerichtet. Er gibt Seite 174 als gemessen an: $h(b)\,M(p) = 68^\circ 37$ ($68^\circ 41$ bis $68^\circ 33$), $uM(p) = 45^\circ 49$ ($45^\circ 58$ bis $45^\circ 45$), $uh(b) = 49^\circ 18$ ($49^\circ 20$ bis $49^\circ 16$), »sowie unsicher«: $M(p)f = 75^\circ 49$ ($76^\circ 35$ bis $75^\circ 0$) »daraus« $fu = 30^\circ 0$.

Ferner wird die Tautozonalität von $M(p)\,uf$ übereinstimmend mit der Zeichnung Fig. 9, Taf. V angegeben und für u das Symbol (3.10.3), für f (0.20.9) abgeleitet. Das ist schon an sich unmöglich, da aus der Zone M(110) u(3.10.3) für f das Symbol (073) folgt. Ferner berechnen sich aus den obigen Winkeln hM, Mu, uh mit Rücksicht auf Zone Muf die Winkel $Mf = 76^\circ 52$ (in hinlänglicher Uebereinstimmung mit dem unsicher gemessenen Werthe $75^\circ 49$), $hf = 51^\circ 26{\cdot}5$ und $ff' = 77^\circ 7$. Hingegen gibt nun Laspeyres auf Seite 175 an: hf gerechnet $53^\circ 18$, was offenbar mit einem kleinen Rechenfehler aus dem Symbol (0.20.9) abgeleitet wurde, da dieses Symbol unter Annahme der Laspeyres'schen Grundform ergäbe $hf = 53^\circ 13$, $ff' = 73^\circ 34$. Weiter aber (Seite 185) findet sich die Angabe $ff = 73^\circ 36$ berechnet, $73^\circ 24$ beobachtet, was für fh die Werthe $53^\circ 12$ berechnet, $53^\circ 18$ gemessen liefern würde. Bei dem vielfachen Widerspruch in den Angaben ist nicht mit Bestimmtheit zu sagen, wie es sich mit diesen Flächen verhält, doch ist das Wahrscheinlichste, dass die ersten vier als gemessen angegebenen Winkel und die Tautozonalität Muf Bestand haben, wonach f mit (073) nach Laspeyres'scher Aufstellung zu bezeichnen ist. Zur Discussion der Elemente kann aber f unter solchen Umständen nicht benutzt werden.

Die Formen f, q, g, $n(q')$, $s(k)$ und i bilden eine Reihe, in welcher die benachbarten Glieder einander sehr nahe stehen; es ist $hf = 51^\circ 26{\cdot}5$ (aus der Position von u und der Tautozonalität Muf berechnet), $hq = 55^\circ$ (aus $qq' = 70^\circ$), $hg = 56^\circ 47$ bis $58^\circ 15$ (zwei Messungen von Laspeyres), $hn = 62^\circ 36{\cdot}5$ (aus $nn' = 54^\circ 47$), $hs = 64^\circ 46$, $hi = 67^\circ 11{\cdot}5$. Eine solche Erscheinung zeigt sich häufig in Zonen, welche auf eine ausgezeichnete Spaltfläche zulaufen, oder welche überhaupt zu Treppenbildung hinneigen. In einem solchen Falle ist doppelte Vorsicht bei Annahme von Flächen nothwendig, da die Abstände benachbarter Formen zuweilen auf das Maass der Ausbildungsfehler der Flächen herabsinken. Hiezu kommt, dass die obige Reihe um denjenigen Werth oscillirt, welchen der Winkel (010)(011) nach meiner zweiten Aufstellung besitzt, nämlich $60^\circ 43$. Damit soll natürlicherweise nicht gesagt sein, dass innerhalb des Abstandes f bis i nur diese eine Fläche anzunehmen sei; es ist vielmehr eine charakteristische Eigenschaft solcher oscillirenden Flächenfolgen, dass um eine Form von sehr einfachem Symbol (welche entweder wirklich beobachtet wird oder in Wirklichkeit nicht auftritt, so wie hier) Formen von complicirtem Zeichen in grösserer Zahl auftreten, deren Existenz allerdings dem Bestreben des Krystalles zu entspringen scheint, Formen von einfachen Verhältnissen hervorzubringen. Den Flächen g entsprechen nach meiner zweiten Annahme alle zwischen (087) und (0.15.14) gelegenen Symbole, während für n solche zwischen (0.9.10) und (0.15.16) annehmbar sind; man sieht, wie nahe einander und dem Symbole (011) dieselben rücken.

Ich habe nun in der folgenden Tabelle die Flächensignatur, das Laspeyres'sche Symbol, den Winkel, der zur Symbolisirung verwendet wurde, seinen gemessenen und den nach Laspeyres berechneten Werth, sowie die Differenz gemessen — berechnet, ferner die entsprechenden Werthe nach meinen beiden Annahmen zusammengestellt.

d	(0.27.4)	dh =	(0.27.4)	(010)	23° 53	23° 45	8′	(0.11.2)	23° 23	30′	(041)	24° 2	9′
e	(092)	eh =	(092)	(010)	32 55	33 25	30	(041)	30 44	131	(031)	30 44	131
p	(041)	pp' =	(041)	(0$\bar{4}$1)	109 28	106 48	160	(0.10.3)	109 0	28	(052)	109 0	28
q	(021)	qM =	(021)	(110)	78 19	78 16	3	(053)	77 55	24	(054)	77 55	24
		qq' =	(021)	(0$\bar{2}$1)	70 —	67 52	128		70 3	3		70 3	3
g	(0.15.8)	gh =	(0.15.8)	(010)	57 31	57 44	13	(032)	57 45	14	(098)	57 45	14
u	(032)	uu' =	(032)	(0$\bar{3}$2)	54 47	53 35	72	(054)	55 27	40	(0.9.10)	53 33	74
i	(054)	ih =	(054)	(010)	67 11·5	67 11·5	0	(011)	67 11·5	0	(034)	67 11·5	0
l	(011)	ll' =	(011)	(0$\bar{1}$1)	38 56	37 12·5	103·5	(056)	38 38	18	(035)	37 11	105
ε	(101)	$a\varepsilon$ =	(100)	(101)	49 30	49 18	12	(405)	49 19	11	(305)	49 19	11
ξ	(508)	Zone $v\xi v'$			—	—	—	(102)	—	—	(308)	—	—
x	(1.20.15)	xx' =	(1.20.15)	($\bar{1}$.20.15)	6 14	5 59	15	(1.20.19)	5 55	19	(1.20.25)	5 59	15
		xx''' =	(1.20.15)	(1.$\bar{20}$.15)	48 40	48 17	23		47 41	59		48 15	25
n	(3.10.3)	nh =	(3.10.3)	(010)	49 18	49 36	18	(4.13.5)	50 20	62	(3.10.5)	49 36	18
		nM =	(3.10.3)	(110)	45 49	45 42	7		45 35	14		45 46	3
v	(5.10.8)	$vv':v''v'''$ =	(054)	(0$\bar{5}$4)	47 3	45 37	86	(122)	45 37	86	(368)	45 37	86
		vv' =	(5.10.8)	($\bar{5}$.10.8)	53 39·5	52 43	56·5		52 41	58·5		52 41	58·5
Summe	179 d. Indices						735 d. Diff.	145 d. Indices		597·5 d. Diff.	175 d. Indices		604·5 d. Diff.

Die Summe der Indices und der Differenzen gemessen — berechnet wird nun

bei Laspeyres:	Summe	der	Indices	179,	der	Differenzen	735 Minuten
» Brezina I:	»	»	»	145,	»	»	598 »
» Brezina II:	»	»	»	175,	»	»	605 »

es ist also die Annahme Brezina I mit $a : b : c = 0{\cdot}3915 : 1 : 0{\cdot}4205$ beizubehalten, da sie die niedrigsten Symbole und gleichzeitig die beste Uebereinstimmung zwischen gemessenen und berechneten Winkeln ergibt.

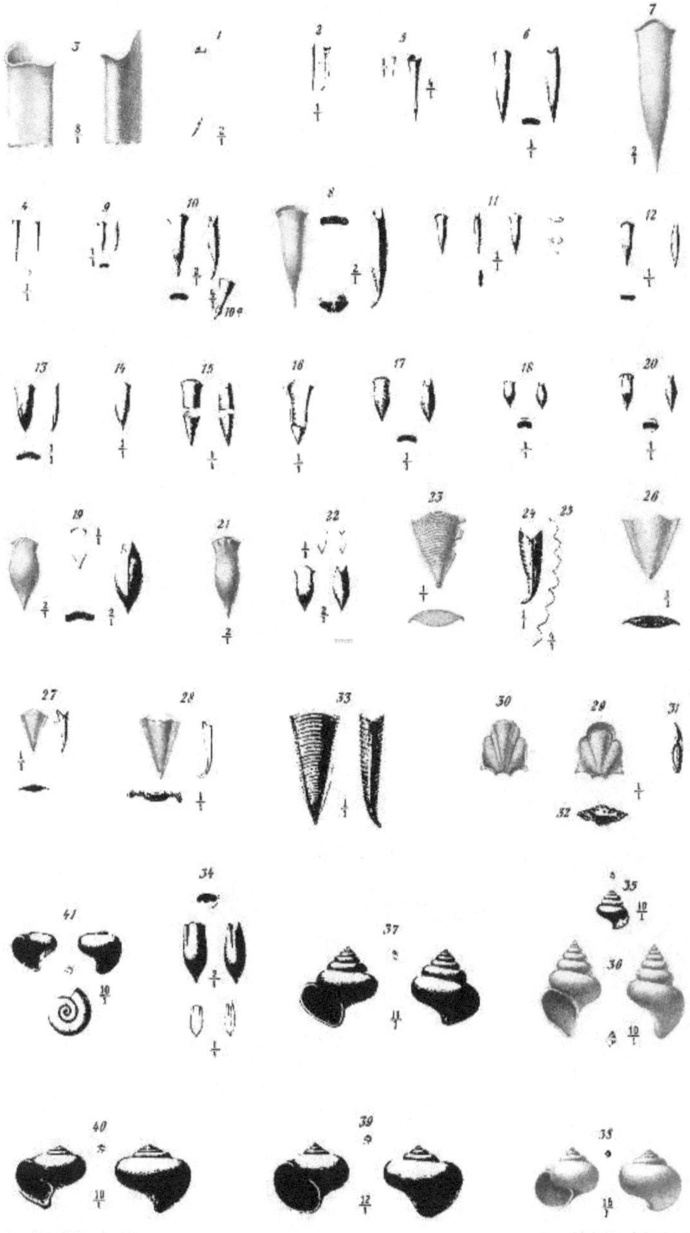

Autor del. F. Schröer lith. Druck v. Th. Bannwarth, W.

Annal. d. k.k. Naturhist. Hofmuseums Band I. 1886.

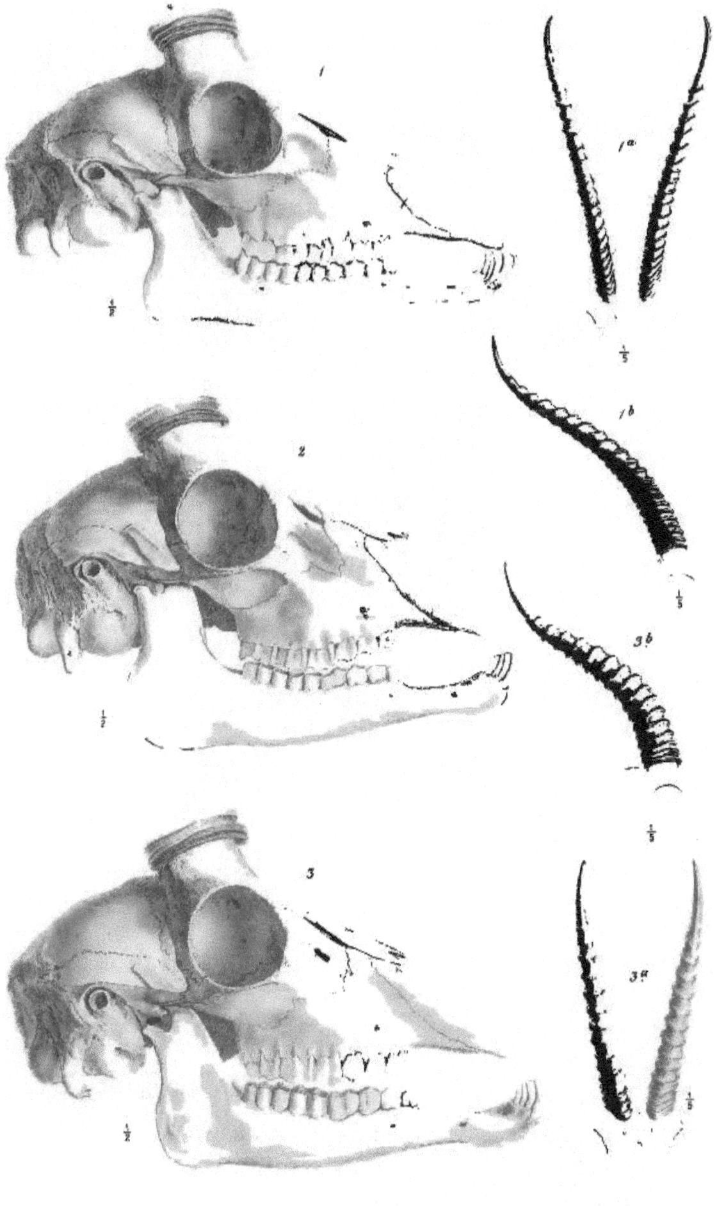

Annal. d. k. k. Naturhist. Hofmuseums Band I. 1886.

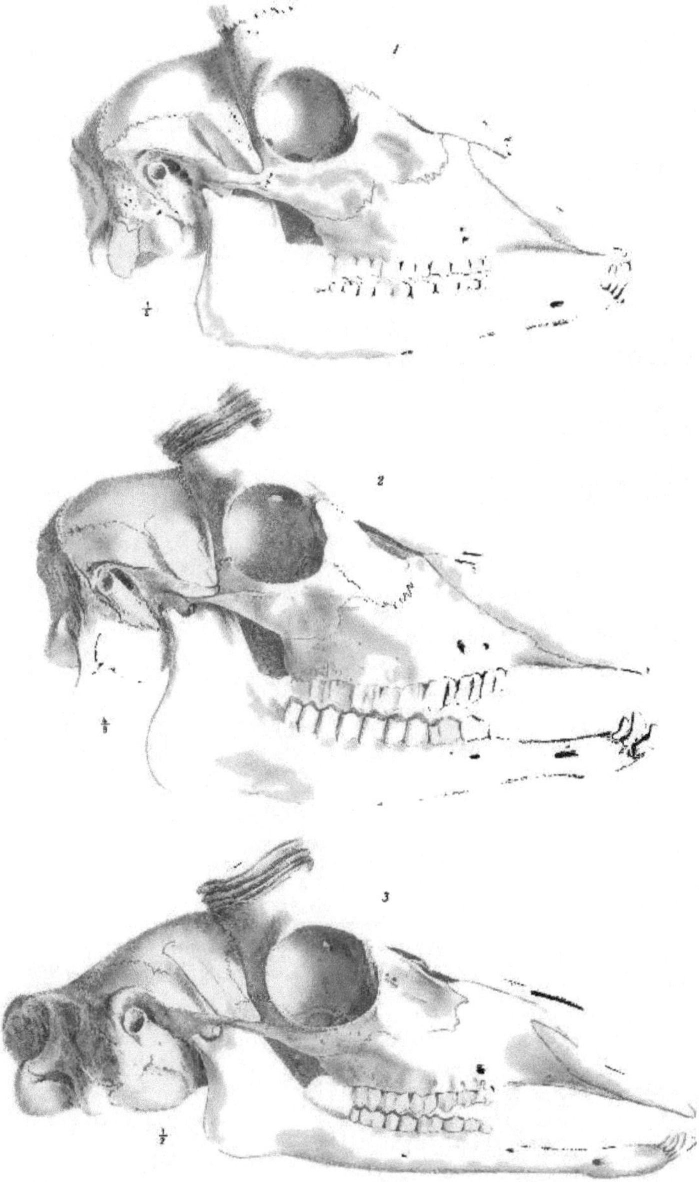
1
2
3

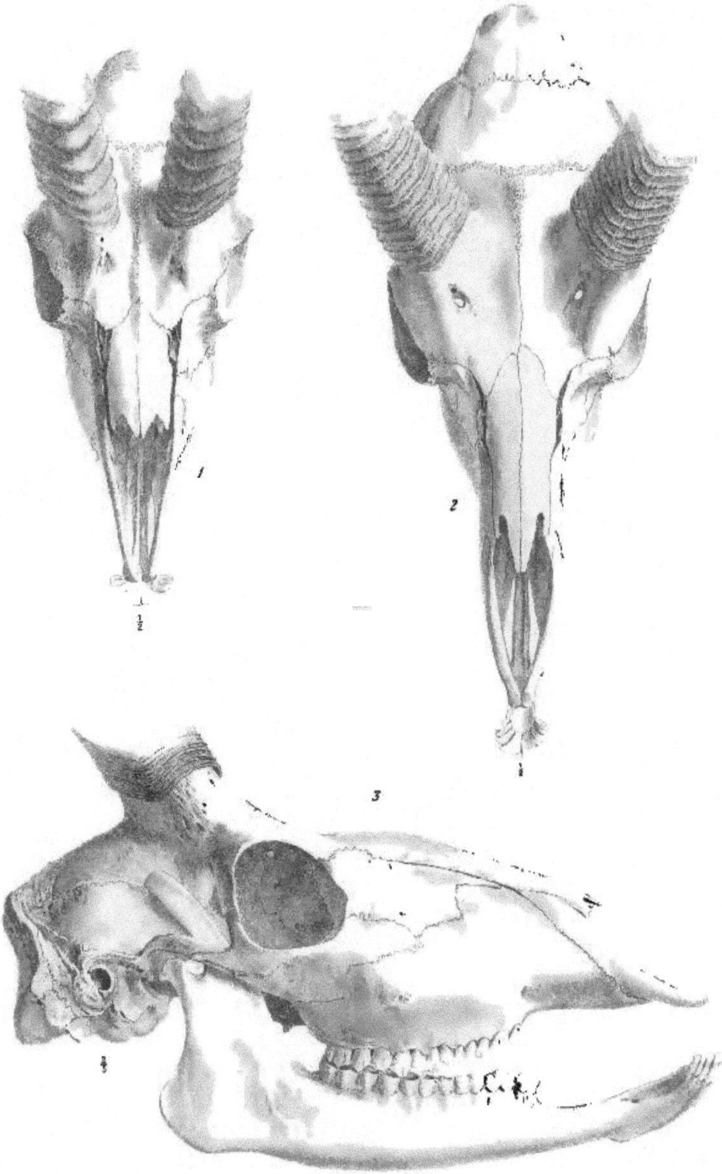
1
2
3

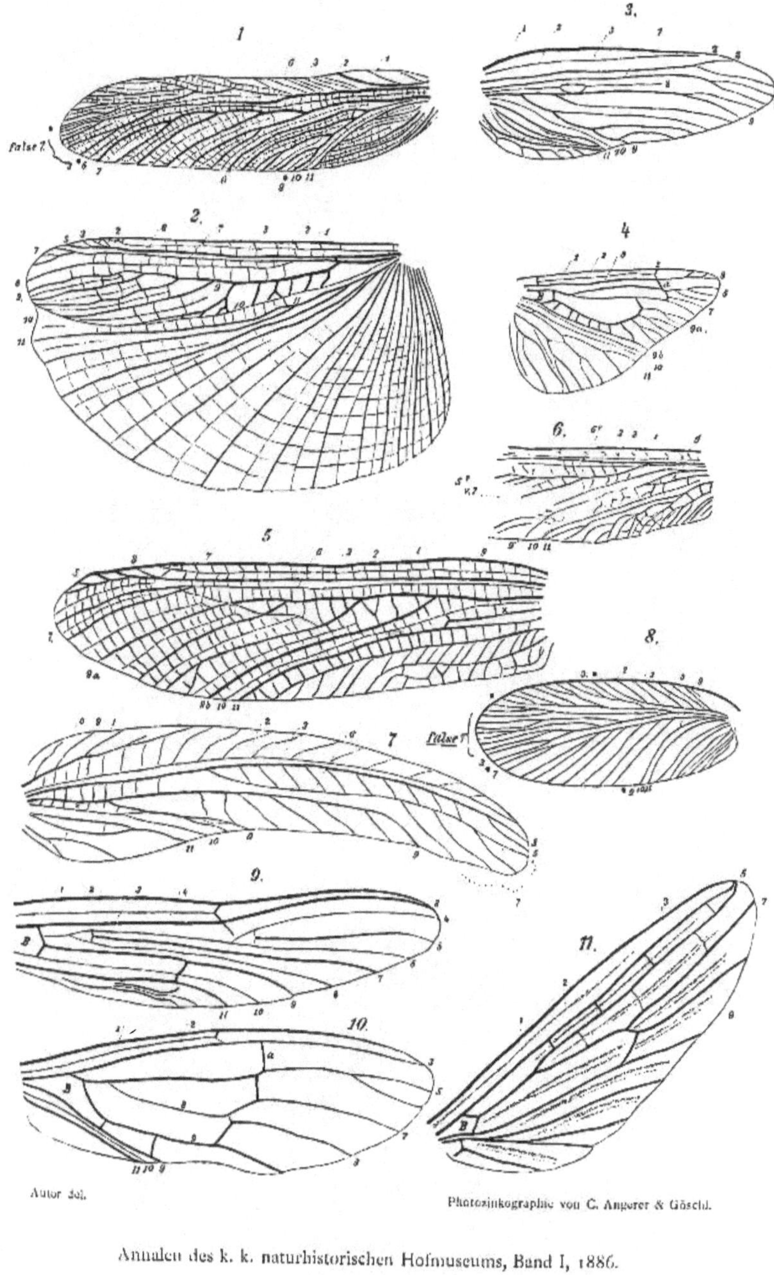

Autor del.

Photozinkographie von C. Angerer & Göschl.

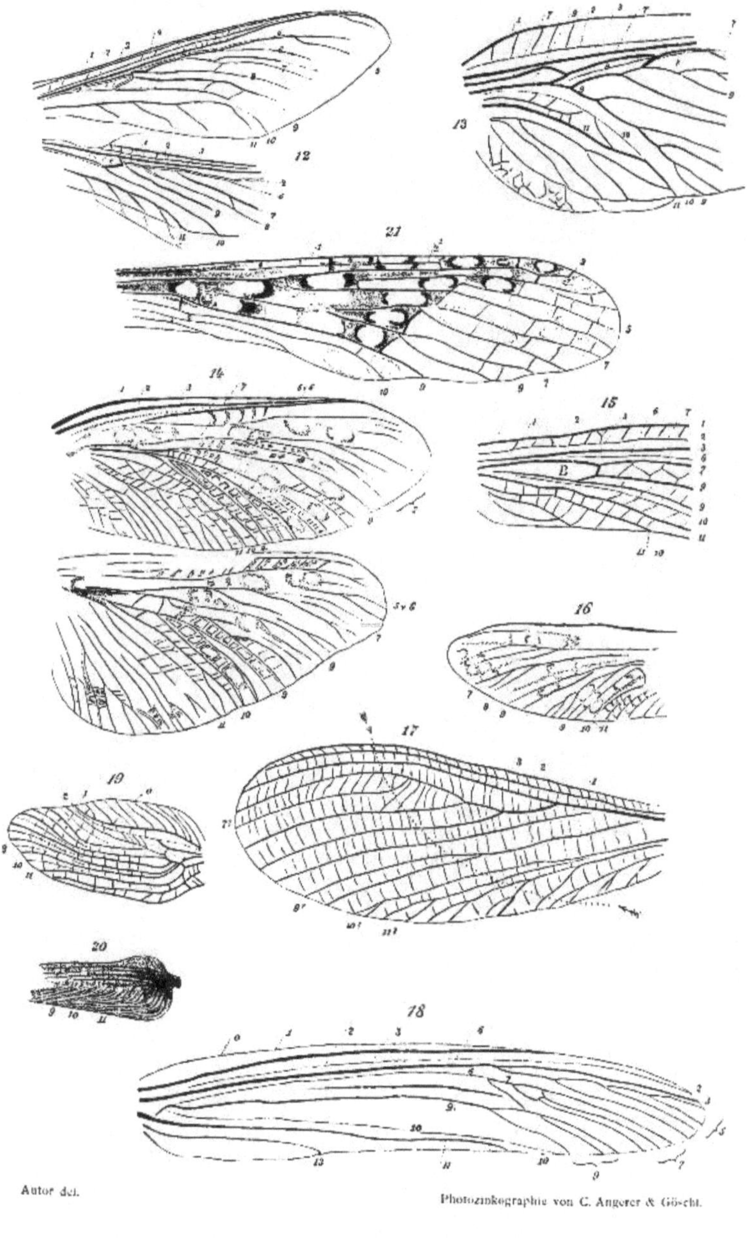

Autor del.

Photozinkographie von C. Angerer & Göschl.

Vergleichende Studien über das Flügelgeäder der Insecten.

Von

Josef Redtenbacher,

Supplent an der Gumpendorfer Communal-Oberrealschule in Wien.

Mit zwölf lithogr. Tafeln (Nr. IX—XX).

Selbst dem oberflächlichsten Beobachter kann es nicht entgehen, dass die Vertheilung der Adern im Flügel der Insecten, trotz der manchmal verwirrenden Mannigfaltigkeit, doch für die Arten und Gattungen, ja selbst für grössere Formenkreise, einen bestimmten Charakter erkennen lässt. Es war daher nur natürlich, dass die Vertreter der systematischen Entomologie das Flügelgeäder als eines der wesentlichsten Kriterien für die Abgrenzung der Arten, Gattungen etc. in Anwendung brachten und demgemäss für jede der einzelnen Insectenordnungen, resp. Unterordnungen eine eigene, freilich oft nicht sehr glückliche Nomenclatur schufen. Da ausserdem die Mehrzahl der beschreibenden Entomologen sich vorwiegend oder ausschliesslich mit der einen oder anderen Insectenordnung beschäftigten, ohne auf die übrigen Abtheilungen Rücksicht zu nehmen, so entstand eine Nomenclatur, welche nicht nur für jede Ordnung, sondern selbst für kleinere Abtheilungen eine verschiedene war. Die Verwirrung, welche dadurch entstand, ist jedem genugsam bekannt, der sich je mit der Bestimmung von Insecten verschiedener Ordnungen befasste; dennoch scheint es mir nicht überflüssig, an einem Beispiele zu zeigen, welche verschiedenen Namen eine und dieselbe Ader (der Cubitus oder die VII. Convexader) in den einzelnen Insectenordnungen erhalten hat. Dieselbe heisst bei den

Ephemeriden: Vena praebrachialis (Vorderflügel), Cubitus (Hinterflügel),
Odonaten: Sector brevis,
Perliden: Cubitus posticus,
Blattiden: Vena ulnaris posterior, internomedia,
Mantiden: Vena ulnaris anterior, internomedia + subinternomedia,
Gryllodeen: Vena dividens, ulnaris (Hinterflügel), internomedia,
Locustiden: Vena dividens (Vorderflügel), ulnaris anterior, internomedia,
Acridiern: Vena ulnaris anterior, internomedia,
Termiten: Submediana, externomedia (?),
Embiden: Vena discoidalis pr. p.,
Psociden: Cubitus + Hinterast des Sector radii,
Hemipteren: Costae lineatae,
Homopteren: Radius medius,
Sialiden, Megalopteren und Panorpen: Cubitus posticus,
Trichopteren: Ramus divisorius cubiti antici (Vorderflügel), Cubitus posticus (Hinterflügel),
Lepidopteren: Hintere (innere) Mittel-(Subdorsal-) Rippe,

Coleopteren: Cubitus, internomedia, vordere Nebenader etc.,

Hymenopteren: Discoidalader + Cubitalader (pr. p.) + innere rücklaufende Ader,

Dipteren: Submediana, 5. Längsader, Posticalader.

Dadurch, dass einzelne Monographen sich selbst eine eigene Nomenclatur schufen, wurde die Verwirrung noch grösser, und es war daher kein Wunder, dass mehrfach, wie z. B. von Hagen, Versuche gemacht wurden, eine einheitliche Bezeichnung der Adern durchzuführen. Diese Versuche blieben jedoch zum grössten Theile unbeachtet; noch in einem der neuesten Lehrbücher der Zoologie wird eine einheitliche Adernbezeichnung als »kaum möglich« bezeichnet, ja Dr. V. Graber (»Die Insecten«, I. Theil, Naturkräfte, XXI. Band, p. 196) äussert, dass solchen Versuchen von vorneherein eine wissenschaftliche Bedeutung nicht beigelegt werden könne. Ich glaube mich keiner Anmassung schuldig zu machen, wenn ich Prof. Graber's Ansicht doch für eine verfrühte halte, denn durch Dr. E. Adolph's Untersuchungen über die Entwicklung des Flügelgeäders hat, wie Prof. Brauer mit Recht bemerkt, die Bezeichnung der Adern aufgehört, eine willkürliche zu sein. Bei der Vergleichung von Adern hat man in erster Linie darauf Rücksicht zu nehmen, ob dieselben concav oder convex sind, da beide Arten in ihrer Entwicklung wesentlich von einander abweichen, und daher concave Adern niemals Convexlinien gleichwerthig oder deren Aeste sein können. Damit ist demnach für die Beurtheilung des Flügelgeäders ein völlig neuer Gesichtspunkt gewonnen worden, und von diesem aus dürfte es keineswegs ein unmögliches oder unwissenschaftliches Unternehmen sein, eine einheitliche Bezeichnung der Adern zu versuchen. Freilich ist die Aufgabe eine riesige, der Erfolg zweifelhaft; denn in jeder Insectenordnung ist die gebräuchliche Nomenclatur so eingelebt, dass vielleicht Jahrzehnte vergehen werden, ehe nur ein Theil der Entomologen sich zu einer neuen, einheitlichen Bezeichnung bequemen wird. Adolph und Brauer haben indess den Anfang gemacht, und wenn ich es wage, in ihrem Sinne weiter zu schreiten, geschieht es nicht, um die zahlreichen Bezeichnungen der Flügeladern noch zu vermehren, sondern um zu zeigen, dass eine morphologische Vergleichung des Flügelgeäders durchaus nicht ausserhalb des Bereiches der Möglichkeit liegt. Diese Aufgabe vollkommen zu lösen, würde freilich ein Lebensalter erfordern, und aus diesem Grunde können die vorliegenden Zeilen auch nur als ein Bruchstück aufgefasst werden, welches in vielen Richtungen einer Vervollkommnung bedarf; Sache der Monographen wird es sein, auf Grund dieser Studien eine detaillirte, einheitliche Bezeichnung der Adern und Flügelfelder für die einzelnen Insectenordnungen auszuarbeiten. Es bedarf keiner Erwähnung, dass man sich dabei nie auf eine einzelne Ordnung beschränken darf, sondern dass stets auch die übrigen, namentlich die nächst verwandten Insectenordnungen entsprechend berücksichtigt werden müssen.

Bei allen Mängeln, welche die Arbeit enthalten mag, wird mir der unbefangene Leser nicht das Zeugniss ehrlichen Strebens versagen können, und wenn es mir, wie ich hoffe, gelungen ist, etwas Verdienstliches damit geleistet zu haben, dann verdanke ich dies jedenfalls in erster Linie der liberalen Unterstützung, die mir von Seite der hochlöblichen Direction des k. k. naturhistorischen Hofmuseums zu Theil geworden ist, welcher ich daher an dieser Stelle meinen ehrfurchtsvollsten Dank abstatte. Ausserdem fühle ich mich verpflichtet, den Herren Prof. Dr. Friedrich Brauer, Custos A. Rogenhofer und meinen Freunden L. Ganglbauer und F. Kohl, welche mir in jeder Weise mit Rath und That an die Hand gingen, an dieser Stelle den besten Dank auszusprechen. Betreffs der Zeichnungen strebte ich nach der möglichsten Genauigkeit;

allein gerade bei der Untersuchung des Charakters einer Ader ergeben sich oft solche Schwierigkeiten, dass man selbst nach wiederholten Versuchen nicht ins Reine kommt. Namentlich bei älteren, getrockneten oder gespannten Insecten ist es manchmal unmöglich, unter den vielen Falten, welche durch das Spannen oder Eintrocknen entstehen, jene herauszufinden, welche als Reste von Adern anzusehen sind, und dass dabei nicht selten Irrthümer unterlaufen können, ist selbstverständlich. Manche Insecten, namentlich seltenere, wurden nur schematisch gezeichnet, ebenso wurde bei Formen mit reich entwickeltem Zwischengeäder (Libellen, Fulgoriden etc.) dasselbe theilweise oder vollständig vernachlässigt, umsomehr, als es ohnediess meist nur von geringer Bedeutung ist.

Vergleicht man die Flügel verschiedener Insectenordnungen miteinander, so lässt sich nicht verkennen, dass die Zahl der Adern keine zufällige, sondern von verschiedenen Factoren abhängig ist. Die geologisch älteren Orthopteren und Neuropteren zeigen ein viel reicheres Geäder als die Coleopteren, Lepidopteren, Hymenopteren und Dipteren; ebenso besitzen unter den Rhynchoten gerade die ältesten Formen, die Cicaden und Fulgoriden, viel zahlreichere Adern als die Hemipteren. Es erscheint demnach unzweifelhaft, dass die ältesten Insectenformen gewissermassen mit einem Ueberschuss von Adern versehen waren, dass dagegen im Laufe der Entwicklung durch Reduction alles Ueberflüssige entfernt und auf diese Weise ein einfacheres System des Flügelgeäders geschaffen wurde. Ebenso leicht lässt sich erkennen, dass auch die Grösse des Flügels von bedeutendem Einfluss auf die Zahl der Adern ist, weshalb kleine Formen fast ausnahmslos ein viel spärlicheres Geäder besitzen als Insecten mit grossen Flügeln. Beispiele dieser Art gibt es unzählige; ich erwähne nur unter den Neuropteren *Coniopterix*, unter den Orthopteren *Tettix*, unter den Dipteren *Cecidomyia*, die Hippobosciden etc., unter den Coleopteren *Ptinus, Cis, Corticaria, Batrisus, Scydmaenus, Sacium* etc., unter den Hymenopteren *Cynips, Pteromalus* etc. Auch das Verhältniss zwischen Vorder- und Hinterflügel bestätigt diese Anschauung. Wo der Vorderflügel den Hinterflügel an Grösse übertrifft, überragt er denselben stets auch an Zahl der Adern (Hymenopteren); wo das Entgegengesetzte der Fall ist, ist auch im Hinterflügel das Geäder reicher entwickelt als im Vorderflügel (Orthopteren, Neuropteren etc.). Endlich spielen ohne Zweifel auch die Consistenz der Flügelhaut, sowie die Stärke der Adern selbst eine Rolle, da wenige, aber kräftige Adern denselben Dienst leisten (Coleopteren) als zahlreiche, zarte Adern (Chrysopen etc.), andererseits eine derbere, elastische Flügelhaut (Hymenopteren) eine geringere Adernzahl erheischt als eine zarte (Hemerobiden, Chrysopen) oder spröde (Odonaten). Ein Ueberzug von Schuppen, Haaren oder ein Wachsbeleg scheint eine ähnliche Wirkung wie Verdickung der Flügelhaut herbeizuführen, darum sind die Flügel der Trichopteren oder Lepidopteren mit weniger Queradern versehen als die sonst so ähnlichen Flügel der Panorpen. Dass schliesslich auch durch Anpassung und Mimikry ein reicheres Geäder entstehen kann, wo man ein spärliches vermuthen sollte, und umgekehrt, braucht kaum erwähnt zu werden.

Ueber die Entstehung der Flügel sind verschiedene Ansichten verbreitet worden. Während die Einen (Carus, Gerstäcker) die Flügel für sackartige Ausstülpungen der Körperhaut halten, nennt sie Fritz Müller »seitliche Fortsätze der Rückenplatten«, Oken, Graber, Gegenbauer, Landois und Palmén sehen in denselben metamorphosirte Kiementracheen. Weissmann ist der Ansicht, dass sich die Flügelkeime aus der Peritonealhülle von Tracheenstämmen bilden und erst secundär eine Ausstülpung der Körperhaut bewirken. Dass die Insectenflügel den Tracheenkiemen der Ephemeren-Larven gleichwerthig sind, dürfte wohl keinem Zweifel unterliegen; ob sie jedoch aus

11*

Tracheenkiemen entstanden sind, ist noch fraglich, denn auch der entgegengesetzte Fall, dass Flügel durch Metamorphosirung zu Tracheenkiemen werden, liegt nicht ausser dem Bereich der Möglichkeit. Dass die Flügel der Insecten ursprünglich nicht active, sondern blos passive Bewegungsorgane waren, also wie der Pappus der Compositen etc. zum Schwärmen und zur Verbreitung der Brut an entfernte Orte dienen, ist nicht blos möglich, sondern sogar wahrscheinlich. Den Flügeln ähnliche Gebilde stellen jedenfalls auch die netzartig geaderten, dreieckigen Ausbuchtungen an den Seiten des Prothorax mancher Mantiden *(Choraedodis, Lithomantis)* dar. Auch eine *Tingis*-Art aus Texas zeigt am Prothorax glashelle Fortsätze von dreieckiger Gestalt und einem ähnlichen netzartigen Geäder, wie es die Deckflügel besitzen.

Dem Wesen nach stellt der Flügelkeim einen hohlen Sack dar, der mit Blutflüssigkeit erfüllt ist, Nerven und Tracheenbüschel enthält, und dessen beide Platten erst vor der letzten Häutung mit einander verwachsen. Nach Adolph stellen nun jene Tracheenbüschel die Grundlage des Adernetzes, und zwar der Concavadern dar, indem der Verlauf derselben im Flügelkeime vollständig mit dem Netz von Concavadern im ausgebildeten Flügel übereinstimmt. Erst später wird jedes Tracheenrohr von Chitinmasse eingeschlossen und dadurch zur Rippe umgewandelt. Gleichzeitig treiben die Tracheen nach Adolph die beiden Flügelplatten auseinander und erzeugen eine Verdünnung der Flügelhaut, welche sich unter Anderem auch dadurch zeigt, dass die Flügel durch Druck oder Zug regelmässig längs der Concavadern zerreissen. Zwischen diesen primären oder Concavadern treten später Verdickungen der Flügelhaut in Form von Chitinlinien auf, denen sich endlich auch Tracheenrohre und Blutgefässe zugesellen, und welche die secundären oder Convexadern bilden. Beide Arten von Adern stehen demnach im directen Gegensatz zu einander, da erstere eine Verdünnung, letztere eine Verdickung der Flügelhaut bewirken, und bei jenen das Tracheenrohr, bei diesen die Chitinleiste das primäre Gebilde darstellt.

Ein Umstand, welcher von Adolph nicht erklärt wurde, ist der, dass die beiden Aderformen eine verschiedene Oberflächenlage einnehmen, indem die primären in einem tieferen Niveau verlaufen als die secundären, weshalb jene als Concav- oder Thaladern, diese als Convex- oder Bergadern bezeichnet werden. Bei regelmässiger Aufeinanderfolge der Adern muss demnach der Querschnitt des Flügels eine Zickzack- oder Wellenlinie bilden, welche schon beim ersten Anblick den Gedanken erregt, dass eine Faltung die Ursache dieser Erscheinung sein muss. Geht man nun von der Annahme aus, dass die Flügelplatten rascher wachsen als die sie einschliessende Flügelscheide, welche denselben nur einen engen Spielraum bietet, so ist es wohl denkbar, dass der Flügel sich in ziemlich regelmässige Falten legen muss, umsomehr, als ja die primären Adern Verdünnungen der Flügelhaut bewirken, welche sich in Folge dessen gerade an diesen Linien am leichtesten biegen und knicken lässt, während die dazwischen liegenden Felder anfangs nur schwach convex erscheinen, später bei fortgesetztem Seitendruck aber immer stärker zusammengepresst werden. Am besten lässt sich dieser Vorgang versinnlichen, wenn man einen Streifen Kartenpapier zwischen zwei fixirte Glasplatten zusammenschiebt; wählt man die richtige Papierstärke, so legt sich derselbe in regelmässige Wellenfalten zusammen, namentlich dann, wenn man durch Einschnitte in gleichen Abständen »Verdünnungen« des Papiers erzeugt, welche den primären Adern entsprechen. An diesen Einschnitten biegt sich das Papier leichter und bildet spitze Winkel, während die dazwischen liegenden Theile sich anfangs nur schwach, später aber immer stärker wölben. Dass beim Flügel nicht auch der Quere nach eine ähnliche Faltung eintritt, erklärt sich daraus, dass die primären Adern eben nur der Länge nach verlaufen. Uebrigens ist es nicht unmöglich, dass die zahlreichen wellenförmigen Querfalten im Flügel der grösseren Cicaden durch eine ähnliche Faltenbildung entstanden sind; die Queradern dagegen dürften kaum auf diese Weise gebildet worden sein.

Neben dieser Faltung »im Kleinen« tritt häufig noch eine zweite Art auf, welche zur Folge hat, dass der Flügel in der Scheide oft in unregelmässigen Lappen zusammengelegt erscheint, etwa wie wenn ein »plissirter« Stoff unregelmässig zusammengebauscht würde. Mit der Vertheilung der Adern und ihrer Oberflächenlage steht diese Faltung »im Grossen«, soweit uns bekannt ist, ausser Zusammenhang; doch wären hierüber neuere und ausgedehnte Untersuchungen nöthig, da sich vielleicht manche Unregelmässigkeit des Flügelgeäders auf diese Weise erklären liesse (Cicaden).

Als Endergebniss jener Faltung in Folge des Seitendruckes vertheilen sich demnach die Adern in zwei übereinanderliegende Schichten: die primären verlaufen in den Vertiefungen, während die secundären auf dem Rücken der einzelnen Falten zu liegen kommen. Damit ist aber auch bereits die Bildung des Fächers, der ursprünglichen Form des Insectenflügels, gegeben, wie er im Hinterflügel der ältesten Insectenformen, namentlich der Orthopteren und Neuropteren, wenn auch nicht mehr in der ursprünglichen Vollkommenheit und Regelmässigkeit noch vorhanden ist.

Bei vielen Insecten, z. B. Lepidopteren oder Dipteren, ist es mit einiger Schwierigkeit verbunden, den Charakter einer Ader festzustellen. Concave Adern erscheinen oft convex (Subcosta der Schmetterlinge), Convexadern nehmen umgekehrt den Charakter von concaven an (Hinterast des Cubitus im Vorderflügel von *Pachytylus*), und dort, wo Concav- und Convexadern in nähere Verbindung treten, wie bei den Fliegen, lässt sich oft kaum der wahre Charakter einer Ader erkennen. Im Allgemeinen laufen Concavadern vertieft, treten auf der Unterseite stärker hervor als auf der Oberseite, Queradern werden häufig von ihnen unterbrochen, und am Rande des Flügels münden sie sehr häufig in einen einspringenden Winkel oder wenigstens in eine Einbuchtung. Die Convexadern sind dagegen in der Regel erhaben, sie durchbrechen Queradern niemals und enden auch nur ausnahmsweise in einen einspringenden Winkel, erzeugen im Gegentheile am Ende oft Ausbiegungen der Flügelhaut. In allen Fällen ist es gut, auch die Unterseite des Flügels zu betrachten, da sich auf demselben nicht selten der Charakter der einzelnen Adern viel deutlicher ausprägt als auf der Oberseite (Deckflügel der Blattiden etc.). Manchmal aber lassen alle diese Eigenschaften im Stich, und es bleibt dann nichts übrig, als durch Vergleich mit verwandten Formen den Charakter einer Ader zu erschliessen. So läuft, wie oben erwähnt, bei *Pachytylus* der hintere Cubitalast vertieft, während alle anderen Acridier denselben convex zeigen. Umgekehrt wird die concave Analader, da sie gerade an der Grenze zwischen dem horizontalen und verticalen Theile des Deckflügels läuft, oft so herausgedrückt, dass sie bei manchen Acridiern convex erscheint.

Aus dem verschiedenen Ursprunge concaver und convexer Adern erklärt es sich, dass sich dieselben in mancher Beziehung fast wie positive und negative Grössen verhalten, indem eine Concavader eine benachbarte Convexader gewissermassen unter das Flügelniveau herabdrückt, und wenn dieselbe ihr zu nahe rückt, sie sogar vollständig auszulöschen im Stande ist. Bei den Hymenopteren z. B. läuft die Analader nur als concave Falte dicht hinter dem Cubitus und zieht denselben manchmal so in die Tiefe, dass derselbe fast concav erscheint. Ja bei manchen Cicadeen, Fulgoriden etc. ist es oft nicht zu erkennen, ob man es mit der Analader oder nur mit dem herabgedrückten Cubitus zu thun hat. Die erwähnte Aehnlichkeit mit positiven und negativen Grössen wird noch dadurch bestärkt, dass man in mancher Beziehung von einer »Intensität« der Adern sprechen kann, insoferne als concave Adern das eine Mal Convexlinien blos durchbrechen, ein andermal vollständig auslöschen oder aber dieselben gar nicht beeinflussen, so dass in dem einen Falle der concaven, im andern der convexen Ader eine grössere Intensität zugesprochen werden muss. Demgemäss ist es nicht anders als natürlich, dass zwei concave Adern, wenn sie einander nahe rücken, die dazwischen liegende Convexader verkürzen oder auslöschen, während das Umgekehrte eintritt, wenn zwei Convexadern eine concave Linie einschliessen. Beispiele der ersten sowohl als der zweiten Art sind in Hülle und Fülle vorhanden.

Da die Adern des Flügels nicht blos Rippen, d. h. mechanische Stützen, sind, sondern auch Blutgefässe etc. enthalten, ist es geradezu nothwendig, dass dieselben zur Erleichterung der Circulation durch Queradern miteinander in Verbindung treten, und dort, wo Convexadern an der Wurzel von Concavlinien abgeschnitten werden, sind dieselben daher fast ausnahmslos durch Queradern mit den benachbarten Convexadern verbunden. Ob die Queradern nur als modificirte Aeste der Längsadern anzusehen sind, ist schwer zu erweisen, doch spricht hiefür der Umstand, dass Queradern häufig durch veränderte Lage den Charakter von Längsadern annehmen und umgekehrt (Libellen, Myrmeleoniden, Hemipteren, Hymenopteren).

Häufig kommt es vor, dass Queradern selbst wieder der Quere nach durch Adern verbunden sind, und wenn sich solche secundäre Queradern in eine Reihe ordnen, nehmen sie das Aussehen von Längsadern an, bei denen jedoch entweder Anfang oder Ende blind sind. Solche Adern bezeichne ich als Venae spuriae; doch kommen unter diesem Namen auch echte Venen vor, die in der Regel als Reste verschwundener Längsadern anzusehen sind (Vena spuria der Dipteren). Dagegen sind wirkliche Venae spuriae besonders häufig zu finden in der Area mediastina und discoidalis der Acridier etc. — Rücken zwei benachbarte Queradern, deren Lage überhaupt sehr variabel zu sein scheint, sehr nahe aneinander, dann kommt es auch häufig zu einer theilweisen Verschmelzung, welche zur Bildung gegabelter Queradern führt, wie sie bei Perliden, Hymenopteren etc. häufig zu finden sind. Verschmelzen dieselben völlig miteinander, dann sind sie meist durch ihre Stärke noch erkennbar; auf diese Weise dürften die Stege und der Nodus im Libellenflügel entstanden sein. Nicht selten treten auch hinter einander gelegene Queradern miteinander in Verbindung, namentlich dann, wenn die dazwischen liegende Längsader auf irgend eine Art ausgelöscht wird. Auf diese Weise sind z. B. die Queradern entstanden, welche im Flügel der Hymenopteren zwischen Radius und Cubitus verlaufen, da hier mit wenigen Ausnahmen die V. Ader vollkommen verloren gegangen ist.

Da Queradern wahrscheinlich nur Aeste von Längsadern sind, erleiden sie auch von Seite der Concavadern dieselben Veränderungen wie Convexadern, d. h. sie werden häufig durchbrochen oder vollkommen aufgelöst. Umgekehrt kann aus dem Vorhandensein solcher Einschnitte und Durchbrechungen von Queradern auch immer geschlossen werden, dass hier eine concave Ader oder Falte ursprünglich vorhanden war. Treffen convexe Längsadern auf Queradern, so zeigt sich häufig eine Ausbiegung oder Knickung der letzteren, die selbst dann noch bestehen kann, wenn die betreffende Längsader resorbirt wurde. Umgekehrt sind auch Queradern nicht ohne Einfluss auf Längsadern, besonders Convexadern, sondern erzeugen auf denselben verschiedenartige Ausbuchtungen und Knickungen. Treten solche Queradern in grösserer Anzahl und abwechselnd auf beiden Seiten einer Längsader auf, dann wird diese häufig zickzackförmig hin- und hergebogen, wie dies z. B. bei den Längsadern der Hemerobiden, Libelluliden etc. der Fall ist.

Wie oben erwähnt wurde, ist der ursprüngliche Insectenflügel fächerartig, das ist aus regelmässig alternirenden Concav- und Convexadern gebildet. Ein solcher Fächer könnte jedoch nur dann der complicirten Flugbewegung fähig sein, wenn jede oder wenigstens die Mehrzahl seiner Convexadern mit separaten Muskeln versehen wären. Da dies offenbar aus nahe liegenden Gründen nicht denkbar ist, so bleiben nur zwei Auswege. Entweder wird überhaupt nur ein Theil des Flügels bewegt, der andere passiv mitgezogen, oder es muss eine solche Vereinigung und Gruppirung der Flügeladern platzgreifen, dass auch eine geringere Menge von Muskeln genügt, um den Flügel entsprechend zu bewegen. Im ersteren Falle ist ein ordentlicher activer Flug schlechterdings unmöglich, der Flügel wirkt vielmehr in aufsteigender Richtung wie ein Papierdrache, in absteigender als Fallschirm, wie wir dies in der That bei allen Insecten, welche den Fächertypus des Flügels noch annähernd zeigen, z. B. bei den springenden Orthopteren und den Ephemeriden beobachten können, deren Flug weder geschickt, noch ausdauernd genannt werden kann. Bei der grössten Masse der Insecten tritt der zweite Fall ein, indem die Adern des ursprünglichen Fächers sich in einige wenige Gruppen vereinigen, welche sowohl selbstständig als gemeinsam bewegt werden können und doch nur eine geringe Anzahl von Muskeln erfordern. Der Flügel zerfällt dadurch in eine Anzahl von Theilen, welche hinter einander gelegen und durch eine Art von Charnieren miteinander verbunden sind. Letztere können nur aus concaven Adern oder Falten bestehen, da nach Adolph gerade diese concaven Züge Verdünnungen der Flügelplatten darstellen.

Da die einzelnen Adern des Fächerflügels vermöge ihrer Convergenz an der Basis auf einen verhältnissmässig winzigen Raum zusammengedrängt würden, erscheint es nothwendig, dass einzelne Concav- und Convexadern schon vor der Basis erlöschen, dafür aber durch Queradern mit den benachbarten Adern in Verbindung treten. Da aber zwei einander genäherte Concavadern eine dazwischen gelegene Convexader ganz oder theilweise auflösen können und umgekehrt, so ist die Möglichkeit gegeben, dass einzelne Adern, sowohl concave als convexe, ja selbst ganze Adersysteme ausfallen, während die bleibenden durch Queradern oder durch Verschmelzung und Aneinanderlagerung in um so engere und festere Verbindung treten. Die Differenzirung und Vereinfachung (Reduction) des Flügelgeäders erscheint demnach zugleich eine physiologische und mechanische Nothwendigkeit. Die Folge dieser Arbeitstheilung — *sit venia verbo* — ist, dass ursprünglich getrennte Adern mindestens an der Wurzel sich vereinigen und auf diese Weise mehrfach verzweigte Aderstämme (Systeme) bilden, von denen ohne Zweifel jeder seinen bestimmten Antheil an der Totalbewegung des Flügels besitzt. In erster Linie gilt dies von den convexen Adern; dass jedoch auch Concavadern aus einem ganzen Adercomplex durch Vereinfachung und Auslöschung gebildet werden können, beweist das Verhalten der Analader bei Schmetterlingen und Eintagsfliegen, wovon später die Rede sein wird. Die Zähigkeit, mit der manche concave Adern, besonders die Subcosta und Analader, wie schon Adolph bemerkt, erhalten bleiben, scheint geradezu für diese Anschauung zu sprechen. Wie also die ursprünglich gleichartigen Wirbel der Vertebraten durch Differenzirung in eine Anzahl von Regionen zerfielen, von denen jede einer bestimmten Function dient, so hat sich auch der Fächerflügel der Ur-Insecten in eine Anzahl von untergeordneten Organen gegliedert, wovon höchst wahrscheinlich jedes eine bestimmte Rolle beim Fluge spielt. Dadurch aber ist überhaupt der Flügel erst zum Flugorgan geworden, während er in seiner ursprünglichen Form nur als Fallschirm oder im besten Falle als Drache verwendet werden konnte.

Da bekanntlich bei den meisten Insecten der Vorderflügel das Geäder des Hinterflügels und umgekehrt beeinflusst, so lässt sich wohl vermuthen, dass man den normalen Typus eines differenzirten Flügels bei solchen Insecten finden wird, deren Vorder- und

Hinterflügel einander an Grösse und Gestalt am ähnlichsten sind. Dies ist beispielsweise bei vielen Hemerobiden (*Megalomus, Micromus* etc.) der Fall, daher möge auch das Geäder dieser Insecten zunächst erörtert werden. Am Flügel von *Micromus* lassen sich nun fünf Felder und ebensoviele Convexstämme unterscheiden, die durch concave Adern oder Falten von einander getrennt werden: 1. das Costalfeld mit der Costa, 2. das Radialfeld mit dem Radius und seinen zahlreichen Aesten oder Sectoren, 3. ein Feld, welches bisher theils zum Radius, theils zum Cubitus gezogen wurde und vorläufig als das Feld der V. Ader bezeichnet werden möge, 4. das Cubitalfeld mit dem Cubitus, endlich 5. das Analfeld. Die in den einzelnen Feldern verlaufenden Systeme von Convexadern bezeichne ich nun mit den aufeinanderfolgenden ungeraden römischen Ziffern, die Costa also mit I, den Radius mit III, dann folgen die V. Ader, der Cubitus (VII) und die Adern des Analfeldes (IX, XI u. s. w.). Für die V. Ader liesse sich vielleicht die Bezeichnung Media, und für das von ihr durchlaufene Feld der Name Medialfeld verwenden, da sie, das Analfeld als ein Ganzes betrachtet, in der That als die »Mittelader« erscheint. Die einzelnen Aeste einer Längsader liessen sich durch den römischen Zahlen beigefügte Indices bezeichnen, und zwar mit arabischen ungeraden Ziffern, so dass also III_1, III_3, III_5 u. s. w. die aufeinanderfolgenden Aeste (Sectoren) des Radius, den ersten mit eingerechnet, bedeuten, während unter III das System des Radius schlechtweg zu verstehen ist. Die zwischen den fünf Convexstämmen verlaufenden Concavzüge (Adern oder Falten) bezeichne ich mit den geraden römischen Ziffern, also die Subcosta mit II, die Analader mit VIII, zwischen welchen noch IV und VI verlaufen. Treten, wie dies häufig der Fall ist, zwischen den Aesten eines Convexstammes concave Falten oder Adern auf, so bezeichne ich sie mit der römischen Ziffer des betreffenden Convexsystems, füge aber als Index die geraden arabischen Ziffern hinzu. III_2 ist demnach eine Concavlinie zwischen den beiden ersten Aesten des Radius, VII_4 wäre eine solche zwischen dem zweiten und dritten Aste des Cubitus etc. Umgekehrt müssen dort, wo z. B. die Analader ein ganzes System von Adern bildet, wie bei Ephemeriden und Lepidopteren, VIII_1, VIII_3 etc. als Concavlinien, VIII_2, VIII_4 etc. als die dazwischenliegenden Convexadern aufgefasst werden. Ich gestehe, dass diese Bezeichnungsweise etwas Unbequemes an sich hat, allein sie wird durch die Consequenz erfordert, und ich kann versichern, dass man sich sehr bald daran gewöhnt.[1])

Nach Pettigrew soll ein vollkommen entwickelter Flügel einen starken, aber elastischen Vorderrand besitzen, um die Luft durchschneiden zu können, er soll oben convex, unten concav und gleichzeitig etwas spiralig um seine Längsachse drehbar sein. Diesen Anforderungen entspricht nun der Flügel der meisten, namentlich der höheren Insecten, vollkommen, indem die als Charniere fungirenden Concavfalten sowohl eine Wölbung nach oben, als auch eine spiralige Drehung ermöglichen, und die vordersten Convexadern, Costa und Radius, entweder sehr nahe aneinander rücken oder vollkommen verschmelzen. Der letztere Fall findet sich bei vielen Hemipteren und Hymenopteren; bei den Coleopteren und Lepidopteren ist die Verschmelzung nur theilweise vorhanden. Die Subcosta geht dabei theilweise oder völlig verloren, aber auch dort, wo sie erhalten ist, hat die Natur dafür gesorgt, dass sie nicht störend wirken kann, und zwar auf verschiedene Weise. Bei Perliden und Megalopteren erscheint sie ganz unter

[1]) Als mnemotechnisches Hilfsmittel mag noch angeführt werden, dass bei concaven Adern die Summe aus der römischen Ziffer und dem Index stets eine ungerade Zahl ist (III_2 = III + 2 = 5; VIII_1 = VIII + 1 = 9 etc.), während bei Convexadern diese Summe eine gerade Zahl gibt (III_3 = III + 3 = 6; VIII_2 = VIII + 2 = 10).

den Radius geschoben, häufig ist sie durch zahlreiche Queradern fest mit Costa und Radius verbunden, welche namentlich bei den Odonaten zum Theil stark verdickt erscheinen und die sogenannten »Stege« bilden. Nur selten setzt sich die Flügelhaut noch über die Costa hinaus fort und bildet dann ein sogenanntes Präcostalfeld, wie es z. B. die *Orthoptera saltatoria*, manche Käfer (*Silpha* etc.) und viele Schmetterlinge zeigen. Bei den ersteren ist dasselbe meist nur im Vorderflügel, seltener im Hinterflügel ausgebildet, die Käfer, Schmetterlinge und manche Hemipteren dagegen besitzen dasselbe nur im Hinterflügel.

Der Radius ist meistens mehrfach verzweigt, die einzelnen Sectoren in der Regel durch Queradern verbunden, welche namentlich bei Insecten mit zahlreichen Radialästen (Megalopteren) oft treppenartig angeordnet sind. Die V. Ader zeigt eine auffallende Tendenz zur Reduction, indem sie entweder theilweise oder völlig verschwindet oder sich so innig mit dem Radius, resp. seinen Sectoren (*Myrmeleon*) oder mit dem Cubitus (Perliden) verbindet, dass es oft schwer hält, sie davon zu trennen. Gerade bei den ältesten Insectenformen, den Orthopteren und Neuropteren etc., erscheint sie in der Regel deutlich ausgebildet. Der Cubitus ist wie der Radius meist verzweigt oder wenigstens gegabelt, kann aber durch Reduction auch auf eine einfache Ader beschränkt werden oder ganz ausfallen (Acridier, Hemipteren etc.).

Am mannigfaltigsten verlaufen die Adern des Analfeldes, bald einzeln und regelmässig durch Concavadern getrennt, bald mehr oder weniger in Gruppen vereinigt. Dazu kommt, dass das Analfeld sehr häufig, namentlich bei den höheren Insecten, eine Reduction erfährt, welche die Deutung der einzelnen Ader oft geradezu unmöglich macht. Da dasselbe ausserdem in der Systematik nur eine untergeordnete Bedeutung hat, ist eine detaillirte Behandlung desselben auch nicht unbedingt nöthig.

Von den concaven Adern erweisen sich die Subcosta und Analader als die resistentesten, während die IV. und VI. oft entweder nur als Falten angedeutet sind oder völlig fehlen, oder endlich mehr oder minder verschmelzen und dadurch die eingeschlossene V. Ader theilweise oder völlig auslöschen.

Es wurde bereits erwähnt, dass die ursprüngliche Fächerform in keinem Insectenflügel vollkommen erhalten ist, da dieselbe eine selbstständige Flugbewegung nahezu unmöglich erscheinen lässt. Eine vergleichende Beobachtung des Insectenflügels zeigt uns im Gegentheil, dass derselbe eine unverkennbare Tendenz zur Arbeitstheilung, gleichzeitig aber auch zur Vereinfachung und Reduction des Geäders offenbart. Die Natur stattet eben ihre Geschöpfe in der Regel mit einem Ueberschuss gleichartiger Organe aus, welcher einerseits eine grosse Summe von ernährenden und bewegenden Kräften voraussetzt, andererseits aber auch eine unendlich mannigfaltige Art der Differenzirung und Reduction ermöglicht und herbeiführt. Auf diese Weise wird Ueberflüssiges nachträglich wieder entfernt, das Bleibende mannigfach umgebildet, so dass die Fähigkeit des Thieres gesteigert wird, ohne dass ein grösserer Kraftaufwand nöthig wäre. Aus diesem Grunde erscheint es gerechtfertigt, jene Insecten für geologisch jünger und höher organisirt zu halten, deren Geäder scheinbar einfacher, aber zweckentsprechender ist, gerade so wie das sechsfüssige Insect auf einer höheren Stufe steht als die vielbeinigen Myriopoden. Während also einerseits durch Differenzirung ursprünglich gleichartige Gebilde sich zu einem Organ vereinigen, welches neuen und höheren Aufgaben gewachsen ist, wird gleichzeitig durch Reduction Alles entfernt, was überflüssig oder gar den veränderten Zwecken hinderlich erscheint. In vielen Fällen ist diese Vereinfachung von einer Verkleinerung der Flügelfläche begleitet, ja es frägt sich, ob nicht gerade dieser Umstand die Ursache jener ist.

Sowohl concave als convexe Adern unterliegen der Reduction, zeigen aber dabei ein ganz verschiedenes Verhalten, welches von Adolph (»Ueber Insectenflügel«, Nova acta d. kais. Leop. Carol. Akad. XLI, pars II, Nr. 3, 1880) ausführlich erörtert wird. Convexe Adern hinterlassen nämlich als Spuren dunkle Chitinlinien oder erhabene Falten, welche durch Rückschlag wieder in wirkliche Adern übergehen können; concave Adern dagegen werden zu hellen durchscheinenden Streifen oder blos zu concaven Falten, welche die Eigenschaft zeigen, dass die von ihnen getroffenen Quer- und Längsadern oft resorbirt oder durchbrochen werden. Auch diese Falten können durch Rückschlag wieder in Concavadern übergehen. Die Reduction betrifft nicht alle Adersysteme in gleichem Masse, sondern vorwiegend das System der V. Ader und das Analfeld, während Radius und Cubitus erhalten bleiben. Umgekehrt zeigt bei den Coleopteren und Hemipteren gerade die V. Ader eine ziemlich kräftige Entwicklung, während der Cubitus mehr minder schwach ausgebildet ist oder ganz fehlt. Da Vorder- und Hinterflügel sich gegenseitig beeinflussen, ist es eine gewöhnliche Erscheinung, dass bei ersterem das Analfeld, bei letzterem dagegen das Costal- und Radialfeld reducirt sind. Betrifft die Vereinfachung auch das Analfeld des Hinterflügels, so können beide Flügel gleiche Gestalt und Grösse annehmen, wie dies z. B. bei *Isopteryx* der Fall ist. Da eine Verringerung der Flügelfläche stets auch eine Reduction des Geäders herbeiführt, so erklärt es sich auch sehr einfach, warum kleine Formen ein viel einfacheres Adersystem zeigen als grössere, verwandte Formen. Die Vereinfachung der Flugwerkzeuge kann sogar so weit gehen, dass die Vorderflügel (*Tettix*, Strepsipteren) ganz verkümmern oder wenigstens nur in untergeordneter Weise beim Flug verwendet werden (Coleopteren); umgekehrt können auch die Hinterflügel völlig ausfallen (Dipteren etc.) oder sie werden von den Vorderflügeln ins Schlepptau genommen, was zur Folge hat, dass ihre Muskulatur sowohl als ihr Geäder eine wesentliche Reduction gegenüber dem Vorderflügel erfährt (Lepidopteren, Hymenopteren etc.).

Abnorme Abweichungen vom oben erwähnten Adertypus kommen bekanntermassen häufig genug vor. Mimikry oder die Umwandlung eines Flügels oder Flügelfeldes zum Stimmorgan bringen in erster Linie ganz unregelmässige und oft schwer zu enträthselnde Geäderformen hervor; *Psychopsis*, *Apochrysa*, *Phyllium*, die Gryllodeen und Locustiden bieten eine Menge von Beispielen hiefür. Ebenso kann die eigenthümliche Faltung eines Flügels ganz ungewöhnliche Veränderungen des Geäders herbeiführen (*Forficula*, *Eleutherodea*). Eine schwer zu erklärende Abnormität bilden ferner die gelötheten oder zusammengeschweissten Längsadern im Vorderflügel der grösseren Cicaden. Eine Durchbrechung von Längs- und Queradern unter gleichzeitiger Verschiebung derselben findet sich bei *Pteronarcys*, Thyridienbildung tritt bei vielen Insecten (*Panorpa*, Trichopteren, Lepidopteren, *Mantis* etc.) auf und wird offenbar durch die auflösende Wirkung der IV. und VI. Concavader hervorgerufen; die Erklärung jener Adernunterbrechungen aber, wie sie die Cicaden zeigen, ist noch ausständig.

Unter keinen Umständen genügt es, die Adern eines Flügels einfach nach arithmetischen Grundsätzen zu deuten; die erste Ader eines Flügels kann die Costa, die Subcosta, der Radius oder gar eine Verschmelzung mehrerer Adern sein. Es muss in Folge dessen bei jeder Ader vor Allem die Oberflächenlage constatirt werden, die Gleichwerthigkeit derselben aber lässt sich nur durch zahlreiche Vergleiche mit anderen nahe verwandten Formen feststellen, freilich ein oft mühsamer Weg, aber doch der einzige, welcher zu einem sicheren Resultate führen kann. Studien dieser Art führen nebenbei zu oft merkwürdigen Ergebnissen, namentlich in Bezug auf Verwendbarkeit des Geäders zu systematischen Zwecken. Wer z. B. nur eine beschränkte Anzahl von Käferflügeln untersucht, kann leicht der Meinung sein, dass eine allgemeine Charakteristik derselben keine Schwierigkeiten bietet. Sobald man aber eine grössere Anzahl von Formen vergleicht, erkennt man bald, dass eigentlich kein einziges Merkmal als allgemein charakteristisch gelten kann. Namentlich ist es der Flügel von *Atractocerus*, welcher jede Verallgemeinerung unmöglich macht; denn würde man den Käferflügel so charakterisiren, dass auch *Atractocerus* mit einbezogen ist, dann hindert uns nichts, den Flügel von *Oligoneura* als Käferflügel zu bezeichnen. Dieses Beispiel zeigt, dass das Flügelgeäder zu einer scharfen Charakteristik der Ordnungen überhaupt unbrauchbar ist, dass man im besten Falle Familien oder Unterordnungen mit Hilfe desselben von einander trennen kann. Nach meiner Ansicht erhellt daraus aber auch unzweifelhaft, dass dem Flügelgeäder der Insecten ein gemeinsamer Plan zu Grunde liegt. Der Flügel von *Oligoneura* sowohl, als der von *Atractocerus* sind ohne Zweifel durch Anpassung und Reduction entstanden; wenn aber diese beiden Factoren in ganz verschiedenen Insectenordnungen so übereinstimmende Aderformen erzeugen, dann ist man wohl berechtigt zu schliessen, dass das ursprüngliche Material ein ähnliches gewesen sein muss, oder dass mit anderen Worten dem Flügel der Käfer und Ephemeren, sowie aller übrigen Insectenordnungen, ein ursprünglich gleichartiges Flügelgeäder zukommt. Wenn es in einzelnen Fällen nicht gelingt, die Homologie der Adern durchzuführen, ist dies nach meinem Dafürhalten noch kein genügender Grund, die morphologische Vergleichung der Adern verschiedener Insecten von vorneherein als unmöglich oder unwissenschaftlich zu bezeichnen. Es verhält sich eben mit dem Flügelgeäder der Insecten in vieler Beziehung ähnlich wie mit den Larven derselben;[1]) so wie diese ist auch das Flügelgeäder nur zur Charakteristik kleinerer Formenkreise, nicht aber ganzer Ordnungen verwendbar. Die Hemerobiden liessen sich ziemlich leicht charakterisiren, wenn nicht *Coniopteryx* etc. dies unmöglich machen würden. Aehnlich verhält es sich bei den Lepidopteren, Orthopteren s. str. u. s. w. Andererseits wird man das Flügelgeäder nie ausser Acht lassen können, wenn es sich darum handelt, die Verwandtschaft eines Insectes festzustellen. Auf Grund des Flügelgeäders lässt sich behaupten, dass die Mantiden den Blattiden nahestehen, dass dagegen die Phasmiden durch den Besitz des Präcostalfeldes viel mehr an die Locustiden erinnern; aus demselben Grunde stellt Brauer mit Recht *Eugereon Böckingii* zu den Mantiden. Ueberhaupt dürfte sich das Geäder in erster Linie als Hilfsmittel bei der Bestimmung fossiler Insecten verwenden lassen, da von denselben gewöhnlich die Flügel besser als andere Körpertheile erhalten sind und nicht selten sogar die Oberflächenlage der aufeinanderfolgenden Adern erkennen lassen. Da ferner die Flügel vieler Insecten (Dipteren, Hymenopteren etc.) offenbar aus viel reichlicher geaderten Formen hervorgegangen sind, bietet die Untersuchung des Geäders auch oft Gelegenheit zu entscheiden, welche von mehreren Insectenformen als älter, d. h. der Stammform ähnlicher zu betrachten ist. Reiches Zwischengeäder, regelmässig alternirende Concav- und Convexzüge, sowie ein mächtig ausgebildetes Analfeld kennzeichnen die Flügel der ursprünglichen Formen, während alle jüngeren Insectengruppen ein spärliches Zwischengeäder, wenige und meist convexe Adern zeigen, wohingegen die concaven Adern meist durch Falten ersetzt erscheinen. So erweisen sich die Neuropteren und Orthopteren als geologisch älter als die Dipteren, Coleopteren etc., die Cicadinen und Fulgoriden älter als die Hemipteren; unter den Odonaten scheinen die Calopterygiden die Vorläufer der Libelluliden, Gomphiden und

[1]) Man vergleiche die ausgezeichnete Arbeit Prof. Fr. Brauer's: Systematisch-zoologische Studien. Sitzungsber. d. kais. Akad. d. Wissensch., Wien, XCI. I. Abth., Mai-Heft, p. 323 (87) etc.

Agrioniden zu sein; *Pteronarcys* kann als Ausgangspunkt für die Perliden, *Corydalis* für die Sialiden gelten. Freilich wird man bei solchen Untersuchungen sich nicht auf das Geäder allein stützen dürfen, anderseits wird dasselbe aber stets ein wesentliches, ja geradezu unentbehrliches Hilfsmittel bilden.

I. Dermaptera.

Taf. IX Fig. 1—4.

Die Vorderflügel sind zu kurzen, hornigen Schuppen umgewandelt, die keine Nervatur erkennen lassen und an die Deckflügel der Blattiden, Termiten und Coleopteren erinnern; zur Flugbewegung untauglich, dienen sie als Schutzmittel für die darunter verborgenen Hinterflügel, welche durch ihre complicirte Faltung und Nervatur von denen aller übrigen Insecten abweichen.

Der ausgebreitete Hinterflügel lässt fünf Theile unterscheiden, nämlich das schmale lanzettförmige Marginalfeld am Vorderrand, welches gewöhnlich etwas nach unten umgeschlagen ist. Unmittelbar hinter ihr liegt die breite, hornige Schuppe (squama), durch eine Gelenkfalte von dem spitz zulaufenden, hornigen Apicalfeld getrennt, welches selbst wieder durch eine Längsfurche in zwei Theile zerfällt. Von der genannten Gelenkfalte aus entspringt eine ziemlich kräftige Ader, welche parallel mit dem Hinterrand der Schuppe gegen die Flügelwurzel verläuft und ein schwach verhorntes Feld, die Nebenschuppe, begrenzt. Diese zerfällt durch eine schräge Furche, welche die directe Fortsetzung der Längsfalte im Apicaltheil bildet, in zwei Hälften, von denen die eine gegen die Flügelwurzel zu gelegen ist, während die andere mit dem Apicaltheil in Verbindung steht. Der fünfte Theil des Flügels ist von dem glashellen Fächer eingenommen und wird von einer Anzahl divergirender Adern durchzogen, welche ohne Ausnahme von dem äusseren Theile der Nebenschuppe ihren Ursprung nehmen und unter S-förmiger Krümmung gegen den Flügelsaum verlaufen. Zwischen ihnen ziehen ähnliche, aber abgekürzte Adern, die wohl als losgetrennte Aeste der Fächerstrahlen aufzufassen sind. Untereinander sind diese Adern durch eine parallel mit dem Flügelsaume verlaufende Vena spuria verbunden, welche als eine Verbindung von Queradern bezeichnet werden muss. Jeder der ausgebildeten Fächerstrahlen ist vorne von einer concaven, hinten von einer convexen Falte begrenzt. Der Fächer selbst entspricht ohne Zweifel dem Analfeld der Orthopteren, welches ungewöhnlich stark erweitert ist, während Marginalfeld, Schuppe und Apicaltheil das System der I. bis VII. Ader vertreten, aber stark reducirt und verhornt erscheinen.

Die Faltung dieses merkwürdig gebauten Hinterflügels erfolgt in drei Stadien. Das erste derselben besteht darin, dass der Fächer sich regelmässig zusammenfaltet und der Apicaltheil des Flügels sich gleichzeitig mit der Spitze gegen die Flügelwurzel nach unten umschlägt. Hervorgerufen wird diese Faltung wahrscheinlich nur durch die Elasticität der Fächerstrahlen. Diese liegen nämlich im Ruhezustande parallel der Flügelebene, werden aber bei der Entfaltung des Flügels um 180° gedreht, wie man sich am besten an einem aus Papier verfertigten Modell überzeugen kann, und streben natürlich, sobald der Streckmuskel des Flügels erschlafft, ihre ursprüngliche Lage wieder einzunehmen. Vermöge ihrer S-förmigen Krümmung aber werden auch die Felder, welche sie durchlaufen, mitgedreht, so dass die concaven Falten alle gegen die Flügelbasis, die convexen dagegen nach der entgegengesetzten Seite zu liegen kommen. Die von den abgekürzten Fächerstrahlen durchlaufenen Felder müssen sich selbstverständlich im entgegengesetzten Sinne drehen. In zweiter Linie wirken die vollständigen Fächeradern auch insoferne wie elastische Federn, als sie sowohl untereinander als auch mit dem Aussenrande der Nebenschuppe ziemlich fest verbunden sind und in der Ruhelage beinahe parallel laufen, während sie im ausgebreiteten Flügel unter einem deutlichen Winkel divergiren und sich demnach beim Falten des Flügels wieder parallel zu stellen suchen.

Da die Entfernung des Fächermittelpunktes von der Flügelwurzel viel kleiner ist als die Länge einer Fächerader, so muss der regelmässig zusammengelegte Fächer bei der gleichzeitigen Rückwärtsbewegung des Flügels am Seitenrande des Hinterleibes anstossen, was zur Folge hat, dass der vorstehende Theil des Fächers nach unten umgeschlagen wird, und zwar um eine Achse, welche durch die Flügelwurzel geht und parallel mit der zwischen Schuppe und Apicaltheil befindlichen Gelenkfalte verläuft. Selbstverständlich ist das Einschlagen des Fächerrandes nach unten nicht ohne Einfluss auf die dabei betroffenen Adern; dieselben zeigen vielmehr gerade an der Stelle, wo sie geknickt werden, eine hornige, verschwommene Erweiterung. Im dritten Stadium endlich schlägt sich das Flügelpaquet noch einmal nach unten um längs der Furche, welche die Nebenschuppe in zwei Hälften theilt, und gleichzeitig wird auch der Apicaltheil, der schon im ersten Stadium auf die Nebenschuppe zurückgelegt wurde, der Länge nach zusammengefaltet. Die Ursache zu dieser letzten Faltung ist vielleicht ebenfalls in dem Anstreifen des Flügels an den Hinterleib zu suchen; übrigens sollen die Forficuliden hiebei auch die Hinterleibszangen in Anwendung bringen, was ich jedoch trotz mehrfacher Versuche nie beobachten konnte.

Durch die erwähnte dreifache Faltung ist der Flügel auf eine Grösse reducirt, welche genau der Schuppe nebst dem anstossenden Basaltheile der Nebenschuppe entspricht. Bei der Entfaltung des Flügels scheint der erste Impuls ebenfalls von der Elasticität der Chitinadern auszugehen, welche sämmtlich der Länge nach geknickt sind, während die Entfaltung des Fächers wohl nur mit Hilfe eines Streckmuskels geschehen kann.

Die Faltung des Forficuliden-Flügels ist einzig in ihrer Art; ein Vergleich wäre höchstens mit dem Flügel mancher Blattiden *(Eleutherodea)* möglich, der sich ebenfalls der Länge und Quere nach zusammenlegt, doch wird hier der Spitzentheil des Flügels nach oben zurückgeschlagen und die Faltung des Fächers erfolgt genau so wie bei den übrigen Orthopteren.

II. Ephemeridae.

Taf. IX Fig. 5 und 6.

Es gibt kaum eine zweite Insectengruppe, deren Flügel den ursprünglichen Typus, die Fächerform, noch so deutlich zeigt als die Eintagsfliegen. Von der marginalen Costa angefangen bis zum mehr minder reducirten Analfeld wechseln concave und convexe Adern in regelmässiger Reihenfolge miteinander ab, wenn auch hie und da die beginnende Differenzirung des Flügels zur Vereinigung zweier oder mehrerer Adern zu einem Adercomplex führt. Ein zweiter Charakter des Ephemeriden-Flügels, wenn auch nicht diesem ausschliesslich eigenthümlich, liegt in der grossen Anzahl von Queradern. Nur wenige Arten, wie *Oligoneura* oder *Lachlania*, machen hievon eine Ausnahme.

Im Vorderflügel erkennt man leicht hinter der concaven Subcosta den unverzweigten Radius, ebenso den gegabelten Cubitus; zwischen beiden entspringt eine Concavader, die sich bald in zwei Aeste theilt, von denen der vordere abermals gegabelt ist und einige Concav- und Convexadern einschliesst. Letztere sind als die abgekürzten

Sectoren des Radius, erstere als die Reste der zwischen ihnen verlaufenden concaven Fächerstrahlen aufzufassen, während kleinere Convexadern, die nur ein kurzes Stück saumeinwärts laufen, als Vereinigung von Queradern oder als Venae spuriae anzusehen sind. Die hinter den Sectoren gelegene concave Gabelzinke entspricht demnach der IV. Ader, die vor dem Cubitus gelegene der VI. Concavader, und die zwischen ihnen eingeschlossene abgekürzte Convexader dem Ende der V. Ader.

Hinter dem Cubitus zeigt sich eine gegabelte Concavader mit eingeschlossener Convexader und kann als System der VIII. Ader bezeichnet werden, welche durch Vereinigung der beiden Concavzüge unter gleichzeitiger Auslöschung der eingeschlossenen Convexader zur Bildung einer scheinbar einfachen Concavader (wie bei manchen Lepidopteren) führen könnte. Die nächstfolgende Convexader sammt ihren Zweigen entspricht der IX. Ader, hinter ihr folgt die X. Ader, die bald einfach concav ist *(Ephemera)*, bald wie die VIII. Ader gegabelt erscheint *(Heptagenia)*; die letzte Convexader ist die XI., und hinter ihr folgt manchmal noch eine Reihe von kleinen Concav- und Convexzügen, welche meist mehr oder weniger reducirt erscheinen.

Schon bei *Polymitarcys virgo* Pict. sind die Queradern äusserst feine Linien, bei *Oligoneura* endlich sind ihrer nur 5—7 zwischen Radius und V. Ader vorhanden. Das Analgeäder ist bei letzterer Gattung auf die einfache IX. und die gegabelte XI. Convexader reducirt und die Concavadern mit Ausnahme der Subcosta verschwunden.

Der Hinterflügel ist, wenn überhaupt vorhanden, stets viel kleiner als der Vorderflügel und demgemäss manchmal so reducirt, dass sein Geäder nur aus 2—3 schwachen Linien besteht.

Ausser der eingangs erwähnten Fächerform und den reichlich ausgebildeten Queradern wären die Ephemeren-Flügel der Mehrzahl nach noch durch folgende Merkmale charakterisirt. Der Radius ist einfach, die Sectoren nicht unmittelbar mit ihm verbunden, sondern durch eine Concavader (III_2) von ihm getrennt, ein Charakter, welcher sonst nur bei den Odonaten und Dipteren vorkommt. Auch die Media (V. Ader) ist durch die Vereinigung von IV und VI von den benachbarten Convexlinien getrennt. Der Hinterflügel ist stets viel kleiner, demgemäss auch sein Geäder viel einfacher oder ganz reducirt. Hiedurch sind die Ephemeren von den Odonaten, deren Adervertheilung sonst sehr ähnlich ist, wesentlich verschieden. Formen mit reducirtem Geäder, wie *Oligoneura* etc., weichen jedoch bedeutend von dem oben angeführten Schema ab, indem die Sectoren ganz verloren gegangen sind, ausserdem auch die Schaltadern, sowie die zahlreichen Queradern fehlen.

III. Odonata.

Taf. IX Fig. 7—9.

Obwohl die Odonaten durch eine Reihe von Merkmalen, wie z. B. den Mangel der indirecten Flügelmuskel, von allen übrigen Insecten scharf getrennt sind, so lassen sich doch eine Anzahl von Charakteren nachweisen, durch welche sie sich den echten Orthopteren und Perliden, namentlich aber den Ephemeriden nähern. Directe Uebergangsformen fehlen zwar vollständig, dennoch zeigt gerade das Flügelgeäder solche Aehnlichkeit mit dem der Ephemeren, dass man einen gemeinsamen Ursprung beider Ordnungen vermuthen muss, umsomehr, als die fossile *Ephemera procera* Hagen aus dem lithographischen Schiefer von Eichstätt durch ihre vier muthmasslich gleich grossen Flügel vielleicht eine Uebergangsform zu den Odonaten bildet. Auf jeden Fall stellen die Odonaten (sowie die Ephemeren) eine Insectengruppe von hohem geologischen Alter dar, wie das Auftreten von angeblich gomphidenartigen Formen im Devon unzweifelhaft beweist. Auch der grosse Reichthum an Queradern, das häufige Auftreten von Venae spuriae, und der geringe Grössen- und Formunterschied zwischen Vorder- und Hinterflügeln sprechen entschieden für diese Ansicht.

Ob gerade Gomphiden als die ältesten Formen der Odonaten anzusehen, scheint mir zweifelhaft, vielmehr glaube ich im Flügel der *Calopteryx*-Arten jene Form zu erkennen, von der sich die Flügelformen der übrigen Odonaten ableiten lassen, und welche deshalb zunächst besprochen werden soll.

Vorder- und Hinterflügel erscheinen reich geadert, an Grösse und Form einander gleich. Die Costa ist marginal und durch zahlreiche Queradern mit dem unverzweigten Radius verbunden. Eine dieser Queradern ist stärker, winkelig geknickt und wird als Nodus bezeichnet. Charakteristisch ist das Verhalten der concaven Subcosta, welche beim Nodus scheinbar erlischt, in Wirklichkeit aber sich gegen den Vorderrand biegen und dicht hinter der Costa verlaufen soll (Hagen).

Hinter dem unverzweigten Radius verläuft genau wie bei den Ephemeriden eine Concavader, welche scheinbar aus dem Radius entspringt und sich bald in zwei concave Aeste gabelt, welche zwischen sich das System der Sectoren des Radius, aus abwechselnden Concav- und Convexadern zusammengesetzt, einschliessen. Ausser diesen normalen Adern, die den alternirenden Strahlen des ursprünglichen Fächerflügels entsprechen, schieben sich noch kleine Adern ein, welche vielleicht nur als Verbindungen von Queradern, also als Venae spuriae zu bezeichnen sind. Die nächste Ader ist convex und als die V. anzusehen, ebenfalls von mehreren abgekürzten Concav- und Convexadern begleitet. Die vor ihr verlaufende Concavader ist demnach die IV., die ihr folgende die VI. Ader. Letztere ist bei den Ephemeren mit der concaven Gabelader hinter dem Radius unmittelbar vereinigt und schneidet dadurch die Wurzel der V. Ader ab, während sie hier getrennt aus dem Stamme der darauffolgenden Cubitalader entspringt. Die V. Ader dagegen nimmt ihren Ursprung scheinbar aus der III., ebenso der Cubitus, der anfangs schief gegen den Hinterrand verläuft, dann aber plötzlich mehr gegen die Flügelspitze umbiegt. Auch er ist von einer Anzahl concaver und convexer Adern, Resten der Fächerstrahlen, begleitet und steht durch mehrere Queradern, von denen zwei etwas verdickt erscheinen, mit der IX. Ader in Verbindung. Zwischen beiden verläuft die VIII. Concavader (Analader), von einigen abgekürzten Concav- und Convexadern begleitet, so dass sie auch hier wie bei den Ephemeren nicht als einzelne Ader, sondern als ein ganzes System von Adern erscheint. Ein ähnliches Verhältniss scheint hier auch die IV. Ader, welche bei den Ephemeriden einfach ist, zu zeigen. Hinter der IX. Ader ist noch eine Spur der XI. in Form einer zickzackförmigen, abgekürzten Längsader vorhanden, die durch eine kräftige Querader mit jener verbunden ist. Unmittelbar vor ihr ist auch ein Rest der concaven X. Ader sichtbar. Abweichungen von diesem Flügelbau sind meist unbedeutend, aber insoferne interessant, als sie Uebergangsbildungen zum Flügel der übrigen Odonaten darstellen. So nimmt bei *Hetaerina cruentata* Rbr. die Wurzel der gegabelten Concavader ihren Ursprung aus der VI. Ader, ist aber von der V. Ader so an den Radius angedrückt, dass sie förmlich in zwei Theile getrennt erscheint. Bei *Epallage* entspringt die IV. Ader aus der V. und diese wieder aus der VI., ohne dass sie sich an den Radius anlegt. Bei *Rhinocypha fenestrata* Burm. und *Thora fasciata* Hagen ist die Vereinigung von IV und VI complet geworden und dadurch der Stamm der V. Ader abgeschnitten. Bei *Thora* rückt die Querader, welche die »viereckige Zelle« innen begrenzt, so weit gegen die Flügelwurzel, dass eine Ecke derselben den Radius berührt. Die XI. Ader ist bei *Thora* und *Hetaerina* nur ein Ast der IX., bei ersterer aber durch eine deutliche Concavader (X.) von ihr getrennt. Bei *Epallage* steht XI nicht in unmittelbarem Zusammenhange mit IX, und hinter ihr verläuft noch eine Concavader (XII.), bei *Rhinocypha* endlich fehlt XI vollständig. *Euphaea*, *Anisopleura* zeigen einen ähnlichen Bau wie *Epallage*.

Dem breiten Flügel der Calopteryginen gegenüber erscheint der der Agrioniden stark verschmälert; demgemäss hat auch eine entsprechende Reduction von concaven und convexen Längsadern stattgefunden und die Venae spuriae sind fast vollständig ausgefallen. So erscheint der Sector radii ebenso wie die Media als einfache convexe Längsader, die nur am äussersten Ende von kleinen Venae spuriae begleitet ist. IV. und VI. Ader sind ein ziemlich langes Stück vereinigt, so dass die V. Ader bedeutend verkürzt ist. Die das Flügelviereck (Trapez) begrenzende äussere Querader nimmt durch ihre Stärke und schiefe Richtung schon mehr den Charakter eines Cubitalastes an, weshalb hier auch die VIII. Concavader, die bei den Calopteryginen noch vollständig gerade oder ganz wenig *(Rhinocypha)* gekrümmt verläuft, mehr oder weniger ausgebuchtet wird. Die IX. Ader steht mit der erwähnten hinteren Cubitalzinke oft derartig in Verbindung, dass sie selbst als eine Fortsetzung derselben erscheint. Nicht selten ist sie durch die Verschmälerung des Flügels mehr oder weniger reducirt, so dass sie bei *Agriocnemis* und noch mehr bei *Disparoneura* stark verkürzt erscheint, bei *Palämnema* nur durch eine dreispaltige Querader repräsentirt ist, bei *Alloneura* endlich vollständig fehlt. Bei *Paraphlebia zoë* Selys. hingegen ist hinter der IX. noch die X. und XI. Ader ausgebildet. *Ischnura*, *Micromerus*, *Lestes*, *Synlestes*, *Platycnemis* und *Agriocnemis* zeigen im Wesentlichen denselben Bau wie *Agrion*.

Im Gegensatz zum Flügel der Agrioniden entsteht derjenige der Gomphiden, Aeschniden und Libelluliden durch Complication des Calopteryginen-Flügels in Folge einer Vergrösserung der Flügelbreite, namentlich am Grunde des Hinterflügels.

Der Flügel von *Gomphus* zeigt demnach ein dichtes Netzwerk von Adern, an dem jedoch die ursprünglichen Fächerstrahlen so innig mit einander verbunden und zickzackförmig gekrümmt erscheinen, dass sie sich nicht mehr so scharf wie bei den Calopteryginen von einander sondern lassen, sondern ein mehr minder unregelmässiges Netzwerk bilden. Die IV. und VI. Ader sind eine bedeutende Strecke hindurch vereinigt, die V. Ader daher stark abgekürzt. Die Wurzel des Cubitus verläuft anfangs quer zur Längsaxe des Flügels, knickt aber dann bald unter einem rechten Winkel um. In seinem weiteren Verlaufe entsendet der Cubitus eine schief nach hinten und gegen die Flügelbasis zu verlaufende Zinke, die offenbar aus einer abnorm entwickelten Querader hervorgegangen ist. Die darauffolgende VIII. Concavader wird dadurch ebenfalls rechtwinkelig geknickt und ist durch eine schiefe, scheinbar concave Querader mit der Gabel des Cubitus verbunden, so dass die viereckige Zelle der Calopterygiden und Agrioniden in zwei Theile zerfällt, wovon der gegen den Hinterrand gelegene als »Flügeldreieck« bezeichnet wird. Einen ähnlichen Querast entsendet die darauffolgende IX. Ader in den Winkel von VIII.

Der Hinterflügel zeigt denselben Bau wie der Vorderflügel, mit dem einzigen Unterschiede, dass bei ersterem das hinter IX gelegene Analfeld viel stärker entwickelt ist, und daher auch ein dichtes Netz von Längs- und Queradern zeigt.

Progomphus obscurus Ramb. zeigt im Vorderflügel eine Spur einer XI. Ader, bei *Cordulegaster* ist die V. Ader deutlich gegabelt und zeigt ebenso wie der Cubitus eine an beiden Enden abgekürzte Concavader.

Der Flügel der Aeschniden zeigt im Wesentlichen denselben Bau wie derjenige der Gomphiden. Die concaven Adern hinter der V. Ader und dem vorderen Cubitalast sind hier viel stärker ausgebildet als bei *Cordulegaster*. Die erstere von beiden verliert sich bei *Anax* im Flügelfelde, ohne den Hinterrand zu erreichen, während sie sich bei *Aeschna* deutlich bis zum Hinterrande verfolgen lässt. *Anax* weicht auch insoferne ab, als die VI. Concavader die Vorderzinke des Cubitus abschneidet, während letztere bei *Aeschna* bis zum Hinterrande parallel zur VI. Ader verläuft. *Neuraeschna* und *Staurophlebia* sind dadurch ganz abweichend, dass sich die Subcosta noch ein kurzes Stück über den Nodus hinaus fortsetzt. Das Analfeld, namentlich des Hinterflügels ist viel unregelmässiger geadert als bei den Gomphiden.

Der Flügel der *Cordulina* ist ähnlich wie bei den vorhergehenden Abtheilungen gebaut; bei *Cordulia* ist insoferne ein Unterschied erkennbar, als aus dem Stamm der IX. Ader im Hinterflügel noch eine kurze Concav- und eine Convexader entspringen, die vielleicht als Spuren der X. und XI. Ader anzusehen sind.

Nach demselben Typus ist endlich auch der Flügel der *Libellulina* gebaut. Der Stamm der vereinigten IV. und VI. Ader unterbricht nicht selten den Stamm des Cubitus, so dass derselbe in zwei Theile getrennt ist. Die IX. Ader ist bald gegabelt, bald einfach und meist hinter ihr noch eine Concavader (X.), manchmal sogar noch eine XI. Ader sichtbar *(Libellula)*, bei *Tetrathemis* dagegen ist die X. und XI. Ader nicht entwickelt. *Nannophya, Nannothemis* und *Nannodythemis* sind ähnlich gebaut wie *Libellula*.

Es liessen sich demnach drei Typen im Flügelgeäder unterscheiden: I. Der Typus der Calopterygiden, aus dem sich der II. Typus der Agrioniden durch Vereinfachung, der III. Typus der Gomphiden, Aeschniden, Corduliden und Libelluliden dagegen durch Complication unter gleichzeitiger Verbreiterung der Flügel entwickelt hat.

Charakteristisch für die ganze Ordnung ist vor Allem das Verhalten der Subcosta, die nach Hagen am Nodus sich an die Costa anschmiegt und daher scheinbar erlischt oder sich nur ein kurzes Stück über den Nodus hinaus fortsetzt. Der Radius ist wie bei den Ephemeriden einfach, durch zahlreiche, oft verdickte Queradern (Stege, Nodus) mit der Costa verbunden und seine Sectoren durch eine Concavader vollständig abgetrennt. Diese ist mit der IV. Ader vereinigt und ihre gemeinsame Wurzel meist auch mit der VI. Ader verschmolzen. Die V. Ader entspringt entweder aus der III., oder ihre Wurzel ist abgeschnitten. Der Cubitus entspringt stets aus dem Radius, so dass man an der Flügelwurzel blos zwei concave Adern, die Subcosta und den Stamm der VIII. Ader, sowie zwei bis drei Convexadern, nämlich die Costa, die gemeinsame Wurzel von III. und VII., eventuell die IX. Ader unterscheiden kann. Das dichte Zwischengeäder, das häufige Auftreten von Schaltadern am Flügelsaume sind Merkmale, wodurch Ephemeriden und Odonaten entschieden einander ähnlich erscheinen, während sie anderseits durch den Thoraxbau, sowie ihre Musculatur scharf getrennt sind. Allgemein sind die Hinterflügel der Odonaten von ähnlicher Grösse und Gestalt wie die Vorderflügel, während die Ephemeriden stets reducirte oder verkümmerte Hinterflügel besitzen.

IV. Plecoptera (Perlariae).

Taf. X, Fig. 10—12.

Als typisch für die ganze Ordnung kann man den Flügel von *Nemura* ansehen, ohne dass damit gesagt sein soll, dass diese Gattung etwa den Urtypus der Perliden bilden soll. Es lässt sich im Gegentheil vermuthen, dass Formen mit reicher entwickeltem

Geäder, wie z. B. *Pteronarcys*, dem ursprünglichen Typus viel näher stehen, aus dem sich durch Vereinfachung und Reduction das Geäder der übrigen Perliden entwickelt hat.

Im Vorderflügel von *Nemura* erkennt man hinter der marginalen Costa die concave Subcosta, welche an einer Querader, die dem Nodus der Odonaten vergleichbar ist, aufhört. Eine zweite Querader ist an der Basis zwischen Costa und Subcosta sichtbar. Der Radius verläuft gerade bis zur Flügelspitze und entsendet nach rückwärts einen gegabelten Sector, der durch eine Querader sowohl mit dem Radius, als mit der darauffolgenden V. Ader verbunden ist. Diese entspringt aus dem Radius, entsendet gleich nach ihrem Ursprung eine Querader zum Sector radii und in ihrem weiteren Verlaufe eine Reihe von Queradern gegen den Cubitus, um sich am Ende in zwei Gabelzinken zu theilen. Unmittelbar vor ihr verläuft eine kurze Concavfurche, welche als Rest der IV. Ader anzusehen ist, während die VI. Concavader vollständig verschwunden ist. Der Cubitus ist an der Wurzel ausgelöscht und theilt sich bald in zwei Aeste, die durch eine Reihe von Queradern miteinander in Verbindung stehen. Die VIII. Ader ist als deutliche Concavfurche unmittelbar hinter dem Cubitus sichtbar und durchbricht die Querader, welche die Wurzel des Cubitus mit dem reducirten Analfeld verbindet. Die IX. Ader bildet an der Wurzel eine elliptische Zelle, welche auf eine Vereinigung von zwei Aesten deutet, während sie im weiteren Verlaufe als einfache Convexader erscheint. Dicht hinter der elliptischen Zelle, und an der Wurzel sogar mit ihr vereinigt, entspringt die gegabelte XI. Ader, während die X. Concavader fehlt. — Der Hinterflügel zeigt denselben Bau wie der Vorderflügel, doch ist sein Analfeld zu einem deutlichen Fächer ohne Concavadern ausgebildet und die V. Ader entspringt aus dem Sector radii.

Leuctra zeigt im Wesentlichen den Flügelbau von *Nemura*, bei *Capnia* ist die Zahl der Queradern, die vom Vorderaste des Cubitus entspringen, auf zwei oder drei reducirt, dagegen die Subcosta durch vier Queradern mit der Costa verbunden. *Taeniopteryx* ist dadurch ausgezeichnet, dass der Vorderast des Cubitus sich am Ende in drei bogenförmige Aeste spaltet. Bei *Chloroperla* ist der Vorderast des Sector radii am Ende gegabelt, der Hinterast aber durch die Querader, welche gegen V. in schiefer Richtung verläuft, in eine rechtwinkelige Ecke ausgezogen. In ähnlicher Weise ist auch der Hinterast von V. durch eine gegen den Cubitus verlaufende Querader geknickt. Dasselbe Verhalten zeigt *Isopteryx*, welche ausserdem durch die geringe Anzahl von Queradern im Cubitalfeld, sowie durch Reduction des Analfeldes im Hinterflügel ausgezeichnet ist, der dadurch die Grösse und Gestalt des Vorderflügels angenommen hat.

Perla und *Dictyopteryx* zeigen eine reichere Entwicklung des Geäders als *Nemura*, indem die Zahl der Queradern zwischen Costa und Subcosta eine viel grössere ist, und sowohl der Sector radii als der Vorderast des Cubitus sich am Ende in eine Reihe von Aesten spaltet. Den extremsten Grad zeigt *Pteronarcys* durch die Entwicklung eines reichen, aber ziemlich unregelmässigen Zwischengeäders, welches durch die als Concavfalte ausgebildete IV. Ader vielfach eine Unterbrechung und theilweise Verschiebung erleidet. Der Hinterast des Cubitus scheint durch die als Concavader ausgebildete VIII. Ader vollständig ausgelöscht worden zu sein. Hier wie bei *Perla* ist das Analfeld bedeutend mehr entwickelt als bei *Nemura*, und speciell im Hinterflügel vereinigen sich Gruppen von Fächerstrahlen zur Bildung mehrfach verzweigter Convexadern, die durch vereinzelte Queradern miteinander verbunden sind. Gerade dieselbe Bildung findet man auch im Hinterflügel der Blattiden und Mantiden, während das unregelmässige Netzwerk des Vorderflügels an die Acridier erinnert.

Bei *Chloroperla* entspringt die V. Ader im Hinterflügel aus dem Sector radii, ebenso bei *Perla*, *Dictyopteryx* und *Pteronarcys*; hier scheint auch der Vorderast des

Cubitus aus dem Sector zu entspringen, da die Querader zwischen beiden ungewöhnlich kräftig ist.

Während Brongniart und Scudder zwischen *Pteronarcys* und Phasmiden eine Uebereinstimmung des Flügelgeäders herausfinden, scheinen mir die Perliden vielmehr an die nahe verwandten Blattiden und Mantiden, sowie auch an die Embiden zu erinnern. Doch ist ihr Zwischengeäder mit Ausnahme von *Pteronarcys* nur aus vereinzelten Queradern gebildet, und das Analfeld zeigt bei den Perliden weder die vielen Radien, noch die zahlreichen Queradern, welche die Fächer der genuinen Orthopteren charakterisiren.

Als charakteristisch kann auch das Verhalten des Sector radii und der V. Ader angesehen werden, die im Hinterflügel mit gemeinsamer Wurzel entspringen, während im Vorderflügel der Sector aus dem Radius, die V. Ader aber selbstständig dicht hinter oder aus dem Radius entspringt. Stets ist die V. Ader sowohl mit dem Radius, resp. seinem Sector, als auch mit dem Cubitus durch eine Querader verbunden, so dass eine deutliche Basalzelle eingeschlossen wird. Bei den meisten Perliden entsendet der vordere Cubitalast eine Reihe fiederförmig gestellter Queradern gegen die V. Ader sowohl als gegen den Hinterast. Im Vorder- und Hinterflügel ist die IV. und VIII. Ader als Concavfalte entwickelt, nur bei *Pteronarcys* nimmt der hintere Cubitalast vollkommen den Charakter einer Concavader an. Die VI. Ader fehlt vollständig.

V. Orthoptera genuina.

Taf. X, XI und XII.

1. Fam. *Embidae.*

Taf. X, Fig. 13.

Sowohl in ihrem Körperbau, als auch im Flügelgeäder stellen die Embiden eine ganz eigenthümliche Gruppe dar, welche jedoch Beziehungen zu den Termiten und Blattiden, sowie auch zu den Perliden zeigt. Concave Adern fehlen mit Ausnahme der stark verkürzten und undeutlichen Subcosta durchwegs, wohl aber sind zwischen je zwei Convexlinien concave Falten sichtbar, welche zum Theil die von ihnen getroffenen Queradern durchbrechen, also jedenfalls als Reste von Concavadern anzusehen sind. Die Convexadern sind als breite hornige Streifen ausgebildet, unter denen namentlich einer besonders auffällt, welcher hinter dem Vorderrande verläuft und wohl als Radius zu deuten ist. Bald nach seinem Ursprunge gibt er eine zwei- bis dreizinkige Ader ab, welche dem Sector entspricht und durch eine Querader mit einer unverzweigten Längsader in Verbindung steht, welche ich für die V. Ader halte. Auf diese folgt der ebenfalls stark verhornte, gegabelte Cubitus, der bei *Embia* im Hinterflügel 1—2 abgekürzte Adern zwischen seinen Zinken zeigt. Eine kurze Ader hinter dem Cubitus ist als Rest der IX. Ader anzusehen. Queradern sind spärlich vorhanden und verbinden den Sector mit dem Radius und der V. Ader, sowie die einzelnen Zinken desselben untereinander.

Die Vertheilung der Adern gleicht ungemein derjenigen der Perliden, denen die Embiden mit Ausnahme des reducirten Analfeldes wohl nahe stehen dürften. Der Ursprung des Sectors und seine Querader zur V. Längsader finden sich fast in derselben Weise bei den Perliden; die abgekürzten Adern in der Cubitalgabel des Hinterflügels von *Embia* würden dann den Aesten entsprechen, welche der hintere Cubitalast im Vorderflügel vieler Perliden nach vorne entsendet. Dagegen lassen sich ausser der hornigen Beschaffenheit des Flügels und dem Mangel concaver Adern wenig Aehnlichkeitspunkte mit dem Termitenflügel auffinden. Auf Grund der inneren weiblichen Organe weist Dr. H. Hagen (Canad. Entomologist, 1885, Nov., Monograph of the Embidina) die von Mac Lachlan angegebene Verwandtschaft der Embiden und Perliden zurück und behauptet, dass das Geäder der Embiden sich nur mit dem der Termiten vergleichen lasse, eine Ansicht, welche ich nicht theilen kann. Ueber die Bezeichnung der Adern bei Hagen (l. c.) konnte ich nicht vollkommen ins Reine kommen.

2. Fam. *Blattidae.*

Taf. X, Fig. 14—16.

Ohne Zweifel gehören die Blattiden zu den ältesten Insecten; ein angeblicher Vertreter derselben *(Palaeoblattina)* findet sich bereits im Silur.

Am nächsten den Mantiden verwandt, erinnern sie in mancher Beziehung auch an die Termiten, *Dermaptera* und Perliden. Die wechselnde relative Breite der Flügel, namentlich der stark verhornten Vorderflügel, bringt es mit sich, dass die Ausbildung des Geäders eine sehr verschiedene ist. Ist der Hinterflügel nicht blos der Länge nach, sondern auch der Quere nach faltbar, wie bei *Eleutherodea* etc., dann tritt eine Complication des Geäders ein, welche die Deutung der Adern oft ungemein erschwert. Am klarsten ist der Flügelbau demnach bei Formen mit relativ breiten Vorderflügeln und nur der Länge nach gefalteten Hinterflügeln, wie z. B. *Periplaneta,* deren Geäder zuerst besprochen werden möge.

Am hornigen Vorderflügel erkennt man nebst der marginalen Costa die tief concave, auf der Unterseite wulstig verdickte Subcosta, die schief gegen die Mitte des Vorderrandes verläuft und einige undeutliche, schiefe Zweige (Queradern) gegen den Vorderrand abgibt. Der Radius ist mit einer grossen Anzahl von Aesten (Sectoren) versehen, die ausnahmslos dem Vorderrande zustreben. Die nächste Ader ist concav, erlischt aber in der Mitte des Flügelfeldes, nachdem sie den Stamm der folgenden, mehrfach verzweigten V. Ader ausgelöscht hat. Sie ist demnach als IV. Ader oder als Verschmelzung der IV. und VI. Ader zu bezeichnen. Nun folgt der Cubitus, der sich in eine grosse Anzahl von Aesten theilt, und hinter diesem die concave VIII. Ader, die im Bogen gegen die Mitte des Hinterrandes verläuft und das Analfeld mit zahlreichen, der Längsachse des Flügels fast parallel verlaufenden Convexadern begrenzt. Im Hinterflügel mündet die Subcosta mehr gegen die Flügelspitze, weshalb der folgende, mehrfach verzweigte Radius auf einen kleineren Raum zusammengedrängt ist als im Vorderflügel. Unmittelbar hinter ihm zieht die erst am Ende gegabelte V. Ader, deren Wurzel von der darauffolgenden, glashell durchscheinenden Concavfalte (VI.) ausgelöscht ist. Der Cubitus ist reich verzweigt und nimmt ungefähr dieselbe Fläche ein als der Radius sammt der V. Ader; beide zusammen bilden etwas mehr als ein Drittel der ganzen Flügelfläche. Eine concave Ader (VIII) begrenzt das mit zarten, spärlichen Queradern versehene Analfeld und unmittelbar hinter ihr zieht eine undeutliche Convexader, welche wohl als ein mehr minder aufgelöster Ast der IX. Ader anzusehen ist. Längs derselben schlägt sich das fächerartige Analfeld nach unten und gegen den Vorderrand um, da aber das ganze Analfeld fast die doppelte Breite der vorderen Flügelpartie zwischen der I. und VIII. Ader hat, wird die hintere Hälfte des Analfeldes abermals nach hinten zurückgeschlagen, so dass der ganze Flügel in der Ruhelage aus drei übereinanderliegenden Blättern besteht. In der vorderen Hälfte des Analfeldes ist auch das Geäder insoferne verändert, als die einzelnen Fächerstrahlen nicht wie in der hinteren Hälfte von einander getrennt, sondern zu einer mehrfach verzweigten Ader vereinigt sind. Einen ganz ähnlichen Flügelbau zeigen *Ischnoptera morio* Burm. u. A.

Bei *Phyllodromia* erscheint der Vorderflügel relativ sehr verschmälert, und dadurch sind auch einzelne Adern, besonders das System des Cubitus wesentlich reducirt, sonst aber das Geäder ganz ähnlich wie bei *Periplaneta*. Im Hinterflügel ist ebenfalls in Folge der geringen Breite des Deckflügels eine Reduction des Geäders eingetreten, in Folge deren die V. Ader als unverzweigte Längsader, der Cubitus nur mit einer einzigen Gabel am Ende erscheint. Auch hier wird der Vordertheil des Analfeldes nach unten umgeschlagen und sind seine Adern wie bei *Periplaneta*, um ein festeres Ganzes zu bilden, zu einer mehrfach verzweigten Ader vereinigt. Die hintere Hälfte wird theilweise fächerartig zusammengeschoben und dann nach rückwärts umgeschlagen.

Ectobia zeigt wieder einen anderen Typus, indem die V. Ader mit dem Radius zu einer einzigen Ader verschmolzen ist, welche nach beiden Seiten schiefe Aeste entsendet. Dafür ist hier der Cubitus wieder etwas mehr ausgebildet als bei *Phyllodromia*. Noch abweichender ist das Geäder des Hinterflügels, der an Stelle der Subcosta nur eine concave Falte zeigt. Die IV. und VI. Ader, die bei *Phyllodromia* nur als schwache Concavfurchen ausgebildet sind, haben sich hier zur Bildung einer an der Wurzel ausgelöschten Concavader vereinigt und dadurch die V. Ader verdrängt. Der Cubitus bildet eine einfache Convexader, die sich am Ende mit dem Radius zu einem unregelmässigen Netzwerk vereinigt und durch eine deutliche Concavader vom Analfeld getrennt ist. Am Ende dieser VIII. Ader liegt jenes aderlose durchsichtige Feld, welches als campus apicalis triangularis bezeichnet wird und nach Saussure's geistreicher Arbeit (Ann. d. scienc. nat., 5e sér., zool., tome 10) die Querfaltung des Flügels von *Eleutherodea* etc. einleitet. Auch bei *Ectobia* sind die ersten Fächerstrahlen mehr minder fest miteinander verbunden, der 2. und 3. Strahl schliessen durch Verwachsung eine längliche, beiderseits zugespitzte Zelle ein. Die Queradern des Analfeldes sind hier wie bei *Periplaneta* sehr zart, und sind zwischen den einzelnen Fächerstrahlen ziemlich ausgebildete Concavadern eingeschaltet, welche bei *Periplaneta* und *Phyllodromia* nur durch concave Furchen vertreten sind.

Wo der Hinterflügel auch der Quere nach gefaltet wird, wie bei *Eleutherodea dytiscoides* Serv., ist natürlich die Deutung des Geäders bedeutend schwieriger, doch erkennt man die concave Subcosta und hinter ihr den von der Wurzel an gegabelten Radius, hinter dem die einfache V. Ader bis zur Flügelspitze verläuft. Unmittelbar hinter dieser zieht an der Wurzel eine concave Falte, sowie der anfangs einfache, im Spitzentheil aber gegabelte Cubitus, der durch eine concave Ader vom Analfeld getrennt ist. Dieses zerfällt wieder in eine vordere Partie mit kräftigen, durch zahlreiche Queradern verbundenen Längsadern und in einen hinteren fächerförmigen Theil mit spärlichen, zarten Queradern. Bei der Faltung legt sich der Hinterflügel einmal der Länge nach zusammen und gleichzeitig schlägt sich der Analfächer nach unten um, worauf endlich der Spitzentheil des Flügels sich nach oben gegen die Flügelbasis zurücklegt.

Charakteristisch für den Blattidenflügel sind die marginale Costa, die abgekürzte, in die Mitte des Vorderrandes mündende Subcosta und die im Bogen gegen die Mitte des Hinterrandes laufende VIII. Ader. Vorderflügel mit Ausnahme der Concavadern, die im durchfallenden Lichte als helle Streifen erscheinen, verhornt, ebenso der Hinterflügel bis zur VIII. Ader, während der Analfächer häutig und glashell bleibt. Queradern sind zwar in ziemlicher Anzahl vorhanden, aber undeutlich und fein. Das Analfeld des Vorderflügels ist stets von mehreren Adern durchzogen, welche entweder gerade oder im Bogen parallel der Längsachse des Flügels verlaufen, wodurch die Blattiden ungemein an die

Mantiden erinnern; doch fehlt jenen die für letztere charakteristische Membranula des Analfeldes ausnahmslos. Die V. Ader entspringt selbstständig, aber mit ausgelöschter Wurzel, nur manchmal verschmilzt sie mit dem Radius. Ausser der Subcosta und Analader findet sich von concaven Linien noch die VI. als Falte oder Ader ausgebildet, nicht selten mit der IV. vereinigt.

3. Fam. *Mantidae.*

Taf. X, Fig. 17.

Wie die Mantiden durch Kopf, Hinterleib, Eierablage etc. an die Blattiden erinnern, so lassen sich auch im Flügelgeäder eine Reihe von Merkmalen feststellen, durch welche beide Familien mit einander verwandt sind. Als Beispiel möge *Mantis* dienen. Die Costa verläuft wie bei Blattiden marginal, dagegen erreicht hier die Subcosta die Flügelspitze und in Folge dessen erscheint der Radius nur spärlich und am äussersten Ende verzweigt. Eine seichte Concavfurche dicht hinter dem Radius trennt ihn von der mehrfach gegabelten V. Ader, welche wieder durch eine kurze, undeutliche Furche vom reich verästelten Cubitus getrennt ist. Als eine Wirkung jener beiden Falten, die der IV. und VI. Concavader entsprechen, müssen die eigenthümlichen, weisslichen Flecken angesehen werden, die bei vielen Mantiden etwa in der Mitte der V. Ader liegen und offenbar den Thyridien der Panorpen und Trichopteren entsprechen. Hinter dem Cubitus verläuft die concave VIII. Ader wie bei den Blattiden im Bogen gegen den Hinterrand. Auch das Analfeld ist dem der Blattiden ähnlich, doch fehlt denselben die Membranula der Mantiden. Die IX. Ader beginnt mit zwei Aesten, die sich vor dem Hinterrande vereinigen und auch die concave VIII. Ader aufnehmen. Die nächste gegabelte Ader wäre als XI., die beiden folgenden als XIII. anzusehen. — Im Hinterflügel erkennt man wieder die concave Subcosta, hinter ihr den unverzweigten Radius und die ihm parallel laufende, ebenfalls einfache V. Ader, welche durch eine Concavader (VI.) vom mehrfach gegabelten Cubitus getrennt ist. Hinter diesem verlauft abermals eine Concavader (VIII.), auf welche das fächerförmige Analfeld folgt. Wie bei den Blattiden ist die erste Fächerader einfach, hinter ihr aber verläuft eine wiederholt gegabelte Ader, welche durch Vereinigung von mehreren Fächerstrahlen entstanden ist. Zwischen je zwei Adern eine concave Falte. Der Vorderflügel zeigt ausser den normalen Adern noch eine Reihe von eingeschalteten, abgekürzten Convexadern, die wohl als Venae spuriae zu deuten sind, wie sie bei den Ephemeriden und Odonaten so häufig auftreten.

Fast dasselbe Geäder, aber einfacher, zeigt *Humbertiella ceylonica* Sauss. Bei *Iris oratoria* L. ist auch der Cubitus im Hinterflügel eine einfache, unverzweigte Ader. *Hoplophora valida* Perty zeigt im Wesentlichen das Geäder von *Mantis*, im Hinterflügel jedoch scheint die V. Ader durch die darauf folgende VI. ausgelöscht zu sein.

Eigenthümlich sind die breiten, dreieckigen, netzförmig geaderten Seitenfortsätze des Pronotums von *Choraedodis boïdea* Stoll., die sich auch bei *Lithomantis carbonaria* finden.

Der selbstständige Ursprung der V. Ader, die Bildung des Cubitus, sowie der Bau des Analfeldes und die marginale Costa sind Merkmale, wodurch sich die Mantiden entschieden den Blattiden nähern. Von concaven Adern treten in beiden Familien nur die Subcosta und Analader regelmässig auf, während die VI. Ader oft nur durch eine Falte angedeutet ist, die IV. Ader meist gänzlich fehlt. Auch zu den Perliden ergaben sich Beziehungen. Von diesen sowohl als von den Blattiden weichen die Mantiden dadurch ab, dass der Sector radii entweder ganz fehlt oder wenigstens verkümmert ist, die V. Ader demnach fast parallel dem Radius verläuft; von den Blattiden speciell aber unterscheiden sie sich durch den Besitz der Membranula und durch die bis zur Flügelspitze gehende, gerade Subcosta.

4. Fam. *Phasmidae.*

Taf. X, Fig. 18; Taf. XI, Fig. 19 und 20.

Gleich den Mantiden gehören auch die Phasmiden zu den ältesten Insectengruppen; früher mit jenen in der Gruppe der *Gressoria* vereinigt, werden sie mit Recht von Brauer als eigene Familie betrachtet, die mit den Locustiden viel näher verwandt ist als mit den Mantiden. Brauer stützt seine Ansicht auf meine Beobachtung, dass den Phasmiden, sowie den Gryllodeen, Locustiden und Acridiern ein sogenanntes Präcostalfeld zukommt, indem die Costa nicht am Vorderrand des Flügels, sondern im Flügelfeld selbst verläuft, so dass vor ihr ein mehr minder breiter Streifen sichtbar ist, welcher bald nur im Vorderflügel *(Phyllium)*, bald in beiden Flügeln auftritt *(Tropidoderus)*. Letzteres ist namentlich dann der Fall, wenn die Vorderflügel, wie bei *Tropidoderus*, verkümmert sind und nur kleine schuppenartige Deckflügel bilden. Dieses Präcostalfeld mangelt aber den Blattiden und Mantiden vollständig, und da diese beiden Gruppen auch anderweitig (Hinterleib, Eierablage etc.) miteinander verwandt sind, ist es wohl nur gerechtfertigt, wenn die Mantiden zu den Blattiden, die Phasmiden dagegen zu den ihnen wohl am nächsten verwandten Locustiden gestellt werden. Die mächtige Entwicklung des Präcostal- und Anal- (Postcostal-) Feldes sowohl, als das Geäder im Hinterflügel lassen auch Beziehungen zwischen Phasmiden und Gryllodeen erkennen.

Die lederartigen Vorderflügel sind verschieden entwickelt und lassen sich aus dem Flügel von *Prisopus* ableiten, der im Praecostalfeld eine schief nach dem Vorderrand verlaufende Costa, aber keine Subcosta zeigt. Hinter derselben und durch eine kleine, concave Furche von ihr getrennt, verläuft der Radius, dessen hinterer Ast als V. Ader zu deuten ist, so dass Sectoren, wie im Hinterflügel der Mantiden, vollständig fehlen. Zwischen der V. Ader und dem Radius verläuft abermals eine concave Furche, ebenso zwischen V und dem mehrfach verästelten Cubitus, hinter dem noch zwei abgekürzte schiefe Convexadern sichtbar sind (IX und XI). Denkt man sich nun die concave Furche zwischen III und VII stark vertieft, so dass sie eine förmliche Spalte bildet, und die beiden Ränder der Spalte einander genähert, so hat man das Bild des schuppenförmig verkürzten Deckflügels von *Tropidoderus* u. A. Derselbe zeigt die schlitzförmige Falte, welche den Flügel der Länge nach in zwei Hälften theilt und sich gegen die Spitze etwas erweitert. Der Vorderrand der Falte ist vom Radius, der Hinterrand vom Cubitus gebildet, während vor ersterem im breiten Präcostalfeld noch die schiefe Costa, hinter dem Cubitus dagegen im Postcostal- oder Analfeld die IX. und XI. Ader verlaufen. Die V. Ader aber ist in der Falte verborgen und nur am Ende des Schlitzes als convexe Ader sichtbar.

Wieder eine etwas andere Gestalt zeigt der Deckflügel von *Phyllium*, der in Folge einer Art von Mimikry die Form von fiedernervigen Blättern nachahmt. Man erkennt wieder im Präcostalfeld die schief nach vorne verlaufende Costa, während die Subcosta fehlt; ebenso hat auch die folgende Ader, die ich für den Radius halte, sammt ihrem Hinteraste, der V. Ader, die Neigung, gegen den Vorderrand zu verlaufen. Dann folgt eine in der Längsachse des Flügels verlaufende concave Furche (VI.) und hinter ihr der Cubitus, der die Mittelrippe des scheinbaren Blattes bildet und am Ende sich in vier, ebenfalls schief nach vorn verlaufende Aeste theilt. Im Analfeld, welches relativ schmal erscheint, laufen wieder wie bei *Prisopus* die abgekürzte, schiefe IX. und XI. Ader.

Der Hinterflügel von *Tropidoderus* erinnert ziemlich an den der Mantiden. Doch verläuft hier die Costa, wie im Vorderflügel, nicht marginal, sondern im breiten Präcostalfelde. Die nächste Ader ist der unverzweigte Radius, aus dem als hinterer Ast die V. Ader entspringt, und dieser folgt der gegabelte Cubitus, dessen Hinterast jedoch durch die VIII. Concavader fast ganz ausgelöscht ist. Hinter dem Cubitus beginnt das fächerartige Analfeld, dessen erste Adern, wie bei den Blattiden, Acridiern und Locustiden, stärker verdickt und einander genähert sind. Fast genau denselben Bau zeigt *Prisopus*, während *Phyllium* wieder ein etwas abweichendes Geäder zeigt. Vor Allem fehlt hier im Hinterflügel das Präcostalfeld; unmittelbar hinter der marginalen Costa verläuft demnach die Subcosta und der am Ende verästelte Radius, hinter diesem wieder die bogenförmig geschwungene VII. Ader, deren Wurzel von der folgenden VIII. Concavader ausgelöscht ist. Die V. Ader scheint vollständig zu fehlen oder ist als letzter Ast des Radius ausgebildet. Die ersten Strahlen des Analfeldes verschmelzen wie bei den übrigen Orthopteren zu einer dreizinkigen Ader, welche gegen die Flügelspitze hin läuft.

Podacanthus And. Serv., *Phocylides* Stål, *Necroscia* And. Serv., sowie *Prexaspes* Stål. und *Isagoras* Stål. stimmen im Geäder mit *Tropidoderus* überein.

Charakteristisch erscheinen demnach das Präcostalfeld des Vorder-, manchmal auch des Hinterflügels während die Subcosta im Vorderflügel regelmässig, meist auch im Hinterflügel, fehlt. Radius und V. Ader einfach, letztere als Ast des ersteren erscheinend. Cubitus mindestens zweizinkig, meist aber im Hinterflügel der hintere Ast ausgelöscht. Analfeld im Vorderflügel reduciert, im Hinterflügel fächerartig ausgebildet, die ersten Adern etwas verdickt und miteinander vereinigt. Zwischen den Hauptadern des Vorderflügels befindet sich ein dichtes, unregelmässiges Netzwerk von Adern, wie es bei den Locusten in gleicher Weise entwickelt ist. Ebenso ist auch der vordere Theil des Hinterflügels mit einem feinen, unregelmässigen Zwischengeäder versehen, während der Analfächer ähnlich wie bei den Locustiden und Acridiern mit zahlreichen Queradern versehen ist.

5. Fam. *Saltatoria.*

a. Gryllodeae (Taf. XI, Fig. 21 und 22): Durch das Geäder der Flügel, durch die Verwendung des Analfeldes als Stimmorgan und durch andere Merkmale erscheinen die Gryllodeen am nächsten mit den Locustiden verwandt, mit denen sie auch durch Uebergangsformen *(Gryllacris)* verbunden sind. Am einfachsten stellt sich das Geäder bei *Oecanthus* und ähnlichen Formen dar, weshalb jene Art als Typus dienen möge.

Der Vorderflügel des Weibchens ist fast symmetrisch gebaut und wird durch eine concave Längsfurche in zwei beinahe gleiche Hälften zerlegt, deren vordere zum grössten Theile von dem Präcostalfelde eingenommen wird. Nach vorne entsendet die Costa eine Anzahl schiefer Zweige und verschmilzt in der Mitte des Flügels mit dem darauffolgenden unverzweigten Radius. Eine Subcosta fehlt vollständig, dagegen ist die V. Ader als unverzweigte Linie hinter dem Radius erkennbar und mit demselben durch einige Queradern verbunden. Die nun folgende concave Längsfalte ist demnach als Rudiment der VI. Ader anzusehen und durchläuft ein dreieckig sich erweiterndes Feld, welches am Flügelsaume einige kurze Venae spuriae zeigt. Der Cubitus verläuft anfangs einfach, verschmilzt aber von der Flügelmitte an mit dem Vorderast der darauffolgenden IX. Ader, welche eine Reihe von schiefen Aesten nach rückwärts entsendet. Eine weitere, von der Basis an gegabelte Ader wäre demnach als XI. zu bezeichnen. Ein wesentlich verändertes Bild gibt der zum Stimmorgan umgewandelte Vorderflügel des Männchens. Im Präcostalfeld erkennt man leicht die Costa, die mit dem Radius durch eine kleine Querader in Verbindung steht, während dieser wieder durch eine Querader mit der ebenfalls unverzweigten V. Ader verbunden ist. Nun folgt die als VI. zu deutende Concavfalte und hinter ihr der einfache Cubitus, so dass der eigentliche Tonapparat blos von der IX. Ader gebildet wird. Diese lauft nämlich von der Flügelbasis schief zum Hinterrand, bildet daselbst eine knotenartige Verdickung und wendet sich plötzlich wieder gegen den Cubitus, mit dem sie ein kurzes Stück vereinigt lauft und ein dreieckiges Feld (harpa) begrenzt, in dem einige kleine unregelmässige Adern, sowie eine rechtwinkelig geknickte Concavader (VIII), die parallel mit IX verläuft, sichtbar sind. Ausserhalb der IX. Ader erkennt man ein eiförmiges Feld (Tympanum), welches von drei schiefen Aesten der IX. Ader durchzogen ist und von zwei parallel im Bogen verlaufenden Radadern, die ebenfalls Aeste von IX darstellen, begrenzt wird.

Im Hinterflügel fehlt das Präcostalfeld, die Costa lauft also marginal und unmittelbar hinter ihr die Subcosta und der unverzweigte Radius. Mit blinder Wurzel entspringt die dreizinkige V. Ader und hinter ihr der fast von der Basis an gegabelte Cubitus, zwischen dessen beiden Aesten die Flügelhaut etwas hornig verdickt ist. Nun folgen eine abgekürzte Concavader (VIII), die gegabelte IX. Ader und der übrige Theil des Analfächers, zwischen dessen Strahlen je eine abgekürzte Concavader eingeschaltet ist. Queradern finden sich zwischen je zwei Adern, jedoch nicht in übergrosser Anzahl.

Nach dem Typus von *Oecanthus* lässt sich auch der Flügel von *Gryllus* leicht deuten. Costa submarginal mit zahlreichen schiefen Aesten, die durch Queradern miteinander in Verbindung sind. Radius verdickt, am Ende mit unregelmässigem Netzwerk von Adern; V. Ader dünn, in zwei Aeste auslaufend. Cubitus wieder verdickt, durch Queradern mit der IX. Ader verbunden, welche mit ihren zahlreichen Aesten und Queradern ein dichtes Netzwerk darstellt. Einige Längsadern, welche von der Flügelbasis gegen den Hinterrand verlaufen, sind als XI zu bezeichnen. Beim Flügel des Männchens sind die homologen Adern ebenfalls leicht zu erkennen. Hinter der vielästigen Costa sieht man den Radius, die V. Ader und den Cubitus, während das breite, unregelmässig geaderte Analfeld von der winkelig geknickten IX. Ader und der unmittelbar vor ihr verlaufenden concaven VIII. Ader durchzogen wird. Ein Rest der XI. Ader zieht als kurze, schiefe Linie von der Wurzel zum Hinterrand. Im Hinterflügel erkennt man die marginale Costa, die Subcosta, den stark verdickten Radius, ferner die dreizinkige V. Ader und den hornigen, gegabelten Cubitus. Hinter diesem folgt eine Längsader mit obliterirter Wurzel, dann der eigentliche Fächer, von dessen Strahlen einer sehr verdickt und an der Basis mit den zwei folgenden Adern vereinigt ist. Die hinter dem Cubitus gelegene Ader ist wohl auch als Fächerstrahl aufzufassen. — Die feste Verbindung und Anordnung der Fächerstrahlen erinnert ungemein an den Flügel der Forficuliden.

Der Deckflügel von *Gryllotalpa* erinnert vollständig an den von *Gryllus*, nur ist das Geäder nicht so dicht netzartig als bei dieser. Der Radius endet in drei Zinken, die V. Ader ist einfach, aber S-förmig gebogen, der Cubitus am Ende gegabelt, an der Wurzel eine kurze Strecke mit der dreitheiligen IX. Ader vereinigt. Eine Gabelader am Hinterrande ist als XI. Ader anzusehen. Der Hinterflügel stimmt vollständig mit dem von *Gryllus* überein.

Der Deckflügel des Männchens von *Cachoplistus Rogenhoferi* Sauss. ist ganz nach dem Typus von *Gryllus* geadert, mit dem einzigen wesentlichen Unterschiede, dass die submarginale Costa nicht einmal die Hälfte des Flügels an Länge erreicht und schief gegen den Vorderrand verläuft, dafür aber die Subcosta als concave Ader ausgebildet ist. Wie bei *Gryllus* erscheint das harfenförmige Feld verhältnissmässig kurz und breit, das Tympanum mehr rundlich als bei *Oecanthus*.

Der Deckflügel der Gryllodeen ist demnach ausgezeichnet durch den fast parallelen Verlauf der Convexadern (I—IX) und dadurch, dass der Radius, Cubitus und die V. Ader entweder einfach oder nur spärlich verästelt sind, während die I. und IX. Ader ein reiches, netzartiges Geäder im Präcostal-, resp. Analfelde abgeben. Concave Adern fehlen mit geringen Ausnahmen, sind aber manchmal *(Gryllus, Gryllotalpa)* durch concave Furchen vertreten.

Im Hinterflügel ist die Costa marginal, dafür die Subcosta stets entwickelt, der Radius einfach und stark verhornt, ebenso der gegabelte Cubitus, während die V. Ader aus mehreren feinen Zweigen zusammengesetzt ist. Der Analfächer ist im Hinterflügel stark ausgebildet, aus convexen Adern und dazwischen eingeschalteten, mehr minder abgekürzten Concavadern zusammengesetzt. Im Ruhezustande werden die Hinterflügel fächerartig gefaltet und ausserdem spiralig eingerollt, so dass sie als hornige Spitzen unter den Deckflügeln hervorragen.

Die Gryllodeen dürften den Locustiden am nächsten stehen, unterscheiden sich aber von ihnen im Geäder, namentlich dadurch, dass im Vorderflügel des Weibchens alle Convexadern dicht nebeneinander in paralleler Richtung gegen die Flügelspitze ziehen und vorne und hinten das dicht geaderte Präcostal-, resp. Analfeld frei lassen. Die Analader geht demnach auch hier nicht zum Hinterrande, sondern zur Flügelspitze; doch ist sie meist nur durch eine Falte angedeutet. Beim Männchen entwickelt sich das Analfeld viel kräftiger als das Präcostalfeld und wird zum unregelmässig geaderten Stimmapparat. Die V. Ader entspringt in beiden Flügeln frei, Radius und Cubitus sind im Hinterflügel mehr minder verhornt.

b. Locustidae (Taf. XI, Fig. 23 und 24; Taf. XII, Fig. 25—30): Durch das Springvermögen, den Bau der Abdominalanhänge etc. schliessen sich die Locustiden am nächsten an die Gryllodeen. Der Habitus der Gryllodeen ist am meisten von *Gryllacris* und einigen verwandten Gattungen nachgeahmt, welche auch im Flügelgeäder von den echten Locustiden etwas abweichen. Die Costa verläuft bei *Gryllacris* submarginal, schief gegen die Mitte des Vorderrandes. Die Subcosta ist deutlich ausgebildet, und unmittelbar hinter ihr verläuft der am Ende mehrfach verzweigte Radius. Die V. Ader entspringt als hinterer Ast des Radius und theilt sich ebenfalls am Ende in mehrere Zweige. Die nächste Ader ist concav und als VI. zu deuten, dann folgt der Cubitus, von der Mitte an in mehrere Aeste getheilt, und hinter ihm die concave VIII. Ader. Das Analfeld zeigt die vom Grunde an getheilte IX., sowie die gegabelte XI. Ader. Im Hinterflügel verläuft die Costa marginal, hinter ihr die Subcosta und der am Ende gegabelte Radius, aus dem die mehrfach verzweigte V. Ader entspringt, deren Stamm jedoch theilweise concav erscheint und sich am Grunde als concave Ader fortsetzt. Diese Concavader, welche die V. Ader quer durchsetzt, muss demnach aus zwei Stücken zusammengesetzt sein, von welchen das basale hinter V liegt und als VI anzusehen ist, während das äussere Stück derselben die IV. Ader darstellt, welche dem Stamm der V. so nahe gerückt ist, dass sie denselben mit Ausnahme der Aeste verdrängt. Die Wurzel dieser V. Ader erscheint als schiefe, gegen den Radius verlaufende Querader. Die hinter V laufende Ader ist convex und als gegabelter Cubitus anzusehen, dessen Vorderast am Grunde ausgelöscht ist und sich dann mit dem Hinterast vereinigt. Dann folgt die concave VIII. Ader und der aus abwechselnden Convex- und Concavadern zusammengesetzte Analfächer.[1])

[1]) In manchen Punkten ist meine Deutung des Flügelgeäders nicht ganz sicher, vielleicht sogar unrichtig, da mir zur Untersuchung nur Exemplare mit zerknitterten Flügeln vorlagen.

Unter den Locustiden bildet *Moristus* eine interessante Form dadurch, dass nicht blos im Vorder-, sondern auch im Hinterflügel ein Präcostalfeld erscheint. Im Vorderflügel läuft die Costa dicht neben dem Radius, so dass die Subcosta unterdrückt ist. Unter den zahlreichen schief gegen den Vorderrand verlaufenden Zweigen der Costa fällt ein von der Wurzel entspringender durch seine Stärke auf. Der Radius entsendet eine Reihe von Sectoren nach rückwärts, ebenso die V. Ader, die aus dem Cubitus entspringt und fast parallel dem Radius verläuft. Der Cubitus selbst theilt sich in zwei Aeste, von denen der vordere der V. Ader parallel zieht und nach hinten eine Anzahl von schiefen Zweigen abgibt, während der hintere einfach gegen den Hinterrand verläuft. Die nächste Ader ist die concave VIII., welche das reducirte Analfeld begrenzt, dessen Adern schwer zu deuten sind. Im Hinterflügel zieht die Costa, wie im Vorderflügel, dicht neben dem Radius, dann folgt eine schwache Concavfurche (IV) und die am Ende mehrfach verzweigte V. Ader, an der Wurzel mit dem Cubitus vereinigt, dessen beide Gabelzinken anfangs fast parallel laufen. Eine feine Concavlinie (VIII) hinter dem Cubitus begrenzt den Analfächer.

Aus dem Flügel von *Moristus* lässt sich derjenige von *Locusta, Terpnistria, Decticus, Platycleis* etc. ohne Schwierigkeit ableiten. Die Costa erreicht schon in der Mitte ungefähr den Vorderrand, dafür ist die Subcosta als deutliche Concavader unmittelbar vor dem Radius erkennbar, der einen am Ende mehrfach verzweigten Sector nach rückwärts entsendet. Auch die V. Ader ist mit zahlreichen Zweigen nach rückwärts versehen und entspringt aus dem Cubitus, der entweder einfach gegen den Hinterrand zieht *(Decticus)*, oder eine kleine schmale Gabel erkennen lässt *(Locusta)*. Im Hinterflügel fehlt das Präcostalfeld, und parallel der marginalen Costa ziehen die deutlich entwickelte Subcosta, sowie der oft unverzweigte Radius. Die V. Ader entspringt, wie im Vorderflügel, aus dem Stamme des Cubitus und theilt sich am Ende in eine Reihe von Aesten. Möglicherweise jedoch gehören diese Aeste zum Theile einem Sector radii an, dessen Wurzel als kräftige, schiefe Querader ungefähr in der Mitte des Radius entspringt, in ihrem weiteren Verlaufe aber mit den Enden der V. Ader verschmilzt. Der Cubitus selbst bildet eine schmale Gabel, deren vordere Zinke sich an die Aeste der V. Ader anlegt. Die VIII. Ader ist deutlich concav, aber nur zur Hälfte ausgebildet, da sie von der Mitte an bis zum Flügelsaume mit dem hinteren Aste des Cubitus vereinigt ist. Der Analfächer besteht aus abgekürzten Concav- und Convexadern, von denen die vordersten zwei bis drei gewöhnlich stark verdickt sind.

Der Flügel der Phaneropteriden stimmt im Wesentlichen mit dem von *Locusta, Platycleis* etc. überein. Im Vorderflügel legt sich die Costa dicht an die Subcosta an, so dass das Ende der letzteren convex erscheint. Der letzte Sector radii ist am Ende verzweigt, dafür aber verläuft die V. Ader ohne stärkere Zweige; der Cubitus erscheint einfach. Im Hinterflügel legt sich der Vorderast des Cubitus nicht blos an die Aeste der V. Ader an, wie bei *Platycleis*, sondern durchsetzt dieselben sogar in schiefer Richtung bis zur Flügelspitze. Bei *Meronidius* nimmt der Vorderast des Cubitus das Aussehen einer schiefen Querader gegen die V. Ader an. — Hier sowohl als bei *Arantia* erscheint die gemeinsame Wurzel von V und VII fast concav, offenbar durch die verloschene IV. und VI. Concavader unter das Flügelniveau hinuntergedrückt.

Einen etwas abweichenden Typus bildet *Akicera euryscelis* Schaum. durch die gewundene Costa, sowie dadurch, dass die V. Ader im Vorderflügel als separater Stamm aus der Flügelwurzel entspringt, anfangs dicht hinter dem Radius verläuft, dann aber sich in zwei stärkere, schief nach hinten ziehende Aeste theilt. Hinter dem mehrfach verästelten Cubitus und der concaven VIII. Ader erkennt man die einfache IX. Ader, während die XI. nach hinten eine Reihe schiefer Zweige entsendet. Im Hinterflügel entspringt die V. Ader als Ast des Radius und steht durch eine schiefe Querader mit dem gegabelten Cubitus in Verbindung. Hinter der concaven VIII. Ader beginnt der aus abwechselnden Concav- und Convexlinien zusammengesetzte Analfächer.

Schon bei den Locustiden und Phaneropteriden sind Fälle von Mimikry keine Seltenheit, noch mehr ist dies in der Zunft der Pterochrozeen der Fall, deren Flügel oft auf das Täuschendste Blätter verschiedener Pflanzen sammt den darauf befindlichen Rostflecken etc. nachahmen. Die Folge davon ist, dass auch das Geäder derartige Veränderungen erleidet, dass eine allgemeine Charakteristik des Locustidenflügels bedeutend erschwert, wenn nicht gar unmöglich erscheint. Als eines der vielen Beispiele dieser Art sei *Cyrtophyllus perspicillatus* Burm. erwähnt, dessen Flügel die im Bogen gegen die Mitte des Vorderrandes verlaufende submarginale Costa und dahinter die concave Subcosta erkennen lassen, die jedoch bald mit dem unregelmässig verzweigten Radius verschmilzt. Der Cubitus entsendet bald nach seinem Ursprung die am Ende gegabelte, dem Radius parallel verlaufende V. Ader und gibt kurz vor seinem Ende am Hinterrande einen vorderen, gegabelten Ast ab, der ebenfalls ungefähr die Richtung des Radius nimmt. Die concave VIII. Ader begrenzt das kleine, dreieckige Analfeld.

Phyllophora media Wlk. weicht insoferne ab, als durch Aneinanderlagerung von Costa und Radius die Subcosta wie bei *Moristus* vollkommen unterdrückt wird.

Wie bei den Gryllodeen sind auch bei den männlichen Locustiden die Flügeldecken zum Stimmapparat geworden, und wie bei jenen ist auch hier das Analfeld dazu umgewandelt worden. *Thamnotrizon* zeigt den extremsten Fall, da hier der Flügel durch Reduction ausschliesslich die Function eines Toninstrumentes übernommen hat, während gleichzeitig die Hinterflügel vollkommen verkümmert sind.

Beide Deckflügel stellen rundliche Schuppen dar, welche am Aussenrande zuerst eine concave Furche als Rudiment der Subcosta, dann drei kräftige, am Ende unregelmässig und dicht netzartig verzweigte Convexstämme erkennen lassen. Letztere stellen den Radius, die V. Ader und den Cubitus dar und sind durch eine concave Falte vom Analfelde getrennt. Die IX. Ader lauft, ungefähr parallel dem Cubitus, im Bogen gegen den Hinter- (Innen-) Rand und gibt nach hinten zwei Aeste ab, die sich im Bogen wieder mit der Hauptader vereinigen, so dass sie ein rundliches oder polygonales Feld einschliessen, welches auf dem linken Flügel unregelmässig geadert, auf dem rechten dagegen glashell erscheint. Jene beiden Aeste sind auf dem rechten Flügel zart, auf dem linken aber, besonders der gegen die Flügelbasis zu gelegene, stark verdickt und letzterer ausserdem auf der Unterseite fein gerippt, so dass er gewissermassen als Fidelbogen erscheint, während der erhabene Rand des glashellen Feldes auf dem rechten Flügel als Saite dient. Am Grunde ist endlich auch die XI. Ader, wenn auch nur undeutlich, erkennbar. Bei den übrigen Locustiden ist im Wesentlichen der Stimmapparat nach demselben Plane angelegt wie bei *Thamnotrizon*.

Durch die Verwendung des Flügels als Stimmapparat, namentlich aber durch die Nachahmung von Blättern, erscheint, wie oben erwähnt, eine allgemeine Charakteristik des Locustidenflügels fast unmöglich. Ein Präcostalfeld ist im Vorderflügel ausnahmslos, im Hinterflügel manchmal *(Moristus)* vorhanden. Die Subcosta häufig verschwunden, im Hinterflügel dagegen meist vorhanden, bei *Moristus* fehlt sie auch im Hinterflügel. Radius sehr verschieden ausgebildet. Die V. Ader entspringt entweder selbstständig, dicht hinter dem Radius (Vorderflügel von *Akicera*), oder aus dem Radius *(Gryllacris)*, oder, namentlich im Hinterflügel, aus dem Cubitus. Dieser meist eine schmale Gabel bildend, selten mehrfach verästelt. Analfeld im Vorderflügel reducirt oder zum Stimmorgan verwendet, im Hinterflügel als Fächer ausgebildet und aus abwechselnden Concav- und Convexadern zusammengesetzt; von letzteren sind namentlich die vordersten häufig verdickt, erstere oft abgekürzt oder durch Falten ersetzt. — Concave Adern sind ausser der Subcosta und VIII. Ader in der Regel nicht ausgebildet oder durch Falten ersetzt, nur bei *Akicera* und einigen anderen Arten sind je zwei Convexadern durch eine mehr minder abgekürzte Concavader getrennt. Zwischengeäder im Vorderflügel und theilweise auch im Hinterflügel *(Phaneroptera)* dicht, netzartig, unregelmässig.

Von den Phasmiden und Gryllodeen sind die Locustiden dadurch verschieden, dass ihre Convexstämme nicht so enge zusammengedrängt erscheinen, der Sector radii in Folge dessen viel deutlicher entwickelt ist als bei jenen. Dagegen ist der Cubitus in der Regel auf eine schmale Gabel reducirt, selten *(Moristus)* reichlicher verzweigt. Die V. Ader zeigt ein sehr verschiedenes Verhalten. Die Analader mündet im Vorderflügel nicht wie bei den Gryllodeen an der Flügelspitze, sondern nahe der Basis; nur bei *Gryllacris* und *Akicera* ist das Ende derselben mehr gegen den Apicaltheil des Flügels hinausgerückt. Die hornigen Radial- und Cubitalfelder im Hinterflügel fehlen den Locustiden durchwegs.

c. Acrididae (Taf. XII, Fig. 31—34): Wenn auch die Locustiden sich von den Acridiern durch die Fühler, den Bau des Stimmapparates, sowie durch die Legeröhre des Weibchens und andere Merkmale leicht unterscheiden lassen, zeigt doch das Flügelgeäder eine solche Aehnlichkeit, dass sich in dieser Beziehung eine scharfe Grenze nicht ziehen lässt. Gerade die Gattungen *Bulla* und *Pneumora*, die durch ihren Zirpapparat und den Mangel des Sprungvermögens von den übrigen Acridiern scharf getrennt sind, zeigen ein Geäder, wie wir es auch bei *Akicera* und anderen Locustiden finden. Bei *Bulla* verläuft die Costa in schiefer Richtung durch das deutlich entwickelte Präcostalfeld. Hinter der concaven Subcosta lauft der Radius, am Ende in mehrere Aeste getheilt, und dicht neben ihm die gegabelte V. Ader, während der Cubitus als einfache Ader gegen den Hinterrand zieht. Möglicherweise ist jedoch sein Hinterast durch die darauffolgende Concavader (VIII) ausgelöscht worden. Das Analfeld zeigt die einfache IX. und XI. Ader. Im Hinterflügel fehlt das Präcostalfeld; hinter der Subcosta lauft der am Ende mehrfach getheilte Radius, der an seiner Wurzel mit der gegabelten V. Ader verwachsen ist, die bei den meisten Locustiden mit dem Cubitus an der Wurzel vereinigt ist. Dieser ist wie im Vorderflügel einfach, hinter ihm die concave VIII. Ader, auf welche der Analfächer folgt, der aus zahlreichen Convexadern und dazwischen eingeschalteten, undeutlichen Concavadern besteht. Wie bei den Locustiden sind auch hier die drei ersten Convexadern inniger miteinander verbunden und besonders die mittlere derselben stärker verdickt; sie durchziehen ein Feld, welches sich nach vorne umschlägt, während der übrige Theil des Analfeldes fächerartig nach rückwärts zusammengelegt wird.

Die grosse Masse der Acridier zeigt ein äusserst übereinstimmendes Geäder, welches am Flügel von *Psophus* sich folgendermassen zeigt. Das besonders am Grunde erweiterte Präcostalfeld enthält die Costa, sowie eine mehr minder ausgebildete Vena spuria vor derselben. Hinter der concaven Subcosta zieht der am Ende mehrfach verästelte Radius, an den sich die gegabelte V. Ader an der Wurzel so dicht anlegt, dass sie fast als Ast desselben erscheint. Der Ursprung dieser V. Ader erscheint fast concav, wohl in Folge der obliterirten IV. und VI. Ader. Der Cubitus erscheint ebenfalls am Ende in zwei Aeste getheilt und steht durch eine Querader mit den Zinken der V. Ader in Verbindung. Venae spuriae treten zwischen je zwei convexen Zweigen sowohl des Radius und der V. Ader, als auch des Cubitus auf. Die VIII. Ader ist deutlich concav und begrenzt das

Analfeld, welches von zwei am Ende verschmolzenen Convexadern (IX und XI) durchzogen wird, denen gelegentlich noch eine Vena spuria folgt. Der Hinterflügel entbehrt des Präcostalfeldes, der Radius erscheint daselbst ärmer an Zweigen, und die V. Ader ist an der Wurzel völlig mit demselben vereinigt. Der Cubitus erscheint als einfache Ader, gefolgt von der concaven VIII. Ader, welche in einen einspringenden Winkel mündet. Im Analfelde sind die drei vordersten Convexadern etwas stärker ausgebildet und begrenzen eine Fläche des Flügels, welche sich bei der Faltung nach vorne umlegt. Venae spuriae sind auch in diesem Felde besonders zwischen dem ersten und zweiten Fächerstrahl vorhanden. Der übrige Theil des Analfeldes besteht aus regelmässig abwechselnden Concav- und Convexadern.

Das Geäder der übrigen Acridier zeigt nur geringe Abweichungen. Bei *Stethophyma, Stenobothrus* etc. erscheinen im Vorderflügel auch concave Adern zwischen den Enden der Convexäste, sie sind als Reste des ursprünglichen, fächerartig gebildeten Flügels anzusehen. Im Hinterflügel von *Pachytylus* ist der Cubitus am Grunde durch die vorhergehende VI. Ader concav, bei *Stenobothrus nigromaculatus* scheint derselbe vollständig zu fehlen. Bei *Gomphocerus, Pachytylus, Oedipoda* etc. treten auch im fächerartigen Theile des Analfeldes zahlreiche Venae spuriae, namentlich am Flügelsaume, auf. Bei *Truxalis* ist der Cubitus im Hinterflügel obliterirt durch das Aneinanderrücken der VI. und VIII. Concavader. Bei *Petasia* ist wohl der Cubitus ausgebildet, dafür aber die V. Ader in Folge der Vereinigung der IV. und VI. Ader wenigstens am Grunde ausgelöscht. Bei derselben Gattung ist auch der Vordertheil des Analfeldes eigenthümlich gestaltet, indem die zweite und dritte Fächerader durch eine Querader in Verbindung treten, welche ein lanzettförmiges Feld mit zahlreichen parallelen Queradern begrenzt, das einigermassen dem Discoidalfeld mancher *Stenobothrus*-Arten ähnlich sieht. Bei *Tettix* besteht der Hinterflügel fast nur aus dem Analfelde. Da nämlich bei den verkümmerten Deckflügeln die Hinterflügel nur von dem langen, aber schmalen Scutellum bedeckt werden, hat der vorderste Theil des Flügels, von der Costa bis zur VIII. Ader, eine weitgehende Reduction erfahren, welche eine Deutung der Adern sehr erschwert. Das Präcostalfeld ist obliterirt. Hinter der Subcosta zieht der unverzweigte Radius, der an der Wurzel mit der nur am äussersten Ende gegabelten V. Ader vereinigt ist. Der Cubitus bildet eine einfache, schiefe kurze Ader und scheint bei manchen Arten *(T. depressa)* ganz zu fehlen. Nun folgt die concave VIII. Ader und der regelmässige, zierliche Analfächer.

Ein allgemeiner Charakter lässt sich für das Flügelgeäder der Acridier ebenso wenig als für die Locustiden aufstellen; *Bulla* und *Pneumora* bilden einen Uebergang zu manchen Locustiden (*Akicera* etc.). Das Präcostalfeld ist stets, aber nur im Vorderflügel vorhanden und häufig von einer Vena spuria durchzogen. Die V. Ader entspringt im Vorderflügel frei, legt sich aber dann dicht an den Radius an, mit dem sie im Hinterflügel am Grunde eine Strecke völlig verschmilzt. Der Cubitus ist im Vorderflügel meist gegabelt, im Hinterflügel dagegen stets einfach und manchmal durch die Einwirkung der VI. und VIII. Ader ganz ausgelöscht. Letztere erreicht den Hinterrand nahe der Flügelspitze; das Analfeld selbst ist im Vorderflügel lang und schmal, im Hinterflügel regelmässig fächerartig, die drei ersten Strahlen etwas kräftiger und miteinander theilweise vereinigt. Ausser dem dichten netzartigen Zwischengeäder des Vorderflügels treten häufig zwischen je zwei Convexadern noch kleine, wellenförmig gekrümmte Venae spuriae auf. Als Zirporgan fungiren bei den Acridiern der Radius nebst der V. Ader, die von den innen gerippten Schenkeln gestrichen werden, wobei das oft stark erweiterte Feld zwischen der V. und VII. Ader als Resonanzboden dient. *Bulla* und *Pneumora* bilden eine Ausnahme, indem nicht die Flügelrippen, sondern gezähnelte Chitinleisten an den Seiten des blasenförmig aufgetriebenen Hinterleibes von den Hinterfüssen gestrichen werden.

VI. Corrodentia.

Taf. XII, Fig. 35—38.

Brauer vereinigt in dieser Ordnung nebst den flügellosen Mallophagen die Familien der Termiten und Psociden, die, miteinander in mancher Beziehung verwandt, im Flügelgeäder wesentlich von einander abweichen. Andererseits erinnern die Termiten, wie bereits Hagen ausgesprochen hat, durch ihre trüben, stark chitinisirten, undeutlich geaderten Flügel an die Blattiden. Als Beispiel für die Termiten möge der Flügel von *Termes lucifugus* gelten, der mehr minder glashell und durchsichtig ist. Derselbe zeigt parallel der marginalen Costa drei convexe Längsaderstämme, nämlich den unverzweigten Radius, die am Ende verästelte V. Ader und den Cubitus, der nach rückwärts eine grosse Anzahl von Aesten entsendet. Concave Adern fehlen vollständig, nur vor und hinter der V. Ader ist eine sehr undeutliche, flache Furche als Stellvertreter von Concavadern zu erkennen. Venae spuriae dagegen treten zwischen Radius und V. Ader, zwischen V. Ader und dem Cubitus, endlich zwischen den einzelnen Aesten des letzteren auf. Das Analfeld ist in beiden Flügelpaaren obliterirt. Bei *Termes dives* Hg. verzweigt sich die V. Ader viel reicher als bei *Termes lucifugus,* noch mehr ist dies auf Kosten des Cubitus bei *Hodotermes brunneicornis* Hg. der Fall, während sie bei *Termes testaceus* als einfache Ader zur Flügelspitze geht. Bei *Calotermes* legt sich die V. Ader weit vor der Flügelspitze an den Radius an, und dieser entsendet eine Reihe von schiefen Aesten nach vorne. (Queradern scheinen den Termiten vollständig zu fehlen.) Eigenthümlich ist ferner die quere Theilungsfalte am Grunde der Flügel, längs welcher sie abfallen. Eine Erklärung dieser Bildung ist noch ausständig, bei der oben erwähnten Verwandtschaft mit den Blattiden aber wäre zu erwägen, ob nicht diese Theilungsfalte durch ein Aneinanderrücken der Subcosta und der VIII. Concavader, die ja bei Blattiden gleich von der Wurzel an gegen den Vorder-, resp. Hinterrand verlaufen, entstanden ist. Da Concavadern nach Adolf eine Verdünnung der Flügelplatten erzeugen, wäre ein Abbrechen der Flügel längs dieser Adern erklärlich.

Im Flügel von *Caecilius flavidus* Steph., wenn wir denselben als Vertreter der Psociden wählen, erkennt man ebenfalls drei Convexstämme, den Radius, der am Ende mit dem nach rückwärts abgehenden Sector ein trübes Pterostigma einschliesst, ferner den Cubitus mit zwei Aesten, von denen der vordere in drei, der hintere in zwei Zinken getheilt ist, endlich die einfache IX. Ader. Die V. Ader entspringt als Ast aus der Mitte des Radius, legt sich ein kurzes Stück an den vorderen Ast des Cubitus und endet in eine kleine Gabel. Von concaven Adern ist nur die VIII. ausgebildet, IV und VI sind durch seichte Falten angedeutet, die Subcosta scheint vollständig zu fehlen. Im Hinterflügel erkennt man leicht den einfachen Radius mit der gegabelten V. Ader, die auch hier eine kurze Strecke mit dem vorderen Ast des gegabelten Cubitus verschmolzen ist. Dann folgt noch die concave VIII. Ader, während das Analfeld vollständig fehlt. — Bei *Stenopsocus* sind Radius und V. Ader durch zwei Queradern verbunden, letztere berührt nur in einem Punkte den Vorderast des Cubitus, der durch eine Querader mit dem hinteren, gegabelten Aste verbunden ist. Die IX. Ader ist hier auch im Hinterflügel vorhanden. Bei *Psocus* tritt auch die Subcosta als kurze Concavader im Vorderflügel auf. Die äussere Querader zwischen Radius und V. Ader ist von der durchgehenden Concavfalte aufgelöst, und im Cubitus legt sich der hintere Gabelast eine kurze Strecke an den dreizinkigen vorderen Ast an, so dass eine viereckige Zelle zwischen den beiden Cubitalästen abgeschnitten wird. Bei *Thyrsophorus pennicornis* Burm. erscheint diese Zelle unregelmässig und dicht netzartig geadert.

Vergleicht man demnach die Flügel der Termiten und Psociden, so ergibt sich kaum ein anderer Aehnlichkeitspunkt als die geringe Anzahl von Concavadern. Während der Termitenflügel mehr minder trübe, verhornt ist und wenige Hauptstämme mit undeutlichen Aesten zeigt, ist der Flügel der Psociden durchsichtig, mit verhältnissmässig grossen Flügelzellen, nur selten mit einem dichten, netzartigen Zwischengeäder im Cubitalsystem. Hinterflügel kleiner und noch einfacher geadert als der Vorderflügel. — Manche Psylliden und Aphiden zeigen ein ähnliches Geäder wie die Psociden, ebenso auch manche Hymenopteren; doch dürfte diese Aehnlichkeit nicht auf wirkliche Verwandtschaft, sondern auf gleichartige Anpassung zurückzuführen sein.

VII. Thysanoptera.

Diese Gruppe, von Brauer als eigene Ordnung betrachtet, besitzt schmale, lange, am Rande gewimperte Flügel, die entweder gar keine oder nur vereinzelte Adern besitzen und daher eine sichere Deutung unmöglich machen.

VIII. Rhynchota.

A. Homoptera.

Taf. XIII, Fig. 39—43.

1. Fulgorina. Unter den sämmtlichen Hemipteren treten die Fulgoriden am frühesten auf und erweisen sich auch durch das mehr minder reiche Zwischengeäder als Formen von älterem Ursprunge als die Cicadinen, Heteropteren etc. Am Vorderflügel von *Fulgora laternaria* L. erkennt man leicht zwei concave Adern, die Subcosta und die VIII. (Anal-) Ader, welche letztere den dreieckigen Clavus vom Vordertheil des Flügels abtrennt. Aus gemeinsamer Wurzel entspringen drei am Ende reich verästelte Hauptstämme, welche dem Radius sammt seinem Sector und der V. Ader entsprechen. Der ebenfalls reichlich verzweigte Cubitus ist an seiner Wurzel obliterirt, steht aber dafür durch eine kräftige Querader mit dem gemeinsamen Ursprung des Radius und der V. Ader in Verbindung. Untereinander sind die Aeste und Zweige der Längsadern durch zahlreiche Queradern verbunden, so dass ein dichtes Netz von Adern entsteht. Der Clavus entspricht dem reducirten Analfelde, wie es sich auch bei Orthopteren, Hymenopteren etc. vorfindet, und ist von zwei Adern durchzogen, die als IX. und XI. Ader aufgefasst werden können. Im Hinterflügel sind Radius und V. Ader von der Wurzel an getrennt und durch eine schwache Concavfurche geschieden. Ebenso ist der Cubitus, der sich in zwei Aeste gabelt, von der V. Ader durch eine Falte getrennt, welche theilweise den Charakter einer Concavader annimmt. Auch die folgenden Convexadern sind regelmässig durch mehr oder weniger ausgebildete Concavadern getrennt, von welchen die der VIII. Ader entsprechende in einen einspringenden Winkel mündet. Nur die Subcosta ist als deutliche Concavader ausgebildet. Im Analfelde laufen vier Convexadern, je zwei an der Wurzel vereinigt, weshalb das erste Paar als IX., das zweite als XI. Ader zu bezeichnen ist. *Cenestra circulata* zeigt im Geäder grosse Aehnlichkeit mit *Fulgora*. Im Vorderflügel besteht der Cubitus aus einem vorderen, vielfach verästelten, und aus einem hinteren, einfachen Theile. Im Hinterflügel fehlt die Subcosta, der Cubitus ist viel mächtiger ausgebildet als bei *Fulgora*, die VIII. und X. Ader deutlich concav. Die beiden Aeste der IX. Ader sind eine Strecke an der Wurzel vereinigt, die XI. Ader bildet erst am äussersten Ende eine kleine Gabel, und ihr Stamm ist durch die concave X. Ader zum Theil obliterirt. — *Poiocera, Poeciloptera, Pochazia, Nephesa, Phrictus, Gladodiptera* und *Pseudophana* zeigen ebenfalls das Geäder von *Fulgora* mit untergeordneten Abweichungen. Die Subcosta ist Allen verloren gegangen, sowohl im Vorder- als im Hinterflügel. Bei *Phrictus* zeigt der zweite, reich verzweigte Längsstamm im Vorderflügel den Bau der V. Ader von *Fulgora* und *Cenestra*, so dass dann als Cubitus die einfache vor VIII verlaufende Convexader anzusehen ist. Bei *Poiocera* scheinen V. Ader und Cubitus aus gemeinsamer Wurzel zu entspringen und legen sich auch mit ihren Aesten so aneinander, dass es schwer hält, beide von einander zu trennen, dagegen ist der Radius scharf von ihnen gesondert und nur durch eine kräftige Querader am Grunde mit ihnen verbunden. Bei *Phrictus* und *Gladodiptera* ist die IX. Ader im Hinterflügel einfach, die XI. dagegen wie bei *Fulgora* von der Wurzel an in zwei Aeste getheilt. — *Cixius, Otiocerus* und *Derbe* lassen die drei Stämme des Radius, der V. Ader und des Cubitus sowohl im Vorder- als im Hinterflügel leicht erkennen. Die V. Ader ist hier am reichsten verzweigt und durch concave Furchen vom Radius sowohl als vom Cubitus getrennt. Die Subcosta fehlt, die Analader deutlich ausgebildet. Der Hinterflügel erscheint bei *Otiocerus* und *Derbe*, theilweise auch bei *Cixius* reducirt und demgemäss alle Convexadern schwach verästelt, die IX. Ader meist einfach und der XI. sehr nahe gerückt, so dass die dazwischen liegende X. Ader entweder ganz fehlt oder nur durch eine Concavfalte ersetzt ist. — Sowohl bei *Phrictus* als bei *Fulgora* entspringt vom Ende der VIII. Ader eine eigenthümliche, fast concav erscheinende Falte, welche unter S-förmiger Krümmung quer gegen den Vorderrand zieht. Bei *Pseudophana, Derbe* und anderen Gattungen fehlt sie und dürfte als eine Verbindung von Queradern anzusehen sein, wie sie auch bei Panorpen, namentlich aber im Vorderflügel der Trichopteren erscheint.

2. *Cercopina.* Im ziemlich stark verhornten Oberflügel von *Aphrophora* erkennt man dicht hinter dem Vorderrande eine seichte Furche als Spur der Subcosta und die tief eingeschnittene, gegen den Hinterrand verlaufende VIII. oder Analader. Zwischen beiden ziehen zwei Convexstämme, von denen der erste dem Radius sammt Sector, der zweite dem Cubitus mit der V. Ader entspricht, welche als einfacher Ast aus demselben entspringt, während dieser am Ende eine kleine Gabel bildet. Der Radius ist mit seinem Sector, dieser mit der V. Ader und diese wieder mit dem Cubitus durch eine Querader verbunden. Hinter der Analader und parallel mit ihr zieht die einfache IX. Ader, welcher noch die abgekürzte XI. folgt. Im Hinterflügel läuft dicht hinter dem ausgebuchteten Vorderrande der Radius, der bald nach seinem Ursprung einen Sector abgibt. Dieser steht durch eine Querader mit der einfachen V. Ader, und diese wieder durch eine Querader mit dem am Ende gegabelten Cubitus in Verbindung. Nun folgen die concave VIII. Ader, eine von der Mitte an gegabelte Convexader (IX), dann eine Concavfalte als Rest der X. Ader, endlich die einfache XI. Ader und eine kurze Concavfurche als rudimentäre XII. Ader. Die I. bis IX. Ader erreichen den Flügelsaum nicht, sondern sind vor demselben durch eine aus Queradern zusammengesetzte Randader vereinigt. *Cercopis* und andere Gattungen zeigen kaum nennenswerthe Abweichungen. — Die S-förmige Falte im Vorderflügel fehlt.

3. *Cicadina.* Concavadern fehlen scheinbar im Vorderflügel von *Zammara* vollständig. Unmittelbar vor dem Radius aber verläuft eine in der Mitte des Vorderrandes verschwindende Ader, welche zwar scheinbar convex ist, die ich aber dennoch für die

Subcosta halte, weil auch bei vielen Lepidopteren Costa und Radius so nahe aneinandertreten, dass die Subcosta gewissermassen gehoben wird und das Aussehen einer Convexader gewinnt. Am Ende der Subcosta ist der Radius unterbrochen und gibt einen dicht neben ihm verlaufenden Sector ab, der nach rückwärts zwei schiefe Aeste entsendet. Die V. Ader entspringt als kurzer Stamm dicht hinter dem Radius und endet an einer scheinbaren Querader, die als Fortsetzung jenes Stammes anzusehen ist und nach einer rechtwinkeligen Knickung als doppelt gegabelter Convexstamm gegen den Saum verläuft. Zwischen den beiden Endgabeln befindet sich eine Querader, ebenso sind dieselben auch mit den Aesten des Radius und mit dem Cubitus durch 1—2 Queradern verbunden. Letzterer entspringt selbstständig und theilt sich bald in zwei Aeste, von denen der hintere am Ende mit der unmittelbar darauffolgenden VIII. Ader zusammenfällt, während der vordere sich an die Knickung der V. Ader anlegt, dann aber wieder schief nach rückwärts läuft und in eine Gabel endet. Im Clavus erkennt man die dicht hinter VIII verlaufende IX. Ader und vor dem Hinterrande die kurze XI. Ader. Wie der Radius ist auch die V. Ader bald nach ihrer Gabelung entzweigeschnitten, die Stücke aber gewissermassen wieder zusammengelöthet; im geringeren Grade ist dies auch beim Vorderast des Cubitus der Fall. Eine Erklärung für diese räthselhafte Bildung ist nicht vorhanden. — Im Hinterflügel sind Radius und Costa fast verschmolzen, die Subcosta daher völlig unterdrückt. Die V. Ader ist als aus zwei vom Grunde an getheilten Aesten bestehend anzusehen, von denen jeder sich am Ende gabelt. Da der hintere Ast aber concav ist, muss angenommen werden, dass er von der darauffolgenden VI. ausgelöscht wurde, welche sozusagen seinen Platz einnimmt. Der Cubitus mit seiner Endgabel steht ebenso wie der Radius durch eine Querader mit den Endgabeln der V. Ader in Verbindung. Die nächste Ader ist die concave Analader, dann folgt die einfache concave IX. Ader, an welche sich der Vorderast der von der Wurzel an getheilten XI. Ader so eng anlegt, dass die dazwischen eingeschlossene X. Ader auf eine concave Falte reducirt wird. — *Cicada, Cicadetta* und andere Gattungen zeigen dasselbe Geäder wie *Zammara*. Bei den Cicadinen erreichen die Adern weder im Vorder- noch im Hinterflügel den Flügelsaum, sondern sind durch eine als Vena spuria aufzufassende Randader miteinander verbunden. Eigenthümlich sind ferner die wellenartigen Querfalten zwischen den Längsadern. Im Hinterflügel laufen häufig zwischen den Enden der Convexadern kleine Concavfalten, welche gegabelt sind und zwischen den Zinken eine Convexfalte einschliessen. Sie deuten jedenfalls darauf hin, dass das Geäder eine beträchtliche Reduction erfahren hat.

Bei *Cicada imperatoria* Westw. u. a. laufen von der Randader ringsum noch kleine Adern gegen den Flügelsaum, während sonst in der Regel nur feine glänzende Linien an ihrer Stelle sichtbar sind.

Die oben erwähnte S-förmige Linie, welche eine Durchbrechung oder Verwerfung der von ihr getroffenen Längsadern bewirkt, ist bei *Tacua* Serv., *Polyneura* Westw., *Platypleura* Serv. und anderen Gattungen durch eine geschwungene Folge von erhabenen Queradern repräsentirt, während die Fulgoriden an dieser Stelle nur eine concave oder convexe Falte zeigen. Sowohl bei letzteren als bei Cicadinen ist häufig der Flügel innerhalb dieser S-förmigen Linie anders gefärbt als ausserhalb derselben. So ist z. B. *Hemisciera maculipennis* Lap. an der Basis der Vorderflügel grün, im apicalen Theile dagegen roth gefärbt.

4. Membracina. Die Flügel von *Centrotus* zeigen fast denselben Bau wie diejenigen von *Cercopis* oder *Aphrophora*. Subcosta obliterirt, Radius am Ende in 2—3 Zweige getheilt, nach hinten mit einem Sector, der sich bei *Centrotus cornutus* eine kurze Strecke an die einfache V. Ader anlegt und ausserdem 1—2 Queradern gegen dieselbe abgibt.

Der Cubitus ist an der Wurzel mit der V. Ader vereinigt, am Ende gegabelt. Clavus mit zwei Längsadern, durch die concave VIII. Ader vom übrigen Flügel getrennt. Im Hinterflügel gibt der Radius blos einen einfachen Sector ab, der entweder durch eine Querader mit der selbstständig entspringenden V. Ader verbunden ist oder *(Centrotus cornutus)* am Ende mit ihr verschmilzt. Die concave VIII. Ader trennt den gegabelten Cubitus von der ebenfalls zweizinkigen IX. Ader, welche wieder durch eine Concavfalte von der einfachen XI. Ader getrennt ist. Randader wie bei den Cicadinen ausgebildet. — Bei *Umbonia spinosa* F. ist die hintere Zinke der Cubitalgabel fast verkümmert, im Hinterflügel verschmelzen Sector radii und V. Ader am Ende. Bei *Entylia* sp. entspringt die V. Ader nicht aus dem Cubitus, sondern aus dem Radius und bildet an der Flügelspitze eine kleine Gabel. Im Hinterflügel dieser Gattung erscheint die vordere Zinke des Cubitus concav, da sie von der als Falte angedeuteten VI. Concavader unter das Flügelniveau hinabgedrückt wird. Bei *Polyglypta dorsalis* läuft die V. Ader bis in die Mitte vereint mit dem Cubitus und endet wie bei *Entylia* in eine kleine Gabel.

5. Jassina. Der Flügel von *Tettigonia* erinnert ebenfalls sehr an den von *Aphrophora* etc. Die V. Ader entspringt aber hier aus dem Radius, im Hinterflügel selbstständig; stets ist sie unverzweigt und verschmilzt im Hinterflügel manchmal mit dem Ende der vorderen Cubitalzinke. Die VIII. Ader deutlich ausgebildet. IX. Ader im Vorderflügel einfach, im Hinterflügel gegabelt und durch eine Concavfalte von der einfachen XI. Ader getrennt.

B. Phytophthires.

Taf. XIII, Fig. 44. 45.

Der gleichartigen Flügel wegen werden die Aphiden, Cocciden etc. meist an die *Homoptera* angeschlossen, unterscheiden sich jedoch von denselben im Flügelgeäder sehr bedeutend und erinnern, wie oben erwähnt, theilweise an die Psociden. Bei *Pterochlorus longipes* Duf. erkennt man die Subcosta und dicht hinter ihr den Radius mit einem einfachen Sector. Hinter der Wurzel des Radius verläuft eine feine Concavfalte, welche den Stamm des Cubitus auslöscht, von dem daher nur die beiden Gabelzinken übrig sind. Die V. Ader fehlt, doch ist an ihrer Stelle eine dreizinkige Concavader vorhanden, welcher wohl das Fehlen der V. Ader zuzuschreiben ist. Die vorderste Concavzinke halte ich für die IV. Ader, die dritte Zinke für die VI. Ader, während die mittlere jener Concavader entsprechen würde, welche häufig zwischen den Gabelästen der V. Ader auftritt. Hinter dem Cubitus ist an der Flügelwurzel eine kurze Concavfalte sichtbar und wohl als Rest der Analader anzusehen. — Im Hinterflügel fehlt der Sector radii, ebenso die dreispaltige Concavader; dagegen erkennt man die durch eine Concavfalte abgeschnittenen Aeste des Cubitus, die Analader in Form einer im Bogen gegen den Hinterrand ziehenden Concavfalte, sowie eine Spur einer IX. Ader. Im Wesentlichen dasselbe Geäder zeigt *Aphis*; *Pemphigus* weicht insoferne ab, als die dreitheilige Concavader auf eine einfache reducirt ist, welche in ihrer Wurzelhälfte sogar nur als Falte erscheint. Der Hinterflügel von *Pemphigus* zeigt blos den einfachen Radius, den Vorderast des Cubitus, eine Convexfalte als Rudiment des hinteren Astes, endlich eine Spur der IX. Ader. Ganz anders gestaltet sich das Geäder der Psylliden. Bei diesen, z. B. *Psylla alni* L., sieht man einen einzigen convexen Längsstamm, der sich aber wiederholt theilt. Der vorderste Ast, welcher in der Mitte des Vorderrandes endigt, entspricht dem Radius, der zweite, der an der Spitze mündet, dem Sector. Die V. Ader und der Cubitus sind gegabelt und entspringen mit gemeinsamer Wurzel aus dem Radius. Vor dem Hinterrande verläuft noch die IX. Ader. Von concaven Adern ist nur die VIII. vorhanden, die Subcosta durch eine Falte angedeutet, ebenso die IV. Ader zwischen Sector und V. Im Hinterflügel sieht man ebenfalls die VIII. und IX. Ader und einen dreitheiligen Längsstamm, wovon der erste Ast als Radius, der zweite als V. Ader, der dritte, gegabelte als Cubitus aufzufassen ist. *Trioza* und *Aphalera* haben dasselbe Geäder wie *Psylla*. Bei *Psyllopsis* ist die V. Ader im Vorderflügel einfach. — Cocciden konnte ich nicht untersuchen.

C. *Heteroptera.*

Taf. XIII, Fig. 46—51; Taf. XIV, Fig. 52—55.

Von den Homopteren ist die Abtheilung der Heteropteren dadurch unterschieden, dass der Vorderflügel halb häutig, halb hornig erscheint, obwohl auch hier Ausnahmen mit glashellen Vorderflügeln, wie *Copius*, vorkommen. Der Clavus ist stets durch die concave Analader scharf vom Flügel getrennt, der in die hornige *Elytra* und die häutige *Ala* zerfällt. Die Grenze zwischen beiden bildet eine mehr minder stark erhabene, geschwungene Linie, welche als eine Vereinigung von Queradern anzusehen und offenbar mit der S-förmigen Linie der meisten Cicaden identisch ist. Die hornige Beschaffenheit der *Elytra* bringt es mit sich, dass eine Deutung der darin verlaufenden Adern schwer oder unmöglich wird. Doch erkennt man bei den meisten Arten dieser Gruppe drei Convexstämme, von denen der erste nahe dem Vorderrande verläuft und als Radius anzusehen ist. Nicht selten zeigt der Flügel vor ihm eine concave Furche, welche einer verkümmerten Subcosta entspricht. Die mittlere der genannten Längsadern ist meist reich verästelt und stellt die V. Ader dar, während die dritte derselben dem Cubitus entspricht. Jede dieser drei Convexadern gibt in der *Ala* eine geringere oder grössere Anzahl von Zweigen ab, die sich aber meist zu einem so dichten Netzwerke von Adern vereinigen, dass eine Sonderung unmöglich ist; dazu kommt, dass der Verlauf dieser Aeste durch die erwähnte bogenförmige Querlinie oft erheblich gestört wird, was die Schwierigkeiten in der Deutung der einzelnen Adersysteme noch vermehrt, umsomehr, als die einzelnen Adern oft mehrmals geknickt und von schief gezogenen Queradern dann nicht zu unterscheiden sind. Selbst glashelle Vorderflügel, wie die von *Copius*, geben keinen Aufschluss, trotzdem hier sowohl als bei manchen Plataspiden etc. eine concave Längsfurche auftritt, die wahrscheinlich die Grenze zwischen der V. Ader und dem Cubitalgeäste darstellt. Für die Systematik kann daher auch das Geäder der Vorderflügel von keiner Bedeutung sein.

Die merkwürdigsten Formen kommen wohl im Vorderflügel der Plataspiden vor, da dieselben mehr oder weniger gefaltet und eingeschlagen werden können, was begreiflicherweise nicht ohne Einfluss auf den Verlauf der Adern sein kann. Im Hinterflügel von *Plataspis coccinelloides* Lap. sind Costa und Radius zu einer dicken, am Ende oft knopfartig verdickten Längsader vereinigt, deren Ende als blasse Ader im Bogen gegen die Flügelspitze verläuft. Durch eine concave Furche vom Radius getrennt, verlaufen zwei divergirende Längsadern, von denen die vordere am Ende unter S-förmiger Krümmung der hinteren sich nähert. Eine grosse, bogenförmig geschwungene Querader verbindet diese beiden Stämme, die zusammen die V. Ader darstellen. Zwischen zwei Concavfurchen, die in einspringenden Winkeln endigen, ist eine abgekürzte Convexader sichtbar, welche neben der vorderen Concavfurche verläuft und als verkümmerter Cubitus zu bezeichnen ist, während die beiden Falten die VI. und VIII. Ader vertreten. Nun folgt eine gegabelte Convexader (IX) und eine einfache, welche die XI. Ader darstellt. Zwischen beiden verläuft eine Falte, die in einen einspringenden Winkel mündet und als Rest der X. Ader anzusehen ist. Ganz ähnlich ist das Geäder bei den übrigen Plataspiden. Bei *Coptosoma cribrarium* Fab. ist der zweite Ast der V. Ader durch die concave VI. in der Mitte ausgelöscht, so dass nur sein Wurzel- und Endstück vorhanden ist. Der Cubitus ist bei dieser Art ganz obliterirt. Bei *Calliphora nobilis* F. verbindet eine schiefe Querader V mit dem Radius, ist aber durch die hinter dem letzteren verlaufende Concavfalte durchbrochen. Der Hinterast der V. Ader ist hier nur im Endstück vorhanden, dagegen der Cubitus deutlich als gegabelte Ader ausgebildet. Bei *Chlaenocoris* ist der Vorderast von V geknickt und mit dem blassen Endtheile des Radius in Verbindung getreten, der hintere Ast derselben dagegen verschwunden. Der Cubitus auf ein kurzes Strichel reducirt.

Denselben Bau des Hinterflügels zeigen die Eurygastriden und Pentatomiden, wie *Rhaphigaster, Pentatoma* etc. Der hintere Ast der V. Ader ist hier häufig, wie bei *Chlaenocoris,* vollständig verschwunden, die Querader aber als S-förmiger Zweig des vorderen Astes ausgebildet, der an der Stelle, wo die Querader abzweigt, eine mehr minder tiefe Einbuchtung zeigt. Der Cubitus ist hier überall als zweizinkige Gabel, aber ohne Stiel ausgebildet, die IX. Ader stets aus zwei von der Wurzel an getrennten Aesten bestehend, die XI. Ader einfach. Bei *Strachia, Mormydea, Elasmosthetus* etc. ist der hintere Ast der V. Ader mehr minder deutlich sichtbar, der Vorderast eine kurze Strecke mit dem Ende des Radius vereinigt.

Bei den Spartoceriden, Anisosceliden, Coreiden und Lygaeiden etc. ist der Hinterflügel, namentlich in Bezug auf die Form der V. Ader verschieden, deren Aeste in der Mitte sich vereinigen, dann aber wieder von einander trennen, so dass der vordere Ast den Charakter einer Querader annimmt, die bei *Syromastes* eine kleine nierenförmige Zelle begrenzt, welche durch die hinter dem Radius verlaufende Concavader durchbrochen ist. Der Cubitus bildet bei *Petascelis* (Spartoceriden) eine von der Wurzel an getheilte Gabel, bei *Pachymerus* fehlt der Stiel, bei *Syromastes* (Coreiden) und *Copius* (Anisosceliden) ist er durch zwei abgekürzte Strichel angedeutet, bei *Lygaeus* und *Pyrrhocoris* fehlt er gänzlich.

Bei *Miris* und *Calocoris* ist der Radius ganz an den Rand gerückt, die beiden Aeste der V. Ader durch eine Querader verbunden, der vordere mit dem Radius vereinigt; der Cubitus eine einfache Längsader, welche durch die Vereinigung der VI. und VIII. Concavfalte an der Wurzel oft ausgelöscht ist. Die IX. Ader ist wie gewöhnlich gegabelt, während die XI. fehlt. Dieselben Verhältnisse zeigen andere Capsiden, wie *Poeciloscytus, Molanonion* etc.

Bei den Phymatiden, z. B. *Phymata erosa* Wolf, ist die V. Ader mit einem schiefen Aste des Radius am Ende verbunden, der Cubitus eine einfache, abgekürzte Ader, bei *Macrocephalus crassimanus* Fab. gegabelt. Die übrigen Adern fehlen.

Bei den Harpactoriden (*Ploeogaster mammosus* etc.) sind beide Aeste der V. Ader vorhanden, aber an der Wurzel ausgelöscht, dafür ist der vordere durch eine schiefe Querader mit dem Radius verbunden. Cubitus, IX. und XI. Ader wie bei den Pentatomiden.

Bei *Pygolampis* sp. *(Reduvidae)* ist der vordere Ast der V. Ader an der Wurzel und ausserdem noch vor dem Ende in einem Punkte mit dem Radius in Verbindung und schliesst dadurch eine dreieckige Zelle hinter dem Radius ein.

Ein ganz eigenthümliches Geäder zeigen die *Gerridae.* Bei *Limnometra armata* Spin. erkennt man den Radius nebst seinem Sector, ferner den gegabelten Cubitus, durch eine Concavfalte von ihm getrennt, aber durch eine Querader mit ihm verbunden. Die V. Ader fehlt, die VIII. stellt eine concave Falte dar, hinter welcher noch die einfache IX. Ader verläuft. Die Randader, welche die einzelnen Convexadern verbindet, erinnert an die Cicaden. Im Hinterflügel ist der einfache Radius durch eine schiefe Querader mit der ebenfalls einfachen V. Ader verbunden. Die VI. und VIII. Ader stellen Concavfalten dar, welche den gegabelten Cubitus mit einer Querader zwischen seinen beiden Zinken einschliessen. Die IX. Ader ist einfach, ebenso die XI., und zwischen beiden lauft eine Concavfalte (X), die in einem einspringenden Winkel endigt.

Die Hydrocoriden enthalten zwei Flügeltypen, die durch *Notonecta* und *Naucoris* einerseits, durch *Nepa*, *Ranatra* und *Belostomum* andererseits repräsentirt werden. Bei *Notonecta* theilt sich die V. Ader bald nach ihrem Ursprung in zwei Aeste, die sich dann wieder nähern und durch eine kleine Querader in Verbindung treten, um am Ende wieder auseinanderzutreten, wobei der Vorderast mit dem Ende des Radius verschmilzt. Dann folgen zwei am Grunde vereinigte Concavfalten (VI und VIII), zwischen denen jedoch der Cubitus fehlt. Die beiden Aeste der IX. Ader vereinigen sich kurz vor ihrem Ende und sind durch eine Concavfalte von der von der Wurzel an getheilten XI. Ader getrennt. Bei *Naucoris* legt sich der vordere Ast der V. Ader im ersten Drittel an den Radius an, in seinem weiteren Verlaufe aber zeigt er dieselbe Form wie bei *Notonecta*. Der Cubitus ist auch hier verschwunden, die Aeste der IX. Ader aber am Ende nicht vereinigt, und die XI. Ader einfach. — Bei *Nepa* sind beide Aeste der V. Ader am Ende vereinigt und verschmelzen am Ende auch noch mit dem Radius. Der Cubitus ist eine einfache, aber starke Ader; sowohl vor als hinter ihr verläuft eine Concavfalte, welche die VI., resp. VIII. Ader repräsentirt. Ebenso ist auch die einfache IX. Ader von der ebenfalls unverzweigten XI. durch eine Concavfalte getrennt. Bei *Belostomum* ist das Geäder nur insoferne verändert, als die IX. Ader von der Wurzel an getheilt ist und sowohl vor als hinter ihr eine ausgebildete Concavader verläuft. Bei *Ranatra* dagegen ist die IX. Ader von der Mitte an erst gegabelt und zwischen beiden Zinken eine Concavader eingeschaltet, während die VIII. Ader nur durch eine Falte vertreten ist.

Vergleicht man den Flügelbau der *Homoptera, Heteroptera* und *Phytophthires*, so wird man vergeblich nach einem gemeinsamen Merkmal suchen. Der Flügel ist bald lederartig, bald häutig. Die Subcosta bald vorhanden, bald fehlt sie; der Clavus, den fast alle Hemipteren besitzen, fehlt den Aphiden, während er andererseits vielen Orthopteren, Trichopteren und Hymenopteren zukommt. Sowohl die V. Ader als der Cubitus können fehlen, der Analfächer ist meist reducirt und enthält nur die IX. und XI. Ader, kommt aber in dieser Form auch bei Lepidopteren etc. vor.

Für die drei Hauptgruppen der Rhynchoten lassen sich die Flügel etwa durch folgende Merkmale charakterisiren:

Homoptera: Vorderflügel meist lederartig, bei den grösseren Arten dicht, bei den kleineren spärlich geadert. Von concaven Adern ist die Analader (VIII) meist vorhanden, die Subcosta fehlt häufig oder ist nur durch eine Falte angedeutet. Ebenso sind auch die übrigen Concavadern meist durch Falten ersetzt. Radius meist an der Wurzel mit V, oft auch noch mit dem Cubitus vereinigt. Bei den grösseren Formen sind alle drei Adern reichlich verästelt, bei den kleineren dagegen meist nur Radius und Cubitus gegabelt. Der dreieckige Clavus enthält die einfache IX. und XI. Ader. — Im Hinterflügel ist der Analfächer auf das System der IX. und XI. Ader reducirt. Die Subcosta fehlt in der Regel, oft ist auch die Analader nur durch eine Falte angedeutet, ebenso die übrigen Concavadern. Radius, V. Ader und Cubitus wie im Vorderflügel, meist aber einfacher verzweigt. IX. und XI. Ader häufig gegabelt. Zwischengeäder im Hinterflügel reducirt oder fehlend. — Die S-förmige Linie, bald nur eine concave oder convexe Falte, bald deutlich als eine Verbindung von convexen Queradern ausgebildet, durchbricht die getroffenen Längsadern namentlich bei den grösseren Cicaden; manchmal fehlt sie vollständig.

Phytophthires: Flügel glashell, mit wenigen Convexadern ohne Queradern. Von Concavadern ist bei den Aphiden die Subcosta, bei den Psylliden die Analader in der Regel ausgebildet. Bei den Aphiden ist der Clavus durch Reduction des Analfeldes verschwunden, an Stelle der V. Ader nur eine einfache oder dreispaltige Concavader. Bei den Psylliden ist der Clavus nur von der IX. Ader durchzogen, die V. Ader einfach oder gegabelt. Hinterflügel kleiner als der Vorderflügel, daher auch sein Geäder noch einfacher.

Heteroptera: Vorderflügel aus drei Theilen zusammengesetzt, dem Clavus, der hornigen Elytra oder dem Corium, endlich der häutigen Ala oder Membrana. Die Subcosta fehlt oder ist nur als Furche angedeutet. Analader meist vorhanden, trennt den Clavus von der Elytra; manchmal auch eine Concavfurche in der Ala als Grenze zwischen V. und VII. In der Elytra drei, oft sehr undeutliche Convexstämme, die in der Ala sich unregelmässig verzweigen. Als Grenze zwischen Elytra und Ala eine gebogene Convexlinie, welche der S-förmigen Linie der *Homoptera* entspricht. Im Hinterflügel fehlt die Subcosta, die Costa mit dem Radius verwachsen. V. Ader aus zwei verschieden ausgebildeten Zweigen bestehend. Cubitus gegabelt, häufig an der Wurzel ausgelöscht oder ganz fehlend. Analader meist nur eine Falte. Der Analfächer enthält blos die meist gegabelte IX. und die in der Regel einfache XI. Ader. — Zwischengeäder im Vorderflügel undeutlich, im Hinterflügel nicht ausgebildet. Die Limnometriden erinnern durch den Besitz einer Randader im Vorderflügel, sowie auch durch das Geäder des Hinterflügels vielfach an die Cicadinen, wodurch Schiödte's Ansicht über die Verwandtschaft der beiden genannten Gruppen bestätigt wird.

Das Geäder der Rhynchoten im Allgemeinen zeigt zum Theile Aehnlichkeit mit dem der Panorpen, Trichopteren, Lepidopteren etc. sowohl durch die Ausbildung der V. Ader, als auch durch die Form des Analfeldes (Clavus) im Vorderflügel. Eine directe Verbindung der Rhynchoten aber mit irgend einer der genannten Ordnungen lässt sich nicht constatiren; ja es ist sogar fraglich, ob nicht die Rhynchoten, wie dies zum Theil bereits versucht wurde, in mehrere Ordnungen aufzulösen sind.

IX. Neuroptera s. str.

Taf. XIV und XV.

In dieser Ordnung vereinigt Brauer blos die Sialiden und Megalopteren, zwischen denen *Corydalis* einerseits, *Dilar* andererseits Uebergangsformen bilden. Als die ältere der beiden Gruppen sind die Sialiden anzusehen, die bereits im Devon auftreten.

1. Sialiden (Taf. XIV, Fig. 56—58): Durch die grosse Anzahl von Queradern und die Entwicklung des Analfächers erweisen sich *Corydalis* und *Chauliodes* als Formen, deren Geäder dem ursprünglichen Typus am nächsten steht. Erstere zeigt von Concavadern blos die Subcosta ausgebildet, alle übrigen sind durch Falten ersetzt. Der Radius entsendet nach hinten drei Stämme, deren erster sich in eine grosse Anzahl von parallelen Aesten mit zahlreichen Queradern theilt; er ist als Sector radii zu bezeichnen und durch eine Concavfalte (IV) von dem zweiten, ebenfalls in einige Aeste getheilten Stamme getrennt, der die V. Ader darstellt und abermals durch eine schwache Furche, als Rudiment der VI. Concavader, vom Cubitus getrennt ist. Dieser entsendet nach hinten eine Reihe paralleler Aeste und ist durch eine Concavfalte (VIII) vom reducirten Analfeld getrennt, welches drei gegabelte, durch einzelne Queradern verbundene Convexadern enthält.

welche die IX., XI. und XIII. Ader darstellen, denen sich am Grunde noch eine einfache Ader (XV) anschliesst. Im Hinterflügel erkennt man leicht die entsprechenden Adern. Der Sector ist durch eine lange Querader mit dem Stamm der V. Ader verbunden, der Cubitus von der Wurzel an in zwei Aeste getrennt, deren vorderer eine Reihe von Zweigen nach rückwärts abgibt. Das Analfeld ist von grösserer Ausdehnung als im Vorderflügel und zeigt die IX. und XIII. Ader gegabelt, die XI. und XV. einfach. — *Chauliodes* zeigt fast denselben Bau. Die V. Ader ist nur in zwei, der Cubitus in drei Zinken getheilt, im Analfeld ist die IX. und XI. Ader gegabelt, die XIII. einfach, XV. fehlt. Im Hinterflügel tritt die der IV. Ader entsprechende Falte so nahe an die V. heran, dass sowohl der Stamm als die vordere Zinke derselben concav erscheint. Im Analfelde sind IX, XI gegabelt, XIII in drei Zinken getheilt, XV einfach. — Auch *Sialis* zeigt im Wesentlichen das Geäder von Corydalis, nur ist die Verästelung, sowie die Zahl der Queradern einfacher. Die V. Ader entspringt bei *S. fuliginosa* aus dem Radius, legt sich dann eine kurze Strecke an den Vorderast des gegabelten Cubitus und wird in ihrem weiteren Verlaufe durch die vorhergehende IV. Ader concav. Die VIII. Ader ist wie bei *Corydalis* eine Falte, das Analfeld zeigt die kräftige, aber einfache IX., sowie die gegabelte XI. Ader. Im Hinterflügel ist die V. Ader an der Wurzel ausgelöscht und nicht unmittelbar, sondern nur durch Queradern mit dem Cubitus und Sector radii in Verbindung. Im Analfelde sieht man ausser der einfachen IX. und gegabelten XI. Ader auch noch die abgekürzte XIII. — *Inocellia* stellt ein Bindeglied zwischen *Sialis* und *Raphidia* dar und zeigt im Wesentlichen das Geäder der ersteren. Der Sector ist durch eine kurze, seichte Furche von der V. Ader getrennt, die sich so mächtig entwickelt, dass der Cubitus dadurch beeinträchtigt wird, und im Vorderflügel blos eine am äussersten Ende gegabelte Ader bildet, während er im Hinterflügel sich von der Wurzel an in zwei Aeste theilt, deren vorderer eine Endgabel bildet. Das Analfeld, durch die als Falte ausgebildete Analader begrenzt, zeigt die IX. und XI. Ader, im Hinterflügel beide, im Vorderflügel nur die letztere gegabelt. — *Raphidia* weicht von *Inocellia* vorwiegend durch die kleinen Endgabeln der Convexadern ab und erinnert dadurch an die Hemerobiden. Die V. Ader ist wieder durch eine seichte Concavfalte vom Sector getrennt und im Vorderflügel gleich vom Ursprunge an getheilt und reich verästelt. Der Cubitus ist im Vorderflügel eine einfache Ader, durch zwei Queradern mit V verbunden. Vor ihm verläuft eine sehr schwache Furche (VI), hinter ihm eine Concavfalte als Rest der Analader, welche seine Wurzel auslöscht. Sowohl die IX. als die XI. Ader gegabelt und eine der beiden Gabelzinken noch mit einer kleinen Endgabel. Im Hinterflügel treten Anal- und VI. Ader so nahe zusammen, dass der von ihnen eingeschlossene Cubitus an der Wurzel concav erscheint und sich erst am Ende in drei convexe Zinken theilt. Die IX. und XI. Ader legen sich mit ihren Endgabeln eine Strecke aneinander, und hinter ihnen ist noch eine Spur der XIII. Ader sichtbar.

2. *Megaloptera* (Taf. XIV, Fig. 59 und 60; Taf. XV, Fig. 61—67): Vergleicht man die verschiedenen Gattungen der Megalopteren in Bezug auf das Flügelgeäder, so treten uns solche Extreme in der Ausbildung der einzelnen Concav- und Convexadern entgegen, dass ein gemeinsamer Plan in der Anlage der Adern für den ersten Augenblick kaum zu finden ist. Die Hemerobiden scheinen mir jenen Typus des Flügelgeäders zu besitzen, auf den sich das Geäder der ganzen Megalopterenfamilie zurückführen lässt, und als Beispiel mag *Megalomus hirtus* Fab. dienen. In dem reichen Geäder erkennen wir blos eine Concavader, die Subcosta, während die IV., VI. und VIII. Ader als schwache, undeutliche Furchen ausgebildet sind. Die erste derselben trennt den Radius mit seinen zahlreichen Sectoren von der ebenfalls mehrfach verästelten V. Ader, die abermals durch eine

Concavfurche vom reich verzweigten Cubitus geschieden ist. Hinter der Analfalte folgen noch die IX. und XI. Ader, jede am Ende in mehrere Zweige getheilt. Im Hinterflügel sind die homologen Adern leicht erkennbar. Die der VI. Ader entsprechende Falte ist kaum erkennbar, sonst das Geäder wie im Vorderflügel. Fast genau denselben Aderbau zeigen *Hemerobius, Micromus* und *Drepanopteryx*, von den Osmyliden die Gattung *Sisyra*.

Der Flügel von *Coniopteryx* ist wesentlich vereinfacht. Ausser der Subcosta erkennt man wieder die IV., VI. und VIII. Ader als Falten ausgebildet, dazwischen den Radius mit dem gegabelten Sector, die ebenfalls am Ende getheilte V. Ader, ferner den gegabelten Cubitus und im Analfelde blos die gegabelte IX. Ader. Dass ich erst die dritte Gabel als Cubitus bezeichne, beruht darauf, dass der Cubitus in der Regel frei entspringt, während die von F. Löw (Sitzungsber. der kais. Akad. der Wissensch., 1885, März-Heft) als Cubitus bezeichnete Ader ihren Ursprung aus dem Radius nimmt und meiner V. Ader entspricht. Die Osmyliden, mit Ausnahme von *Sisyra*, weichen namentlich in Bezug auf die V. Ader von den Hemerobiden ab. So zeigt *Dilar* ganz das Geäder von Hemerobius oder verwandten Gattungen, die IV. Concavader aber, als Falte ausgebildet, rückt dem Vorderast der V. Ader so nahe, dass derselbe im Vorder- und Hinterflügel als Concavader erscheint, wie bei *Sialis*. Ein eigenthümliches Verhalten zeigt *Berotha*, indem der Vorderflügel das normale Geäder der Hemerobiden, im Hinterflügel aber bedeutende Abweichungen zeigt. Hier sind IV. und VI. Ader zusammengerückt, so dass die V. Ader an der Wurzel concav erscheint und nur in ihren Endverzweigungen erhalten ist. Der Cubitus ist normal ausgebildet, dagegen ist die IX. Ader in ihrem Stamme von der concaven Analader ausgelöscht, so dass sie selbst concav erscheint und nur ihre zahlreichen Zweige erhalten bleiben. Bei *Osmylus* endlich ist im Vorderflügel, wie bei *Dilar*, der Vorderast der V. Ader concav in Folge der Einwirkung der IV. Ader, die an der Wurzel als Falte sichtbar ist; im Hinterflügel ist die V. Ader vollständig ausgelöscht worden, die nächste Ader also, wie bei den meisten Nemopteriden, Ascalaphiden und Myrmeleoniden, als Cubitus zu deuten. Die darauf folgende Convexader ist demnach die IX. und durch die hier ausgebildete X. Ader von XI getrennt. Etwas abweichende Formen besitzen *Polystoechotes, Porismus* etc. Erstere zeigt hinter der concaven Subcosta den Radius mit zahlreichen parallelen Sectoren; aus ihr entspringt ferner am Grunde die gegabelte V. Ader, deren Hinterast mehrere Zweige nach hinten abgibt und durch eine concave Falte vom mehrfach verzweigten Cubitus getrennt ist. Aehnliche Furchen trennen denselben von der IX. Ader und diese wieder von der XI. Ganz nach demselben Princip ist auch der Flügel von *Psychopsis mimica* Newm. gebaut, so sehr derselbe auch scheinbar abweicht. Bei *Porismus strigatus* Burm. ist die IV. Ader deutlich als Concavader ausgebildet. V. Ader und Cubitus laufen im Vorderflügel anfangs parallel, ohne durch eine Falte oder Ader getrennt zu sein; die Analader ist nur als Falte ausgebildet. Im Analfeld sind die beiden Aeste der XI. Ader bald nach ihrem Ursprung zu einer einfachen Ader vereinigt, die im weiteren Verlaufe auch noch mit der IX. Ader verschmilzt. Im Hinterflügel sind IV und VIII als Concavadern ausgebildet und die V. Ader wie bei *Osmylus* ausgelöscht.

Der Flügel von *Nymphes myrmeleonoides* Leach. erinnert an den von *Polystoechotes*, doch scheint im Vorderflügel der Stamm und Vorderast der V. Ader durch die IV. Concavader ausgelöscht zu sein, während dieselbe im Hinterflügel vollständig obliterirt ist, wie bei *Osmylus* oder *Porismus*. Im Analfelde trennt bei *Nymphes* eine Concavader (X) die mehrfach verzweigte IX. von der reducirten XI. Ader.

Der Flügel von *Chrysopa* lässt sich von dem der Osmyliden ableiten, indem die beiden Aeste der V. Ader bald nach ihrem Ursprung sich wieder vereinigen und die sogenannte »Cubitalzelle« einschliessen. Ihr weiterer Verlauf ist durch die concave IV. Ader abgeschnitten, die am Grunde, unmittelbar vor der Cubitalzelle als Falte sichtbar ist. Der Cubitus ist wie bei *Osmylus* gestaltet, die Analader aber entspringt als Falte und geht im Bogen zum Hinterrand. Im Hinterflügel ist die V. Ader ganz verschwunden, wie dies auch bei *Osmylus* der Fall ist. Denselben Aderbau wie *Chrysopa* zeigen ferner *Hypochrysa, Ankylopteryx* und *Notochrysa.* Der Flügel von *Apochrysa* dagegen, schon äusserlich sehr auffallend, weicht insoferne vom *Chrysopa*-Flügel wesentlich ab, als die V. Ader nicht nur im Hinterflügel, sondern auch im Vorderflügel obliterirt ist, die vor dem Cubitus verlaufende Concavader demnach der IV. Ader oder der Vereinigung von IV und VI entspricht.

Von den Mantispiden erinnert *Drepanicus* im Flügelgeäder noch sehr an *Hemerobius*, namentlich in Bezug auf den Vorderflügel, in dem man den Radius nebst den Sectoren, sowie die V. Ader leicht erkennt, ohne dass dieselben durch Falten oder Concavadern abgegrenzt wären. Im Hinterflügel ist die IV. Ader als Falte vor der V. Ader sichtbar, VI. und VIII. Ader dagegen am Grunde zu einer kurzen Concavader vereinigt, welche den Stamm des Cubitus unter das Flügelniveau hinabdrücken. IX. und XI. Ader sind, wie im Vorderflügel, durch eine Concavfalte getrennt.

Eine Reduction der Adern lässt den Flügel von *Mantispa* leicht aus dem von *Drepanicus* ableiten, doch ist die Sonderung der einzelnen Adersysteme durch das Fehlen von Concavfalten ziemlich erschwert. Im Vorderflügel liegt vor der der Analader entsprechenden Falte der Cubitus als mehrfach verästelte Ader, während er im Hinterflügel zickzackförmig gekrümmt und nur am Flügelsaume gegabelt erscheint. Eine kleine Concavfalte vor dem Cubitus ist im Vorderflügel als Rest der VI. Ader, im Hinterflügel aber als rudimentäre IV. Ader anzusehen, da sie hier die V. Ader von den Sectoren, dort aber vom Cubitus trennt.

Der Flügel der Nemopteriden, Ascalaphiden und Myrmeleoniden stimmt im Wesentlichen überein und lässt sich am besten aus dem Flügel von *Cordulecerus vulpecula* Burm. ableiten. Der Vorderflügel dieser Art zeigt hinter der Subcosta den Radius mit seinem vielfach verzweigten Sector. Von diesen Aesten des Sectors fällt der letzte (hinterste) sowohl durch seine Theilung, als auch dadurch auf, dass vor ihm eine Concavader verläuft, die am Grunde als Falte erscheint. Ich halte nun diese Concavader für die IV., die hinter ihr liegende Ader demnach als die mit dem Sector radii mehr oder minder vereinigte V. Ader. Die darauf folgende Concavader erweist sich dann als VI., auf welcher der reich verzweigte Cubitus, sowie die concave Analader folgen. Letztere löscht den Stamm der IX. Ader aus, so dass nur die Endzweige convex erscheinen; an der Flügelwurzel folgt endlich auch noch die XI. Ader.[1]) — Bei *Ascalaphus* fehlt jene IV. Ader vollständig, daher ist auch die V. Ader vom Sector radii nicht zu unterscheiden, wenn man nicht das Geäder von *Cordulecerus* vergleicht. Im Uebrigen sind beide Gattungen in Bezug auf das Flügelgeäder vollkommen übereinstimmend, nur ist der Cubitus bei *Cordulecerus* im Hinterflügel wenig und nur am Ende verzweigt, während bei *Ascalaphus* das Geäder des Cubitus im Vorder- und Hinterflügel gleich stark entwickelt ist.

Bei *Theleproctophylla* ist das Analfeld noch mehr als bei *Cordulecerus* reducirt, namentlich die IX. Ader im Vorderflügel am Grunde, im Hinterflügel aber fast der ganzen Länge nach durch die mit ihr zusammenfallende VIII. Ader ausgelöscht.

Nemoptera sinuata Oliv. hat im Vorderflügel das Geäder von *Ascalaphus*, nur sind IX. und XI. Ader bald nach ihrem Ursprung der Länge nach verwachsen. Der lange,

[1]) Ganz ähnlich verhalten sich *Ptynx*, *Haplogenius* etc.

schmale Hinterflügel dagegen zeigt eine weitgehende Reduction des Geäders, welches blos aus einer convexen und zwei concaven Längsadern zu bestehen scheint, deren Deutung daher unsicher ist.

Das Geäder der Myrmeleoniden stimmt im Wesentlichen mit dem der Ascalaphiden überein, erinnert aber andererseits auch an das von *Nymphes*. Während jedoch hier die V. Ader hinter einer Concavader liegt, welche demnach als IV. zu bezeichnen ist, muss bei den Myrmeleoniden nach Analogie des *Corduleceerus*-Flügels angenommen werden, dass die V. Ader mit dem Sector radii vereinigt ist, die folgende Concavader daher der VI. entspricht. Dass diese Deutung richtig ist, beweist *Palpares*, bei welcher Gattung die V. Ader stärker entwickelt ist als bei anderen Myrmeleoniden. Hier folgt auf die V. Ader die VI. Concavader, wie bei den Uebrigen, aber auch die IV. Ader ist hier, wie bei *Corduleceerus*, als deutliche Concavader vor der V. sichtbar, während sie bei anderen Gattungen nur als eine seichte Furche oder gar nicht angedeutet ist.

Azesia mag als erste Form erörtert werden, da sich aus ihr die Flügel der übrigen Myrmeleoniden ableiten lassen. Im Hinterflügel folgt auf die VI. Concavader der Cubitus als einfache Convexader mit zahlreichen Queradern gegen die im Bogen hinter ihr verlaufende Analader, auf welche noch die zickzackförmig gebogene IX. Convexader folgt. Im Vorderflügel dagegen ist der Cubitus gegabelt, und es hat den Anschein, als ob eine jener Queradern des Cubitus, wie bei den Odonaten, sich stärker verlängert und verdickt und dadurch den Charakter eines Gabelastes angenommen hätte.

Palpares erinnert im Vorderflügel vollkommen an *Azesia*, nur ist hier, wie bei *Corduleceerus*, auch die IV. Concavader und überdies eine Reihe von concaven Schaltadern zwischen den einzelnen Convexzweigen sichtbar, wie dies bei Odonaten, namentlich *Calopteryx*, der Fall ist. Im Hinterflügel ist die Analader durch den Hinterast des Cubitus winkelig ausgebuchtet und setzt sich dann parallel dem Vorderast als Concavfalte fort, die auch im Vorderflügel zwischen den beiden Cubitalzinken, wenn auch weniger deutlich, sichtbar ist. Es ist jedoch nicht ausgeschlossen, dass an der Bildung dieser Concavfalte sich nicht blos die Analader, sondern auch eine zwischen den beiden Cubitalzinken ursprünglich vorhandene Concavader (VII_2) betheiligt hat. Diese eigenthümliche Knickung der Analader hat ebenfalls ein Analogon im Flügel der Odonaten, besonders der Gomphiden, Aeschniden etc., so dass sich zwischen diesen Insectengruppen einige Aehnlichkeitspunkte ergeben, ohne dass man deshalb an eine directe Verwandtschaft denken müsste. *Stenares* und *Tomatares* zeigen dasselbe Verhalten wie *Palpares*. Bei *Dinares* ist nur der Vorderflügel dem von *Palpares* ähnlich, und selbst hier ergeben sich Unterschiede, indem die V. Ader viel weniger deutlich vom Sector radii gesondert ist, da die IV. Concavader fehlt und, wie es scheint, nur durch eine concave, flache Falte angedeutet ist. Auffallend ist, dass diese Furche nicht parallel den Convexästen verläuft, sondern dieselben schief durchsetzt und dabei eine förmliche Verwerfung derselben hervorbringt, wie im Vorderflügel von *Pteronarcys*. Der Hinterflügel von *Dinares* erinnert mehr an den von *Azesia*, indem der Cubitus sich erst am Ende in mehrere Zweige theilt, und die Analader nicht geknickt ist, sondern parallel dem Cubitus verläuft. Die IV. Ader ist wie im Vorderflügel nur durch eine Concavfurche angedeutet. Bei *Acanthaclisis* ist im Vorder- und Hinterflügel der Cubitus in zwei divergirende Zinken getheilt, aber sowohl die IV. Ader als die Fortsetzung der Analader zwischen den beiden Zinken des Cubitus sind nur als concave Falten ausgebildet. *Creagris* erinnert am meisten an *Dinares*, besonders durch das Geäder des Hinterflügels. *Myrmecaelurus*, *Formicaleo*, *Megistopus*, *Myrmeleon* und *Gymnocnemia* dagegen stehen *Acanthaclisis* am nächsten. Bei den ersteren Gattungen ist sowohl die Concavfalte zwischen den Cubitalzinken, als auch jene, welche der IV. Ader entspricht, mehr minder deutlich ausgebildet, namentlich im Vorderflügel, bei *Gymnocnemia* dagegen sind dieselben fast vollkommen verloren gegangen.

Die Flügel der Neuropteren s. str. sind daher mit wenigen Ausnahmen *(Drepanopteryx, Ascalaphus)* häutig, Vorder- und Hinterflügel meist wenig an Grösse und Form verschieden, nur manchmal die Hinterflügel sehr lang und schmal *(Nemoptera)* oder ganz verkümmert. Geäder meist dicht netzartig, die Queradern zahlreich und namentlich im Gebiete der Sectoren des Radius oft in treppenartigen Linien angeordnet. Die oft reich verzweigten Convexadern enden bei den Megalopteren meist in kleine Gabeln, bei den Sialiden einfach. Von Concavadern ist die Subcosta ausnahmslos, die Analader meist vorhanden, bei den Megalopteren häufig auch die IV. oder VI. Concavader ausgebildet. Bei den Sialiden dagegen sind die Concavadern, mit Ausnahme der Subcosta, fast regelmässig durch Falten ersetzt. Das Analfeld ist meist von geringer Grösse, auf das Gebiet der IX. und XI. Ader reducirt; Fächerbildung und Faltung kommen nur bei einigen Sialiden (*Corydalis* etc.) vor, bei denen auch die XIII., sowie eine Spur der XV. Ader entwickelt ist. Von dem Flügel der Orthopteren unterscheidet sich der der Neuropteren im Allgemeinen durch den Mangel der Venae spuriae, durch das reducirte Analfeld im Hinterflügel, sowie dadurch, dass die Sectoren des Radius und die V. Ader unter einem deutlichen Winkel vom Radius divergiren, während sie bei den Orthopteren dichter zusammengedrängt, daher mehr minder parallel erscheinen. Demzufolge sind auch die Sectoren des Radius im Allgemeinen bei den Neuropteren viel reichlicher entwickelt als bei den Orthopteren.

X. Panorpatae.

Taf. XV, Fig. 68.

Die kleine Gruppe der Panorpen, von Brauer als eigene Ordnung aufgestellt, zeigt vier gleich gestaltete, häutige Flügel mit ziemlich grossen Maschen und häufig verloschenen Queradern. *Panorpa* und *Bittacus* stimmen so überein, dass es genügt, eine der beiden Formen zu betrachten. Bei *Panorpa* erkennt man nur zwei ausgebildete Concavadern, die sich als Subcosta und Analader leicht erkennen lassen, dagegen verlaufen zahlreiche Concavfalten regelmässig zwischen den einzelnen Convexadern und sind wohl als Reste des ursprünglichen Fächers anzusehen. Hinter der Subcosta zieht der Radius und entsendet einen mehrfach verästelten Sector gegen die Flügelspitze. Am Grunde des Radius entspringt ferner eine dreitheilige Ader, welche am Beginne der Gabelung ausgelöscht ist und das sogenannte Thyridium bildet. Sie ist als V. Ader zu deuten, und jener milchige Fleck, an dem die beiden Gabeläste unterbrochen ist, muss als eine Wirkung der auflösenden Kraft angesehen werden, welche concave Adern oder Falten so häufig zeigen, sobald sie auf convexe Adern stossen. Diese Wirkung muss demnach hier der IV. und VI. Concavader zugeschrieben werden, welche als Falten den Stamm der V. Ader begleiten, seine beiden Gabeläste aber theilweise durchbrechen, gerade als ob sie auf Queradern stossen würden. Diesen beiden Concavfalten muss es auch zugeschrieben werden, dass namentlich bei *Bittacus* die V. Ader fast concav erscheint. Die nächste Ader ist convex, am Ende gegabelt und stellt den Cubitus dar; dann folgt die concave Analader und das in beiden Flügeln reducirte Analfeld, das die einfache IX. und die gegabelte XI. Ader enthält. Im Vorderflügel von *Panorpa germanica* L. vereinigen sich die beiden Zinken der XI. Ader und umschliessen eine kleine elliptische Zelle. Bei

Bittacus ist die XI. Ader im Vorderflügel einfach, im Hinterflügel fehlt sie ganz. Queradern finden sich fast zwischen je zwei Adern mehrere, sind aber grösstentheils blass und undeutlich, was wohl auf Rechnung der sie durchsetzenden Concavfalten zu schreiben ist.

Im Hinterflügel von *Panorpa* ist das Geäder im Ganzen ähnlich wie im Vorderflügel, mit dem Unterschiede, dass die V. Ader ihren Ursprung nicht dicht hinter dem Radius aus der Flügelwurzel, sondern aus dem Cubitus nimmt. Der Cubitus entsendet eine S-förmige Querader gegen die Flügelbasis und die IX. Ader gabelt sich nicht schon an der Wurzel, sondern im ersten Drittel ihrer Länge. Die Analader ist im Hinterflügel nur durch eine Falte angedeutet.

Vergleicht man das Flügelgeäder der Panorpen mit dem anderer Insectenordnungen, so müssen die Trichopteren als die ähnlichsten angesehen werden, sowohl in Bezug auf die Aderverteilung als auch auf die Bildung des Thyridiums, d. h. die Durchbrechung der V. Ader. Da aber die übrigen Merkmale der Panorpen sie ziemlich weit von den Trichopteren entfernen, muss es vorläufig dahingestellt bleiben, ob die Aehnlichkeit des Flügelgeäders auf eine gemeinsame Abstammung zurückzuführen ist.

XI. Trichoptera.

Taf. XV. Fig. 69; Taf. XVI. Fig. 70 und 71.

Unmittelbar an die Panorpen schliesst sich die von Brauer als eigene Ordnung angesehene Gruppe der Trichopteren, die wieder anderseits den Lepidopteren, insbesondere den Tineiden wenigstens in Bezug auf das Flügelgeäder verwandt erscheint. Welche Abtheilung in dieser Ordnung als älteste zu bezeichnen ist, darüber gehen die Meinungen weit auseinander, indem die Einen die Hydropsychiden und Andere die Limnophiliden dafür halten. Für diese letztere Ansicht würde das ziemlich stark entwickelte, faltbare Analfeld stimmen, während die Mystacididen und Hydropsychiden sich mehr an die Lepidopteren anschliessen und als jüngere Formenreihen anzusehen wären.

Bei *Limnophilus* sind von Concavadern nur die Subcosta und Analader entwickelt. Dazwischen laufen zwei convexe Stämme, welche als Radius und Cubitus aufzufassen sind. Der erstere gibt bald nach seinem Ursprunge den Sector ab, der sich wieder in zwei gegabelte Aeste theilt, die durch eine Querader miteinander verbunden sind. Aus dem Cubitus entspringt nach vorne eine am Ende in drei Aeste getheilte Convexader, welche durch eine Querader sowohl mit der hinteren Gabel des Sector radii, als auch mit der vorderen Zinke des gegabelten Cubitus in Verbindung steht und die ich als V. Ader betrachte. Sie zeigt an der Stelle, wo sie sich gabelt, eine mehr minder deutliche Auslöschung, das Thyridium, wie es bei den Panorpen sichtbar ist. Auch hier ist diese Bildung auf die Einwirkung der nur als Falten angedeuteten IV. und VI. Ader zurückzuführen, welche den Stamm der V. Ader bis zu seiner Theilung begleiten und denselben so unter das Flügelniveau herabdrücken, dass er concav erscheint. Das Analfeld erinnert vollkommen an den Clavus der Hemipteren und ist von drei Adern durchzogen, deren erste als IX. Ader anzusehen ist, während die beiden anderen, die bald nach ihrem Ursprung miteinander und in ihrem weiteren Verlaufe auch mit der IX. verwachsen, die XI. Ader darstellen. Im Hinterflügel ist ebenfalls nur die Subcosta und Analader als ausgebildete Concavader vorhanden. Der Radius sammt dem zweimal gegabelten Sector, sowie der gegabelte Cubitus mit der dreitheiligen V. Ader sind wie im Vorderflügel gebildet. Das Analfeld enthält vier Adern, die einfache IX. und XV. Ader, ferner die gegabelte XI. und XIII. Ader, zwischen denen concave Furchen verlaufen. Manchmal (*Limnophilus auricula* Crt.) erscheint auch die IX. Ader gegabelt. Die Thyridiumbildung fehlt im Hinterflügel, doch erscheint die V. Ader an der Theilungsstelle etwas blasser und wie im Vorderflügel fast concav. — Die Reihe von Queradern, welche im Vorderflügel die Gabeln des Sectors mit der V. Ader und diese wieder mit dem Cubitus verbinden, bilden eine S-förmig geschwungene Linie, welche fast concav erscheint und offenbar der bei den Hemipteren so häufig auftretenden und ähnlich gelegenen, bald concaven, bald convexen Linie entspricht. — *Halesus, Ecclisopteryx, Grammotaulius, Glyphotaelius* und *Chaetotaulius* weichen nur wenig von *Limnophilus* ab. — Auch die Phryganiden zeigen im Wesentlichen dasselbe Geäder, nur im Hinterflügel ist das Analfeld auf die gegabelte IX. Ader und die einfache XI. Ader reducirt. Die Ursprungstelle des Sectors liegt fast an der Wurzel des Radius und der Stamm der V. Ader ist tief concav. *Phryganea, Neuronia* und *Holostomis* sind einander sehr ähnlich. Am nächsten schliessen sich daran die Hydropsychiden, deren Analfeld bei *Philopotamus* noch mehr verkleinert ist, aber dieselben Adern wie bei *Neuronia* etc. zeigt, während *Hydropsyche* ein ziemlich entwickeltes Analfeld besitzt. *Sericostoma* zeigt ebenfalls die V. Ader tief eingeschnitten, aber sowohl im Vorder- als im Hinterflügel nur zweizinkig, und erinnert dadurch an viele Lepidopteren. Ebenso ist auch bei *Leptocerus, Mystacides* etc. die V. Ader am Ende nur in zwei Aeste gespalten und ihr Stamm tief concav eingedrückt. Das Analfeld enthält bei *Mystacides* die gegabelte IX. und die einfache XI. Ader, während es bei *Leptocerus* viel mehr entwickelt ist und sowohl die IX. als die XI. Ader gegabelt zeigt. Die Querader, welche IX. mit VIII. regelmässig verbindet, ist hier so schief gestellt, dass sie fast den Charakter einer Längsader annimmt. — Bei *Rhyacophila* sind Vorder- und Hinterflügel fast an Grösse gleich, da das Analfeld des letzteren nur die gegabelte IX. Ader enthält, im Uebrigen ist das Geäder ähnlich dem der anderen Gattungen.

Vergleicht man den Flügel der Trichopteren mit dem der Panorpen, so ergeben sich folgende, freilich nicht sehr wesentliche Unterschiede. Bei den Panorpen ist die Zahl der Queradern grösser, indem zwischen je zwei Längsadern 3—4, wenn auch oft undeutliche Queradern verlaufen, während bei den Trichopteren nie mehr als eine Querader zwischen zwei Längsadern auftritt. Der Ursprung des Sector radii liegt ferner bei den Panorpen nahe der Mitte des Radius, bei den Trichopteren dagegen nahe der Wurzel desselben. Endlich tritt bei den Panorpen niemals ein faltbarer Analfächer auf, während er vielen Trichopteren zukommt, und der Clavus ist bei jenen nie so deutlich ausgebildet als bei diesen. — Der Clavus sowie die Queraderverbindung im Vorderflügel erinnern an die Rhynchoten, ob aber eine wirkliche Verwandtschaft zu Grunde liegt, ist fraglich. In ähnlicher Weise stimmt das Geäder der Trichopteren in vieler Beziehung auch mit dem der Lepidopteren, insbesondere der Tineiden, Zygaenen, Sesiarier etc., sowie auch mit dem der Dipteren überein, ohne dass jedoch eine directe Verbindung der genannten Ordnungen nachgewiesen werden könnte.

XII. Lepidoptera.

Taf. XVI, Fig. 72—79; Taf. XVII, Fig. 80—82.

So scharf sich die Schmetterlinge durch ihre Mundtheile, Entwicklung u. s. w. von den übrigen Insecten unterscheiden lassen, so schwierig ist es, im Flügelgeäder derselben einen specifischen Charakter zu finden. Namentlich die Panorpen und Trichopteren zeigen eine Adervertheilung, welche von manchen Tineiden etc. fast bis ins kleinste Detail copirt wird. Am deutlichsten zeigt sich nach meiner Ansicht der ursprüngliche Bau des Lepidopterenflügels bei *Hepialus*. Derselbe ist von zwei concaven Adern durchzogen, von denen die eine als Subcosta, die andere als Analader zu deuten ist. Zwischen beiden entspringen zwei Convexstämme, Radius und Cubitus, wovon ersterer nach rückwärts den dreizinkigen Sector abgibt. Der Cubitus theilt sich im Hinterflügel gleich an der Wurzel, im Vorderflügel bald nach seinem Ursprung in zwei Aeste, wovon der hintere sich nochmals gabelt und durch eine Querader mit dem vorderen verbunden ist. Aus diesem vorderen Cubitalaste entspringt ferner eine, besonders an der Wurzel blasse, zarte Convexader, die sich in ihrer Mitte gabelt, durch eine Querader sowohl mit dem Sector radii als auch mit dem Cubitus verbunden ist und die V. Ader darstellt. Vor ihr verläuft eine Concavfalte als Vertreter der IV. Ader, während die VI. fehlt und sich höchstens durch die fast ausgelöschte Wurzel der V. Ader verräth. Eine Spur derselben ist ausserdem als kurze Concavfalte am Flügelsaume erkennbar. Aehnliche Falten befinden sich zwischen je zwei Convexästen und sind ebenfalls als Reste der zahlreichen Concavadern anzusehen, welche im ursprünglichen Fächerflügel vorhanden waren. Das Analfeld zeigt im Hinterflügel nur eine Convexader, die als IX. zu betrachten ist, und im Vorderflügel mit der darauffolgenden XI. Ader bald nach ihrem Ursprunge verschmilzt. Vergleicht man diesen Flügel mit demjenigen von *Cossus ligniperda*, so findet man, dass hier im Vorderflügel Cubitus und Radius einander viel mehr genähert sind als bei *Hepialus*, und dass in Folge dessen eine Reduction der V. Ader stattfinden musste. Die Subcosta ist bei *Cossus* im Vorderflügel als deutliche Ader ausgebildet, im Hinterflügel durch eine Falte ersetzt, die Analader dagegen in beiden Flügeln ausgebildet. Ein eigenthümliches Verhalten zeigt ferner die Costa, die im Vorderflügel marginal verläuft, im Hinterflügel aber nach innen gerückt erscheint, so dass ein ziemlich breites Praecostalfeld entsteht. Der Radius gibt nach rückwärts den Sector ab, der in fünf Zinken am Ende getheilt ist und die sogenannte »Anhangszelle« einschliesst, deren Entstehung ich mir folgendermassen erkläre. Der Sector radii gabelt sich, wie bei Panorpen und Trichopteren, in zwei Aeste, von denen der eine sich in zwei, der andere in drei Zweige theilt. Diese beiden Endgabeln, die bei jenen nur durch eine Querader verbunden sind, legen sich hier eine kurze Strecke aneinander und schliessen dadurch eben jene »Anhangszelle« ein. Deutlicher noch als bei *Cossus* ist diese Verschmelzung der beiden Endgabeln bei *Zeuzera* und den meisten Noctuinen zu erkennen; bei Tineidien dagegen sind dieselben wie bei den Trichopteren oder Panorpen wirklich durch eine Querader miteinander verbunden. Der Cubitus erscheint bei *Cossus* als einfacher Stamm, der sich in der Mitte in vier Zweige theilt, wovon aber nur drei zum Cubitus gehören, während der vorderste als Rest der V. Ader zu betrachten ist, welche stark reducirt erscheint. Zwischen Radius und Cubitus nämlich liegt eine concave Längsader, die sich in ihrer Mitte in zwei Zweige theilt, deren vorderer ausserhalb der Querader, welche das Discoidalfeld, wie bei *Hepialus*, begrenzt, als Falte weiter läuft, während der hintere von dieser Stelle an convex erscheint. Man hat sich demnach vorzustellen, dass jene gegabelte Concavader durch theilweise Verschmelzung der IV. und VI. Längsader entstanden ist, und dass dadurch der Stamm und vordere Ast der V. Ader ausgelöscht wurde, während der hintere erhalten und mit den Zweigen des Cubitus in Verbindung blieb. Der Vorderast des Cubitus aber, wie ihn *Hepialus* zeigt, erscheint durch eine Concavfalte ausgelöscht, welche unmittelbar hinter jener Concavader verläuft und offenbar ursprünglich zwischen den beiden Cubitalästen verlief. Im Analfeld sieht man die IX., sowie die abgekürzte XI. Ader. Der Hinterflügel erscheint noch mehr reducirt als der Vorderflügel, indem, wie oben erwähnt, die Subcosta durch eine Falte ersetzt ist, ausserdem auch der Radius sich am Ende nur in drei Zweige theilt, wovon der vordere wohl durch die der Subcosta entsprechende Concavfalte gleich nach seinem Ursprung abgeschnitten ist. Auch die Anhangszelle fehlt. V. Ader und Cubitus sind wie im Vorderflügel gebaut, ebenso die durch Verschmelzung von IV. und VI. entstandene Concavader im Discoidalfeld, welche die sogenannte »eingeschobene Zelle« zwischen ihren kurzen Gabelzinken einschliesst. IX. und XI. Ader sind im Hinterflügel vollständig entwickelt und durch eine Concavfalte von einander getrennt, welche als Rest der X. Concavader anzusehen ist. *Zeuzera aesculi* L. scheint im Wesentlichen dasselbe Geäder wie *Cossus* zu haben; doch kann ich leider nichts Bestimmtes hierüber angeben, da mir ein einziges, sehr defectes Stück zu Gebote stand, und beschuppte Exemplare über Aderverhältnisse keinen sicheren Aufschluss geben.

Der Flügel der Tineiden erinnert am meisten an den von *Leptocerus* oder *Mystacides* unter den Trichopteren. In beiden Flügeln sind Subcosta und Analader als Concavadern ausgebildet, die Costa marginal. Der Sector radii im Vorderflügel wie bei jenen zweimal gegabelt und die beiden Endgabeln durch eine Querader verbunden; der Cubitus dreizinkig, durch eine Querader mit der V. Ader in Verbindung, deren Stamm fehlt, während die beiden Gabelzinken erhalten sind. Die IV. und VI. Ader sind durch Falten ersetzt, die denselben Verlauf zeigen wie bei *Cossus*. Im Analfeld sind die IX. und XI. Ader bald nach ihrem Ursprung verwachsen und laufen als einfache Ader weiter, verschmelzen aber bald darauf noch mit einer XIII. Convexader. Im Hinterflügel gibt der Radius nur einen einfachen Sector ab, der Cubitus ist dreizinkig, zwischen ihnen und durch Queradern mit ihnen in Verbindung läuft eine einfache Ader als Rest der V. Ader. Die IV. und VI. Ader sind als Concavadern ausgebildet, die denselben Verlauf wie die entsprechenden Furchen im Vorderflügel zeigen. Im Analfeld sind IX. und XI. Ader von einander getrennt.

Ganz ähnlich ist das Geäder der Choreutiden, z. B. *Simaethys nemorana*. Die IV. und VI. Ader wie im Vorderflügel von *Tinea* gebildet, von der V. Ader nur die beiden Gabelenden vorhanden; am Sector radii erkennt man die beiden Endgabeln, dagegen ist der Stiel der hinteren im Hinterflügel nur durch eine erhabene Falte angedeutet, im Vorderflügel ganz verschwunden. Die Analader ist im Vorderflügel durch eine Falte ersetzt, im Hinterflügel laufen an ihrer Stelle zwei Concavfurchen, welche eine abgekürzte Convexader einschliessen. Es scheint demnach auch bei den Lepidopteren, wie bei den Ephemeriden, die Analader durch Verschmelzung von zwei Concavlinien und Auslöschung der dazwischen liegenden Convexader entstehen zu können. Sie bildet in dieser Beziehung ein Seitenstück zur IV. und VI. Concavader, welche so häufig, namentlich bei den höher entwickelten Insectengruppen, die Neigung zeigen, mit einander zu verschmelzen und die zwischen ihnen liegenden Convexlinien theilweise oder völlig auszulöschen. Die IX. und XI. Ader verschmelzen bald nach ihrem Ursprunge, sowohl im Vorder- als im Hinterflügel. — Den Tineiden und Choreutiden stehen in Bezug auf das Flügelgeäder am nächsten die Tortriciden und, wie es scheint, die Psychiden, die in Bezug auf Lebensweise und Entwicklung manche Aehnlichkeit mit den Trichopteren zeigen und demnach der Stammform der Lepidopteren sich zu nähern scheinen. — Der Vorderflügel von *Tortrix* zeigt vollständig das Geäder von *Simaethys*, der Hinterflügel dagegen erinnert mehr an den von *Tinea*, indem der Sector radii einfach ist und auch die V. Ader nur durch eine einfache, abgekürzte Ader vertreten ist, die sich hier dicht an den dreizinkigen Cubitus anschliesst, während sie bei *Tinea* mehr dem Sector radii genähert ist. Es scheint demnach hier die vordere, bei *Tinea* die hintere Zinke der V. Ader ausgelöscht zu sein.

Von den Psychiden standen mir nur beschuppte oder beschädigte Exemplare zur Verfügung, weshalb ich das Geäder nicht in dem Masse untersuchen konnte, um genauen Bescheid darüber zu geben; doch scheint mir dasselbe, namentlich im Vorderflügel, grosse Aehnlichkeit mit dem der Tineiden zu besitzen. IV. und VI. Ader scheinen manchmal der ganzen Länge nach verschmolzen zu sein.

Auch *Zygaena* zeigt grosse Aehnlichkeit mit *Tinea* und *Tortrix*, namentlich im Vorderflügel, in welchem die marginale Costa, ferner die concave Subcosta und Analader leicht erkenntlich sind. Vom Sector radii fehlt, wie bei *Tortrix*, der Stiel der zweiten Gabel, und diese scheint mir, wie bei *Cossus* oder *Zeuzera*, mit der vorderen eine Strecke verwachsen zu sein. Von der V. Ader sind nur die beiden Gabelenden vorhanden, der Stamm durch eine Concavlinie ausgelöscht, welche theilweise den Charakter einer Concavader annimmt und als Vereinigung von IV und VI aufzufassen ist. Im Analfeld sind IX. und XI. Ader, wie bei *Simaethys* etc., verwachsen. Im Hinterflügel verläuft die Costa submarginal und verschmilzt bald nach ihrem Ursprung mit der concaven Subcosta, welche sich in ihrem Verlaufe wieder mit dem Radius vereinigt, der einen einfachen Sector abgibt. Der Stamm der V. Ader ist, wie im Vorderflügel, durch die Vereinigung von IV und VI ausgelöscht; im Analfelde IX. und XI. Ader getrennt, dazwischen eine Convexfalte, längs welcher sich der Flügel nach unten umschlägt.

Sesia apiformis erinnert im Vorderflügel an *Zygaena*, doch entspringt die zweite Gabel des Sector radii aus der ersten und die Analader ist durch eine Falte ersetzt. Der Hinterflügel erscheint gegen den von *Zygaena* sehr verschmälert, so dass die V. Ader auf eine Endzinke reducirt wird. Die IV. und VI. Ader sind durch Concavfalten vertreten, die Analader ebenfalls durch eine Falte ersetzt, die Subcosta dagegen ausgebildet, parallel dem Radius verlaufend.

Das Geäder der Eulen lässt sich aus dem von *Cossus* ableiten. Der Vorderflügel von *Cerastis vaccinii*[1]) zeigt blos eine Concavader, die Subcosta. Die IV. und VI. Ader sind ebenso wie die Analader durch Falten ersetzt. Ausserdem verläuft zwischen je zwei convexen Adern am Flügelsaume eine kurze Concavfalte, wie dies bei fast allen Lepidopteren mehr minder deutlich der Fall ist. Der Sector radii theilt sich in einen zweizinkigen und einen dreizinkigen Gabelast, die bald nach ihrer Trennung sich wieder so aneinander legen, dass sie eine rhombische Anhangszelle einschliessen. Die V. Ader ist abgekürzt und steht durch eine Querader mit dem dreizinkigen Cubitus in Verbindung, IX. und XI. Ader sind bald nach ihrem Ursprunge vereinigt. Im Hinterflügel ist die Costa submarginal, und zwischen ihr und dem gegabelten Radius ist die Subcosta in Form einer sehr kurzen Concavader an der Flügelwurzel sichtbar. Die V. Ader lässt sich als äusserst feine Convexlinie zwischen den die IV. und VI. Ader vertretenden Concavfalten bis zur Flügelwurzel verfolgen. Cubitus und Analader wie im Vorderflügel, IX. und XI. Ader vollständig, durch eine concave Falte von einander getrennt. — Die übrigen Noctuinen stimmen im Geäder mit *Cerastis* in allen wesentlichen Merkmalen überein. Bei *Rivula sericealis* fehlt die Anhangszelle, die sonst allen Eulen eigenthümlich ist. Analader im Vorder- und Hinterflügel stets nur als Falte ausgebildet. Die Subcosta fehlt im Hinterflügel regelmässig oder ist nur durch eine kurze Falte angedeutet. Die V. Ader ist im Hinterflügel meist sehr zart und abgekürzt, bei *Grammesia trigrammica*, *Agrotis* u. A. ist sie vollständig obliterirt. Die IV. und VI. Ader sind entweder der ganzen Länge nach vereinigt oder am Ende gegabelt, meist durch Falten ersetzt, nur

[1]) In der Abbildung (Taf. XVII, Fig. 80) ist im Vorderflügel der Sector irrthümlich sechszinkig gezeichnet und die kurze Subcosta im Hinterflügel ausgelassen worden.

bei einigen *(Agrotis)* theilweise als Ader ausgebildet und häufig von einer vorderen und hinteren Concavfalte begleitet, die als Reste jener Concavadern anzusehen sein dürften, welche im ursprünglichen Flügel zwischen dem Radius und seinem Sector, sowie zwischen den beiden Cubitalzinken verliefen. Die IX. und XI. Ader sind im Hinterflügel stets getrennt; im Vorderflügel ist die XI. Ader abgekürzt und entweder frei *(Agrotis)*, oder durch eine Querader mit der IX. verbunden *(Hadena)*, oder wie bei *Cerastis* mit derselben verwachsen, oder sie fehlt ganz *(Rivula, Catocala)*. Hinter der IX. Ader schlägt sich das Analfeld, wie bei *Zygaena*, nach unten um.

Die Drepanulinen *(Platypteryx falcula)* erinnern im Flügelgeäder an die Eulen, namentlich durch das Verhalten des Sector radii, der in zwei Gabeln getheilt ist, die sich jedoch nicht unmittelbar aneinanderlegen, sondern nur durch eine Querader miteinander verbunden sind.

Ebenso zeigen die Notodontinen *(Harpyia vinula)* eine Anhangszelle, indem sich der hintere, einfache Gabelast des Sector radii an den vorderen, viertheiligen eine kurze Strecke anlegt und auf diese Weise eine dreieckige Zelle einschliesst. Die V. Ader erscheint hier dem Sector radii genähert und durch eine kleine, schiefe Querader mit demselben verbunden. Bei *Phalera bucephala* sind beide Gabeläste des Sector radii so miteinander an der Wurzel verschmolzen, dass die Anhangszelle verschwindet.

Von den Lithosiiden zeigt *Leptosoma plagiatum* die Anhangszelle wie bei den Eulen, während bei *Nola strigula* der Sector radii in einen vorderen, gegabelten und einen hinteren, einfachen Ast getheilt ist, die jedoch nicht miteinander in Verbindung stehen, weshalb die Anhangszelle entfällt.

Ebenso zeigt von den Geometrinen *Cidaria* die Anhangszelle; bei *Venilia* ist der vordere, einfache Ast des Sector radii durch eine kurze Querader mit dem hinteren, vierzinkigen verbunden, bei *Psodos, Hibernia* und *Amphidasis* fehlt die Anhangszelle vollständig.

Unter den Pyralidinen *(Botys polygonalis)* ist der Sector radii in einen gegabelten und einen einfachen Ast gespalten, ohne dass es zur Bildung einer Anhangszelle kommt. Eigenthümlich verhält sich bei dieser Art das Analfeld, welches im Vorderflügel die IX. und XI. Ader von einander getrennt zeigt. Im Hinterflügel laufen hinter dem Cubitus drei Convexadern, durch je eine Concavfalte von einander getrennt, so dass eine doppelte Auffassung möglich ist: entweder sind diese drei Convexadern als IX., XI. und XIII. zu bezeichnen, oder man hat die Analader als zweitheilige Concavader anzunehmen, welche eine Convexader einschliesst. Da diese Ausbildung der Analader sowohl bei Ephemeriden als auch bei Lepidopteren *(Simaethys)* vorkommt, halte ich die letztere Auffassung wenigstens für möglich.

Brephos puella zeigt den Sector radii in einen dreizinkigen und einen einfachen Ast gespalten, ohne Spur einer Anhangszelle. Die V. Ader ist sowohl im Vorder- als im Hinterflügel vollständig ausgelöscht, dafür an ihrer Stelle eine Concavader vorhanden, welche sich im Discoidalfeld als Concavfalte fortsetzt. Im Hinterflügel ist die Costa submarginal, der Radius, wie gewöhnlich, gegabelt, die Analader durch eine Falte vertreten. Im Vorderflügel ist blos die IX., im Hinterflügel auch die XI. Ader ausgebildet.

Die Bombyciden, Saturniden, Arctioiden und Lipariden entbehren durchwegs der Anhangszelle. Bei *Saturnia* gibt der Radius nach hinten blos zwei Aeste ab, bei *Gastropacha* ist der Sector radii in zwei gegabelte Aeste getheilt, welche aber nicht miteinander in Verbindung stehen. Bei *Bombyx, Liparis* und den Arctioiden dagegen sind beide Aeste so miteinander vereinigt, dass der Sector wie bei *Psodos* oder *Amphidasis* 4—5spaltig erscheint. Die V. Ader ist stets einfach und bald mehr dem Sector radii *(Saturnia)*, bald mehr dem dreispaltigen Cubitus genähert; bei *Bombyx* setzt sie sich noch ein kurzes Stück im Discoidalfeld fort. Die Analader ist bei *Bombyx* in beiden Flügeln, bei *Gastropacha* im Vorderflügel theilweise als Concavader, bei den übrigen Spinnern nur als Falte ausgebildet. Im Vorderflügel ist entweder die IX. Ader allein, oder die XI. nur als kurze Convexlinie ausgebildet *(Bombyx)*, im Hinterflügel sind in der Regel IX. und XI. Ader vollständig entwickelt und von einander durch eine Concavfalte getrennt, oder die XI. Ader fehlt *(Saturnia)*. Dicht hinter der IX. Ader verläuft bei ersteren eine Convexfalte, längs welcher das Analfeld nach unten umgeschlagen wird. Im Hinterflügel ist der Radius bei *Gastropacha* mit der submarginalen Costa durch eine schiefe Querader verbunden und die Costa gibt zur Stütze des Präcostalfeldes 2—3 Aeste nach vorne ab.

Die Sphingiden, noch mehr die *Diurna*, ahmen im Allgemeinen das Geäder von *Bombyx* nach. Bei ersteren sind die Vorderflügel mächtiger entwickelt als die Hinterflügel, schmal und zugespitzt, sonst aber ist das Geäder sehr übereinstimmend. Die Costa ist bei den Sphingiden im Vorderflügel marginal, im Hinterflügel submarginal; die Subcosta im Vorderflügel vollständig entwickelt, während sie im Hinterflügel eine schiefe, concave Querader zwischen der Costa und dem gegabelten Radius darstellt. Der Sector radii ist im Vorderflügel durch Aneinanderlegen beider Gabeläste vierspaltig, der Cubitus in beiden Flügeln dreizinkig, die V. Ader einfach, abgekürzt, durch eine schiefe Querader sowohl mit dem Sector radii als mit dem Cubitus in Verbindung. Die Analader ist in beiden Flügeln durch eine Falte ersetzt, die IX. und XI. Ader im Hinterflügel durch eine Falte von einander getrennt, im Vorderflügel bald nach ihrem Ursprunge verwachsen. Die Analader ist häufig vorne und hinten von einer kurzen Concavfalte begleitet, welche darauf hindeuten, dass die Analader durch Verschmelzung aus mehreren Concavadern unter gleichzeitiger Auslöschung der dazwischenliegenden Convexadern hervorgegangen ist.

Die Tagfalter erinnern, wie erwähnt, am meisten an *Bombyx*, deren Larve durch das Horn am Hinterleibsende Beziehungen zu den Sphingiden zeigt. Die Costa läuft im Vorderflügel stets marginal, im Hinterflügel submarginal. Die Subcosta ist im Vorderflügel eine ausgebildete Concavader, welche an der Unterseite manchmal stark verdickt ist *(Satyrus)*, im Hinterflügel ist sie meist durch eine Concavfalte angedeutet, nur bei *Papilio* stellt sie eine kurze, schiefe Concavader dar, welche die Wurzel des Radius mit der Costa verbindet. Zur Stütze des oft stark erweiterten Präcostalfeldes entsendet die Costa häufig einen kurzen, gekrümmten Ast nach vorne, wie bei *Gastropacha*. Der Sector radii erscheint im Hinterflügel stets als einfacher Ast des Radius, im Vorderflügel aber bildet er eine 4—6spaltige Ader, welche durch Verschmelzung von zwei Aesten entstanden sein dürfte. Die V. Ader ist immer als abgekürzte, einfache Ader vorhanden, welche bald dem Cubitus *(Papilio)*, bald dem Sector radii *(Gonopteryx, Vanessa)* genähert ist und nicht selten sich ein kurzes Stück im Discoidalfeld fortsetzt *(Danais, Heliconius, Limenitis, Satyrus* etc.). Die Queradern, wodurch die V. Ader mit dem Cubitus und Sector radii in der Regel verbunden ist, erscheinen manchmal durchbrochen *(Argynnis, Vanessa)*, manchmal sind sie ganz ausgelöscht *(Limenitis, Apatura)*. Im Discoidalfelde verlaufen stets zwei Concavadern, welche sich nicht selten mehr minder vereinigen, manchmal eine undeutliche Convexfalte (Rest der V. Ader?) einschliessen und als Vertreter der IV. und VI. Ader anzusehen sind. Häufig ist auch vor und hinter denselben noch eine mehr minder deutliche Concavfalte sichtbar. Der Cubitus ist in beiden Flügeln dreizinkig; hinter ihm folgt die stets als Falte ausgebildete Analader und das Analfeld. Die IX. und XI. Ader sind im Hinterflügel meist von einander durch eine Concavfalte getrennt, im Vorderflügel bald nach ihrem Ursprung verschmolzen. Die

XI. Ader fehlt im Vorderflügel von *Satyrus, Vanessa, Doritis* etc., bei *Papilio* mündet sie frei in den Hinterrand; im Hinterflügel fehlt sie bei *Papilio, Thais, Doritis* etc.

Den Tineiden offenbar verwandt erscheinen die Pterophoriden, deren Flügel in 2—3 Theile mehr minder tief zerschnitten ist. Stets fallen diese Einschnitte mit der Richtung von Concavadern zusammen, die ja überhaupt Linien bilden, längs welchen der Insectenflügel leicht zerreisst.

Bei *Leioptilus lunigamus* entspricht der Einschnitt der als Falte ausgebildeten Vereinigung von IV und VI; im Hinterflügel ist noch ein zweiter Einschnitt längs der Analader vorhanden. Die V. Ader fehlt in beiden Flügeln vollständig, der Radius ist vorne in vier, hinten in zwei Aeste getheilt, während der Cubitus im Vorderflügel drei, im Hinterflügel zwei Zinken zeigt. Das Analfeld enthält vorne nur die IX. Ader, im Hinterflügel ist auch die XI. ausgebildet. Die Subcosta fehlt im Hinterflügel, im Vorderflügel ist sie deutlich als Concavader entwickelt.

Bei der Verschiedenheit im Geäder der Lepidopteren lassen sich nur wenige charakteristische Merkmale angeben. Die Mehrzahl der Schmetterlinge ist durch eine grosse, nur von Falten durchzogene Mittel- oder Discoidalzelle ausgezeichnet; bei *Hepialus, Cossus* etc. aber ist sie von einer ausgebildeten Ader durchzogen und entspricht dann vollkommen der gleichgelegenen Zelle im Flügel der Trichopteren. Queradern finden sich sehr spärlich, meist nur jene, welche die abgekürzte V. Ader mit dem Cubitus und dem Sector radii verbinden. Von Concavadern ist nur die Subcosta und auch diese nur im Vorderflügel stets vorhanden; manchmal verschmelzen IV. und VI. Ader zu einer einfachen oder gegabelten Concavader, hie und da ist auch die Analader ausgebildet. Ausser diesen Concavlinien sind fast ausnahmslos kleine Concavfalten sichtbar, welche regelmässig mit den Convexadern alterniren und häufig einspringende Winkel am Flügelsaume erzeugen. Der Radius ist in der Regel mit einem 3—6spaltigen Sector ausgestattet, dessen Verhalten aber sehr verschieden ist. Der Cubitus erscheint mit wenigen Ausnahmen dreizinkig, die Costa im Vorderflügel stets marginal, im Hinterflügel häufig (*Diurna*, Spinner p. p., Schwärmer p. p.) submarginal. Im Analfelde ist nur die IX. oder auch die XI. Ader vorhanden, nicht selten, besonders im Vorderflügel, beide miteinander verwachsen. Die Flügel sind blos bei den Pterophoriden faltbar; bei *Zygaena*, den Sphingiden, Bombyciden und Eulen schlägt sich das Analfeld des Hinterflügels längs einer hinter der IX. Ader gelegenen Convexfalte nach unten um. Der charakteristische Schuppenbelag der Flügel bewirkt eine Verstärkung der Flughaut und demzufolge eine Reduction der Adern in einer solchen Weise, dass der Mangel von Queradern und das grossmaschige Geäder namentlich gegenüber den netzadrigen Flügeln der Orthopteren und Neuropteren höchst auffallend erscheint. Da der Hinterflügel vom Vorderflügel gewissermassen im Schlepptau geführt wird, ist sein Geäder meist noch mehr als im Vorderflügel vereinfacht.

Als nächste Verwandte der Lepidopteren sind jedenfalls die Trichopteren anzusehen, denen die Mikrolepidopteren (Tineiden) sowohl im Flügelgeäder, als auch in der Ausbildung und Vertheilung der Flügelmuskulatur näher stehen als die Macrolepidopteren. Diese sind daher als jüngere Glieder, jene als die Stammformen der ganzen Ordnung anzusehen.

XIII. Diptera.

Taf. XVII, Fig. 83—95; Taf. XVIII, Fig. 96—100.

Die Zweiflügler sind die einzige Insectenordnung, bei denen die Flügel in Bezug auf die Qualität der Adern (ob concav oder convex) untersucht wurden, und zwar von Prof.

Fr. Brauer (Denkschr. der kais. Akad. der Wissensch., Wien, 1882, pag. 59, mathem.-naturw. Classe) und von Dr. E. Adolph (Nova acta d. königl. Leop. Carol.-Akad. XLVII, Nr. 6, 1885, p. 271). Beide sind zu ziemlich übereinstimmenden Resultaten in Bezug auf die Homologie der Adern gekommen, weichen aber insoferne von einander ab, als Adolph den Dipterenflügel auf den ursprünglichen Fächertypus zurückführt und von diesem Standpunkt aus die Flügel miteinander vergleicht. Die von ihm dabei angewendete Bezeichnungsweise scheint mir nicht sehr glücklich gewählt und macht die Lectüre seiner sonst verdienstlichen Arbeit ziemlich mühsam. Auch mit dem seiner Arbeit beigegebenen Schema des Dipterenflügels, nach welchem derselbe in drei Felder: *Area antica, media* und *postica* zerfällt, kann ich mich nach meinen über alle Insectenordnungen angestellten Untersuchungen nicht vollkommen einverstanden erklären. Die obige Eintheilung des Flügels ist, wie Adolph erwähnt, nicht neu, und die drei genannten Flügelfelder entsprechen dem, was ich als System des Radius, Cubitus und als Analfeld bezeichne. Aber sowohl die Neuropteren und Orthopteren, also gerade die ältesten Insecten, als auch die Lepidopteren, Coleopteren etc. veranlassen mich, zwischen Radius und Cubitus noch ein selbstständiges System von Convexadern zu unterscheiden und demgemäss auch eigens zu bezeichnen. Dieses System, bald aus einer einfachen, bald mehrfach verzweigten Ader bestehend, hat selten einen specifischen, selbstständigen Ursprung, sondern lehnt sich bald an den Radius, bald an den Cubitus in einer Weise an, dass man es bald als Ast des einen, bald des anderen angesehen hat, nicht selten aber mit dieser Anschauung in eine Klemme gerieth. Alle diese Verlegenheiten verschwinden, wenn auch nicht völlig, doch grösstentheils, wenn man diese von mir als V. bezeichnete Ader als selbstständigen Convexstamm auffasst. Auch bei den Dipteren lässt sich dieses System leicht erkennen, doch ist dasselbe selten vollständig ausgebildet, sondern meist nur in seinen Endgabeln erhalten oder vollständig verschwunden.

Vollständig ausgebildet erscheint diese V. Ader blos bei manchen Psychodiden, ferner bei *Sciara* und *Lonchoptera*; durch Aneinanderrücken der sie begleitenden IV. und VI. Ader aber wird sie in ihrem Stammtheil vollständig oder theilweise unterdrückt, so dass nur die Endgabeln noch erhalten bleiben, wie bei *Bibio, Tipula, Stratiomys* etc. Noch weiter geht die Vereinigung dieser IV. und VI. Ader, resp. Falte bei *Ptychoptera, Culex* etc., bis endlich durch das völlige Verschmelzen derselben die V. Ader vollkommen ausfällt oder nur durch Spuren angedeutet ist, wie bei *Dolichopus, Syrphus, Tachina, Trypeta* etc.

Die »sogenannte« Vena spuria der Syrphiden ist offenbar nur ein verloschener Zweig des Radialsystems, der bald als abgekürzte Convexader, bald nur als erhabene Falte auftritt und manchmal mit den Zinken der V. Ader in Verbindung steht.

Alle diese Erscheinungen weisen darauf hin, dass der Dipterenflügel durch ausgedehnte Reduction, namentlich auf dem Gebiete der V. Ader, aus einem viel reicher geäderten Flügel entstanden ist, von dem sich noch Spuren in den zahlreichen, oft schwer zu entwirrenden Falten erkennen lassen.

Das Geäder der Psychodiden ist bei der geringen Grösse des Flügels schwer zu entziffern; meine und Adolph's Zeichnungen stimmen daher auch nicht überein. Eine mexikanische, leider nicht näher bestimmte Psychodide, welche ich der Güte des Herrn Prof. F. Brauer verdanke, lässt die Adern ihrer Natur nach deutlich erkennen und zeigt ein Geäder, welches dem ursprünglichen Typus des Dipterenflügels ziemlich nahe stehen dürfte. Von concaven Adern zeigt dasselbe blos die Subcosta (Hilfsader), dafür aber sind je zwei Convexzweige durch eine concave Falte von einander getrennt. Von Convexadern erkennt man leicht den Radius (erste Längsader), der nach hinten den gegabelten Sector (dritte Längsader) abgibt, und aus diesem entspringt abermals eine zweizinkige Ader, welche ich als V. Ader bezeichne. Durch eine Querader ist sie mit dem gegabelten Cubitus (fünfte Längsader) verbunden, auf welchen noch eine zweitheilige (IX) und eine einfache Convexader (XI) folgen. Vergleicht man diesen Flügel mit dem Schema, welches Adolph l. c. Taf. I, Fig. 1 gibt, so wird man eine geradezu frappirende Uebereinstimmung trotz der abweichenden Bezeichnungsweise finden. Der Radius sammt seinem convexen Sector entspricht den von Adolph mit I*b*, II*b*, III*b* bezeichneten Adern. Die V. Ader ist gleichwerthig der Ader IV*b* in der Area antica und der Ader I*b* in der Area media. Der Cubitus entspricht den Adern II*b* und III*b* der Area media, während die drei Convexadern der Area postica der gegabelten IX. und einfachen XI. Ader nach meiner Zeichnung entsprechen.

Bei den Mycetophiliden (*Sciara viatica* Winn.) erkennt man leicht die homologen Adern, nämlich die verkümmerte Subcosta, den Radius mit seinem einfachen Sector, aus dem wieder die gegabelte V. Ader entspringt. Die Wurzel dieser Ader erscheint fast ausgelöscht, offenbar durch die als schwache Falten angedeutete IV. und VI. Ader. Die nächste convexe Gabelader ist der Cubitus, die Analader (sechste Längsader) durch eine Falte vertreten, endlich folgt noch eine abgekürzte Convexader (IX). — Bei *Lonchoptera spec.* sieht man ausser der Subcosta noch eine zweite Concavader, welche zwischen Radius und seinem Sector verläuft und für die meisten Dipteren ein äusserst charakteristisches Merkmal bildet. Da sie zum System des Radius gehört, wäre sie als III_2 zu bezeichnen und entspricht dem Sector principalis der Odonaten, während der Radius selbst als III_1 und der Sector als III_3 anzusehen ist. Nun folgt eine Convexgabel (V), die vorne und rückwärts von einer Concavfalte begrenzt ist und ausserdem eine concave Furche zwischen den beiden Zinken zeigt. Erstere wären als IV. und VI. Ader zu bezeichnen, letztere als V_2. Der Stamm dieser V. Ader entsendet unter gleichzeitiger winkeliger Knickung eine Querader gegen III_3 und legt sich dann eine Strecke an den ebenfalls gegabelten Cubitus an, dessen Zinken bei der von mir untersuchten Art vor ihrem Ende verschmelzen. Eine weitere Convexader (IX) verschmilzt nach kurzem Laufe mit dem Cubitus und ist durch eine seichte Concavfalte von ihm getrennt. Adolph's Zeichnung weicht insoferne von meiner ab, als dort die Wurzel der V. Ader als concave Linie, ihr mittlerer Theil zweifelhaft gezeichnet ist und die Aeste des Cubitus miteinander nicht verschmelzen.

Bei *Bibio* ist ausser der Subcosta auch die IV. und VIII. Concavader entwickelt, während III_2, V_2 und VI nur als Falten erscheinen; auch das Ende von IV ist durch eine Furche ersetzt, welche unmittelbar vor V_1 läuft. Die V. Ader ist nur in ihren beiden Zinken erhalten, während der Stamm obliterirt ist. Der Cubitus ist gegabelt und dicht hinter ihr die concave Analader, auf welche noch eine kurze IX. Ader, sowie die Spur einer X. und XI. Ader folgt. — *Ryphus* zeigt ausser der Subcosta noch III_2, IV, VI und X als Concavadern entwickelt; IV und VI sind an der Wurzel vereinigt, dann getrennt und löschen den Stamm der, wie es scheint, dreizinkigen V. Ader aus, so dass blos die Enden derselben sichtbar sind. Die Analader ist durch eine Falte ersetzt. — Bei *Ptychoptera* sind IV. und VI. Ader vereinigt und löschen die V. Ader so weit aus, dass nur eine convexe Gabel übrig bleibt. Vorher verläuft eine Convexfalte, welche der Vena spuria der Syrphiden entspricht und als ein verloschener Ast des Radius anzusehen ist.

Ganz ähnlich verhält sich auch *Culex*, doch ist die Vena spuria am Ende als Convexader ausgebildet. *Chironomus* zeigt die Adern II, III_2, IV und X ausgebildet, während VI und VIII durch Falten ersetzt sind; die V. Ader fehlt ganz. — Bei *Simulia* sieht man von Concavadern II, III_2 und III_1, IV und VIII, von Concavfalten VI und VII_2. Convex sind III_1 und VII, V fehlt vollständig, der Sector radii ist nur als Convexfalte entwickelt. — Noch weiter geht die Reduction bei *Cecidomyia*, welche Gattung blos drei Convexadern und eine Concavfalte zeigt. Erstere sind als Radius sammt Sector und Cubitus, letztere als Rest von VI anzusehen. — Bei *Tipula* ist der Sector radii am Grunde durch eine Falte ersetzt, am Ende gegabelt, durch 1—2 Queradern mit dem Radius in Verbindung. Von V sind nur die Endzinken und ein Theil des Stammes sichtbar, da die Wurzel durch die Vereinigung von IV und VI ausgelöscht erscheint, welche theils als Falten, theils als wirkliche Concavadern ausgebildet sind. Hinter dem Cubitus die concave Analader; eine zweite Concavader, welche Adolph dicht hinter VII abbildet, kann ich nicht sehen. Ganz ähnlich dem Tipulidengeäder ist auch das der Limnobiden.

Von den *Orthorrapha brachycera* wurden die Lonchopteriden bereits erwähnt. Bei den Stratiomyiden *(Subula)* sind von Convexadern der Radius mit dem gegabelten Sector (dessen Vorderast Adolph concav zeichnet), eine Zinke der V. Ader und der Cubitus, nebst einer Spur der IX. Ader vorhanden, von Concavadern finden sich vor II, III_1, IV und VI an der Wurzel verwachsen, endlich VIII. Bei *Stratiomys* ist der Sector radii sehr klein und ganz an den Vorderrand des Flügels gerückt, weshalb die übrigen Adern, namentlich IV, V und VI, fast an der Flügelspitze enden. Die IV. Ader ist in der Wurzelhälfte mit VI vereinigt, die beiden getrennten Enden schliessen die abgekürzte V. ein. Hinter dem Cubitus folgt die concave VIII. und die schwache IX. Ader.

Von den Xylophagiden zeigt *Coenomyia* den Radius nebst dem Sector, der sich gegen die Wurzel in Form einer Convexader fortsetzt, die V. Ader, durch die am Grunde vereinigte IV. und VI. Ader ausgelöscht, Cubitus und IX. Ader wie bei *Stratiomys*. Die vordere Zinke des Sector radii ist durch eine Concavader ersetzt, welche als III_1 zu bezeichnen ist. — Tabaniden und Leptiden stimmen im Wesentlichen überein. Sector radii gegabelt, der Stamm nur als Convexfalte ausgebildet. IV. und VI. in der Wurzelhälfte vereinigt, nur die letztere erreicht den Flügelsaum, während die erstere in zwei Convexadern endigt, welche als die Zinken der grösstentheils ausgelöschten V. Ader zu bezeichnen sind. Die VI. Ader steht mit der vorderen Cubitalzinke durch eine kurze Querader in Verbindung. VIII. und IX. Ader normal. — *Acrocera* zeigt von Concavadern nur die Subcosta ausgebildet; III_2 und III_1, IV und VI, sowie die Analader sind durch Falten ersetzt. Von Convexadern sind der Radius sammt seinem gegabelten Sector, der fast von der Wurzel an gegabelte Cubitus und die IX. Ader ausgebildet; V ist nur durch eine kurze Falte angedeutet.

Die *Mydaidae, Apioceridae, Asilidae* und *Bombylidae* haben ein im Wesentlichen übereinstimmendes Geäder. IV und V. sind stets am Grunde vereinigt, dann aber getrennt, ihre convexen Enden als Zinken der V. Ader aufzufassen, und bei den Bombyliden legt sich die VI. Ader eine Strecke an die vordere Cubitalzinke, während sie bei *Mydas, Apiocera* und den Asiliden nur durch eine Querader mit ihr vereinigt ist. Bei *Usica aurata* Fab. ist nur die IV. Ader entwickelt, die VI. (Theilungsader) dagegen durch eine Falte ersetzt, welche vor dem Cubitus verläuft. Die V. Ader scheint hier völlig obliterirt zu sein. Bei *Mydas* laufen sowohl IV. und VI. Ader, als auch die convexen Gabelenden der V. Ader, deren eine durch eine Falte ersetzt ist, nicht wie gewöhnlich gegen den Hinterrand, sondern gegen die Flügelspitze, was dem Geäder ein eigenthümliches Gepräge gibt. — *Scenopinus* lässt sich von *Mydas* einfach dadurch ableiten, dass man die IV. und VI. Ader der Länge nach verwachsen annimmt, so dass als V. Ader nur das convexe Ende jener aus IV und VI zusammengesetzten Concavader anzusehen ist.

Empis unterscheidet sich von *Bombylius* etc. vorwiegend durch die Gestalt des Cubitus, der ursprünglich, wie bei *Acrocera*, fast von der Wurzel an gegabelt angenommen werden muss. Während nun der vordere Ast vollkommen erhalten blieb, ist der hintere fast vollständig durch eine Convexfalte ersetzt. Die schief gegen die Analader verlaufende Ader fasse ich als Querader zwischen den beiden Zinken auf. — Bei *Dolichopus* ist die Subcosta stark verkürzt, die IV. Ader mit der VI. vereinigt und die Analader nur durch eine Falte repräsentirt. Die V. Ader ist obliterirt, der Cubitus einfach, seine hintere Zinke durch eine Falte ersetzt. Bei *Liancalus* erscheint eine Spur der V. Ader als Convexende der IV. Ader, während die VI. durch eine Falte ersetzt ist.

Unter den cyclorrhaphen Dipteren zeichnen sich die Syrphiden durch das Vorhandensein einer »Vena spuria« aus, welche zwischen Sector radii und Cubitus verläuft und als ein Ast des Radius aufzufassen ist. Die Unterbrechung, welche sie meist in der Mitte zeigt, ist vielleicht auf ähnliche Weise entstanden wie das Thyridium der Panorpen und Trichopteren, und in der That endet an dieser Stelle eine Concavfalte. Bei *Volucella* ist die Vena spuria durch eine Falte ersetzt. Der Cubitus ist deutlich gegabelt, hinter ihm die concave Analader und die einfache oder gegabelte IX. Ader. — Bei *Pipunculus* fehlt die V. Ader bis auf ein kurzes convexes Aderstück am Flügelsaume vollständig; die IV. Ader ist hier deutlich entwickelt, die VI. dagegen durch eine Concavfalte vor dem gegabelten Cubitus ersetzt. Gegen die Basis des Flügels scheinen IV. und VI. Ader verwachsen zu sein.

Phora zeigt von Concavadern nur die Subcosta und die abgekürzte Analader. Die VI. Ader ist durch eine Concavfalte angedeutet, vor welcher die einfache V. Ader verläuft, die ihren Ursprung aus dem Radius nimmt.

Die Eumyiden zeigen ein ziemlich übereinstimmendes Geäder, welches als charakteristisches Merkmal einen einfachen Cubitus zeigt, indem der Vorderast desselben entweder vollkommen fehlt oder durch eine Convexfalte angedeutet ist. Bei *Scatophaga* zeigt die vom Cubitus schief nach vorne verlaufende Querader einen kurzen Ansatz zu einer Längsader, der wohl als Ast des Cubitus zu deuten ist. Die V. Ader ist nur bei wenigen Gattungen (*Tachina, Chloria* etc.) spurenweise angedeutet, in der Regel ist sie durch eine Concavader, welche ich für die vereinigte IV. und VI. halte, ausgelöscht. Concave Falten, die sowohl vor als hinter dieser Concavader verlaufen, sind als Reste jener Concavadern zu betrachten, welche zwischen den einzelnen Aesten der V. Ader verliefen. — *Trypeta, Ornithomyia* stimmen im Wesentlichen mit den übrigen Gattungen überein.

Bei *Hippobosca* sind die meisten Concav- und Convexadern abgekürzt, dafür aber eine grosse Anzahl von Concav- und Convexfalten sichtbar, welche als die Gabelenden jener zu betrachten sind. Bei *Stenopteryx* und *Oxypterum* ist der Flügel stark reducirt, lässt aber dieselben Aderstämme wie *Ornithomyia* unterscheiden. Deutlich erkennt man Radius sammt Sector, sowie den gegabelten Cubitus, die V. Ader ist nur durch eine Convexfalte vertreten. Die Concavader III_2 ist stets deutlich, die Subcosta dagegen bei *Oxypterum* stark eingeengt und bei *Stenopteryx* durch Vereinigung von Costa und Radius verschwunden.

Wie schon Brauer (Denkschr. der kais. Akad. d. Wissensch., Wien 1882, p. 93) erwähnt, ist bisher im Flügelgeäder ein scharfer Unterschied zwischen cyclorhaphen und orthorhaphen Dipteren noch nicht gefunden worden. Es zeigt sich eben auch hier, dass das Flügelgeäder für grössere Formenkreise, wie Ordnung oder Unterordnung, nicht mehr als charakteristisches Merkmal verwendet werden kann, sondern höchstens zur Abgrenzung einer Familie oder Unterfamilie brauchbar ist. So leicht sich eine Panorpa von einer Trichoptere oder ein Acridier von einer Locustide unterscheiden lässt, so schwierig, ja geradezu unmöglich ist es, einen scharfen, durchgreifenden Unterschied im Flügelgeäder zu finden. Für die Mehrzahl der Dipteren lassen sich als charakteristische Merkmale anführen, dass der Sector radii (III_3) vom Radius (III_1) durch eine Concavader getrennt ist, welche dem Sector principalis der Odonaten und Ephemeriden entspricht. Die V. Ader ist ähnlich wie bei den Schmetterlingen mehr minder ausgelöscht, so dass häufig nur die Gabelenden derselben erhalten sind. Die Analader erreicht häufig den Flügelsaum nicht und bildet mit dem Radius einen ziemlich stumpfen Winkel, während z. B. bei den Hymenopteren Radius und Analader einen spitzen Winkel einschliessen. In den meisten Fällen ist das Analfeld durch einen tief einspringenden Winkel als eiförmiges »Analläppchen« vom Vordertheil des Flügels getrennt. Die Hinterflügel fehlen, die Vorderflügel haben allein die Flugbewegung übernommen und zeigen in Folge dessen einen hohen Grad von Reduction.

Als XIV. Ordnung bezeichnet Brauer die Siphonaptera, welche durchwegs ungeflügelte Formen enthalten.

XV. Coleoptera.

Taf. XVIII, Fig. 101—116; Taf. XIX, Fig. 117—138; Taf. XX, Fig. 139—151.

Dr. Otto Roger: Das Flügelgeäder der Käfer, 1875.
H. Burmeister: Untersuchungen über die Flügeltypen der Coleopteren. Abh. der naturf. Gesellsch., Halle. 1854, II. p. 125.
Dr. Oswald Heer: Insectenfauna der Tertiärgebilde von Oeningen und Radoboj, 1847.

Während bei den Dipteren die Hinterflügel verkümmert sind, bei den Lepidopteren, Hymenopteren etc. nur eine untergeordnete Rolle beim Fluge spielen, stellen sie bei den Coleopteren die eigentlichen Flugorgane dar, wogegen die stark verhornten Flügeldecken zum Schutze der unter ihnen befindlichen Weichtheile des Körpers dienen und bei der Flugbewegung nur nebenbei Verwendung finden. Dem entsprechend erscheinen bei den Käfern auch die Hinterflügel fast ausnahmslos grösser als die Deckflügel und werden in der Ruhelage derart zusammengefaltet, dass sie unter jenen vollkommen verborgen werden können. Diese Faltung ist nicht blos eine longitudinale oder fächerartige, sondern meist noch eine transversale oder Querfaltung, und wo diese eintritt, wie bei manchen Blattiden und Hemipteren *(Coptosoma)*, muss nothwendigerweise der normale Aderverlauf mehr minder alterirt werden. Aus diesem Grunde schon bildet der Käferflügel mancherlei Schwierigkeiten bei der Deutung der einzelnen Adern, umsomehr, als die Faltung nach verschiedenen Methoden erfolgen kann. Tritt in Folge geringer Grösse des Flügels noch eine Reduction der Adern hinzu, dann ist es oft geradezu unmöglich, die einzelnen Adern zu deuten. Auf den Deckflügeln erscheinen durch die starke Verhornung die einzelnen Adern mehr minder undeutlich, oft nur durch Punktstreifen und schwache Furchen angedeutet; dennoch lassen sich nach Herr (l. c.) auch hier die einzelnen Adern, wenn auch oft nur schwierig, unterscheiden. Da jedoch die Nervatur der Deckflügel für die Systematik nur von untergeordneter Bedeutung sein kann, wird im Folgenden nur von den Hinterflügeln die Rede sein.

Nach dem oben Gesagten ist bei jenen Käfern, deren Hinterflügel irgendwie der Quere nach gefaltet werden, ein normaler Aderverlauf schon von vorneherein nicht zu erwarten; glücklicherweise ist dies nicht bei allen Käfern der Fall, sondern einige wenige Arten zeigen blos der Länge nach gefaltete Flügel, und bei diesen ist der Verlauf der Adern auch sehr einfach.

Am Flügel von *Atractocerus* z. B. erkennt man die Costa und den Radius, die so dicht nebeneinander verlaufen, dass die Subcosta, die einzige Concavader des ganzen Flügels, auf einen schmalen Raum eingeengt wird. Die nächste Convexader entspringt mit sehr feiner Wurzel, ist vorne und hinten von einer Concavfalte begleitet und durch eine Querader mit dem Radius verbunden. Sie stellt die V. Ader dar. Der Cubitus ist eine zweizinkige Gabel, deren Stiel gemeinsam mit der in der Mitte angeschwollenen IX. Ader entspringt. Die folgende Ader (XI) ist von der Wurzel an in zwei weit divergirende Aeste getheilt, deren vorderer wie die IX. Ader in der Mitte verdickt erscheint und sich an die Anschwellung derselben dicht anlegt. Die zwischen den einzelnen Convexadern verlaufenden Concavfalten lassen sich leicht als Reste der IV.—X. Ader erkennen, während hinter dem Vorderast der XI. Ader eine Convexfalte sichtbar ist, längs welcher sich das Analfeld nach unten umschlägt.

Vergleicht man mit dem Flügel von *Atractocerus* denjenigen von *Campylus denticollis* oder einer verwandten Art, so zeigt sich bereits ein wesentlicher Unterschied. Costa und Radius nebst der eingeschlossenen Subcosta sind leicht wieder zu erkennen. Dagegen erscheint der Raum zwischen Radius und der folgenden Convexader (V) bedeutend breiter als bei *Atractocerus*, weshalb hier noch zwei abgekürzte Längsadern eingeschaltet sind, welche in der Regel als »rücklaufende« Adern bezeichnet wurden. Ich halte sie für nichts Anderes als Aeste des Radius, resp. der V. Ader, welche sich vor dem Ende mit der Hauptader vereinigen, wie dies z. B. auch bei der V. Ader im Hinterflügel von *Belostomum* etc. der Fall ist; die Wurzel dieser Aeste aber wird ausgelöscht durch die concaven Falten, welche zwischen Hauptader und Nebenast verlaufen. Zwischen Radius und seinem Aste ist wie bei den meisten Käfern eine Querader vorhanden, ebenso zwischen den beiden »rücklaufenden« Adern, während zwischen V. Ader und ihrem Vorderast eine solche nur angedeutet ist. Dass zwischen den rücklaufenden Adern vielleicht noch andere Aeste des Radius eingeschaltet sein können oder konnten, schliesse ich erstens aus den »Strahladern«, undeutlichen, hornigen Streifen, welche im Apicaltheile des Flügels divergirend verlaufen und als Reste von aufgelösten Convexadern anzusehen sind (Adolph), ferner aus einem breiten trüben Streifen, welcher häufig zwischen jenen Aesten gegen die Flügelbasis zu verläuft und ausserdem von ihnen durch eine Concavfalte getrennt ist. Da nach der Entstehung des Flügels zwei concave Adern nicht unmittelbar auf einander folgen können, sondern durch eine Convexlinie getrennt sein müssen, so ist anzunehmen, dass jener hornige Streifen einer oder vielleicht sogar mehreren erloschenen Convexadern entspricht. Bei der Faltung des Flügels legt sich die V. Ader genau auf den Radius, das dazwischenliegende Feld aber wird nicht blos einfach der Länge nach zusammengelegt, sondern der Apicaltheil ausserdem auf eine ziemlich complicirte, durch Worte schwer wiederzugebende Art gefaltet. Diese Faltung ist auch die Ursache, warum die Querader zwischen den beiden »rücklaufenden« Adern mehr minder unterbrochen erscheint, die Strahladern im Apicaltheil fächerartig gestellt und durch Falten von einander getrennt sind, so dass sie mit dem oben erwähnten hornigen Streifen nicht mehr in dem ursprünglichen Zusammenhange stehen. — Der Cubitus ist wie bei *Atractocerus* gegabelt, durch eine Querader mit der V. Ader sowohl als mit der folgenden Convexader verbunden, gleichzeitig aber durch Concavfurchen von ihnen getrennt; er entspringt mit ausgelöschter Wurzel, nicht wie bei *Atractocerus* aus der IX. Ader. Diese ist, wie der Cubitus, gegabelt, mit einer Querader zwischen den beiden Zinken und durch eine schiefe Querader mit der weitgespaltenen XI. Ader in Verbindung. Ausser der abgekürzten Subcosta sind wieder sämmtliche Concavadern durch Falten ersetzt.

Von diesen beiden Flügeltypen lassen sich die Flügel der meisten übrigen Coleopteren ohne Schwierigkeit ableiten, nur kleine Individuen mit reducirtem Geäder sind oft schwer oder gar nicht zu entziffern. Vergleicht man das Geäder von *Atractocerus* mit dem von *Oligoneura*, so ergibt sich eine überraschende Aehnlichkeit; so wenig ein Käfer mit einer Ephemeride verwandt sein kann, so sicher müssen wir aus dieser

Aehnlichkeit schliessen, dass den Flügeln der Insecten ein gemeinsamer Bau zu Grunde liegt, welcher jedoch solche Abänderungen erleiden kann, dass der ursprüngliche Plan oft nicht mehr zu erkennen ist. Würde es keinen Käfer mit ungefalteten Flügeln geben, so wäre eine richtige Deutung des Geäders im Käferflügel jedenfalls eine sehr schwierige, wenn nicht unmögliche Aufgabe. Der Flügel von *Atractocerus* ist daher von um so grösserem Werthe, als er einerseits eine Deutung der homologen Adern innerhalb des Käferflügels möglich macht, gleichzeitig aber einen glänzenden Beweis für die gemeinsame Anlage des Flügelgeäders aller Insecten bildet. Würde man blos auf den Verlauf der Adern Rücksicht nehmen, so müsste man in der That *Atractocerus* eher zu den Ephemeriden als zu den Coleopteren stellen.

Die Carabiden, Cicindeliden, Dytisciden, Gyriniden, Paussiden und Rhysodiden stellen eine Gruppe dar, welche sowohl durch ihre Mundtheile und Larvenform, als auch durch den Charakter des Flügelgeäders enge miteinander verwandt sind. Wählt man den Flügel von *Pelobius Hermanni* als Beispiel, so erkennt man sofort den Radius nebst der Costa, die im Basaltheil die concave Subcosta einschliessen, am Ende dagegen miteinander verwachsen. Die V. Ader, schon durch ihre kräftige Entwicklung erkenntlich, zeigt am Ende eine eiförmige Zelle, die von Roger (l. c.) als »Oblongum« bezeichnet wurde. Von dieser Zelle laufen einerseits zwei gebogene Strahladern gegen den Flügelsaum, während andererseits eine Längsader gegen die Flügelwurzel zieht und durch eine geknickte Querader mit der pterostigmaartigen Vereinigung von Radius und Costa in Verbindung steht. Diese Längsader betrachte ich als Vorderast der V. Ader, die Strahladern als ihre Ausläufer, das Oblongum dagegen dürfte dadurch entstanden sein, dass zwischen den beiden Aesten der V. Ader zwei Queradern ausgebildet wurden, während bei *Campylus* sich beide Aeste unmittelbar in einem Punkte vereinigen, die Querader dagegen nur angedeutet ist. Die vordere rücklaufende Ader fehlt; Spuren derselben finden sich in einem kleinen Aderansatz am Winkel der geknickten Querader, sowie in einer verwischten undeutlichen Strahlader hinter dem Vorderrande. Uebrigens ist die ganze Partie des Flügels zwischen Radius und dem vorderen Ast der V. Ader sehr undeutlich, da gerade hier der Flügel auf ziemlich unregelmässige Weise zusammengefaltet wird, weshalb alle davon betroffenen Adern mehr minder ausgelöscht und verwischt werden. Hinter der V. Ader verläuft eine Concavfalte als Rest der VI. Ader und löscht den Stamm des gegabelten Cubitus aus, der dafür durch eine Querader mit der V. Ader in Verbindung steht. Eine zweite Querader verbindet letztere ausserdem mit der IX. Ader, deren beide Aeste in der Mitte getrennt sind, dann aber wieder sich vereinigen und auf diese Weise eine kleine viereckige Zelle einschliessen, welche von Roger als »keilförmiges Feld« bezeichnet wurde. Die VIII. Ader läuft als kurze Concavfalte vor der IX. Ader, die durch eine schiefe Querader mit der gegabelten XI. verbunden ist, deren Hinterast im Bogen gegen den Hinterrand des Flügels läuft. — *Cybister* zeigt das Geäder von *Pelobius*, nur erscheint am Ende des Radius eine kleine dreieckige Zelle; auch *Colymbetes* erinnert vollkommen an *Pelobius*. Bei *Dytiscus* erscheint das Oblongum mehr dreieckig, und die XI. Ader theilt sich in drei Zweige. Im Flügel von *Gyrinus* ist die V. Ader vor dem Oblongum geknickt und ihre directe Fortsetzung durch einen kleinen Aderansatz angedeutet. Die IX. Ader ist einfach, daher auch das keilförmige Feld nicht ausgebildet. — Bei den Carabiden ist das Oblongum trapezförmig, der Cubitus sowohl mit der V. als mit der IX. Ader durch eine Querader verbunden. Das keilförmige Feld in der IX. Ader fehlt bei *Omophron*, bei *Pangus* ist es nur von geringer Grösse. Die XI. Ader ist entweder nur zweispaltig *(Calosoma, Omophron)* oder dreispaltig, der mittlere Ast aber abgekürzt. Bei *Calosoma* zeigt sich im Cubitus noch eine abgekürzte Mittelzinke.

Die Cicindeliden zeigen am Ende des Radius ein ovales durchsichtiges Feld, dagegen fehlt ihnen das Oblongum, indem nur eine Querader zwischen den beiden Aesten der V. Ader ausgebildet ist. Das keilförmige Feld ist klein, viereckig, die XI. Ader wie bei *Pelobius*. — *Paussus* zeigt ein ähnliches Geäder wie *Gyrinus*. Das Oblongum ist klein, eiförmig, der Vorderast der XI. Ader legt sich eine Strecke an das keilförmige Feld der IX. Ader an. Die V. Ader setzt sich bis zum Flügelsaume fort, dagegen treten nur zwei Strahladern auf, die eine vom Radius, die andere vom Oblongum ausgehend. — *Rhysodes* erinnert an die Cicindeliden durch das Fehlen des Oblongums; die IX. Ader erscheint einfach.

Die Hydrophiliden, von Roger mit den Staphylinen, Silphiden und Histeriden in die Gruppe der Rypophagen zusammengefasst, stellen sich als eine Gruppe dar, welche sowohl von den Adephagen (Carabiden, Dytisciden etc.), als auch von den Silphiden, Histeriden etc. entschieden zu trennen ist. Ausserdem scheinen unter den Hydrophiliden Gattungen zu sein, welche wie *Helophorus* im Flügelgeäder wesentlich von den anderen abweichen. Bei *Hydrophilus pistaceus* sind beide rücklaufende Adern ausgebildet, gegen die Flügelwurzel zu aber ausgelöscht. Die vordere derselben ist mit dem Radius durch eine Querader verbunden, welche eine kleine Endzelle abschliesst, die hintere ist mit der kräftig entwickelten V. Ader, ohne ein Oblongum zu bilden, vereinigt. Der Cubitus ist gegabelt und entspringt mittelst einer Querader aus der V. Ader, während der Stamm ausgelöscht ist. Der Ursprung der Gabel legt sich dicht an das keilförmige Feld der IX. Ader an. Die XI. Ader ist zweitheilig und ihr Vorderast durch eine schiefe Querader mit der IX. Ader, resp. dem keilförmigen Felde verbunden. Die Strahladern im Apicaltheil sind undeutlich ausgebildet. — *Hydrobius* und *Berosus* zeigen fast dasselbe Geäder wie *Hydrophilus*; *Helophorus* weicht dagegen insoferne ab, als die Gabel des Cubitus sich nicht unmittelbar an die IX. Ader anlegt, sondern nur durch eine Querader mit ihr in Verbindung ist. Am nächsten schliesst sich *Parnus* durch das Flügelgeäder an die Hydrophiliden an, doch fehlt die kleine Zelle am Ende des Radius. *Heterocerus* und *Georyssus* dagegen zeigen ein so reducirtes Geäder, dass sich nur schwer Verwandtschaftsbeziehungen darauf gründen lassen. Die Zelle am Ende des Radius fehlt beiden. Bei *Heterocerus* ist der Cubitus nur durch ein kurzes Strichel angedeutet, die IX. Ader einfach, durch eine Querader mit V. verbunden, die XI. Ader von der Wurzel an getheilt und durch eine schiefe Querader mit IX. in Verbindung. Bei *Georyssus* entspringt der gegabelte Cubitus aus der IX. Ader, die ein keilförmiges Feld einschliesst, während die XI. Ader vollständig zu fehlen scheint.

Die Staphyliniden bilden mit den Pselaphiden, Scydmaeniden, Clavigeriden, Histeriden, Silphiden und Scaphidiiden eine Gruppe, welche durch ein gleiches oder ähnliches Flügelgeäder ausgezeichnet ist, und an welche sich vielleicht noch die Clambiden und Trichopterygier anschliessen. Ob auch die Corylophiden mit jener Gruppe verwandt sind, kann bei der winzigen Grösse der Flügel und der damit verbundenen Reduction des Geäders nicht bestimmt behauptet werden. Die Faltung der Flügel ist in dieser Gruppe dadurch eine eigenthümliche, dass das Gelenk nicht wie bei den Adephagen und Hydrophiliden nahe der Spitze liegt, sondern mehr gegen die Flügelbasis gerückt ist, so dass der Flügel zweimal der Quere nach gefaltet wird, wodurch der Apicaltheil des Flügels wieder nach vorne umgeschlagen wird. Herr bezeichnet diese Art der Faltung als die gegenläufige (anatrope), während jene der Carabiden, Dytisciden, Hydrophiliden etc. als querläufige bezeichnet wird. Eine scharfe Grenze lässt sich jedoch zwischen diesen beiden Faltungsformen nicht ziehen, da die Lage des Gelenkes eine wechselnde ist, und je mehr dasselbe gegen die Flügelspitze rückt, desto mehr nähert sich die anatrope Faltung der querläufigen. Ueberdies ist bei verkümmerten Flügeln die Spitze blos etwas eingebogen, wie bei *Phosphuga atrata, obscura* etc.

Bei *Emus maxillosus* sind Costa und Radius nur an der Basis getrennt und schliessen daselbst die kurze Subcosta ein. Vor der Costa zeigt sich an dieser Stelle noch ein kleiner häutiger Saum, der als Präcostalfeld zu bezeichnen ist und am deutlichsten bei den Silphiden auftritt. Die V. Ader besteht aus zwei Aesten, deren vorderer eine ausgelöschte Wurzel zeigt und daher nicht unmittelbar mit dem hinteren in Verbindung steht. Der Radius zeigt keinen deutlichen Ast, wohl aber kann ein denselben begleitender horniger Streifen als Andeutung eines solchen aufgefasst werden. Eine Querader ist in der Regel zwischen Radius und V. Ader nicht vorhanden, nur bei *Staphylinus fulvomaculatus* Nordm. zeigt sich eine schwache Spur derselben. Bei dieser Art ist der Cubitus als undeutlicher dreizinkiger Chitinflecken ausgebildet, bei *Emus* dagegen nur durch zwei kurze Hornstrichel angedeutet. Die IX. Ader ist einfach, die XI. von der Wurzel an in zwei kurze Aeste getheilt, wovon der vordere in einen einspringenden Winkel mündet, der hintere mehr minder undeutlich verwaschen ist. Queradern fehlen vollständig, Concavfalten sind vor und hinter der V. Ader, sowie vor der IX. Ader sichtbar. — Fast dasselbe Geäder nur mit unbedeutenden Abweichungen zeigen die Silphiden. Das häutige Präcostalfeld endet bei *Silpha* und *Necrophorus* in eine kleine hornige Spitze. Am Gelenk verschmelzen Radius und Costa zu einer Art Pterostigma, laufen aber dann wieder als parallele, hornige Streifen weiter. Die V. Ader ist wie bei den Staphylinen gegabelt, und vor derselben sind einige Hornstreifen als Andeutungen von Strahladern sichtbar. Der Cubitus ist deutlich gegabelt, die IX. Ader einfach, ebenso die XI. Ader, deren Hinterast verkümmert ist. Concavadern laufen vor und hinter der V. und IX. Ader; Queradern fehlen. — Bei *Catops* fehlt der Cubitus vollständig, ebenso bei *Amphicyllis,* während er bei *Agathidium* durch ein kurzes Strichel angedeutet ist. Die IX. Ader ist stets einfach, bei *Catops* entsendet sie nach vorne eine Querader, bei *Amphicyllis* ist sie in der Mitte geknickt. Von der XI. Ader ist höchstens eine schwache Spur vorhanden. — Das Geäder von *Scaphidium* und *Clidicus* (Scydmaeniden) ist kaum von dem der Silphiden zu unterscheiden. Bei ersterer ist der Cubitus durch zwei Strichel angedeutet, bei *Clidicus* fehlt er völlig. Die IX. Ader ist einfach, die XI. fehlt. Bei *Scydmaenus tarsatus* ist der Apicaltheil des Flügels ungewöhnlich entwickelt, von Adern sind ausser Costa und Radius nur zwei schwache Linien sichtbar, die vielleicht als V. und IX. Ader zu deuten sind. — In ähnlicher Weise ist auch der Flügel von *Batrisus* reducirt. — *Hister* erinnert am meisten an Silpha sowohl durch die Form als durch das Geäder des Flügels. Das Präcostalfeld ist jedoch hier nicht ausgebildet. Zwischen Radius und der gegabelten V. Ader sind zwei deutliche Strahladern eingeschaltet. Der Cubitus ist gegabelt, der Vorderast aber durch eine Concavfalte abgekürzt, die IX. Ader einfach, von der XI. nur der vordere, stark gekrümmte Ast entwickelt. — Der Flügel von *Sacium* gleicht dem von *Scydmaenus* und zeigt ausser Radius und Costa die einfache V. Ader, zwischen denen sich das mässig entwickelte Apicalfeld ausbreitet, welches ausser zwei seichten Concavfalten eine sehr schwache hornige Linie als Rest einer Strahlader zeigt. Hinter der V. Ader zieht eine Concavfalte und dicht daneben der äusserst schwache Cubitus, der vor dem Ende unter einem rechten Winkel eine kleine Zinke nach hinten entsendet. An der Wurzel endlich ist auch eine Spur der IX. Ader sichtbar, die XI. Ader fehlt vollständig.

Die Nitiduliden nehmen eine zweifelhafte Stellung ein, scheinen mir aber in Bezug auf das Flügelgeäder noch am meisten Aehnlichkeit mit den Silphiden, Histeriden etc. zu haben. Bei *Soronia grisea* sind Costa und Radius wie bei jenen gestaltet. Vom

Pterostigma weg zieht eine ziemlich kräftige Strahlader gegen die Spitze. Die V. Ader ist gegabelt wie bei *Silpha*, von der Theilungsstelle aber lauft hier eine kurze, schiefe Ader nach rückwärts gegen den Radius zu und ist vielleicht als Basaltheil des Vorderastes von V anzusehen. Ausserhalb derselben stellt ein horniger Flecken vielleicht einen Rest einer Querader zwischen Radius und V. Ader dar, wie sie ähnlich bei manchen Staphylinen angedeutet ist. Der Cubitus ist eine abgekürzte, einfache Ader, welche durch eine Querader sowohl mit der V. Ader als auch mit der nachfolgenden einfachen IX. Ader verbunden ist. Die erstere Querader ist durch eine Concavfalte unterbrochen, welche hinter V verläuft und als Rest der VI. Ader anzusehen ist. Die XI. Ader fehlt. Der Flügel von *Cychramus* erinnert vollständig an den von *Soronia*. *Rhizophagus* scheint nach Burmeister mehr mit den Trogositiden verwandt zu sein; ich selbst habe diese Gattung nicht untersucht.

Auch die Phalacriden, deren kleine Flügel ein sehr reducirtes Geäder zeigen, scheinen mir den Trogositiden näher zu stehen als den Nitiduliden. *Phalacrus* zeigt Radius und Costa bald nach ihrem Ursprung verwachsen und nicht über das Gelenk fortgesetzt. Die V. Ader besitzt einen kurzen Vorderast, der in Form eines Hakens gegen die Flügelwurzel läuft. Der Radius gibt keinen Hinterast ab, weshalb auch eine Endzelle nicht ausgebildet sein kann. Cubitus und IX. Ader sind als blasse, einfache Adern entwickelt; Strahladern fehlen.

Wie schon Burmeister angibt, zeigen die Cryptophagiden Verwandtschaft zu den Nitiduliden, weichen aber doch in manchen Punkten von denselben ab. Vor Allem ist sowohl am Radius als auch an der V. Ader ein paralleler Ast erkennbar, der mit der Hauptader durch eine schiefe Querader verbunden ist. Dagegen fehlt eine Querader zwischen diesen beiden Aesten völlig, während sie bei den Trogositiden bald mehr, bald minder deutlich entwickelt ist. Die V. Ader ist in der Mitte unterbrochen, setzt sich aber dann als schwacher Chitinstreifen fort. Der Cubitus ist hier dreizinkig und durch eine Querader mit der einfachen IX. Ader verbunden. Die XI. Ader steht durch eine kurze Querader mit IX in Verbindung.

Die Trogositiden zeigen im Flügelgeäder Aehnlichkeit mit den Colydiern und Mycetophagiden, theilweise auch mit den Lathridiern. Bei *Alindria spectabilis* sendet sowohl der Radius als auch die V. Ader einen kurzen hakenförmigen Ast nach rückwärts. Zwischen Radius und seinem Aste eine schiefe Querader, welche eine dreieckige Endzelle abschliesst; ausserdem sind beide rücklaufende Aeste durch eine Querader verbunden, welche von einem vorne gespaltenen Chitinstreifen durchsetzt wird, der sich in eine Strahlader fortsetzt. Der gegabelte Cubitus ist an der Wurzel obliterirt, dafür durch eine Querader mit der IX. Ader verbunden, welche in der Mitte eine eiförmige Zelle einschliesst und durch eine schiefe Querader wieder mit der zweizinkigen XI. Ader zusammenhängt. Bei *Nemosoma* fehlt die Zelle am Ende des Radius, bei *Thymalus* die Querader zwischen den rücklaufenden Aesten; bei *Peltis grossa* ist die Zelle in der Mitte der IX. Ader klein, dreieckig, bei *Peltis ferruginea* fehlt sie ganz. Hier sind ausserdem die beiden Aeste des Cubitus von einander getrennt, zeigen aber kleine Ansätze zu einer Querader, welche offenbar durch die dazwischenliegende Concavader durchbrochen wurde. Bei *Temnochila caerulea* ist die Endzelle des Radius sehr klein und zwischen den Zinken des Cubitus eine Querader angedeutet. — Eine auffallende Aehnlichkeit mit den Trogositiden zeigt das Geäder von *Trigonodera*, welche vielleicht von den Rhipiphoriden, wohin sie bisher gestellt wurde, zu trennen ist.

Von den Colydiern zeigt eine australische Species namentlich durch den Besitz der Endzelle am Radius und den Verlauf des Cubitus grosse Aehnlichkeit mit den

Trogositiden. Schon bei dieser Art endet die vordere Cubitalzinke in einen blassen, verschwommenen Hornfleck. Noch viel deutlicher ist dieser Flecken bei *Colydium elongatum*, *Tarphiodes* etc. sichtbar, liegt aber hier vor dem Cubitus und wird von der der VI. Ader entsprechenden Concavfalte in der Mitte in Form einer blassen Linie durchbrochen. Diesen beiden Gattungen fehlt die Endzelle des Radius, dagegen ist namentlich bei *Tarphiodes* die Querader zwischen Radius und V. Ader deutlich entwickelt und lang. Der gegabelte Cubitus ist durch eine Querader mit der keilförmigen Zelle der IX. Ader verbunden und diese steht wieder durch eine kurze Querader mit der zweitheiligen XI. Ader im Zusammenhang. — Auch bei *Mycetophagus*, *Triphyllus* ist der Bau des Geäders ähnlich wie bei den Trogositiden; die Endzelle des Radius entwickelt, aber sehr klein, dafür aber die Querader zum Vorderast der V. Ader sehr lang. Vor dem gegabelten Cubitus befindet sich auch hier ein verschwommener Chitinflecken. Sehr deutlich tritt derselbe bei *Byturus* und *Diplocoelus* auf, von denen ersterer schon von Burmeister in die Nähe der Trogositiden und Mycetophagiden gestellt wurde. Die Endzelle des Radius, die Querader, sowie überhaupt das Geäder ist bei *Byturus* ähnlich wie bei den genannten Familien. Charakteristisch ist, dass die Zelle der IX. Ader so weit gegen die Flügelbasis rückt, dass die vom Cubitus entsendete Querader die IX. Ader weit unterhalb jener eingeschlossenen Zelle trifft. *Diplocoelus fagi* stimmt im Geäder so vollkommen mit *Byturus* überein, dass ihre von Ganglbauer entdeckte Verwandtschaft wohl ausser Zweifel ist.

Schon Burmeister stellte die Lathridier in die Nähe der Trogositiden, Mycetophagiden etc. Das reducirte Geäder ihrer kleinen Flügel macht es aber unmöglich, die Verwandtschaft in Bezug auf das Geäder zu untersuchen. Ausser dem Radius nämlich zeigt *Corticaria* nur die V. Ader mit einem kurzen, undeutlichen Haken, ferner den einfachen Cubitus. Ein ähnlicher Haken wie an der V. Ader entspringt auch am Ende des Radius, ohne eine Zelle zu bilden. Die Querader fehlt. Zwischen Cubitus und V. Ader ist hier wie bei *Colydium* etc. ein undeutlicher Chitinflecken sichtbar, der jedoch nur schwach ausgebildet ist. Viel deutlicher erscheint derselbe bei *Cis*, welches auch sonst im Geäder mit *Corticaria* derartig übereinstimmt, dass eine Vereinigung beider Gattungen vielleicht nicht unbegründet wäre.

Die Cucujiden bilden eine Gruppe, welche durch das Flügelgeäder am meisten an die Telephoriden, Elateriden etc. erinnert. Bei *Cucujus imperialis* unterscheidet sich das Geäder von dem der Elateriden vorwiegend dadurch, dass der Hinterast des Radius (III_3) viel kürzer und demgemäss auch die Endzelle viel kleiner ist als bei jenen; ferner fehlt die Querader zwischen den beiden Aesten der IX. Ader und die beiden Zinken des Cubitus sind von einander getrennt. Bei *Hectarthrum brevifossum* fehlt die Endzelle und der Hinterast des Radius vollkommen, die beiden Aeste des Cubitus nicht getrennt. *Brontes* erinnert an *Hectarthrum*, nur ist der Vorderast der IX. Ader vom hinteren durch eine Concavfalte getrennt, und die vordere Zinke der XI. Ader ist in der Mitte geknickt. *Psammoecus* besitzt ein ziemlich reducirtes Geäder, Cubitus und IX. Ader sind einfach.

Thorictiden wurden von mir nicht untersucht.

Dermestes zeigt mit Ausnahme der kleinen Endzelle des Radius fast vollkommen das Geäder von *Campylus* etc. Die Querader zwischen Cubitus und IX. Ader geht hier nicht von der Gabel, sondern vom Stamm des Cubitus aus. Die IX. Ader entsendet eine Querader direct zur V. Ader, und die hintere Zinke der XI. Ader bildet wie bei den Adephagen eine bogenförmige Schleife.

Die Byrrhiden werden von Burmeister in die Nähe der Dermestiden gestellt, unterscheiden sich aber doch im Flügelgeäder ziemlich bedeutend von denselben. *Noso-*

dendron zeigt eine grosse dreieckige Endzelle des Radius, der vordere Ast der V. Ader (V_1) ist sehr kurz. Die IX. Ader zeigt in der Mitte eine kleine eingeschlossene Zelle, von welcher einerseits eine schiefe Querader zur Gabel des Cubitus, anderseits zur IX. Ader führt, deren Hinterast verkümmert ist. Bei *Byrrhus* ist die Endzelle des Radius klein, schief dreieckig, beide rücklaufenden Adern sehr kurz, die IX. Ader einfach und durch eine schiefe, lange Querader, welche fast den Charakter einer Längsader annimmt, mit der zweitheiligen XI. Ader verbunden. Bei *Chelonarium* sind die rücklaufenden Adern (III_3 und V_1), besonders letztere viel stärker entwickelt als bei *Byrrhus*, daher auch die Endzelle grösser. Die IX. Ader gibt eine vordere, rechtwinkelig geknickte Zinke ab, welche mit dem abgekürzten Stamm des Cubitus durch eine Querader verbunden ist. XI. Ader wie bei *Byrrhus*.

Die Lamellicornier bilden eine ziemlich scharf abgegrenzte Gruppe, welche jedoch durch den Mangel der Querader zwischen Radius und Cubitus, die beiden deutlich ausgebildeten Strahladern, sowie durch den Verlauf des Cubitus, der IX. und XI. Ader Beziehungen zu den Histeriden nicht verkennen lässt. Bei *Gnorimus* fehlt III_3 und ist nur durch einen schief nach hinten gerichteten Haken angedeutet, ebenso ist V_1 gegen die Flügelbasis erloschen. Die Querader zwischen beiden ist nicht ausgebildet; im Apicaltheil zwei Strahladern, von denen die vordere wohl dem Radius, die hintere der V. Ader als Ast zuzutheilen ist. Der Cubitus ist ziemlich reducirt, indem sowohl der Stamm als die Vorderzinke desselben verkümmert sind. Die IX. Ader ist einfach, die XI. in zwei Aeste getheilt, deren vorderer eine Querader gegen die IX. Ader abgibt. *Oxythyrea* stimmt im Wesentlichen mit *Gnorimus* überein, doch fehlt die Querader zwischen IX. und XI. Ader. Letztere zeigt einen kleinen dritten Zweig an der Flügelbasis, der übrigens auch bei *Gnorimus* angedeutet ist. *Rhizotrogus* ist ebenfalls ähnlich *Gnorimus*. Bei *Geotrupes* sind beide Zinken des Cubitus entwickelt, aber von einander getrennt, die Querader zwischen XI und IX nur angedeutet. Bei *Onitis* und *Ateuchus* ist die vordere Strahlader gegabelt, am Grunde des Flügels ein förmliches Analläppchen abgetrennt. *Rhysonotus* erinnert an *Gnorimus*, bei *Hylotrupes Gideon* ist der Vorderast der XI. Ader gegabelt und entsendet eine abgekürzte Querader zur IX. Ader. Bei den Lucaniden ist die schiefe Querader zwischen IX und XI stark entwickelt, vom Cubitus ist entweder nur eine Zinke (*Pholidotus*) oder beide Aeste ausgebildet (*Aesalus, Lucanus, Phanaeus* etc.). Bei *Aesalus* fehlt die Querader zwischen IX und XI vollständig, die Strahladern sind nur schwach ausgebildet.

Die Passaliden, welche nach Blanchard einen Uebergang von den Lucaniden zu den Scarabaeiden bilden, sind dadurch ausgezeichnet, dass beide rücklaufende Adern fehlen, oder die hintere nur durch eine Convexfalte angedeutet ist. Cubitus und IX. Ader sind einfach, die Querader zwischen IX und XI fehlt, doch zeigt der Vorderast der XI. Ader eine Knickung in der Mitte. Die Strahladern sind zarter als bei den Lucaniden und Scarabaeiden.

Syntelia histeroides und *Sphaerites glabratus* zeigen eine unverkennbare Aehnlichkeit des Geäders mit den Lamellicorniern; wie Lewis angibt, dürften daher diese beiden Formen wirklich mit den Lamellicorniern verwandt sein. Ein wesentlicher Unterschied liegt jedoch darin, dass bei *Syntelia* und *Sphaerites* die Querader zwischen Radius und V. Ader mehr minder deutlich entwickelt ist. Cubitus und IX. Ader einfach, letztere wie bei den meisten Lamellicorniern durch eine Querader mit der zweitheiligen XI. Ader in Verbindung.

Die Buprestiden erweisen sich gerade durch das Flügelgeäder als mit den Elateriden, in deren Nähe sie auf Grund der äusseren Körpergestalt häufig gestellt werden, nicht verwandt. Nach Heer sind sie durch die geradläufige oder orthotrope Flügelfaltung ausgezeichnet, indem sich die Flügel vorwiegend der Länge nach zusammenlegen, so dass die V. Ader auf die Costa zu liegen kommt. Indessen wird auch hier die Flügelspitze etwas eingebogen, und damit ist eine strenge Unterscheidung zwischen querläufiger und geradläufiger Faltung unmöglich gemacht. Die Endzelle des Radius erscheint bei den Buprestiden stets sehr schmal, die rücklaufenden Adern convergiren nach rückwärts, die Strahladern sind schwach ausgebildet. Der Cubitus ist stets dreizinkig und durch eine Querader mit V verbunden, die IX. Ader gegabelt und beide Aeste entweder frei (*Julodis*) oder zur Bildung einer eingeschlossenen Zelle wieder vereinigt (*Ancylocheira, Chalcophora* etc.). XI. Ader zweitheilig, der Vorderast durch eine Querader mit der IX. Ader verbunden. *Ancylocheira* weicht insoferne von *Julodis* etc. ab, als zwischen den beiden rücklaufenden Aesten eine Spur einer Querader sichtbar ist.

Rhipicera erinnert durch den Bau des Cubitus, sowie der IX. und XI. Ader vollkommen an *Ancylocheira* etc., dagegen ist die Endzelle des Radius dreieckig, die hintere rücklaufende Ader fast bis zur Flügelwurzel verlängert, und der Apicaltheil wie bei den Adephagen, d. i. querläufig gefaltet.

Auch die Rhipiphoriden erinnern theilweise an die Buprestiden, theilweise an *Atractocerus*. Bei *Emenadia* sind Radius und V. Ader wie bei *Julodis* gestaltet, die Endzelle schmal, aber nicht geschlossen, im Apicaltheil sind drei Strahladern sichtbar, Cubitus, IX. und XI. Ader sind einfach und ohne Queradern. Bei *Myodites* fehlt die Endzelle des Radius völlig, da III_3 nur durch einen schwachen Längsstreifen angedeutet ist. Der Cubitus scheint zu fehlen und nur durch einen trüben, verschwommenen Chitinflecken angedeutet zu sein. Die zwei folgenden Adern wären dann als IX. und XI. zu bezeichnen.

Sowohl durch ihre Larven, als auch durch das Flügelgeäder stellen sich die Lyciden, Lampyriden, Telephoriden, Elateriden, Eucnemiden und Cebrioniden als eine Gruppe von nahe verwandten Familien dar, dagegen weichen die Melyriden und Throsciden in Bezug auf das Flügelgeäder ziemlich beträchtlich ab. Im Allgemeinen zeigen alle oben genannten Familien denselben Adertypus wie der anfangs beschriebene *Campylus denticollis*. Als charakteristisch kann die zweizinkige IX. Ader, die mit dem gegabelten Cubitus und der zweitheiligen XI. Ader durch Queradern verbunden ist, ferner die mächtige Ausbildung der rücklaufenden Adern, sowie die grosse, meist langgestreckte Endzelle des Radius angesehen werden. Bei *Lycus* und *Telephorus* ist der Vorderast der XI. Ader mit der hinteren Zinke der IX. Ader am Ende vereinigt. Die Strahladern sind durchwegs undeutlich und verschwommen. Mit wenigen Ausnahmen sind die Zinken der IX. Ader durch eine Querader verbunden. *Drapetes* stimmt im Wesentlichen mit den Elateriden etc. überein. *Throscus* habe ich nicht untersucht. — Die Melyriden zeigen einen wesentlich verschiedenen Adertypus und weichen auch untereinander ziemlich beträchtlich ab. Die Endzelle des Radius fehlt vollständig; sowohl vom Radius als von der V. Ader geht je ein Fortsatz aus, der den gegenüberliegenden unter einem sehr stumpfen Winkel trifft. Die rücklaufenden Adern fehlen vollständig, die Strahladern sind schwach und undeutlich. Bei *Melyris* ist die IX. Ader in der Mitte getheilt und schliesst eine elliptische Zelle ein, aus welcher der dreizinkige Cubitus entspringt. Bei *Malachius* ist nur eine Cubitalzinke ausgebildet, die IX. Ader einfach. *Danacaea* weicht von beiden durch die Endzelle des Radius ab. — Bei der geringen Anzahl von Formen, welche ich untersucht, wage ich es nicht, über die systematische Stellung der Melyriden eine Meinung zu äussern.

Unter den Dascilliden stimmt *Atopa cervina* im Flügelgeäder ausserordentlich mit Rhipicera überein. Bei *Helodes* dagegen ist die Endzelle des Radius gross, unregelmässig fünfeckig, die hintere rücklaufende Ader kurz; ferner ist die eingeschlossene Zelle der IX. Ader gegen die Flügelbasis hinaufgerückt, der Cubitus aus drei getrennten Zweigen gebildet, deren längster aus der erwähnten Zelle entspringt. Der Hinterast der XI. Ader bildet eine Bogenschleife. Bei *Scyrtes* sind Cubitus, IX. und XI. Ader ziemlich reducirt, daher nicht sicher zu deuten. *Eucinetus* erinnert durch die rechtwinkeligen Fortsätze des Radius und der V. Ader an *Melyris*; der Cubitus ist gegabelt, die IX. Ader schliesst eine kleine elliptische Zelle ein und steht mit der XI. durch eine schiefe Querader in Verbindung.

Die Cleriden zeigen ein ziemlich variables Geäder, welches einerseits an die Melyriden *(Danacaea)*, anderseits auch an Lymexyloniden erinnert. Die rücklaufenden Adern sind kurz, die Endzelle des Radius klein, dreieckig, die Querader ziemlich deutlich. Von Strahladern ist hier sowohl als bei den Apatiden nur eine deutlich entwickelt. Bei *Clerus* ist der Cubitus aus zwei Zinken gebildet, die durch zwei Queradern unter einander, ferner durch je eine Querader mit der V. Ader und der einfachen IX. Ader verbunden sind, während der gemeinschaftliche Stamm fehlt. XI. Ader zweitheilig, der Vorderast durch eine kurze Querader mit IX. verbunden. Bei *Trichodes* ist der Hinterast des Cubitus derartig durch eine schiefe Querader mit IX. verbunden, dass er fast als Vorderast derselben betrachtet werden könnte.

Lymexylon schliesst sich am nächsten an *Trichodes*; doch ist V_1 viel länger als bei Cleriden, die IX. Ader umschliesst eine längliche Zelle, an welche sich der Vorderast der XI. Ader dicht anlegt. — *Apate, Psoa, Ligniperda* etc. sind ausgezeichnet dadurch, dass der Radius am Ende sich einwärts biegt, so dass vor der kleinen dreieckigen Endzelle noch ein kleiner, häutiger Saum sichtbar ist. V_1 krümmt sich im Bogen nach rückwärts, ist aber nur kurz; Cubitus gegabelt, bei *Ligniperda* beide Aeste getrennt, aber mit kurzen Ansätzen zu einer Querader. IX. Ader mit eingeschlossener Zelle, durch eine lange, schiefe Querader mit XI. in Verbindung, deren Hinterast bei *Ligniperda* angelartig am Ende gekrümmt ist.

Hendecatomus stimmt mit Ausnahme des dreizinkigen Cubitus vollkommen mit *Apate* überein.

Ptinus zeigt ein stark reducirtes Geäder, welches daher keinen sicheren Aufschluss gibt; doch dürften die Ptiniden und *Anobium* mit den Apatiden verwandt sein.

Die Heteromeren bilden eine sowohl durch die Zahl der Fussglieder als auch durch das Flügelgeäder ziemlich übereinstimmende natürliche Gruppe. So zeigen namentlich die Oedemeriden, Meloiden, Pythiden, Lagriiden und Pyrochroiden fast dasselbe Geäder, während andererseits die Tenebrioniden mit den Melandryiden und Cisteliden übereinstimmen. Die Anthiciden und Pediliden scheinen sich mehr der ersteren Gruppe, die Mordelliden den Melandryiden zu nähern. Die rücklaufenden Adern sind bei der ersten Gruppe meist deutlich ausgebildet, die hintere gewöhnlich viel länger als die vordere. Die Endzelle des Radius meist klein, nur bei *Mordella* erreicht sie eine bedeutendere Grösse, bei *Tetratoma* ist sie undeutlich entwickelt. Strahladern 2—3, aber stets sehr verschwommen. Der Cubitus ist regelmässig gegabelt, durch Queradern mit der V. und IX. Ader verbunden, die Wurzel desselben bald mehr bald weniger ausgelöscht. Die IX. Ader schliesst in der Regel eine eiförmige oder lanzettliche Zelle ein, bei *Mordella* und *Hallomenus* ist sie einfach; XI. Ader stets zweitheilig, gewöhnlich durch eine schiefe Querader mit der IX. verbunden. *Tetratoma* zeigt zwischen V. Ader und Cubitus einen ähnlichen Chitinfleck wie die Colydier etc., bei *Eustrophus* ist derselbe kaum erkennbar. In der zweiten Gruppe ist die vordere, rücklaufende Ader oft sehr kurz (Lagriiden) oder sie fehlt ganz *(Notoxus, Zonitis, Epicauta)*; bei letzterer ist auch die hintere (V_1) winzig, während sie sonst kräftig entwickelt ist. Strahladern wie bei der ersten Gruppe meist undeutlich. Cubitus bald gegabelt (Oedemeriden, Pythiden, Pyrochroiden etc.), bald einfach (*Epicauta, Zonitis, Notoxus*). IX. Ader ursprünglich mit eingeschlossener Zelle, die aber durch Verkümmerung des Hinterastes verschwindet (*Notoxus*) oder nur angedeutet ist (*Epicauta, Zonitis*). XI. Ader wie bei der ersten Gruppe.

Von den Telephoriden, Elateriden etc. sind die Heteromeren im Flügel vorwiegend durch den Bau der IX. Ader verschieden; dennoch liegt die Vermuthung nahe, dass namentlich die weichflügeligen Lampyriden und Telephoriden mit den Melandryiden und Meloiden etc. aus gemeinsamer Wurzel entstanden sind, und dass sie die Stammformen für alle Käfer mit hornigen Flügeldecken bilden, demnach viel älter als diese sein müssen, eine Vermuthung, welche von Roger auch auf Grund der Ausbildung des Bauchgangliensystems ausgesprochen wurde.

Sowohl durch den Bau der Mundtheile, als auch durch die Larvenform erweisen sich die Curculioniden, Brenthiden, Bruchiden und Scolytiden als näher miteinander verwandt, zeigen jedoch in den Einzelnheiten des Flügelgeäders einen solchen Wechsel, dass ausser der lanzettlichen Gestalt des Flügels und der stets unverzweigten IX. Ader kaum ein gemeinschaftliches Merkmal zu erkennen ist. Während die Curculioniden theilweise an die Cerambyciden, die Bruchiden an die Chrysomeliden erinnern, zeigen die Scolytiden und Brenthiden einen ähnlichen Bau des Flügelgeäders wie die Histeriden und Silphiden. Die rücklaufenden Adern fehlen völlig bei *Bostrychus*, bei *Bruchus* ist nur die hintere (V_1) vorhanden, aber kurz; bei den Curculioniden und Brenthiden sind zwar beide ausgebildet, aber nur von geringer Länge. Die Querader zwischen beiden ist entweder sehr blass und undeutlich (*Caryoborus, Hylobius, Rhinomacer* etc.), oder sie fehlt vollständig (*Rhynchophorus, Brenthus, Bruchus*). Die Endzelle des Radius ist zwar vorhanden, aber klein bei *Attelabus, Rhynchites, Hylobius, Rhinomacer, Caryoborus*, sie ist gegen die Flügelspitze offen bei *Anthribus* und *Platyrhinus* und fehlt vollständig den Scolytiden, Brenthiden und *Bruchus*. Strahladern sind meist zwei vorhanden, oft aber sehr blass und undeutlich. Der Cubitus fehlt vollständig bei *Bostrychus, Dendroctonus, Rhynchophorus*, oder erscheint als ein einfaches oder doppeltes Strichel bei *Attelabus, Hylobius, Anthribus, Brenthus, Bruchus*, selten ist er gegabelt (*Rhinomacer*). IX. Ader stets einfach; die XI. Ader fehlt bei *Bostrychus* und *Brenthus*, meist ist sie zweitheilig und der Vorderast entweder unmittelbar mit der IX. Ader zusammengewachsen (*Bruchus, Eutrachelus, Anthribus*), oder durch eine Querader mit ihr verbunden (*Rhinomacer*), oder frei (*Attelabus, Hylobius, Rhynchites, Dendroctonus*). Der Hinterast der XI. Ader fehlt bei *Rhynchophorus* und *Dendroctonus*. Das Flügelgelenk liegt entweder in der Mitte oder gegen die Flügelbasis zu.

Das Geäder der Cerambyciden stimmt mit dem der Chrysomeliden derart überein, dass strenge Unterschiede nicht zu finden sind. Im Allgemeinen liegt das Gelenk bei den Cerambyciden nahe der Flügelspitze, weshalb der Apicaltheil verhältnissmässig klein erscheint, während bei den Chrysomeliden das Gelenk gegen die Flügelmitte gerückt, der Apicaltheil daher viel grösser erscheint. Die Cerambyciden besitzen ferner nur mit einzelnen Ausnahmen (*Trictenotoma*) eine ungetheilte IX. Ader, während dieselbe bei einem beträchtlichen Theile der Chrysomeliden eine grosse, eingeschlossene Zelle zeigt. Die rücklaufenden Adern sind stets entwickelt, aber kurz, die Querader zwischen denselben meist undeutlich, oft nur als helle Linie angedeutet. Die Endzelle des Radius ist meist vorhanden, klein, dreieckig, fehlt dagegen bei *Molorchus minor* und *Parandra grandis*. Strahladern sind gewöhnlich zwei vorhanden, oft aber die vordere undeutlich.

15*

Der Cubitus ist dreizinkig bei *Monochamus, Necydalis Panzeri, Astynomus*, gegabelt bei *Cerambyx cerdo* L., *Parandra, Trictenotoma, Pachyta, Sagra, Megalopus, Eumolpus*; bei *Carpophaga, Donacia* ist er durch zwei getrennte Adern, bei *Aromia, Clytus, Lema, Oreina, Lina, Clythra, Aplosoma, Polychalca, Mesomphalia, Alurnus* durch eine einfache Linie ersetzt. Vollständig fehlt der Cubitus bei *Molorchus minor*. Die XI. Ader ist stets vom Grunde an in zwei Aeste getheilt, von denen der vordere in der Regel durch eine schiefe Querader mit der IX. Ader verbunden ist oder dieselbe unmittelbar berührt. Die eingeschlossene Zelle der IX. Ader ist vollständig entwickelt bei *Alurnus, Clythra, Carpophaga, Eumolpus, Polychalca* und *Mesomphalia*, theilweise aufgelöst, daher offen erscheint sie bei *Aplosoma*, den Cerambyciden fehlt sie, so viel ich untersuchen konnte, durchwegs mit Ausnahme von *Trictenotoma*, die auch durch die heteromeren Fussglieder und den Fühlerbau von den Cerambyciden wesentlich abweicht. *Eumolpus* zeigt zwischen Cubitus und V. Ader einen verschwommenen Chitinfleck, der von einer hellen Linie halbirt wird. Da derselbe bei so verschiedenen Familien auftritt wie Chrysomeliden, Colydiern etc., dürfte demselben eine systematische Bedeutung wohl nicht zukommen.

Dem Flügelgeäder nach schliessen sich die Coccinelliden am nächsten an die Chrysomeliden, speciell an *Aplosoma* und *Polychalca* an, unterscheiden sich jedoch von ihnen durch den Mangel der Querader zwischen Radius und V. Ader, durch die völlige Reduction des Cubitus und durch das deutlich abgesetzte Afterläppchen. Die Endzelle des Radius ist vorhanden bei *Coccinella*, fehlt dagegen bei *Synonycha*; von Strahladern ist meist nur die hintere deutlich entwickelt. Die von der IX. Ader eingeschlossene Zelle ist wie bei *Aplosoma* vorne offen, der Cubitus blos durch einen kleinen hornigen Flecken angedeutet. Die XI. Ader besteht aus zwei kurzen Aesten, deren vorderer durch eine Querader mit IX verbunden ist. Bei *Synonycha* ist auch das Ende der IX. Ader resorbirt, so dass dieselbe eine S-förmig geschwungene Ader bildet.

Eine merkwürdige Form bildet *Nilio*, deren Flügel durch das eingebogene Ende des Radius und die Form der V. Ader dem der Apatiden ähnelt, während Cubitus und IX. Ader an *Polychalca, Aplosoma* und die Coccinelliden erinnern.

Die Erotyliden zeigen im Flügelgeäder den Typus der Melandryiden, Cisteliden und Tenebrioniden mit kaum merklichen Abänderungen, so dass es geradezu unmöglich ist, einen unterscheidenden Charakter zwischen beiden anzugeben.

Einen ganz eigenthümlichen Bau zeigen die Flügel der Endomychiden, die sich in Folge der Reduction, welche das Geäder zeigt, mit keiner der oben angeführten Familien vergleichen lassen. Die rücklaufenden Adern sind kurz, blass und convergiren unter einem spitzen Winkel. Die Querader zwischen beiden fehlt ebenso wie die Endzelle des Radius. Strahladern sind nicht oder nur sehr undeutlich ausgebildet. Die IX. Ader ist S-förmig geschwungen, einfach, der Cubitus ein einfacher Strich, der entweder mit der IX. Ader in Verbindung ist (*Endomychus* sp.) oder nicht *(Endomychus coccineus)*, der Vorderast der XI. Ader ist am Ende mit der IX. unmittelbar verwachsen, ihr hinterer Ast fehlt bei *Endomychus coccineus* vollständig.

Aus dem Gesagten wird ersichtlich, dass auch bei den Coleopteren eine solche Mannigfaltigkeit des Geäders besteht, dass es kaum möglich ist, eine scharfe Charakteristik für den Käferflügel festzustellen. Für die Mehrzahl der Käfer liessen sich etwa folgende Merkmale angeben: Radius mit der Costa in oder vor der Flügelmitte verwachsen, daher die Subcosta so eingeengt, dass sie leicht übersehen wird; die Flügelspitze nur von undeutlichen Chitinstreifen (Strahladern) durchzogen oder ganz ungeadert; V. Ader kräftig ausgebildet, selten einfach, meist aus zwei Aesten gebildet, welche sich entweder in der Wurzelhälfte (Staphylinen etc.) oder in der Endhälfte vereinigen *(Campylus* etc.); Cubitus verschieden gebildet, meist blass und zart, erscheint oft nur als ein Anhängsel (Nebenader) der V. oder IX. Ader; diese einfach oder gegabelt, oder mit eingeschlossener Zelle (keilförmiges Feld), die XI. Ader aus zwei weit divergirenden Aesten bestehend, hinter dem Vorderast eine Convexfalte, längs welcher sich der Flügel nach unten umschlägt. Mit Ausnahme des Cubitus sind alle Convexadern stark und kräftig entwickelt, die Concavadern dagegen ausser der kurzen Subcosta durchwegs nur als Falten ausgebildet.

Schon eine oberflächliche Betrachtung der Käferflügel lehrt jedoch, dass die angegebenen Charaktere zwar für die Mehrzahl, aber nicht für die Gesammtheit der Käfer zutreffen; der Flügel von *Atractocerus* allein beweist dies zur Genüge. Für kleinere Gruppen wird sich daher das Flügelgeäder recht wohl verwenden lassen, wie ja z. B. die Verwandtschaft von *Paussus* oder *Rhysodes* mit den Adephagen durch die Bildung der V. Ader unzweifelhaft bewiesen wird, zur Charakteristik der ganzen Ordnung dagegen ist das Geäder allein nicht hinreichend. — Ebenso unmöglich erscheint es, auf Grund des Flügelgeäders die Abstammung der ganzen Ordnung zu ermitteln. Möglicherweise standen die Urformen der Käfer den Orthopteren nahe, einen sicheren Beweis hiefür können wir jedoch nicht erbringen. Eigenthümlich ist, dass manche Carabiden *(Silphomorpha* etc.) im Habitus ungewöhnlich an Blattiden erinnern.

Es wäre sehr wünschenswerth, auch das Geäder der Strepsipteren genauer zu untersuchen, leider stand mir aber kein Exemplar zu Gebote, welches eine halbwegs sichere Deutung des Geäders erlaubt hätte.

XVI. Hymenoptera.

Taf. XX. Fig. 152—160.

Adolph, Dr. E.: Nova acta der k. Leop.-Carol. Akad., XLI, pars II, Nr. 3 und 4, und XLVI, Nr. 2.

Schon bei den Trichopteren, Lepidopteren und Dipteren sind Fälle häufig, wo die V. Ader entweder bedeutend abgekürzt oder vollständig ausgelöscht wird. Noch mehr ist dies bei den Hymenopteren der Fall, bei denen der Ausfall der V. Ader mit wenigen Ausnahmen ein geradezu typisches Merkmal des Flügelgeäders bildet.

Durch die relative Entwicklung des Analfächers im Hinterflügel erweisen sich die Tenthrediniden als Formen, welche den ursprünglichen Flügeltypus der Hymenopteren noch am getreuesten beibehalten haben. Im Vorderflügel von *Lyda* verlaufen ausser der Costa vier Convexstämme; der erste bildet am Ende das Pterostigma und ist als Radius anzusehen. Kurz vor dem Pterostigma entsendet er nach rückwärts einen Ast (Sector, III_3), der durch eine Querader mit dem Pterostigma verbunden ist. Der zweite Convexstamm endet in eine Gabel, deren Zinken durch eine Querader verbunden sind; er entspricht dem Cubitus und steht durch eine Anzahl von Queradern mit den benachbarten Convexadern in Verbindung. Die dritte und vierte Convexader sind als IX und XI zu bezeichnen und sind ebenfalls durch eine Querader verbunden. Von Concavadern ist blos die Subcosta ausgebildet, alle übrigen durch Falten ersetzt. Eine derselben läuft dicht vor der IX. Ader, durchbricht alle von ihr getroffenen Queradern und entspricht der Analader. Zwei undeutliche Concavfalten laufen zwischen den beiden Zinken des Cubitus und deuten darauf hin, dass zwischen ihnen eine mittlere Convexzinke verloren gegangen ist. Endlich verlaufen auch zwischen Sector und dem vorderen Cubitalast zwei Concavfalten, die sich nach innen vereinigen und die von ihnen getroffenen Queradern durchschneiden. Sie entsprechen der IV. und VI. Concavader und nöthigen zu der Annahme, dass zwischen ihnen ein ganzer Convexstamm, nämlich die V. Ader, ausgefallen ist. Von Queradern sind ausser den bereits genannten noch folgende vorhanden: Der Stamm des Cubitus gibt nach hinten zwei Queradern ab, eine dritte entspringt vom hinteren Aste desselben. Vom Radius weg entspringen aus einem gemeinschaftlichen Punkte zwei divergirende, kräftige Queradern, von denen die eine den Stamm, die andere den Vorderast des Cubitus trifft. Endlich entsendet der Sector radii noch drei Queradern, nämlich zwei zum vorderen Cubitalast, eine dritte gegen die äussere Zinke jener oben erwähnten zweispaltigen Querader. Mit Recht gibt Adolph (l. c.) an, dass diese Querader, welche bei vielen Hymenopteren drei Zinken, eine vordere, äussere und innere, besitzt, aus mehreren Queradern zusammengesetzt sei und ausserdem Reste einer verschwundenen Längsader enthalte, welche keine andere als die V. Ader sein kann, die bei den meisten Hymenopteren fast völlig verloren gegangen ist. Unzweifelhafte Beweise für ihre ursprüngliche Anwesenheit finden wir bei manchen Exemplaren von *Ammophila dives* Brull., seltener auch bei *Ammophila sabulosa* L., indem sich hier zwischen den genannten Falten (IV und VI) wirklich Bruchstücke einer Längsader vorfinden, welche sich gegen die Flügelspitze als Convexfalte fortsetzt. Auch bei *Stilbum splendidum* läuft von der äusseren Querader zwischen Sector radii und Cubitus eine kurze Längsader gegen die Flügelspitze, und bei zahlreichen Hymenopteren findet sich an dieser Stelle eine Convexfalte als Rest der verschwundenen V. Ader. Dadurch erklärt sich nun auch die mächtige Entwicklung der genannten 2—3spaltigen Querader, welche demnach offenbar durch Vereinigung von wenigstens vier primären Queradern entstanden ist. Bei *Cimbex* und *Tenthredo* ist sie durch zwei schiefe, von einander getrennte Queradern ersetzt, von denen jede als aus zwei hintereinander gelegenen Queradern entstanden zu denken ist. Durch Aneinanderrücken verschmelzen diese beiden Queradern zunächst in einem Punkte *(Lyda)* oder in grösserer Ausdehnung und damit erhält man das Bild einer dreispaltigen Querader, wie sie bei *Athalia* und vielen anderen Hymenopteren auftritt; dass nun an der Bildung derselben auch Bruchstücke der verschwundenen V. Längsader theilgenommen haben, ist immerhin möglich, ja sogar wahrscheinlich. — Im Hinterflügel von *Lyda* erkennt man leicht die concave Subcosta, sowie den Radius mit seinem Sector. Die IV. und VI. Ader sind wie im Vorderflügel durch Falten ersetzt, ausserdem der ganzen Länge nach vereinigt und so nahe an den Cubitus gerückt, dass dessen Vorderast theilweise ausgelöscht wird. Die beiden Aeste des Cubitus sind wie im Vorderflügel durch eine Querader verbunden und hinter demselben verläuft die Analader als Falte. Die IX. Ader ist von der Wurzel an in zwei Aeste getheilt, die sich jedoch vor dem Ende vereinigen; hinter ihr folgt eine Convexfalte, längs welcher sich wie bei den Coleopteren, Cicaden etc. das Analfeld nach unten umschlägt. Endlich folgt noch die einfache XI. Ader, von der IX. durch eine schwache Concavfalte getrennt.

Die übrigen Tenthrediniden zeigen im Wesentlichen dasselbe Geäder wie *Lyda.* Dadurch aber, dass Costa und Radius aneinander rücken oder geradezu verschmelzen, wird die Subcosta im Vorder- und Hinterflügel entweder völlig unterdrückt *(Hylotoma)*, oder sie erscheint nur als Falte ausgebildet. Bei *Hylotoma* vereinigen sich Radius und Sector vor der Flügelspitze miteinander; bei *Xyela Dalii* erscheint der Sector gegabelt. Die innere Querader zwischen Radius und Cubitus ist nach hinten gegabelt oder dreizinkig bei *Athalia, Fenusa* etc.; der Stiel (die vordere Zinke) derselben fehlt bei *Hylotoma, Lophyrus, Dolerus* etc.; bei *Cimbex* u. A. trennen sich die beiden Zinken vollständig. Im Hinterflügel verlässt der Radius die Costa, mit der er ein kurzes Stück verschmolzen ist, wieder, um sich mit dem Sector vor dem Ende zu vereinigen *(Athalia, Hylotoma)*.

Die dreispaltige Querader fehlt im Hinterflügel durchwegs. Die IV. und VI. Concavfalte sind bei *Lyda* und *Xyela* der Länge nach vereinigt, bei *Hylotoma, Tenthredo, Athalia* etc. dagegen von der Mitte an getrennt. Die IX. Ader bildet bei *Xyela, Cimbex* etc. zwei von einander getrennte Aeste, die nur durch eine Querader verbunden sind.

Das Flügelgeäder der Uroceriden ist nur unbedeutend von dem der Tenthrediniden verschieden. Bei *Sirex* vereinigt sich der Radius mit dem Sector an der Spitze; die erste Querader hinter dem Sector trifft die äussere Zinke der dreispaltigen fast am Ende bei *Cephus*, nahe dem Gabelpunkte bei *Xyloterus*, während sie bei *Sirex* sogar den Stiel jener Querader trifft. Die beiden Cubitalzinken sind wie bei den Tenthrediniden mit Ausnahme von *Oryssus* durch eine Querader miteinander verbunden. IX. und XI. Ader sind nie verwachsen, sondern nur durch eine Querader miteinander verbunden. Auch der Hinterflügel zeigt fast genau dasselbe Geäder wie bei den Tenthrediniden.

Bei den Cynipiden ist der Flügel in Folge der geringen Grösse stark reducirt. Concavadern sind durchwegs durch Falten ersetzt, welche im Allgemeinen denselben Verlauf wie bei *Lyda* nehmen. Der Sector radii ist im Hinterflügel oft nur durch eine Convexfalte ersetzt, im Vorderflügel erscheint er winkelig geknickt und entsendet zwei Queradern zur vorderen Cubitalzinke, welche eine kleine dreieckige Zelle einschliessen. Die dreispaltige Ader ist durch eine grosse, einfache Querader ersetzt. Das Analfeld ist stark reducirt und höchstens von einer einzigen Längsader (IX.) durchzogen. Im Hinterflügel sieht man ausser dem Radius und eventuell seinem Sector meist nur die grosse schiefe Querader und eine Concavfalte, welche der Analader entspricht.

Die Proctotrupiden erinnern theilweise an die Cynipiden. Bei *Helorus* erkennt man leicht den Radius sammt dem winkelig geknickten Sector, ferner den gegabelten Cubitus und die IX. Ader. Der Cubitus ist mit dem Radius durch eine dreispaltige, mit dem Sector durch eine einfache, schiefe Querader verbunden. Im Hinterflügel ist nur eine Spur des Radius, der gegabelte Cubitus und eine Concavfalte als Rest der Analader sichtbar.

Der Flügel der Pteromalinen ist meist noch mehr reducirt als der der Cynipiden. Sowohl im Vorder- als im Hinterflügel ist eigentlich nur der Radius und eine Spur des Sectors nebst einer schiefen Querader sichtbar. Der Cubitus fehlt im Hinterflügel ganz, ist aber im Vorderflügel durch eine Convexfalte angedeutet, hinter welcher die concave Analfalte läuft. Eine schief gegen die Flügelspitze ziehende Concavfalte entspricht jener, welche bei *Cynips* unmittelbar hinter der vorderen Cubitalzinke verläuft.

Unter den Braconiden zeigen die grösseren Formen ein Geäder, welches sich leicht auf das der Tenthrediniden zurückführen lässt, während die kleineren Formen, wie *Microgaster*, durch Reduction fast den Typus der Cynipiden zeigen. Der Radius ist stets der Costa sehr nahe gerückt, der Sector oft am Ende ausgelöscht. Cubitus ohne Querader zwischen den beiden Zinken; IX. Ader einfach, XI. fehlt regelmässig. — Im Hinterflügel sieht man den Radius in der Mitte mit der Costa vereinigt, ferner den Sector, der durch eine Querader mit dem einfachen oder gegabelten Cubitus verbunden ist, endlich die einfache IX. Ader, die ebenfalls durch eine Querader mit dem Cubitus zusammenhängt. Von Concavfalten findet man die IV. und VI. im Vorder- und Hinterflügel bis zur Mitte vereinigt, ferner die Analader, und im Vorderflügel ausserdem noch zwei Falten zwischen den beiden Cubitalzinken.

Die Ichneumoniden zeigen im Allgemeinen das Flügelgeäder der Braconiden. Zwischen Sector radii und der vorderen Cubitalzinke ist bei *Hemiteles* etc. eine einzige Querader, bei *Pimpla, Ephialtes* etc. sind deren zwei vorhanden, bei *Tryphon* etc. verschmelzen sie zu einer gegabelten Querader; bei *Porizon* berühren sich Sector und Cubitus unmittelbar in einem Punkte, bei *Xylonomus* verschmelzen sie sogar eine kurze Strecke. Die äussere Zinke der dreispaltigen Ader ist bis auf ein kurzes Rudiment an der vorderen Cubitalzinke reducirt. Bei *Trogus* und *Tryphon* ist eine Spur einer mittleren Cubitalzinke vorhanden, die IX. Ader ist stets einfach, die XI. fehlt.

Unter den Evaniaden schliesst sich *Aulacus* mit Ausnahme der vollständig entwickelten dreispaltigen Querader vollkommen an die Ichneumoniden an. Bei *Gasteruption assectator* F. erscheint das Geäder insoferne verändert, als der Stiel des Cubitus zweimal geknickt ist und die dreispaltige Querader unter gleichzeitiger Reduction der inneren Zinke sich an die erste Knickung des Cubitus derartig anlegt, dass eine kleine viereckige Zelle zwischen beiden entsteht. Der Hinterflügel ist stark reducirt und zeigt blos eine Längsader (Cubitus?), dann eine Concav- und Convexfalte, welche als Reste der VIII. und IX. Ader aufzufassen sein dürften. — Eine ganz abweichende Form zeigt *Pelecinus polituralor* Drury, indem vom Sector zwei lange, schiefe Adern nach entgegengesetzten Seiten ausgehen, ohne sich mit dem Cubitus zu verbinden. Ich meine jedoch nicht zu irren, wenn ich dieselben als abnorm entwickelte Queradern ansehe, obwohl es nicht ausgeschlossen erscheint, dass auch die V. Ader an der Bildung derselben betheiligt ist.

Der Formicidenflügel zeigt im Wesentlichen das Geäder der vorhergehenden Familien. Bei *Formica fuliginosa* Latr. berühren sich Sector und Cubitus unmittelbar, bei *Formica ruginodis* sendet die Querader einen schief nach innen laufenden Zweig ab, der als eine zweite Querader anzusehen ist; bei *Formica ligniperda* ist die dreispaltige Querader durch eine einfache ersetzt, welche den vorderen Cubitalast trifft. 1—2 Queradern verbinden den Cubitus mit der einfachen IX. Ader, von welcher die Analader als Falte verläuft. Im Hinterflügel muss entweder der Sector radii als fehlend oder mit dem vorderen Cubitalast verwachsen angenommen werden; da die beiden Concavfalten IV und VI fehlen, ist letztere Ansicht wahrscheinlicher. Der Stamm des Cubitus ist durch eine Querader mit der einfachen IX. Ader verbunden, vor welchen die Analfalte verläuft. Bei *Tetramorium* erscheint die IX. Ader abgekürzt, so dass sie mit dem Cubitus eine kleine eiförmige Zelle einschliesst, welche von einer Concavfalte (VIII.) durchsetzt wird.

Der Flügel der Chrysididen weicht vom allgemeinen Typus durch den Mangel der Querader zwischen den beiden Cubitalzinken ab. Ausserdem fehlen die Queradern zwischen Sector radii und Cubitus entweder vollständig *(Chrysis)* oder es ist nur eine einzige vorhanden, von welcher manchmal eine kurze Ader als Rest der V. Längsader entspringt *(Stilbum splendidum* F.). Der Hinterflügel ist noch mehr reducirt als der Vorderflügel, indem bei *Chrysis* der Sector nur durch eine Convexfalte angedeutet ist und der Cubitus entweder einfach ist *(Stilbum)* oder nur eine Spur von einer Gabel zeigt *(Chrysis)*. Die IX. Ader ist einfach, die XI. fehlt im Vorder- und Hinterflügel.

Bei den Scoliiden bildet der Sector mit dem Radius eine rhombische Zelle, von welcher zwei Queradern ausgehen, die äussere zum Vorderast des Cubitus, die innere zur dreispaltigen Ader. Bei *Tengyra* ist die IX. Ader im Vorderflügel abgekürzt und die Querader zwischen den beiden Cubitalzinken zeigt einen Ansatz zu einem Mittelaste. Bei *Mutilla* etc. sind drei Queradern zwischen Sector und Cubitus entwickelt.

Bei den *Fossoria* verschmelzen Radius und Sector vor dem Ende und schliessen eine lange elliptische Zelle ein, welche der rhombischen von *Scolia* entspricht. Ausser der dreispaltigen Querader sind Sector und Cubitus noch durch eine *(Crabro)* bis drei Queradern (*Ammophila, Pompilus, Pelopoeus* etc.) verbunden. Zwischen den beiden Cubitalzinken meist eine Querader. Bei *Ammophila dives* Brull. und *Ammophila sabulosa* L. findet sich, wie oben erwähnt, manchmal eine Spur der V. Ader. Im Hinterflügel ist der Cubitus gegabelt, ohne Querader zwischen den beiden Zinken, dagegen durch je eine Querader mit dem Sector und der einfachen IX. Ader verbunden. Bei *Oxytelus* ist im Vorderflügel der äussere Ast der dreispaltigen Ader reducirt, wie bei den Ichneumoniden. Bei *Sphex* tritt im Hinterflügel eine Andeutung einer mittleren Cubitalzinke auf; die XI. Ader fehlt oder ist nur durch eine Convexfalte angedeutet.

Die Vespiden und Apiden zeigen fast denselben Bau des Geäders wie die *Fossoria*. *Xylocopa* zeigt im Vorderflügel auch die XI. Ader ausgebildet, im Hinterflügel dagegen fehlt sie vollständig. Die IX. Ader erscheint bei *Vespa*, *Polistes* und *Xylocopa* im Hinterflügel ganz oder theilweise durch eine Convexfalte ersetzt. Bei *Apis*, *Bombus* etc. zeigt sich zwischen den beiden Cubitalästen eine Spur einer Mittelzinke, die jedoch nur als Convexfalte ausgebildet ist.

Directe Verbindungen des Hymenopterenflügels zu dem anderer Insectenordnungen fehlen. Wenn auch, wie Brauer mit Recht angibt, die Bildung des Analfeldes an den Clavus der Hemipteren erinnert, so zeigen sich doch andererseits wieder so manigfaltige und erhebliche Verschiedenheiten im Flügelgeäder, dass an eine nähere Beziehung zwischen den beiden Ordnungen nicht zu denken ist. Namentlich ist es der Ausfall der V. Ader, durch welchen die Hymenopteren eher zu den Trichopteren und Panorpen, sowie zu den Dipteren und Lepidopteren Beziehungen zeigen. — Als charakteristisch für den Hymenopterenflügel ist vor Allem zu erwähnen, dass die Concavadern mit wenigen Ausnahmen durch Falten ersetzt sind, und dass die V. Ader ganz erloschen oder nur spurenweise angedeutet ist. Reste derselben sind auch vielleicht in der kräftigen, aus mehreren Queradern hervorgegangenen »dreispaltigen« Ader enthalten, von der einzelne Zinken, namentlich die vordere und äussere (gegen die Flügelspitze gewendete) verschwinden können, so dass sie dann das Aussehen einer einfachen schiefen oder zweier divergirender Queradern annimmt. Das Analfeld erreicht nur im Hinterflügel der Tenthrediniden und Uroceriden eine ansehnlichere Entwicklung. Im Vorderflügel bildet die Analader mit dem Radius einen viel spitzeren Winkel als bei den Dipteren oder Lepidopteren.

Vergleicht man den Flügel der verschiedenen Insectenordnungen miteinander, so lässt sich folgendes Schema für das Flügelgeäder ableiten. Von der Flügelwurzel entspringen etwa 11—13 Adern, die von einander nach Art der Fächerstrahlen divergiren und abwechselnd concav und convex erscheinen. I, III, V, VII, IX und XI (eventuell XIII etc.) sind convex, die dazwischenliegenden, mit geraden Ziffern bezeichneten Adern concav. Jede der genannten Adern kann entweder einfach und unverzweigt sein, oder einen ganzen Adercomplex bilden; umgekehrt können alle Concav- und Convexadern mehr oder minder reducirt werden oder völlig verloren gehen. Dies ist jedoch nicht bei allen Adern in gleichem Masse der Fall, vielmehr zeichnen sich gewisse Adern (Costa, Radius und Cubitus, Subcosta und Analader) durch eine gewisse Resistenz aus. Am häufigsten werden die IV., V. und VI. Ader reducirt, seltener der Cubitus (Coleopteren, Hemipteren); der Radius fehlt im Vorderflügel niemals und im Hinterflügel nur bei einigen kleinen Hymenopteren etc., bei denen der Vorderflügel allein den activen Flug bewirkt, während der Hinterflügel passiv mitbewegt wird, daher auch die weitgehendste Reduction des Geäders erlaubt. Von concaven Adern sind die Subcosta und Analader in der Mehrzahl der Insectenordnungen ausgebildet oder wenigstens durch Falten angedeutet. Hand in Hand mit der Reduction der Längsadern geht die Verminderung der Queradern, so dass gerade die höchst entwickelten Insecten (Dipteren, Hymenopteren etc.) Flügel mit spärlichem und scheinbar einfachem Geäder besitzen, welches aber in Wirklichkeit durch eine tiefgreifende Reduction aus einem viel reicheren hervorgegangen ist. Gerade das Gegentheil zeigen die Orthopteren, Neuropteren etc., deren zahlreiche Längs- und Queradern scheinbar oft einen viel complicirteren Verlauf nehmen, bei genauer Untersuchung aber sich leicht auf das erwähnte Schema zurückführen lassen; diese beiden Ordnungen besitzen auch noch einen deutlichen Rest des ursprünglichen Fächerflügels in dem mehr oder minder entwickelten Analfelde.

Bei der Mehrzahl der Insecten schliesst sich der Sector innig an den Radius; bei den Odonaten, Ephemeriden und Dipteren aber erscheint derselbe vom Radius deutlich durch eine Concavader getrennt, und in diesem Falle läge es nahe, den Sector, gleich der V. Ader, als selbstständigen Adercomplex zu betrachten. Er würde dann mit V, die genannte Concavader (zweite Längsader der Dipteren, Sector principalis der Odonaten) mit IV zu bezeichnen sein; jede folgende Ader überhaupt erhielte eine Ziffer, die um zwei höher ist als in der von mir angewendeten Nomenclatur. Der Cubitus wäre demnach mit IX, die Analader mit X zu bezeichnen. Dass ich dennoch diese von Prof. Brauer acceptirte Bezeichnungsweise nicht angewendet habe, hat darin seinen Grund, dass bei zahlreichen Insecten (Megalopteren, Lepidopteren etc.) Radius und Sector so innig miteinander verbunden sind, dass es oft unmöglich ist, beide voneinander zu trennen.

Es liegt auf der Hand, dass die vorliegende Terminologie noch nicht zur Systematik innerhalb der einzelnen Ordnungen verwendet werden kann; sie muss zu diesem Zwecke von Fachmännern weiter ausgeführt und auch auf die Queradern und Flügelfelder ausgedehnt werden. Diese Arbeit aber würde meine Kraft sowohl als die mir zu Gebote stehende Zeit übersteigen, und aus diesem Grunde wird jeder Fachentomologe die bisher gebräuchlichen Nomenclaturen auch für die nächste Zukunft nicht entbehren können, so lange es sich um Unterscheidung von Arten, Gattungen etc. innerhalb einer und derselben Ordnung handelt. Wer jedoch vom vergleichenden Standpunkte aus die Insecten behandelt, wird die alte Terminologie über Bord werfen und sich einer einheitlichen, für alle Insectenordnungen geltenden Nomenclatur bedienen müssen. Auch innerhalb mancher Ordnungen wird eine Regeneration der bisherigen Terminologie unumgänglich nothwendig sein, namentlich dort, wo eine und dieselbe Concav- oder Convexader im Vorder- und Hinterflügel verschiedene Namen führt, ferner wo Theile einer und derselben Ader mit verschiedenen Namen belegt werden oder umgekehrt Theile verschiedener Adern mit demselben Namen bezeichnet erscheinen. Gerade in diesen beiden letzten Fällen wird eine übersichtliche, vergleichende Zusammenstellung der älteren Terminologie mit der von mir angewendeten eine äusserst schwierige und complicirte Aufgabe. Dennoch habe ich es versucht, um das Auffinden homologer Adern zu erleichtern, die für die einzelnen Insectenordnungen (im Sinne Brauer's) gebräuchlichsten Terminologien mit der von mir vorgeschlagenen tabellarisch nebeneinander zu stellen. Der Fachmann wird sich nach meiner Ansicht auch dort, wo diese Zusammenstellung Lücken hat, mit Hilfe der Abbildungen und des Textes zurecht finden.

Vergleichende Uebersicht über die Terminologie des Insectenflügels.

Odonaten (De Selys Longchamps):

I = Nervus costalis.
II = » subcostalis.
III_1 = » medianus.
III_2 = Sector principalis.
III_3 = Sector intercalaris.
IV = » nodalis.
V = » subnodalis.
VI = » medius.
VII = » brevis.
VIII = » trianguli superior.
IX = » » inferior.

Perliden (Brauer und Löw):

I = Costa.
II = Subcosta.
III_1 = Radius.
III_3 = Sector radii.
V = Cubitus anticus.
VII = » posticus.

Ephemeriden (Eaton):

Vorderflügel:

I = Costa (1).
II = Subcosta (2).
III_1 = Radius (3).
III_2 = Sector (4).
VI = Cubitus (5).
VII = Präbrachialis (6).
VIII = Postbrachialis (7).
IX = Analis (8).
X = —
XI = Axillaris (9).

Hinterflügel:

I = Costa (1).
II = Subcosta (2).
III_1 = Radius (3).
III_2 = Sector (4).
VI = Sector (4_1).
VII = Cubitus (5).
VIII = Präbrachialis (6).
IX = Postbrachialis (7).
X = Analis (8).
XI = Axillaris (9).

Blattiden (Brunner v. Wattenwyl):

Vorderflügel:

II = Vena mediastina.
III = » radialis = scapularis (Fischer).
V = Vena ulnaris anterior (bei *Ectobia* = Vena radialis) = Vena externomedia (Fischer).
VII = Vena ulnaris posterior (bei *Ectobia* = Vena ulnaris) = Vena internomedia (Fischer).
VIII = Vena dividens = Vena analis (Fischer).
IX = Vena axillaris.

Hinterflügel:

II = Vena mediastina.
III = » radialis.
V = » spuria (bei *Ectobia* = IV + VI).
VII = Vena ulnaris.
VIII = » dividens.
IX = » plicata.

Mantiden (Brunner):

Vorderflügel:

II = Vena mediastina (scapularis Fischer).
III = Vena radialis anterior (externomedia Fischer).
V = Vena radialis posterior (subexternomedia Fischer).
VII = Vena ulnaris anterior (internomedia + subinternomedia Fisch.).
VIII = Vena ulnaris posterior (analis Fischer)
IX = Vena dividens (rami venae analis Fischer).
XI = Vena plicata (axillaris Fischer).

Hinterflügel:

II = Vena mediastina.
III = » radialis anterior.
V = » radialis media.
VI = » radialis posterior.
VII = » ulnaris anterior.
VIII = » ulnaris posterior.
IX = » dividens.
XI = » plicata.

Gryllodeen (Brunner):

Vorderflügel:

I = Vena radialis (mediastina Fischer).
II = —
III = Vena ulnaris anterior (scapularis Fischer).
V = Vena ulnaris posterior (externomedia Fischer).
VII = Vena dividens (internomedia Fischer).
IX = Vena plicata (axillaris, analis Fischer).

Hinterflügel:

I = —
II = Vena radialis anterior.
III = » radialis media.
V = » radialis posterior.
VII = » ulnaris.
IX = » dividens + plicata.

Locustiden (Brunner):

Vorderflügel:

I = Vena mediastina.
II = » radialis anterior (scapularis Fischer).
III = Vena radialis posterior (externomedia Fischer).
V = Vena ulnaris (internomedia Fischer).
VII = Vena dividens (internomedia Fischer).
VIII = — (Vena analis Fisch.).
IX = Vena axillaris (suturalis Fischer).

Hinterflügel:

I = —
II = Vena mediastina.
III = » radialis.
V = » »
VII = » ulnaris anterior.
VIII = » » posterior.
IX = » dividens.

Acridier (Brunner):

Vorderflügel:

I = Vena mediastina.
II = » radialis anterior.
III = » » media.
V = » posterior.
VII = » ulnaris anterior.
VIII = » » posterior.
IX = Vena dividens.
XI = » plicata.

Hinterflügel:

I = —
II = Vena mediastina.
III = radialis.
V = » »
VII = » ulnaris anterior.
VIII = » » posterior.
IX = » dividens.
XI = » axillaris.

Fischer:

Vorderflügel:

I = —
II = Vena scapularis.
III = » externomedia.
V = » subexternomedia.
VII = » internomedia.
VIII = » subinternomedia.
IX = » analis.
XI = » axillaris.

Embiden (Wood-Mason):

I = Vena costalis.
II = » subcostalis.
III_1 = » radialis.
III_3 + V + VII = Vena discoidalis.
IX = Vena analis.

Psociden (Brauer und Löw):

I = Costa.
II = Subcosta.
III = Radius.
V = Sector radii.
VII = Cubitus + hinterer Ast des Sector radii.
VIII = Cubitus posticus (postcosta).

Termiten:

III = Subcosta (Hagen), scapularis (Heer).
V = Mediana (Hagen), internomedia (Heer).
VII = Submediana (Hagen), externomedia (Herr).

Hemipteren (Fieber):

I + III = Costa primaria + Costa apicalis.
V = Costa subtensa + Costa decurrens + Costa connectens + hamus.
VII = Costae lineatae.
IX + XI = Costae radiantes.

Homopteren (Kolenati):

Vorderflügel:

III = Radius principalis.
III_1 = Sector apicalis.
III_3 = » nodalis.
V = Radius internodalis.
V_1 = Sector subnodalis.
V_3 = » medius.
VII = Radius medius + Sector brevis.
VIII = —
IX = —
XI = —

Hinterflügel:

III = Radius principalis.
III_1 = —
III_3 = —
V = Radius dichotomus.
V_1 = —
V_3 = —
VII = Radius medius.
VIII = » posticus.
IX = » brevis.
XI = » suturalis + arculus.

Sialiden (Brauer und Löw):

I = Costa.
II = Subcosta.
III = Radius + Sectoren.
IV = Ramus thyrifer (cubiti antici).
V = Ramus divisorius.
VII = Cubitus posticus.

Megalopteren und Panorpaten:

I = Costa.
II = Subcosta.
III = Radius + Sectoren.
IV = —
V = Cubitus anticus.
VII = » posticus.

Phryganiden (Brauer und Löw):

Vorderflügel:

I = Costa.
II = Subcosta.
III = Radius + Sectoren.
V = Ramus thyrifer (cubiti antici).
VII = » divisorius (cubiti antici).
VIII = Cubitus posticus.
IX_1 = —
IX_3 = —
XI_1 = —
XI_3 = —
XIII = —

Hinterflügel:

I = Costa.
II = Subcosta.
III = Radius + Ramus discoidalis.
V = Ramus subdiscoidalis.
VII = Cubitus posticus.
VIII = Costula trochlearis.
IX_1 = » gemina antica.
IX_3 = » » postica.
XI_1 = » tendinis antica.
XI_3 = » » media.
XIII = » » postica.

Lepidopteren (Heinemann etc.):

II = Costalrippe.
III = Subcostalrippe, vordere (äussere) Mittelrippe.
IV, V und VI verschieden bezeichnet.
VII = Subdorsalrippe, hintere (innere) Mittelrippe.
VIII, IX und XI = Dorsalrippen.

Coleopteren:

Heer:

I = Costa.
II = Subcosta.
III = Radius.
V = Sector.
VII = Cubitus.
IX = Internomedia.
XI = Analis.

Kirby:

I = —
II = Neura mediastina.
III = Postcosta.
V = Externomedia.
VII = Internomedia.
IX = Neura analis.
XI = —

Dipteren:

Hagen:

I = Costa.
II = Subcosta.
III_1 = Mediana (Radius).
III_2 = Sector (Vorderast).
III_3 = Sector (Hinterast).
IV = Vorderast der Submediana.
V = ?
VI = —
VII = Submediana.
VIII = Postcosta.
IX = ?
X = ?

Meigen:

I = —
II = Hilfsader.
III_1 = 1. Längsader.
III_2 = Stamm der 2. und 3. Längsader.
III_3 = 3. Längsader.
IV = 4. Längsader.
V = ?
VI = —
VII = 5. Längsader.
VIII = 6. Längsader.
IX = 7. Längsader.
X = ?

Schiner (1864):

I = —
II = Mediastinalader.
III_1 = Subcostalader.
III_2 = Radialader.
III_3 = Cubitalader.
IV = Discoidalader (4. Längsader).
V = ?
VI = Theilungsader.
VII = Posticalader.
VIII = Analader.
IX = Axillarader.
X = Angularader.

Hymenopteren:

Förster:

I = —
II = Vena intercalaris.
III_1 = » submarginalis.
III_3 = » radialis.
VII = » media.

VII_1 = Vena cubitalis + Vena transverso-discoidalis.
VII_3 = Vena media.
IX = » postica.
XI = » accessoria.
XIII = —

Thomson:

I = Vena costalis.
II = » mediastina.
III_1 = » postcostalis.
III_3 = » marginalis.
VII = » cubitalis.
VII_1 = » submarginalis + Vena basalis (recurrens).
VII_3 = —
IX = Vena brachialis.
XI = » humeralis.
XIII = » axillaris.

Shuckard:

I = Vena costalis.
II = —
III_1 = Vena postcostalis.
III_3 = » radialis.
VII = » externomedia.
VII_1 = » cubitalis + Vena recurrens.
VII_3 = » discoidalis + Vena subdiscoidalis.
IX = Vena analis.
XI = —
XIII = —

Schenck:

I = Vena marginalis.
II = —
III_1 = » submarginalis.
III_3 = » radialis.
VII = Vena medialis.
VII_1 = » cubitalis + Discoidal-Querader.
VII_3 = Vena discoidalis + Vena submedialis.
IX = Vena analis.
XI =
XIII = —

Erklärung zu Tafel IX.

(Convexadern sind durch kräftige, Concavadern durch feine Linien bezeichnet; Concavfalten sind durch punktirte, Convexfalten durch Strichlinien angedeutet.)

Fig. 1. Hinterflügel von *Forficula auricularia*, ausgebreitet. V. = $7^1/_2$.

Fig. 2. » » » » nach der ersten Faltung.

Fig. 3. » » » » nach der zweiten Faltung.

Fig. 4. » » » » vollkommen zusammengelegt.

Fig. 5. Flügel von *Heptagenia forcipula*. V. = 5.

Fig. 6. Vorderflügel von *Oligoneura anomala* Pict. V. = $4^3/_4$.

Fig. 7. » » *Calopteryx splendens*. V. = 2.

Fig. 8. » » *Agrion* sp. V. = 5.

Fig. 9. Flügel von *Aeschna cyanea*. V. = $2^1/_3$.

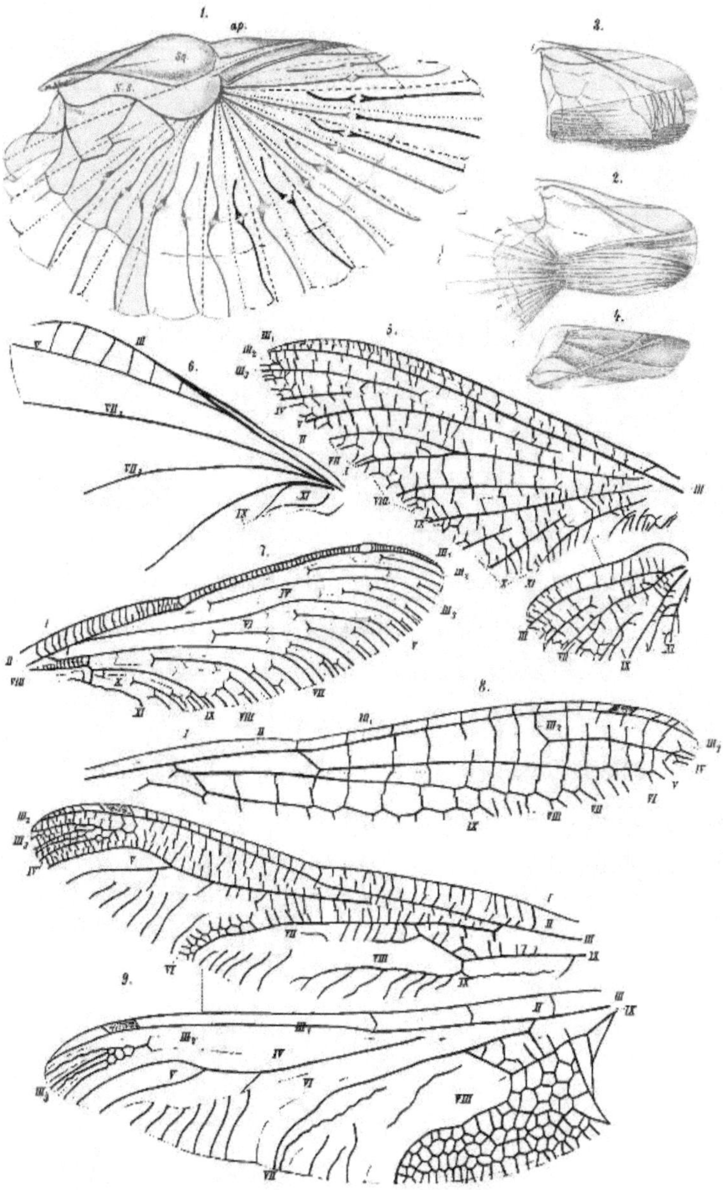

Autor del. Lith. Anst. v. Freytag & Berndt Wien.

Erklärung zu Tafel X.

Fig. 10. Flügel von *Nemura variegata*. V. = 5.

Fig. 11. » » *Pteronarcys reticulata* Burm.

Fig. 12. Vorderflügel von *Perla cephalotes*. V. = $2^1/_3$.

Fig. 13. Flügel von *Embia Savignyi*. V. = 6.

Fig. 14. » » *Periplaneta orientalis*. V. = $4^1/_2$.

Fig. 15. » » *Ectobia lapponica*. V. = 6.

Fig. 16. Hinterflügel von *Eleutherodea dytiscoides* Sew. V. = 2.

Fig. 17. Flügel von *Mantis religiosa*. V. = 2.

Fig. 18. Vorderflügel von *Tropidoderus Childreny* Gray (schem.).

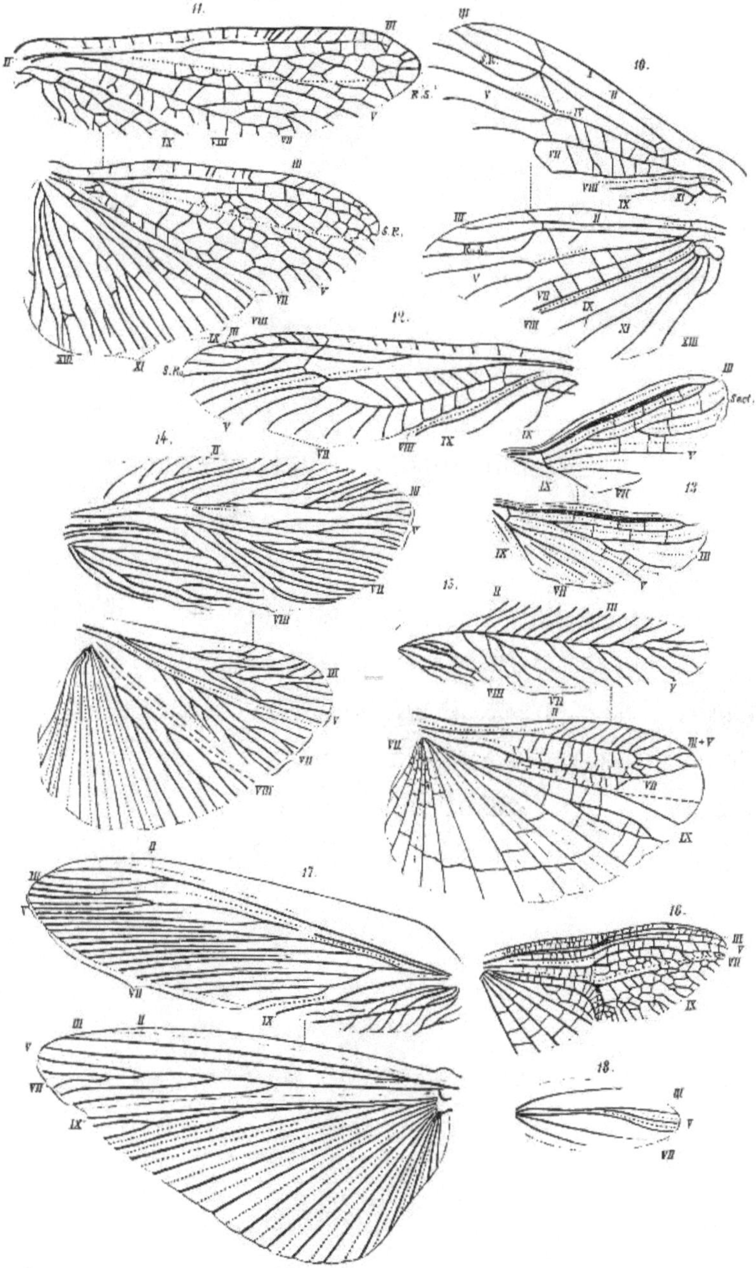

Annal. d. k.k. Naturhist. Hofmuseums, Band I. 1886.

Erklärung zu Tafel XI.

Fig. 19. Flügel von *Prisopus Berosus* Westw. V. = $1\frac{1}{3}$ (schem.).

Fig. 20. » » *Phyllium crurifolium* Serv. V. = 1.

Fig. 21. » » *Oecanthus pellucens*. V. = 5.

Fig. 22. » » *Gryllus campestris* (♀).

Fig. 23. » » *Decticus verrucivorus*. V. = $4\frac{1}{2}$.

Fig. 24. » » *Moristus* spec. (V. = $\frac{3}{1}$, schem.).

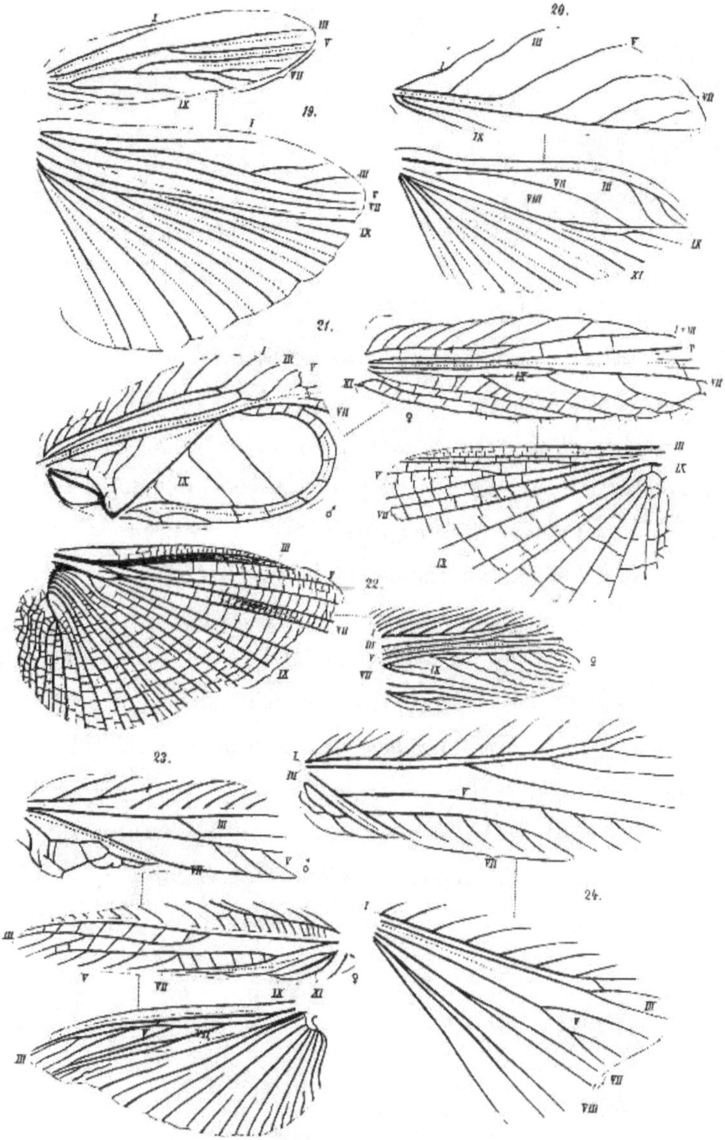
19.
20.
21.
22.
23.
24.

Erklärung zu Tafel XII.

Fig. 25. Flügel von *Phaneroptera falcata* Scop. V. = $2^1/_4$.

Fig. 26. Vorderflügel von *Gryllacris* spec. nov. (schem.).

Fig. 27. Hinterflügel von *Ctenocnemus pallidus* Koll. (schem.).

Fig. 28. Vorderflügel von *Cyrtophyllus perspicillatus* Burm. (schem.).

Fig. 29. Flügel von *Akicera euryscelis* Schaum. (schem.).

Fig. 30. Vorderflügel von *Thamnotrizon apterus* F. V. = $4^3/_4$. ♂.

Fig. 31. Flügel von *Bulla ocellata* Thunb. (schem.).

Fig. 32. » » *Psophus stridulus*. V. = $2^1/_4$.

Fig. 33. Hinterflügel von *Petasia superba* Stal. (schem.).

Fig. 34. » » *Stenobothrus nigromaculatus* H.-Sch. V. = $4^1/_2$.

Fig. 35. Flügel von *Termes lucifugus*. V. = 4.

Fig. 36. » » *Hodotermes brunneicornis* Hg. (schem.).

Fig. 37. » » *Calotermes nodulosus* Hg. (schem.).

Fig. 38. » » *Caecilius flavidus* Steph. V. = 9.

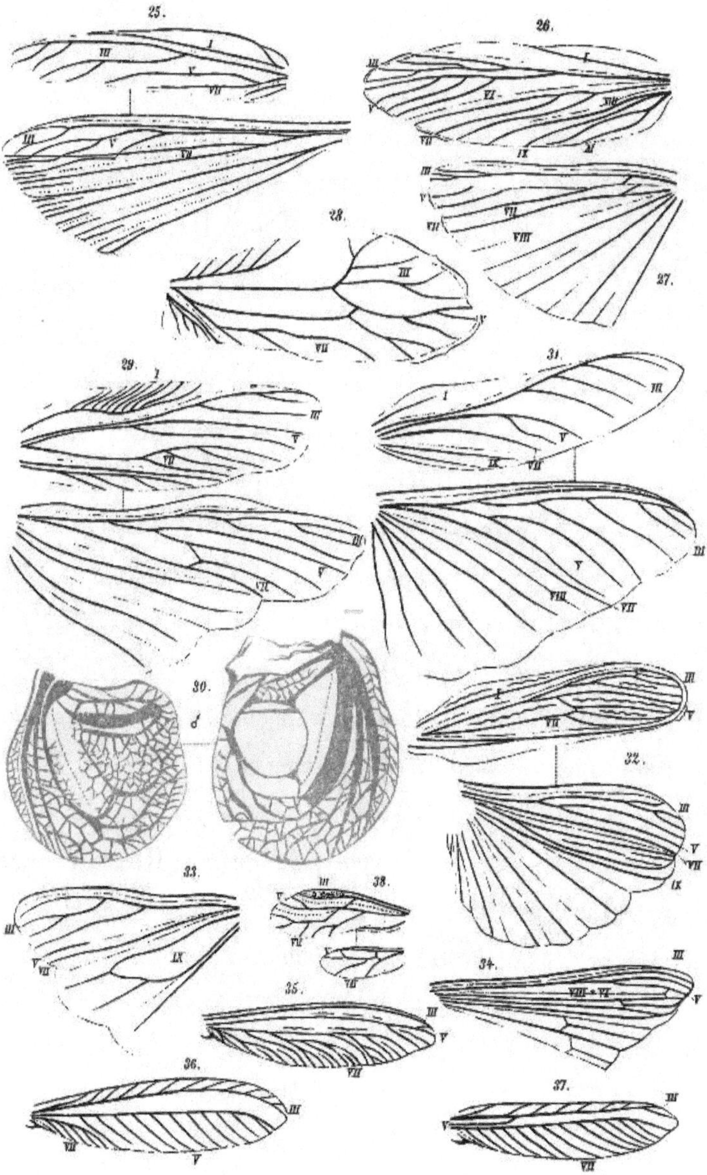
25.
26.
27.
28.
29.
30.
♂
31.
32.
33.
34.
35.
36.
37.
38.

Erklärung zu Tafel XIII.

Fig. 39. Flügel von *Fulgora laternaria* L. V. = 1 (schem.).

Fig. 40. » » *Derbe ugyops* Guér. V. = $5^1/_2$.

Fig. 41. » » *Aphrophora spumaria*. V. = $5^1/_2$.

Fig. 42. » » *Zammara strepens* Serv.

Fig. 43. » » *Centrotus cornutus*. V. = $6^1/_2$.

Fig. 44. » » *Pterochlorus longipes* Duf. V. = $7^1/_2$.

Fig. 45. » » *Psylla alni* L. V. = $7^1/_2$.

Fig. 46. Hinterflügel von *Plataspis coccinelloides* Lap. (schem.).

Fig. 47. Flügel von *Mormydea nigricornis* F. V. = 6.

Fig. 48. Hinterflügel von *Phymata erosa* Wolf. V. = $4^1/_2$.

Fig. 49. » » *Calocoris vandalicus* Rossi. V. = $7^1/_2$.

Fig. 50. Flügel von *Copius maculatus* Thunbg. V. = $5^1/_2$.

Fig. 51. » » *Limnometra armata* Spin. V. = $6^1/_2$.

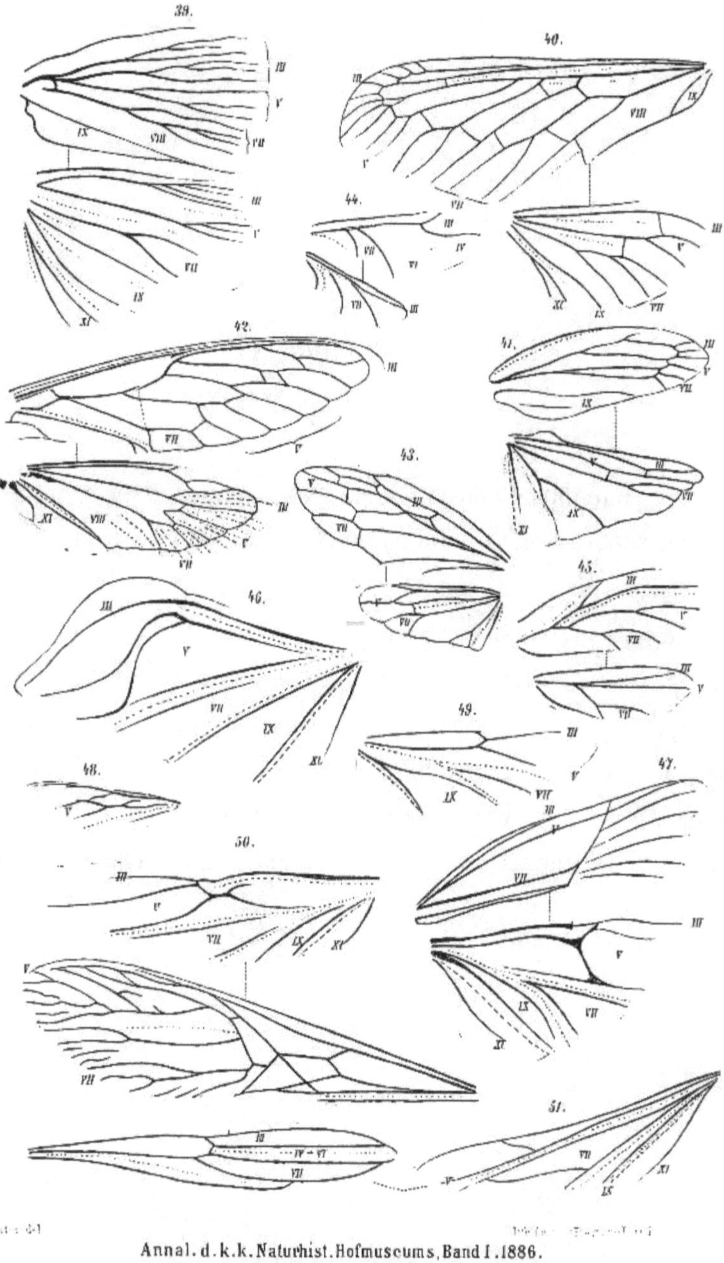
39.
40.
44.
42.
41.
43.
46.
45.
49.
48.
47.
50.
51.

Erklärung zu Tafel XIV.

Fig. 52. Hinterflügel von *Phloeogaster mammosus* Serv. V. = $4^1/_2$.

Fig. 53. Flügel von *Lygaeus equestris* L. V. = 6.

Fig. 54. » » *Notonecta glauca*. V. = $4^3/_4$.

Fig. 55. » » *Nepa rubra* L.

Fig. 56. » » *Corydalis* sp. (schem.).

Fig. 57. » » *Raphidia notata* F. V. = $7^1/_2$.

Fig. 58. » » *Sialis fuliginosa*. V. = 5.

Fig. 59. » » *Megalomus hirtus* F. V. = 5.

Fig. 60. Vorderflügel von *Nymphes myrmeleonides* Leach. (schem.).

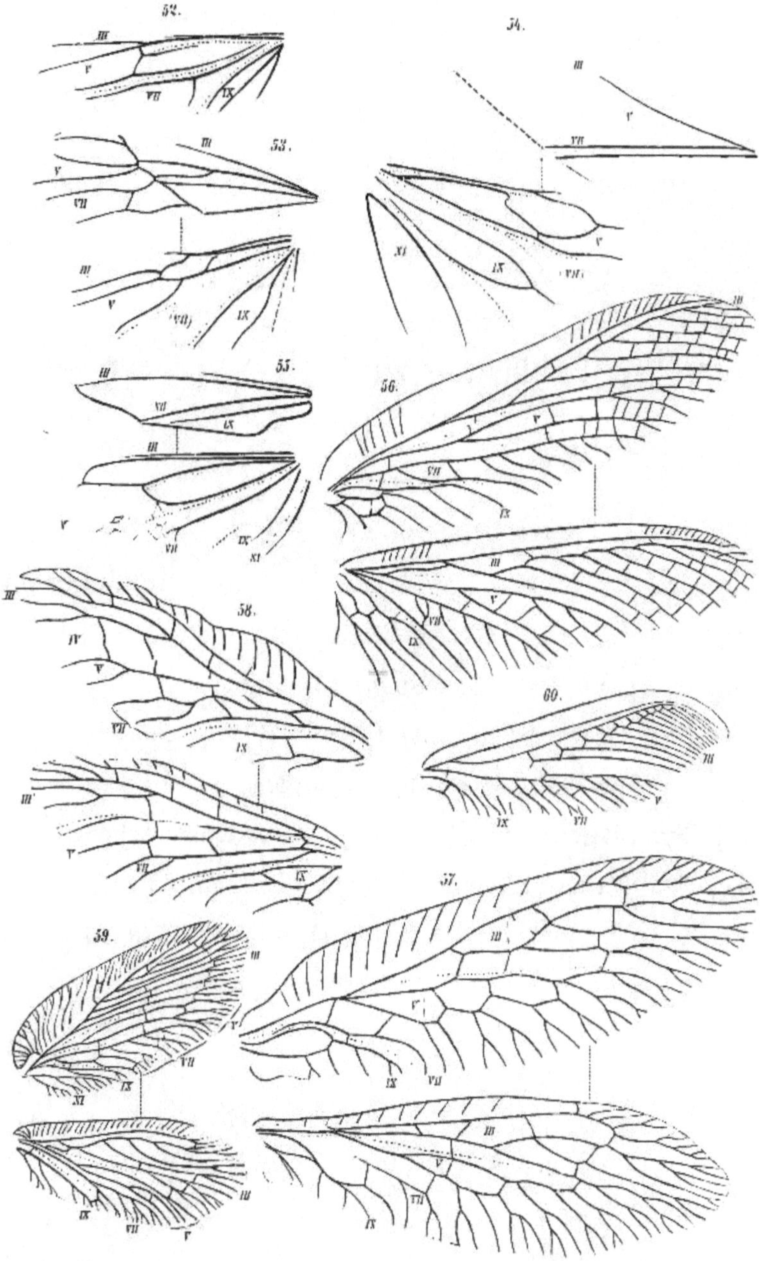

Annal. d. k. k. Naturhist. Hofmuseums, Band I. 1886.

Erklärung zu Tafel XV.

Fig. 61. Flügel von *Dilar turcicus* Hg. V. = 5.

Fig. 62. » » *Corduleccrus vulpecula* Burm. (schem.).

Fig. 63. » » *Chrysopa vulgaris*. V. = 5.

Fig. 64. » » *Drepanicus Gayi* Blanch.

Fig. 65. » » *Mantispa styriaca*. V. = 5.

Fig. 66. Hinterflügel von *Azesia napoleo* (schem.).

Fig. 67. Flügel von *Palpares cephalotes* Klug. (schem.).

Fig. 68. Vorderflügel von *Panorpa montana*. V. = 5.

Fig. 69. » » *Philopotamus variegatus*. V. = 5.

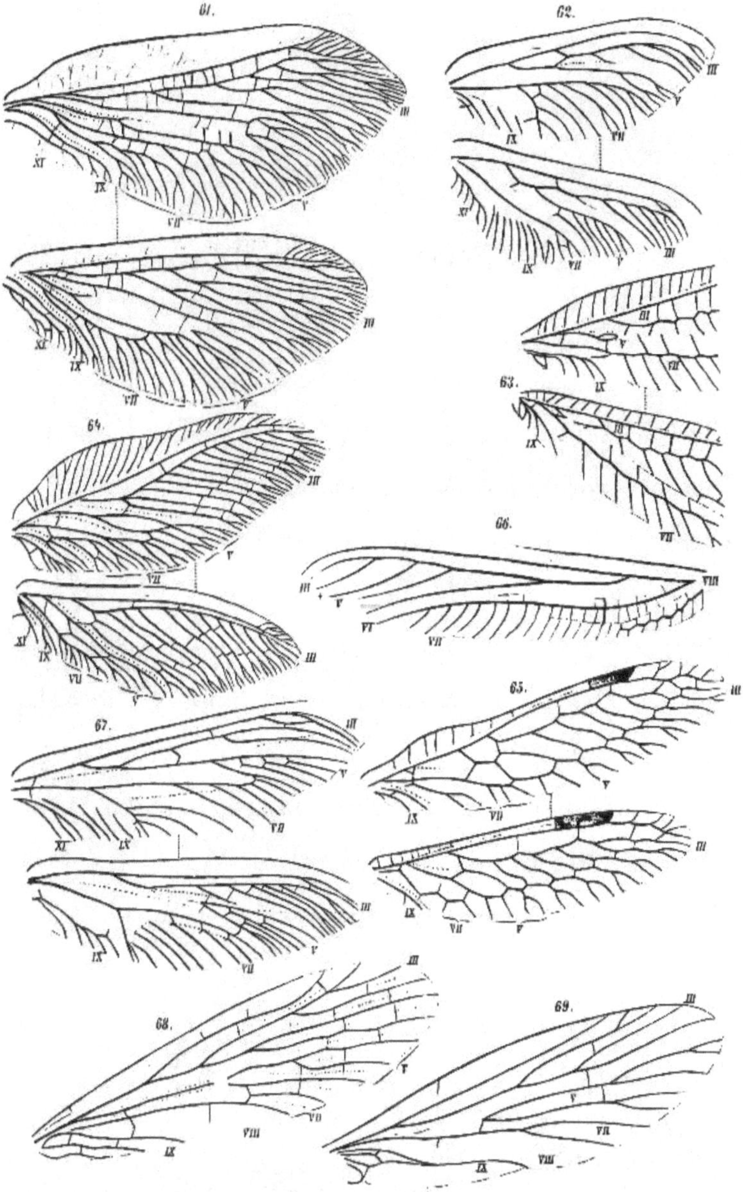
61.
62.
63.
64.
65.
66.
67.
68.
69.

Erklärung zu Tafel XVI.

Fig. 70. Flügel von *Limnophilus griseus* L. V. $4^3/_4$.

Fig. 71. » » *Leptocerus venosus* F. V. = $4^1/_2$.

Fig. 72. » » *Sphinx Galii.* V. = $1^1/_2$.

Fig. 73. » » *Hepialus sylvinus.* V. = $4^1/_4$.

Fig. 74. » » *Tinea vastella.* V. = $5^1/_2$.

Fig. 75. » » *Gonopteryx rhamni* L. V. = $1^1/_2$.

Fig. 76. » » *Cossus ligniperda* F. V. = $1^1/_2$.

Fig. 77. Hinterflügel von *Simaethys nemorana.*

Fig. 78. Flügel von *Zygaena minos.* V. = $4^1/_2$.

Fig. 79. » » *Bombyx mori.* V. = 2.

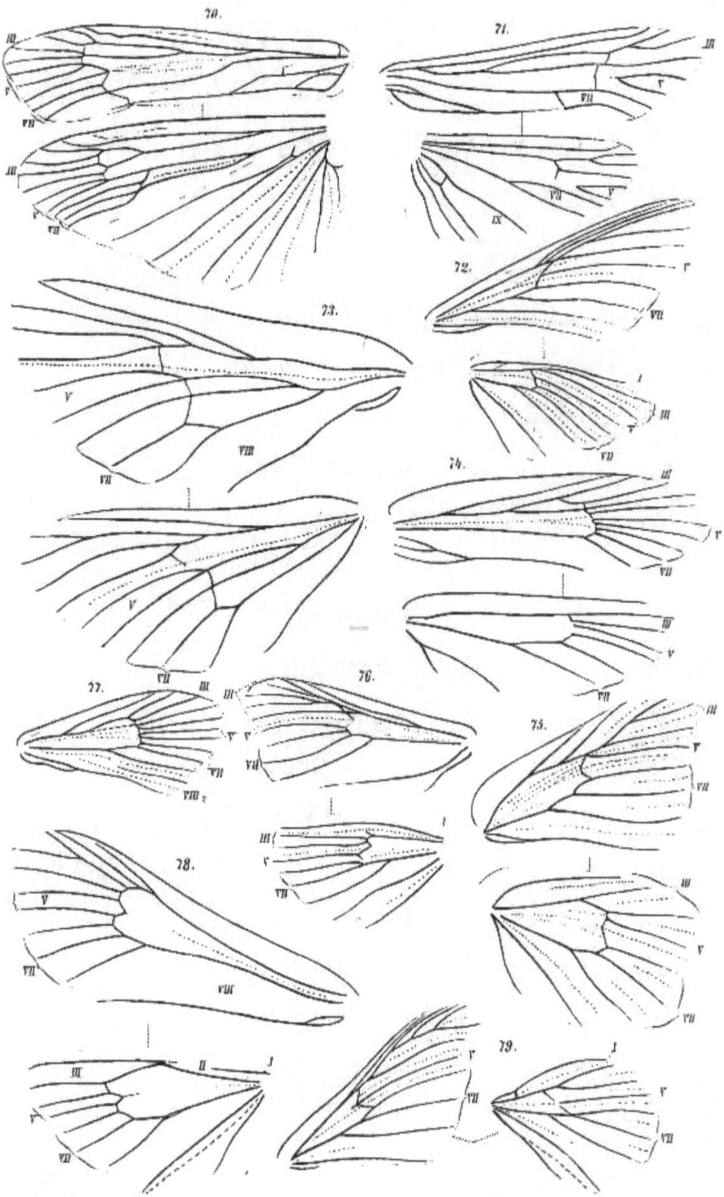

Erklärung zu Tafel XVII.

Fig. 80. Flügel von *Cerastis vaccinii*. V. = $4^1/_2$.

Fig. 81. Vorderflügel von *Brephos puella*. V. = $2^3/_4$.

Fig. 82. Flügel von *Sesia apiformis*. V. = $4^1/_4$.

Fig. 83. » » *Psychoda* sp. (Mexico). V. = $7^1/_2$.

Fig. 84. » » *Sciara viatica* Winn.

Fig. 85. » » *Ptychoptera* (n. Brauer).

Fig. 86. » » *Lonchoptera* sp. V. = 15.

Fig. 87. » » *Bibio hortulanus* L. V. = 6.

Fig. 88. » » *Tipula quadrifaria* (p. p. nach Adolph).

Fig. 89. » » *Stratiomys furcata* F. V. = 6.

Fig. 90. » » *Tabanus* sp. V. = $5^1/_2$.

Fig. 91. » » *Coenomyia ferruginea* (n. Adolph).

Fig. 92. » » *Dolichopus*. V. = $7^1/_2$.

Fig. 93. » » *Usica aurata* F. V. = $7^1/_2$.

Fig. 94. » » *Anthrax flavus* Mg. V. = $4^1/_2$.

Fig. 95. » » *Syrphus pyrastri* L. V. = 6.

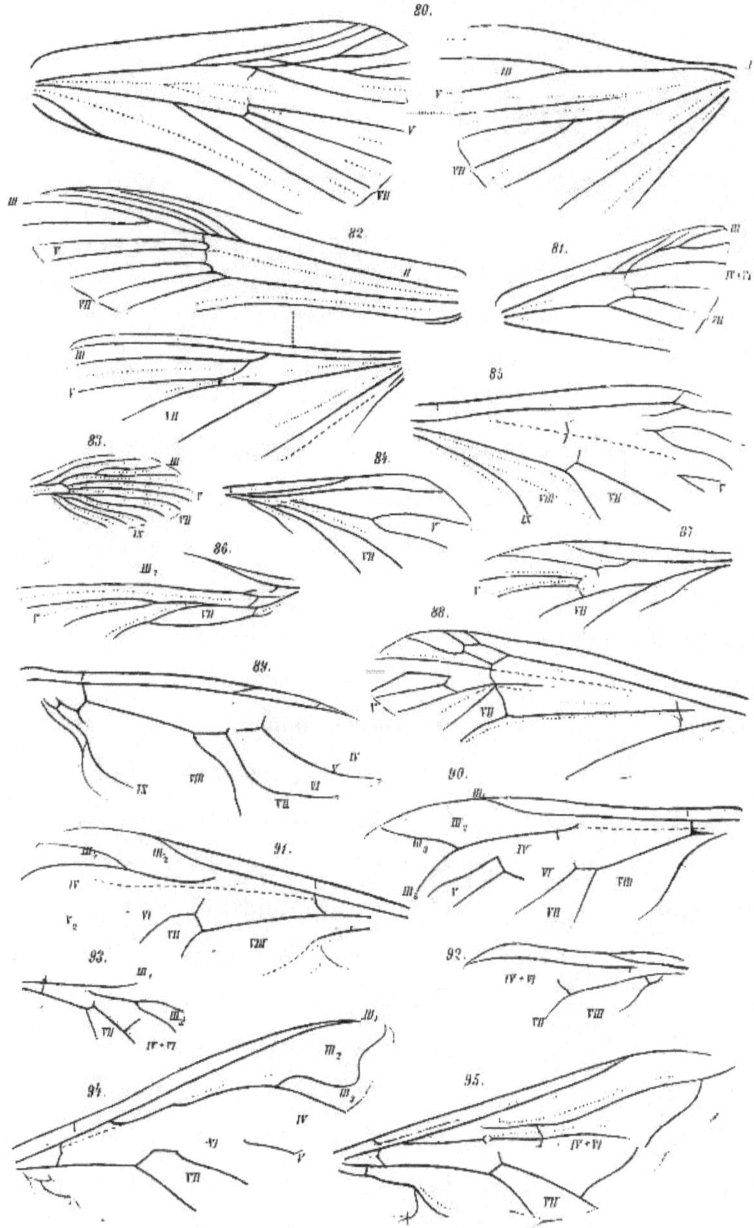

Erklärung zu Tafel XVIII.

Fig. 96. Flügel von *Tachina tesselata* F. V. = 6.

Fig. 97. » » *Trypeta arctii* Deg. V. = $7^1/_2$.

Fig. 98. » » *Ornithomyia avicularia*. V. = $7^1/_2$.

Fig. 99. » » *Culex* (n. Brauer).

Fig. 100. » » *Empis ciliata* (n. Adolph).

Fig. 101. Hinterflügel von *Atractocerus*. V. = $4^1/_2$.

Fig. 102. » » *Campylus denticollis*. V. = $4^1/_4$.

Fig. 103. » » *Rhysodes exaratus* Illig. V. = 6.

Fig. 104. » » *Paussus armatus* Westw. V. = $4^1/_2$.

Fig. 105. » » *Pelobius Hermanni*. V. = $5^1/_2$.

Fig. 106. » » *Heterocerus marginatus*. V. = $5^1/_2$.

Fig. 107. » » *Georyssus pygmaeus*.

Fig. 108. » » *Parnus prolifericornis*. V. = $7^1/_2$.

Fig. 109. » » *Hydrophilus pistaceus*. V. = $1^1/_2$.

Fig. 110. » » *Helophorus grandis*. V. = 6.

Fig. 111. » » *Emus maxillosus*. V. = $4^1/_2$.

Fig. 112. » » *Clidicus grandis* Lap. V. = $5^1/_2$.

Fig. 113. » » *Hister inaequalis*. V. = $2^3/_4$.

Fig. 114. » » *Necrophorus grandis* F. V. = $1^1/_2$.

Fig. 115. » *Scaphidium quadrimaculatum*. V. = $5^1/_2$.

Fig. 116. » » *Cychramus quadripunctatus*. V. = $4^1/_2$.

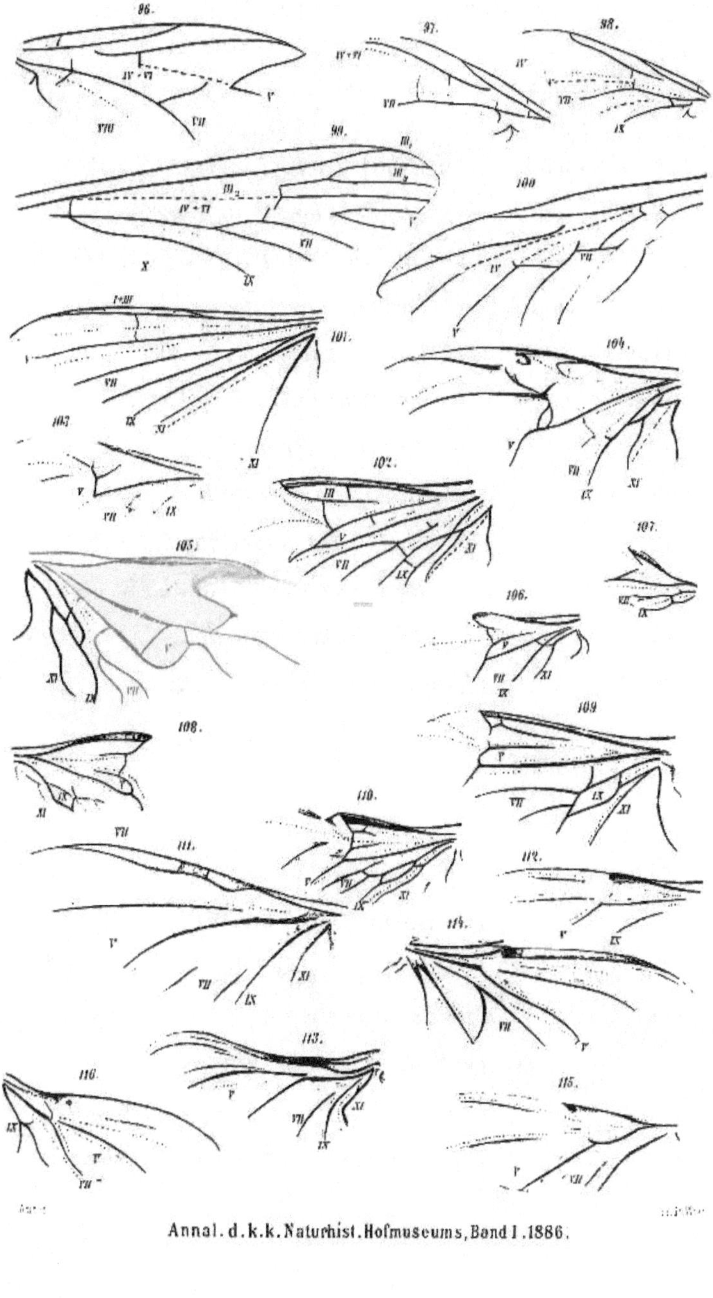

Erklärung zu Tafel XIX.

Fig. 117. Hinterflügel von *Alindria spectabilis*. V. $2^1/_2$.

Fig. 118. » » *Antherophagus nigricornis*. V. $7^1/_2$.

Fig. 119. » » *Cucujus imperialis* Lew. V. = $2^1/_2$.

Fig. 120. » » *Byturus tomentosus*. V. = $7^1/_2$.

Fig. 121. » » *Passalus interruptus*. V. = $1^1/_2$.

Fig. 122. » » *Syntelia histeroides* Lew. V. = 5.

Fig. 123. » » *Lucanus cervus*. V. = $1^1/_2$.

Fig. 124. » » *Julodis laevicostata*. V. = $2^1/_2$.

Fig. 125. » » *Emenadia flabellata*. V. = $5^1/_2$.

Fig. 126. » » *Rhipicera marginata* L. V. = $2^1/_2$.

Fig. 127. » » *Ancylocheira rustica*. V. = $4^3/_4$.

Fig. 128. Flügel von *Helodes pallida* V. = $7^1/_2$.

Fig. 129. » » *Byrrhus pillula*. V. = $4^1/_2$.

Fig. 130. » » *Apate capucina*. V. = $4^1/_2$.

Fig. 131. » » *Trichodes apiarius*. V. = 4.

Fig. 132. » » *Dermestes lardarius*. V. = $7^1/_2$.

Fig. 133. » » *Tetratoma fungorum*. V. = $5^1/_2$.

Fig. 134. » » *Epicauta* sp. V. = $2^1/_2$.

Fig. 135. » » *Mordella decemguttata*. V. = $4^1/_2$.

Fig. 136. » » *Oedemera podagrariae*. V. = 6.

Fig. 137. » » *Eutrachelus Temminki*. V. = $1^1/_2$.

Fig. 138. » » *Attelabus curculionides*. V. = $7^1/_2$.

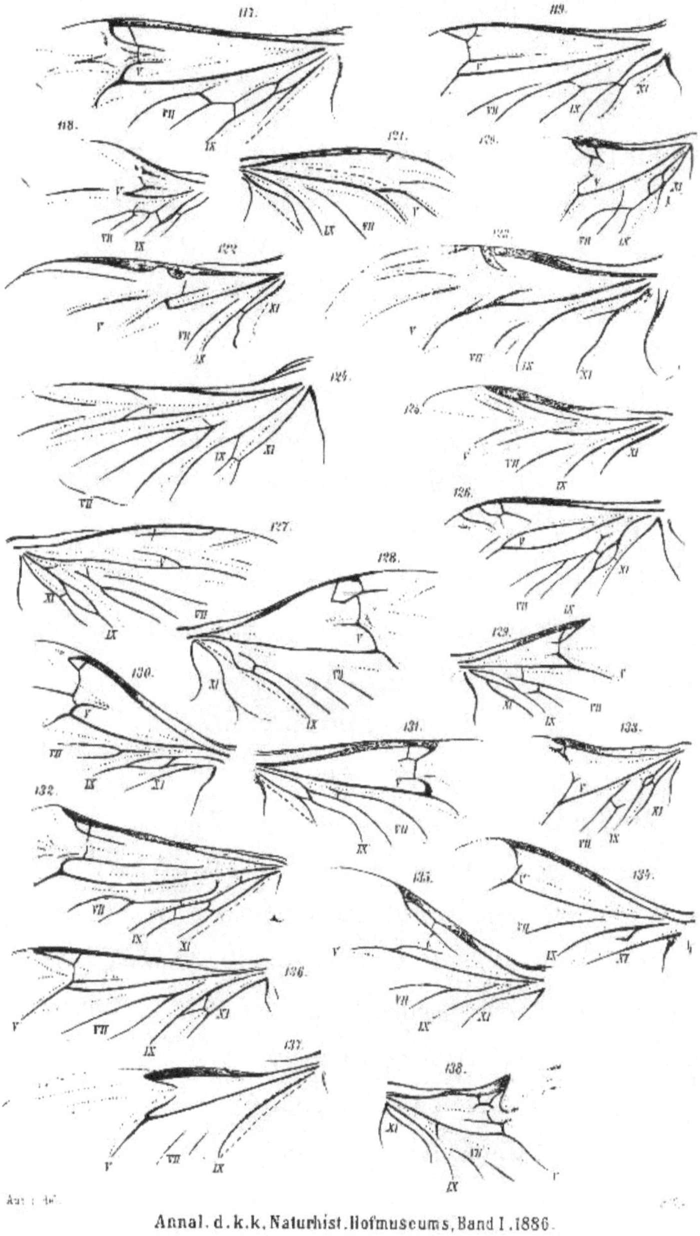

Erklärung zu Tafel XX.

Fig. 139. Flügel von *Caryoborus bactris*. V. = 2½.

Fig. 140. » *Anthribus albinus*. V. = 4½.

Fig. 141. » *Clytus arcuatus*. V. = 4½.

Fig. 142. » » *Trictenotoma Childreni*. V. = 2.

Fig. 143. » » *Molorchus Panzeri*. V. = 2.

Fig. 144. » » *Oreina gloriosa*. V. = 3.

Fig. 145. » » *Sagra femorata*. V. = 2.

Fig. 146. » » *Eumolpus cupreus*. V. = 2.

Fig. 147. » *Aplosoma albicornis*. V. = 3½.

Fig. 148. » » *Polychalca variolosa*. V. = 3½.

Fig. 149. » *Coccinella septempunctata*. V. = 6½.

Fig. 150. » *Nilio* spec. V. = 4½.

Fig. 151. » *Endomychus* spec. V. = 5½.

Fig. 152. » » *Cynips rosae*. V. = 7½.

Fig. 153. » *Helorus anomalipes* Pz.

Fig. 154. » » *Lyda hypotrophica* Hart. V. = 5½.

Fig. 155. Vorderflügel von *Gasteruption assectator* F. V. = 7½.

Fig. 156. » » *Aulacus* sp. (Brasilien). V. = 7½.

Fig. 157. Flügel von *Formica fuliginosa* Latr. V. = 6.

Fig. 158. » » *Xylocopa violacea*. V. = 2½.

Fig. 159. Vorderflügel von *Ammophila dives* Brull. V. = 4½.

Fig. 160. Flügel von *Stilbum splendidum* F. V. = 5½.

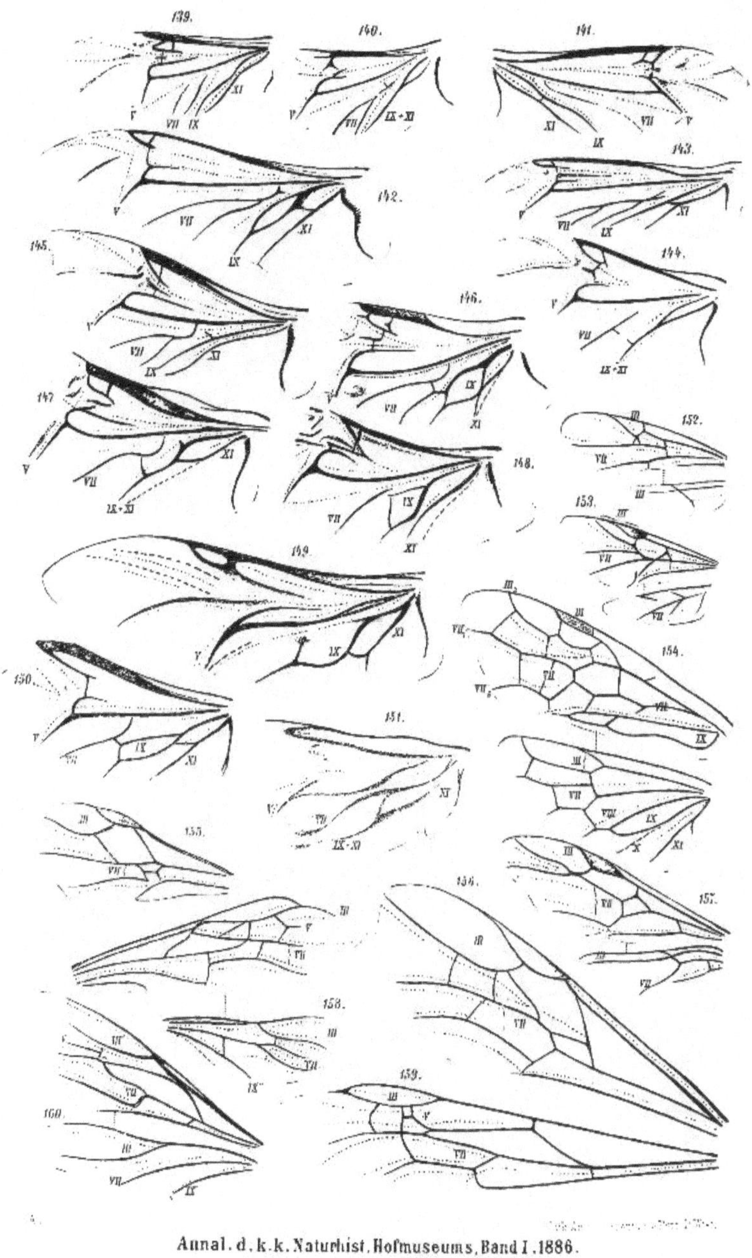

Annal. d. k. k. Naturhist. Hofmuseums, Band I. 1886.

Goldsand mit Demantoid vom alten Ekbatana und Hamadan.

Von

Arthur Gehmacher

in Wien.

Am Nordabhange des Berges Elvend, ungefähr vier Kilometer von ihm entfernt, liegt auf Trümmerboden der Ort Hamadan. Wie schon Baratier vor mehr als 150 Jahren nachwies, bezeichnet uns Hamadan ziemlich sicher die Stelle, wo sich einst die Hauptstadt des alten Mediens, Ekbatana, erhob. Nach der Ansicht Ker Porter's dürften hier, namentlich an der Stelle des alten Königspalastes, weit mehr Reste des höheren Alterthums zu finden sein als in irgend einer andern Perserstadt. Schon seit vielen Jahren nimmt man in den Trümmerfeldern Ekbatanas Ausgrabungen behufs Goldgewinnung vor.[1]) Als der k. persische Leibarzt Herr Dr. Polak auf einer seiner Reisen im Jahre 1882 die Stadt Hamadan besuchte, kaufte er für drei Napoleond'ors von den Goldwäschern eine geringe Quantität des dortigen gewaschenen, Goldstaub führenden Detritus, welcher auch eine beträchtliche Menge Edelsteintrümmer enthielt. Bevor er seine Reise fortsetzte, verschaffte er sich auch einen Sack voll Ackererde der nächsten Umgebung Hamadans. Diese Aufsammlungen erhielt ich von meinem hochgeehrten Herrn Professor Schrauf zur Bestimmung. Bevor ich aber an die Detaillirung der Untersuchung gehe, will ich mir erlauben, die Resultate derselben anzuführen. Demnach enthielt der Detritus (sammt der Ackererde) vom alten Ekbatana

an Metallen: Gold, Silber, Eisen, Kupfer, Blei;
» Edelsteinen: Spinell, Granat (incl. Demantoid);
Steinen: Granit, Feldspath, Quarz, Glimmer, Thon, Thonschiefer;
Erzen: Magneteisenstein, Rotheisenstein, Zinnober;
technischen Producten: Eisenschlacke, Bleischlacke, Mennige, Ziegelsteine.

I. Die Ackerkrume.

Die grössere Masse von Thon und Erde wurde zuerst durch Schlemmen entfernt. Der Rückstand trug den Charakter eines Gerölles. Er bestand aus Quarz (meist Geschiebe mit einigen Fragmenten von Milchquarz), Feldspath, erhärtetem Thon und Thonschiefer, Granit mit schwarzem, metallisch schimmerndem Glimmer. Beigemengt waren Stücke von gebrannten Ziegeln. Der vorhandene Milchquarz wurde Stück für Stück mit der Lupe betrachtet, um etwa eingesprengtes Gold zu entdecken, es zeigte sich jedoch keine Spur davon.

II. Untersuchung des Detritus.

1. Gold. Die Form der grösseren, etwa $1/2$ *mm* Durchmesser haltenden Goldpartikelchen war sehr verschieden, doch zeigten sie sämmtlich Spuren einer künstlichen Bearbeitung. Unterm Mikroskop erschienen sie meist als kugelförmige, seltener als formlose Körner, manchmal als geschnittene, scharfkantige, drei- bis vierseitige Platten. Daneben fanden sich mehrere Stücke von schraubenförmig gestrickter Gestalt, deren ungemein zartes und zierliches Aussehen lebhaft an feine venezianische Arbeit erinnerte.

[1]) C. Ritter: Die Erdkunde von Asien. 1840. vol. IX, 3. 101.

Hie und da traten auch cylindrische, scharf abgeschnittene Drähte auf. Natürliches Gold, wie Goldschüppchen oder dergleichen, fehlte gänzlich. Der feinste Theil des Detritus bestand fast ausschliesslich aus durchscheinenden, braunrothen Granatfragmenten und aus eigenthümlich geformtem Goldstaub. Eine solche Goldprobe besteht, wie das Mikroskop lehrte, aus lauter vollkommenen Kugeln. Merkwürdigerweise war die Grösse derselben nicht viel verschieden. Zur Feststellung dieser Thatsache wurden 22 Messungen vorgenommen. Der Diameter war ungefähr

65 Mikron bei 4 Kugeln		95 Mikron bei 3 Kugeln	
75 » » 7 »		105 » » 2 »	
85 » » 5 »		115 » » 1 »	

Hieraus ergibt sich als häufigster Werth 75 Mikron, also weniger als ein Zehntelmillimeter. Das ganze Gold machte ungefähr den Eindruck wie die Abfälle einer Goldschmiede oder Goldgiesserei. Wahrscheinlich waren die Goldkügelchen Spratzgold.

2. Silber. Bei Gelegenheit der mikroskopischen Betrachtung war es aufgefallen, dass nicht alle Goldtheilchen gleich gefärbt waren, dass namentlich einige der kleinen Kugeln ganz silberhell erschienen. Die Untersuchung derselben ergab, dass man es mit einer silberreichen Goldlegirung zu thun hatte.[1]) Mehrere andere Kügelchen erwiesen sich als Electrum. Die Mehrzahl aber bestand aus fast absolut reinem (etwa 98 percentigem) Gold.[2]) Dies wurde durch Vergleichen der Strichproben mit denen eines österreichischen Dukatens, eines Zehnmarkstückes und eines Dollars festgestellt.[3])

3. Eisen. Mit einem starken Magneten wurden dreierlei Bestandtheile herausgezogen: 1. Rothbraune, äusserlich erdige, innen metallische Stücke von manchmal stangen- bis drahtförmiger Gestalt: metallisches Eisen. 2. Schwarze, schieferige Massen, welche an die Bruchstücke eines Schmelztiegels ihrem Aussehen nach erinnerten; ihr Strich war schwarzbraun bis schwarz: Magneteisenstein oder durch Brand magnetisch gewordener Rotheisenstein. 3. Schwarze, stark magnetische Kugeln von der Grösse des sogenannten Vogeldunstes: Eisenschlacke.

4. Kupfer. Das aussen mit Malachit überzogene Kupfer war entweder in formlosen Stücken oder in kugeliger, draht- bis ringförmiger Gestalt vorhanden. Ein einziges Stück hatte eine andere Form, es war vollkommen würfelförmig. Dieser Würfel war durchbohrt und an den Seiten mit einer eigenthümlichen ʘ-förmigen Pressung versehen. Sein Gewicht betrug 0·33 *gr*, also nahezu zwei Karat. Wahrscheinlich ein Gewicht.

5. Blei. Das metallische Blei fand sich meist in rundlichen oder stänglichen Körnern vor, die aussen von gelblichweissen Verwitterungsproducten umgeben waren. Eine ähnliche Form, oder mehr tropfenartig, zeigten glasartige, undurchsichtige, spröde, dunkel-

[1]) Nach den Angaben des Herrn Dr. Polak sammeln die Goldgräber von Hamadan auch Platin. Unser Material war frei von Platin, da die platinähnlichen Kugeln aus einer Gold-Silber-Legirung bestanden. Doch kommt der betreffende Käufer des scheinbaren Platins keineswegs zu Schaden, denn wegen des Gehaltes dieser Legirung an Gold ist der Werth derselben dem des Platins äquivalent.

[2]) Des späteren Vergleiches halber erwähne ich, dass in der Nähe von Jekaterinenburg reinstes, 99%iges, Waschgold vorkommt. G. Rose: Reise nach dem Ural. Berlin 1837. I, 238 seq.

[3]) Herr Dr. Polak erzählte mir über die Verhältnisse der Goldgräber in Hamadan Folgendes: Es sind dort im Ganzen 150 Arbeiter, in fünf Gruppen eingetheilt, mit dem Graben und Waschen des Goldes beschäftigt. Um sein Auskommen zu finden, muss jeder derselben täglich mindestens vier Francs verdienen, wovon er einen halben Franc für die Erlaubniss, zwei Francs dem Grundbesitzer und dem Aufseher zusammen, u. s. w. zu zahlen hat, so dass ihm ein Franc Reingewinn bleibt. Schon diese Zahlen beweisen, wie reich der Detritus des alten Ekbatana an Gold ist. Ausser dem Gold gewinnt man noch nebenbei Keilschriftcylinder, geschnittene Steine, Münzen und altgriechische Schmuckgegenstände, welche origineller Weise (vergl. oben) mit kleinen Goldperlen, $^1/_2$ *mm*, verziert sind.

braun gesprenkelte, aussen von braunen Zersetzungsproducten umgebene Körper, die Bleischlacke waren. Einige gelbe, erdige Stücke waren Mennige.

6. Zinnober. Mehrere rothe, weiche, fast erdige Körner waren Zinnober. Es scheint mir das Vorkommen von Zinnober im Detritus vom alten Ekbatana bemerkenswerth, weil dies ein eigenthümliches Streiflicht auf die Anwesenheit des in 9. zu besprechenden Demantoides in demselben Detritus wirft. Ich behalte mir vor, später nochmals darauf hinzuweisen.

7. Spinell (Rubin-Balais). Vierzehn der vorhandenen rothen Steine waren trotz ihrer Rubinfarbe nicht Rubine, sondern Spinelle, und zwar jener Sorte, die man als Rubin-Balais zu bezeichnen pflegt. Sie waren sämmtlich einfach brechend, nicht dichroitisch, ihre Härte war 8. Mehrere von ihnen zeigten sich angeschliffen und einige sogar durchbohrt. Die Nuance der Farbe wechselte, sie ergab sich nach Radde: violett: 23 *f*, 23 *g*, 24 *k*; purpur: 25 *h*, 25 *k*, 25 *r*, 26 *l*, 27 *g*. Sie dürften vielleicht aus Badagschan stammen, da Baktra schon zu Darius' Zeiten die wichtigste Handelsstadt des Osten war und diese bis 1220 blieb.

8. Granat. Die grosse Masse der Granaten war von schwarzer bis braunrother Farbe. Bei einigen schöneren Exemplaren wurde dieselbe mit Hilfe der Radde'schen Farbenscala näher bestimmt, sie war purpur: 25 *k*, 25 *p*. Die Mehrzahl von ihnen war undurchsichtig, nur wenige durchsichtig. Einige waren in ihrer natürlichen Form, einem vollkommen ausgebildeten Rhombendodekaëder, erhalten. Sie zeigten sich einfach brechend, nicht dichroitisch. Vor dem Löthrohr erhitzte Proben der rothbraunen Varietät wurden zuerst schwarz und schmolzen dann ganz leicht am Rande. Dies, wie auch ihre Härte 7·5 liess sie unzweifelhaft als Granaten erkennen.

Eine bemerkenswerthe Granatvarietät bildeten sechs gelbe, ebenfalls einfach brechende und nicht dichroitische Stücke, deren genauere Farbe war: orange: 5 *l*, 6 *p*, 6 *r*, gelb: 8 *s*. Ihre Härte war 7·5, die mit Probeflüssigkeit bestimmte Dichte grösser als 3·1. Beim Erhitzen vor dem Löthrohre veränderte sich die Farbe zuerst von Gelb in Schwarz, dann trat an den Kanten ein leichtes Schmelzen ein. Erkaltet kehrte die ursprüngliche gelbe Farbe wieder vollkommen zurück.

9. Demantoid (Kalkeisengranat). Im Detritus fielen besonders drei schön grüne, lebhaft glänzende Steine auf, welche nicht in ihrer natürlichen Form vorlagen, sondern Spuren einer Bearbeitung erkennen liessen. Zwei von ihnen waren grasgrün (Radde): 14 *l*, 15 *p*, der dritte rein smaragdgrün: 13 *m*. Sie zeigten einen schwach muschligen Bruch und waren fast vollkommen durchsichtig. Sie glichen Smaragden, sind aber in Wirklichkeit nur eine Granatvarietät. Ihre Härte zeigte sich als 7·5, ihre Dichte grösser als 3·1, da sie in einer Cadmiumborowolframatlösung von 3·1 sehr rasch untersanken. Sie zeigten keine Spur von Dichroismus oder Aufhellung bei gekreuzten Nicols, trotzdem sie zuerst in Luft, dann in Wasser und schliesslich in Canadabalsam eingebettet, untersucht wurden. Sie gehören unbedingt einem isotropen Minerale an. Ein dem smaragdgrünen Stücke abgebrochenes Splitterchen wurde nun mittelst Löthrohr noch weiter geprüft. Beim Erhitzen schlug die Farbe zuerst von Grün in Schwarz um, beim Erkalten kehrte jedoch das schöne Grün wieder vollkommen zurück. In der Phosphorsalzperle trat allmälig eine Auflösung ein. Die so erhaltene Perle war im heissen Zustande gelblichgrün, im kalten vollständig farblos. Demnach ist nur Eisen, nicht aber Chrom vorhanden. Das restirende Kieselskelet bewies den Silicatcharakter. Nach diesen Eigenschaften können die Steine nichts Anderes sein als Demantoide (Kalkeisengranaten). Die bisher veröffentlichten Beschreibungen dieses Edelsteines stimmen in der That mit dem oben angeführten Charakter unserer Steine fast vollständig überein. Nur

16*

ein scheinbarer Widerspruch ist vorhanden und dieser betrifft den Fundort. Die vier Abhandlungen,[1]) welche von den Forschern Rammelsberg, Waller, vom Rath und Lösch herrühren, weisen nämlich sämmtlich auf den Ural, als einziges Vorkommen, hin. Nils Nordenskiöld sen. war es, der zuerst den lichtgrünen Demantoid von Tagilsk benannte. Erst viel später, als man den diamantglänzenden Granat von Tagilsk beinahe vergessen hatte, wurden im Goldsande des Baches Bobrowka[2]) im Quellgebiete der Tschussowaja ebenfalls Demantoide gefunden. Diese zeichnen sich durch ihre gras- bis rein smaragdgrüne Färbung aus. Sie werden jetzt in Jekaterinenburg zu Schmucksteinen verschliffen und sind chromfreie Kalkeisengranaten, die ebenso wie unsere Exemplare den Smaragden gleichen.

In Anbetracht dieser Facta kommt man unwillkürlich zu dem Gedanken, dass auch unsere Demantoide vom Ural abstammen könnten. So viel ist gewiss: dort, wo sie ausgegraben wurden, waren sie von der Natur nicht gebildet, sondern erst durch Menschen hingebracht worden. Hamadan ist jetzt nach Ritter im Verfall begriffen, es müssen also die Edelsteine aus einer längst vergangenen Zeit stammen, vielleicht aus jener fernen Zeit, aus der auch die grossen Massen von Goldstaub herrühren, als an Stelle Hamadans das alte, prächtige Ekbatana der Meder stand; denn Plinius[3]) bespricht bereits die berühmten »medischen« Smaragde, wobei er aber ausdrücklich hervorhebt, dass sich dieselben von allen anderen Smaragden durch wesentliche Abänderungen, die er Fehler nennt, so namentlich durch die wechselnde Farbe, unterscheiden.

Zweifellos waren die »medischen« Smaragde des Plinius ident mit unseren Demantoiden. Zur Blüthezeit Ekbatanas war der Handelsverkehr mit dem Ural vielleicht intensiver als später zur Zeit des Mittelalters. Es sei diesbezüglich blos an den Zug des Darius (514) gegen die Scythen, an Alexander den Grossen erinnert. Nach Norden zu ist überdies der Verkehr durch Flüsse begünstigt. Von der an der Westküste des Kaspisees gelegenen Hafenstadt Cyropolis, dem jetzigen Rescht, konnte sich der Handel ungehindert nordwärts ausbreiten. Sicherlich war damals auch bereits die Mündung der Wolga durch Küstenfahrer erreicht worden. Diese führt in die Kama und Tschussowaja. Im Quellgebiete der letzteren befinden sich gerade die ältesten Goldwäschereien des ganzen Urals, hier trifft man neben Gold auch Zinnober und hier liegt auch Sissersk, der bekannte Fundort der Demantoide. Dort haben wir genau dieselbe Association, die wir heutzutage im Detritus von Ekbatana finden. Wenn das von Herrn Dr. Polak erwähnte Vorkommen von Platin in Hamadan der Wahrheit entspricht, so ist dies nur ein weiterer Hinweis auf den Ural.

Es mag die Annahme solcher für die damalige Zeit immerhin sehr weiten Handelsreisen vielleicht anfangs etwas gewagt erscheinen. Wenn man aber bedenkt, dass erstere keineswegs besonders beschwerlich und gewiss schon wegen des Goldes allein sehr lohnend waren, so muss man sicherlich die Berechtigung dieser Hypothese zugeben. Sie allein bietet ja die Möglichkeit, das Vorkommen eines specifischen Minerals von Sissersk im Detritus vom alten Ekbatana zu erklären.

[1]) Rammelsberg: Deutsche geol. Gesellsch., XXIX, 1877, 819. Ueber den Kalkeisengranat von Sissersk. J. Waller: Zeitschr. f. Kryst. 1879. III, 205. Analyse vom Demantoid. G. vom Rath: Naturwiss. Stud. Bonn 1879. 130, Vorkommen des Demantoides. A. Lösch: Jahrb. f. Min. 1879. 785. Ueber Kalkeisengranat.

[2]) Im Süden von Jekaterinenburg und Beresowsk, $1\frac{1}{2}$ Meilen vom Dorf Poldnewa, Hütte Polewskoi, Bezirk Sissersk in Sibirien.

[3]) C. Plinius, l. XXXVII. c. 16. 17. 18. Uebersetzt von Wittstein. 1882. VI, 256.

Universität Wien, 1886.

Ueber ein neues Euklas-Vorkommen aus den österreichischen Tauern.

Von

R. Köchlin.

Mit einer lithogr. Tafel (Nr. XXI).

Im Jahre 1881 wurde das seltene Mineral Euklas zum ersten Male in unseren Alpen aufgefunden und dieses Vorkommen von Becke[1]) in seiner Arbeit »Euklas aus den Alpen« beschrieben. Damit war natürlich die regste Aufmerksamkeit der Mineralogen und Sammler auf dieses seltene Vorkommen gelenkt; aber erst im Jahre 1884 gelang es dem Mineralienhändler Herrn Anton Otto, abermals mehrere Euklas-Stufen in den Alpen aufzufinden.

Brezina hat eine dieser Stufen, welche von dem k. k. Hofmineralien-Cabinete erworben worden war, in einer Notiz[2]) beschrieben und zugleich seine Absicht kundgegeben, eine ausführliche Beschreibung dieses neuen Vorkommens folgen zu lassen. Durch andere Arbeiten jedoch zu sehr in Anspruch genommen, hatte Herr Dr. Brezina die Güte, mir diese Arbeit zu überlassen.

Herr Otto brachte später noch mehrere Stücke desselben Vorkommens in den Handel; als Fundort des neuen Euklas-Vorkommens ist auf der Etiquette eines der neueren Stücke »Möllthal, Kärnthen-Tyroler Grenzkamm, Graden«, auf der des ersten »Gamsgrube gegenüber dem Grossglockner« angegeben. Zur näheren Bezeichnung der Lage dieses letzteren Fundortes muss ich anführen, dass die Gamsgrube jenes Kaar ist, das sich vom Fuscherkaarkopfe in nordnordwestlicher Richtung gegen den Pasterzengletscher hinzieht und an dessen unterem Ende die Hofmannshütte liegt.

In Bezug auf die paragenetischen Verhältnisse der Stufen kann ich nur wiederholen, was schon Brezina in der obenerwähnten Notiz darüber gesagt hat.

Die genetische Reihenfolge auf dem Stücke aus der Gamsgrube, auf das ich mich hauptsächlich beziehen werde, ist folgende: Periklin, dann Quarz, Euklas und Rutil, sodann Calcit. Darüber ist theilweise eine Decke von kleinen Schüppchen eines weissen, margaroditähnlichen Glimmers mit Calcit und Rutil ausgebildet. Die Unterlage bildet eine Scholle von Glimmerschiefer. Es sind hier also ziemlich ähnliche Verhältnisse wie bei dem von Becke beschriebenen Vorkommen.

Der Periklin ist in Krystallen bis zu 2 Cm. Länge ausgebildet, die theilweise von gelben Häuten überzogen sind.

Der Quarz tritt in der Form von Bergkrystall auf und bildet Krystalle bis zu 4 Cm. Länge. Bemerkenswerth ist, dass er jene steilen Rhomboëder, die Becke erwähnt, nicht zeigt. Häufig ist er von feinen Rutilkrystallen durchwachsen. Dieselbe Erscheinung sieht man auch bei dem Euklas, der mit dem Quarz gleichzeitig gebildet sein dürfte. Die Euklas-Krystalle, deren grösste über 1 Cm. lang sind, haben einen schilfähnlichen

[1]) F. Becke: Euklas aus den Alpen. Min.-petr. Mitth. Wien 1881, IV, pag. 147.

[2]) A. Brezina: Verhandlungen der k. k. geol. Reichsanstalt. Wien 1884, Nr. 18, pag. 380.

Habitus; dadurch unterscheiden sie sich wesentlich von dem von Becke beschriebenen Vorkommen, das sich gerade durch ebenmässige Flächenentwicklung auszeichnet. Auf diese Verhältnisse komme ich unten noch zurück und will hier nur noch erwähnen, dass bei dem neuen Vorkommen die Euklas-Krystalle bald auf dem Periklin, bald auf dem Quarz, zwei derselben sogar direct auf dem Glimmerschiefer aufgewachsen sind, und dass eine bestimmte Orientirung nicht besteht, während Becke bei dem älteren Vorkommen hervorhebt, dass der Euklas nur auf dem Periklin, und zwar nur auf den nach einer Seite gewendeten Flächen desselben aufsitzt und auch nur auf einem Rande der Stufe auftritt; ferner ist noch bemerkenswerth, dass das alte Vorkommen eine grosse Anzahl kleiner Krystalle zeigte, während dieselben bei dem neuen Vorkommen im Allgemeinen gross, aber viel spärlicher sind.

Der Calcit bildet grosse, bis 4 Cm. lange Skalenoëder, die auf der Oberfläche stark corrodirt und schmutziggrau gefärbt sind. Aehnliche Verhältnisse zeigt der Ankerit des älteren Vorkommens. Während dieser aber vor dem Quarz gebildet ist, scheint bei unseren Stücken der Calcit die letzte Bildung zu sein. Doch sind die einzelnen Bildungen nicht scharf geschieden, sondern greifen ineinander über.

Eine zweite Stufe, die aus dem Möllthal stammt, zeigt fast nur Periklin, der hier in grösseren Krystallen auftritt. Auf einem derselben sitzt ein kleiner, aber schön ausgebildeter Euklas-Krystall, der einzige auf dieser Stufe. Er hat denselben Habitus wie die Krystalle der Stufe aus der Gamsgrube.

Zur speciellen Untersuchung des Euklases wurden mir zwei Krystalle zur Verfügung gestellt; der eine, den ich mit I bezeichnen will, von Herrn Dr. Brezina, der andere, den ich mit II bezeichnen will, von Herrn Hofrath F. Ritter von Friese. Mit Vergnügen ergreife ich hier die Gelegenheit, den genannten Herren für ihre Güte meinen verbindlichsten Dank auszusprechen.

Beide Krystalle sind abgebrochen. Der Krystall I schräg gegen die c-Axe, so dass die Prismenflächen auf der Seite des vorderen Pinakoides ganz kurz sind; der Krystall II ungefähr parallel zur Basis. Der Krystall I ist 5 Mm. lang, 2·5 Mm. breit und 1·5 Mm. dick, vollkommen wasserklar, nur im unteren Theile, wo er aufgewachsen war, etwas getrübt. Der Krystall II ist 3·5 Mm. lang, 2 Mm. breit und 0·5 Mm. dick, ebenfalls wasserhell und hat Einschlüsse von röthlichen, feinen Rutilnadeln.

Die Messung der Krystalle wurde im Universitätslaboratorium des Herrn Dr. Brezina ausgeführt, unter dessen Leitung ich daselbst Krystallographie studirte. Zu den Messungen wurde ein Verticalinstrument mit zwei Fernrohren mit kleiner Apertur der Einlassblendung benützt, wie dasselbe in Brezina's Methodik der Krystallbestimmung pag. 51 beschrieben ist.

Alle Zonen wurden zweimal gemessen; manche, die wegen besonders schlechter Ausbildung der Flächen es nothwendig erscheinen liessen, dreimal. Diese Messungen differirten bei einigermassen guten Reflexen im Allgemeinen gar nicht oder nur um 0·5′, selten bis zu 2′. Bei Reflexen, die sich wegen Lichtschwäche oder grosser Ausdehnung bei Mangel an marcanten Punkten schwer einstellen liessen, kamen Differenzen bis zu 10′, bei Schimmermessungen bis zu 40′ vor. Leider mussten theilweise auch solche Messungen mitbenützt werden. Aus den Resultaten dieser wiederholten Messungen ein und derselben Zone wurde das Mittel genommen, und es kommt die Anzahl der Einzelmessungen desselben Winkels, sowie deren Differenzen in den Rubriken der Winkeltabelle »Zahl der Kanten« und »Grenzwerthe« nicht zum Ausdrucke.

Wie die unten folgende Winkeltabelle zeigt, ergaben die Messungen symmetrischer Zonen an demselben Krystalle oder entsprechender Zonen an den beiden oft recht bedeutende Differenzen, sowie auch die gemessenen Werthe mit den gerechneten meist nicht gut stimmen. Diese Erscheinungen erklären sich aber leicht, wenn man die unvollkommene Ausbildung der Krystalle in Betracht zieht. Von den Flächen derselben sind nämlich viele gekrümmt oder auch gewellt, andere sehr klein ausgebildet, wieder andere durch feinere oder gröbere Combinationsstreifung gestört, oder es treten neben den Flächen oder an Stelle derselben Vicinalflächen auf. Alle diese Umstände erschwerten oder verhinderten natürlich eine genaue Messung. In den seltenen Fällen aber, wo die Flächen vollkommen gute Reflexe gaben, stimmen die gemessenen Werthe mit den aus Kokscharow's Elementen gerechneten fast ganz genau überein.

Die Aufstellung und die Buchstabenbezeichnung wurden von Kokscharow entlehnt, die nothwendigen Rechnungen auf Grund seiner Elemente durchgeführt. Das angenommene Axenverhältniss ist demnach:

$$a : b : c = 0{\cdot}97135 : 3{\cdot}00086 : 1 = 0{\cdot}32369 : 1 : 0{\cdot}33324$$

und der Axenwinkel

$$\eta = 100^{0}\,15'\,56'' \text{ oder } \beta = 79^{0}\,44'\,4''.$$

Nachdem an den von mir untersuchten Krystallen neue Flächen auftreten, war es nothwendig, Buchstaben für sie zu wählen. Ich folgte dabei den von Dr. V. Goldschmidt[1]) aufgestellten Grundsätzen; in Folge dessen sind die neugewählten Buchstaben solche, die in dessen Index für Formen des Euklases noch nicht verwendet sind.

Neue Flächen, die nur einmal auftreten und nur annähernd bestimmt werden konnten, bekamen keinen Buchstaben, sondern werden im Folgenden nur durch das Miller'sche Zeichen ausgedrückt werden.

Die an den gemessenen Krystallen auftretenden Formen sind in der folgenden Tabelle zusammengestellt, in welcher neben dem Symbole Miller auch das Symbol Goldschmidt und an letzter Stelle der Autor angegeben ist, welcher die betreffende Fläche zuerst beobachtet hat.

1. Das Klino-Pinakoid $T = (010) = 0\infty$ . . . . (Hauy)
2. „ Ortho- „ $M = (100) = \infty 0$ . . . . . (Levy)
3. „ Prisma . . . . $s = (120) = \infty 2$ . . . . . (Hauy)
4. „ „ . . . . $\beta = (230) = \infty \frac{3}{2}$ . . . . . (Schabus)
5. „ Klino-Doma . $n = (011) = 01$ . . . . . . (Hauy)
6. „ „ „ . $o = (021) = 02$ . . . . . . (Hauy)
7. „ „ „ . $q = (031) = 03$ . . . . . . (Weiss)
8. Die Pyramide . . . $r = (111) = +1$ . . . . . (Hauy)
9. „ „ $i = (141) = +14$ . . . . (Hauy)
10. „ „ . . . $d = (111) = -1$ . . . . . (Hauy)
11. „ „ . . . $f = (131) = -13$ . . . . (Hauy)

Dazu kommen als neue Flächen, die genügend sicher bestimmt sind:

12. Die Pyramide . . . $\lambda = (151) = +15$
13. „ „ . . . $\mu = (211) = -21$
14. „ „ . . . $\varkappa = (221) = 2$

Weniger sicher sind

15. Die Pyramide . . . $\omega = (10.6.5) = -2\frac{6}{5}$
16. „ „ . . . $(1.41.31) = +\frac{1}{31}\frac{41}{31}$

[1]) V. Goldschmidt: Index der Krystallformen der Mineralien. Berlin 1886, pag. 131.

Ganz unsicher sind endlich

17. Das Prisma	. . . .	(1.12.0)	$= \infty 12$
18.	„	(1.10.0)	$= \infty 10$
19. „	„	(1.9.0)	$= \infty 9$
20. „	„	(2.7.0)	$= \infty \frac{7}{2}$
21. „	„	(12.1.0)	$= \infty \frac{1}{12}$
22. „	„	(23.1.0)	$= \infty \frac{1}{23}$
23. Die Pyramide	. . . . . .	(494)	$= + 1 \frac{9}{4}$
24. „	„	(131)	$= + 13$
25. „	„	$(\bar{6}43)$	$= - 2 \frac{4}{3}$

Von diesen Flächen treten am Krystalle I (Fig. 2 *a* und 2 *b*) folgende auf:

$T = (010)$	(12.1.0)	$d = (111)$
$s = (120)$	(23.1.0)	$f = (131)$
(1.12.0)	$r = (111)$	$\mu = (211)$
(1.10.0)	$n = (011)$	$\omega = (1\bar{6}.6.5)$
(2.70)	$o = (021)$	$x = (221)$
(230)	(1.41.31)	$(\bar{6}43)$

An dem Krystalle II (Fig. 3 *a* und 3 *b*) treten auf:

$T = (010)$	$r = (111)$	$\lambda = (151)$
$M = (100)$	(494)	$o = (021)$
$s = (120)$	(131)	$q = (031)$
(1.10.0)	$i = (141)$	$f = (131)$
(1.9.0)		

In den Figuren 2 und 3 sind nur jene Flächen eingezeichnet, die als ganz sicher gelten können.

Die Resultate der Messungen und Rechnungen sind in der folgenden Tabelle zusammengestellt.

Winkeltabelle.

Zeichen-Symbole der Flächen		Kokscharow gerechnet	gemessen	Zahl der Kanten	Grenzwerthe
$T:s$	(010):(120)	57° 30′ 8″	57° 44′	8	57° 18′ — 58° 29′
$s:M$	(120):(100)	32 29 52	32 35	4	32 31 — 32 43
$s:s'$	(120):(1̄20)	115 0 16	115 29	4	114 37 — 116 40
	(010):(1.12.0)	14 39 43*	14 30	1	——
	(010):(1.10.0)	17 25 49*	16 49	2	16 45 — 16 53
	(010):(190)	19 13 53*	18 40	1	——
	(010):(270)	41 53 36*	40 37	1	——
$T:\beta$	(010):(230)	64 27 48*	64 23	1	——
	(010):(12.1.0)	88 28 47*	88 28	1	——
	(010):(23.1.0)	89 12 24*	89 13	1	——
$T:\lambda$	(010):(151)	43 32 13*	43 48	2	43 16 — 44 21
$T:i$	(010):(141)	49 54 15	49 40	2	48 46 — 50 34

Zeichen-Symbole der Flächen		Kokscharow gerechnet	gemessen	Zahl der Kanten	Grenzwerthe
$T:r$	(010):(111)	78° 6′ 49″	78° 3′	4	77° 22′ — 78° 35′
$\lambda:\lambda'$	(151):(151)	92 55 34*	92 22	1	—
$i:i'$	(141):(141)	80 11 30	80 39	1	
$r:r'$	(111):(111)	23 46 22	23 54	2	23 45 — 24 2
$\lambda:i$	(151):(141)	6 22 2*	5 52	2	5 29 — 6 14
$i:r$	(141):(111)	28 12 34	28 18	2	28 0 — 28 36
	(010):(131)	57 43 46*	57 8	1	—
	(010):(494)	64 39 30*	64 25	1	—
	(010):(1.41.31)	66 41 24*	66 59	2	66 38 — 67 20
	(1.41.31):(1.41.31)	46 37 12*	45 58	1	
$T:q$	(010):(031)	45 28 14	45 5	2	44 10 — 46 00
$T:o$	(010):(021)	56 44 34	56 46	4	56 18 — 57 8
$T:n$	(010):(011)	71 50 44	71 16	4	70 48 — 71 37
$q:q'$	(031):(031)	89 3 32	89 40	1	—
$o:o'$	(021):(021)	66 30 52	66 18	2	65 28 — 67 9
$n:n'$	(011):(011)	36 18 32	37 23	2	37 16 — 37 30
$q:o$	(031):(021)	11 16 20	11 16	2	10 9 — 12 23
$o:n$	(021):(011)	15 6 10	14 56	2	14 48 — 15 4
$T:f$	(010):(131)	52 54 32	53 00	4	52 25 — 53 25
$T:d$	(010):(111)	75 51 19	75 48	4	74 25 — 77 3
$f:f'$	(131):(1$\bar{3}$1)	74 10 56	73 58	2	73 47 — 74 8
$d:d'$	(111):(111)	28 17 22	28 20	2	28 10 — 28 30
$f:d$	(131):(111)	22 56 47	22 48	4	21 58 — 23 38
$T:z$	(010):(221)	72 49 52*	72 49	2	72 43 — 72 55
$T:\omega$	(010):(10.6.5)	79 29 53*	79 46	2	79 33 — 79 59
$T:\mu$	(010):(211)	81 13 6*	— —	—	
	(010):(18.10.9)	82 5 3*	82 4	2	81 42 — 82 26
$z:z'$	(221):(221)	34 20 16*	34 5	1	—
$\omega:\omega'$	(10.6.5):(10.$\bar{6}$.5)	21 00 14*	20 11	1	—
$\mu:\mu'$	(211):(211)	17 33 48*	— —	—	—
	($\overline{18}$.10.9):($\overline{18}$.10.9)	15 49 54*	15 35	1	
$z:\omega$	(221):($\overline{10}$.6.5)	6 40 1*	6 57	2	6 50 — 7 4
$\omega:\mu$	(10.6.5):(211)	1 43 13*	— —	—	—
	(10.6.5):($\overline{18}$.10.9)	2 35 10*	2 18	2	2 9 — 2 27
	(010):(643)	78 21 42*	78 13	1	—
$N:r'$	(110):(111)	48 40 26	48 33	4	48 27 — 48 46
$N:o'$	(110):(021)	91 24 00	90 54	4	90 45 — 91 8
$N:f'$	(110):(131)	132 52 4	132 30	4	132 22 — 132 43
$r':o'$	(111):(021)	42 43 34	42 21	4	42 10 — 42 30

Zeichen-Symbole der Flächen		Kokscharow gerechnet	gemessen	Zahl der Kanten	Grenzwerthe
$r':f'$	(111):(131)	84° 11' 38"	83° 56'	4	83° 40' — 84° 13'
$o':f'$	(021):(131)	41 28 4	41 35	4	41 16 41 49
$f':\bar{N}$	(131):(110)	47 7 56	47 30	4	47 16 — 47 45
$N:o$	(110):(021)	72 2 9*	72 38	2	72 27 — 72 49
$N:d$	(110):(111)	122 1 44*	122 44	2	122 32 — 122 55
	(110):(201)	147 35 37*	147 42	2	147 35 — 147 49
$o:d$	(021):(111)	49 59 35*	50 5	2	50 5 — 50 5
	(021):(201)	75 33 28*	75 4	2	74 59 — 75 8
	(111):(201)	25 33 53*	24 59	2	24 54 25 3
	(201):(110)	32 24 23*	32 10	2	32 10 — 32 11
	(210):(011)	83 12 36*	83 12	1	—
	(210):(221)	151 56 28*	152 32	1	
	(011):(221)	68 43 52*	69 22	2	69 20 — 69 23
	(221):(210)	28 3 32*	27 48	2	27 24 — 28 11
$M:r$	(100):(111)	40 39 23*	40 36	2	40 28 40 44
$M:n$	(100):(011)	80 15 2*	80 22	2	80 5 — 80 39
$M:d$	(100):(111)	129 22 40	129 30	2	129 25 — 129 36
$M:\mu$	(100):(211)	151 7 29*	151 17	2	151 14 — 151 19
$r:n$	(111):(011)	39 35 39	39 46	2	39 37 — 39 55
$r:d$	(111):(111)	88 43 17*	88 52	2	88 50 — 88 55
$r:\mu$	(111):(211)	110 28 6*	110 38	2	110 28 — 110 49
$n:d$	(011):(111)	49 7 38*	49 6	2	48 55 — 49 18
$n:\mu$	(011):(211)	70 52 27*	70 52	2	70 33 71 12
$d:\mu$	(111):(211)	21 44 49*	21 46	2	21 38 21 54
$\mu:\bar{M}$	(211):(100)	28 52 31*	28 43	2	28 41 · 28 45
	(310):(111)	42 53 29*	42 51	2	42 50 — 42 52
	(310):(1.41.31)	81 22 10*	81 14	2	81 13 — 81 16
	(310):(221)	150 48 37*	150 58	2	150 55 151 1
	(111):(1.$\bar{4}\bar{1}$.31)	38 28 41*	38 23	2	38 21 — 38 25
$r':z'$	(111):(221)	107 55 8*	108 7	2	108 3 108 11
	(1.41.31):(221)	69 26 27*	69 43	2	69 41 — 69 45
	(221):(310)	29 11 23*	29 4	2	29 4 — 29 5
$s:i$	(120):(141)	32 11 52	32 36	2	31 58 — 33 14
$s:o$	(120):(021)	65 8 28	65 1	2	65 1 — 65 1
$i:o$	(141):(021)	32 56 36	32 25	2	31 47 — 33 3
$o:s$	(021):(120)	114 51 32	114 49	2	114 39 — 115 59
$N:i$	(110):(141)	40 29 17	42 33	2	42 23 — 42 43
$N:q$	(110):(031)	70 29 44	70 57	2	70 13 — 71 41

Zeichen-Symbole der Flächen		Kokscharow gerechnet	gemessen	Zahl der Kanten	Grenzwerthe
$t:q$	(141):(031)	30° 00′ 27″	28° 24′	2	27° 30′ — 29° 18′
$q:\tilde{N}$	(031):(110)	109 30 16	108 58	2	108 18 — 109 37
$s:\lambda$	(120):(151)	32 52 12*	31 30	2	31 28 — 31 33
$s:q$	(120):(031)	61 3 28	60 54	2	60 32 — 61 16
$\lambda:q$	(151):(031)	28 11 16*	29 24	2	29 4 — 29 43
$q:s$	(031):(120)	118 56 32	119 6	2	118 43 — 119 28
$M:o$	(100):(021)	81 25 47	81 19	1	
	(100):(494)	45 31 14*	46 54	1	

Die unter der Rubrik »Kokscharow gerechnet« stehenden Winkel, die mit einem Sternchen bezeichnet sind, wurden von mir auf Grund der oben angeführten Elemente berechnet.

Ich will nun die Krystalle etwas eingehender besprechen und dabei zonenweise vorgehen.

Am Krystalle I ist die Zone der aufrechten Prismen *T*, *s*, *M* theilweise sehr gut und theilweise sehr schlecht ausgebildet. Die beiden Flächen *T* sind breit, eben und glänzend und geben vollkommen scharfe Reflexe; ebenso ist von s^2 ein schmaler Streif, und zwar der an $\overline{T}$ angrenzende Theil dieser Fläche, glatt und eben. Die Messung dieses Winkels ergab denn auch einen genauen Werth, nämlich 57° 30′, was nur um 8″ von dem gerechneten Werthe abweicht. Die übrigen Flächen dieser Zone sind aber durch Combinationsstreifung derart gestört, dass man beim Ansehen des Krystalles kaum eine Vorstellung von der Anzahl und Lage der Flächen bekommt. Es geht scheinbar eine geriefte Rundung von *T* zu $\overline{T}$. Erst am Goniometer lösen sich die einzelnen Flächen heraus, wenn auch nicht scharf bestimmbar. Die Reflexe bilden einen fast ununterbrochenen Streifen mit einzelnen undeutlich begrenzten, meist sich allmälig verlaufenden Lichtmaximis. M erscheint ersetzt durch die Fläche (23.1.0), $\overline{M}$ durch $(\overline{12}.1.0)$; die dazu symmetrischen Flächen gaben, wenn sie überhaupt ausgebildet sind, keine wahrnehmbaren Reflexe. Weiters scheinen noch (1.12.0), $(1.\overline{10}.0)$, (270) und $\mathfrak{z}$ = (230) ausgebildet zu sein, jedoch sind sie, wie schon oben erwähnt, nicht sicher bestimmbar und können daher auch nicht als neue Formen aufgestellt werden.

Der Krystall II zeigt diese Zone im Allgemeinen besser ausgebildet. Die Flächen *T* und $\overline{T}$ sind allerdings so schmal, dass sie keine wahrnehmbaren Reflexe gaben und daher Schimmermessung angewendet werden musste, die übrigen Flächen gaben aber gute Reflexe. Die Combinationsstreifung ist zwar auch hier ziemlich stark, die Mittelstreifen der einzelnen Flächen sind aber glatt. Die Flächen (190) und (1.10.0) scheinen vorhanden zu sein, sind aber nicht sicher bestimmbar.

In der Zone *T*, *r* ist am Krystalle I nur die positive Grundpyramide (r^1, r^2) entwickelt; r^2 (111) ist vollkommen eben und glatt und gibt einen sehr scharfen Reflex; auch in diesem Falle kommt der gemessene Werth dem gerechneten sehr nahe; denn, wenn ich den Winkel zwischen *T* und r^2 angebe, weil *T* in der Richtung dieser Zone in Folge einer Stufe, die durch das Loslösen eines kleinen Spaltblättchens entstanden ist, nicht einen einzelnen Reflex gibt, so steht dem Winkel von 101° 53′ 30″ der Messung der von 101° 53′ 11″ der Rechnung gegenüber. r^1 (111) ist in der Richtung der Kante zwischen r^1 und r^2 in sehr flache Falten gelegt.

Am Krystalle II ist diese Zone weit reicher entwickelt. r^1 und r^2 sind auch hier gross und glänzend ausgebildet, aber nicht vollkommen eben, sondern ähnlich wie r^1 am Krystalle I gefaltet, weshalb auch die gemessenen Winkelwerthe ziemlich ungenau sind. Weit ungünstiger für die Messung sind aber die anderen Flächen dieser Zone; denn erstens sind sie durchwegs schmal, zweitens durch Combinationsstreifung, die quer zur Längenerstreckung der Flächen verläuft, gestört und drittens sind die Flächen theilweise oder ganz durch Vicinalflächen ersetzt. Ich habe von T nach $\overline{T}$ zu gemessen; dabei war es mir nicht möglich, die Reflexe genau auf dem Verticalfaden des Fadenkreuzes wandern zu lassen. Wenn die Reflexe von T, r^1, r^2 und $\overline{T}$ auf den Faden eingestellt waren, so fielen die Reflexe der Flächen λ^1 und λ', die etwa wie Kometen aussahen, etwas nach rechts, und zwar so, dass das Lichtmaximum, der Kopf, gegen 1° vom Faden abstand, während der Schweif den Faden noch etwas kreuzte; bei derselben Einstellung fielen die Reflexe von i in ganz ähnlicher Weise nach links. Da die Abweichung so klein ist, glaube ich wohl annehmen zu dürfen, dass die Formen i und λ wirklich an dem Krystalle auftreten, wenn auch theilweise durch sehr nahe liegende Vicinalflächen ersetzt, und ich glaube auch ohne Bedenken die neue Form λ (151) als genügend bestimmt aufstellen zu können.

In dieser Zone sind noch zwei Flächen vorhanden. Die eine, deren Position annähernd der Form (131) entspricht, ist ähnlich wie i durch Combinationsstreifung sehr gestört; sie konnte in Folge dessen nur durch Schimmermessung bestimmt werden. Die andere, der das Zeichen (494) zukömmt, ist zwar klein, aber vollkommen eben ausgebildet und gab deshalb einen einstellbaren Reflex. Beide Flächen sind nach derselben Seite wie i etwas aus der Zone geschoben.

Die Verschiebung der Flächen i ist in der Richtung der Zone N, i, q gegen q, die der Flächen λ in der Richtung der Zone s, λ, q gegen s erfolgt; wenigstens muss ich aus der Form und Lage der Reflexe so schliessen. Dieser Verschiebung entsprechen annähernd auch die Winkelverhältnisse in den ebengenannten Zonen. Es ist nämlich der gemessene Winkel $N:i$ zu gross, $i:q$ zu klein; der Winkel $M:(494)$ ebenfalls zu gross; umgekehrt ist $s:\lambda$ zu klein, $\lambda:q$ zu gross. Die gemessenen Winkel der Zone s, i, o stimmen damit allerdings nicht besonders überein, doch zeigen die Grenzwerthe, dass die Messung in dieser Zone besonders unsicher war.

Die Formen (131) und (494) sind ebenso wie λ noch nicht beobachtet; doch kann ich die ersten zwei nicht als sicher bestimmt hinstellen, umsomehr, als sie nur auf je einer Seite der Symmetrieebene wahrzunehmen sind; immerhin mag aber durch diese Angabe vielleicht für spätere Fälle auf sie aufmerksam gemacht werden. Da die Form (494) der schon beobachteten und mit dem Buchstaben u bezeichneten Form (121) nahe steht, so habe ich in die Zeichnungen u aufgenommen, um dadurch dem Charakter des Krystalles, der ja offenbar die Tendenz hat, zwischen i und r eine Fläche zu bilden, möglichst nahe zu kommen, ohne so unsichere Formen wie (494) oder (131) aufnehmen zu müssen.

In der Zone T, o, n sind die Flächen o an beiden Krystallen am grössten ausgebildet und bestimmen dadurch den Charakter des Krystallkopfes. Sie sind zwar glatt und glänzend, aber stark gewellt; und zwar ziehen die Wellen, wenigstens am Krystalle I, mit parabelförmigen Umrissen in der Richtung von M gegen M. Die Flächen n, die nur am Krystalle I sichtbar sind, sind ebenfalls etwas gewellt. Ausserdem zeigt n^2 noch eine schmale, kaum bemerkbare Vicinalfläche, die sich gegen t (001) neigt, aber nicht ganz in der Zone liegt, sondern etwas gegen die Zone T, r geschoben ist. Ganz ähnlich liegen, die Ecke zwischen *o*, *n* und *r* abstumpfend, die Flächen (1 . 41 . 31) und (1 . $\bar{4}\bar{1}$. 31). Von diesen ist (1 . $\bar{4}\bar{1}$. 31) zwar klein, aber vollkommen eben, glatt und scharf begrenzt, während (1 . 41 . 31) nicht eine einzige Fläche bildet, sondern sich in Stufen von n^1 gegen o^1, etwas gegen r^1 geneigt, hinzieht. Es ist wohl kaum zu zweifeln, dass man es hier mit Vicinalflächen von (043), das übrigens noch nicht beobachtet ist, zu thun hat; und zwar sind dieselben nach der Zone *r*, (1 . 41 . 31), *z* (Fig. 4) entwickelt. Am Krystalle II treten noch die Flächen *q* auf, die ziemlich klein, quer gefaltet und nach *T* zu gekrümmt sind.

Von der Zone *T*, *f*, *d* ist am Krystalle I f^3 sehr schmal, f^1 etwas grösser, aber gekrümmt; die Flächen d^3 und d^1 sind schön und gross entwickelt, aber ungefähr parallel der Richtung der Kante zwischen beiden schwach gefaltet.

Am Krystalle II fehlen d^3 und d^1, wogegen f^3 und f^1 gross entwickelt sind. Die beiden letzten sind ungefähr in der Richtung der Zone *f*, *n* in je zwei Vicinalflächen gebrochen. Der Winkel zwischen den inneren Vicinalflächen ist 73° 26′, der zwischen den äusseren 74° 56′. Das Mittel daraus, das 74° 11′ beträgt, entspricht fast genau dem gerechneten Werthe für $f^3 : f^1$, der 74° 10′ 56″ ausmacht.

Interessanter als die bisher besprochenen Zonen ist die folgende, nur am Krystalle I ausgebildete, erstens weil bisher aus dieser Zone erst eine Fläche bekannt war, während die Zone hier ziemlich stark entwickelt ist, und zweitens weil in ihr die Combinationsstreifung ganz ungewöhnlich stark ist. Bekannt ist aus dieser Zone die Form (231), die von Levy mit a^1, von Hauy mit *c*,[1]) von Descloizeaux mit *ε*, von Mohs, Schabus und Kokscharow mit *c* bezeichnet ist. *c* tritt zwar am Krystalle I nicht auf, aber *z* = (221) und *μ* = (211) schön, *ω* = (10 . 6 . 5) und ($\bar{6}$43) nur schlecht entwickelt. Dabei ist zu bemerken, dass *μ* durch eine sehr naheliegende Vicinalfläche ersetzt ist. Während nämlich der gerechnete Werth für *T* : *μ* 81° 13′ 6″ beträgt, ist das Mittel der gemessenen Winkel 82° 4′; diesem entspricht genauer das Symbol (18 . 10 . 9), für welches der gerechnete Werth 82° 5′ 3″ ist. Jedenfalls glaube ich die Existenz der Form *μ* (211) unbedingt annehmen zu können, und werde im Folgenden der Kürze halber immer *μ* statt (18 . 10 . 9) setzen. In Folge der eigenthümlichen Combinationsstreifung, die hier auftritt, vertauschen μ^3 und μ^1 ihre Plätze bezüglich der Symmetrieebene des Krystalles, wodurch zwei einspringende Winkel entstehen. Würden wir senkrecht zu den Kanten dieser Zone eine Ebene legen, so würde diese von den Flächen in einer Zickzacklinie geschnitten. Gehen wir von *T* gegen *T* vor, so ist der erste aufsteigende Theil der gebrochenen Linie z^3, dann folgt als absteigender Theil μ^1; der nun folgende aufsteigende Theil ist aus vielfacher Combination von z^3 und ω^3 gebildet, während der folgende absteigende Theil von ω^1 und z^1 gebildet ist; hier scheint an der Combination auch (643) theilzunehmen; nun folgt μ^3 als aufsteigender Theil; dann kommt absteigend z^1; sodann nochmals, aber nur untergeordnet, μ^3. Die Flächen *z* und *μ* sind verhältnissmässig gross, glatt und eben, *ω* und (643) nur in sehr schmalen Streifen entwickelt.

[1]) In Hauy's Traité de Minéralogie, 1801, Taf. XLV, Fig. 52, ist nicht nur diese Fläche, sondern fälschlich auch die Kante zwischen den Prismen *h* und *h*′, die *e* heissen soll, mit *c* bezeichnet. Derselbe Fehler ist in Karsten's Uebersetzung dieses Werkes (Paris, Leipzig 1804) übergegangen. Dagegen ist in der zweiten Auflage von Hauy's Traité (1822), Taf. 72 in der Fig. 153 dieselbe Fläche fälschlich mit *e* bezeichnet, während sie in Fig. 154 richtig *c* heisst. Hier ist wieder die Fläche *f* irrthümlich auch mit *c* bezeichnet. Ich möchte hier zugleich auch auf einige Fehler in Schabus' Monographie des Euklases (VI. Band, Denkschr. der kais. Akad. der Wissensch., Wien 1854) aufmerksam machen. Auf Seite 15 soll nämlich die Zone richtig *r*, *o*, *f*, *N* statt *r*, *o*, *f*, *h* heissen, dann richtig *r*′, *n*, *b*, *f*, *s* statt *r*, *n*, *c*, *f*, *s*, ferner *r*, *n*′, *b*′, *f*′, *s*′ statt *r*, *n*′, *f*′, *s*′ und endlich *M*, *f*, *m*, *e* statt *M*, *m*, *f*, *e*. Auf Seite 19 soll die Neigung von *T* zu *β* nicht 116° 32′, 11″ sondern 115° 32′ 11″ sein.

Wie aus der Winkeltabelle ersichtlich ist, habe ich in der Zone N, o, d auch die Winkel zu der Fläche (201), dem Doma der Zone μ, ω, z gemessen, obwohl diese Fläche in Wirklichkeit nicht entwickelt ist. Dies war dadurch möglich, dass in Folge der feinen Combinationsstreifung von z und ω an der Stelle von (201) ein Reflex entstand, der sich als Streifen schräg über das Gesichtsfeld zog. Dass dieser Reflex auftrat, erklärt sich daraus, dass die Combinationsstreifung in Folge der geringen Neigung von z zu ω sehr flach ist, und dass die Zone N, o, d die Richtung der Streifung unter einem ziemlich spitzen Winkel trifft. In der Zone T, z, ω, μ selbst gab die Streifung an der Stelle von (201) keinen Reflex, weil nun die Zonenrichtung senkrecht gegen die Richtung der Streifung verlief. Aus Letzterem geht aber zugleich deutlich hervor, dass die Fläche (201) am Krystalle in der That nicht entwickelt ist. Genau so verhält es sich mit den Prismen $N = (110)$, (210) und (310), die auch an den Krystallen nicht vorhanden sind, zu denen aber dennoch Winkel gemessen werden konnten.

Ich will nun noch die Euklas-Krystalle der Stufe im Allgemeinen beschreiben und sie zugleich mit den von Becke beschriebenen, die ich der Kürze halber »Rauriser« nennen will, vergleichen.

Die Krystalle schwanken in der Grösse von 0·2 Cm. bis 1·25 Cm., doch halten sich die meisten zwischen den Grenzen 0·5 Cm. und 0·75 Cm.; alle sind farblos. Die Rauriser Krystalle sind im Allgemeinen kleiner (der grösste erreicht kaum 0·4 Cm.) und alle sind blass weingelb.

Die meisten Krystalle sind nach dem Typus des Krystalles II ausgebildet, haben also nach der a-Axe sehr geringe Ausdehnung; ferner ist die Mehrzahl nur an einem Ende ausgebildet, da sie meist nach einer ungefähr der Basis entsprechenden Fläche aufgewachsen sind. Davon machen nur einige wenige, aber gerade die grössten und schönsten eine Ausnahme, indem sie beiderseitige Entwicklung zeigen. Die Rauriser Krystalle sind, wie schon anfangs hervorgehoben wurde, nach allen Axen ziemlich gleich ausgedehnt, wodurch sie kurz und dick erscheinen; ferner sitzen fast alle so auf, dass wenigstens ein Theil der Flächen des unteren Endes ausgebildet ist.

Die Flächen T sind meist sehr schmal im Gegensatze zu denen an den Rauriser Krystallen, und wo sie breit entwickelt sind, dürften sie durch Spaltung entstanden sein; wenigstens deuten deutliche Spaltrisse bei vielen Krystallen mit schmalem T darauf hin. Diese Risse setzen meist zwischen o und q an, wodurch das Fehlen der Flächen q am Krystalle I sich erklärt. Eine Fläche T, wahrscheinlich auch durch Spaltung entstanden, ist ungefähr parallel zur Kante zwischen T und q etwas gewellt; das erinnert an eine Angabe Becke's, wonach an Stelle der Fläche T an dem von ihm gemessenen Krystalle zwei sehr wenig geneigte Flächen auftreten, die beinahe, aber nicht genau, in der Zone T, o liegen. Die übrigen Flächen der Prismenzone sind durchgehends durch starke Combinationsstreifung gestört. Nur der an T angrenzende Theil von s ist regelmässig glatt. Dass diese Erscheinung nur an den Krystallen mit schmalem T zu sehen ist, spricht wohl auch dafür, dass die breiten T nur durch Spaltung entstanden sind. An den Rauriser Krystallen ist die Prismenzone meist glatt; nur die Flächen N (110), die hier zu fehlen scheinen, da sie an den beiden von mir gemessenen Krystallen auch nicht in Spuren entwickelt sind, erscheinen etwas gestreift.

Die Flächen r sind an allen Krystallen ausgebildet, und zwar in den meisten Fällen sehr gross; eine Fläche, die u sein dürfte, habe ich an einem Krystalle gross entwickelt gesehen und ebenso λ an mehreren beobachtet. Häufig tritt i auf, das aber immer sehr schmal ist. Während diese Zone hier sehr stark entwickelt erscheint, findet sich davon an den Rauriser Krystallen nur r, und auch dieses nur untergeordnet.

Die Flächen o und q sind an beiden Vorkommen gross entwickelt; n scheint an den Rauriser Krystallen ganz zu fehlen und ist auch hier ziemlich untergeordnet. o geht meist allmälig in q über, was ebenso wie das Auftreten der Form (1.41.31) am Krystalle I auf das Bestreben hindeutet, zwischen o und q eine Fläche zu bilden (wahrscheinlich (043), dessen Vicinalfläche (1.41.31) sein dürfte). q ist ausserdem meist gegen T zu gekrümmt; an einem Krystalle habe ich sogar eine sehr scharf begrenzte Fläche zwischen T und q wahrgenommen, die vielleicht R (041) oder H (061) ist, die beide von Kokscharow beobachtet sind.

d tritt nicht häufig auf; f hingegen immer, aber meist sehr schmal. An den Rauriser Krystallen fehlt diese Zone.

Die Zone z, μ konnte ich noch an mehreren Krystallen deutlich wahrnehmen, wenn auch nicht so stark entwickelt wie am Krystalle I. Auch an diesen Krystallen ist sie durch starke Combinationsstreifung ausgezeichnet. Diese Zone fehlt ebenfalls an dem Rauriser Vorkommen, das überhaupt grosse Flächenarmuth zeigt.

Ausser diesen gemessenen Zonen von T nach $\overline{T}$ scheint noch eine aufzutreten; wenigstens konnte ich an einem Krystalle deutlich eine Fläche zwischen u und q wahrnehmen. Diese Zone würde keiner bisher beobachteten entsprechen.

Von anderweitigen Vorkommen des Euklas entspricht ein von Levy [1]) beschriebener und abgebildeter Krystall fast vollständig dem Typus des Krystalles II. Leider ist der Fundort desselben nicht erwähnt. Dem Typus des Krystalles I entspricht keiner der bisher beschriebenen Krystalle genau, doch scheint, wie schon erwähnt, dieser Typus kein ursprünglicher zu sein, sondern erst durch Spaltung aus dem Typus des Krystalles II hervorgegangen zu sein.

Schliesslich muss ich noch einige Erläuterungen betreffs der Figurentafel anfügen.

Herr Dr. V. Goldschmidt hatte die Güte, mich in die neuen, von ihm ausgearbeiteten, aber theilweise noch nicht veröffentlichten Methoden der Projection und perspectivischen Darstellung der Krystalle einzuführen, und ich habe die Figurentafel unter seiner Leitung gezeichnet. Dadurch wurde die Arbeit vervollständigt und wesentlich erleichtert. Für diese freundliche Bemühung sei hiemit dem genannten Herrn mein verbindlichster Dank gesagt.

Die näheren Angaben über die erwähnten Methoden finden sich theils in der Einleitung zu dessen Index der Krystallformen,[2]) theils in seiner in Vorbereitung befindlichen Publication »Ueber Projection und graphische Krystallberechnung«. Da ich den ebengenannten Mittheilungen nicht vorgreifen kann, und da solche Ausführungen dem Zwecke der vorliegenden Arbeit auch nicht entsprechen würden, sei nur noch Folgendes zum Verständniss der Tafel gesagt.

Figur 1 der Tafel XXI enthält das gnomonische Projectionsbild und eine Verzerrung desselben. Ersteres ist direct aus den Symbolen gewonnen,[3]) letzteres aus diesem abgeleitet. Aus dem gnomonischen Bilde ergeben sich die Kantenrichtungen der Verticalprojectionen (Fig. 2 b und 3 b) als Normale auf die Zonenlinien, und analog aus dem verzerrten Bilde die Kantenrichtungen der parallelperspectivischen Bilder (Fig. 2 a und 3 a). Letztere sind jedoch nicht in der Lage belassen, in der sie sich aus

[1]) Levy: On Euclase. Edinb. Phil. Journ. 1826, vol. XIV, pag. 129 und plate VI, Fig. 3.

[2]) V. Goldschmidt: Index der Krystallformen der Mineralien. Berlin 1886. pag. 12.

[3]) Goldschmidt, a. a. O.

dem verzerrten Projectionsbilde ableiten, sondern in der Papierebene so gedreht, dass die Prismenkanten aufrecht stehen. Aus dem gnomonischen Projectionsbilde ist ferner das stereographische (Fig. 4) ebenfalls durch Construction abgeleitet. Alle diese Ableitungen geschehen auf höchst einfache und bequeme Art.

In Figur 1 bilden die mit stark ausgezogenem Ringe und liegenden Buchstaben bezeichneten Punkte das gnomonische Projectionsbild der an den Krystallen I und II beobachteten Formen, die mit schwach ausgezogenem Ringe und stehenden Buchstaben bezeichneten Punkte das verzerrte Bild.

Wenn ich Figur 1 mit Erlaubniss des Autors dieser Constructionen noch vor deren Publication gegeben habe, geschah es deshalb, weil ich glaubte, Solchen, die später über den Euklas arbeiten werden, damit einen Dienst zu erweisen, da dieselben aus dem (allenfalls vervollständigten) verzerrten Projectionsbilde sich auf schnelle Art perspectivische Zeichnungen ableiten können.

Literatur.

1799. Hauy, Journ. d. Mines. Paris, second trimestre, no. 28, pag. 258.

1801. Hauy, Traité de Minéralogie, 1. Auflage, Paris, II. Band, pag. 531—540.

1819. Hauy, Mémoire sur la cristallisation et sur les propriétés physiques de l'Euclase. Paris, Mus. Hist. Nat. Mem. V, pag. 278—293.

1819. Berzelius, Analyse chimique de l'Euclase. Paris, Mus. Hist. Nat. Mem. V, pag. 294—296.

1822. Hauy, Traité de Minéralogie, 2. Auflage, Paris, II. Band, pag. 528—537.

1825. Kupffer, Preisschrift über genaue Messungen der Winkel an Krystallen, Berlin, pag. 112—114.

1826. Levy, On Euclase. Edinburgh, Edinb. Phil. Journ. XIV, pag. 129—131.

1827. Levy, On Euclase. Leipzig, Pogg. Ann. IX, pag. 283—285.

1829. Weiss, Bemerkungen über den Euklas (1820). Berlin, Ges. Nat. Freunde, Verh. I, pag. 110—119.

1837. Levy, Description d'une collection de minéraux formée par M. Heuland, Londres, II, pag. 88.

1839. Mohs, Anfangsgründe der Naturgeschichte des Mineralreiches, bearbeitet von Zippe, 2. Auflage. Wien, II, pag. 351—353.

1841. Weiss, Ueber das Krystallsystem des Euklases. Berlin, Abhandlungen pag. 249—282 und Berichte pag. 355—357.

1843. Haidinger, Ueber den Pleochroismus der Krystalle. Prag. Böhm. Ges. Abh. III, pag. 585—603.

1845. Haidinger, Ueber den Pleochroismus der Krystalle. Leipzig, Pogg. Ann. LXV, pag. 1—29.

1845. Shepard, Neues Jahrbuch für Mineralogie etc., Stuttgart, pag. 204.

1847. Breithaupt, Vollständiges Handbuch der Mineralogie, Dresden, Leipzig. III, pag. 738—740.

1847. Berzelius, Neues System der Mineralogie, herausgegeben von Rammelsberg, Nürnberg, pag. 54.

1852. Schabus, Monographie des Euklases, Wien, Denkschr. der kais. Akad. der Wissensch., VI. Band.

1852. Phillips, Mineralogy, London, pag. 335—336.

1850—1853. Mallet, On an analysis of Euklase. Doublin, Geol. Soc. Journ. V, pag. 206—208.

1854. Mallet, On an analysis of Euklase. Edinb. New Phil. Journ. LVI, pag. 103—106.

1858. Kokscharow, Materialien. St. Petersburg, III, pag. 97—138.

1862. Kokscharow, Materialien. St. Petersburg, IV, pag. 51—53, 100—101.

1862. Descloizeaux, Manuel de Minéralogie, Paris, I, p. 480—484.

1878. Plattner, Die Probirkunst mit dem Löthrohr, 5. Auflage von Richter, Leipzig, pag. 217, 219.

1879. Kulibin, Verh. der min. Ges. St. Petersburg, II. S., XIV. Band, pag. 147—149.

1881. Guyot, Zeitschrift für Krystallographie etc., Leipzig, V, pag. 250.

1881. Becke, Euklas aus den Alpen. Wien, Min.-petr. Mitth. IV, pag. 147—153.

1882. Descloizeaux, Bull. soc. min. de France, Paris, V, pag. 317—320.

1884. Brezina, Verh. geol. Reichsanstalt, Wien, pag. 389.

Typen der ornithologischen Sammlung des k. k. naturhistorischen Hofmuseums.

Von

August von Pelzeln und Dr. Ludwig von Lorenz.

Zu den wesentlichsten Momenten, welche den wissenschaftlichen Werth einer naturhistorischen Sammlung bedingen, gehört die Zahl und Wichtigkeit der darin enthaltenen Originalexemplare oder Typen. Diese bilden den sichersten Anhaltungspunkt zur Kenntniss und Feststellung der einzelnen Arten. Sie sind die unerschütterlichen Felsen, welche aus dem Meer von Synonymen, irrthümlichen und zweifelhaften Bestimmungen hervorragen. Wäre es möglich, die Typen sämmtlicher bekannten Species vereinigt zu überblicken, dann würden die zahllosen Schwierigkeiten und Hindernisse, welche den Forscher nur zu oft bei jedem Schritt beirren, sich beheben.

Da die Erfüllung dieses Wunsches in ihrer Vollständigkeit jedoch nicht im Bereiche der Möglichkeit liegt, so könnte doch ein Streben walten, sich diesem Ziele theilweise und allmälig zu nähern; es wäre daher in hohem Grade erwünscht, wenn alle jene Sammlungen, welche eine grössere oder geringere Zahl von Typen umschliessen, eine Uebersicht derselben bekannt machen würden.

Diese Erwägungen haben in uns den Entschluss hervorgerufen, die vorliegende Uebersicht der in der ornithologischen Sammlung des k. k. naturhistorischen Hofmuseums enthaltenen Typen zu verfassen.

Es schien uns dies um so mehr wünschenswerth, als die Wiener Sammlung zu den ältesten ihrer Art gehört und theils durch die Publicationen der an derselben wirkenden Ornithologen, theils seit Beginn des Jahrhunderts bis zur Gegenwart durch regen wissenschaftlichen Verkehr mit auswärtigen Museen und Fachmännern eine lange Reihe von Original-Exemplaren aufzuweisen hat.

Als wirkliche »Typen« sind jene Exemplare zu betrachten, nach welchen der Autor seine erste Beschreibung entworfen hat; jedoch beanspruchen auch alle jene Individuen, welche dem Begründer der Art zur Zeit der Aufstellung derselben vorgelegen haben, eine erhöhte Bedeutung, da angenommen werden muss, dass sie sämmtlich von ihm genau untersucht und vollkommen übereinstimmend befunden worden sind.

Solche Exemplare, welche von dem Autor unter der Bezeichnung der von ihm begründeten Species bezogen worden sind und deren Bestimmung daher als sicher zu betrachten ist, wenn sie auch vielleicht nicht zur ursprünglichen Veröffentlichung gedient haben sollten, möchten wir als »authentische« Exemplare bezeichnen.

Auch in jenen Fällen, in welchen eine Art von späteren Schriftstellern nicht beibehalten, sondern nur als Synonym einer anderen betrachtet worden ist, oder ihr Name nach dem Princip der Priorität einem früher gegebenen weichen musste, scheint es uns wichtig, die betreffenden typischen oder authentischen Exemplare anzuführen.

Die Anschauungen über die Begrenzung einer Species sind so verschieden und oft Wandlungen unterworfen, dass eine als Synonym betrachtete Form sich endlich dennoch als selbständige Art erweist, und auch die Deutungen von Schilderungen früherer Autoren sind in vielen Fällen nicht sicher und können oft mit Recht angefochten werden. Aus diesen Gründen ist es wünschenswerth, feste Anhaltspunkte zur Beurtheilung der erwähnten Formen benützen zu können.

Der hier vorliegende erste Theil unseres Verzeichnisses von Typen umfasst die *Rapaces* und von den *Passeres* die Gruppen der *Fissirostres* und *Tenuirostres*. Die Anordnung ist die in Gray's Handlist of Birds mit einigen Modificationen; so wurden z. B. die *Epimachinae* bei den *Upupidae* weggelassen, um sie später den Paradiseiden einzureihen, die Derpaninen zu den Melliphagiden übertragen und die *Dendrocolaptidae* nach Sclater und Salvin's Nomenclator avium neotropicolium eingetheilt.

Wien, im Juli 1886.

Ordo: Rapaces.

Subordo: Rapaces diurni.

Familia: *Vulturidae.*

Gyps Rueppellii.

Vultur Kolbii av. hornot. et juv. Rüppell, Atlas 47, t. 32.
Vultur Rüppellii Natterer, Mus. Vindob. et Synops. msc. (1838).
Gyps Rüppellii Bonaparte, Rev. d. Zool. (1850) 477.
Vultur Rüppellii A. Brehm in Naumannia II, 3, 40 et 41—44 (1852).
Gyps Rüppellii A. Brehm L. Brehm in Caban. Journ. (1853) 197—198 (Beschreib. d. Altersstufen) et (1854) 72. — Bonaparte, Rev. d. Zool. (1854) 530, (1855) 74. — A. Brehm, Caban. Journ. (1856) 409. — Strickl, Orn. Syn. I, 10. — Herzog von Württemberg? — Heuglin, Sitzungsber. k. Akad. Wien XIX, 256. — Sharpe, Cat. Birds Brit. Mus. I (1874), 9.
Vultur Rüppellii Heuglin, Orn. v. Nordost-Afrika I (1869), 5.
Vultur fulvus Rüppellii, Schlegel, Susemihl. Vögel Eur. 11.
Gyps fulvus partim Gray, Gen. I, 6.
Gyps Vierthaler, Naumannia II, 1, 57 (1852).
Gyps magnificus B. Müller, Beitr. Orn. Afr., Lief. II, t. 5. — Idem, Caban. Journ. (1854) 74.

Ein alter und ein junger Vogel aus Kordofan von Hrn. Kotschy gesammelt (1839), welche als *Vult. Rüppellii* Natterer etiquettirt waren, sind jedenfalls als authentische Exemplare anzusehen. Die eigentliche Type ist ein von Natterer im September 1838 in St. Petersburg beschriebenes Individuum, welches von Clot Bey bezogen worden.

Sarcoramphus Gryphus (Linné).

Ein Männchen und ein Weibchen des Condors wurden im Jahre 1806 bei der Auction des Leverianischen Museums erworben; es war dies das erste Pärchen, welches nach Europa gebracht worden war. Das Männchen ist das Original zu Shaw's Abbildung *Vultur Condor* (Mus. Lever. N. 6, p. 1, t. 61) und nach Temminck auch zu der in seinen Planches coloriés t. 133 et 494, während das Weibchen die Type von Shaw's *Vultur magellanicus* (Mus. Lever. I, p. 1, pl. 1, 1792) bildet.

Cathartes Urubutinga.

Cathartes Urubutinga Natterer, Pelzeln, Sitzungsber. k. Akad. Wien XLIV (1861), 7 et Orn. Bras. (1871) 1.
Oenops urubitinga Pelzeln, Sharpe, Cat. Birds Brit. Mus. I, 28, Pl. II, Fig. 2.

Zwei Männchen, ein altes und ein junges Weibchen von Forte do Rio branco (Spanisch-Guyana), ferner ein Männchen von Sapitiva und ein junges Weibchen von Irisanga (Südbrasilien); Original-Exemplare.

Familia: *Falconidae.*

Milvago crassirostris.

Milvago crassirostris Pelzeln, Sitzungsber. k. Akad. Wien XLIV (1861), 9 und Orn. d. »Novara« (1865) 3—5, t. 1.

Ibycter megalopterus Sharpe, Cat. Birds Brit. Mus. I, 36 (1874), ex parte.

Die Type dieser Art bildet ein von Herrn Frank (1847) bezogenes Exemplar aus Chile. Später erhielt die Sammlung durch die Novara-Expedition aus demselben Lande drei erwachsene, drei im Uebergangskleid befindliche und zwei junge Individuen.

Buteo brachypterus.

Buteo brachypterus Pelzeln, Naumannia (1858) 496. — Sharpe, Cat. Birds Brit. Mus. I, 183. — Grandidier et E. A. Milne Edw., Ois. de Madagascar 84, t. XXII, XXIII et XXVI A.

Ein Exemplar von Frau Ida Pfeiffer auf Madagascar gesammelt; Type.

Buteo desertorum.

Buteo minor Heuglin, Sitzungsber. k. Akad. Wien XIX (1856), 257.

Buteo desertorum Daud., Heuglin, Orn. v. Nordost-Afrika I, 90. — Sharpe, Cat. Birds Brit. Mus. I, 179.

Ein Weibchen von Heuglin als *Buteo minor* aus Nordost-Afrika 1856 erhalten.

Buteo liventer.

Falco liventer Temminck, Pl. Col., t. 438.

Butastur liventer Temminck, Sharpe, Cat. Birds Brit. Mus. I, 296.

Zwei authentische Exemplare als *Falco liventer* aus dem Leydener Museum erhalten.

Buteola brachyura.

Buteo minutus Natterer, Pelzeln, Sitzungsber. k. Akad. Wien XLIV (1862), 14. — Derselbe, Orn. Bras. 3 und 396.

Buteola brachyura Vieillot, Sharpe, Cat. Birds Brit. Mus. I, 201.

Ein Weibchen aus Süd-Brasilien (Ypanema) von Oberlieutenant Varnhagen, ein Weibchen aus West-Brasilien (Matogrosso), ein Junges aus Para; Typen von *Buteo minutus* Natterer.

Leucopternis palliata.

Leucopternis palliata Natterer, Pelzeln, Sitzungsber. k. Akad. Wien XLIV (1861), 11; Orn. Bras. 3.

Urubitinga palliata Pelzeln, Sharpe, Cat. Birds Brit. Mus. I, 218.

Ein Weibchen von Natterer bei Ypanema in Süd-Brasilien im Juli gesammelt; Type.

Leucopternis superciliaris.

Leucopternis superciliaris Natterer, Pelzeln, Sitzungsber. k. Akad. Wien XLIV (1861), 10 und Orn. Bras. 3.

Asturina Kuhli Bonaparte, Schlegel, Mus. Pays-Bas, Asturinae 104.

Urubitinga Kaupi Bonaparte. Sharpe, Cat. Birds Brit. Mus. I, 219.

Ein Weibchen aus Borba am Madeira im Mai und ein Weibchen aus Para in Brasilien von Natterer gesammelt; Typen für *L. superciliaris.*

Urubitinga anthracina.

Falco anthracinus Lichtenstein, Preisverz. mexican. Vögel (1830) und Mus. Berol. und Nitzsch, Pteryl. 83.

Urubitinga anthracina Sharpe, Cat. Birds, Brit. Mus. I, 215.

Ein Männchen vom Berliner Museum (1830) als *F. anthracinus* Lichtst. erworben, von Deppe und Schiede in Mexico gesammelt; authentisches Exemplar.

Urubutinga hemileucura.

Urubitinga hemileucura Lichtenstein (ohne Beschreibung).

Ein Stück aus Montevideo vom Berliner Museum mit der obigen Bezeichnung erhalten.

Spizaetus limnaetus (Horsf.).

Falco unicolor Temminck, Manuscript.

Falco niveus Temminck, Pl. Col. I, t. 127 (1823).

Zwei authentische Exemplare des *F. niveus* (1821 und 1822) aus Java durch Temminck erhalten.

Gypohierax angolensis.

Angola Vulture Pennant, Tour in Wales 228, t. 19. — Latham, Gen. Syn. I, 18, 14.

Falco angolensis Gmelin, Syst. nat. I, 552, n. 37.

Vultur angolensis Latham, Ind. Orn. I, 7, 17. — Shaw, Mus. Lever. IV, 153. t. 37.

Gypohierax angolensis Sharpe, Cat. Birds Brit. Mus. I, 312 (1874).

Ein von Fichtel gekauftes Exemplar scheint eines der beiden von Pennant beschriebenen oder vielleicht das Original von Shaw's Abbildung zu sein.

Falco Feldeggii.

Falco Feldeggii Schlegel, Abhandl. Geb. Zool. 3. t. 10. 11 (1841). — Sharpe, Cat. Birds Brit. Mus. I, 389.

Ein Männchen, wahrscheinlich eines der von Baron Feldegg aus Dalmatien eingesendeten Original-Exemplare.

Hypotriorchis femoralis.

Falco femoralis Temminck, Pl. Col., t. 343.

Hypotriorchis femoralis Temminck. Sharpe, Cat. Birds Brit. Mus. I. 401.

Sieben authentische Exemplare, Männchen und Weibchen, von Natterer in Brasilien gesammelt; das ebenfalls von Natterer eingesendete Original-Exemplar zu Temminck's Abbildung und Beschreibung befindet sich im Leydener Museum.

Tinnunculus alopex.

Tinnunculus alopex Heuglin, Syst. Uebers. (1856) 10. — Derselbe Orn. v. Nordost-Afrika I (1869), 41.

Cerchneis alopex Heuglin, Sharpe, Cat. Birds Brit. Mus. I, 432, t. 14, Fig. 1.

Ein Männchen aus Doka, O. Sennaar, 1855 von Heuglin als spec. nov. erhalten; Type. Schon früher (1839) war durch Kotschy ein Exemplar dieser Art aus Nubien in die Sammlung gelangt.

Baza Reinwardti.

Baza Reinwardti Müller et Schlegel, Verhandl. Naturl. Gesch. (1839—1844) 35, t. 5. Sharpe, Cat. Birds Brit. Mus. I, 358.

Ein Weibchen aus Amboina vom Leydener Museum unter obigem Namen im Jahre 1865 erhalten; authentisches Exemplar.

Astur Novae Hollandiae.

Astur Novae Hollandiae Gmelin, Sharpe, Cat. Birds Brit. Mus. I, 118.

Falco albus White, Journ. Voy. New South-Wales 250 c. 1.

Ein durch Fichtel 1806 erhaltenes Exemplar in weissem Gefieder ist wahrscheinlich das Original zu White's Beschreibung und Abbildung.

Astur griseiceps.

Astur griseiceps Schlegel. Mus. Pays-Bas 23. — Sharpe, Cat. Birds Brit. Mus. I, 106.

Ein Männchen und ein junges Weibchen von Celebes im Jahre 1865 aus dem Leydener Museum durch Schlegel erhalten; authentische Exemplare.

Astur cuculoides.

Falco cuculoides Temminck, Pl. Col. I, t. 110, 129.

Astur cuculoides Temminck, Sharpe, Cat. Birds Brit. Mus. I. 115. t. IV, Fig. 2.

Zwei authentische Exemplare von Temminck 1822 und 1823 erhalten.

Asturina ruficauda.

Asturina ruficauda Sclater et Salvin, P. Z. S. (1869) 133. — Sharpe, Cat. Birds Brit. Mus. I, 205.

Zwei authentische Exemplare durch Whitely bei S. Pedro in Hondouras gesammelt, von Mr. Sclater erhalten.

Micrastur macrorhynchus.

Micrastur macrorhynchus Natterer, Pelzeln, Novara-Expedition, Vögel, 11.

Ein Männchen und ein Weibchen von Natterer in Para und Maria do Rio branco gesammelt. Dieselben dürften nach den in dem citirten Werke angegebenen Gründen nicht mit *Micrastur Mirandollei* Schleg. zu identificiren sein.

Micrastur ruficollis.

Micrastur ruficollis Vieillot, Sharpe, Cat. Birds Brit. Mus. I, 76.

Falco xanthothorax Temminck, Pl. Col. I, t. 92.

Falco leucauchen Temminck. Pl. Col. I, t. 306.

Temminck's Abbildung des *Falco leucauchen* Pl. Col. t. 306 ist nach einem der jüngeren von Natterer mitgebrachten Exemplare angefertigt.

Micrastur semitorquatus.

Micrastur semitorquatus Vieillot, Nouv. Diction. d'Hist. Nat. 322 (1817). Sharpe, Cat. Birds Brit. Mus. I. 75.

Falco brachypterus Temminck, Pl. Col. I, t. 116, 141.

Ein Männchen und ein junges Weibchen sind die Originale zu Temminck's angeführten Abbildungen.

Accipiter virgatus.

Falco virgatus Temminck, Pl. Col. I. t. 109.

Accipiter virgatus Temminck, Sharpe, Cat. Birds Brit. Mus. I. 150.

Ein authentisches Exemplar aus Java 1833 durch das Leydener Museum erhalten.

Melierax polyzonus.

Falco polyzonus Rüppel, Neue Wirbelthiere 36, t. 15 (1835).

Melierax polyzonus Rüppel, Sharpe, Cat. Birds Brit. Mus. I, 88.

Ein authentisches Exemplar 1826 aus dem Frankfurter Museum erhalten.

Circus aeruginosus.

Circus aeruginosus L., Sharpe, Cat. Birds Brit. Mus. I, 69. — Heuglin, Orn. v. Nordost-Afrika 103.

Circus umbrinus Heuglin, ibid.

Ein Exemplar; Type von *C. umbrinus.*

Circus cinereus.

Circus cinereus Vieillot, Sharpe, Cat. Birds Brit. Mus. I. 56.

Strigiceps canescens Lichtenstein, Nomencl. Av. Mus. Berol. 6.

Ein Männchen im Jahre 1839 aus dem Berliner Museum als *Falco canescens* Licht. erhalten; authentisches Exemplar.

Circus maculosus.

Circus maculosus Vieillot, Sharpe, Cat. Birds Brit. Mus. I, 62.

Falco rufiventris Lichtenstein, Manuscript.

Ein Weibchen im Jahre 1824 vom Berliner Museum als *Falco rufiventris* Licht. erhalten; authentisches Exemplar.

Circus maurus.

Falco maurus Temminck, Pl. Col. I, t. 461 (1828).

Circus maurus Temminck, Sharpe, Cat. Birds Brit. Mus. I, 60.

Ein Weibchen 1830 durch Temminck erhalten; authentisches Exemplar.

Subordo: Rapaces nocturni.

Familia: *Strigidae.*

Ninox squamipila.

Athene squamipila Bonaparte, Consp. Gener. Av. I, 41.

Ninox squamipila Bonaparte, Sharpe, Cat. Birds Brit. Mus. II, 184.

Ein Exemplar von Ceram durch Schlegel erhalten; da die Art von Bonaparte aus dem Leydener Museum beschrieben und unser Exemplar von dem Director dieses Institutes erhalten wurde, so kann dasselbe als ein authentisches betrachtet werden.

Bubo lacteus.

Strix lactea Temminck, Pl. Col. II, t. 3.

Bubo lacteus Temminck, Sharpe, Cat. Birds Brit. Mus. II, 33.

Ein authentisches Exemplar aus dem Leydener Museum 1833 durch Temminck erhalten.

Bubo orientalis.

Bubo orientalis Horsfield, Sharpe, Cat. Birds Brit. Mus. II, 39.

Strix strepitans Temminck, Pl. Col. II, t. 174.

Ein authentisches Exemplar der *Str. strepitans* 1833 aus dem Leydener Museum erhalten.

Otus habessinicus.

Otus habessinicus Guér., Heuglin, Orn. v. Nordost-Afrika 107.

Otus montanus Heuglin, Syst. Uebers. 89.

Oslo abyssinicus Guér., Sharpe, Cat. Birds Brit. Mus. II, 227.

Ein Exemplar von Heuglin 1855 als Type von *Otus montanus* erhalten.

Scops semitorques.

Otus semitorques Temminck et Schlegel, Fauna Japon., Aves 25, pl. 8.

Scops semitorques Temminck et Schlegel, Sharpe, Cat. Birds Brit. Mus. II, 83.

Ein authentisches Exemplar aus Japan vom Leydener Museum (1863) durch Schlegel erhalten.

Scops atricapilla.

Strix atricapilla Natterer, Temminck, Pl. Col. II, t. 145.

Scops brasiliensis var., Schlegel, Mus. Pays-Bas 21.

Scops brasilianus Gmelin, Sharpe, Cat. Birds Brit. Mus. II, 108.

Das von Natterer herrührende Original zu Temminck's Beschreibung und Abbildung befindet sich im Leydener Museum, während unsere Sammlung an typischen Exemplaren sechs Männchen und zwei Weibchen besitzt.

Syrnium superciliare.

Syrnium superciliare Pelzeln, Verhandl. zool.-bot. Gesellsch. Wien (1863), 1125. — Derselbe, Orn. Bras. 10. — Sharpe, Cat. Birds Brit. Mus. II, 271.

Zwei Männchen am Rio Guaporé (1826) von Natterer gesammelt; typische Exemplare.

Strix insularis.

Strix insularis Pelzeln, Journ. f. Orn. (1872) 23.

Strix flammea L., Sharpe, Cat. Birds Brit. Mus. II, 291.

Ein typisches Exemplar; 1836 von Natterer in London gekauft.

Ordo: Passeres.

Tribus: Fissirostres.

Familia: *Caprimulgidae.*

Aegotheles Novae Hollandiae.

Caprimulgus Novae Hollandiae Latham, Ind. Orn. II, 588. — Pelzeln, Ibis (1873) 107.

Ein wahrscheinlich typisches Exemplar durch Fichtl aus dem Museum Leverianum erhalten.

Caprimulgus ruficollis.

Caprimulgus ruficollis Temminck, Manuel d'Orn. I, 438, III, 304. — Gray, Handlist, spec. 614.

Ein Männchen und ein Weibchen zu Algeciras in Spanien 1817 von Natterer gesammelt; Typen zu Temminck's Beschreibung.

Caprimulgus nubicus.

Caprimulgus nubicus Lichtenstein, Doubl.-Verz. (1823) 159. — Gray, Handlist, spec. 639.

Ein authentisches Exemplar 1826 aus dem Berliner Museum erhalten.

Caprimulgus aegyptius.

Caprimulgus aegyptius Lichtenstein, Doubl.-Verz. (1823) 59.

Ein Weibchen im Jahre 1826 vom Berliner Museum erhalten; authentisches Exemplar.

Hydropsalis Ypanemae.

Hydropsalis Ypanemae Pelzeln, Sitzungsber. zool.-bot. Gesellsch. Wien (1865) 985.

Macropsalis Ypanemae Pelzeln, Gray, Handlist, spec. 655.

Ein Männchen aus Ypanema, von Natterer gesammelt; Original-Exemplar.

Hydropsalis pallescens.

Hydropsalis pallescens Pelzeln, Sitzungsber. zool.-bot. Gesellsch. Wien (1865) 986. — Gray, Handlist, spec. 651.

Ein Männchen und fünf Weibchen von Natterer in Forte do Principe gesammelt; Original-Exemplare.

Hydropsalis trifurcata.

Hydropsalis trifurcata Natterer, Sclater, P. Z. S. (1866) 141. — Pelzeln, Orn. Bras. 11.

Diplopsalis trifurcatus Natterer, Gray, Handlist, spec. 656.

Drei Männchen und vier Weibchen von Natterer am Rio Guaporé und Madeira in Brasilien gesammelt; Original-Exemplare.

Antrostomus rutilus.

Antrostomus rutilus Lichtenstein, Burmeister, Thiere Brasiliens II (1856), 385.

Antrostomus Cortapau Natterer, Pelzeln, Orn. Bras. 13, 53.

Vier Männchen und vier Weibchen von Natterer am Rio Negro und Guaporé gesammelt; Originale von *A. Cortapau.*

Stenopsis candicans.

Stenopsis candicans Sclater, P. Z. S. (1866) 588. — Pelzeln, Orn. Bras. 12, 49.

Ibijau aux ailes et queue blanches Azara, Nr. 314.

Caprimulgus leucurus Vieillot, Nouv. Dict. X, 246 partim. — Gray, Handlist, spec. 680.

Ein Männchen aus Irisanga in Süd-Brasilien von Natterer (Nr. 530) gesammelt; Type.

Stenopsis Langsdorfi.

Stenopsis Langsdorfi Pelzeln, Orn. Bras. 12, 52. — Sclater, P. Z. S. (1866) 589. — Gray, Handlist, spec. 681.

Das typische Exemplar von Langsdorf in Cujaba durch Natterer erhalten.

Stenopsis platura.

Stenopsis platura Sclater, P. Z. S. 580. — Natterer, Pelzeln, Orn. Bras. 12, 53. — Gray, Handlist, spec. 679.

Ein junges Weibchen aus Ypanema in Süd-Brasilien von Natterer (Nr. 421) erhalten; Type.

Lurocalis Nattereri.

Caprimulgus Nattereri Temminck, Pl. Col., t. 107.

Lurocalis Nattereri Temminck, Gray, Handlist, spec. 695.

Zwei Männchen und vier Weibchen von Natterer in Brasilien gesammelt; authentische Exemplare.

Familia: *Cypselidae.*

Cypselus caffer.

Cypselus caffer Lichtenstein, Doubl.-Verz. 58. — Gray, Handlist, spec. 721.

Cypselus pygargus Temminck, Pl. Col., t. 460.

Ein Exemplar von Temminck 1822 erhalten; authentisches Exemplar für *C. pygargus.*

Cypselus parvus.

Cypselus parvus Lichtenstein, Doubl.-Verz. 58. — Gray, Handlist, spec. 732.

Ein authentisches Exemplar 1823 aus dem Berliner Museum erhalten.

Dendrochelidon Klecho.

Dendrochelidon Klecho Horsfield, Sclater, P. Z. S. (1865) 616. — Gray, Handlist, spec. 740.

Hirundo Klecho Horsfield, Trans. Linn. Soc. XIII, 143.

Cypselus longipennis Temminck, Pl. Col., t. 83.

Ein Exemplar von Temminck 1821 erhalten; authentisches Exemplar von *C. longipennis.*

Dendrochelidon comata.

Cypselus comatus Temminck, Pl. Col., t. 268.

Dendrochelidon comatus Temminck, Gray, Handlist, spec. 743.

Ein authentisches Exemplar 1841 aus dem Leydener Museum erhalten.

Chaetura caudacuta.

Hirundo caudacuta Latham, Ind. Orn. II, Suppl. LVII, 1.

Chaetura caudacuta Latham, Gray, Handlist, spec. 770.

Das durch Fichtel erhaltene Exemplar unserer Sammlung aus der Dalrymple-Bay, stammt wohl aus dem Museum Leverianum und dürfte Latham's Type sein.

Chaetura biscutata.

Chaetura biscutata Sclater, P. Z. S. (1865) 609, t. 34. — Pelzeln, Orn. Bras. 15.

Zwei Männchen und zwei Weibchen in Süd-Brasilien von Natterer gesammelt; Original-Exemplare.

Chaetura Sclateri.

Chaetura Sclateri Pelzeln, Orn. Bras. 15, 57.

Ein Männchen von Natterer, aus Borba am Madeira in Brasilien; Original-Exemplar.

Nephocaetes fumigatus (Natterer).

Nephocetes fumigatus Natterer, Pelzeln, Orn. Bras. 16.
Hemiprocne fumigata Streubel, Isis (1848) 366.
Cypseloides fumigatus Natterer, Sclater, P. Z. S. (1865) 615.

Zwei Männchen und drei Weibchen von Natterer in Süd-Brasilien gesammelt; Typen.

Familia: *Hirundinidae.*

Hirunda cahirica.

Hirunda cahirica Lichtenstein, Doubl.-Verz. 58. — Gray, Handlist. spec. 786.
Hirundo Riocouri Savigny, Descript. de l'Egypte, t. 1. 1.

Ein authentisches Exemplar aus Egypten durch das Berliner Museum 1823 erhalten.

Hirundo ruficeps.

Hirundo ruficeps Lichtenstein, Doubl.-Verz. 58. — Gray, Handlist. spec. 821.

Ein authentisches Exemplar aus Nubien 1823 vom Berliner Museum erhalten.

Petrochelidon albilineata.

Pterochelidon albilineata Lawrence, Ann. Lyc. New-York (1863) VIII, 2.

Ein Exemplar aus Guatemala von Mr. Salvin als *P. albilinea* Lawr. = *P. littorea* Salv. erhalten; authentisches Exemplar.

Cotile fuligula.

Cotile fuligula Lichtenstein, Levaillant, Ois. d'Afrique, t. 246. 1.

Ein Exemplar aus Süd-Afrika von Berliner Museum 1826 erhalten; authentisches Exemplar.

Familia: *Eurylaimidae.*

Cymbirhynchus macrorhynchus.

Cymbirhynchus macrorhynchus Gmelin, Syst. nat. I, 446, 15.
Todus nasutus Latham, Ind. Orn. I. 268, 14.

Ein Exemplar aus dem Museum Leverianum 1806 ist das Original von *T. nasutus* Lath.

Familia: *Todidae.*

Todus hypochondriacus.

Todus hypochondriacus Bryant, Proc. Boston Soc. Nat. Hist. (1866).
Todus multicolor Gould, Gray, Handlist, spec. 927.

Ein Exemplar aus dem Nachlasse von Dr. Henry Bryant, 1870 von der Smithsonian Institution erhalten; Original-Exemplar.

Familia: *Momotidae.*

Momotus Nattereri.

Momotus Nattereri Sclater, P. Z. S. (1857) 251. — Pelzeln, Orn. Bras. 19.

Vier Männchen und fünf Weibchen aus Central-Brasilien, Madeira und Rio Negro von Natterer gesammelt; Original-Exemplare. Jenes im Besitze von Sclater stammt aus Goyaz.

Familia: *Trogonidae.*

Trogon chrysochlorus.

Trogon chrysochlorus Natterer, Pelzeln, Sitzungsber. k. Akad. Wien XX (1856). 499. 505 und Orn. Bras. 20.

Fünf Männchen und fünf Weibchen von Natterer in Brasilien gesammelt; Originale.

Harpactes Reinwardtii.

Trogon Reinwardtii Temminck, Pl. Col., t. 124.

Ein authentisches Exemplar, durch Temminck 1822 erhalten, dürfte wahrscheinlich von Reinwardt's Reise herrühren.

Harpactes oreskios.

Trogon oreskios Temminck, Pl. Col., t. 181.

Harpactes oreskios Temminck, Gould, Trogons, t. 36.

Zwei Männchen aus dem Leydener Museum erhalten; authentische Exemplare.

Familia: *Bucconidae.*

Bucco hyperrhynchus.

Bucco hyperrhynchus Sclater, Ann. Nat. Hist. ser. 2, XIII, 357 und Monogr. Galb. et Buccon. (1882) 71.

Bucco (Capito) giganteus Natterer, Pelzeln, Sitzungsber. k. Akad. Wien XX (1856). 511 und Orn. Bras. 20.

Vier Männchen und sechs Weibchen von Natterer am Rio Negro und in Para gesammelt. Typen von *B. giganteus.*

Bucco striolatus.

Bucco striolatus Natterer, Pelzeln, Sitzungsber. k. Akad. Wien XX (1856), 209 und Orn. Bras. 22. — Sclater, Monogr. Galb. et Buccon. 107.

Drei Männchen und zwei Weibchen von Natterer in Brasilien, Provinz Matogrosso, gesammelt; Original-Exemplare.

Familia: *Alcedinidae.*

Halcyon melanorhyncha.

Halcyon melanorhyncha Temminck, Pl. Col., t. 391. — Gray, Handlist, spec. 1102.

Ein authentisches Exemplar durch Temminck 1833 aus dem Leydener Museum erhalten.

Halcyon concreta.

Halcyon concreta Temminck, Pl. Col., t. 346. — Gray, Handlist, spec. 1134.

Ein authentisches Exemplar durch Temminck 1833 aus dem Leydener Museum erhalten.

Halcyon chloris.

Ceryle abyssinica Lichtenstein, Nomencl. Av. (1854) 64.

Halcyon abyssinica Lichtenstein, Pelzeln, Sitzungsber. k. Akad. Wien XX. (1856) 500.

Dacelo chloris Schlegel, Mus. Pays-Bas 32. — Heuglin, Orn. v. Nordost-Afrika 194.

Halcyon chloris Bodd., Gray, Handlist, spec. 1116.

Ein Exemplar 1826 aus dem Berliner Museum als Original von *Ceryle (Alcedo) abyssinica.*

Todirhamphus sacer.

Alcedo sacra Gmelin, Syst. nat. I, 453. — Latham, ind. Orn. I, 250, 15.

Halcyon sacra Gmelin, Pelzeln, Ibis (1873) 19.

Todirhamphus sacra Gmelin, Gray, Handlist, spec. 1130.

Ein Exemplar aus dem Museum Leverianum 1806 acquirirt; Original.

Todirhamphus veneratus.

Alcedo venerata Gmelin, Syst. nat. I, 453, 29. — Latham, Ind. Orn. I, 251, 16.

Todirhamphus veneratus Gmelin, Pelzeln, Ibis (1873) 20.

Ein Exemplar aus dem Museum Leverianum im Jahre 1806 acquirirt; Original.

Familia: *Galbulidae.*

Galbula albogularis.

Galbula albogularis Spix, Av. Bras. (1824) I, 51, t. 57, Fig. 1. — Sclater, Monogr. Galb. et Buccon. 45, t. XIV.

Ein authentisches Exemplar aus dem Münchener Museum 1841 erhalten.

Familia: *Meropidae.*

Merops cyanophrys.

Philothrus cyanophrys Cabanis, Mus. Hein. II, 137.

Merops cupreus Ehrenberg, Lichtenstein, Mus. Berol.

Merops cyanophrys Dresser, Meropidae 41.

Ein authentisches Exemplar des *M. cupreus* aus Abyssinien, offenbar von Ehrenberg's Reise herstammend, aus dem Berliner Museum (1826) erhalten.

Melittophagus Boleslavskii.

Melittophaga Boleslavskii Pelzeln, Sitzungsber. k. Akad. Wien XXXI (1858), 320. — Dresser, Meropidae 137.

Ein von Major v. Boleslavski gesammeltes Exemplar aus Sennaar, im Jahre 1861 erhalten; Original.

Tribus: Tenuirostres.

Familia: *Upupidae.*

Upupa minor.

Upupa minor Shaw, General Zoology VIII, 139.

Upupa africana Lichtenstein, Doubl.-Verz. 16.

Ein authentisches Exemplar der *U. africana* (1823) aus dem Berliner Museum erhalten.

Familia: *Promeropidae.*

Nectarinia metallica.

Nectarinia metallica Lichtenstein, Doubl.-Verz. 15. — Gadow, Cat. Birds Brit. Mus. (1884) IX, 8.

Ein Männchen und zwei Junge; authentische Exemplare, aus dem Berliner Museum (1823) acquirirt.

Cinnyris habessinica.

Nectarinia pectoralis Ehrenberg, Manuscript.

Nectarinia habessinica Hemprich et Ehrenberg, Symb. Phys. Zool. I, Av., t. 4 (1828).

Cinnyris habessinica Hemprich et Ehrenberg. Gadow. Cat. Birds Brit. Mus. IX, 52.

Zwei Männchen aus dem Berliner Museum; das eine vom Jahre 1826 mit der Etiquette *N. pectoralis,* das andere vom Jahre 1839 mit der Original-Etiquette *N. habessinica* H. et E. Beide sind authentische Exemplare, da der Name *pectoralis* offenbar ein später abgeänderter Musealname ist.

Cinnyris pectoralis.

Nectarinia pectoralis Horsfield, Trans. Linn. Soc. XIII (1820), 167.

Nectarinia eximia Temminck, Pl. Col., t. 138, Fig. 1, 2.

Cinnyris pectoralis Bonaparte, Conop. Gen. Av. I, 408, Nr. 43 (1850). — Gadow. Cat. Birds Brit. Mus. IX, 88.

Ein Männchen und ein Weibchen aus Java, (1823) von Temminck als *N. eximia* erhalten, sind authentische Exemplare für dieses Synonymum.

Cinnyris erythroceria.

Nectarinia erythroceria Heuglin, Syst. Uebers., Vögel, Nordost-Afrika 20 (1856) und Orn. v. Nordost-Afrika 226.

Cinnyris erythrocerius Shelley, Monogr. Nect. 209. t. 64. Fig. 2.

Cinnyris mariquensis Smith, Gadow, Cat. Birds Brit. Mus. IX, 44.

Ein Original-Exemplar aus Nordost-Afrika, von Heuglin (1856) erhalten, befindet sich in der Sammlung neben einem jungen Vogel dieser Art aus Central-Afrika von P. Knoblecher (1859) und ein Männchen ebendaher (1880) von Dr. Emin Bey, egyptischem Gouverneur zu Lado.

Cinnyris sanghirensis.

Chalcostetha sanghirensis Meyer A. B., Sitzungsber. k. Akad. Wien LXX (1874), 124.
Cinnyris sanghirensis Meyer, Shelley, Monogr. Nect. 97, t. 33. — Gadow, Cat. Birds Brit. Mus. IX, 74.

Ein Männchen und ein Weibchen von den Sangi-Inseln durch A. B. Meyer (1877) erhalten; authentische Exemplare.

Aethopyga eximia.

Nectarinia eximia Horsfield, Trans. Linn. Soc. XIII (1820), 168.
Nectarinia Kuhlii Temminck, Pl. Col., t. 376, Fig. 1, 2.
Aethopyga eximia Horsfield, Cat. Mus. Hein. I, 103. — Gadow, Cat. Birds Brit. Mus. IX, 17.

Ein Männchen und ein Weibchen, von Temminck (1830) erhalten, sind authentische Exemplare der *N. Kuhlii.*

Aethopyga mystacalis.

Nectarinia mystacalis Temminck, Pl. Col., t. 126, Fig. 3.
Aethopyga mystacalis Temminck, Gadow, Cat. Birds Brit. Mus. IX, 23.

Ein Männchen aus Java (1822) durch Temminck erhalten; authentisches Exemplar.

Chalcostetha insignis.

Nectarinia pectoralis Temminck, Pl. Col. 138, Fig. 3 (1823 nicht Horsfield).
Nectarinia insignis Jard., Monogr. Sun. birds 274.
Chalcostetha insignis Jard., Walden, Ibis (1870) 44. — Gadow, Cat. Birds Brit. Mus. IX, 12.

Ein Männchen aus Java, von Temminck (1823) erhalten, ist ein authentisches Exemplar der *N. pectoralis.*

Familia: *Coerebidae.*

Dacnis nigripes.

Dacnis nigripes Pelzeln, Sitzungsber. k. Akad. Wien (1856) XX, 154, t. 1, Fig. 1, 2 und Orn. Bras. 25. — Sclater, Cat. Birds Brit. Mus. XI (1886), 21.

Zwei Männchen und zwei Weibchen von Beske zu Neu-Freiburg in Brasilien 1847 gesammelt; Original-Exemplare. Ausser den von Beske erbeuteten sechs Männchen und vier Weibchen ist nur das vom Grafen Berlepsch im Journ. f. Orn. (1873) 237 erwähnte Exemplar bekannt geworden.

Diglossopis caerulescens.

Diglossopis caerulescens Sclater, Ann. Mag. Nat. Hist. ser. 2. XVII, 467.
Diglossa caerulescens Berlepsch, Journ. f. Orn. (1884) 286.

Ein authentisches Exemplar aus Caracas (Venezuela) 1871 von Sclater erhalten.

Certhiola portoricensis.

Certhiola flaveola, var. *portoricensis*, Bryant, Proc. Boston. Soc. Nat. Hist. X (1866), 252.
Certhiola portoricensis Bryant, Sclater, Cat. Birds Brit. Mus. XI, 41.

Zwei authentische Exemplare von Bryant's Collection aus Portorico (1870) durch die Smithsonian Institution erhalten.

Familia: *Trochilidae.*

Phaetornis squalidus.

Trochilus squalidus Natterer, Temminck, Pl. Col., t. 120, Fig. 1.

Phaetornis squalidus Elliot, Classification Trochilus (1879) 12.

Zehn typische Exemplare von Natterer zu Paor, Matodentro, Ypanema, Irisanga in Süd-Brasilien und zu Engenho do Capt. Gama in Central-Brasilien gesammelt.

Phaetornis Bourcieri.

Trochilus Bourcieri Lesson, Trochilus (1832) 62, t. 18.

Ametrornis abnormis Reichenbach, Journ. f. Orn. (1853) 14. — Pelzeln, Orn. Bras. 27, 56.

Phaetornis Bourcieri Lesson, Salvin et Elliot, Ibis (1873) 15. — Elliot, Ibis (1874) 262 und Classification Troch. (1879) 12.

Ein Männchen aus Marabitanas in Brasilien durch Natterer gesammelt; Original-Exemplar von *A. abnormis.*

Thaumasius Taczanowskii.

Thaumasius Taczanowskii Sclater, P. Z. S. (1879) 145, 239.

Thaumatias Taczanowskii Sclater, Taczanowski, Orn. Peru, I. Bd. (1884) 405.

Ein Männchen und ein Weibchen durch Stolzmann in Nord-Peru gesammelt, 1880 von Taczanowski erhalten; authentische Exemplare.

Agyrtria tobaci.

Trochilus tobaci Gmelin, Syst. Av. 498.

Chlorestes Malvina Reichenbach, Aufz. d. Colib. (1853) 7. — Derselbe, Troch. Enum. (1855) 4, t. 696.

Agyrtria tobaci Gmelin, Elliot, Classification Troch. (1879) 206.

Ein typisches Exemplar des *Ch. Malvina* (1847) von Beske aus Brasilien acquirirt.

Ptochoptera iolaema.

Riccordia iolaema Natterer, Reichenbach, Aufz. d. Colib. (1853) 8.

Thalurania iolaema Natterer, Pelzeln, Orn. Bras. 57.

Ptochoptera iolaema Natterer, Elliot, Ibis (1874) 261. — Derselbe, Classification Troch. (1879) 130.

Ein Männchen von Natterer zu Ypanema in Süd-Brasilien gesammelt; Original-Exemplar.

Uranomitra cyanicollis.

Uranomitra cyanicollis Reichenbach, Aufz. d. Colib. (1853) 10. — Elliot, Classification Troch. 198.

Leucolia Pelzelni Taczanowski, P. Z. S. (1879) 239.

Ein Weibchen und ein junges Männchen in Peru durch Stolzmann gesammelt, (1880) von Taczanowski erhalten; authentische Exemplare von *L. Pelzelni.*

Docimastes ensiferus.

Ornismya ensifera Boissonneau, Rev. Zool. (1839) 354.

Docimastes ensiferus Boissonneau, Gould, Monogr. Troch. vol. IV, t. 233. — Elliot, Classification Troch. 86.

Ein Männchen als authentisches Exemplar (1842) von Boissonneau acquirirt.

Heliomaster furcifer.

Le Bec-fleur à queue en ciseaux Azara, Voy. Am. Merid. CCXCIX.

Trochilus furcifer Shaw, Gen. Zool. VIII, 280.

Trochilus regis Schreibers, Vers. d. Naturforscher in Wien (1832). — Derselbe, Collectanea ad Faun. Bras., Fasc. I (1833), 1, t. 1, Fig. 1.

Ornismya angelae Lesson, Illustr. Zool. (1833), t. 45, 46.
Calliperidia furcifer Shaw, Sclater et Salvin, Nomencl. 90.
Heliomaster regis Schreibers, Pelzeln, Orn. Bras. 301. Elliot, Classification Troch. (1879) 86.

Sechzehn Exemplare verschiedenen Alters und Geschlechtes, von Natterer in Central-Brasilien zwischen Goyaz und Matogrosso gesammelt; Originale zu Schreibers' *Tr. regis*.

Oreopyra calolaema.

Oreopyra calolaema Salvin, P. Z. S. (1864) 584. Elliot, Classification Troch. 33.

Ein Männchen; authentisches Exemplar, von Salvin (1869) erhalten.

Pterophanes Temminckii.

Ornismya Temminckii Boissoneau, Rev. Zool. (1839) 354.
Pterophanes Temminckii Boissoneau. Gould, Monogr. Troch. vol. III, t. 178. — Elliot, Classification Troch. 66.

Ein Männchen und ein Weibchen aus Bogota (1842) von Boissoneau acquirirt; authentische Exemplare.

Heliangelus clarissae.

Ornismya clarissae De Long, Rev. Zool. (1841) 306.
Heliangelus clarissae Bonaparte, Consp. Gen. Av. 76. — Elliot, Classification Troch. 89.
Heliangelus Taczanowskii Pelzeln, Ibis (1877) 338 juv. ♂.

Ein typisches Exemplar des *H. Taczanowskii* aus Bogota.

Metallura tyrianthina.

Trochilus tyrianthinus Loddiges, P. Z. S. (1832) 6.
Ornismya Paulinae Boissoneau, Rev. Zool. (1839) 354.
Metallura tyrianthina Loddiges, Elliot, Classification Troch. 166.

Ein Männchen und ein Weibchen als authentische Exemplare der *O. Paulinae* aus Bogota (1842) von Boissoneau acquirirt.

Rhamphomicron heteropogon.

Ornismya heteropogon Boissoneau, Rev. Zool. (1839) 355.
Rhamphomicron heteropogon Bonaparte, Consp. Gen. Av. I (1850), 79. — Elliot, Classification Troch. 158.

Zwei Männchen aus Bogota 1842 von Boissoneau aquirirt; authentische Exemplare.

Lophornis Gouldi.

Ornismya Gouldi Lesson, Troch. (1831—1833) 103, t. 39.
Trochilus reginae Schreibers, Collect. Faun. Bras. (1833). t. 1, Fig. 2.
Lophornis gouldi Lesson, Elliot, Classification Troch. 134.

Ein Männchen von Natterer aus der Provinz Matogrosso in Brasilien eingesendet; Original-Exemplar von Schreibers' *Tr. reginae*.

Cephalolepis Beskii.

Cephalolepis Beskii Pelzeln. Orn. Bras. 58.
Caphalolepis Delalandi Vieillot, Elliot, Classification Troch. 180.

Ein Männchen von Beske (1847) aus Brasilien als *Tr. Delalandi* var. acquirirt; Original-Exemplar.

Augastes superbus.

Trochilus superbus Vieillot, Ency. Méth. II, 561.
Trochilus scutatus Natterer, Temminck, Pl. Col., t. 299, Fig. 3.
Augastes superbus Vieillot, Elliot, Classification Troch. 171.

Ein Exemplar von Schüch aus Minas in Brasilien an Natterer gesendet; Original von *Tr. scutatus*.

Familia: *Meliphagidae*

Drepanis pacifica.

Certhia pacifica Gmelin, Syst. nat. I, 470. — Latham, Ind. Orn. I, 281.

Drepanis pacifica Temminck, Man. d'Orn. I (1820), LXXXVI. — Pelzeln, Journ. f. Orn. (1872) 26 und Ibis (1873) 21. — Sharpe, Cat. Birds Brit. Mus. X (1885), 5.

Ein Männchen und ein Weibchen. Diese beiden typischen Exemplare aus dem Museum Leverianum, als deren Heimat Owhyhee angegeben wird, dürften wohl von Cook's Reisen herrühren; eines dieser Exemplare diente auch als Original zu Vieillot's Ois. Dor. II, t. 63. — Ein drittes Exemplar befand sich in der Sammlung von Levaillant und wird jetzt im Leydener Museum aufbewahrt. Unseres Wissens ist ausser den drei erwähnten seither kein anderes Individuum nach Europa gelangt. Diese merkwürdige Art, deren Federn zur Anfertigung der Mäntel für Häuptlinge sehr gesucht waren, scheint seit Decennien ausgerottet zu sein.

Psittirostra psittacea.

Parrot-billed Grosbeak Latham, Gen. Syn. III, 108, t. 42.

Parroquet, Cook's Last. Voy. III, 119.

Loxia psittacea Gmelin, Syst. nat. I (1788), 844. — Latham, Ind. Orn. I, 371.

Psittirostra psittacea Gmelin, Temminck, Man. d'Orn. I (1820), LXX. — Sharpe, Cat. Birds Brit. Mus. X, 51.

Ein Männchen ist das Original von Latham's Beschreibung und Abbildung des oberen gelbköpfigen Männchens. Es war mit Nr. 79 (Verkaufskatalog 4270) bezeichnet und als dessen Heimat die Sandwichinseln angegeben. Temminck (Pl. Col. 457) theilt mit, dass er zwei Exemplare in Lewer's Sammlung sah und der Meinung sei, dass sie unzweifelhaft während Cook's Reise gesammelt worden waren. Ueber das Schicksal des zweiten von Latham abgebildeten Vogels ist uns nichts bekannt.

Acanthorhynchus tenuirostris.

Slender billed Creeper Latham, Gen. Synops., Suppl. II, 165, 22, t. 129.

Certhia tenuirostris Latham, Ind. Orn., Suppl. XXXVI, 5.

Acanthorhynchus tenuirostris Latham, Gadow, Cat. Birds Brit. Mus. IX, 144.

Ein Männchen von Fichtel (1806) aus dem Museum Leverianum acquirirt; wahrscheinlich Latham's Original.

Melirrhophetes leucostephes.

Melirrhophetes leucostephes Meyer A. B., Sitzungsber. k. Akad. Wien LXX (1874), 110. — Gadow, Cat. Birds Brit. Mus. IX, 289.

Ein authentisches Exemplar dieser Art aus Neu-Guinea (1878) von Meyer erhalten.

Melitograis gilolensis.

Meliphaga gilolensis Temminck, Mus. Lugd. (teste Salvad.).

Tropidorhynchus gilolensis Temminck, Bonaparte, Consp. Gen. Av. 390.

Melitograis gilolensis Temminck, Gadow, Cat. Birds Brit. Mus. IX, 282.

Ein Männchen von Gilolo (1863) aus dem Leydener Museum erhalten; authentisches Exemplar.

Anthornis melanura.

Certhia melanura Sparrmann, Mus. Carlson (1786), t. 5.

Anthornis ruficeps Pelzeln, Verh. zool.-bot. Gesellsch. Wien (1867) 316.

Anthornis melanura Sparrmann, Gadow, Cat. Birds Brit. Mus. IX, 255.

Ein typisches Exemplar von *A. ruficeps* (1866) von Dr. Haast aus Neu-Seeland erhalten.

Philemon timorlaoensis.

Philemon timorlaoensis Meyer A. B., Isis, Abhandl. (1884) I, 7, 41.

Ein authentisches Exemplar von Timorlaut (1884) durch Meyer's Vermittlung erhalten.

Zosterops cinereus.

Drepanis cinerea Kittlitz, Mem. Akad. St. Petersburg (1835) t. 5.
Dicaeum cinereum Kittlitz, Kupfert., t. 8, Fig. 2.
Zosterops cinereus Kittlitz, Gray, Handlist, spec. 2140. — Finsch, Ibis (1881) 103, 108 und Mitth. d. Orn. Ver. Wien (1884) 124. — Gadow, Cat. Birds Brit. Mus. IX, 198.

Ein vom Petersburger Museum (1839) erhaltenes Exemplar aus Ualan (Kushaï) ist offenbar als ein authentisches anzusehen, da diese Art seit Kittlitz erst wieder nach Jahrzehnten durch Finsch aufgefunden wurde.

Familia: *Dendrocolaptidae.*

Furnarius badius.

? *Merops rufus* Gmelin, Syst. nat. I, 468, 20.
Turdus badius Lichtenstein, Doubl.-Verz. 40.
Furnarius badius Lichtenstein, Pelzeln, Ibis (1881) 403.
Furnarius rufus Gmelin, Sclater et Salvin, Nom. Av. 61.

Ein Weibchen von Salla in S. Paulo gesammelt, (1823) aus dem Berliner Museum erhalten; Original-Exemplar.

Furnarius longirostris.

Furnarius longirostris Pelzeln, Sitzungsber. k. Akad. Wien XXI (1856), 158, t. II, Fig. 2 und Ibis (1881) 409.

Ein Exemplar aus Venezuela (1847) acquirirt; Original.

Furnarius minor.

Furnarius minor Natterer, Pelzeln, Sitzungsber. k. Akad. Wien XXXI (1858), 321 und XXXIV (1859), 115. — Derselbe, Ibis (1881) 403.

Ein Männchen und ein Weibchen durch Natterer aus Brasilien erhalten; Original-Exemplare.

Furnarius albogularis.

Figulus albogularis Spix, Av. Bras. I (1824), 76, t. 78.
Furnarius Commersoni Pelzeln, Orn. Bras. 34.
Furnarius albogularis Spix, Pelzeln, Ibis (1881) 403.
Furnarius rufus Gmelin, Gray, Handlist, spec. 2176.

Ein Männchen und ein Weibchen von Natterer in Central-Brasilien gesammelt; Originale von *F. Commersoni*.

Clibanornis dendrocolaptoides.

Anabates dendrocolaptoides Pelzeln, Sitzungsber. k. Akad. Wien XXXIV (1859), 104. — Derselbe, Orn. Bras. 39.
Clibanornis dendrocolaptoides Pelzeln, Sclater et Salvin, Nomencl. Av. Neotr. 61, 155.

Zwei Männchen und drei Weibchen durch Natterer aus Süd-Brasilien erhalten; Original-Exemplare.

Leptasthenura striolata.

Synallaxis striolata Pelzeln, Sitzungsber. k. Akad. Wien XX (1856), 159 und Orn. Bras. 38.
Leptasthenura striolata Pelzeln, Sclater et Salvin, Nomencl. Av. Neotr. 63.

Ein Männchen, wahrscheinlich das einzige bekannte Exemplar, von Natterer in Curytiba (Süd-Brasilien) gefunden; Original.

Sclerurus rufigularis.

Sclerurus rufigularis Natterer, Pelzeln, Orn. Bras. 87, 161.

Zwei Männchen und ein Weibchen aus Brasilien, vom oberen und unteren Madeira durch Natterer erhalten; Original-Exemplare.

Synallaxis frontalis.

Parulus ruficeps fem. Spix, Av. Bras. I. 85, t. 86, Fig. 2.

Synallaxis frontalis Natterer, Pelzeln, Sitzungsber. k. Akad. Wien XXXIV (1859), 117 und Orn. Bras. 35. — Sclater, P. Z. S. (1874) 8.

Synallaxis elegans Sclater, P. Z. S. (1856) 25, 98 und (1859) 141, 191.

Synallaxis elegantior Sclater, Cat. Coll. Am. Birds 151.

Zwei Männchen und zwei Weibchen aus Central-Brasilien (Cidade de Goyaz, Cuyaba, Eugenho do Capt. Gama) durch Natterer gesammelt; Originale von *S. frontalis.* — Ein Männchen zu Pallatanga in Ecuador durch Fraser gesammelt, von Sclater 1869 als *S. elegantior* erhalten; authentisches Exemplar dieses Synonymes.

Synallaxis albescens.

Synallaxis albescens Temminck, Pl. Col., t. 227, Fig. 2. — Pelzeln, Orn. Bras. 36. — Sclater, P. Z. S. (1874) 9.

Synallaxis albigularis Sclater, P. Z. S. (1858) 63, 456.

Sechs Männchen und vier Weibchen von Natterer in Südost- und Central-Brasilien, sowie in Amazonien gesammelt. Die Beschreibung und Abbildung Temminck's ist, obwohl dies nicht im Texte erwähnt wird, ohne Zweifel auf von Natterer gesendeten Exemplaren begründet, und es sind daher auch die angeführten Exemplare unseres Museums als typische zu betrachten. — Ein authentisches Exemplar der *S. albigularis* vom Rio Napo 1859 durch Sclater erhalten.

Synallaxis guianensis.

Motacilla guianensis Gmelin, Syst. Nat. I. 988.

Synallaxis inornata Pelzeln, Sitzungsber. k. Akad. Wien XX (1856), 161.

Synallaxis guianensis Gmelin, Sclater, P. Z. S. (1874) 11.

Ein Männchen und zwei Weibchen von Natterer am unteren Madeira (Borba) und am Rio Negro gesammelt; Originale zu *S. inornata.*

Synallaxis albilora.

Synallaxis albilora Pelzeln, Sitzungsber. k. Akad. Wien XX (1856), 160 und Orn. Bras. 37. — Sclater, P. Z. S. (1874) 11.

Zwei Männchen und drei Weibchen von Natterer in Central-Brasilien (Cuyaba) und Matogrosso gesammelt; Original-Exemplare.

Synallaxis cinerascens.

Synallaxis cinerascens Temminck, Pl. Col., t. 227, Fig. 3. — Pelzeln, Orn. Bras. 36. Sclater, P. Z. S. (1874) 11.

Drei Männchen und zwei Weibchen von Natterer in Süd-Brasilien (Curytiba, Ypanema) gesammelt; Original-Exemplare.

Synallaxis propinqua.

Synallaxis propinqua Pelzeln, Sitzungsber. k. Akad. Wien XXXIV (1859) 101, 121 und Orn. Bras. 37. — Sclater, P. Z. S. (1874) 12.

Ein Männchen durch Natterer vom Rio Madeira erhalten; Original-Exemplar.

Synallaxis vulpina.

Synallaxis vulpina Pelzeln, Sitzungsber. k. Akad. Wien XX (1856), 162 und Orn. Bras. 37. Sclater, P. Z. S. (1874) 14.

Zwei Männchen und zwei Weibchen in Central-Brasilien und Matogrosso bis zum Madeira von Natterer gesammelt; Original-Exemplare.

Synallaxis Kollari.

Synallaxis Kollari Pelzeln, Sitzungsber. k. Akad. Wien XX (1856), 158, t. I, Fig. 3 und Orn. Bras. 36. — Sclater, P. Z. S. (1874) 15, t. 3, Fig. 1.

Zwei Männchen und zwei Weibchen vom Rio Brancho in Spanisch Guiana durch Natterer erhalten; Original-Exemplare.

Synallaxis laemosticta.

Synallaxis laemosticta Sclater, P. Z. S. (1859) 195 und (1874) 15.

Ein authentisches Exemplar aus Bogota (1871) durch Sclater erhalten.

Synallaxis rutilans.

Synallaxis rutilans Temminck, Pl. Col., t. 227, Fig. 1. — Pelzeln, Orn. Bras. 36. — Sclater, P. Z. S. (1874) 18.

Drei Männchen und zwei Weibchen von Natterer in Irisanga, Engenho do Capt. Gama und Marabitanas gefunden; die Art gehört somit der central- bolivisch- und columbisch-brasilischen Fauna an.

Synallaxis hyposticta.

Synallaxis hyposticta Pelzeln, Sitzungsber. k. Akad. Wien XXXIV (1859), 102, 123 und Orn. Bras. 38. — Sclater, P. Z. S. (1874) 20.

Ein Männchen durch Natterer vom Rio Negro erhalten; Original-Exemplar.

Synallaxis ruticilla.

Sphenura ruticilla Lichtenstein, Mus. Berol.

Synallaxis ruticilla Lichtenstein, Cabanis et Hein., Mus. Hein. II, 27. — Sclater, P. Z. S. (1874) 21.

Synallaxis fitis Pelzeln, Sitzungsber. k. Akad. Wien XXXIV (1879), 123 und Orn. Bras. 38.

Ein Männchen und ein Weibchen von Natterer in Curytiba (Süd-Brasilien) gesammelt; Originale von *S. fitis*.

Anumbius ferrugineigula.

Anumbius ferrugineigula Pelzeln, Sitzungsber. k. Akad. Wien XXXI (1858). 322.

Ein Exemplar, angeblich vom Cap Horn, (1844) in London acquirirt; Original.

Thripophaga gutturligera.

Thripophaga gutturligera Sclater, P. Z. S. (1864) 167. — Gray, Handlist, spec. 2345.

Ein authentisches Exemplar (1871) von Sclater erhalten.

Thripophaga striolata.

Sphenura striolata Lichtenstein, Doubl.-Verz. (1823), 42.

Anabates striolatus Temminck, Pl. Col., t. 238, Fig. 1.

Thripophaga striolata Lichtenstein, Bonaparte, Consp. Gen. Av. 212. — Sclater et Salvin, Nomencl. Av. Neotr. 65.

Ein authentisches Exemplar (1819) als *Certhia striolata* aus dem Berliner Museum erhalten.

Automolus Sclateri.

Anabates Sclateri Pelzeln, Sitzungsber. k. Akad. Wien XXXIV (1859), 132 und Orn. Bras. 41.

Automolus Sclateri Pelzeln, Sclater et Salvin. Nomencl. Av. Neotr. 65.

Drei Männchen und zwei Weibchen von Natterer am unteren Madeira (Borba) am Rio Negro und am unteren Amazonenstrome gefunden; Original-Exemplare.

Automolus infuscatus.

Anabates infuscatus Temminck, Manuscript. — Pelzeln, Sitzungsber. k. Akad. Wien XXXIV (1859). 106.

Automolus infuscatus Temminck. Gray, Handlist, spec. 2333.

Ein Männchen und ein Weibchen von Natterer aus Süd-Brasilien (Matodentro, Ypanema) erhalten; Original-Exemplare.

Automolus cervinigularis.

Anabates cervinigularis Sclater, P. Z. S. (1856) 288.

Automolus cervinigularis Sclater et Salvin, Nomencl. Av. Neotr. (1873) 65.

Ein Exemplar aus Vera Paz, (1866) durch Salvin erhalten, stimmt nach diesem Forscher mit Sclater's Typen überein und ist daher als authentisch zu bezeichnen.

Automolus turdinus.

Anabates turdinus Natterer, Pelzeln, Sitzungsber. k. Akad. Wien XXXIV (1859), 110 und Orn. Bras. 41.

Automolus turdinus Natterer, Pelzeln, Gray, Handlist, spec. 2324.

Drei Männchen und ein Weibchen am unteren Madeira (Borba) und an der Mündung des Rio Negro (Barra) gesammelt; Original-Exemplare.

Automolus concolor.

Anabates concolor Natterer, Pelzeln, Sitzungsber. k. Akad. Wien XXXIV (1859), 103 und Orn. Bras. 39.

Automolus concolor Natterer. — Pelzeln, Gray, Handlist, spec. 2330.

Ein Männchen und ein Weibchen von Natterer in Central-Brasilien (Sangrador) gesammelt; Original-Exemplare.

Automolus dimidiatus.

Anabates dimidiatus Pelzeln, Sitzungsber. k. Akad. Wien XXXIV (1859), 107 und Orn. Bras. 40.

Automolus dimidiatus Pelzeln, Gray, Handlist (1869), spec. 2334.

Zwei junge Männchen und ein Weibchen von Natterer in Central-Brasilien (Sangrador, Rio Manso) gesammelt; Original-Exemplare.

Automolus rufipileatus.

Anabates rufipileatus Pelzeln, Sitzungsber. k. Akad. Wien XXXIV (1859), 109 und Orn. Bras. 41.

Automolus rufipileatus Pelzeln, Gray, Handlist, spec. 2335.

Ein Männchen aus Para durch Natterer erhalten; Original-Exemplar.

Automolus obscurus.

Anabates obscurus Pelzeln, Sitzungsber. k. Akad. Wien XXXIV (1859), 110.

Automolus obscurus Pelzeln, Gray, Handlist spec. 2336.

Ein typisches Exemplar aus Cayenne (1844) in London acquirirt.

Automolus? maculatus.

Anabates maculatus Lichtenstein, Mus. Berol. und Nomencl. Av. (1854) 64 (ohne Beschreibung).

Ein authentisches Exemplar aus Cuba vom Berliner Museum (1839) erhalten.

Philydor erythrocercus.

Anabates erythrocercus Pelzeln, Sitzungsber. k. Akad. Wien XXXIV (1859). 105 und Orn. Bras. 39.

Philydor erythrocercus Pelzeln, Sclater et Salvin, Nomencl. Av. Neotr. 66.

Ein Männchen und ein Weibchen durch Natterer von der Mündung des Rio Negro erhalten; Original-Exemplare.

Heliobletus contaminatus.

Anabates contaminatus Lichtenstein, Mus. Berol. und Nomencl. Av. (1854), 64. — Pelzeln, Sitzungsber. k. Akad. Wien XXXIV (1859), 129.

Heliobletus superciliosus Lichtenstein, Gray, Handlist, spec. 2370. — Sclater et Salvin, Nomencl. Av. Neotr. 66.

Ein authentisches Exemplar (1839) aus dem Berliner Museum erhalten.

Anabazenops subularis.

Anabates subularis Sclater, P. Z. S. (1859) 141.

Anabazenops subularis Sclater et Salvin, Nomencl. Av. Neotr. 66.

Zwei authentische Exemplare von Fraser zu Pallatanga (Ecuador) gesammelt, (1860) durch Sclater erhalten.

Anabatoides fuscus.

Xenops fuscus Vieillot, Lafresnay, Mag. Zool. (1832), t. 7.
Xenops anabatoides Temminck, Pl. Col., t. 150, Fig. 2.
Anabatoides fuscus Vieillot, Sclater et Salvin, Nomencl. Av. Neotr. 66.

Zwei Männchen und drei Weibchen von Natterer in Süd-Brasilien (Matodentro, Ypanema) gesammelt; Originale von *X. anabatoides.*

Xenops approximans.

Xenops approximans Pelzeln, Sitzungsber. k. Akad. Wien XXXIV (1859), 113 und Orn. Bras. 41.

Zwei Männchen und ein Weibchen von Natterer am Rio Madeira, Rio Negro (Marabitanas) und an dessen Nebenfluss Içanna gesammelt; Original-Exemplare.

Xenops mexicanus.

Xenops mexicanus Sclater, P. Z. S. (1856) 289. — Gray, Handlist, spec. 2356.

Ein Männchen aus Vera Paz, 1866 von Salvin erhalten, stimmt nach Angabe dieses Forschers mit Sclater's Type überein.

Xenops tenuirostris.

Xenops tenuirostris Pelzeln, Sitzungsber. k. Akad. Wien XXXIV (1859), 112. — Gray, Handlist, spec. 2360.

Ein Männchen durch Natterer vom Rio Madeira (Salto Girao) erhalten; Original-Exemplar.

Sittasomus stictolaemus.

Sittasomus stictolaemus Pelzeln, Orn. Bras. 42, 59.

Ein Weibchen von Natterer zu Borba am unteren Madeira gesammelt; Original-Exemplar.

Margarornis brunescens.

Margarornis brunescens Sclater, P. Z. S. (1856) 27, t. CXVI.

Ein Exemplar aus Bogota 1859 von Sclater erhalten; authentisches Exemplar.

Glyphorhynchus major.

Glyphorhynchus pectoralis Sclater et Salvin, P. Z. S. (1860) 299.
Glyphorhynchus major Sclater, P. Z. S. (1862) 360.

Ein Exemplar aus Vera Paz von Salvin 1866 mit der Bestimmung *G. pectoralis* erhalten; authentisches Exemplar.

Dendrocincla minor.

Dendrocincla minor Pelzeln, Orn. Bras. 42, 60. — Gray, Handlist, spec. 2456.

Ein Weibchen aus S. Vincente (Provinz Matogrosso) durch Natterer erhalten; Original.

Dendrocincla longicauda.

Dendrocincla longicauda Natterer, Pelzeln, Orn. Bras. 42, 60. — Sclater et Salvin, Nomencl. Av. Neotr. 67.

Drei Männchen und ein Weibchen am unteren Madeira (Borba) und Rio Negro (Marabitanas und Barra) von Natterer gesammelt; Original-Exemplare.

Dendrocolaptes pallescens.

Dendrocolaptes pallescens Pelzeln, Orn. Bras. 43, 61. — Gray, Handlist, spec. 2381.

Ein Männchen und ein Weibchen von Natterer nahe der bolivischen Grenze (Estiva und Engenho do Capt. Gama) gesammelt; Original-Exemplare.

Dendrocolaptes concolor.

Dendrocolaptes concolor Pelzeln, Orn. Bras. 43, 62. — Sclater et Salvin, Nomencl. Av. Neotr. 67.

Vier Männchen und ein Weibchen von Natterer in der Provinz Matogrosso und am Rio Madeira gesammelt; Original-Exemplare.

Dendrornis erythropygius.

Dendrornis erythropygius Sclater, P. Z. S. (1859) 366. — Sclater et Salvin, Ibis (1860) 35.

Ein authentisches Exemplar aus Vera Paz 1866 von Salvin erhalten; dasselbe stimmt nach Angabe dieses Forschers mit Sclater's Type überein.

Dendrornis elegans.

Dendrornis elegans Pelzeln, Orn. Bras. 45, 63. Sclater et Salvin, Nomencl. Av. Neotr. 68.

Drei Männchen und ein Weibchen von Natterer in Brasilien nahe der bolivischen Grenze gesammelt; Original-Exemplare.

Dendroplex similis.

Dendroplex similis Natterer, Pelzeln, Orn. Bras. 46, 64. — Gray, Handlist, spec. 2399.

Sieben Männchen und zwölf Weibchen in Brasilien längs des Madeira und Rio Negro von Natterer gesammelt; Original-Exemplare.

Picolaptes fuscicapillus.

Picolaptes fuscicapillus Pelzeln, Orn. Bras. 44, 63. — Sclater et Salvin, Nomencl. Av. Neotr. 69.

Zwei Männchen und zwei Weibchen von Natterer aus West-Brasilien (Engenho do Capt. Gama) erhalten; Original-Exemplare.

Oxyrhamphus frater.

Oxyrhamphus frater Sclater et Salvin, P. Z. S. (1868) 326. — Gray, Handlist, spec. 2372.

Ein Männchen aus Veragua 1871 von Salvin erhalten; authentisches Exemplar.

Familia: *Sittidae.*

Sitta europaea var. uralensis.

Sitta uralensis Lichtenstein, Gloger, Handb. 377 (nota).

Ein authentisches Exemplar der *S. uralensis* 1826 aus dem Berliner Museum erhalten.

Sitta Krüperi.

Sitta Krüperi Pelzeln, Sitzungsber. k. Akad. Wien XLVIII (1863). — Sclater, Ibis (1865) 306, t. 7.

Zwei von Krüper bei Smyrna gesammelte Exemplare (Männchen und Weibchen) von diesem 1863 und 1865 acquirirt; Originale.

Sittella chrysoptera.

Orange winged Nuthatch Latham, Synops., Suppl. II, 146, 3, t. 227.

Sitta chrysoptera Latham, Ind. Orn. II, Suppl. XXXII.

Sittella chrysoptera Latham, Gray, Handlist, spec. 2502.

Ein Exemplar 1806 durch Fichtel aus dem Museum Leverianum bezogen; Latham's Original.

Xenicus Stokesi.

Xenicus Stokesi Gray, Ibis (1862) 219.

Xenicus gilviventris Pelzeln, Verhandl. zool.-bot. Gesellsch. Wien (1867) 316.

Ein Exemplar 1866 durch Haast aus Neu-Seeland erhalten; Original von *X. gilviventris.*

Familia: *Certhidae.*

Certhia brachydactyla.

Certhia brachydactyla Brehm, Beitr. I (1820), 570—587.

Ein Männchen von L. Brehm 1858 erhalten; authentisches Exemplar.

Familia: *Pteroptochidae.*

Hylactes megapodius.

Pteroptochus megapodius Kittlitz, Kupfert., t. 16, Fig. 1.

Ein authentisches Exemplar aus Chile 1839 durch das Petersburger Museum erhalten.

Familia: *Troglodytidae.*

Troglodytes solstitialis.

Troglodytes solstitialis Sclater, P. Z. S. (1858) 550. — Sharpe, Cat. Birds Brit. Mus. VI, 260.

Ein authentisches Exemplar aus Bogota 1871 durch Sclater erhalten.

Thryophilus minor.

Thryothorus minor Pelzeln, Orn. Bras. 47, 66.

Thryophilus minor Pelzeln, Sharpe, Cat. Birds Brit. Mus. VI, 207.

Drei Männchen und zwei Weibchen durch Natterer aus Matogrosso in West-Brasilien erhalten; Original-Exemplar.

Odontorhynchus cinereus.

Opetiorhynchus cinereus Natterer, in Mus. Vindob.

Odontorhynchus cinereus Natterer, Pelzeln, Orn. bras. 48, 67. — Sharpe, Cat. Birds Brit. Mus. VI, 184, 403. — Taczanowski und Berlepsch, P. Z. S. (1885) 67.

Ein junges Weibchen, durch Natterer am Salto do Girao des Rio Madeira gesammelt, ist Type der Gattung und Art.

Campylorhynchus variegatus.

Turdus variegatus Gmelin, Syst. Nat. I, 817.

Turdus scolopaceus Lichtenstein, Doubl.-Verz. 39.

Campylorhynchus variegatus Gmelin, Sharpe, Cat. Birds Brit. Mus. VI, 188.

Ein Weibchen aus Brasilien im Jahre 1819 vom Berliner Museum in Tausch erhalten; authentisches Exemplar von *T. scolopaceus.*

Campylorhynchus pinetorum.

Troglodytes pinetorum Lichtenstein, in Mus. Berol.

Campylorhynchus pinetorum Lichtenstein, Nomencl. Av. (1854) 35.

Ein authentisches Exemplar aus Mexico 1826 vom Berliner Museum gekauft.

Heleodytes bicolor.

? *Heleodytes griseus* Baird, Rev. Amer. B. 96 (nec Swains).

Heleodytes bicolor Pelzeln, Ibis (1875) 330.

Campylorhynchus bicolor Sharpe, Cat. Birds Brit. Mus. VI, 187.

Das typische Exemplar, ein Männchen, wurde im Jahre 1875 von Hodek gekauft und ist von Münzberg in Spanisch-Guiana gesammelt.

Flora von Südbosnien und der angrenzenden Hercegovina.

Nach den Ergebnissen einer dahin im Jahre 1885 unternommenen Reise und den in der Literatur vorhandenen Angaben

bearbeitet von

Dr. Günther Beck.

Einleitung.

Was hier als eine »Flora von Südbosnien« geboten wird, möge als ein Versuch betrachtet werden, das über dieses Land in botanischer Beziehung bisher Bekannte mit den Ergebnissen meiner Reise in ein einheitliches Ganze zu vereinen. Er entsprang aus dem Bewusstsein, nicht Unwesentliches zur Erforschung dieses Landes beitragen zu können, aber auch unter der Erkenntniss, der obwaltenden Umstände wegen nur Unvollständiges liefern zu können, das vielleicht den Vorwurf eines verfrühten Beginnens nach sich zu ziehen vermag. Möge demnach unter dieser Voraussetzung das Gebotene beurtheilt und die von mir gehegte Zuversicht Bestätigung finden, dass es mir gelang, durch die Verknüpfung der älteren, namentlich aus den Thälern entnommenen Beobachtungen mit den von mir im Hochgebirge gesammelten Aufzeichnungen ein Werk zu schaffen, aus dem wenigstens in allgemeinen Zügen der Charakter der südbosnischen Vegetation erkannt werden kann.

Allgemeiner Theil.

I. Begrenzung des Gebietes.

Da Südbosnien[1]) weder ein politisch noch geographisch abgeschlossenes Territorium in sich begreift, mögen der Umgrenzung desselben einige Zeilen gewidmet werden.

Bei der Festsetzung derselben können die geologischen Verhältnisse dieses Theiles Bosniens an vielen Stellen, namentlich in der westlichen Hälfte, wohl verwerthet werden, nur im Südosten und Süden schafft die politische Landesgrenze Bosniens gegen Serbien und den Sandschak von Novibazar künstlichen Abschluss. Die nördliche Grenze umschreibt das Gebiet von der Žepa (einem linken Nebenflusse der Drina) über die Kraljevo Planina nach Vlašenica und von dort südwestlich gegen den Ozren, wobei fast das ganze nordöstlich von Sarajevo liegende, aus Triaskalken gebildete Bergland dem Gebiete

[1]) Diese Bezeichnung wurde lediglich zur Bezeichnung der geographischen Lage des Gebietes in Anwendung gebracht.

19*

zufällt. Durch die Verlängerung der Grenze vom Ozren längs der Bosna am nordwestlichen Rande des Sarajevsko polje, dann entlang der Zujevina über Blažuj, Pazarić nach Tarčin und von hier über den Ivan weiter nach Konjica in die Herzegovina wurden hier wie gegen Serbien die paläozoischen Schiefer (von Foinica und Kreševo) ausgeschieden und dem Gebiete das Kalkland zugewiesen. Der Lauf der Neretva von Konjica aufwärts zu deren Quellen und weiter bis an die montenegrinische Grenze schliesst das Territorium zweckmässig gegen Südwesten ab. Ausserdem wurde jedoch noch der gewaltige, von den Fluthen der Neretva umschlungene Gebirgsstock der Prenj Planina einbezogen, weil hiedurch wie im obersten Laufe der Neretva eine naturgemässe Umgrenzung des Gebietes durch die Scheidelinie der Trias- und Jurakalke von den Kreidekalken im Süden der Prenj Planina geschaffen wird.

Durch diese Begrenzung Südbosniens werden im Norden die Flyschcomplexe, im Nordosten und Nordwesten die paläozoischen Schiefer, im Südwesten die Kreidekalke ausgeschlossen, und man erhält ein von ziemlich natürlichen Grenzen umschriebenes, vorwiegend aus Trias- und Jurakalken gebildetes Areale, welches eine grosse von Werfener Schiefern umsäumte Insel paläozoischen Gesteines in sich einschliesst.

II. Oro- und hydrographische Verhältnisse.

Südbosnien verdient in vollem Masse ein Bergland genannt zu werden, denn mit Ausnahme des nur 14 Kilom. langen und etwa 6 Kilom. breiten Sarajevsko polje und des an manchen Stellen etwas erweiterten Drinathales weist es gar keine nennenswerthen Thalflächen auf und besteht nur aus Berg- und Hochgebirgsland.

Im westlichen Theile zwischen den von Südost nach Nordwest gerichteten Läufen der Neretva und Bosna (mit der Zeljesnica) tritt der Hauptzug der dinarischen Kalkalpen in das Land ein und durchsetzt es in mehreren ziemlich parallelen, von Nordwest nach Südost streichenden Zügen bis zur Landesgrenze gegen den schon in Montenegro liegenden Dormitor (2606 M.). Er beginnt mit der in jähen Felsabstürzen gegen Tarčin abstürzenden Hranicava (circa 1900 M.) und dem langen Rücken der Bjelašnica (2067 M.), welch' erstere sich durch die Jelica und Visočica Planina (1964 M.) in grossartigem Bogen mit dem gewaltigen Gebirgsstocke der Treskavica (2128 M.) verbindet und die zusammen das malerische Hochplateau von Umoljane und Ledići umrahmen. Während die Treskavica gegen letzteres in steilen, zumeist unzugänglichen Wänden abstürzt, fällt sie auf der anderen Seite in sanfteren Böschungen gegen das Hochplateau der Zagorje ab, welches wieder im Süden von der Fortsetzung des Hauptzuges, von der sich hochaufthürmenden Leljia (2034 M.) und Dumoš Planina (1877 M.) umschlossen wird. Es folgen sodann in gleichem Zuge die Treskovac Planina (Tovarnica, 1871 M.) und die gigantischen, zerklüfteten Hochgipfel des Volujak und der Maglić Planina (2388 M.), die nach Montenegro übertreten und deren Zug die Sutjeska durch eine wildromantische Schlucht quer durchbrochen hat. Parallel mit dieser Hauptkette der dinarischen Alpen läuft am rechten Ufer der Zeljesnica ein Bergzug, der als Fortsetzung der Bjelašnica gelten kann, aber von dieser durch die von Trnovo bis zum Sarajevsko polje tief eingerissene Schlucht der Zeljesnica getrennt erscheint. Er beginnt mit dem Crni vrh (1813 M.) und setzt sich über den mächtigen Rücken der Gola Jahorina (Korjen Planina, 1911) einerseits über den Stolac zur Drina, andererseits gegen Westen in bewaldeten Kuppen gegen das Pračathal fort. Unter den nach Nordwesten ziehenden Ausläufern dieser Kette ist der südöstlich von Sarajevo bis zu 1630 M. ansteigende Rücken des Trebović zu erwähnen.

Im Osten des Gebietes erreichen die Berge geringere Höhen und besitzen mehr den Charakter von minderzerklüfteten Massivgebirgen. Die Romanja Planina (1628 M.) mit ausgedehnten Hochebenen, der von Westen nach Osten streichende Gebirgszug nördlich von Sarajevo mit dem Ozren (1452 M.), der Babinska, Kuta-, Kopita-, Ploča-, Kraljevo-, Javor (1406 M.) Planina sind von diesen als hervorragend zu bezeichnen und bilden die Wasserscheide der Bosna und Drina. Aehnlich verhalten sich die Gebirge südlich der Drina, die Kovac Planina (1439 M.) und die zwischen der Tara und Čehotina eingekeilte Ljubična Planina (2236 M.).

Der mächtige Gebirgsstock der in das Gebiet einbezogenen Prenj Planina (2102 M.) gehört einer mit dem erwähnten Hauptzuge der dinarischen Alpen gleichlaufenden Kette an, welche in ihrem Verlaufe durch die hercegovinischen Höhen der Vranj- (2074 M.), Maglenica-, Čvrstnica- (2227 M.) und Plasa- (circa 2000 M.), Prenj-, Porim-, Velež- (1968 M.) und Cervanj Planina (1920 M.) festgesetzt werden kann.

In hydrographischer Beziehung gehört Südbosnien durch die Drina und Bosna dem Stromgebiete der Donau, durch die in die Neretva zueilenden Wasseradern jenem der Narenta an.

Der bedeutendste Fluss des Gebietes ist die Drina, dem wohl zwei Dritttheile des ganzen Territoriums zufällt. Entstanden aus dem Zusammenflusse der aus Montenegro kommenden Tara und Piva betritt sie das Land an der Vereinigungsstelle der letzteren bei Hum an der Südgrenze und durchströmt es in zahlreichen Windungen zuerst in nördlicher, dann von Foča an in nordöstlicher Richtung in einer Länge von circa 150 Kilom. Als bedeutendere Nebenflüsse derselben sind zu nennen: am linken Ufer die Sutjeska, in der Lebršnik Planina (1859 M.) entspringend und bei Bastači einmündend, die Bistrica, vom Vratlo (Treskavica) ihren Ursprung nehmend und bei Brod sich ergiessend, die von der Gola Jahorina kommende Prača und die von der Kraljevo Planina abfliessende Žepa; auf dem rechten Ufer die wilde Čehotina und der mächtige Lim, beide aus dem Sandschak von Novibazar der Drina zuströmend.

Die Bosna entspringt aus einer mächtigen Quelle am Fusse des Igman bei Blažuj, am Ostrande des Sarajevsko polje und schwellt ihre Gewässer bald durch die von der Treskavica kommende viel stärkere Zeljesnica und durch die der Romanja Planina entstammende Miljacka noch in demselben. Nach einem etwa 15 Kilom. langen Laufe verlässt sie das Gebiet, gegen Nordwesten fliessend. Das Quellgebiet eines ihrer stärksten rechten Nebenflüsse, der Krivaja, liegt noch im Gebiete auf der Nordseite der die Landeshauptstadt im Norden umgebenden Kalkberge.

Der Narenta (Neretva) gehören blos die vom Hauptzuge der dinarischen Alpen in südwestlichem Laufe derselben zueilenden Wasseradern an, unter welchen die Rakitnica und Ljuta, der Treskavica und dem Hochplateau von Umoljane entstammend, sowie die vom Ivan abfliessende Tešanica (Trstenica) aufzuführen sind.

An Seen finden sich nur einige kleine vor. So der Jezero bei Borke in der Hercegovina und die »tri jezera« in der Alpenregion der Treskavica, welche eigentlich aus einer einzigen, an dem Fusse einer Endmoräne eines alten Gletschers ausgebreiteten Wasserfläche bestehen. Letztere dürfte kaum einen halben Kilometer Länge erreichen. Auch auf dem Volujak an der montenegrinischen Grenze findet sich ein kleiner Gebirgssee. Sümpfe gibt es nur im Sarajevsko polje in etwas grösserer Ausdehnung, namentlich am Fusse des Igman, wo zahlreiche Quellen aufsprudeln und bei mangelnder Ableitung die vorlagernden Wiesen in periodisch unzugängliche Moräste verwandeln. Torfmoore konnte ich nirgends auffinden.

III. Geologische Uebersicht.[1]

Schon bei der Begrenzung des zu Südbosnien gehörigen Territoriums wurde durch Scheidelinien geologischer Formationen dem Gebiete fast aller Kalkboden der Trias- und Juraformation zugewiesen. Aus der Betrachtung der geologischen Uebersichtskarte von Bosnien-Hercegovina ergibt sich unter Berücksichtigung der vollführten Umschreibung Südbosniens, dass das ganze Hochgebirgsland aus den genannten Gesteinsarten sich zusammensetzt, und zwar in der Weise, dass dem Triaskalke der Fuss derselben, dem Jurakalke aber die Gipfel derselben zufallen; für die Vegetation nur insoferne belangreichere Thatsachen, als sich im festen Jurakalke die der Vegetation tauglichen Standorte in auffallender Weise verringern. Die karstbildenden, vegetationsarmen Kalke der Kreideformation treten im Gebiete nicht mehr auf.[2]

Umschlossen von den fast drei Viertheile des Gesammtareales einnehmenden Kalkbergen befindet sich zu beiden Seiten der Drina eine ausgedehntere Insel paläozoischer Schiefer, welche, da sie eine Reihe von besonderen Pflanzen birgt,[3] Aufmerksamkeit verdient. Diese Schiefer reichen von Gorazda bis Foča und von Cajnica bis an die Gola Jahorina und bilden überdies die Thalhänge an der Čehotina und an der Drina bis an die Landesgrenze. Auch in der näheren Umgegend von Prača, an der Žepa und im oberen Tešanicathale gegen den Ivan finden sich noch kleinere Areale dieser paläozoischen Schiefer. Sie bestehen aus »schwarzen, grösstentheils sehr ebenflächigen, überaus fein gefältelten, zarten Thonschiefern, die mit silbergrauer Farbe zu verwittern pflegen, ein mattglänzendes Aussehen besitzen und mit gröber gefältelten, mehr thonglimmerschieferartig glänzenden, knolligen und unebenen Lagen wechseln. Etwas mehr glimmerig-sandige Beschaffenheit ist ebenfalls nicht selten und vermittelt gewissermassen das Auftreten von mächtigen Einlagerungen massig geschichteter Sandsteine und Quarcite«.

Diese Schiefer werden überall überlagert von Werfener Schiefer, welcher ausserdem die Thalhänge der Miljacka sammt deren Seitenschluchten, sowie jene der Zeljesnica bekleidet. Sie besitzen ebenfalls eine Reihe dem Kalkboden fremder Gewächse[4] und bestehen aus rothen und grünen Schiefern, an der Miljacka aus feineren oder gröberen, weissen Glimmer führenden hellgefärbten Sandsteinen, die mit mehr mergeligen oder sandig-thonigen Schichten wechsellagern, an der Zeljesnica aus Schiefer und Sandsteinen mit eingelagerten Kalkschichten.

---

[1] Vergleiche: Karte und Grundlinien der Geologie von Bosnien-Hercegovina; Erläuterungen zur geologischen Uebersichtskarte dieser Länder von Dr. E. v. Mojsisovics. Dr. E. Tietze, Dr. A. Bittner. Wien, 1880.

[2] Es könnte immerhin nicht unmöglich sein, wie es schon Bittner in: Grundlinien der Geologie von Bosnien-Hercegovina, pag. 229, bemerkt, dass auf der Prenj Planina Kreidekalke nachgewiesen wurden. Die grosse Verwandtschaft der Vegetation dieser Planina mit jener der aus Kreidekalken aufgebauten Hochgebirge der Hercegovina scheint dies wahrscheinlich zu machen. Es finden sich z. B. nur auf der Prenj Planina und den hercegovinisch-montenegrinischen Gebirgen, nicht aber auf den bosnischen Hochgebirgen *Pinus leucodermis, Senecio Visianianus, Paronychia imbricata; Scrophularia laciniata, Calamintha croatica, Stachys subcrenata, Asperula hexaphylla.*

[3] *Galega officinalis, Sedum cepaea, Cytisus austriacus, Silene Armeria, Festuca montana, Phegopteris polypodioides, Sambucus racemosa, Dianthus armeria, Trifolium ochroleucum, Aristolochia Clematitis, Atropa Belladonna, Salvia amplexicaulis, Campanula cervicaria.*

[4] *Ornithogalum pyrenaicum, Viscaria vulgaris, Lychnis coronaria, Dianthus deltoides, Orchis saccigera, Malva moschata, Polygala comosa, Polygala major, Sedum dasyphyllum, Sedum glaucum, Rubus hirtus, Trifolium pannonicum, Calluna vulgaris.*

In der südöstlichen Ecke des Gebietes bei Višegrad trifft man Eruptivgesteine in geringer Ausdehnung an, die der Hauptmasse nach aus Olivingabbro bestehen; derselbe enthält ausser Olivin und Labradorit auch Diallag als herrschenden Gemengtheil und ist dort, wo derselbe als frisches Gestein zu Tage steht, in Serpentin umgewandelt. Leider ist über die Flora dieser Gegend noch nichts bekannt geworden.

Neogene Süsswasserbildungen finden sich im Gebiete nur in geringer Menge vor, so am Ostrande des Sarajevsko polje, bei Tarčin, auf der Hochebene von Glasivac bei Rogatica, endlich bei Lisišic an der Narenta. Sie bestehen aus blauen Thonen, Sand, Sandsteinen, sandigen Mergeln, Schotter und Conglomeration und bieten in ihrer Vegetation nichts Bemerkenswerthes dar.

IV. *Klima.*

Ueber die klimatischen Verhältnisse Südbosniens wurde bisher nur wenig bekannt. Nach Hann[1]) »kommen die mittleren Lufttemperatur-Verhältnisse Sarajevos jenen von Wien sehr nahe, indem die Landeshauptstadt bei 540 M. Seehöhe als mittlere Lufttemperatur — 1·4° C. im Jänner, 18·4° C. im Juli und 9·2° C. im Jahre aufweist. Hingegen sinken die Kälteextreme im Winter viel tiefer herab und werden — 20 bis — 25° C. nicht selten beobachtet. Schneefälle scheinen bis um die Mitte des Mai regelmässig vorzukommen; der erste Schnee fällt schon Ende October. Auf diese Zeit fällt auch der erste Frost, der letzte hingegen auf die Mitte des April. Durchschnittlich zählt man zu Sarajevo 19·4 Schneetage. Die jährliche Niederschlagsmenge ist ziemlich beträchtlich, der grösste Theil davon fällt im Sommer«.

Soweit die Vegetation Aufschluss über die klimatischen Verhältnisse Sarajevos erlaubt, insbesondere aus dem Grunde, dass in unmittelbarer Nähe der Landeshauptstadt, wie erwähnt, zahlreiche Voralpengewächse sich angesiedelt haben, Wein und südlichere Obstbäume nicht mehr im Freilande gut gedeihen, dürfte die oberwähnte mittlere Jahrestemperatur der Luft nach längerer Beobachtungsreihe wohl unter 9° C. sinken.

Die von J. Zoch in den Jahren 1880 bis 1882 vollführten phytophänologischen Beobachtungen[2]) gestatten ausserdem einige weitere Aufschlüsse über das Klima daselbst abzuleiten, wenn dieselben mit jenen von Wien in Vergleich gebracht werden. Zu diesem Zwecke mögen dieselben hier nebeneinander gestellt werden.

Entwicklung der ersten Blüthe (B.) und Frucht (F.) bei		Eintrittszeit (Mittel)		In Sarajevo um Tage	
		Sarajevo[2]) (1880–1882)	Wien[3])	früher	später
Corylus Avellana	B.	4. März	7. März	3	—
Galanthus nivalis	B.	5. „	2. „	—	3
Viola odorata	B.	12. „	22. „	10	—
Cornus mas	B.	21. „	25. „	4	—
Prunus Armeniaca	B.	7. April	1. April	—	6

[1]) Hann in: Die österreichisch-ungarische Monarchie, Uebersichtsb., pag. 181 (1886).

[2]) Zoch J., Phytophänologische Beobachtungen in Godišne izvješće c. k. Realne Gimn. Sarajevu, 1881—1882, pag. 28.

[3]) Fritsch K., Ergebnisse mehrjähriger Beobachtungen über die periodischen Erscheinungen in der Flora und Fauna Wiens, 1865.

Entwicklung der ersten Blüthe (B.) und Frucht (F.) bei		Eintrittszeit (Mittel)		In Sarajevo um Tage	
		Sarajevo (1880—1882)	Wien	früher	später
Persica vulgaris	B.	15. April	10. April	—	5
Prunus Avium	B.	16. „	13. „	—	3
Pirus malus	B.	16. „	1. Mai	15	—
Prunus spinosa	B.	18. „	10. April	—	8
Cytisus Laburnum	B.	7. Mai	10. Mai	3	—
Convallaria majalis	B.	8. „	1. „	—	7
Aesculus hippocastanum	B.	16. „	28. April	—	18
Sambucus nigra	B.	19. „	17. Mai	—	2
Robinia pseudoacacia	B.	23. „	23. „	—	—
Triticum vulgare	B.	28. „	6. Juni	9	—
Fragaria vesca	F.	7. Juni	3. „	—	4
Secale cereale	B.	8. „	20. Mai	—	19
Hordeum vulgare	B.	13. „	15. Juni	2	—
Vitis vinifera	B.	22. „	12. „	—	10
Prunus Armeniaca	F.	1. Juli	9. Juli	8	—
Zea Mays	B.	11. „	26. „	15	—
Sambucus nigra	F.	16. August	1. August	—	15
Vitis vinifera	F.	7. Sept.	7. „	—	31
Colchicum autumnale	B.	25. „	12. „	—	44
Aesculus hippocastanum	F.	2. Oct.	8. Sept.	—	24
Fagus silvatica	F.	4. „	18. „	—	16
Quercus pedunculata	F.	13. „	16. „	—	27

Aus dieser Tabelle kann mit Rücksicht auf die Temperaturverhältnisse Wiens, die hier eingeschaltet werden mögen,

Wien (Stadt) 194 Meter.

Dec.	Jän.	Febr.	März	April	Mai	Juni	Juli	Aug.	Sept.	Oct.	Nov.
— 0·8	— 1·3	0·4	4·2	10·0	15·1	18·6	20·3	19·6	16·1	10·5	3·7

Jahr: 9·7.

Folgendes entnommen werden.

Im ersten Frühjahre (März) scheinen in Sarajevo höhere Lufttemperaturen zu herrschen, sodann folgt ein kühlerer Frühling, gewöhnlich mit Schneefällen im Mai (nach Zoch 20. Mai 1880, 10. Mai 1881, 15. Mai 1882). Hierauf steigt die Temperatur allmälig bis zu den heissesten und trockensten Monaten Juli und August, in welchen nach Zoch die Weiden vergilben. Diese Augusthitze und Dürre erklärt wohl zur Genüge die auffällige starke Verspätung aller phänologischen Erscheinungen im August und September obiger Tabelle.

Das Drinathal zwischen Foča und Gorazda dürfte nach meinen Beobachtungen ein Jahrestemperaturmittel von 9 bis 10° C. besitzen und ohne Zweifel dem daselbst durch türkische Wirthschaft vernichteten Weinbau zugänglich sein.

Höhere Temperaturen und gewiss ein viel heisserer Sommer kommt dem obersten Narentathale bei Konjica zu. Das massigere Auftreten der Mediterranflora, von

Kastanien, südlichen Obstbäumen etc. lässt ein Jahrestemperaturmittel von 12° C. wohl als wahrscheinlich vermuthen.

Es möge noch gestattet sein, die von mir gemachten Quellentemperaturmessungen hier anzufügen, aus denen immerhin einige Anhaltspunkte für Boden- und Lufttemperatur entnommen werden können. (Es sind in diesem Verzeichnisse nur solche Quellen aufgenommen, die unmittelbar aus der Erde hervorbrechen, daher keine Alteration ihrer ursprünglichen Temperatur erlitten.)

Quelle	Grösse	Höhenlage in Metern	Hang	Tag der Messung	Grad Celsius
Am Fusse des Kobilji brdo an der Zeljesnica	klein	520	SW.	15. Juni	10·5
Am Fusse des Orlovac im Miljackathale . . .	sehr stark	580	NO.	30. Mai	9·0
Auf dem Gradonj bei Sarajevo	klein	ca. 600	SSW.	26. „	11·8
»Johanna«-Quelle am Ausgange der Lapišnicaschlucht bei Sarajevo	stark	„ 600	W.	28. „	10·3
Am Fusse des Mojmilo bei Svrakino selo nächst Sarajevo	ziemlich stark	„ 600	NW.	3. Juni	9·8
Am Brdo nördlich des Bahnhofes von Sarajevo	„ „	„ 600	S.	7. „	11·0
Ober Hrit auf dem Trebovic	klein	„ 700	NO.	31. Mai	10·0
„ „ „ „ „	„	„ 750	NO.	31. „	9·0
Unter Han Setluci gegen die Miljacka	ziemlich stark	„ 700	SO.	13. Juni	10·3
Unter Starigrad an der Miljacka	klein	„ 700	W.	13. „	10·2
Auf dem Poprenik nächst Han Setluci	„	„ 800	W.	13. „	11·0
Unter Ilovici an der Zeljesnica	stark	„ 850	W.	27. „	10·0
Bei Mrkovic nördlich von Sarajevo	„	„ 900	S.	26. „	9·2
»Glisura« bei Dodići	klein	„ 1000	S.	23. „	10·2
»Omerova česma« an der Strasse Sarajevo—Mokro	stark	1041	N.	11. „	9·8
Bei Hreša an der Strasse Sarajevo—Mokro .	klein	„ 1000	NW.	9. „	11·0
Bei Brezovica an der Strasse Sarajevo—Mokro	„	„ 1100	SO.	11. „	10·8
»Dobra voda« auf dem Trebović	ziemlich stark	„ 1100	NO.	27. Mai	8·5
Am Hange der Hranicava	stark	„ 1200	NW.	16. Juni	7·5
»Bolja novac« an der Treskavica bei Tošici	klein	„ 1200	NO.	28. „	6·3
Auf dem Trebović	„	„ 1300	O.	31. Mai	6·5
»Bjela voda« Südhang der Bjelašnica	stark	1400	S.	23. Juni	6·5
Bei Na Romanja auf der Romanja Planina .	ziemlich stark	„ 1400	—	10. „	7·0
Beim See auf der Treskavica	„ „	„ 1450	NW.	28. „	5·5[1])
Unter der Baumgrenze auf der Bjelašnica . .	klein	„ 1600	N.	23. „	5·8
In der Alpenregion der Prenj Planina	„	„ 1700	O.	5. Juli	5·2

Da das Wärmemittel der Quellen im Juni nach W. Gümbel[2]) ihrer mittleren Jahrestemperatur zunächst steht, dürfte es gestattet sein, aus den vorliegenden Quellenmessungen doch wenigstens Anhaltspunkte zu gewinnen, um die mittleren Jahrestemperaturen anderer Orte und Höhenregionen annäherungsweise durch die Benützung der von Gümbel aufgestellten Tabelle[3]) zu bestimmen. Man erhält ein Resultat, das mit dem von Hann ziffermässig abgeleiteten in der ersten Colonne merkwürdiger Weise vollkommen übereinstimmt. (Siehe nächste Seite.)

[1]) Offenbar durch Schmelzwasser erkältet.

[2]) W. Gümbel: Wärme des Bodens in Sendtner's Vegetationsverhältnisse Südbaierns, 1854, pag. 74.

[3]) Gümbel l. c., pag. 74, Tabelle XV.

Höhe in Metern	500—600	—700	—800	—900	—1000	—1100
Lufttemperatur	9·2	9·2	9·1	8·7	? 9·6	8·7
Höhe in Metern	—1200	—1300	—1400	—1500	—1600	—1700
Lufttemperatur	5·7	4·7	5·1	—	3·3	2·2

V. Pflanzenregionen.

In Folge der allgemeinen höheren Elevation des Bodens und des Mangels ausgedehnteren Tieflandes kann man in Südbosnien nur zwei Pflanzenregionen schärfer von einander gliedern. Die eine hievon ist die Voralpenregion, welche fast das ganze Land bis an die Baumgrenze umfasst, die andere die Alpenregion, von der oberen Grenze des Baumwuchses bis auf die Spitzen der Hochgebirge reichend. Eine Bergregion sondert sich nicht ab. Es finden sich zwar in den wärmeren Thälern vielfach Gewächse vor, die ihr eigenthümlich sind, jedoch unmittelbar neben ihnen auch schon massiger auftretende Voralpenpflanzen, die physiognomisch schärfer hervortreten und demnach mehr berechtigen, auch dieses Terrain der Voralpenregion zuzurechnen. Solche Stellen gibt es mehrere; am auffälligsten jedoch tritt diese Vermengung von Berg- und Voralpenpflanzen bei Sarajevo vor Augen, wo die Hänge des Trebović von typischen Voralpen- (präalpinen) Gewächsen (*Lonicera alpigena, Vaccinium vitis idaea, Doronicum Columnae, Saxifraga aizoon, Saxifraga rotundifolia, Arctostaphylos officinalis, Valeriana montana, Veronica latifolia, Orchis Hostii, Aspidium lonchitis* etc.) in Masse bekleidet werden, neben ihnen aber mehrere wärmeliebende (mediterrane) Pflanzen (*Rhus cotinus, Fraxinus ornus, Coronilla emeroides, Scrophularia canina, Primula Columnae, Onosma stellulatum, Corydalis ochroleuca, Trichocrepis bifida, Malcolmia maritima, Genista procumbens, Grammitis ceterach, Thymus dalmaticus, Achillea virescens, Galium purpureum, Marrubium candidissimum* u. A.) mit den ungleich zahlreicheren Vertretern der baltischen und pontischen Flora zusammenstossen.

Aehnliche Verhältnisse findet man an den Gehängen rings um das Sarajevsko polje, im oberen Drinathale und an der Neretva.

Die Voralpenregion, welche einstens in ganz Südbosnien mit dichtem Waldkleide bedeckt war, hat im Laufe der Zeiten durch den Menschen bedeutende Veränderungen erfahren. Cultur und Viehzucht, namentlich aber unbeschreibliche Waldverwüstungen in der Nähe der menschlichen Ansiedlungen haben deren Charakter so vielfach verändert, dass oft nur die kümmerlichen Reste ihrer Vegetation noch über die ehemalige Ausbreitung derselben Zeugniss ablegen können. Diese physiognomisch besonders auffälligen Veränderungen können zu einer Gliederung derselben benützt werden.

Das Fehlen hochstämmigen Waldes und hiefür das Eintreten ausgedehnter später zu besprechender Buschwälder, dazwischen Weideland und Culturen kennzeichnen den einen Theil derselben, die Culturzone. Hingegen kommen einer zumeist oberen Höhenlage ausgebreitete Wälder zu, die selten aus einer einzigen Bestand bildenden Holzart aufgebaut sind, sondern gewöhnlich den Charakter starker Mischwälder in sich tragen. Diese Waldzone umgürtet namentlich die steileren Gehänge der Hochgebirge; nebstbei breitet sie sich über jene Gegenden aus, wo eine spärliche Bevölkerung das Waldland in fast urweltlichem Zustande beliess. Schärfere Grenzen zwischen beiden lassen sich übrigens weder in Bezug auf die Bedeckung des Bodens, noch nach verticaler Ausbreitung ziehen. Als obere Grenze der Voralpenregion kann im Allgemeinen die

Baumgrenze bezeichnet werden, zu welcher in Bosnien gewöhnlich nur Buchen und Fichten auf freien Hängen bis 1625 M. (im Mittel) ansteigen.

Die einzelnen Gebirge verhalten sich in Bezug auf die genannten Waldbäume, welche bis zur Baumgrenze ansteigen, verschieden. Man kann im Allgemeinen behaupten, dass, da ein ausgeprägter subalpiner Nadelholzgürtel nicht existirt, der Laubwald gewöhnlich bis zur Baumgrenze reicht.

Aus der ungleichen Zusammensetzung des subalpinen Mischwaldes entspringt aber auch die Thatsache, dass bald geschlossener Laub-, bald Nadelwald, an anderen Orten wieder eine sehr starke Mengung derselben bis zu der oberen Grenze des Baumwuchses emporrücken. So kommt es auch, dass Nadelwälder oft unter einer höheren Laubholzregion zu liegen kommen, weil in dem oberen Theile des subalpinen Mischwaldes der dem Nadelholze zukommende Percentsatz aus irgend einer Ursache erheblich reducirt wurde. Jedenfalls ist in den Gebirgen Bosniens ein unter der Baumgrenze und ober der Laubwaldregion sich vorfindender Nadelholzgürtel (oder voralpiner Mischwald mit überwiegendem Antheile an Nadelhölzern) wie in den nördlichen Kalkalpen nirgends wahrzunehmen.

Auch eine Krummholzregion ist nicht typisch ausgebildet. Es fehlt zwar die Legföhre *(Pinus Pumilio)* auf allen von mir besuchten Gebirgen nicht, aber nur selten erlangt sie durch grössere Bestände Bedeutung. Gewöhnlich schliesst die Waldregion über der Baumgrenze mit krüppelhaftem Buschwerk (Buchen) nach oben sehr bald ab und nur selten, wie auf einigen Stellen der Treskavica, sah ich eine schmale Zone einer artenarmen Buschformation ausgebildet, die sich aus den strauchigen Vertretern der Waldzone *(Fagus silvatica, Picea vulgaris, Rhamnus fallax)* und jenen der Krummholzregion *(Pinus pumilio, Juniperus nana, Ribes petraeum, Lonicera alpigena)* aufgebaut hatte.

Die Mittelwerthe meiner diesbezüglich gemachten barometrischen Messungen ergaben:

Für das Aufhören des geschlossenen Voralpenwaldes	1550 M.
Für die untere Grenze von Krummholzbeständen	1560 „
Für die Baumgrenze	1625 „
Für die obere Grenze der Buchen in Strauchform	1740 „

Die nun über der Waldzone folgende Alpenregion ist auf allen Hochgebirgen Bosniens überwiegend durch felsliebende Pflanzen bevölkert, welche den überall anstehenden Felsboden oft noch reichlich bekleiden. Von alpinen Matten ist verhältnissmässig viel weniger Areale der Alpenregion bekleidet.

In kurzer Wiedergabe können in Bosnien folgende Regionen abgegliedert werden: eine

Voralpenregion von der Thalsohle (300—500 M.) bis zur Baumgrenze (1625 M. im Mittel), bestehend aus einer

unteren oder Culturregion mit Buschwäldern, Culturen und Weideland und aus einer

oberen oder Waldregion mit voralpinem Mischwalde;

Alpenregion von der Baumgrenze (1650 M.) bis auf die Gipfel der Hochgebirge (2388 M.).

Anders gliedern sich die Regionen in der benachbarten Hercegovina, um Konjica von der Neretva aufwärts zur Prenj Planina.

Die unterste Region, welche der hier wohl am tiefsten in das bosnisch-hercegovinische Festland eingreifenden Mediterranflora angehört und namentlich die Sohle des

Neretvathales umfasst, hat südlichen Charakter. Es gedeihen in ihr die Weinrebe, Pfirsiche, echte Kastanien, zahlreiche Maulbeeren, hie und da Feigen zwischen zahlreichen Bürgern der Mittelmeerflora. Weizen und Mais werden in derselben vornehmlich gebaut und wohl 2—3 Wochen früher als im Sarajevsko polje geerntet. Deren obere Grenze fand ich bei 400 M.

Sodann beginnt ziemlich gleichförmig zusammengesetztes Buchwerk die Hänge zu bekleiden. Zwischen demselben vermindern sich die Felder auf Kosten von Wiesen, auch die mediterranen Elemente verschwinden allmälig. Das Buschwerk wird höher und birgt unter zahlreichen verwilderten (?) Nussbäumen, Mannaeschen und breitblätterigen Ahornen (*Acer obtusatum*) auch schon einzelne Buchen. Die Wiesen jedoch entbehren zumeist des voralpinen Schmuckes. Die höchstgelegenen stabilen menschlichen Ansiedelungen und die obere Grenze des Feldbaues (zumeist Gerste, Korn, Hanf, Kartoffel) schliessen diese zweite Region bei 920 M. ab.

Nun betritt man die Voralpenregion. Neben üppigen Wiesen mit vielen Voralpenkräutern (z. B. *Myrrhis odorata, Telekia speciosa, Rumex alpinus, Saxifraga rotundifolia, Scorzonera rosea, Tanacetum macrophyllum, Thalictrum aquilegifolium, Viola declinata* etc.) erhebt sich allmälig ein üppiger Voralpenwald, der fast nur aus Buchen besteht, welche mit weit umherkriechendem Wurzelgeflechte den überall anstehenden Felsboden umstricken. Im oberen Theile dieses voralpinen Laubwaldes finden sich neben wenigen Fichten zuerst einzeln, dann aber immer massiger und zahlreicher schöne und kräftig gewachsene Föhren (*Pinus leucodermis* Ant.) vor, denen die Buche zuletzt ganz das Terrain einräumt. Auf diese Weise bildet sich auf den Hängen der Prenj Planina gegen Konjica (rings um die Bjelašnica, auf den östlichen und nördlichen Gehängen der Prenj, ebenso an den Quellen der Bjela, wie es scheint auch auf der Borožnica) ein schmaler Nadelholzgürtel aus, der etwa von 1400—1650 M. reicht. Wenn auch riesige Felsmassen seinen Bestand vielfach zerstückeln, so ist doch dessen Vorhandensein klar ausgeprägt und für die Prenj Planina sehr charakteristisch. Auf dem Alpenboden der Tisovica sieht man ringsum nur Bestände von *Pinus leucodermis* Ant. Besonders bemerkenswerth ist daselbst ein davon ganz bekleideter Felsblock in mitten der öden Steinwüste dieses Alpenbodens. Auffällig ist es auch, dass die genannte Föhre wie ihre Stammesschwestern niemals legföhrenartig höher gegen die Gipfel emporsteigt; sie ist ein mit der Zirbe (*Pinus cembra* L.) zu vergleichender Alpenbaum, der auch noch in einer Höhe von 1650 M. auf uralten, prächtig gewachsenen Stämmen sein dunkles Geäste nach allen Seiten gleichförmig ausbreitet und nur selten Legföhren unter sein Schirmdach aufnimmt. Buchen sah ich mit denselben nicht zur Baumgrenze aufsteigend.

Ueber dieser Föhrenregion beginnen die fast vegetationslosen Steinwüsten der Alpenregion, in denen noch im Juli alle Mulden und Vertiefungen mit tiefem Schnee erfüllt sind. Nur hier und da unterbrechen kärgliche Alpenmatten oder sehr gelockerte Bestände von Legföhren (*Pinus pumilio*) die trostlosen weissgebleichten Felsen und Steinmassen mit einigem Grün; auch die spärlichen Felsenpflanzen können sich nur an wenigen Stellen in Ritzen und Spalten der festen, schwerverwitternden Kalkblöcke ansiedeln und verschwinden zuletzt gegen die wildzerrissenen, aus den Schneefeldern emporragenden Gipfel.

In übersichtlicher Darstellung kann daher an der Prenj Planina unterschieden werden: eine

Bergregion von der Thalsohle der Neretva (Narenta) 200—300 M. bis zu den höchstgelegenen ständigen menschlichen Ansiedelungen und zur oberen Grenze des Feldbaues circa 920 M., mit zwei Unterabtheilungen, einer unteren Region, welche ganz der Mediterranflora zufällt und bis circa 400 M. Höhe reicht, und einer

oberen, mit Wiesen und Buschwerk bekleideten;

Voralpenregion, ebenfalls mit zwei Abschnitten, einer

Laubwald- oder Buschregion von circa 900—1400 M., entsprechend der in Bosnien verbreiteten Waldregion, und einer über derselben liegenden

Nadelholz- oder Föhrenregion von circa 1400—1650 M., gebildet aus den Beständen der *Pinus leucodermis* Ant.;

Alpenregion von der Baumgrenze (1650 M.) bis zu den Gipfeln (2102 M.).

Im Vergleiche zu den in Bosnien gefundenen Regionen ersieht man eine Vermehrung derselben durch eine Bergregion und durch die der Voralpenregion angehörige Föhrenregion.

VI. Vegetationsformationen.

Unter allen Vegetationsformationen des südbosnischen Berglandes verdient wohl jene des Buschwaldes am meisten Beachtung. Sie entsteht nach gänzlicher Ausrodung aller baumbildenden Elemente überall an Stelle des Voralpenwaldes durch gesellige Vereinigung des strauchartigen Unterwuchses des Waldes mit den Vorhölzern. Durch das Ueberwiegen der Sträucher, auch durch die stete Entfernung des etwa zwischen ihnen auftauchenden Baumwuchses durch Menschenhände, nicht minder aber auch durch die fortgesetzten Beschädigungen von Seite der zahlreichen Weidethiere behält die Formation des Buschwaldes ihren Charakter als Strauchformation bei, bedeckt fast alle dem Menschen mehr zugänglichen Abhänge der Berge und entwickelt sich an schwer zugänglichen Stellen oft üppig zu undurchdringlichen, etwa mannshohen Dickichten. Nach dem gewöhnlich überwiegenden Antheile, welcher dem nie fehlenden Haselnussstrauche an der Bildung dieser aus zahlreichen Sträuchern zusammengesetzten Pflanzengenossenschaft zukommt, könnte man versucht sein, dieselbe auch als Corylus-Formation zu bezeichnen. Jedoch ist die vorherrschende Strauchart in diesen Buschwerken gerade solchem Wechsel unterworfen wie die die Farbe einer Wiese bestimmenden Kräuter. Fast alle weiter unten aufgezählten Sträucher können im überwiegenden Auftreten den Charakter des Buschwaldes bestimmen, und es mögen als häufig blos *Corylus avellana, Ligustrum vulgare, Rhus cotinus, Acer tataricum, Rhamnus fallax, Crataegus monogyna, Carpinus duinensis, Juniperus communis* angeführt werden. Hie und da gewinnen sogar die baumbildenden Gewächse, aus den obengenannten Ursachen in Strauchform verbleibend, die Ueberhand im Buschwalde; so an vielen Stellen: *Fraxinus ornus, Pirus communis, Fagus silvatica, Carpinus betulus;* seltener: *Betula alba, Quercus*-Arten, *Populus tremula.* Aus dem reichen Unterwuchse, der der grösseren Hälfte nach auch in den benachbarten Buchenwäldern sich vorfindet, aber auch viele Felsenpflanzen und Bewohner der Bergwiesen enthält, macht sich an vielen Stellen der Adlerfarn *(Pteris aquilina)* bemerkbar. Von den Weidethieren nicht berührt, entwickelt sich derselbe manchmal so üppig und in so kolossaler Menge, dass er das kümmerliche Buschwerk hoch überwächst und einen *Pteris*-Wald darstellt, in welchem Mensch und Thiere vollständig verschwinden.

Der Buschwald umrandet in gleicher Beschaffenheit die Wälder als Vorholz und zeigt auch als Hecke nur unwesentliche Veränderungen, die sich in der Zusammensetzung seines Unterwuchses erkenntlich machen, indem die schattenliebenden Gewächse des Waldes den Vertretern der Wiesen- und Ruderalflora Platz räumen.

Unter den Waldformationen Südbosniens verdient jene der Buche *(Fagus)* die meiste Beachtung. Obwohl dieselbe eigentlich jener des voralpinen Mischwaldes anderer Alpengegenden entspricht, möge doch die Buche dieser im Allgemeinen ziemlich gleichmässig aufgebauten Genossenschaft den Namen leihen, weil sie in derselben gewöhnlich in Uebermacht auftritt und so des Oefteren zu reinen Beständen sich emporschwingt. Dann stellt sich auch der südbosnische Buchenwald seinem nordischen Gefährten fast in Allem und Jedem ebenbürtig an die Seite, nur mit dem Unterschiede, dass derselbe durch Wildheit und Undurchdringlichkeit seinen Urzustand zu erkennen gibt. In seinem Innern umfängt den einsamen Wanderer unter schlanken und mächtigen Stämmen mit hochgewölbtem Laubdache bald kühlendes Waldesdunkel, bald steht man des Weges unentschlossen vor einem wirren Durcheinander von Aesten und Stämmen, das nur dämonische Naturkräfte in solcher Wildheit zu schaffen vermögen. Riesige niedergestreckte Bäume thürmen sich mit ihrem Astwerke übereinander, andere strecken ihr ausgebleichtes, verwittertes Skelet noch hoch in die Lüfte, während hie und da ein wetterfester, von Kraft noch strotzender Baum seinen fallenden Bruder, dem schon riesige Baumschwämme die letzten Säfte seines Lebens entnommen haben, stützt und hält. Aber an allen arbeiten bohrend und nagend Schaaren von Ameisen und anderen Insecten, hämmern von aussen buntfärbige Spechte, und bald blinkt ihr weisser morscher Leib durch die klaffende Rinde. Zerfressen und vermodert sinkt eine Baumsäule nach der andern und zerschellt in Trümmern an seinen gebetteten Gefährten. Die Natur aber schmückt erneuert ihre modernden Leichen. Grünes Moos breitet sie über sie aus in sammtartigen Polstern und Teppichen, webt bunte Flechten und vielfärbige Pilze in dieselben. Und zwischen diesem mit zierlichen Wedeln der Farne geschmückten Kleide schiesst abermals die neue Generation empor und erhebt in üppigem Wuchse seine Kronen auf den zusammensinkenden Trümmern seiner Ahnen.

Wieder an anderen Orten gewinnt der Buchenwald lieblichere Formen. Massig drängt sich das Gekräute anstossender Wiesen in sein helleres Innere und schafft anmuthige Haine, die, aus verschiedenen Hölzern gebildet, treffend an Wildparke erinnern. Das Hochplateau der Romanja Planina mag hiefür ein passendes Beispiel bieten. Zwischen den grünenden, namentlich die Dolinen umgürtenden Wiesen streuen sich Buchenhaine ein und zierliche Birkengruppen; an anderer Stelle wieder herrschen silbergraue Sahlweiden vor, die eine Strecke weiter prächtigen Fichten den Platz räumen; und wo der Felsboden seine Kronen emporsendet, da haben sich rothästige Föhren angesiedelt, die von Schwarzföhren begleitet werden, welche an den jähen, weit ins Land blickenden Felsabstürzen wagrecht ihre dunklen Schirmkronen in die Luft hinausstrecken.

Aus der schon früher erwähnten Thatsache, dass der Buchenwald Südbosniens einem voralpinen Mischwalde mit überwiegendem Vorkommen der Buche entspricht, erklärt sich ebenfalls, dass dort, wo die Buche dem Nadelholze den Vorrang abgibt, wo es daher zur Bildung einer Formation der Fichte kommt, keine sonstigen Veränderungen im Aufbaue der Genossenschaft eintreten, Unterholz und Niederwuchs gleichbleiben.

Als weitere Formationen, deren Zusammensetzung an anderer Stelle gegeben wird, mögen genannt werden: die Wiesenformation mit Thal-, Berg- und Sumpfwiesen, von denen wieder den Bergwiesen die weiteste Verbreitung und Ausdehnung zukommen, da sie das Weideland abgeben. An höhergelegenen Orten nehmen dieselben allmälig mehr voralpine Elemente in sich auf und werden zu Voralpenwiesen, welche wieder stufenweise in die Alpenmatten übergehen. Mit Ausnahme der Thal- und Sumpfwiesen kommt den genannten Wiesenformen gemeinsam zu, dass sie in Folge der

Bodenverhältnisse mit der Felsenflora innig verbrüdert sind. Je höher gegen die Gipfel der Hochgebirge, desto mehr Boden gewinnt die letztere und stellt endlich auf den felsigen Gipfeln als einzige Pflanzengenossenschaft den auf wenige Stellen beschränkten Pflanzenwuchs dar.

Wasserpflanzen spielen in Südbosnien eine nur untergeordnete Rolle; auch die Culturen, in welchen in primitiver Weise Korn, Gerste, Weizen, Hafer, Mais, an manchen Stellen Tabak, seltener Kartoffel, Hirse, Hülsenfrüchte, Lein gesäet und geerntet werden, treten gegenüber dem Weideland stark zurück. Futterkräuter wurden bisher nicht gebaut. Obst- und Gemüsebau stehen bei den einheimischen Bewohnern noch auf der untersten Stufe. Schlechte Sorten von Birnen, Aepfeln, Zwetschken, Wallnüssen, seltener Kirschen sind das Erträgniss halb wilder, ohne Pflege aufwachsender Obstbäume. Dagegen möge die Blumenzucht bei der türkischen Bevölkerung Erwähnung finden.

Uebersicht der hauptsächlichsten Bestandtheile einiger Vegetationsformationen.

(Die durch gesperrten Druck hervorgehobenen Namen gehören jenen Pflanzen an, die nicht nur die einzelnen Formationen charakterisiren, sondern auch zu wiederholten Malen in denselben beobachtet wurden.)

Formation des Buschwaldes.

Strauchwuchs.

Sträucher: *Acer tataricum, Carpinus duinensis, Colutea arborescens, Cornus mas, Cornus sanguinea, Corylus avellana, Crataegus monogyna, Evonymus europaea, Evonymus verrucosus, Juniperus communis, Ligustrum vulgare, *Lonicera alpigena, *Lonicera nigra, Lonicera xylosteum, Prunus spinosa, *Rhamnus fallax, Rhus cotinus, Rosa repens* und andere Arten (besonders in Hecken), *Sambucus nigra, Spiraea cana, Viburnum Lantana.*

Bäume in Strauchform: *Acer campestre, Acer obtusatum, Betula alba, Carpinus betulus, Fagus silvatica, Fraxinus excelsior, Fraxinus ornus, Juglans regia, Picea vulgaris, Pirus communis, Pirus malus, Populus tremula, Prunus avium, Prunus insititia, Quercus*-Arten, *Sorbus aria, Tilia alba.*

Halbsträucher: *Calluna vulgaris, Cytisus austriacus, Vaccinium myrtillus, Vaccinium vitis-idaea.*

Clematis vitalba, Tamus communis, Vitis vinifera, Humulus lupulus (an Hecken).

Niederwuchs.

*Aspidium filix mas, *Aspidium lobatum, *Aspidium lonchitis, Phegopteris calcarea, Polypodium vulgare, Pteris aquilina.*

Achillea virescens, Actaea spicata, Adoxa moschatellina, Aegopodium podagraria, Agrimonia eupatoria, Ajuga genevensis, Anemone nemorosa, Aposeris foetida, Aquilegia vulgaris, Aremonia eupatorioides, Arum maculatum, Asarum europaeum, Astragalus glycyphyllos, Brunella laciniata, Brachypodium pinnatum, Briza media, Buphthalmum salicifolium, Campanula *bononiensis, Campanula persicifolia, Campanula rapunculus, Campanula rapunculoides, Campanula trachelium, Cardamine impatiens, Carex digitata, Carex flacca, Carex silvatica, Carex verna, Centaurea axillaris, Cephalanthera ensifolia, Cephalanthera rubra, Cineraria Fussii, *Cirsium erisythales, Clinopodium vulgare, Convallaria majalis, Cyclamen europaeum, Dentaria bulbifera, Dianthus barbatus, Digitalis ambigua, Digitalis ferruginea, *Doronicum Columnae, Dorycnium herbaceum, Euphorbia amygdaloides, Euphorbia cyparissias, Ervum cracca, Erythronium dens canis, Ferulago silvatica, Fragaria moschata, Fragaria vesca, Galega officinalis, Galium corrudaefolium, Galium cruciatum, Galium lucidum, Galium phaeum, Galium sanguineum, Galium silvaticum, Galium vernum, Genista sagittalis, Gentiana cruciata, Geum rivale, Geum urbanum, Glechoma hirsuta, Helianthemum vulgare, Helleborus odorus, Hepatica triloba, Heracleum spondylium, Hieracium pilosella, Inula conyza, Lactuca muralis, Lapsana communis, Leucanthemum montanum, Lilium martagon, Linum catharticum, Lithospermum purpureo-coeruleum, Luzula silvatica, Luzula vernalis, Lychnis coronaria, Majanthemum bifolium, Melampyrum nemorosum, Melampyrum pratense, Melittis melissophyllum, Milium effusum, Moehringia trinervia, Myosotis sylvatica, Nasturtium lipicense, Neottia latifolia, Nepeta nuda, Orchis maculata, Orchis speciosa, Orchis tridentata, Origanum vulgare, Orlaya grandiflora, Orobanche caryophyllacea, Orobanche gracilis, Orobus variegatus, Orobus vernus, Oxalis acetosella, Paris quadrifolia, Pirola rotundifolia, Plantago lanceolata, Platanthera bifolia, Polygonatum multiflorum, Potentilla micrantha, Potentilla silvestris, *Prenanthes purpurea, Primula acaulis, Primula Columnae, Pulmonaria officinalis, Pulmonaria montana, *Ranunculus aconitifolius, *Salvia glutinosa, Sambucus ebulus, Sanicula europaea, *Saxifraga rotundifolia, Scabiosa leucophylla, Scutellaria altissima, Silene nutans, Silene inflata, Silene nemoralis, Smyrnium perfoliatum, Stachys alpina, Stellaria holostea, Symphytum tuberosum, Tanacetum macrophyllum, Teucrium chamaedrys, *Thalictrum aquilegifolium, Thymus montanus, Trifolium alpestre, Valeriana officinalis, Veratrum album, Veratrum nigrum, Verbascum austriacum, *Veronica austriaca, Veronica chamaedrys, Veronica latifolia, Veronica officinalis, *Vicia oroboides, Vicia sepium, Viola silvestris.* (Die mit * bezeichneten Pflanzen sind präalpin.)

Niederwuchs der Hecken: *Agrimonia eupatoria, *Agropyrum repens, *Anchusa officinalis, Anthriscus vulgaris, Artemisia vulgaris, Ballota nigra, Calamintha pannonica, Campanula rapunculus, Carduus acanthoides, Cichorium intybus, *Cirsium arvense, *Cirsium lanceolatum, Coronilla varia, Crepis biennis, Dactylis glomerata, *Dipsacus silvestris, Echinops sphaerocephalus, *Echium italicum, *Echium vulgare, Euphorbia platyphyllos, Galium mollugo, Galium verum, Hypericum perforatum, Inula britannica, Inula salicina, Lappa tomentosa, Lithospermum officinale, Malva moschata, Melandrium pratense, Parietaria erecta, *Picris hieracioides, Pteris aquilina, Pulmonaria montana, Salvia verticillata, *Sambucus ebulus, Scabiosa leucophylla, Stellaria graminea, Teucrium chamaedrys, Thalictrum angustifolium, Thalictrum elatum, Torilis anthriscus, *Urtica dioeca, Verbascum blattaria, Verbascum lychnitis* u. a. (Die mit * bezeichneten Pflanzen sind Ruderalpflanzen.)

Formation der Buche.

Oberholz.

Laubholz: *Acer campestre, Acer obtusatum, Acer pseudoplatanus, Betula alba, Carpinus betulus, Fagus silvatica, Fraxinus ornus, Pirus communis, Prunus avium, Salix capraea, Sorbus aria, Sorbus aucuparia, Ulmus campestris.*

Nadelholz: *Abies alba, Picea vulgaris, Pinus silvestris, Taxus baccata.*

Unterholz.

Nachwuchs der obengenannten Bäume und *Corylus avellana, Crataegus oxyacantha, Daphne mezereum, Juniperus communis, Lonicera alpigena, Rhamnus fallax, Ribes alpinum, Ribes petraeum, Rubus idaeus, Rubus hirtus, Vaccinium myrtillus.*

Niederwuchs.

Aspidium filix mas, Aspidium lobatum, Aspidium spinulosum, Athyrium filix femina, Phegopteris polypodioides, Polypodium vulgare, Pteris aquilina, Scolopendrium vulgare.

Aconitum lycoctonum, Adenostyles albida, Adoxa moschatellina, Aegopodium podagraria, Ajuga genevensis, Anemone nemorosa, Aposeris foetida, Aremonia eupatorioides, Arum maculatum, Asarum europaeum, Asperula odorata, Asperula taurina, Campanula trachelium, Campanula trichocalycina, Carduus personatus, Carex digitata, Cerinthe alpina, Cirsium pauciflorum, Convallaria majalis, Dentaria bulbifera, Dentaria enneaphylla, Dentaria trifolia, Doronicum austriacum, Doronicum Columnae, Epilobium montanum, Euphorbia amygdaloides, Euphorbia angulata, Fragaria vesca, Gentiana asclepiadea, Geranium macrorhizon, Geranium phaeum, Geranium Robertianum, Geranium silvaticum, Gnaphalium norvegicum, Helleborus odorus, Hieracium leptocephalum, Hypericum hirsutum, Mercurialis perennis, Milium effusum, Moehringia muscosa, Mulgedium alpinum, Myosotis silvatica, Myrrhis odorata, Neottia nidus avis, Oxalis acetosella, Paris quadrifolia, Prenanthes purpurea, Ranunculus aconitifolius, Ranunculus lanuginosus, Salvia glutinosa, Sanicula europaea, Saxifraga rotundifolia, Senecio nebrodensis, Stellaria nemorum, Symphytum tuberosum, Tanacetum macrophyllum, Telekia speciosa, Valeriana montana, Valeriana tripteris, Veratrum album, Veronica chamaedrys, Veronica latifolia, Vicia oroboides, Viola silvestris.

Wiesenformation.

Thalwiesen.

Ajuga genevensis, Anthoxanthum odoratum, Anthriscus silvestris, Arrhenaterum elatius, Briza media, Bromus erectus, Campanula patula, Campanula rapunculus, Carum carvi, Centaurea jacea, Cichorium intybus, Colchicum autumnale, Crepis biennis, Cynosurus cristatus, Dactylis glomerata, Festuca elatior, Filipendula hexapetala, Galium cruciatum, Galium verum,

Geranium molle, Geranium phaeum, Geranium pyrenaicum, Hypochoeris radicata, Knautia arvensis, Lathyrus pratensis, Leucanthemum vulgare, Linum catharticum, Lotus corniculatus, Medicago arabica, Medicago lupulina, Nepeta pannonica, Orchis coriophora, Orchis saccigera, Ornithogalum pyrenaicum, Pastinaca sativa, Phleum pratense, Plantago lanceolata, Plantago media, Poa pratensis, Poterium sanguisorba, Ranunculus acer, Ranunculus bulbosus, Ranunculus Frieseanus, Ranunculus repens, Rhinanthus major, Rhinanthus minor, Rumex acetosa, Salvia pratensis, Salvia verticillata, Stellaria graminea, Trifolium campestre, Trifolium pratense, Trifolium repens.

Sumpfwiesen.

Berula angustifolia, Caltha spec., *Cardamine amara, Carex leporina, Carex tomentosa, Carex vulpina, Equisetum palustre, Eriophorum latifolium, Filipendula ulmaria, Galium palustre, Geranium palustre, Glyceria plicata, Holcus lanatus, Iris pseudacorus, Juncus bufonius, Juncus effusus, Juncus glaucus, Lychnis flos cuculi, Lycopus europaeus, Lysimachia nemorum, Lythrum salicaria, Mentha aquatica, Myosotis strigulosa, Oenanthe media, Oenanthe thracica, Orchis incarnata, Pedicularis palustris, Petasites officinalis, Phragmites communis, Pulicaria dysenterica, Ranunculus Boraeanus, Ranunculus repens, Sanguisorba officinalis, Scilla pratensis, Scirpus caricis, Scirpus paluster, Scirpus silvaticus, Scrophularia aquatica, Solanum dulcamara, Thalictrum angustifolium, Trifolium hybridum, Trollius europaeus.*

Bergwiesen.

Achillea millefolium, Achyrophorus maculatus, Aira capillaris, Alchemilla hybrida, Alsine verna, Antennaria dioeca, Anthoxanthum odoratum, Arabis hirsuta, Bellis perennis, Brachypodium pinnatum, Briza media, Bromus erectus, Calamintha rotundifolia, Campanula glomerata, Campanula rapunculoides, Carex verna, Cerastium tauricum, Cirsium acaule, Cirsium eriophorum, Cirsium lanceolatum, Cynosurus cristatus, Dactylis glomerata, Dianthus croaticus, Dianthus carthusianorum, Dorycnium herbaceum, Ervum cracca, Eryngium amethystinum, Eryngium campestre, Euphorbia cyparissias, Filipendula hexapetala, Fragaria collina, Genista sagittalis, Gentiana angulosa, var. *aestiva, Gentiana cruciata, Gentiana utriculosa, Gymnadenia conopsea, Helianthemum vulgare, Helleborus odorus, Hieracium pilosella, Inula hirta, Inula salicina, Knautia arvensis, Koeleria cristata, Lathyrus latifolius, Linum catharticum, Linum flavum, Linum hologynum, Linum tenuifolium, Malva moschata, Medicago lupulina, Melittis melissophyllum, Nepeta pannonica, Ophrys cornuta, Orchis morio, Orchis sambucina, Orchis speciosa, Orchis tridentata, Orchis ustulata, Ornithogalum pyrenaicum, Orobanche Pančićii, Picris hieracioides, Plantago lanceolata, Plantago major, Plantago media, Polygala comosa, Polygala oxyptera, Potentilla pedata, Potentilla rubens, Potentilla silvestris, Poterium sanguisorba, Primula Columnae, Prunella laciniata, Prunella vulgaris, Pteris aquilina, Ranunculus millefoliatus, Rhinanthus major, Rhinanthus minor, Salvia verticillata, Saxifraga Blavii, Scabiosa leucophylla, Scleranthus imbricatus, Scorzonera glastifolia, Scrophularia canina, Senecio crassifolius, Senecio Fussii, Stachys germanica, Succisa pratensis, Teucrium chamaedrys, Trifolium campestre, Trifolium dalmaticum, Trifolium ochroleucum, Trifolium pannonicum, Trifolium pratense, Verbascum blattaria, Verbascum lychnites, Verbascum thapsiforme, Veronica chamaedrys, Veronica multifida.*

Formation der Voralpenkräuter und Wiesen.

(Die mit einem * versehenen Arten finden sich auch in höher gelegenen Bergwiesen.)

Adenostyles albifrons, Alchemilla glabra, Anthriscus alpestris, Anthyllis alpestris, Aspidium filix mas, Aspidium lobatum, Aspidium lonchitis, Bellis perennis, Briza media, Calamintha alpina, Campanula patula, var. *pauciflora, Carum carvi, Centaurea Kotschyana, Colchicum autumnale, Crepis grandiflora, Echium vulgare, Ferulago silvatica, Galium silvaticum, Gentiana crispata, Gentiana lutea, Geranium phaeum, Geranium silvaticum, Geum rivale, Hieracium pilosella, Knautia dipsacifolia, Lathyrus pratensis, *Leucanthemum montanum, Lilium carniolicum, Lilium martagon, *Linum capitatum, Lotus alpinus, Luzula silvestris, Melandrium silvestre, Myrrhis odorata, *Orchis globosa, *Orchis speciosa, Origanum vulgare, Pedicularis verticillata, Phyteuma orbiculare, Phyteuma spicatum, Polygala major, Polygonum bistorta, Polygonum viviparum, Potentilla aurea, Ranunculus aconitifolius, *Ranunculus montanus, Ranunculus nemorosus, Rhinanthus major, Rumex alpinus, Salvia glutinosa, *Saxifraga rotundifolia, Scolopendrium vulgare, Scorzonera glastifolia, *Scorzonera rosea, Silene Sendtneri, Stachys alpina, Tanacetum macrophyllum, Telekia speciosa, *Thalictrum aquilegifolium, Trollius europaeus, Valeriana montana, Veratrum album, Veratrum Lobelianum, Verbascum lanatum, Verbascum nigrum, Veronica chamaedrys, *Viola declinata.*

Ackerunkräuter und Flora der Brachen.

Achillea millefolium, Agrostemma githago, Agrostis vulgaris, Ajuga genevensis, Alchemilla arvensis, Anagallis arvensis, Anthemis arvensis, Anthyllis polyphylla, Bellis perennis, Bromus arvensis, Brunella vulgaris, Carduus acanthoides, Centaurea cyanus, Centaurea scabiosa, Cerastium triviale, Cerinthe minor, Cirsium arvense, Convolvulus arvensis, Coronilla varia, Crepis biennis, Delphinium consolida, Echium italicum, Echium vulgare, Equisetum arvense, Erodium cicutarium, Euphorbia helioscopia, Euphorbia platyphyllos, Ervum hirsutum, Filipendula hexapetala, Geranium dissectum, Geranium columbinum, Hieracium florentinum, Lapsana communis, Lathyrus tuberosus, Lepidium campestre, Linaria vulgaris, Lithospermum arvense, Medicago lupulina, Melampyrum arvense, Melilotus officinalis, Moenchia mantica, Muscari comosum, Nigella arvensis, Papaver rhoeas, Picris hieracioides, Pisum arvense, Plantago lanceolata, Plantago media, Poa trivialis, Potentilla argentea, Poterium sanguisorba, Ranunculus bulbosus, Ranunculus sardous, Roripa lipizzensis, Rubus caesius, Rumex acetosella, Salvia verticillata, Senecio vulgaris, Sherardia arvensis, Silene cucubalus, Sinapis arvensis, Sonchus arvensis, Sonchus asper, Stachys arvensis, Stellaria media, Trifolium arvense, Trifolium repens, Urtica dioeca, Veronica arvensis, Veronica Tournefortii, Vicia sativa, Viola tricolor.

Die Flora älterer Brachen geht allmälig in jene der Bergwiesen über, indem die meisten einjährigen Kräuter durch perennirende ersetzt werden.

20*

VII. Literatur zur Flora von Südbosnien.

1868. Rohrbach P., Monographie der Gattung Silene.
1872. Engler A., Monographie der Gattung Saxifraga.
1877. Blau O., Reisen in Bosnien und der Hercegovina.
1878. Kerner A., Monographia Pulmonariarum.
1881. Zoch J., Phytophänologische Beobachtungen in Jahresbericht des k. k. Realgymnasiums in Sarajevo 1880 81, pag. 33.
1882. Zoch J., Phytophänologische Beobachtungen 1881 in Godišnje izvješće c. k. realne Gimnaz. u Sarajevu 1881 82, pag. 28.
1882. Zoch J., Nekoliko izleta u okolicu Sarajevsku; ebendaselbst, pag. 17.
1882. Hofmann F., Beitrag zur Kenntniss der Flora von Bosnien in Oesterr. botan. Zeitschr., pag. 73 ff.
1882. Hackel E., Monograph. Festucae. europ.
1883. Heimerl A., Monograph. sect. Ptarmica Achilleae generis in Denkschr. der kais. Akad. der Wissensch., Wien, XLVIII.
1883. Schaarschmidt J., Fragmenta phycologiae bosniaco-serbicae in Magy. Növényt. Lapok, VII, pag. 33.
1884. Haussknecht C., Monographie der Gattung Epilobium.
1886. Beck G., Versuch einer Gliederung des Formenkreises der Caltha palustris L. in Verh. der zool.-botan. Gesellschaft, Wien, pag. 347 ff.

Karten:

Karte von Bosnien im Massstabe 1 : 300.000 (Ausgabe 1882).
Umgebungskarte von Sarajevo im Massstabe 1 : 37.500.
Beide ausgegeben vom k. k. militär.-geogr. Institute Wien.
Geologische Uebersichtskarte von Bosnien-Hercegovina, herausgegeben von der k. k. geolog. Reichsanstalt Wien.

Besonderer Theil.

Aufzählung aller bisher in Südbosnien und der Hercegovina beobachteten Pflanzen und deren Vorkommen.

KRYPTOGAMAE.

I. Myxomycetes (Schleimpilze).

Fuligo septica Gmelin, Syst. nat., II, pag. 1466 (1791).

Auf modernden Stämmen in der Voralpenregion der Bjelašnica; Juni.

Lycogala sessilis Retz, Ac. Holms. 254 (1769), sec. Rostaf. — *Lycogala epidendron* (Bux) autor.

Auf Moderholz in der Voralpenregion der Bjelašnica; auf Fichtenstrünken in den Wäldern der Romanja Planina; Juni.

II. Schizophyta (Spaltpflanzen).

Schizophyceae (Spaltalgen).

Chroococcaceae.

Chroococcus minor Nägeli, Einzellige Algen, pag. 47, Taf. I, A, Fig. 4 (1848).
In einer Quelle am Fusse des Mojmilo bei Sarajevo; an einer Wasserleitung bei Krupac an der Zeljesnica; Juni.

Chroococcus turgidus Nägeli, Einzellige Algen, pag. 46 (1848).
An Steinen der Dobra voda-Quelle auf dem Trebović; Juni.

Nostocaceae.

Nostoc commune Vaucher, Hist. des Conf., pag. 223, Taf. XVI, Fig. 1 (1803), ex Rabenh., Flora Eur. Algar., II, pag. 175.
In Bergwiesen um Sarajevo nicht selten; bei Pale; auf Alpentriften der Treskavica.

Nostoc lichenoides Vaucher, Hist. des Conf., pag. 227, Taf. XVI, Fig. 5 (1803), ex Rabenh., l. c., pag. 166.
Var. *Nostoc vesicarium* DC., Flor. franc., ed. II, II, pag. 3 (1815).
Auf überrieselten Steinen in der Schlucht des Bistricki Potok bei Sarajevo.
Var. *Nostoc sphaericum* Vaucher, Hist. des Conf., pag. 223, Taf. XVI, Fig. 2 (1803), ex Rabenh., l. c., pag. 167.
In einer Quelle am Fusse des Orlovac gegen die Miljacka zwischen Moosen; häufig in der Zeljesnica und grosse Strecken bedeckend; Juni. (Exsicc. Nr. 126.)

Oscillariaceae.

Spirulina tenerrima Kütz., Phyc. germ., pag. 157 (1845); Tab. phyc., I, Taf. 37, Fig. I.
In einer Quelle auf dem Gradonj bei Sarajevo; Mai.

Oscillaria leptotricha Kütz., Phyc. germ., pag. 157 (1845); Tab. phyc., I, Taf. 38, Fig. IX.
In Tümpeln bei Kosevo nächst Sarajevo; Mai.

Oscillaria tenerrima Kütz., Phyc. gener., pag. 184 (1843); Tab. phyc., I, Taf. 38, Fig. VIII.
In Tümpeln an der Miljacka bei Alilovici; Juni.

Oscillaria brevis Kütz. in Linnaea, VIII, pag. 363; Tab. phyc., I, Taf. 39, Fig. VI.
In Tümpeln bei Kosevo nächst Sarajevo; Mai.

Oscillaria tenuis Ag., Syst. Alg., pag. 65 (1824).
Var. *Oscillaria viridis* Vaucher, Hist. des Conf., pag. 195, Taf. XV, Fig. 6 (1803), ex Rabenh.
In Tümpeln an der Drina bei Gorazda (Schaarschmidt).

Oscillaria Froelichii Kütz., Phyc. germ., pag. 189 (1845); Tab. phyc., I, Tab. 43, Fig. I.
In Tümpeln bei Kosevo nächst Sarajevo und an der Miljacka bei Alilovici; Mai, Juni. (Exsicc. Nr. 138.)

Microcoleus terrestris Desm., Cat. plant., ed. I, Nr. 55 (1840), ex Kütz.
Var. *Microcoleus Vaucheri* Kirchner, in Cohn, Kryptogamenflora Schlesiens, II, 1, pag. 244 (1878).
Auf steinigen Abhängen bei Sarajevo an der Strasse nach Pale; Juni.

Lyngbya stagnina Kütz., Spec. Alg., pag. 281 (1849).
In Tümpeln an der Miljacka bei Alilovici; Juni.

Lyngbya papyrina Kirchner, in Cohn, Kryptogamenflora Schlesiens, II, 1, pag. 241 (1878).
An Wasserfällen in Bächlein bei Kosevo und am Ljuli Potok bei Sarajevo; an einer Wasserleitung bei Krupac an der Zeljesnica; Mai, Juni.

Lyngbya membranacea Thuret, in Ann. sc. nat., 6e sér., I, pag. 379 (1875).
An einer Wasserleitung bei Krupac an der Zeljesnica; Juni.

Scytonemaceae.

Tolypothrix penicillata Bzi. sec. Kirchner, Die mikrosk. Pflanzenwelt des Süsswassers, pag. 38, Fig. 117 (1885).
An feuchten und überrieselten Felsen an einer Quelle am Fusse des Orlovac gegen die Miljacka; Juni.

III. Bacillariaceae (Kieselalgen).

Cocconeidaceae.

Cocconeis pediculus Ehrenb., Infusionsth., pag. 194, Taf. XXI, Fig. XI (1838). Kütz., Bacill., pag. 71, Taf. 5, Fig. IX 1.
Häufig an Wasserleitungen bei Krupac an der Zeljesnica unter anderen Algen; in einer Quelle am Fusse des Orlovac gegen die Miljacka und zwischen *Vaucheria* in einer Quelle bei Mrkovic nächst Sarajevo, in der Zeljesnica (Beck); auf *Cladophora* in Tümpeln der Drina (Schaarschmidt).

Achnanthaceae.

Achnanthes minutissima Kütz., Alg. decad., VIII, Nr. 75 (1833), ex Bacill., pag. 75, Taf. 13, Fig. II c, Taf. 14, Fig. IV 2 b, XXI 2; zumeist in der
Form *Achnanthes curta* Grun., in Van Heurck, Syn. Diat. Belg., Taf. XXVII, Fig. 35.
Auf verschiedenen Algen in Quellen um Sarajevo, so bei Mrkovic, Dobra voda auf dem Trebović, am Fusse des Orlovac gegen die Miljacka, Ljuli Potok, auf dem Kobilji brdo, in der Zeljesnica, an Wasserleitungen bei Krupac an der Zeljesnica (Beck); in Tümpeln an der Drina bei Gorazda und bei Ranjen Karaula (Schaarschmidt).

Achnanthes exilis Kütz., Dec., II, Nr. 12 (1833), ex Bacill., pag. 76, Taf. 21, Fig. IV.
Um Sarajevo, zwischen *Draparnaldia* in Quellen am Mojmilo; im Dobra voda auf dem Trebović auf *Ulothrix*; auf Conferven in Quellen auf dem Kobilji brdo, zwischen *Nostoc* in der Zeljesnica; Mai, Juni.

Rhoicosphenia curvata Grun., in Rabenh., Flora Eur. Alg., I, pag. 112 (1864).
Zwischen *Nostoc* in der Zeljesnica; Juni.

Epithemiaceae.

Epithemia argus Ehrenb., Americ., 1843, pag. 125, ex Kütz., Bacill., pag. 35; Van Heurck, Syn. Diat. Belg., Taf. XXXI, Fig. 15.
In Tümpeln an der Drina bei Gorazda (Schaarschmidt).

Eunotia arcus Ehrenb., Infusionsth., pag. 191, Taf. XXI, Fig. XXII (1838); Van Heurck l. c., Taf. XXXIV, Fig. 2.
An einer Wasserleitung bei Krupac an der Zeljesnica; Juni.

Amphoraceae.

Amphora pediculus Grun., in Schmidt, Atlas der Diatom., Taf. 26, Nr. et Fig. 99 (1875); Van Heurck, Syn. Diat. Belg., Taf. I, Fig. 6.

Auf Steinen in der Drina bei Gorazda (Schaarschmidt).

Cymbellaceae.

Cymbella gastroides Kütz., Bacill., pag. 79, Taf. 6, Fig. IV b (1844); Van Heurck, l. c., Taf. II, Fig. 8, 9.

In Quellen am Fusse des Mojmilo bei Sarajevo häufig; Juni.

Cymbella (Cocconema) cymbiformis Ehrenb., Infusionsth., pag. 225, Taf. XIX, Fig. VIII (1838); Van Heurck, l. c., Taf. II, Fig. 11.

In Tümpeln an der Drina (Schaarschmidt).

Cymbella (Cocconema) cistula Hempr., in Smith, Synops. XXIII, XXIV, 221; sec. Van Heurck l. c., Taf. II, Fig. 12, 13.

Häufig in Quellen um Sarajevo, so im Dobra voda auf dem Trebović, bei Mrkovic, am Fusse des Orlovac gegen die Miljacka, im Ljuli Potok; in Tümpeln und Bächlein bei Kosevo, auf dem Kobilji brdo und an einer Wasserleitung bei Krupac an der Zeljesnica; Mai, Juni.

Cymbella (Cocconema) maculata Kütz., Bacill., pag. 79, Taf. 6, Fig. II a, b (1844); Van Heurck, l. c., Taf. II, Fig. 16.

In Tümpeln bei Kosevo nächst Sarajevo; zwischen Phormidien an einer Wasserleitung bei Krupac an der Zeljesnica, in der Zeljesnica; Mai, Juni.

Cymbella affinis Kütz., Bacill., pag. 80, Taf. 6, Fig. XV (1844); Van Heurck, l. c., Taf. II, Fig. 19.

Zwischen verschiedenen Algen, im Dobra voda auf dem Trebović, auf feuchten Felsen am Ljuli Potok und bei Mrkovic nächst Sarajevo; in einer Quelle auf dem Kobilji brdo, in der Zeljesnica; Juni.

Cymbella naviculaeformis Auersw., in Heiberg, Krit. Overs. Dansk. Diat., II, pag. 108; sec. Schum., Diat. der Tatra, S. A., pag. 63, Taf. II, Fig. 29.

Zwischen Conferven in einer Quelle auf dem Kobilji brdo; Juni.

Encyonema ventricosum (Kütz.) Grun., in Van Heurck, l. c., Taf. III, Fig. 15, 16.

In Quellen, an feuchten Felsen, zwischen anderen Algen häufig; um Sarajevo: im Dobra voda auf dem Trebović, in Quellen bei Hrit, am Fusse des Mojmilo, bei Mrkovic, am Ljuli Potok, an der Stephaniequelle bei Kozija Čuprija, am Fusse des Orlovac gegen die Miljacka, auf dem Kobilji brdo, in der Zeljesnica (Beck); in Tümpeln am Drinaflusse (Schaarschmidt).

Gomphonemaceae.

Gomphonema constrictum Ehrenb., Abhandl. der Berl. Akad. (1830), pag. 63; fid. Kütz, Bacill., pag. 86.

Var. *Gomphonema subcapitatum* Grun., in Van Heurck, l. c., Taf. XXIII, Fig. 6.

An einer Wasserleitung bei Krupac an der Zeljesnica, unter anderen Algen in der Zeljesnica zwischen *Nostoc*; Juni.

Gomphonema commune Rabenh. (Kütz.), Flora Eur. Alg., I, pag. 283 (1864).

Var. *Gomphonema productum* Grun., in Van Heurck, l. c., Taf. XXIV, Fig. 52—54.

An einer Wasserleitung bei Krupac an der Zeljesnica unter Phormidien; in einer Quelle auf dem Kobilji brdo; Juni.

Gomphonema olivaceum Ehrenb., Infusionsth., pag. 218, Taf. XVIII, Fig. IX (1838).

Var. *Gomphonema stauroneiforme* Grun., Alg. und Diat. des casp. Meeres, S. A., pag. 9; Van Heurck, l. c., Taf. XXV, Fig. 22.

An einer Wasserleitung bei Krupac an der Zeljesnica, in Tümpeln bei Kosevo, in der Zeljesnica; Juni.

Var. *Gomphonema vulgare* Grun., Van Heurck, l. c., Taf. XXV, Fig. 21.

In einer Quelle am Fusse des Orlovac gegen die Miljacka; an der Wasserleitung bei Krupac, auf feuchten Felsen am Ljuli Potok bei Sarajevo, in der Zeljesnica.

Var. *Gomphonema subramosum* Kütz., Bacill., pag. 85, Taf. 8, Fig. XV (1844); Van Heurck, l. c., Taf. XXV, Fig. 26—27.

In Tümpeln der Drina bei Gorazda (Schaarschmidt).

Gomphonema dichotomum W. Smith, sec. Van Heurck, l. c., Taf. XXIV, Fig. 20.

Auf Steinen und in Tümpeln des Drinaflusses bei Gorazda (Schaarschmidt).

Naviculaceae.

Navicula viridis Kütz., Bacill., pag. 97, Taf. 4, Fig. XVIII (1844); Van Heurck, l. c., Taf. V, Fig. 5.

An einer Wasserleitung bei Krupac an der Zeljesnica unter anderen Algen.

Navicula elegantula Grun., in Verhandl. zool.-bot. Gesellsch. Wien (1860), pag. 522, Taf. III, Fig. 29.

In Tümpeln bei Kosevo nächst Sarajevo, einzeln; Mai.

Navicula radiosa Kütz., Bacill., pag. 91, Taf. 4, Fig. XXIII (1844); Van Heurck, l. c., Taf. VII, Fig. 20.

In Tümpeln bei Kosevo und an der Miljacka bei Alilovici, in Quellen bei Hrit und am Fusse des Mojmilo bei Sarajevo, an einer Wasserleitung bei Krupac an der Zeljesnica; Mai, Juni.

Var. *Navicula acuta* Grun., Verhandl. zool.-bot. Gesellsch. Wien (1860), pag. 526; Van Heurck, l. c., Taf. VII, Fig. 19.

In Tümpeln bei Kosevo nächst Sarajevo; Mai.

Var. *Navicula tenella* Bréb., sec. Van Heurck, l. c., Taf. VII, Fig. 21, 22.

In der Dobra voda-Quelle auf dem Trebović, an einer Wasserleitung bei Krupac an der Zeljesnica; Juni.

Navicula viridula Kütz., Bacill., pag. 91, Taf. 4, Fig. X (1844); Van Heurck, l. c., Taf. VII, Fig. 25, 26.

In Tümpeln bei Kosevo, in Quellen bei Hrit, Mrkovic, auf dem Gradonj, im Bjela voda, auf dem Trebović, in Ausgiessungen der Miljacka bei Alilovici; an einer Wasserleitung bei Krupac an der Zeljesnica, in letzterer bei Ilidže.

Navicula gracilis Ehrenb., Infusionsth., pag. 176, Taf. XIII, Fig. II (1838); Van Heurck, l. c., Taf. VII, Fig. 7.

In einer Quelle am Fusse des Orlovac gegen die Miljacka; unter *Nostoc* in der Zeljesnica; Juni.

Navicula lanceolata Kütz., Bacill., pag. 94, Taf. 28, Fig. 38, Taf. 30, Fig. 48 (1844); Van Heurck, l. c., Taf. VIII, Fig. 16, 17.

In einer Quelle am Fusse des Orlovac gegen die Miljacka und am Mojmilo, an feuchten Felsen des Ljuli Potok nächst Sarajevo; an einer Wasserleitung bei Krupac an der Zeljesnica und in letzterer unter *Nostoc;* Mai, Juni.

Navicula cryptocephala Kütz., Bacill., pag. 95, Taf. 3, Fig XX, XXVI (1844); Van Heurck, l. c., Taf. VIII, Fig. 1, 5.

In Tümpeln bei Kosevo, in einer Quelle bei Mrkovic auf dem Kobilji brdo und am Fusse des Orlovac gegen die Miljacka, in Tümpeln der Miljacka bei Alilovici, an feuchten Steinen der Dobra voda-Quelle auf dem Trebović, auf nassen Felsen des Ljuli Potok und in Quellen am Fusse des Mojmilo nächst Sarajevo; an einer Wasserleitung bei Krupac an der Zeljesnica (Beck); in Tümpeln der Drina bei Gorazda (Schaarschmidt); Mai, Juni.

Navicula rhynchocephala Kütz., Bacill., pag. 152, Taf. 30, Fig. 35 (1844).

Var. *Navicula brevis* Grun., in Verhandl. zool.-bot. Gesellsch. Wien (1860), pag. 529.

In Tümpeln bei Kosevo nächst Sarajevo.

Var. *Navicula amphiceros* Kütz., Bacill., pag. 95, Taf. 3, Fig. XXXIX (1844); Van Heurck, l. c., Taf. VII, Fig. 30.

Ebendaselbst, sowie an einer Wasserleitung bei Krupac an der Zeljesnica.

Form Van Heurck, l. c., Taf. VII, Fig. 31.

In Tümpeln an der Drina bei Gorazda (Schaarschmidt); in Tümpeln an der Miljacka bei Alilovici.

Navicula elliptica Kütz., Bacill., pag. 98, Taf. 30, Fig. 55 (1844).

Auf feuchten Felsen am Ljuli Potok bei Sarajevo.

Var. *Navicula oblongella* Nägeli, sec. Van Heurck, l. c., Taf. X, Fig. 12.

In einer Quelle auf dem Kobilji brdo.

Navicula sphaerophora Kütz., Bacill., pag. 95, Taf. 4, Fig. XVII (1844).

Form *Navicula minor* Grun., in Van Heurck, l. c., Taf. XII, Fig. 3.

Zwischen Spirogyren in einer Quelle bei Sarajevo; auf feuchten Felsen am Ljuli Potok, in Tümpeln bei Kosevo, in einer Quelle auf dem Kobilji brdo.

Pleurosigma acuminatum Grun., Verhandl. zool.-bot. Gesellsch. Wien (1860), pag. 561, Taf. VI, Fig. 6, 7.

In Tümpeln bei Kosevo nächst Sarajevo, selten; Mai.

Amphipleuraceae.

Amphipleura pellucida Kütz., Bacill., pag. 103, Taf. 3, Fig. LII, Taf. 30, Fig. 84 (1844).

In einem Bächlein bei Kosevo nächst Sarajevo; an einer Wasserleitung bei Krupac an der Zeljesnica (Beck); in Tümpeln der Drina bei Gorazda (Schaarschmidt).

Nitzschiaceae.

Hantzschia amphioxys Grun., sec. Van Heurck, l. c., Taf. LVI, Fig. 1.

In Tümpeln bei Kosevo nächst Sarajevo; Mai.

Var. *Hantzschia virax* Grun., Van Heurck, l. c., Taf. LVI, Fig. 5, 6.

In Quellen zwischen Conferven auf dem Kobilji brdo mit der früheren.

Surirellaceae.

Surirella ovata Kütz., Bacill., pag. 62, Taf. 7, Fig. IV (1844); Van Heurck, l. c., Taf. LXXIII, Fig. 5, 6.

Zwischen Conferven in einer Quelle auf dem Kobilji brdo; Juni.

Cymatopleura solea (Bréb.), W. Smith, Brit. Diat., I, pag. 36, Taf. X, Fig. 78, fid. Rabenh.

In Tümpeln bei Kosevo und an der Miljacka bei Alilovici; an einer Wasserleitung bei Krupac an der Zeljesnica (Beck); in Tümpeln an der Drina bei Gorazda (Schaarschmidt).

Diatomaceae.

Odontidium hyemale Kütz., Bacill., pag. 44, Taf. 17, Fig. IV (1844).
Um Sarajevo: In Quellen bei Mrkovic, Kosevo, am Fusse des Orlovac gegen die Miljacka, an der Stephaniequelle nächst der Kozija Čuprija, auf feuchten Steinen und in den Abflüssen der Dobra voda Quelle auf dem Trebović; zwischen Phormidien an einer Wasserleitung bei Krupac an der Zeljesnica; Mai, Juni. (Exsicc. Nr. 125.)
Var. *Odontidium mesodon* Kütz., Bacill., pag. 44, Taf. 17, Fig. I (1844); Van Heurck, l. c., Taf. L, Fig. 3, 4.
Mit der vorigen.

Diatoma vulgare Bory, Arthrod., Fig. 1 a, b, fid. Kütz., Bacill., pag. 47; Van Heurck, l. c., Taf. L, Fig. 1—6.
In Tümpeln bei Kosevo, in einer Quelle am Fusse des Mojmilo und des Orlovac gegen die Miljacka, an einer Wasserleitung bei Krupac an der Zeljesnica und in letzterer bei Ilidže; Mai, Juni.
Form *Diatoma minuta, hamata, irregulare* Schaarschmidt, in Magy. növ. Lapok, VII (1883), pag. 37, sowie
Form *Diatoma breve* Grun., Oesterr. Diat. in Verhandl. zool.-bot. Gesellsch. Wien, XII (1866), pag. 363.
In Tümpeln und an Steinen an der Drina bei Gorazda, auf der Ranjen Karaula (Schaarschmidt).

Diatoma tenue Agardh, Decad. I., pag. 15 ex Svensk. bot., pag. 491 (1812); Conspect. crit. Diat. IV, p. 52 (1832).
Var. *Diatoma hybrida* Grun., in Van Heurck, l. c., Taf. L, Fig. 11.
In Tümpeln an der Drina bei Gorazda (Schaarschmidt).

Meridionaceae.

Meridion circulare Agardh, Conspect. crit. Diat., III, pag. 40 (1831); Kütz., Bacill., pag. 41, Taf. 7, Fig. XVI.
In Quellen bei Mrkovic, am Fusse des Mojmilo, zwischen Conferven in Quellen auf dem Kobilji brdo, an einer Wasserleitung bei Krupac an der Zeljesnica; Mai, Juni.

Fragilariaceae.

Synedra capitata Ehrenb., Infusionsth., pag. 211, Taf. XXI, Fig. XXIX (1838).
An einer Wasserleitung bei Krupac an der Zeljesnica; Juni.

Synedra aequalis Kütz., Bacill., pag. 66, Taf. 14, Fig. XIV (1844).
Zwischen Spirogyren in Quellen bei Sarajevo; an einer Wasserleitung bei Krupac an der Zeljesnica; Juni.

Synedra ulna Kütz., Bacill., pag. 66, Taf. 30, Fig. 28 (1844).
Um Sarajevo: In Quellen bei Hrit, Mrkovic, auf dem Kobilji brdo, am Fusse des Mojmilo; an einer Wasserleitung bei Krupac an der Zeljesnica (Beck); in Tümpeln an der Drina bei Gorazda (Schaarschmidt).

Synedra danica Kütz., Bacill., pag. 66, Taf. 14, Fig. XIII (1844); Van Heurck, l. c., Taf. XXXIII, Fig. 14.
In Tümpeln an der Drina bei Gorazda (Schaarschmidt).

Synedra acus Kütz., Bacill., pag. 68, Taf. 15, Fig. VII (1844).
Zwischen Conferven in einer Quelle am Kobilji brdo nächst der Zeljesnica; Juni.

Synedra oxyrhynchos Kütz., Bacill., pag. 66, Taf. 14, Fig. IX (1844).
In Tümpeln an der Miljacka bei Alilovici und Kosevo; zwischen Spirogyren in Quellen am Gradonj bei Sarajevo; zwischen Conferven in Quellen auf dem Kobilji brdo; zwischen Phormidien an einer Wasserleitung bei Krupac an der Zeljesnica und in letzterer bei Ilidže; Mai, Juni.
Synedra radians Kütz., Bacill., pag. 64, Taf. 14, Fig. VII, 1—4 (1844).
In Tümpeln an der Miljacka bei Alilovici; an nassen Steinen der Stefaniequelle nächst Kozija Čuprija; Juni.

Melosiraceae.

Fragilaria capucina Desmaz., sec. Kütz., Bacill., pag. 45, Taf. 16, Fig. III.
In einer Quelle auf dem Kobilji brdo, am Fusse des Orlovac gegen die Miljacka, an einer Wasserleitung bei Krupac an der Zeljesnica und in letzterer bei Ilidže.
Melosira varians Kütz., Bacill., pag. 54, Taf. 2, Fig. X (1844).
An einer Wasserleitung bei Krupac an der Zeljesnica (Beck); auf Steinen in der Drina bei Gorazda (Schaarschmidt).
Melosira distans Kütz., Bacill., pag. 54, Taf. 2, Fig. XII (1844).
In einer Quelle bei Hrit nächst Sarajevo; Juni.

IV. Algae (Algen).

A. Chlorophyceae (Grünalgen).

Gamosporeae.

Protococcaceae.

Protococcus viridis Agardh, Syst. alg., pag. 13 (1824).
An alten Baumstämmen um Sarajevo; Mai.

Palmellaceae.

Pleurococcus angulosus Menegh., Monogr. Nostoch. ital., pag. 37 (1842).
Auf Baumstrünken bei der Ranjen Karaula (Schaarschmidt), daselbst auch *Pleurococcus dissectus* Nägeli, Einzellige Algen, pag. 65, Taf. IV, Fig. E 3 (1848).

Confervaceae.

Chaetophoreae.

Draparnaldia plumosa Agardh, Syst. alg., pag. 58 (1824).
In einer Quelle am Fusse des Mojmilo bei Sarajevo; Juni. (Exsicc. Nr. 133.)

Ulotricheae.

Ulothrix subtilis Kütz., Phyc. germ., pag. 197 (1845); Tab. phyc., II, Taf. 85, Fig. I.
An einer Wasserleitung bei Krupac an der Zeljesnica; Juni.
Ulothrix tenerrima Kütz., Phyc. germ., pag. 197 (1845); Tab. phyc., II, Taf. 87, Fig. 1.
Auf feuchten Baumstrünken bei Ranjen Karaula (Schaarschmidt).
Var. *Ulothrix pallescens* Kütz., Phyc. germ., pag. 197 (1845); Tab. phyc., II, Taf. 85, Fig. IV.
An einer Wasserleitung bei Krupac an der Zeljesnica; Juni.

Ulothrix zonata Kütz., Phyc. gener., pag. 251, Taf. 80 (1843); Tab. phyc., II, Taf. 90, Fig. II.
In der Dobra voda-Quelle auf dem Trebović; Juni. (Exsicc. Nr. 141.)
Ulothrix rigidula Kütz., Phyc. germ., pag. 196 (1845); Tab. phyc., II, Taf. 91, Fig. IV.
In Tümpeln an der Drina bei Gorazda (Schaarschmidt).
Ulothrix aequalis Kütz., Phyc. germ., pag. 197 (1845); Tab. phyc., II, Taf. 89, Fig. I.
In einer Quelle am Fusse des Mojmilo bei Sarajevo; Juni.
Conferva rhypopila Kütz., Phyc. germ., pag. 202 (1845); Tab. phyc., III, Taf. 42, Fig. II.
In der Dobra voda-Quelle auf dem Trebović; Mai.
Conferva bombycina Agardh, Syst. alg., pag. 88 (1824).
Form *Conferva pallens* Kütz., Spec. alg., pag. 372 (1849); Tab. phyc., III, Taf. 44, Fig. IV.
In Quellen bei Mrkovic und auf dem Kobilji brdo bei Sarajevo; Juni.
Conferva vulgaris Kirchner, in Cohn, Kryptogamenflora Schlesiens, II 1, pag. 79 (1878).
An einer Wasserleitung bei Krupac an der Zeljesnica; Juni.

Cladophoreae.

? *Cladophora glomerata* Kütz., Phyc. germ., pag. 212 (1845), ex Kütz.
Auf Steinen in der Drina bei Gorazda (Schaarschmidt).

Zygosporeae.

Desmidiaceae.

Cosmarium margaritiferum Menegh., Synops. Desm. in Linnaea (1840), pag. 219.
In Quellen am Fusse des Orlovac und Mojmilo bei Sarajevo, an einer Wasserleitung bei Krupac an der Zeljesnica; Juni.
Cosmarium botrytis Menegh., Synops. Desm. in Linnaea (1840), pag. 220.
In einer Quelle am Fusse des Orlovac gegen die Miljacka; an einer Wasserleitung bei Krupac an der Zeljesnica; Juni.
Disphinctium (Calocylindrus) cylindrus Nägeli, Einzellige Algen, pag. 111 (1848).
An einer Wasserleitung bei Krupac an der Zeljesnica; Juni.
Pleurotaenium turgidum de Bary, Conjug., pag. 75, Taf. V, Fig. 32, 33.
Mit der vorigen seltener.

Zygnemaceae.

Spirogyra Weberi Kütz., Phyc. gener., Taf. 14, Fig. III (1843); Tab. phyc., V, Taf. 30, Fig. I.
An einer Wasserleitung bei Krupac an der Zeljesnica; Juni.
Spirogyra Jürgensii Kütz., Phyc. germ., pag. 222 (1845); Tab. phyc., V, Taf. 19, Fig. VII.
In einer Quelle auf dem Gradonj bei Sarajevo; in der Dobra voda-Quelle auf dem Trebović. (Exsicc. Nr. 131.)
Spirogyra longata Kütz., Phyc. germ., pag. 222 (1845); Tab. phyc., V, Taf. 20, Fig. I.
In der Bosnaquelle; Juni.
Spirogyra arcta Kütz., Phyc. germ., pag. 223 (1845).
Form *Spirogyra ulotrichoides* Kütz., Spec. alg., pag. 440 (1849); Tab. phyc., V, Taf. 21, Fig. III.
In einer Quelle bei Mrkovic nächst Sarajevo; Juli.

Form *Spirogyra oblongata* Kütz., l. c., pag. 440.
Ebendaselbst.

Spirogyra quinina Kütz., Phyc. gener., Taf. 15, Fig. I (1843); Tab. phyc., V, Taf. 22, Fig. II.
In Tümpeln an der Miljacka bei Alilovići; an der Stephaniequelle bei Kozija Ćuprija nächst Sarajevo; Juni.

Spirogyra condensata Kütz., Phyc. germ., pag. 223 (1845); Tab. phyc., V, Taf. 22, Fig. III.
Var. *Spirogyra bosniaca*. Cellulae steriles, 4·9—5·5 μ. crassae, ter vel quater longiores, fasciis spiralibus 7 vel pluribus praeditae.
In der Bosnaquelle; Juni.

Spirogyra setiformis Kütz., Phyc. germ., pag. 223 (1845); Tab. phyc., V, Taf. 28, Fig. I.
In der Bosnaquelle; Juni. (Exsicc. Nr. 139.)

Zygnema stellinum Agardh, Syst. alg., pag. 77 (1824).
In Quellen am Fusse des Mojmilo bei Sarajevo; in der Bosnaquelle; Juni.

Zygnema cruciatum Agardh, Syst. alg., pag. 77 (1824).
In einer Quelle am Fusse des Mojmilo und im Dobra voda auf dem Trebović bei Sarajevo; Mai, Juni. (Exsicc. Nr. 137.)

? *Mesocarpus scalaris* Hassal, Freshw. alg., pag. 166, Taf. XLII, Fig. 1 (1852).
An gleichen Standorten wie vorhergehende.

Oosporeae.

Oedogoniaceae.

? *Oedogonium Vaucheri* A. Braun, Ueber Chytrid., S. A., pag. 40 (in Monatsber. der Berl. Akad. (1855), pag. 381; sec. Rabenh., Flora Eur. Alg., III, pag. 349).
In der Dobra voda-Quelle auf dem Trebović; Mai.

Vaucheriaceae.

Vaucheria geminata DC., Flor. franc., ed. 2, II, pag. 62 (1815); Rabenh., Flora Eur. Alg., III, pag. 269.
In Quellen, an Wasserleitungen verbreitet.

Characeae (Armleuchtergewächse).

Chara foetida A. Braun in »Flora« (1835), I, pag. 63 et in Cohn, Kryptogamenflora Schlesiens, I, pag. 406; Kütz., Tab. phyc., VII, Taf. 58, Fig. I.
In seichten Bächen und Gräben hie und da um Sarajevo, bei Kupina, Ljuli Potok etc.

B. Rhodophyceae (Rothalgen).

Gymnosporeae.

Batrachospermaceae.

Batrachospermum moniliforme Roth, Flor. Germ., III, pag. 480 (1800).
In den Abflüssen der Dobra voda-Quelle auf dem Trebović. (Exsicc. Nr. 140.)

V. Fungi (Pilze).

A. Phycomycetes.

Oosporeae.

Peronosporaceae.

(Nach A. de Bary in Ann. scienc. nat., 4e sér., XX, pag. 102ff., 1863.)

Peronospora pygmaea Unger, in Botan. Zeit. (1847), pag. 315.
Auf *Anemone nemorosa* L. in Wäldern der Romanja Planina; Juni.

Peronospora parasitica Tulasne, Compt. rend. (1854), fid. De Bary.
Auf den Blättern von *Dentaria bulbifera* L. in den Wäldern der Romanja Planina; Juni.

Peronospora ficariae Tulasne, Compt. rend. de l'acad. Paris., 26 janv. 1854, fid. De Bary.
Auf den Blättern von *Ranunculus repens* L. Häufig um Sarajevo, bei Pazarić gegen die Hranicava; Mai, Juni.

Peronospora grisea Unger, in Botan. Zeit. (1847), pag. 315.
Auf *Veronica anagallis* L. um und in Sarajevo nicht selten; Mai, Juni. (Exsicc. Nr. 128.)

Peronospora pulveracea Fuckel, Fung. rhen. Nr. 1 ex Symb. myc., pag. 67.
Auf *Helleborus odorus* Kit. Um Sarajevo, namentlich auf dem Trebović nicht selten, oft mit *Urocystis anemones* auf ein und demselben Blattabschnitte.

Cystopus candidus Fries, Summ. veget. Scand., pag. 512 (1846); De Bary in Ann. scienc. nat., 4e sér., XX, pag. 130 (1863).
Auf *Capsella bursa pastoris* L. um Sarajevo verbreitet, auf *Arabis muralis* Bert. auf Felsen bei Mrkovic, auf *Sisymbrium officinale* L. bei Udbar und Konjica in der Hercegovina; Mai, Juni.

Cystopus cubicus (V. Strauss) De Bary, in Ann. scienc. nat., 4e sér., XX, pag. 132 (1863).
An Stengeln und Blättern von *Inula salicina* L. in Bergwiesen bei Kupina nächst Sarajevo; Juni.

B. Ustilagineae (Brandpilze).

Ustilago urceolorum Tulasne, Sur les Ustilag. in Ann. scienc. nat., 3e sér., VII, pag. 86 (1847).
In den Früchten von *Carex verna* Vill. um Sarajevo nicht selten; Mai. (Exsicc. Nr. 134.)

Ustilago segetum Link, Observ. in ord. plant. nat., Diss. I, pag. 4, ex Ditmar in Sturm, Deutschl. Flora, III. Abth., 1, pag. 67, Taf. 33 (1817).
Auf Gerste und Hafer häufig um Sarajevo, im Sarajevsko polje; Juni.

Polycystis ranunculacearum Fries, Summ. veget. Scand., pag. 516 (1846).
Auf den Stengeln und Blättern von *Helleborus odorus* Kit. um Sarajevo häufig, auf dem Trebović, Igman und in der Hercegovina bei Konjica und Udbar an der Prenj Planina; Juni. (Exsicc. Nr. 127.)

C. Aecidiomycetes.

Uredineae (Rostpilze).

Uromyces alchemillae (Pers.) Winter, Pilze Deutschl., I, pag. 146 (1884).
Auf den Blättern von *Alchemilla hybrida* L. auf der Bjelašnica; Juni.

Uromyces liliacearum Unger, Einfl. d. Bodens, pag. 216 (1836).
Aecidium auf *Muscari botryoides* L. in der Alpenregion des Vratlo; Juni.

Uromyces cacaliae Unger, Einfl. d. Bodens, pag. 216 (1836).
Aecidium auf den Blättern von *Adenostyles albifrons* auf der Treskavica; Juni.

Uromyces geranii Otth et Wartm., Schw. Krypt., pag. 401, fid. Fuckel.
Uredo et Teleut. auf den Blättern und Stengeln von *Geranium pyrenaicum* L. hie und da um Sarajevo; Mai.

Puccinia circaeae Pers., Tent. disp. meth. fung., pag. 39 (1797).
Teleut. auf den Blättern und Stengeln von *Circaea lutetiana* L. auf der Vitez- und Ranjen Planina; Juli.

Puccinia malvacearum Bertero apud Montagne, in Gay, Hist. fis. y polit. de Chile. botanic., VIII, pag. 43 (1852).
Teleut. auf den Blättern und Stengeln von *Malva silvestris* L. auf dem Kobilji brdo an der Zeljesnica; Juni.

Puccinia thlaspeos Schubert, Flora Dresd., II, pag. 254 (?), fid. Winter.
Teleut. auf *Thlaspi alpinum* in der Alpenregion des Vratlo; Juni.

Puccinia asarina Kunze, in Kunze et Schmidt, Mycol. Hefte, I, pag. 70 (1817).
Teleut. auf den Blättern von *Asarum europaeum* L. hie und da um Sarajevo; Juli.

Puccinia aegopodii Link, in Willd., Spec. plant., VI 2, pag. 77 (1825).
Teleut. auf den Blättern von *Aegopodium podagraria* L. auf den Abhängen des Trebović, auf dem Igman; Juni.

Puccinia vincae Castagne, Observ. sur les Ured., I, pag. 21 (1842), fid. Streinz.
Teleut. auf den Blättern von *Vinca minor* L. bei Starigrad an der Miljacka; Juni.

Puccinia obtegens Tulasne, fid. Fuckel, Symb. mycol., pag. 54.
Uredo et Teleut. auf *Cirsium arvense* Scop. häufig um Sarajevo, im Sarajevsko polje, bei Ledici, im Zujevina- und Drinathale; Juni.

Puccinia anemones Pers., Observ. mycol., II, pag. 6, Taf. VI, Fig. 5 (1796).
Aecidium et Teleut. auf den Blättern von *Anemone nemorosa* L. auf den Abhängen des Trebović bei Sarajevo; Mai, Juni.

Puccinia smyrnii Bagnis, Le Puccin., S. A., pag. 73 (1876).
Aecidium et Teleut. auf *Smyrnium perfoliatum* um Sarajevo hie und da; Mai, Juni. (Exsicc. Nr. 135.)

Puccinia compositarum Schlecht., Flora berol., II, pag. 133 (1824).
Uredo auf *Doronicum Columnae* Tenore auf dem Trebović bei Sarajevo; Juni.

Puccinia Chondrillae Corda, Icon. fung., IV, pag. 15, Taf. IV, Fig. 46 (1840); *Puccinia Prenanthis* Fuckel, Symb. mycol., pag. 55 (1869); *Puccinia Chondrillae* Fuckel, l. c., pag. 54.
Auf *Prenanthes purpurea* L. auf der Treskavica (Aecidium), auf der Vitez und Ranjen Planina (Teleut.), Juni; auf *Lactuca muralis* L. auf dem Kobilji brdo an der Zeljesnica (Aecidium); auf *Aposoeris foetida* L. auf dem Trebović und Igman (Aecidium). (Exsicc. Nr. 143.)

Puccinia centaureae DC., Flor. franc., VI, pag. 59 (1815).
Aecidium auf *Centaurea stenolepis* A. Kerner auf dem Igman bei Blažuj; Juni. (Exsicc. Nr. 142.)

Puccinia galiorum Link, in Willd., Spec. plant., VI 2, pag. 76 (1825).
Aecidium auf *Galium cruciatum* Scop. nächst der Ziegenbrücke bei Sarajevo, Juni; Teleut. auf *Galium vernum* L. bei Kosevo nächst Sarajevo; Juni.

Puccinia umbelliferarum DC., Flor. franc., ed. 2, VI, pag. 58 (1815).
Aecidium auf *Athamanta cretensis* auf der Romanja Planina; Juni.

Puccinia violarum Link, in Willd., Spec. plant., VI 2, pag. 77 (1825).
Aecidium auf *Viola silvatica* auf der Romanja Planina, Juni; Aecidium auf *Viola Zoysii* Wlf. in der Alpenregion des Treskavica; Juni.

Puccinia striaeformis Westd., IV. Notice s. quelq. Krypt., Nr. 40 in Bull. de l'acad. de Belgique, XXI, fid. Winter.
Aecidium auf den Blättern von *Symphytum tuberosum* L. um Sarajevo nicht selten, auf dem Igman, Treskavica; Mai, Juni.

Puccinia coronata Corda, Icon. fung., I, pag. 6, Taf. II, Fig. 96 (1837).
Aecidium auf *Rhamnus cathartica* L. auf den Trebovićabhängen, bei Starigrad an der Miljacka, Mai, Juni; Aecidium auf *Rhamnus fallax* Boiss. in der Moštainica- und Miljackaschlucht bei Sarajevo; Mai, Juni. (Exsicc. Nr. 129.)

Triphragmium filipendulae (Lasch) Winter, Pilze Deutschl., I, pag. 226 (1884).
Uredo auf *Filipendula hexapetala* Gilib. in Bergwiesen bei Kosevo nächst Sarajevo; Mai.

Phragmidium incrassatum Link, in Willd., Spec. plant., VI 2, pag. 85 (1825).
Uredo auf verschiedenen *Rosa*-Arten um Sarajevo nicht selten; Juni.

Phragmidium asperum Wallr., Flora crypt. germ., II, pag. 188 (1833).
Uredo auf *Rubus*-Arten um Sarajevo nicht selten, auch in der Hercegovina um Konjica, Udbar; Juni.

Phragmidium poterii Fuckel, Fung. rhen. 312, fid. Symb. mycol., pag. 46.
Uredo auf den Blättern von *Poterium sanguisorba* L. bei Sarajevo; Mai.

Melampsora lini (Tulasne), Fuckel, Symb. mycol., pag. 44.
Uredo auf *Linum catharticum* L. bei Kosevo nächst Sarajevo; Mai.

Coleosporium senecionis (Pers.) Winter, Pilze Deutschl., I, pag. 248 (1884).
Aecidium auf den Nadeln von *Pinus silvestris* L. auf der Romanja Planina; Juni.

Gymnosporangium clavariaeforme (Jacq.) Winter, Pilze Deutschl., I, pag. 233.
Aecidium auf *Crataegus monogyna* Jacq. um Sarajevo nicht selten, Juni; Teleut. auf *Juniperus communis* L. auf der Romanja Planina.

Aecidium euphorbiae Pers., in Gmelin's Syst. nat., ed. XIII, II, pag. 1473 (1791).
Auf den Blättern von *Euphorbia amygdaloides* L. an den Abhängen des Trebović, zwischen Buschwerk bei Kosevo, auf der Romanja Planina; auf *Euphorbia* spec. bei Kosevo; Mai, Juni.

Aecidium periclymeni Schumacher, Enum. plant. Saell., II, pag. 225 (1803).
Auf den Blättern von *Lonicera alpigena* L. auf dem Trebović und der Romanja Planina, Juni; auf *Lonicera xylosteum* L. auf dem Igman bei Blažuj; Juni.

Aecidium ranunculacearum DC., Flor. franc., VI, pag. 97 (1815).
Form *Aecidium hellebori.*
Auf *Helleborus odorus* Kit. in der Lapišnicaschlucht bei Sarajevo; Mai.

Aecidium tussilaginis Gmelin, in Linné's Syst. nat., ed. XII, pag. 726, ex ed. XIII, II, pag. 1473 (1791).

Auf *Tussilago farfara* L. um Sarajevo verbreitet, Mai, Juni; in Wiesen der Prenj Bjelašnica; Juli.

D. Basidiomycetes.

Gastromycetes (Bauchpilze).

Lycoperdinei (Staubpilze).

Lycoperdon bovista L., Spec. plant., pag. 1183 (1753).
In Wiesen, auf Hutweiden verbreitet; Juli.

Bovista plumbea Pers., Observ. mycol., I, pag. 5 (1796).
In Voralpenwiesen der Hranicava; Juni.

Hymenomycetes (Hutpilze).

Telephorei.

Stereum hirsutum Pers., Observ. mycol., II, pag. 90 (1796).
Auf Baumstrünken und modernden Stämmen in der Voralpenregion der Hranicava, Bjelašnica, Treskavica. (Exicc. Nr. 144.)

Hydnei (Stachelpilze).

Irpex fusco violaceus Fries, Elench. fung., I, pag. 144 (1828).
Auf einem morschen Fichtenstamme auf der Romanja Planina; Juni.

Hydnum Hollii Fries, Syst. mycol., I, pag. 420 (1821).
Auf Moderholz im Voralpenwalde der Hranicava; Juni.

Polyporei (Löcherpilze).

Daedalea unicolor Fries, Syst. mycol., I, pag. 336 (1821).
Auf einem Ahornstamme auf dem Kobilji brdo an der Zeljesnica; Juni.

Daedalea quercina Pers., Synops. meth. fung., pag. 500 (1801).
In Wäldern des Igman bei Blažuj.

Trametes gibbosa Fries, Epicris. Syst. mycol., pag. 492 (1836—1838).
In Voralpenwäldern der Hranicava; Juni.

Polyporus obliquus Fries, Syst. mycol., I, pag. 378 (1821).
Auf einem faulenden Baumstamme im Voralpenwalde der Hranicava; Juni.

Polyporus marginatus Fries, Epicris. Syst. mycol., pag. 468 (1836—1838).
Auf Buchenstämmen im Voralpenwalde der Hranicava; auf der Prenj Planina; Juni, Juli.

Polyporus pinicola Fries, Syst. mycol., I, pag. 372 (1821).
Auf Fichtenstämmen in der Voralpenregion aller Hochgebirge, so auf der Hranicava, Treskavica, auch auf der Romanja Planina; auf der Prenj Planina; Juni, Juli. (Exsicc. Nr. 130.)

Polyporus fomentarius Fries, Syst. mycol., I, pag. 374 (1821).
Auf Buchen in den Voralpenwäldern der Hochgebirge häufig. (Exsicc. Nr. 145.)

Polyporus epixanthus Rostkov., in Sturm, Deutschl. Flora, III. Abth., 4. Bd., pag. 63, Taf. 30 (1838).
Auf einem alten Kirschenbaume bei Sarajevo; Juni.

Polyporus varius Fries, Syst. mycol., I, pag. 352 (1821).
Im Voralpenwalde des Maglić; Juli.

Polyporus squamosus Fries, Syst. mycol., I, pag. 343 (1821).
In den Wäldern am Hange der Hochgebirge nicht selten.

Polyporus brumalis Fries, Syst. mycol., I, pag. 348 (1821).
Auf *Corylus*-Aesten auf dem Trebović bei Sarajevo; Juni.

Polyporus Boltoni Rostkov., in Sturm, Deutschl. Flora, III. Abth., Heft 27/28, Taf. 24 (1848).
Im Voralpenwalde auf der Hranicava; Juni.

Agaricini (Blätterpilze).

Lenzites saepiaria Fries, Epicris. Syst. mycol., pag. 407 (1836–1838).
Auf modernden Fichtenstämmen in der Romanja Planina häufig; Juni.

Schizophyllum commune Fries, Syst. mycol., I, pag. 330 (1821).
In Wäldern auf dem Igman bei Blažuj; Juni.

Lactarius vellereus Fries, Epicris. Syst. mycol., pag. 340 (1836–1838).
In Wäldern des oberen Drinathales zwischen Brod und Kosman; Juli.

Agaricus (Panaeolus) separatus L., Flor. suec., ed. 2, p. 447 (1755).
Auf einem Misthaufen bei Lukavac am Fusse der Bjelašnica; Juni.

Tremellineae (Gallertpilze).

Dacrymyces deliquescens Duby, Botan. Gallic., II, pag. 729 (1830).
Auf modernden Fichtenstämmen im Voralpenwalde auf der Treskavica; Juni.

E. Ascomycetes (Schlauchpilze).

Gymnoasci.

Exoascus pruni Fuckel, Enum fung. Nassov., pag. 29.
Auf den Früchten von *Prunus domestica* L. überall häufig, auch um Konjica; auf *Prunus spinosa* L. bei Han Sumbulovac, bei Bakarovac; Juni.

Perisporiaceae.

Erysipheae (Mehlthaupilze).

Erysiphe communis (Wallr.) Fries, Summ. veget. Scand., pag. 406 (1846).
Auf *Valerianella* sp. in der Schlucht des Bistricki Potok bei Sarajevo; Mai.

Erysiphe horridula Lév., in Ann. scienc. nat., sér. III, XV, pag. 170 (1851).
Auf *Myosotis* bei Starigrad an der Miljacka; Juni.

Pyrenomycetes (Kernpilze).

Sphaeriaceae.

Diatrype disciformis (Hoffm.) Fries, Summ. veget. Scand., pag. 385 (1849).
Auf faulenden Buchenästen in den Voralpenwäldern der Hochgebirge häufig.

Hypoxylon fuscum Fries, Summ. veget. Scand., pag. 364 (1846).
Auf morschen *Corylus*-Aesten in der Lapišnicaschlucht bei Sarajevo; Juni.

Hypocreaceae.

Polystigma rubrum DC., in Comment. mus. hist. nat. Par. III, pag. 330, fid. Winter.
Auf den Blättern von *Prunus domestica* L. weit verbreitet; auch um Konjica; Juli.

Discomycetes (Scheibenpilze).

Pezizeae.

Helotium aeruginosum (Flor. dan.) Fries, Summ. veget. Scand., pag. 355 (1849).
Auf Laubholzstrünken in der Voralpenregion des Treskavica; Juni.

Peziza hirta Schumacher, Enum. plant. Saell., II, pag. 422 (1803).
Auf Erde und modernden Stämmen in der Voralpenregion der Hranicava; Juni.

Lichenes (Flechten).[1]

(Anordnung nach Th. M. Fries, Lichenographia Scandinavica, 1871—1874 soweit erschienen, und nach Körber, Syst. Lichen. germ. (1855), Parerga (1865).

Usneacei.

Usnea barbata (L.) Fries, Sched. crit., IX, pag. 34 (1826), besonders in der
Var. *Usnea florida* (L.) Achar., Method., pag. 307 (1803).
Häufig auf Baumästen in der Voralpenregion der Hochgebirge, z. B. auf der Romanja Planina, Treskavica, Bjelašnica etc.

Alectoria jubata (L.) Achar., Lichen. univ., pag. 592 (1810).
Auf Baumstrünken und Föhrenästen auf der Romanja Planina.

Ramalina calicaris (L.) Fries, Lichen. europ., pag. 30 (1831).
Auf Laubhölzern auf der Romanja Planina.
Var. *Ramalina fraxinea* (L.) Achar., Lichen. univ., pag. 602 (1810).
Auf Buchen in der Voralpenregion der Bjelašnica.

Cladoniacei.

Cladonia rangiferina (L.) Hoffm., Deutschl. Flora, II, pag. 114 (1795).
In der Alpenregion der Treskavica.

Cladonia squamosa Hoffm., Deutschl. Flora, II, pag. 125 (1795).
Auf Erdblössen des Igman bei Blažuj.

Cladonia furcata (Schreb.) Fries, Lichen. europ., pag. 229 (1831).
Auf Baumstrünken auf der Romanja Planina.

Cladonia pyxidata (L.) Fries, Lichen. europ., pag. 216 (1831).
Auf Erdblössen und Baumstrünken häufig.

Parmeliacei.

Cetraria islandica (L.) Achar., Method., pag. 293 (1803).
In der Alpenregion aller Hochgebirge häufig, so auf der Hranicava, Bjelašnica, Treskavica u. s. w., ebenso in den Voralpen wie auf dem Trebović.

Cetraria nivalis (L.) Achar., Method., pag. 294 (1803).
In der Alpenregion der Treskavica, Bjelašnica etc.; auf der Prenj Planina.

Cetraria juniperina (L.) Achar., Method., pag. 298 (1803).
An gleichen Standorten wie vorhergehende.

---

[1] Bearbeitet von Dr. A. Zahlbruckner.

Parmelia furfuracea (L.) Achar., Method., pag. 254 (1803).
Auf Nadelholz in der Romanja Planina.
Physcia ciliaris (L.) DC., Flor. franc., II, pag. 396 (1805).
An Buchen auf der Bjelašnica.
Xanthoria parietina (L.) Fries, Lichen. arct., pag. 67 (1860).
An Zäunen um Sarajevo.

Lecanoracei.

Caloplaca aurantiaca (Lightf.) Fries, Lichen. arct., pag. 116 (1860).
Var. *Caloplaca flavovirescens* Fries, l. c., pag. 119.
Auf Kalkfelsen in der Umgegend von Sarajevo.
Lecanora (Placodium) crassa (Huds.) Achar., Lichen. univ., pag. 413 (1810).
In Ritzen der Kalkfelsen um Sarajevo häufig. (Exsicc. Nr. 124.)
Lecanora (Placodium) gypsacea (Sm.) Fries, Lichen. scand., I, pag. 222 (1871).
In der Alpenregion der Bjelašnica, Treskavica.
Lecanora (Placodium) fulgens (Sw.) Achar., Lichen. univ., pag. 437 (1810).
Auf Kalkboden bei Udbar am nördlichen Hange der Prenj Planina.
Lecanora (Placodium) saxicola (Poll.) Stenh., Sched. crit., pag. 12 (1825).
Auf Kalkfelsen der Crvena stjena in der Romanja Planina.
Var. *Lecanora versicolor* Achar., Lichen. univ., pag. 426 (1810).
An gleichem Orte, sowie in der Umgegend von Sarajevo.
Lecanora (Placodium) circinata (Pers.) Achar., Method., pag. 189 (1803).
Auf Kalkfelsen in der Umgebung von Sarajevo.
Lecanora (Placodium) Reuteri Schaer., Enum. crit. Lichen. Europ., pag. 59 (1850).
Auf Kalkfelsen an den Abhängen des Trebović gegen Sarajevo.
Lecanora pallescens (L.) Schaer., Enum. crit. Lichen. Europ., pag. 78 (1850).
Var. *Lecanora tumidula* (Pers.) Schaer., l. c., pag. 79.
Auf Buchen in der Voralpenregion der Bjelašnica.
Lecanora subfusca (L.) Achar., Lichen. univ., pag. 393 (1810).
An Laubbäumen um Sarajevo.
Lecanora dispersa (Pers.) Floerke, Deutschl. Lichen., III, pag. 4 (1815).
Auf Kalkfelsen der Romanja Planina, besonders auf der Crvena stjena, sowie in der Umgebung von Sarajevo.
Lecanora varia (Ehrh.) Achar., Lichen. univ., pag. 377 (1810).
Auf Hölzern und Pfosten um Sarajevo.
Lecanora (Aspicilia) calcarea (L.) Sommerf., Suppl. Flor. Lapp., pag. 102 (1826).
Auf Kalkfelsen des Trebović, besonders an den Abhängen gegen Sarajevo, auf der Romanja Planina.
Var. *Lecanora farinosa* Floerke fid. Körber, Parerga, pag. 95, sowie die Form *Lecanora ochracea* Körber, l. c., pag. 95.
An Kalkfelsen auf dem Debelo brdo und Zlatištje bei Sarajevo.
Icmadophila aeruginosa (Scop.) Trev., in Massal., Ricerch. sull' auton., pag. 26 (1852).
Auf feuchten morschen Strünken in der Voralpenregion häufig, so auf der Romanja Planina, Treskavica, Bjelašnica u. s. w., ebenso in Voralpenwäldern der Suha gora, Maglić Planina.
Urceolaria scruposa (L.) Achar., Method., pag. 147 (1803).
Var. *Urceolaria bryophila* Achar., l. c., pag. 148 (1803).
Auf Moosen in Felsspalten der Crvena stjena in der Romanja Planina.

Var. *Urceolaria iridata* Massal., Ricerch. sull' auton., pag. 34 (1852).
Auf Moosen bei Sarajevo.

Urceolaria ocellata (Vill.) Körber, Syst. Lichen. Germ., pag. 169 (1855).
Auf Kalkfelsen an den Abhängen des Trebović gegen Sarajevo.

Pertusaria communis DC., Flor. franc., II, pag. 320 (1805).
Auf Buchen in der Voralpenregion der Treskavica.

Lecideacei.

Toninia coeruleo-nigricans (Lightf.) Th. Fries, Lichen. scand., I, pag. 336 (1871).
In Ritzen der Kalkfelsen auf der Crvena stjena in der Romanja Planina, häufig in der Umgebung von Sarajevo.

Toninia Toninianum; Thalloidima Toninianum Massal., Mém. lich., pag. 122 (1853); Sched. crit., pag. 37 (1855).
Auf Kalkfelsen bei Udbar am Nordhange der Prenj Planina.

Lecidea (Psora) lurida (Sw.) Achar., Method., pag. 77 (1803).
Auf Kalkfelsen auf dem Trebović, bei Konjica und Udbar am Nordhange der Prenj Planina. (Exsicc. Nr. 146.)

Lecidea (Psora) testacea (Hoffm.) Achar., Method., pag. 80 (1803).
Auf Kalkfelsen um Sarajevo, ebenso bei Udbar an der Prenj Planina.

Lecidea (Biatora) rupestris (Scop.) Achar., Method., pag. 70 (1803).
Auf Kalkfelsen um Sarajevo häufig, ebenso bei Konjica, Udbar, auf der Prenj Planina.

Var. *Lecidea incrustans* (DC.) Schaer., Enum. crit. Lichen. Europ., pag. 146 (1850).
An den gleichen Standorten.

Lecidea speirea Achar., Method., pag. 52 (1803).
An Kalkfelsen auf dem Trebović und seinen Abhängen.

Lecidea pantherina (Achar.) Th. Fries, Lichen. scand., pag. 491 (1871).
Auf Quarzblöcken am Orlovac bei Sarajevo.

Rhizocarpon geographicum (L.) DC., Flor. franc., II, pag. 365 (1805).

Var. *Rhizocarpon atrovirens* (L.) Körb., Syst. Lichen. Germ., pag. 263 (1855).
Auf eingesprengtem Quarz am Orlovac des Trebović bei Sarajevo.

Rhizocarpon geminatum Flot., in Körb., Syst. Lichen. Germ., pag. 259 (1855).
Ebendaselbst.

Rhizocarpon calcareum (Weis) Th. Fries, Gener. Heterol., pag. 92 (1861).
Auf Kalkfelsen der Crvena stjena in der Romanja Planina, sowie auf der Bjelašnica.

Peltideaceae.

Peltigera horizontalis (L.) Hoffm., Deutschl. Flora, II, pag. 107 (1795).
In Wäldern, besonders in der Voralpenregion häufig.

Solorina saccata (L.) Schaer., Enum. crit. Lichen. Europ., pag. 22 (1850).
An schattigen feuchten Felsen in der Alpenregion der Bjelašnica, Treskavica etc.

Stictaceae.

Sticta pulmonaria (L.) Schaer., Enum. crit. Lichen. Europ., pag. 30 (1850).
Auf Fichten und Laubholzstämmen in allen Voralpenwäldern sehr häufig, so z. B. auf der Bjelašnica, Hranicava, Treskavica, ebenso auf der Prenj Planina, Maglić.

Endocarpeae.

Endocarpon miniatum (L.) Achar., Synops. method. Lichen., pag. 101 (1814).
Var. *Endocarpon vulgare* Körb., Syst. Lichen. Germ., pag. 100 (1855).
Auf feuchten Felsen am Ljuli Potok nördlich von Sarajevo.

Pannarinae.

Pannaria brunnea (Sw.) Körb., Syst. Lichen. Germ., pag. 107 (1855).
An modernden Hölzern im Voralpenwalde der Treskavica.

Calycieae.

Acolium tigillare Fée, Method. lichen. et gen., pag. 74 (1824).
An alten Fichtenstämmen auf der Romanja Planina.

Calycium hyperellum Achar., Method., pag. 93 (1803).
Auf Nadelholzstämmen auf der Crvena stjena in der Romanja Planina.

Dacampieae.

Endopyrenium monstruosum Körber, Parerg., pag. 304 (1865); *Endocarpon miniatum*, Var. *monstruosum* Schaer., Enum. crit. Lichen. Europ., pag. 232 (1850).
Auf Kalkfelsen an den Abhängen des Trebović gegen Sarajevo.

Hymenelieae.

Hymenelia coerulea Massal., Geneacaena Lichen., pag. 12 (1854); Symmict. lichen. novor., pag. 25 (1855).
Auf Kalkfelsen in der Alpenregion der Bjelašnica, Treskavica etc.

Petractis exanthematica (Sm.) Fries, Summ. veg. Scand., pag. 120 (1846).
Auf Kalkfelsen der Crvena stjena in der Romanja Planina.

Gyalecteae.

Secoliga gyalectoides Körber, Parerg., pag. 110 (1865); *Thelotrema gyalectoides* Massal., Ricerche sull' auton., pag. 142 (1852).
Auf Kalkfelsen in der Alpenregion der Treskavica.

Verrucarieae.

Verrucaria purpurascens Hoffm., Pl. lichen., I, pag. 74, Taf. XV, Fig. 1 et Taf. XIX, Fig. 3 (1790).
Auf Kalkfelsen an den Abhängen des Trebović gegen Sarajevo.

Verrucaria calciseda DC., Flor. franc., II, pag. 317 (1805).
Auf Kalkfelsen überall häufig und bis in die Alpenregion verbreitet; ebenso in der Hercegovina. (Exsicc. Nr. 136.)

Thelidium umbrosum Körber, Parerg., pag. 349 (1865); *Amphoridium umbrosum* Massal., Symmict. lichen. novor., pag. 80 (1855).
An Kalkfelsen auf der Bjelašnica.

Collemeae.

Collema pulposum Achar., Synops. method. Lichen., pag. 311 (1814).
Auf Kalkfelsen an den Abhängen des Trebović bei Sarajevo.

Collema multifidum Schaer., Enum. crit. Lichen. Europ., pag. 254 (1850).
An gleichem Standorte.

Lichenes parasitici.

Celidium stictarum Tulasne, Mem., pag. 121, Taf. I, Fig. 17 et Taf. XIV, Fig. 5—8.
Auf den Apothecien von *Sticta pulmonaria* auf der Treskavica Planina.

Fungi imperfecti.

Depazea cruenta Fries, Syst. Mycol., II, pag. 531 (1823).
Auf den Blättern von *Polygonatum officinale* bei Starigrad an der Miljacka; Juni.

Tuberculina persicina Saccardo in Michelia, II, pag. 34 (1880); *Tubercularia persicina* Ditm. in Sturm, Deutschl. Flora, III. Abth., Taf. 49.
In den Aecidien von *Aecidium euphorbiae* auf *Euphorbia amygdaloides* L. auf der Romanja Planina; Juni.

Fusarium deformans Schröt., ex Saccardo Sylloge, IV, pag. 717 (1886).
Auf den Kätzchenspindeln von *Salix cinerea* bei Sarajevo; Juni. (Exsicc. Nr. 132.)

VI. Bryophyta (Moose).

A. Hepaticae (Lebermoose).[1]

Marchantiaceae.

Marchantia polymorpha L., Spec. plant., pag. 1137 (1753); Gott., Lind. et Nees, Syn. hep., pag. 522 (1844).
In der Alpenregion der Treskavica stellenweise ca. 1800—1900 M.; Juni.

Preissia commutata Nees ab Esenb., Nat. eur. Leb., IV, pag. 117 (1838); *Cyathophora commutata* (Nees) Trev., Nuovo eur. dell. Epat. it., pag. 117 (1877).
Auf Felsen in der Alpenregion der Bjelašnica bei Pazarić ca. 1800 M.; Juni. In der Hercegovina an gleichen Stellen in der Alpenregion der Bjelašnica in der Prenj Planina ca. 1700 M. Juli.

Conocephalus conicus (L.) Dumort., Hep. europ., pag. 155 (1874); *Fegatella conica* Corda in Opiz, Beitr. I, pag. 649; Gott., Lind. et Nees, Syn. hep., pag. 546 (1844).
Nächst Sarajevo: An feuchten Stellen bei Kosevo ca. 600 M. und an feuchten Bachrändern in der Schlucht des Bistricki Potok ca. 900 M.; auf feuchter Erde und an nassen Felsen an einer Quelle am Fusse des Orlovac nächst der Kozija Čuprija; Mai. In Voralpenwäldern der Bjelašnica; Juni.

Jungermaniaceae.

Schizocarpeae.

Anomogamae (Lindb.).

Frullanieae.

Frullania dilatata (L.) Dumort., Rev. gen. Jung., pag. 13 (1835); Gott., Lind. et Nees, Syn. hep., pag. 415 (1844).
Auf Buchenrinde häufig.

[1] Bearbeitet von Dr. Ignaz Ritter von Szyszyłowicz.

Frullania tamarisci (L.) Dumort., Rev. gen. Jung., pag. 13; Gott., Lind. et Nees ab Esenb., Syn. hep., pag. 438 (1844).

Auf Buchenrinde hie und da.

Lejeunea echinata (Hook.) Taylor, in Spruce in Trans. Bot. Soc. Edinb., II, pag. 88, Nr. 14 (1844); *Lejeunea calcarea* Lib., in Ann. gén. sc. phys., IV, pag. 373, Nr. 1 (1820); Gott., Lind. et Nees ab Esenb., Syn. hep., pag. 344 (1844).

An feuchten, bemoosten Felsen in der Voralpenregion der Treskavica ca. 1600 M.; Juni.

Radula complanata (L.) Dumort., Rev. gen. Jung., pag. 14 (1835); Gott., Lind. et Nees ab Esenb., Syn. hep., pag. 257 (1844).

Auf Buchen nicht selten.

Porella rivularis (Nees); *Madotheca rivularis* Nees ab Esanb., Nat. eur. Leb., III, pag. 196 (1838); *Porella dentata* (Hartm.) Lindb., Utred. af Sk. Porell., pag. 342 (1869).

Auf feuchten Felsen in der Voralpenregion der Treskavica ca. 1600 M.; Juni.

Homogamae (Lindb.).

Ophistogamae (Lindb.).

Lepidozieae.

Lepidozia reptans Dumort., Rev. gen. Jung., pag. 19 (1835); Gott., Lind. et Nees. Syn. hep., pag. 205 (1844).

Auf modernden Fichtenstämmen auf der Romanja Planina ca. 1100 M.; Juni.

Bazzania triloba B. Gray, in Gray, Nat. arr. brit., I, pag. 704 (1821); *Mastigobryum trilobatum* Gott., Lind. et Nees ab Esenb., Syn. hep., pag. 230 (1844).

Auf Buchen hie und da.

Bazzania tricrenata (Wahlenb.) Trev., Schem. di un. class. ep., pag. 33 (1877); *Herpetium deflexum* Nees ab Esenb., Nat. eur. Leb., III, pag. 57 (1838); *Matigobryum deflexum* Gott., Lind. et Nees, Syn. hep., pag. 231 (1844).

Auf Buchen hie und da.

Cephalozia divaricata Dumort., Hep. Eur., pag. 89 (1874); *Jungermania divaricata* Sm., Engl. Bot., Taf. 719 (1799); Gott., Lind. et Nees, Syn. hep., pag. 135 (1844).

In nassen Gräben bei Kosevo nächst Sarajevo; Mai.

Cephalozia bicuspidata (L.) Dumort., Rev. gen. Jung., pag. 18 (1835); *Jungermania bicuspidata* Gott., Lind. et Nees, Syn. hep., pag. 138 (1844).

Auf modernden Fichtenstämmen und Baumstrünken auf der Romanja Planina und in der Voralpenregion der Treskavica ca. 1600 M.; Juni.

Cephalozia curvifolia (Dicks.) Dumort., Rev. gen. Jung., pag. 18 (1835); *Jungermania curvifolia* Dicks. in Nees ab Esenb., Nat. eur. Leb., II, pag. 277 (1836).

Auf modernden Fichtenstämmen auf der Romanja Planina ca. 1200 M.; in grossen Rasen auf Moderholz in der Voralpenregion der Treskavica, Juni; auf faulenden Hölzern in Voralpenwäldern ober Udbar in der Prenj Planina ca. 1400 M.; Juli.

Cephalozia connivens (Dicks.) Mitten, in Journ. Linn. Soc., XV, pag. 61 (1877); *Jungermania connivens* Raddi, Jung. etrusc., pag. 31 (1841); Gott., Lind. et Nees ab Esenb., Syn. hep., pag. 141 (1844).

Auf modernden Stämmen und Strünken in der Voralpenregion der Bjelašnica und Treskavica ca. 15—1600 M.; Juni.

Cephalozia multiflora (Huds.) Mass. et Carrest., Epat. dell. alp. penn., pag. 338 (1880).

Auf faulenden Hölzern in der Voralpenregion der Bjelašnica ca. 1600 M.; Juni.

Lophocolea bidentata (L.) Gott., Lind. et Nees ab Esenb., Syn. hep., pag. 159 (1844).

An modernden Fichtenstämmen auf der Romanja Planina ca. 1100 M.; Juni.

Lophocolea minor Nees ab Esenb., Nat. eur. Leb., II, pag. 330 (1836).

Auf Strünken bei der Ruine Starigrad beim Zusammenflusse der Paljanska und Mokranjska Miljacka bei Sarajevo ca. 800 M.; Juni.

Var. *Lophocolea erosa* Nees ab Esenb., l. c., pag. 331.

Ebendaselbst.

Lophocolea heterophylla (Schrad.) Nees, Nat. eur. Leb., II, pag. 338 (1836); Gott., Lind. et Nees, Syn. hep., pag. 164 (1844).

An modernden Fichtenstämmen auf der Romanja Planina ca. 1100 M. und auf gleicher Unterlage in der Voralpenregion der Treskavica ca. 1600 M.; Juni.

Leptoscyphus interruptus (Nees); *Jungermania interrupta* Nees, Nat. eur. Leb., I, pag. 165 (1833); *Plagiochila interrupta* Dumort., Rev. gen. Jung., pag. 15 (1835).

Auf feuchten Felsen bei einer Quelle am Fusse des Orlovac am linken Miljacka-Ufer nächst der Kozija Čuprija bei Sarajevo ca. 580 M.; Juni.

Chiloscyphus polyanthos (L.) Dumort., Syll. Jung., pag. 67 (1831); Gott., Lind. et Nees ab Esenb., Syn. hep., pag. 188 (1844).

An Bachrändern und auf feuchten Stellen unter Buschwerk in der Schlucht des Bistricki Potok bei Sarajevo ca. 900 M.; Mai.

Harpanthus scutatus Spruce, in Trans. of bot. Soc. Edinb., III, pag. 209; *Jungermania scutata* Nees ab Esenb., Nat. eur. Leb., II., pag. 18 (1836), sub *Jungermania stipulacea* Hook. ex III, pag. 546.

Mit zahlreichen Früchten auf Moderholz in der Voralpenregion der Treskavica ca. 1600 M.; Juni.

Saccogyneae.

Kantia trichomanis (L.) B. Gray, in Gray, Nat. arr. of brit. pl., I, pag. 706 (1821); *Calypogeia Trichomanis* Raddi, apud Corda in Sturm, Deutschl. Flora, II. Abth., Heft 19 20, pag. 38, Taf. X (1830); Nees ab Esenb., Nat. eur. Leb. III, pag. 8 (1838); *Cincinnulus Trichomanis* Dumort., Comm. bot., pag. 113.

An feuchten Bachrändern bei Koseva Mala nächst Sarajevo ca. 600 M.; auf modernden Fichtenstämmen in den Voralpenwäldern der Romanja Planina ca. 1100 M. und der Treskavica ca. 1600 M.; Juni.

Var. *Kantia attenuata* Nees ab Esenb., l. c.

Auf Moderholz in der Voralpenregion der Treskavica ca. 1600 M.; Juni.

Acrogamae (Lindb.).

Blepharozieae.

Blepharozia ciliaris (L.) Dumort., Rev. gen. Jung., pag. 16 (1835); *Ptilidium ciliare* Nees ab Esenb., Nat. eur. Leb., III, pag. 117 (1838).

An modernden Fichtenstämmen auf der Romanja Planina ca. 1100 M.; Juni.

Blepharostoma trichophyllum (L.) Dumort., Rev. gen. Jung., pag. 18 (1835); *Jungermania trichophylla* L., Spec. plant., pag. 1135 (1753).

Auf Moderholz in den Voralpenwäldern der Bjelašnica und Treskavica, ca. 1400 bis 1600 M., sowie an modernden Fichtenstämmen auf der Romanja Planina ca. 1100 M.; Juni.

Jungermanicae.

Scapania irrigua (Nees ab Esenb.) Dumort., Rev. gen. Jung., pag. 15 (1835); Gott., Lind. et Nees ab Esenb., Syn. hep., pag. 67 (1844).

In der Alpenregion der Hranicava bei Pazarić ca. 1700 M.; Juni.

Scapania nemorosa (L.) Dumort., Rev. gen. Jung., pag. 14 (1835); Gott., Lind. et Nees ab Esenb., Syn. hep., pag. 68 (1844).

Auf Modererde zwischen Felsen bei Starigrad ca. 800 M.; Juni.

Scapania aequiloba (Schw.) Dumort., Rev. gen. Jung., pag. 14 (1835); Gott., Lind. et Nees ab Esenb., Syn. hep., pag. 64 (1844).

Zwischen *Distichium capillaceum* in der Alpenregion der Bjelašnica ca. 1800 M., Juni; an Bachrändern bei Kosevo nächst Sarajevo ca. 600 M.; Mai.

Var. *Scapania dentata* Gott. et Rabenh., Hep. eur. exs. Nr. 92.

An feuchten Stellen unter *Hypnum uncinatum* in Voralpenwäldern der Treskavica ca. 1600 M.; auch auf Moderholz; Juni.

Scapania umbrosa (Schrad.), Dumort., Rev. gen. Jung., pag. 14 (1835); Gott., Lind. et Nees ab Esenb., Syn. hep., pag. 69 (1844).

Auf Moderholz, besonders auf modernden Fichtenstämmen in den voralpinen Wäldern der Romanja Planina ca. 1200 M., der Bjelašnica, Treskavica, hier ca. 1600 M.; Juni.

Plagiochila asplenioides (L.) Dumort., Rev. gen. Jung., pag. 44 (1835); Gott., Lind. et Nees, Syn. hep., pag. 49 (1844).

In der Voralpenregion der Treskavica ca. 1600 M., Juni; am Igman bei Blažuj, Juni; in Wäldern zwischen Prača und Ranjen Karaula ca. 900 M.; Juli.

Jungermania lanceolata L., Spec. plant., pag. 1131 (1753); Nees ab Esenb., Nat. eur. Leb. I, pag. 337 (1833).

An Bachrändern im oberen Theile der Schlucht des Bistricki Potok bei Sarajevo ca. 900 M., Mai; an Moderholz in den Voralpenwäldern der Treskavica ca. 1600 M., Juni; auf Baumstrünken bei Bastaći an der Drina ca. 500 M.; Juli.

Jungermania crenulata Smith, Engl. bot., Taf. 1463 (1805); Gott., Lind. et Nees, Syn. hep., pag. 90 (1844).

An Bach- und Quellrändern bei Kosevo nächst Sarajevo ca 600 M.; Mai.

Var. *Jungermania gracillima* Smith, Engl. Bot., Taf. 2238 (1810); Nees ab Esenb., Nat. eur. Leb., I, pag. 314 (1833); *Jungermania Genthiana* Hüben., Hep. germ., pag. 107 (1834).

In der Alpenregion der Bjelašnica ca. 1800 M.; Juni.

Jungermania pumila With., Bot. arrang., ed. 2, III, pag. 866, Taf. 18, Fig. 4 (1792); Gott., Lind. et Nees ab Esenb., Syn. hep., pag. 97 (1844).

Auf feuchten Felsen an der Quelle am Fusse des Orlovac nächst der Kozija Ćuprija bei Sarajevo ca. 580 M.; Mai.

Jungermania riparia Tayl., in Ann. and mag. of nat. hist. (1843), pag. 88, sec. Gott., Lind. et Nees ab Esenb., Syn. hep., pag. 97 (1844).

An gleicher Stelle wie die vorhergehende Art.

Jungermania Mülleri Nees ab Esenb. in Lind., Syn. hep., pag. 39 (1829); Gott., Lind. et Nees ab Esenb., Syn. hep., pag. 99 (1844).

In nassen Gräben und an Quellrändern bei Kosevo nächst Sarajevo ca. 600 M., sowie an feuchten Felsen an der Quelle am Fusse des Orlovac nächst der Kozija Čuprija ca. 580 M.; Mai.

Jungermania attenuata (Mart.) Lind., Syn. hep., pag. 48 (1829); *Jungermania barbata* var. *attenuata* Mart., in Gott., Lindb. et Nees, Syn. hep., pag. 122 (1844).

Zwischen Moosen auf der Romanja Planina ca. 1100 M.; Juni.

Jungermania exsecta Schmid., Icon. et Ann., pag. 241, Taf. 62, Fig. 2, sec. Gott., Lind. et Nees, Syn. hep., pag. 77 (1844).

Auf modernden Stämmen in den Voralpenwäldern der Romanja Planina ca. 1200 M. und der Treskavica ca. 1600 M.; Juni.

Jungermania porphyroleuca Nees ab Esenb., Nat. eur. Leb., II, pag. 78 (1836).

Auf modernden Stämmen in den Voralpenwäldern verbreitet; Juni.

Jungermania ventricosa Dicks., Fasc., II, plant. crypt., pag. 14; Gott., Lind. et Nees ab Esenb., Syn. hep., pag. 108 (1844).

Auf Moderholz, insbesondere auf faulenden Fichtenstrünken in den Voralpenwäldern der Romanja Planina ca. 1200 M. und der Treskavica ca. 1600 M.; Juni.

Jungermania incisa Schrad., Syst. Samml. Krypt., II, pag. 5, Nr. 100 (1797), sec. Nees; Gott., Lind. et Nees ab Esenb., Syn. hep., pag. 118 (1844).

An gleichen Stellen wie die vorige Art.

Heterogamae.

Fossombronieae.

Pellia calycina (Tayl.) Nees ab Esenb., Nat. eur. Leb., III, pag. 386 (1838).

Bei Sarajevo: An Quellrändern bei Kosevo ca. 600 M., am Ljuli Potok bei Borovac ca. 700 M. und an feuchten Felsen an der Quelle am Fusse des Orlovac nächst der Kozija Čuprija ca. 580 M., Mai; an Wasserleitungen bei Krupac an der Zeljesnica am Fusse der Bjelašnica ca. 550 M.; Juni.

Aneureae.

Aneura palmata (Hedw.) Dumort., Comm. bot., pag. 115 (1822); Gott., Lind. et Nees, Syn. hep., pag. 498 (1844).

Auf Moderholz in der Voralpenregion der Bjelašnica und Treskavica ca. 1500 bis 1600 M., auf der Romanja Planina ca. 1100 M.; Juni.

Aneura latifrons Lindb., Soc. F. Fl. fenn. in Bot. Not. (1873), sec. Lindb.; *Aneura palmata α. major* Nees ab Esenb., Nat. eur. Leb., III, pag. 459 (1838).

Auf modernden Baumstämmen in der Voralpenregion der Bjelašnica ca. 1600 M.; Juni.

Aneura sinuata (Dicks.) Dumort., Comm. bot., pag. 115 (1822); *Aneura pinnatifida* var. *viridis* Nees, Nat. eur. Leb., III, pag. 442 (1838); Gott., Lindb. et Nees ab Esenb., Syn. hep., pag. 495 (1844).

Auf Moderholz in der Voralpenregion der Treskavica ca. 1500—1600 M.; Juni.

Metzgerieae.

Metzgeria pubescens (Schrank) Raddi, Jung. etrusc., pag. 21 (1841); Lindb., Mon. Metzg., pag. 11—14 (1877).

In der Voralpenregion der Treskavica ca. 1600 M.; Juni.

Metzgeria conjugata (Dill.) Lindb., Hep. in Hib. lect., pag. 495 (1874) et Mon. Metzg., pag. 29 (1877).

An feuchten Stellen, Quellrändern hinter Kosevo bei Sarajevo ca. 600 M., Mai; in Wäldern zwischen Prača und Ranjen Karaula ca. 900 M.; Juli.

B. Musci frondosi (Laubmoose).[1]

Pleuridieae.

Pleuridium subulatum (L.) Br. et Sch., Bryol. europ., I, Taf. 9 (1849/50); Schimper, Synops., ed. 2, pag. 25.

Auf erdigen Abhängen in der Schlucht des Bistricki Potok bei Sarajevo ca. 600 M.; Mai.

Pleuridium alternifolium Bridel in Br. et Sch., Bryol. europ., I, Taf. 10 (1849/50); Schimper, Synops., ed. 2, pag. 26.

Auf felsigen und erdigen Abhängen in der Schlucht des Bistricki Potok bei Sarajevo ca. 600 M.; Mai.

Weisieae.

Hymenostomum microstomum (Hedwig) R. Brown in Linn. Trans., XII, pag. 573; Schimper, Synops., ed. 2, pag. 34.

An feuchten, lehmigen Stellen bei Koseva mala nächst Sarajevo ca. 660 M.; Mai.

Weisia Wimmeriana (Sendtner) Br. et Sch., Bryol. europ., I, Taf. 20 (1846); Schimper, Synops., ed. 2, pag. 50.

In der Alpenregion der Treskavica ca. 1900 M.; Juni.

Weisia viridula Bridel, Bryol. univ., I, pag. 334 (1826); Schimper, Synops., ed. 2, pag. 51.

An erdigen Abhängen in der Schlucht des Bistricki Potok ca. 700 M. und an feuchten Stellen bei Kosevo nächst Sarajevo ca. 600 M.; Mai.

Dicraneae.

Dichodontium pellucidum (L.) Schimper, Coroll. bryol. europ., pag. 12 (1856); Synops., ed. 1, p. 65 (1860); ed. 2, pag. 66.

An feuchten Bachrändern in der Schlucht des Bistricki Potok bei Sarajevo ca. 700 M.; Mai.

Dicranella varia (Hedwig) Schimper, Coroll. bryol. europ., pag. 13 (1856); Synops., ed. 1, pag. 72 (1860); ed. 2, pag. 74.

An felsigen und sandigen Abhängen in der Schlucht des Bistricki Potok bei Sarajevo ca. 700 M.; Mai.

Dicranum longifolium Hedwig, Musc. frond., III, pag. 24, Taf. 9 (1792); Schimper, Synops., ed. 2, pag. 86.

Im Voralpenwalde der Treskavica ca. 1500 M.; Juni.

---

[1] Bestimmt von J. Breidler.

Dicranum scoparium (L.) Hedwig, Spec. Musc., pag. 126 (1801); Schimper, Synops., ed. 2, pag. 91.

Zwischen Buschwerk bei Kosevo ca. 600 M.; überall in den Voralpenwäldern der Romanja Planina ca. 1000—1400 M., Bjelašnica, Hranicava, Treskavica, namentlich auf Moderhölzern und auf lichten Waldstellen; Mai bis Juni.

Dicranum Sauteri Br. et Sch., Bryol. europ., I, Taf. 71 (1846); Schimper, Synops., ed. 2, pag. 87.

Auf Moderholz in der Voralpenregion der Bjelašnica und Treskavica ca. 1500 M.; Juni.

Fissidenteae.

Fissidens bryoides Hedwig, Descr. et adumbr. Musc. frond., III, pag. 67, Taf. 29 (1792); Schimper, Synops., ed. 2, pag. 111.

An einer Wasserleitung bei Krupac am rechten Ufer der Zeljesnica ca. 550 M.; Juni.

Fissidens decipiens Notaris, Epilog. della Bryol. ital., pag. 479 (1869); Schimper, Synops., ed. 2, pag. 118.

Auf erdigen Stellen zwischen Buschwerk bei Koseva mala ca. 650 M., Mai; im Voralpenwalde der Treskavica ca. 1500 M., in der Alpenregion der Bjelašnica ca. 1800 M.; Juni.

Fissidens taxifolius (L.) Hedwig, Spec. Musc., pag. 155, Taf. 39 (1801); Schimper, Synops., ed. 2, pag. 118.

An Bachrändern unter Buschwerk in der Schlucht des Bistricki Potok bei Sarajevo ca. 700 M.; Mai.

Ceratodonteae.

Ceratodon purpureus (L.) Bridel, Bryol. univ., I, pag. 480 (1826); Schimper, Synops., ed. 2, pag. 135.

Auf erdigen und sandigen Abhängen bei Koseva mala ca. 650 M. und in der Schlucht des Bistricki Potok nächst Sarajevo ca. 700 M.; auf Felsen auf dem Trebović ca. 1600 M., Mai; auf Erdblössen im Voralpenwalde des Igman bei Blažuj, auf der Romanja Planina ca. 1000—1200 M.; Juni.

Leptotricheae.

Leptotrichum flexicaule (Schwägr.) Hampe, sec. Schimper, Synops., ed. 2, pag. 142.

Auf Felsen der Crvena stjena in der Romanja Planina ca. 1200 M.; Juni.

Leptotrichum glaucescens (Hedwig) Hampe, sec. Schimper, Synops., ed. 2, pag. 145.

In der Alpenregion der Bjelašnica ca. 1800 M.; Juni.

Distichieae.

Distichium capillaceum (L.) Br. et Sch., Bryol. europ., II, Taf. 193 (1846); Schimper, Synops., ed. 2, pag. 146.

In der Alpenregion der Bjelašnica ca. 1800 M. und Treskavica; auf Felsen der Crvena stjena und in einer Doline auf der Romanja Planina ca. 1200 M.; Juni.

Pottieae.

Didymodon rubellus (Roth), Br. et Sch., Bryol. europ., II, Taf. 185 (1841 42); Schimper, Synops., ed. 2, pag. 160.

In der Schlucht des Bistricki Potok bei Sarajevo ca. 700 M., Mai; auf Felsen der Crvena stjena und in einer Doline auf der Romanja Planina ca. 1200 M.; Juni.

Didymodon luridus Hornsch., in Spreng., Syst. veg., IV, pag. 173 (1827); Schimper, Synops., ed. 2, pag. 161.

Auf erdigen und sandigen Stellen in der Schlucht des Bistricki Potok bei Sarajevo ca. 700 M., Mai; an der Bosnaquelle (Vrelo bosne) ca. 500 M.; Juni.

Didymodon cylindricus (Bruch), Br. et Sch., Bryol. europ., II, Taf. 187 (1841 42); Schimper, Synops., ed. 2, pag. 164.

An Bachrändern in der Schlucht des Bistricki Potok bei Sarajevo ca. 700 M.; Mai.

Trichostomeae.

Barbula unguiculata Hedwig, Descr. et adumbr. Musc. frond., I, pag. 59, Taf. 23 (1787); Schimper, Synops., ed. 2, pag. 203.

Auf erdigen Stellen bei Kosevo ca. 650 M. und in der Schlucht des Bistricki Potok bei Sarajevo ca. 700 M., Mai; an der Bosnaquelle (Vrelo bosne) ca. 500 M.; Juni.

Barbula recurvifolia Schimper, sec. Synops., ed. 2, pag. 206.

An sonnigen Stellen bei Koseva mala nächst Sarajevo ca. 650 M.; Mai.

Barbula rigidula (Dicks.) Milde, Bryol. siles., pag. 118 (1869); Schimper, Synops., ed. 2, pag. 206.

Auf Mauern in Sarajevo, Juni; an der 7·5° C. warmen Bosnaquelle (Vrelo bosne) ca. 500 M.; Juni.

Barbula insidiosa Jur. et Milde, in Hedwigia, VIII, pag. 97 (1869); Jur., Laubmoosflora v. Oesterr.-Ungarn, pag. 111 (1882).

An der Zeljesnica bei Krupac ca. 550 M.; auf Felsen der Crvena stjena in der Romanja Planina ca. 1200 M.; Juni.

Barbula cylindrica (Tayl.) Schimper, Synops., ed. 2, pag. 208 (1876).

Auf felsigen und erdigen Abhängen in der Schlucht des Bistricki Potok bei Sarajevo ca. 700 M.; Mai.

Barbula tortuosa (L.) Weber et Mohr, Bot. Taschenb., pag. 205 (1807); Schimper, Synops., ed. 2, pag. 218.

In den Voralpenwäldern der Romanja Planina ca. 1200 M.; in der Alpenregion der Treskavica ca. 1800 M.; Juni.

Barbula subulata (L.) P. Beauv., Prodr., pag. 43; Schimper, Synops., ed. 2, pag. 223.

Auf Felsen und erdigen Abhängen bei Kosevo und Koseva mala ca. 700 M., sowie in der Schlucht des Bistricki Potok bei Sarajevo; Mai.

Barbula ruralis (L.) Bridel, Muscol. recent., II 1, pag. 195 (1798); Hedwig, Spec. Musc., pag. 121 (1831); Schimper, Synops., ed. 2, pag. 229.

Auf Felsen der Crvena stjena in der Romanja Planina ca. 1200 M.; Juni.

Barbula intermedia (Bridel) Schimper, Synops., ed. 2, pag. 229.

Auf Felsen der Abhänge des Trebović ca. 600—800 M., z. B. auf dem Debelo brdo, Zlatištje; Juni.

Cinclidoteae.

Cinclidotus aquaticus (L.), Br. et Sch., Bryol. europ., III, Taf. 276 (1841/42); Schimper, Synops., ed. 2, pag. 237.

Häufig in einer 9° C. warmen mächtigen Quelle am Nordfusse des Orlovac an der Miljacka nächst Kozija Ćuprija ca. 550 M., Mai (Beck); in der Quelle Crno vrelo bei Grabovica an der Narenta (Blau).

Grimmieae.

Grimmia apocarpa (L.) Hedwig, Descr. et adumbr. Musc. frond., I, pag. 104, Taf. 39 (1787); Schimper, Synops., ed. 2, pag. 242.

In der Alpenregion der Prenj Bjelašnica (Tisovica) ca. 1800 M., Juli; in einer niedrigen geschwärzten Form mit meist haarlosen Blättern.

Grimmia pulvinata (L.) Smith., Engl. botan., Taf. 1728 (1806); Schimper, Synops., ed. 2, pag. 248.

Ueberall auf Felsen des Trebović und dessen Hängen, z. B. auf dem Zlatištje; Juni.

Racomitrium canescens (Hedwig) Bridel, Bryol. univ., I, pag. 208 (1826); Schimper, Synops., ed. 2, pag. 281.

In der Alpenregion der Treskavica ca. 1900 M.; Juni.

Orthotricheae.

Ulota intermedia Schimper, Synops., ed. 2, pag. 305 (1876).

Auf Baumrinden in der unteren Alpenregion der Treskavica ca. 1700 M.; Juni.

Orthotrichum anomalum Hedwig, Descr. et adumbr. Musc. frond., II, pag. 102, Taf. 37 (1789); Schimper, Synops., ed. 2, pag. 308.

Auf Felsen der Gehänge des Trebović, z. B. auf dem Zlatištje; Juni.

Var. *Orthotrichum cylindricum* Schimper, Suppl. Bryol. europ., I, II, Orth., Taf. X.

Auf Mauern in Sarajevo ca. 500 M.; Juni.

Encalypteae.

Encalypta vulgaris Hedwig, Spec. Musc., pag. 60 (1801); Schimper, Synops., ed. 2, pag. 341.

Auf Felsen der Crvena stjena in der Romanja Planina ca. 1100 M.; Juni.

Encalypta streptocarpa Hedwig, Spec. Musc., pag. 62, Taf. 10 (1801); Schimper, Synops., ed. 2, pag. 347.

Auf Felsen in einer Doline der Romanja Planina ca. 1100 M.; in der Alpenregion der Bjelašnica ca. 1800 M.; Juni.

Tetraphideae.

Tetraphis pellucida Timm., Prodr. fl. Meg., Nr. 727 (1788); sec. Brid., Musc. recent., II, pag. 48; Schimper, Synops., ed. 2, pag. 349.

Auf der Romanja Planina ca. 1200 M.; Juni.

Physcomitrieae.

Funaria hygrometrica Hedwig, Spec. Musc., pag. 172 (1801); Schimper, Synops., ed. 2, pag. 384.

Auf Felsen auf dem Trebović, Mai; an der Bosnaquelle bei Blažuj ca. 600 M., auf der Romanja Planina; Juni.

Bryeae.

Webera acuminata Schimper, Synops., ed. 2, pag. 391 (1876).

In der Alpenregion der Treskavica ca. 1900 M.; Juni.

Webera cruda Schimper, Coroll., pag. 65 (1856); Synops., ed. 2, pag. 298.
In Felsspalten der Crvena stjena auf der Romanja Planina ca. 1200 M.; Juni.

Webera albicans Schimper, Coroll., pag. 67 (1856); Synops., ed. 2, pag. 407.
In der Alpenregion der Treskavica; Juni.

Bryum pendulum Hornsch. sec. Schimper, Synops., ed. 2, pag. 414.
Auf der Romanja Planina sowohl auf der Crvena als Orlova stjena ca. 1200 M.; Juni.

Bryum inclinatum Br. et Sch., Bryol. europ., IV, Taf. 334 (1839); Schimper, Synops., ed. 2, pag. 419.
An feuchten Stellen bei Kosevo nächst Sarajevo ca. 600 M.; Mai.

Bryum cuspidatum Schimper, in Bryol. europ., IV (Bryum), pag. 50 (1839) pro var.; Synops., ed. 2, pag. 430.
Auf felsigen und erdigen Abhängen in der Schlucht des Bistricki Potok bei Sarajevo ca. 800 M.; Mai.

Bryum pallescens Schleicher, Exsicc. helv., Nr. 28, et Schwägr., Suppl., I 2, pag. 107, Taf. 75 (1816); Schimper, Synops., ed. 2, pag. 433.
Auf Felsen der Crvena stjena in der Romanja Planina ca. 1200 M.; Juni.

Bryum caespiticium L., Spec. plant., pag. 1121 (1753); ed. 2, pag. 1586 (1763); Schimper, Synops., ed. 2, pag. 443.
Auf felsigen und erdigen Abhängen in der Schlucht des Bistricki Potok bei Sarajevo ca. 600 M.; an Felsen auf dem Trebović ca. 1400 M., Mai; in der Alpenregion der Treskavica ca. 1800 M.; Juni.

Bryum argenteum L., Spec. plant., pag. 1120 (1753); ed. 2, pag. 1586 (1763); Schimper, Synops., ed. 2, pag. 448.
An der Bosnaquelle bei Blažuj, oft vom Quellwasser überfluthet; Juni.

Bryum capillare L., Spec. plant., pag. 1121 (1753); ed. 2, pag. 1586 (1763); Schimper, Synops., ed. 2, pag. 449.
In der Voralpen- und Alpenregion der Romanja Planina, insbesondere auf Felsen der Crvena stjena ca. 1200 M., Juni; auf dem Trebović bei Sarajevo, Mai; bei Starigrad an der Miljacka, Juni; auf der Hranicava, Bjelašnica, Treskavica; Juni.

Bryum pallens Swartz, Disp. Musc. Suec., pag. 47, Taf. 4 (1799); Schimper, Synops., ed. 2, pag. 456.
An feuchten Stellen in der Schlucht des Bistricki Potok bei Sarajevo ca. 900 M.; Mai.

Bryum pseudotriquetrum Hedwig, Spec. Musc., pag. 190 (1801); Schwägr., Suppl., I 2, pag. 110 (1816); Schimper, Synops., ed. 2, pag. 459.
An Bachrändern in der Schlucht des Bistricki Potok bei Sarajevo ca. 900 M.; Mai.

Bryum roseum Schreb., Spicil. flor. lips., pag. 84 (1771); Schimper, Synops., ed. 2, pag. 464.
Unter Buschwerk bei Kosevo nächst Sarajevo ca. 600 M.; Mai.

Mnium affine Bland., Musc. exsicc.; Schimper, Synops., ed. 2, pag. 476.
Auf Felsen der Crvena stjena in der Romanja Planina ca. 1200 M.; Juni.

Mnium rostratum Schwägr., Suppl., I 2, pag. 136, Taf. 79 (1816); Schimper, Synops., ed. 2, pag. 480.
Bei Sarajevo: auf feuchten Felsen in der Schlucht des Bistricki Potok und an der Quelle am Fusse des Orlovac nächst der Kozija Ćuprija ca. 600 M., Mai; auf feuchten Steinen in Wäldern der Romanja Planina, auch auf der Crvena stjena ca. 1200 M.; Juni.

Mnium orthorrhynchum Br. et Sch., Bryol. europ., IV, Taf. 391 (1839); Schimper, Synops., ed. 2, pag. 482.

Auf Felsen der Crvena stjena in der Romanja Planina ca. 1200 M.; in Voralpenwäldern der Treskavica ca. 1500 M.; Juni.

Mnium riparium Mitten, in Journ. of Linn. Soc., VIII, pag. 30 (1864); Schimper, Synops., ed. 2, pag. 484.

An Bachrändern in der Schlucht des Bistricki Potok bei Sarajevo ca. 800 M.; Mai.

Mnium stellare Hedwig, Spec. Musc., pag. 191, Taf. 45 (1801); Schimper, Synops., ed. 2, pag. 487.

In der Schlucht des Bistricki Potok bei Sarajevo unter Buschwerk ca. 800 M., Mai; ebenso bei Starigrad an der Miljacka ca. 700 M.; Juni.

Mnium punctatum Hedwig, Spec. Musc., pag. 195 (1801); Schimper, Synops., ed. 2, pag. 489.

Auf Moderholz in den Wäldern der Romanja Planina; an Wasserleitungen bei Krupac an der Zeljesnica, ca. 530 M.; in Voralpenwäldern der Bjelašnica ca. 1500 M.; Mai, Juni.

Bartramieae.

Bartramia pomiformis Hedwig, Spec. Musc., pag. 164 (1801); Schimper, Synops., ed. 2, pag. 511.

Um Sarajevo zwischen Buschwerk an steinigen Stellen bei Kosevo ca. 600 M.; in der Schlucht des Bistricki Potok ca. 800 M., Mai; bei Starigrad auf Felsen und Holzstrünken ca. 700 M., Juni; im Drinathale bei Bastači ca. 450 M.; Juli.

Bartramia Oederi Swartz, Act. holm., *Bartramia oederianae* Swartz, in Schrad., Journ. f. Botan., II, pag. 180 (1800); Schimper, Synops., ed. 2, pag. 512.

Auf Felsen in Dolinen der Romanja Planina; in der Alpenregion der Bjelašnica ca. 1800 M.; Juni.

Philonotis fontana Bridel, Bryol. univ., II, pag. 18 (1827); Schimper, Synops., ed. 2, pag. 519.

In der Alpenregion der Treskavica ca. 1900 M.; Juni.

Philonotis capillaris Lindb., sec. Milde, Bryol. Siles., pag. 242.

Bei Sarajevo an Bachrändern in der Schlucht des Bistricki Potok ca. 900 M. und an feuchten Stellen bei Kosevo ca. 600 M.; Mai.

Philonotis calcarea Schimper, Coroll., pag. 86 (1856); Synops., ed. 2, pag. 520.

Um Sarajevo an Quellen bei Kosevo ca. 600 M. und am Fusse des Orlovac nächst der Kozija Čuprija; Mai.

Timmieae.

Timmia austriaca Hedwig, Spec. Musc., pag. 176, Taf. 42 (1801); Schimper, Synops., ed. 2, pag. 525.

In der Alpenregion der Treskavica und Bjelašnica ca. 1800—2000 M.; Juni.

Polytricheae.

Polytrichum formosum Hedwig, Spec. Musc., pag. 92, Taf. 19 (1801); Schimper, Synops., ed. 2, pag. 541.

In der Schlucht des Bistricki Potok bei Sarajevo ca. 800 M.; Mai.

Polytrichum juniperinum Hedwig, Spec. Musc., pag. 89, Taf. 18 (1801); Schimper, Synops., ed. 2, pag. 543.

Auf lichten Waldstellen in der Romanja Planina ca. 1000—1200 M.; in der Alpenregion der Treskavica ca. 1900 M.; Juni.

Buxbaumieae.

Buxbaumia aphylla Haller, Hist. stirp. Helv.; Schimper, Synops., ed. 2, pag. 549.
In Wäldern der Romanja Planina ca. 1200 M.; Juni.

Fontinaleae.

Fontinalis antipyretica L., Spec. plant., pag. 1107 (1753); ed. 2, pag. 1571 (1763); Schimper, Synops., ed. 2, pag. 552.

In der Bosnaquelle bei Blažuj ca. 550 M.; in der Zeljesnica, besonders in Wasserleitungen bei Krupac, ca. 530 M.; Juni.

Neckereae.

Neckera crispa Hedwig, Spec. Musc., pag. 206 (1801); Schimper, Synops., ed. 2, pag. 568.

Auf Felsen der Crvena stjena in der Romanja Planina ca. 1200 M.; Juni.

Neckera complanata Hüb., Musc. germ., pag. 576 (1833); Schimper, Synops., ed. 2, pag. 569.

Auf Felsen am Ljuli Potok bei Koseva mala nächst Sarajevo, sowie auf Hölzern am Igman bei Blažuj ca. 1200 M.; Juni.

Leucodonteae.

Leucodon sciuroides Schwgr., Suppl., I 2, pag. 1 (1816); Schimper, Synops., ed. 2, pag. 574.

Auf alten Obstbäumen um Sarajevo häufig.

Antitrichia curtipendula Bridel, Bryol. univ., II, pag. 222 (1827); Schimper, Synops., ed. 2, pag. 576.

Auf Baumstrünken im Voralpenwalde auf der Treskavica Planina ca. 1600 M.; Juni.

Leskeae.

Myurella julacea Br. et Sch., Bryol. europ., VI, Taf. 560 (1851); Schimper, Synops., ed. 2, pag. 593.

Auf Felsen der Crvena stjena in der Romanja Planina ca. 1200 M.; Juni.

Leskea nervosa Myrin, Coroll., pag. 52; Schimper, Synops., ed. 2, pag. 595.

Auf Baumstrünken in der Alpenregion der Treskavica ca. 1700 M.; Juni.

Anomodon viticulosus Hook. et Taylor, Muscol. Brit., pag. 79, Taf. 22 (1818); Schimper, Synops., ed. 2, pag. 601.

Auf Holzstrünken und Felsen in Wäldern häufig; so um Sarajevo, auf dem Igman, überall in den Voralpenwäldern.

Pseudoleskea atrovirens Br. et Sch., Bryol. europ., V, Taf. 477 (1851—1855); Schimper, Synops., ed. 2, pag. 603.

Auf Felsen in den Voralpenwäldern der Bjelašnica, Treskavica (hier mit Früchten), des Vratlo ca. 1500—1600 M.; Juni.

Thuidieae.

Thuidium tamariscinum Br. et Sch., Bryol. europ., V, Taf. 483 (1851—1855); Schimper, Synops., ed. 2, pag. 613.

An feuchten Stellen zwischen Buschwerk um Sarajevo nicht selten, ca. 600 bis 800 M.

Thuidium recognitum Schimper, Synops., ed. 2, pag. 614.

Zwischen Buschwerk um Sarajevo häufig, so bei Kosevo, in der Schlucht des Bistricki Potok, auf dem Trebović etc.; an der Zeljesnica bei Krupac; Juni.

Thuidium delicatulum (Hedwig) Lindb., Manip. Musc. secund. (1874); Schimper, Synops., ed. 2, pag. 615.

Unter Buschwerk bei Kosevo nächst Sarajevo ca. 600 M.; Mai.

Thuidium abietinum Br. et Sch., Bryol. europ., V, Taf. 485 (1851—1855); Schimper, Synops., ed. 2, pag. 615.

Zwischen Buschwerk um Sarajevo häufig.

Pterigynandreae.

Pterigynandrum filiforme Hedwig, Descr. et adumbr. Musc. frond., IV, pag. 18, Taf. VII (1797); Schimper, Synops., ed. 2, pag. 618.

Auf modernden Baumstämmen und Strünken in den Voralpenwäldern der Romanja Planina ca. 1200 M., der Bjelašnica und der Treskavica ca. 1500 M.; Juni.

Orthothecieae.

Isothecium myurum Bridel, Bryol. univ., II, pag. 367 (1827); Schimper, Synops., ed. 2, pag. 629.

Auf Felsen in der Romanja Planina ca. 1000—1200 M.; auf Baumstrünken in den Voralpenwäldern der Bjelašnica, Treskavica ca. 1500 M.; Juni.

Orthothecium intricatum Br. et Sch., Bryol. europ., V, Taf. 462 (1851—1855); Schimper, Synops., ed. 2, pag. 630.

Auf Felsen in einer Doline der Romanja Planina ca. 1200 M.; Juni.

Homalothecium sericeum Br. et Sch., Bryol. europ., V, Taf. 456 (1851—1855); Schimper, Synops., ed. 2, pag. 633.

Auf modernden Baumstämmen und auf Felsen bei Kosevo nächst Sarajevo ca. 600 M., Mai; in Voralpenwäldern des Igman ca. 1300 M., der Romanja Planina ca. 1200 M., der Treskavica Planina ca. 1600 M.; Juni.

Homalothecium Philippeanum Br. et Sch., Bryol. europ., V, Taf. 457 (1851—1855); Schimper, Synops., ed. 2, pag. 634.

Auf schattigen Felsen in den Voralpenwäldern der Romanja Planina, Bjelašnica und Treskavica Planina ca. 1000—1600 M.; Juni.

Camptothecieae.

Camptothecium lutescens Br. et Sch., Bryol. europ., VI, Taf. 558 (1851—1855); Schimper, Synops., ed. 2, pag. 635. In dichten, kurzästigen, anliegend beblätterten, sterilen Formen, die, wie es scheint, grösstentheils der Varietät *fallax* (*Homalothecium fallax* Philib., in Schimper, Synops., ed. 2, pag. 634) angehören.

Um Sarajevo häufig auf sonnigen Felsen, so um Kosevo, an den Abhängen des Trebović, in der Schlucht des Bistricki Potok etc.; ebenso verbreitet in den Voralpenwäldern der Bjelašnica, Treskavica etc.

Brachythecieae.

Brachythecium salebrosum Br. et Sch., Bryol. europ., VI, Taf. 549 (1851—1855); Schimper, Synops., ed 2, pag. 641.

An Moderholz auf lichten Waldstellen in der Romanja Planina ca. 1100 M.; an Wasserleitungen bei Krupac an der Zeljesnica ca. 540 M.; Juni.

Brachythecium glareosum Br. et Sch., Bryol. europ., VI, Taf. 552 (1851—1855); Schimper, Synops., ed. 2, pag. 644.

In der Schlucht des Bistricki Potok bei Sarajevo ca. 800 M.; Mai.

Brachythecium albicans Br. et Sch., Bryol. europ., VI, Taf. 553 (1851—1855); Schimper, Synops., ed. 2, pag. 644.

Auf erdigen Abhängen um Sarajevo, so bei Kosevo ca. 600 M., in der Schlucht des Bistricki Potok ca. 800 M.; Mai.

Brachythecium velutinum Br. et Sch., Bryol. europ., VI, Taf. 538 (1851—1855); Schimper, Synops., ed. 2, pag. 648.

Auf modernden Hölzern auf dem Trebović und bei Starigrad nächst Sarajevo; an Wasserleitungen bei Krupac an der Zeljesnica ca. 530 M.; in den Voralpenwäldern der Romanja und Treskavica Planina ca. 1000—1500 M.; Juni.

Brachythecium rutabulum Br. et Sch., Bryol. europ., VI, Taf. 543 (1851—1855); Schimper, Synops., ed. 2, pag. 653.

In den Voralpenwäldern der Treskavica Planina; Juni.

Brachythecium rivulare Br. et Sch., Bryol. europ., VI, Taf. 546 (1851—1855); Schimper, Synops., ed. 2, pag. 655.

An der Bosnaquelle bei Blažuj ca. 500 M., Juni; an Quellen am Fusse des Orlovac nächst der Kozija Čuprija bei Sarajevo ca. 580 M., Mai; an Wasserleitungen bei Krupac an der Zeljesnica ca. 530 M.; Juni.

Eurhynchium strigosum Br. et Sch., Bryol. europ., V, Taf. 519 (1851—1855); Schimper, Synops., ed. 2, pag. 663.

An Moderholz auf dem Trebović (besonders in der Schlucht des Bistricki Potok) bei Sarajevo ca. 1300 M., Mai; daselbst auch die Var. *imbricatum* Br. et Sch., l. c.

Eurhynchium striatulum Br. et Sch., Bryol. europ., V, Taf. 522 (1851—1855); Schimper, Synops., ed. 2, pag. 666.

In den Voralpenwäldern der Romanja Planina ca. 1200 M., sowie auf der Treskavica Planina; Juni.

Eurhynchium Vaucheri Br. et Sch., Bryol. europ., V, Taf. 530 (1851—1855); Schimper, Synops., ed. 2, pag. 670.

Auf Kalkfelsen in den Voralpenwäldern der Bjelašnica und Treskavica ca. 1500 bis 1600 M.; Juni.

Eurhynchium praelongum Br. et Sch., Bryol. europ., V, Taf. 524 (1851—1855); Schimper, Synops., ed. 2, pag. 673.

In einer Doline auf der Romanja Planina ca. 1200 M.; Juni.

Rhynchostegium rusciforme Br. et Sch., Bryol. europ., V, Taf. 515 (1851—1855); Schimper, Synops., ed. 2, pag. 686.

An einer Quelle am Fusse des Orlovac nächst der Kozija Čuprija bei Sarajevo ca. 550 M.; Mai.

Hypneae.

Plagiothecium nitidulum Br. et Sch., Bryol. europ., V, Taf. 498 (1851—1855); Schimper, Synops., ed. 2, pag. 694.

An Moderholz auf dem Trebović bei Sarajevo ca. 1300 M.; Mai.

Plagiothecium silesiacum Br. et Sch., Bryol. europ., V, Taf. 500 (1851—1855); Schimper, Synops., ed. 2, pag. 703.

Häufig auf Moderholz in Wäldern, besonders in der Voralpenregion, so auf dem Trebović bei Sarajevo ca. 1000—1300 M., Mai; auf der Romanja Planina, Hranicava, Bjelašnica, Treskavica, Juni; im oberen Drinathale bei Foča, Bastači; Juli.

Amblystegium riparium Br. et Sch., Bryol. europ., VI, Taf. 570 (1851—1855); Schimper, Synops., ed. 2, pag. 717.

An Wasserleitungen bei Krupac an der Zeljesnica ca. 540 M.; Juni.

Hypnum Sommerfeltii Myrin, Vet. Acad. Arsb. Stockh. (1831), Taf. 328; Schimper, Synops., ed. 2, pag. 722.

Zwischen Buschwerk und an Steinen um Sarajevo, bei Kosevo ca. 600 M., Mai; Starigrad ca. 800 M., Juni; in der Schlucht des Bistricki Potok ca. 900 M.; Mai.

Hypnum chrysophyllum Bridel, Musc. recent., II, P. II, pag. 84, Taf. 2, Fig. 2 (1801); Schimper, Synops., ed. 2, pag. 724.

An feuchten Stellen, Bachrändern um Sarajevo, bei Kosevo ca. 600 M.; in der Schlucht des Bistricki Potok ca. 800 M.; Mai.

Hypnum stellatum Schreb., Spicil. flor. Lips., pag. 92 (1771); Schimper, Synops., ed. 2, pag. 725.

An feuchten Stellen um Sarajevo, bei Kosevo, auf dem Trebović, Mai; in der Alpenregion der Hranicava, Treskavica ca. 1900 M.; Juni.

Hypnum uncinatum Hedwig, Descr. et adumbr. Musc. frond., IV, pag. 65, Taf. 25 (1797); Schimper, Synops., ed. 2, pag. 738.

Auf feuchten Felsen in den Voralpenwäldern der Treskavica ca. 1500 M.; Juni.

Hypnum filicinum L., Spec. plant., pag. 1125 (1753); Schimper, Synops., ed. 2, pag. 740.

An feuchten Stellen, Quellen um Sarajevo häufig, so bei Kosevo, auf dem Trebović, in den Schluchten der Miljacka; an Wasserleitungen bei Krupac an der Zeljesnica; Mai, Juni.

Hypnum commutatum Hedwig, Descr. et adumbr. Musc. frond., IV, pag. 68, Taf. 26 (1797); Schimper, Synops., ed. 2, pag. 741.

An Quellen und feuchten Stellen um Sarajevo häufig; in den Schluchten der Miljacka, auf der Romanja Planina ca. 1200 M., an Wasserleitungen bei Krupac an der Zeljesnica; auf der Hranicava ca. 1600 M.; Juni.

Hypnum cupressiforme L., Spec. plant., pag. 1126 (1753); Schimper, Synops., ed. 2, pag. 755.

Auf Baumstrünken und Felsen häufig um Sarajevo, auf dem Igman, in Voralpenwäldern der Hranicava, Bjelašnica, Treskavica etc.

Hypnum Heufleri Jur., in Verhandl. der zool.-bot. Gesellsch. Wien, pag. 431, XI (1861); Schimper, Synops., ed. 2, pag. 760.

In der Alpenregion der Treskavica ca. 2000 M.; Juni.

Hypnum molluscum Hedwig, Descr. et adumbr. Musc. frond., IV, pag. 56, Taf. 22 (1797); Schimper, Synops., ed. 2, pag. 769.

Auf Felsen und Baumstrünken in Wäldern sehr häufig; so um Sarajevo: bei Kosevo, auf dem Trebović, überall in der Voralpenregion und in die Alpenregion aufsteigend, wie auf der Romanja Planina, auf dem Igman, auf der Hranicava, Bjelašnica, Treskavica und Vitez-Planina; bei der Ranjen Karaula; im oberen Drinathale bei Foča, Bastači etc.

Hypnum palustre L., Spec. plant., ed. 2, pag. 1593 (1763); Schimper, Synops., ed. 2, pag. 772.

An feuchten Stellen und Quellrändern um Sarajevo, bei Kosevo ca. 600 M., an einer Quelle am Fusse des Orlovac nächst der Kozija Čuprija ca. 550 M., Mai; auf der Romanja Planina ca. 1200 M.; Juni.

Hypnum cuspidatum L., Spec. plant., pag. 1129 (1753); Schimper, Synops., ed. 2, pag. 789.

An feuchten Stellen bei Kosevo nächst Sarajevo ca. 600 M.; Mai.

Hypnum purum L., Spec. plant., pag. 1128 (1753); Schimper, Synops., ed. 2, pag. 791.

Wie vorhergehende.

Hylocomnium splendens Br. et Sch., Bryol. europ., V, Taf. 487 (1851—1855); Schimper, Synops., ed. 2, pag. 798.

Zwischen Buschwerk um Sarajevo häufig.

Hylocomnium triquetrum Br. et Sch., Bryol. europ., V, Taf. 491 (1851—1855); Schimper, Synops., ed. 2, pag. 803.

Zwischen Buschwerk um Sarajevo sehr häufig, so um Kosevo, auf dem Trebović, in den Schluchten der Miljacka; auch in allen Voralpenwäldern.

Hylocomnium loreum (L.) Br. et Sch., Bryol. europ., V, Taf. 490 (1851—1855); Schimper, Synops., ed. 2, pag. 804.

In Voralpenwäldern der Treskavica ca. 1600 M.; Juni.

VII. Pteridophyta (Kryptogamae vasculares, Farnkräuter).

A. Equisetinae.

Equisetaceae (Schachtelhalme).

Equisetum arvense L., Spec. plant., pag. 1061 (1753).

In Feldern und auf Brachen um Sarajevo (Hofman), überall im Sarajevsko Polje etc.

Equisetum maximum Lam., Flor. franc., I, Method. anal., pag. 7 (1778) = *Equisetum fluviatile* L., Spec. ex ipso.

In Sümpfen am Bare Potok gegen den Hum bei Sarajevo, Juni; in der Prašjenica-Schlucht gegen die Suha im Sutjeskathale; Juli.

Equisetum silvaticum L., Spec. plant., pag. 1061 (1753).

Um Sarajevo (Hofman).

Equisetum palustre L., Spec. plant., pag. 1061 (1753).

Auf Sumpfwiesen, quellig feuchten Stellen häufig, so um Sarajevo (Hofman), z. B. am Sušica-, Bare Potok, an der Miljacka, im Sarajevsko Polje etc., bei Gradac nächst Pazarić, wahrscheinlich überall (Beck), Juni, Juli; in nassen Wiesen, beim Jecero nächst Borke (Blau).

Var. *Equisetum nanum* Milde, in Abhandl. der zool.-bot. Gesellsch., Wien (1864), pag. 13.

Auf dem Gipfelkamme der Treskavica ca. 2000 M.; Juni.

Equisetum Schleicheri Milde, Filic. Europ. et Atlant., pag. 244 (1867).

Zwischen Buschwerk an sandigen Stellen in der Lapisnica-Schlucht bei Sarajevo; Mai.

B. Filicinae (Farne).

Filices.

Polypodiaceae.

Polypodium vulgare L., Spec. plant., pag. 1085 (1753). Zumeist in der Form *commune* Milde, Filic. Europ. et Atlant., pag. 18 (1867), seltener in der Form *attenuatum* Milde, l. c., pag. 18.

Verbreitet unter Buschwerk, insbesondere in den voralpinen Laubwäldern; um Sarajevo, z. B. auf dem Trebović, Mai; bei Starigrad, in der Miljacka-Schlucht, am Kobilji brdo, überall am Igman, Juni; in den subalpinen Wäldern der Hranicava, Bjelašnica, Treskavica Planina etc., Juni, Juli; in Wäldern der Suha gora und des Maglić; Juli.

Pteris aquilina L., Spec. plant., pag. 1075 (1753).

Auf Hutweiden, zwischen Buschwerk, in Holzschlägen der häufigste Farn und in riesiger Menge vorkommend.

Athyrium filix femina Roth, Tentam. Flor. Germ., III, pag. 65 (1800).

In schattigen Wäldern, zwischen Buschwerk und an feuchten Stellen zerstreut; um Sarajevo in den Schluchten des Bistricki Potok ca. 1200 M. und der Miljacka; in Buchenwäldern bei Galjiva njiva am rechten Thalhange der Železnica ca. 900 M., in den Voralpenwäldern der Hranicava, Bjelašnica, der Treskavica und des Vratlo ca. 1400—1500 M.; Juni, Juli.

Athyrium polypodioides Schur, in Oesterr. bot. Zeit. (1858), pag. 194; *Athyrium alpestre* Milde, Filic. Europ. et Atlant., pag. 53 (1867).

In höheren Voralpenwäldern der Treskavica ca. 1600 M.; Juni.

Asplenium viride Hudson, Flor. angl., ed. 1, pag. 385 (1762).

Auf Felsen und steinig-schattigen Stellen auf dem Trebović bei Sarajevo, Mai; auf der Romanja Planina und Treskavica; Juni.

Asplenium trichomanes (L.) Hudson, Flor. angl., ed. 1, pag. 385 (1762).

Auf Felsen um Sarajevo (Hofman), besonders in Schluchten des Trebović, wie z. B. in jener des Bistricki Potok, Mai; unter Buschwerk am Igman bei Blažuj; Juni.

Asplenium ruta muraria L., Spec. plant., pag. 1081 (1753).

Um Sarajevo nicht selten (Hofman, Beck), zumeist in der

Var. *Asplenium Brunfelsii* Heufler, Aspl. spec. Europ., in Abhandl. der zool.-bot. Gesellsch. (1856), pag. 335; Milde, Filic. Europ. et Atlant., pag. 76.

Auf felsigen Stellen bei Borovac, Kosevo, an den Abhängen des Trebović, bei Starigrad etc., auf der Romanja Planina; auf Felsen bei Konjica und bei Udbar auf der Nordseite der Prenj Planina; Juni.

Asplenium fissum Kitaib., in Willd., Spec. plant., V, pag. 348 (1810).

In Felsritzen, namentlich unter Felsblöcken, auf der Treskavica ca. 1800 M., auf dem Vratlo, Juni; an gleichen Orten auf dem Maglić nächst dem Volujak ca. 1900 M. und auf der Prenj Planina bei Konjica ca. 1900 M.; Juli.

Asplenium adiantum nigrum L., Spec. plant., pag. 1081 (1753).

An schattigen Stellen unter Buschwerk auf dem Igman bei Blažuj ca. 900 M., Juni; an steinigen Orten bei Konjica ca. 600 M.; Juli.

Scolopendrium vulgare Sm., in Act. Taurin, V (1790), pag. 421, Taf. 9, Fig. 2 (sec. Luerssen); Symons, Synops., pag. 193 (1798).

An feuchten, steinigen Stellen der Voralpen, so auf dem Kobilji brdo 740 M. und in Buchenwäldern bei Galjiva njiva an der Zeljesnica ca. 900 M., im Voralpenwalde der Bjelašnica oberhalb der Krupa-Säge nächst Pazarić, Juni; an den Abhängen des Vučevo brdo bei Bastači an der Drina, in der Schlucht der Sutjeska; Juli.

Ceterach officinarum Willd., Spec. plant., V, pag. 136 (1810).

Ueberall häufig auf Felsen, Mauern, so z. B. um Sarajevo (Hofman) an den Abhängen des Trebović bis zu dessen Spitze 1630 M., auf der Romanja Planina u. s. w.

Phegopteris calcarea Fée, Gen. filic., pag. 243 (1850—1852); *Phegopteris Robertiana* A. Br. in sched. Milde, Höh. Sporenpfl., pag. 45 (1865); sec. Milde, Filic. Europ. et Atlant., pag. 99.

Auf den Kalkbergen nicht selten; so um Sarajevo (Hofman), besonders auf dem Trebović, in den Schluchten der Miljacka etc.; Mai.

Phegopteris polypodioides Fée, Gen. filic., pag. 243 (1850—1852).

In Holzschlägen auf der Vitez Planina; Juli.

Aspidium lonchitis Swartz, Gen. et spec. filic., in Schrader, Journ., II, pag. 30 (1801).

Zwischen Felsen auf dem Trebović ca. 1500 M., auf der Romanja Planina ca. 1200 M., Juni; in den Voralpenwäldern der Treskavica, Bjelašnica; Juli.

Aspidium lobatum Swartz, Gen. et spec. filic., in Schrader, Journ., II, pag. 37 (1801); Synops. filic., pag. 53.

Häufig und verbreitet in voralpinen Wäldern, so auf dem Trebović bei Sarajevo, Mai; auf dem Igman, auf der Bjelašnica, Hranicava, Treskavica und Vratlo; Juni.

Aspidium filix mas Swartz, Gen. et spec. filic., in Schrader, Journ., II, pag. 38 (1801).

In Wäldern, Holzschlägen verbreitet bis an die Baumgrenze; so um Sarajevo, am Igman, im Zeljesnicathale, auf der Treskavica, Vratlo, Romanja Planina etc.

Aspidium rigidum Swartz, Gen. et spec. filic., in Schrader, Journ., II, pag. 37 (1801).

In der Alpenregion der Treskavica ca. 1900 M., in der Form *germanica* Milde, Filic. Europ. et Atlant., pag. 127, Juni; an Schneefeldern auf der Prenj Planina, besonders auf der Bjelašnica; Juli.

Aspidium thelypteris Swartz, Gen. et spec. filic., in Schrader, Journ., II, pag. 40 (1801).

In nassen Wiesen beim Jezero nächst Borke (Blau).

Aspidium spinulosum Swartz, Gen. et spec. filic., in Schrader, Journ., II, pag. 40 (1801).

In Voralpenwäldern der Treskavica und des Vratlo; Juni.

Cystopteris fragilis Bernh., in Schrader, Neues Journ., I, 2, pag. 526 (1806).

Auf Felsen und an schattigen Orten verbreitet; um Sarajevo besonders in den Schluchten des Trebović; im Drinathale gegen Bastači; Juli.

Var. *Cystopteris breviloba*. Lamina tripinnati secta; segmenta I. ord. ovata vix acuminata; segmenta II. ord. late ovata rotundato-obtusa, tam longa quam lata, in segmentis primis superioribus appropinquata, accumbentia; segmenta III. ord. late elliptica, antice truncata var. rotundata, inaequaliter crenulato-dentata.

In saxosis alpinis montis Treskavica, ca. 1900 M.; Junio.

Cystopteris alpina Desv., in Annal. soc. Linn., VI, pag. 264 (1826), fide Milde, Filic. Europ. et Atlant., pag. 150.

Auf Felsen in der Alpenregion der Treskavica ca. 2000 M. und der Bjelašnica ca. 1900 M.; Juni.

Ophioglossaceae.

Botrychium lunaria Swartz, in Schrader, Journ., II, pag. 110 (1801).

Form. *normale* Röper, Zur Flora Mecklenb., I, pag 111 (1843).

Häufig und verbreitet in Wiesen der Voralpen- und Alpenregion; so auf der Spitze des Trebović bei Sarajevo 1630 M., auf der Romanja Planina ca. 1200 M., auf der Bjelašnica, Treskavica ca. 1900 M., auf dem Vratlo; auf der Prenj Planina ca. 1800 M., Juli; auf dem Maglić nächst dem Volujak.

Correcturen

zu

Goldschmidt, Bestimmung des specifischen Gewichtes von Mineralien.

(Annalen des k. k. naturhistorischen Hofmuseums, Band I.)

Seite 127. Zeile 9 von unten nach »Mikroskop« ist zuzufügen: »; in seltenen Fällen muss die Analyse herangezogen werden«.

„ 128. „ 5 „ „ lies: »2·728 — 2·729« statt: »2·728 2·729«.

„ 131, „ 2 „ „ „ »$\mathfrak{G} - g = (V - v)\, \Sigma$« statt: »$\mathfrak{G} - g\, (V - v)\, \Sigma$«.

„ 133. „ 1 „ oben »Flussspath« statt: »Bleiglanz«.

Notizen.

Inhalt: Personalnachrichten. — Reisen der Musealbeamten. — Innere Einrichtung der Schausäle. — Vermehrung der Bibliothek. — Fr. Steindachner. Forelle aus der Narenta. — **A. v. Pelzeln.** Monographie der *Pipridae*. — **A. Rogenhofer.** Zur Fauna von Dalmatien. — **E. Kittl.** Zur Kenntniss der fossilen Säugethierfauna von Maragha. — **E. Kittl.** Mammuthfunde in der inneren Stadt Wien. — **R. Hoernes** und **M. Auinger.** Die Gasteropoden der Meeresablagerungen der ersten und zweiten miocenen Mediterranstufe in der österreichisch-ungarischen Monarchie. — **F. Heger.** Wayang Pourwa. — **F. Heger.** Schrifttafeln von der Osterinsel. — **Dr. J. Troll.** Reisen. — **Dr. A. Brezina.** Apatit aus dem Stillupgrunde. — **Dr. A. Brezina.** Neue Meteoriten.

Personalnachrichten. — Zur Mitwirkung an den mannigfaltigen Arbeiten in dem Museum haben wir abermals die Beihilfe von drei Freunden der Wissenschaft gewonnen. Der um die Höhlenforschung bekanntlich so hochverdiente Herr Franz Kraus, Herr Rudolf Hönig, k. k. Regierungsrath und pens. Oberdirector der Hilfsämter im k. k. Ackerbau-Ministerium und Herr August Schletterer, Supplent an der k. k. Staats-Realschule im zweiten Bezirke traten mit Bewilligung des hohen Obersthofmeisteramtes als Volontäre in den Verband der Mitglieder des k. k. naturhistorischen Hofmuseums und widmen freundlichst ihre freien Stunden der Dienstleistung in den Sammlungen und in der Bibliothek.

Der Intendant Hofrath Fr. v. Hauer wurde zum Vicepräsidenten der k. k. geographischen Gesellschaft in Wien gewählt.

Reisen der Musealbeamten. — Herr Regierungsrath und Director Fr. Steindachner hat sich am 26. April nach Dalmatien begeben. Eingeladen von Herrn A. Alber Ritter von Glanstätten, Präsidenten der k. k. Seebehörde in Triest, begleitet er denselben auf einer Inspectionsreise nach den grösseren Leuchtthürmen der entfernteren Inseln, wie namentlich Lissa, Pelagosa, Lagosta u. s. w., die etwa vier Wochen in Anspruch nimmt. Bei der Schwierigkeit, unter gewöhnlichen Verhältnissen einige dieser in faunistischer Beziehung noch wenig bekannten Inseln zu besuchen, sind wir Herrn Ritter von Alber für die hiermit gebotene Gelegenheit, Untersuchungen auf denselben anzubahnen, zu dem lebhaftesten Danke verpflichtet.

Herr Custos J. Szombathy ist am 27. April nach St. Lucia bei Tolmein im Küstenlande abgereist, um daselbst auf einem zu diesem Zwecke für das naturhistorische Hofmuseum gepachteten Theile des dortigen prähistorischen Gräberfeldes Ausgrabungen in grösserem Massstabe vorzunehmen. Wir hoffen von diesen Ausgrabungen, für welche Herrn Szombathy auch der prov. Präparator Fr. Brattina jun. zugetheilt wurde, günstige Ergebnisse.

Herr Custos F. Heger hat Anfangs Mai eine Studienreise nach Deutschland unternommen, deren Hauptzweck der Besuch des eben in der Einrichtung begriffenen Museums für Völkerkunde in Berlin bildet, bei welcher er aber auch Leipzig und Hamburg zu berühren gedenkt.

Herr Intendant Hofrath v. Hauer besuchte vor den Osterfeiertagen Hallein und Gartenau zur Untersuchung des Vorkommens der Mergelkalke, welche daselbst bergbaumässig gewonnen und zur Darstellung von Roman- und Portland-Cement verwendet werden. Sie gehören dem Neocom, und zwar der von Lill und Lipold als Schrambachschichten bezeichneten tiefsten Schichtgruppe dieser Formation an. Wohl nur das vielgeübte Auge des Praktikers, ja in den meisten Fällen nur die chemische Untersuchung und die directe Probe ermöglichen es, unter den zahlreichen einander ähnlichen Bänken, aus welchen der Complex dieser Schrambachschichten besteht, diejenigen herauszufinden, welche beim Brennen ein gutes Product liefern. Feinheit und Gleichförmigkeit des Kornes, ein entsprechender Grad der Festigkeit, der zumeist einen mehr weniger muschligen Bruch bedingt, das Fehlen von Kalkspathadern und anderen Verunreinigungen, die entsprechende chemische Zusammensetzung, endlich aber insbesondere auch eine den Abbau lohnende Mächtigkeit der betreffenden Schichte bedingen ihre Verwendbarkeit. In Hallein selbst, wo nur Roman-Cement erzeugt wird, ist die Lagerung eine sehr unregelmässige. Der brauchbare Schichtencomplex schwillt stellenweise bei relativer Reinheit des Steines zu bedeutender Mächtigkeit an, verdrückt sich aber stets bald wieder und erleidet Störungen aller Art.

In Gartenau wird der Bergbau an dem vom Almfluss im Westen, Norden und Nordosten umgrenzten Bergkopf an zwei mit einander noch nicht in Verbindung gebrachten Stellen betrieben. An der ersten dicht an der Thalsohle hat man es mit Schichten zu thun, die eben so unregelmässig zu sein scheinen wie jene bei Hallein, wogegen an der zweiten auf der Höhe des Bergkopfes eine weit gleichförmigere Lagerung herrscht. An beiden Stellen kennt man je eine mächtige Bank, die Roman-, und eine, die Portland-Cement liefert.

Herr Assistent E. Kittl hat während der Charwoche eine fünftägige Excursion nach Walbersdorf, Wiesen, Oedenburg und von hier in das Leithagebirge unternommen, um an günstigen Punkten Aufsammlungen von Fossilien für das Museum zu machen.

Es erwiesen sich dieser Absicht die in miocenen, mediterranen, schlierähnlichen Tegeln von Walbersdorf angelegten Ziegeleien insoferne sehr günstig, als eine bedeutende Menge der dort vorkommenden Conchylien gesammelt und durch Kauf erworben werden konnte; es haben auch die Herren Johann Prost, Ziegeleibesitzer, und der Ziegelmeister A. Fessl eine Anzahl Stücke für das Museum übergeben. In der Nähe von Oedenburg und bei Höflein gemachte Funde kamen dem Museum durch den Stadtingenieur von Oedenburg, Herrn Carl Schey, zu. Weitere Erwerbungen wurden in Kroisbach und in St. Margarethen gemacht; die von dem letzteren Punkte sind dem Steinbruchleiter, Herrn Romolo Ruffini, zu verdanken. In Breitenbrunn waren vor kurzer Zeit einige nicht unbedeutende Funde von *Dinotherium*- und *Rhinoceros*-Kiefern gemacht worden, von welchen wohl ein Theil dem Museum zukommen dürfte.

In Kaisersteinbruch übergab der Steinmetzmeister, Herr Teuschl, einen soeben gefundenen Wirbelthierzahn, ebenso Frau Johanna Krukenfelner in Mannersdorf eine *Pholadomya*. Herr J. Pongratz in Loretto, welchem das Museum schon eine Anzahl von Wirbelthierresten aus dessen Steinbrüchen verdankt, hatte auch diesmal mehrere werthvolle Stücke, darunter einen *Rhinoceros*-Unterkiefer, für unser Museum sorgfältigst aufbewahrt. In der Umgebung von Oedenburg war Herr Ingenieur Friedrich Czermak ein freundlicher Führer und Begleiter; derselbe ist mit der Ausarbeitung eines Wasserleitungs-Projectes für Oedenburg beschäftigt und hat auch die geologisch interessanten Funde, welche bei den von ihm vorgenommenen Bohrungen gemacht wurden, dem Museum zugedacht.

Innere Einrichtung der Schausäle. — Zur Completirung der für die Schausammlungen bestimmten Kästen und Stellvorrichtungen des Museums wurde über einen auf Grundlage der Beschlüsse des Baucomités von Sr. Durchlaucht dem Herrn Ersten Obersthofmeister und Sr. Excellenz dem Herrn k. k. Minister-Präsidenten gemeinschaftlich gestellten Antrag von Sr. k. und k. Apostolischen Majestät neuerlich eine sehr bedeutende Summe aus den Mitteln des Wiener Stadterweiterungsfondes allergnädigst bewilligt. Alle weiteren Erfordernisse, die sich bei dem Fortgange der Vorbereitungsarbeiten als nothwendig herausgestellt hatten, oder die durch neue Erwerbungen von Sammlungsgegenständen verursacht sind, erscheinen durch diese Bewilligung gedeckt; namentlich wird es durch dieselbe ermöglicht werden, auch eine Schausammlung in der botanischen Abtheilung aufzustellen, die grosse Weisbach'sche Schädelsammlung in entsprechender Weise unterzubringen, den Ecksaal Nr. VI in der geologischen Abtheilung (den sogenannten Kaisersaal) vollständig einzurichten u. s. w.

Nachdem in Folge von schon früher durch Herrn Regierungsrath und Director Steindachner vorgenommenen Proben ein dunkel rothbrauner Anstrich für die Rückwände der Glasschränke, welche die Wirbelthiere aufzunehmen bestimmt sind, gewählt worden war, wurden im Monat März und April auch Proben für die innere Ausstattung der Schränke der ethnographischen, prähistorischen und mineralogischen Sammlungen vorgenommen. In Schränke, welche in den verschiedensten, hier überhaupt in Frage kommenden Farben angestrichen wurden, brachte man je gleichartige, aber selbst wieder möglichst verschieden gefärbte Objecte zur Aufstellung, um die Wirkung für das Auge zu erproben.

Für die ethnographischen und prähistorischen Gegenstände erwies sich nach ziemlich übereinstimmender Ansicht derjenigen, welche diese Probeaufstellungen besichtigten, auch wieder ein dunkel bordeaurother Untergrund, von dem sich die ausgestellten Objecte sehr deutlich abheben, als besonders gefällig. Sehr erhöht aber noch wird der Effect, wenn man statt eines Anstriches einen Ueberzug der Kastenwände und Stellbretter mit einem Stoffe, und zwar insbesondere mit dem aus Abfällen von Rohseide gefertigten sogenannten Bourrette in Anwendung bringt.

Auch für die Mehrzahl der Mineralien endlich scheint ein dunkler Anstrich des Hintergrundes am geeignetsten zu sein. Nur für die Erze und metallischen Mineralien überhaupt liess ein solcher die Objecte weniger deutlich hervortreten als ein lichter Anstrich.

Vermehrung der Bibliothek. — Unsere Einladung zum Schriftentausch gegen die »Annalen« und unser Appell an die Fachgenossen um Einsendung von Separatabdrücken und anderen Druckschriften für unsere Bibliothek war von dem günstigsten Erfolge begleitet. Von 139 Gesellschaften, Instituten, Redactionen u. s. w. haben wir bis heute die Anzeige von der Annahme des Schriftentausches, von der grossen Mehrzahl derselben auch, und zwar zum Theile ganze Serien ihrer Publicationen erhalten; von denselben befinden sich 45 in Deutschland, 22 in Oesterreich-Ungarn, 14 in Frankreich, 9 in Nordamerika, 7 in Grossbritannien und Irland, je 5 in Schweden und Norwegen und in Russland, je 4 in Belgien und in Holland, 3 in der Schweiz und je 1 in Rumänien, in Serbien, in Dänemark, in Südamerika und in Britisch-Indien. Vollständige oder doch grössere Serien der Publicationen verdanken wir dabei insbesondere der Gesellschaft der Wissenschaften in Belgrad, der Geographischen Gesellschaft in Bern, dem Musée royal d'histoire naturelle in Brüssel, dem Musée d'histoire naturelle in Lyon, der Naturforschenden Gesellschaft in Chur, der k. Akademie der Wissenschaften in Stockholm, dem Naturwissenschaftlichen Vereine für Schleswig-Holstein in Kiel, dem Museum Francisco-Carolinum in Linz, dem Geologischen Comité in St. Petersburg und der Redaction der Oesterreichischen Touristenzeitung. Einzelwerke und Separatabdrücke wurden uns bei 300 zugesendet, darunter in grösserer Zahl insbesondere von den Herren E. Graf, Aug. Graf Marschall, Prof. Dr. Kornhuber und Prof. E. Schrauf in Wien, Prof. E. Fugger in Salzburg, K. Ehrlich in Linz, Ant. Valle in Triest, Dr. R. Zuber in

Lemberg, E. v. Janczewski in Krakau, Dr. A. Bielz in Hermannstadt, A. Arzruni und Dr. H. Eck in Berlin, Dr. W. Blasius in Braunschweig, Prof. Dr. Brauns in Halle, Dr. C. Struckmann in Hannover, Prof. C. Klein in Göttingen, Geheimrath Dr. H. v. Dechen in Bonn, Forsyth Major in Florenz, L. Pigorini in Rom, Prof. G. Omboni in Padua, Dr. F. A. Forel in Lausanne, Dr. P. Choffat in Lissabon, Prof. J. Lange in Kopenhagen, G. Lindström in Stockholm, J. Sparre Schneider in Tromsö, u. A.

Fr. Steindachner. Forelle aus der Narenta. — Durch die gütige Vermittlung des Herrn Gustav Gruss, k. k. Post- und Telegraphenamtsleiters in Metcovich, erhielt die ichthyologische Abtheilung des k. k. naturhistorischen Hofmuseums eine 14 Kilo schwere Forelle, welche jener Abart angehört, die von Heckel und Kner als *Salmo dentex* Heck. beschrieben wurde, meines Erachtens aber, zahlreicher Uebergänge halber, von *Salmo fario* L. nicht specifisch getrennt werden kann.

Die erwähnte Forelle wurde am 7. März bei Caplina in der Narenta gefangen und zeigt eine auffallend gedrungene Form und keine hellrothen Flecken. Die Zahl der noch vorhandenen Vomerzähne ist gering; nur ganz vorne stehen zwei Zähne in einer Querreihe, die übrigen Vomerzähne in einer Längsreihe.

In den Nebenarmen der Narenta, die am Grunde durch kalte Quellen gespeist werden, wurden übrigens noch vor 5—6 Jahren Exemplare bis zu 30 Kilo im Gewicht zuweilen gefangen, und zwar sowohl vom *Salmo dentex* Heck. (*S. fario*), als auch von der viel interessanteren Narenta-Forelle *Salmo obtusirostris* Heck., die wegen der geringen Grösse der Mundspalte (die nahezu quergestellt ist), der nasenförmig vorspringenden Schnauze und äusserst schwachen Kieferbezahnung sich den Thymallus-Arten (Aeschen) nähert.

A. v. Pelzeln. Monographie der *Pipridae*. — Herr Dr. Julius v. Madarász in Budapest und ich beabsichtigen eine Monographie der Familie *Pipridae* zu veröffentlichen. Dieselbe wird auf von Herrn v. Madarász ausgeführten colorirten Tafeln Darstellungen aller bekannten Arten bringen. Der von mir verfasste Text wird lateinische Diagnosen, Beschreibungen in deutscher Sprache, die ausführliche Synonymie, die geographische Verbreitung und biologische Mittheilungen enthalten.

Das Werk erscheint in ungefähr zehn Lieferungen in 4°, von denen jede sechs Tafeln mit dem entsprechenden Text umfasst.

Die erste Lieferung soll im September dieses Jahres ausgegeben werden.

Die Versendung eines ausführlichen Prospectes erfolgt demnächst.

A. Rogenhofer. Zur Fauna von Dalmatien. — In einem fast nirgends citirten, jedenfalls seltenen Werke, das ich durch einen Zufall für die Musealbibliothek erwarb: La Dalmazia descritta dal Prof. Dr. Francesco Carrara, Zara 1846, 4°, ist von Seite 71—104 eine gedrängte Uebersicht der Fauna Dalmatiens gegeben, die von den bereits verstorbenen ehemaligen Beamten des k. k. Naturaliencabinetes, den Herren L. Fitzinger, J. Heckel, V. Kollar und F. Rossi zusammengestellt wurde.

Da in diesem Werke die Beschreibungen seinerzeit neuer Arten, die nicht weiter beachtet wurden, niedergelegt sind, will ich, um sie der Vergessenheit zu entreissen, darüber in Kürze Mittheilung machen.

Die Insecten sind von V. Kollar bearbeitet; auf Seite 95 wird eine Locustide beschrieben, *Pterolepis gardensis* Koll. (= *Thamnotrizon Chabrieri* Charp. 1845), die auch am Gardasee gefunden wurde. Von Lepidopteren wird Seite 99 *Platypteryx cuspidula* als neu beschrieben; das Original, welches sich noch wohlerhalten in der k. Sammlung befindet, ist ein sehr grosses, 45 Mm. (21 Wiener Linien) Spannung messendes Weibchen von *Pl. (Drepana) binaria* Hufn., stark violett überflogen mit nur einem dunklen Mittelpunkt auf den Vorderflügeln; es wurde von Dahl bei Ragusa gesammelt; ein zweites kleineres Stück dieser Form, ebenfalls aus Dalmatien, in der k. Sammlung, hat gar keine Spur eines Mittelpunktes.

Auf derselben Seite (99) beschreibt Kollar: *Agrotis (Dichagyris Led.) melanura* n. sp. nach dem lange Zeit als Unicum bekannten Exemplare, das sich noch wohlerhalten in der k. Sammlung befindet, wahrscheinlich gleichzeitig mit der von Herrich-Schäffer in demselben Jahre herausgekommenen Tafel 28 (Fig. 137, 138) seiner: System. Bearbeitung der Schmetterlinge von Europa, II. Bd. Die Beschreibung Kollar's ist entschieden älter als jene Herrich-Schäffer's, da nach Herrich-Schäffer's eigenen Notizen über die Erscheinungszeit der einzelnen Hefte seines Werkes (Regensburger Correspondenzblatt des zool.-mineral. Vereines, 1869) Bogen 8 seiner Nachträge im Jahre 1852 ausgegeben wurde, daher wohl Kollar als Autor einzutreten hat.

Die Art wurde seither in Dalmatien nicht wieder, aber in Mehrzahl bei Amasia in Kleinasien 1875 gefangen (siehe Staudinger, Lepidopteren-Fauna von Kleinasien in Horae societ. entomolog. rossicae, T. XIV, 1878, S. 426).

Von Arachniden sind durch F. Rossi vier neue Arten S. 102—103 beschrieben: *Eresus fulvus, Philodromus cammarus, Opilio acanthopus* und *Platilophus Heegeri* R.

E. Kittl. Zur Kenntniss der fossilen Säugethierfauna von Maragha. — Herr Hofrath Franz von Hauer hat bereits auf Seite 30 dieses Bandes der »Annalen« über die Erwerbung zweier Sammlungen von Säugethierresten aus der Umgebung von Maragha in Persien Mittheilungen gemacht. Einen kurzen Bericht über die wissenschaftlichen Ergebnisse der ersten, durch die freundliche Vermittlung des Herrn Dr. J. E. Polak dem Museum zugekommenen Collection habe ich schon an anderer Stelle gegeben.[1]) Das Material der zweiten Collection, zu dessen Aufsammlung Herr Dr. A. Rodler nach Maragha entsendet worden war, ist Ende Jänner dieses Jahres, in zwölf Kisten verpackt, in Wien eingetroffen. Gleichzeitig mit dieser Sendung erhielten wir eine in acht Kisten enthaltene weitere Sendung, deren Inhalt noch vor der Ankunft Dr. Rodler's in Persien von Herrn F. Th. Strauss ausgegraben worden war, und ein Nachtrag zu der ersten Collection Strauss-Polak war bereits zu Ende des vorigen Jahres hier angekommen. Diese beiden letzteren Sammlungen verdankt das Museum wieder der zuvorkommenden Vermittlung des Herrn Dr. J. E. Polak, welcher fortwährend bestrebt ist, die wissenschaftliche Erforschung von Persien zu fördern. Herr Dr. Rodler hat seine von besonders günstigem Erfolge begleiteten Ausgrabungen an der Localität Kopran vorgenommen. Das von ihm gewonnene umfangreiche Material ist noch nicht präparirt, es lässt sich aber heute schon erkennen, dass dasselbe viele höchst werthvolle Stücke liefern wird. Besonders zahlreich sind Equiden- und Rhinocerontenreste vertreten, unter den letzteren befinden sich sechs mehr oder weniger vollständige Schädel; ausser den ebenfalls gut vertretenen Wiederkäuern zeigen sich darunter auch Reste von *Sus erymanthius* und von *Hyaena*. Auch die in den Knochenlagern von Maragha überhaupt ziemlich seltenen Mastodonten sind gut vertreten. Ausser *Mastodon Pentelici* erscheint auch eine für Maragha neue, heute aber noch nicht genügend untersuchte Mastodonform.

Die zwei neu eingetroffenen Collectionen Strauss-Polak sind schon zum grossen Theile präparirt. An den Präparirungsarbeiten, deren Leitung mir anvertraut worden ist, hat wieder Herr Dr. Polak den eifrigsten und regsten Antheil genommen. Die Mehrzahl der aus dieser Sendung gewonnenen Präparate wurde an der Localität Ketschawa ausgegraben. Auch hier erscheinen wieder dieselben Equiden, Rhinoceronten

[1]) Verhandlungen der k. k. geologischen Reichsanstalt 1885, S. 397.

und Wiederkäuer, wie an den bereits bekannten Fundorten. Unter den Wiederkäuern sind *Helladotherium Duvernoyi* und *Palaeoreas Lindermayeri* häufig. Auch *Sus erymanthius* und *Mastodon Pentelici* fehlen nicht. Unter den Rhinoceronten sind neben den echten bicornen Rhinocerosformen noch Aceratherien, wahrscheinlich in zwei Formen, gleich häufig. Die Equiden sind durch das stets überwiegende *Hipparion gracile* und durch einige seltenere Equidenformen vertreten, unter welchen sich auch solche befinden, welche sich den indischen Hipparionen der Siwalik-Hills gut anschliessen; überraschend ist es aber, das von Koken[1]) aus China beschriebene *Hipparion Richthofeni* in Ketschawa wiederzufinden. Als ganz neu erscheint auch ein Mustelide, welcher nach den vorliegenden Resten den Dachs an Grösse noch übertroffen haben muss. Die Bezahnung dieses Musteliden kann als eine solche bezeichnet werden, welche den Uebergang von *Mustela* zu *Meles* vermittelt. Der wesentlichste Unterschied in der Bezahnung dieser beiden Gattungen liegt bekanntlich in dem Baue des letzten Molarzahnes des Oberkiefers, welcher bei *Meles* eine ungemein breit entwickelte Kaufläche zeigt. Dieser Molar ist nun bei dem Musteliden von Ketschawa so ausgebildet, dass er den Uebergang von der einen zu der anderen Gattung herstellt. Diesen Musteliden will ich vorläufig als *Meles Polaki* n. f. anführen.

Zum Zwecke einer besseren Uebersicht der nach dem jetzigen Stande unserer Kenntniss sich ergebenden zoogeographischen Beziehungen der Wirbelthierfauna von Maragha möge die am Schlusse beigefügte Tabelle dienen. In dieselbe sind auch die von Dr. A. Rodler,[2]) sowie von Lydekker[3]) angeführten Formen aufgenommen. Insoferne ich die letzteren nicht auch selbst beobachtet habe, ist den Säugethiernamen der Buchstabe *R* oder *L* vorgesetzt, je nachdem die betreffende Form von Rodler oder Lydekker angeführt wird. Die Citate älterer Autoren, wie Abich[4]) und Brandt,[5]) sind in der Tabelle nicht weiter berücksichtigt, ebensowenig die von Pohlig,[6]) da sie mir nicht den gleichen Grad der Verlässlichkeit zu bieten scheinen. Grewinck[7]) führt dagegen nur Genera an und weist auf die Uebereinstimmung mit Pikermi-Formen hin, so dass seine Beobachtungen durch die neuesten Erkenntnisse nur bestätigt erscheinen.

Für die in der Tabelle enthaltene Colonne »Mitteleuropa« wurde die neueste Arbeit von Pethö über die Fauna von Baltavar[8]) mit grossem Vortheile mitbenützt. Die Colonne »Pikermi« ist hauptsächlich nach der schönen Arbeit Gaudry's[9]) eingetragen; die Angaben der Colonne »Indien« sind nach Lydekker,[10]) die der Colonne »China« nach der bereits citirten Arbeit Koken's angeführt. Aus der Tabelle scheinen mir nur neuerdings die nahen Beziehungen der Fauna von Maragha zu jener von Pikermi hervorzugehen.

---

[1]) Ernst Koken, Ueber fossile Säugethiere aus China; Paläontologische Abhandlungen von Dames und Kayser, III. Band, Heft 2, p. 39. Taf. IV, Fig. 1—11.

[2]) A. Rodler in den Verhandlungen der k. k. geologischen Reichsanstalt 1885, S. 333 u. f.

[3]) R. Lydekker in »The Geological Magazine« 1886, p. 134.

[4]) H. Abich, Das Steinsalz und seine geologische Stellung in Russisch-Armenien. Mém. de l'Acad. Imp. des sciences de St.-Pétersb., 6e série, sc. math. et phys., tome VII, 1857, p. 59.

[5]) Brandt, in den Denkschriften des Naturforschenden Vereines zu Riga 1870 und Zoogeogr. Beiträge, p. 130.

[6]) H. Pohlig, in den Verhandlungen der k. k. geologischen Reichsanstalt 1884, S. 281.

[7]) Schreiben Grewinck's an E. Tietze in den Verhandlungen der k. k. geologischen Reichsanstalt 1881, S. 296.

[8]) J. Pethö, Ueber die fossilen Säugethierüberreste von Baltavar in »Földtani Közlöny«, XV. Band, 1885, S. 455.

[9]) A. Gaudry, Animaux fossiles et Géologie de l'Attique. Paris 1862—1867.

[10]) R. Lydekker, Indian tertiary and posttertiary Vertebrata in den Memoirs of the Geological Survey of India; Palaeontologia Indica, ser. X, vol. III, part 3.

	Säugethier-Fauna von Maragha	Mittel-europa	Pikermi	Indien	China
L.	*Felis brevirostris* Croiz. et Job. .	+	—	—	—
	Hyaena cf. *eximia* Wagn.	+	+	×	×
	Meles Polaki n. f. . .	—	—		
R	*Boriden* indet.	—	—	×	×
L	*Giraffa attica* Gaud. Lart.	—	+	+	×
	Helladotherium Duvernoyi Gaud. Lart. .	+	+	+	—
	Palaeoreas Lindermayeri Wagn. .	—	+	—	—
	Palaeoryx Pallasii Wagn.	—	+	—	—
	Antidorcas Rothi Wagn.?	—	+	—	—
	Tragocerus sp. . .	×	×	—	—
	Gazella sp.	×	×	×	—
R	*Gazella brevicornis* Gaud. . .	+	+		—
	Sus erymanthius Roth und Wagn.	+	+	×	×
	Hipparion gracile Kaup. .	+	+	×	×
	Hipparion Richthofeni Koken	—	×	×	+
	Hipparion sp.	—	×	×	×
	Rhinoceros Schleiermacheri Kaup.	+	+	—	—
L.	*Aceratherium* aff. *antiquitatis* Falc.	×	×	×	×
L.	*Aceratherium Blanfordi* Lydekker.	—	—	+	+
	Mastodon Pentelici Wagn. .	+	+	—	—
	Mastodon sp. . .	—	—	×	×

+ bedeutet das Vorkommen derselben Form, × das Vorkommen einer nahe verwandten Form.

E. Kittl. Mammuthfunde in der inneren Stadt Wien. — In den ersten Tagen des Monates April dieses Jahres (1886) wurden bei dem Neubaue des Hauses, welches die nördliche Ecke der Kärntnerstrasse und der Wallfischgasse bildet, einige in geologischer Hinsicht interessante Funde gemacht, welche der Bauherr Dr. Wilhelm von Mauthner an den Intendanten des Museums, Herrn Hofrath Franz von Hauer, eingesendet hat. Bei der Aushebung der Fundamentgruben konnte ich beobachten, dass von oben nach unten die folgende Schichtenreihe durchschnitten war: unter einer 2 Meter mächtigen Schutt- und Humusdecke folgt eine ebenfalls circa 2 Meter starke Schichte gelblichen, sandigen Lehmes, der wahrscheinlich dem Löss zeitlich äquivalent ist, unter dieser hielt bis zu der grössten zugänglichen Tiefe sogenannter »Localschotter« an. An der gegen die Wallfischgasse gerichteten Fronte war man zuerst in einer Tiefe von 3 Metern auf ein römisches Grab gekommen, noch 3 Meter tiefer, also in einer Gesammttiefe von 6 Metern fand man Schädelfragmente von einem Rind; an der gegen die Kärntnerstrasse gerichteten Seite wurde im Schotter in einer Tiefe von 9 Metern (schon unter der Kellersohle) ein Mahlzahn vom Mammuth (*Elephas primigenius* Blumb.) aufgefunden. Die Tiefenangaben beziehen sich auf das heutige Strassenniveau. Während der letztgenannte Fund auf ein diluviales Alter der betreffenden Schichte hinweist, darf man kaum ohneweiters dieselbe Annahme für den Fund an der Südfronte machen. Vergleicht man nämlich die von E. Suess[1]) vor vierundzwanzig Jahren über diesen Ort gemachten Angaben, so kommt man leicht zu der Folgerung eines vielleicht historischen

[1]) E. Suess, Der Boden von Wien. 1862, p. 145, 147, 235 und 236.

oder vorhistorischen Alters des Fundes. Es gab E. Suess schon ein Profil des Fundortes. Unter einer Schuttdecke erscheint nach diesem Beobachter eine mächtige Schichte diluvialen Schotters; unterhalb desselben, in einer Tiefe von über 10 Klaftern (beiläufig 20 Meter) trifft man auf den Tegel der Congerien-Schichten. Der diluviale Schotter war nun früher gegen Süden zu, etwa dort, wo heute das Palais Todesco steht, durch den Stadtgraben unterbrochen. Bei der Fundamentirung dieses Gebäudes fand man nun damals in der Sohle des Stadtgrabens von oben nach unten: 4 Fuss Schutt, 1 Fuss Schotter, 6 Fuss Letten mit zahlreichen Pferdeskeleten, darunter eine 2 Fuss dicke Lage von Geschieben, zu unterst endlich den Tegel der Congerien-Schichten. Da aber die obere Grenze des Tegels 8 Klafter unter dem damaligen Strassenniveau lag und dieses letztere wohl als identisch mit dem heutigen angenommen werden kann, so war der diluviale Schotter ganz, oder bis auf die 2 Fuss starke Geschiebebank, an der Stelle des Stadtgrabens entfernt worden und betrug die Erhöhung der Stadtgrabensohle in historischer Zeit wenigstens 11 Fuss. Wendet man sich nun weiter südlich, so trifft man auf die Baustelle des ersten, auf Glacisgrund stehenden Hauses, wo nach Suess in einer Tiefe von 3 Klaftern unter der Oberfläche Knochen von Mensch, Ziege und Rind gefunden worden waren. Berücksichtigt man nun diese von Suess angeführten Funde und bedenkt man weiter, dass die Rindsknochen in unmittelbarer Nähe alter Fundamente (zwischen der Stadtmauer und dem früheren Eckhause der Kärntnerstrasse) lagen, so darf man ein jüngeres als ein diluviales Alter für viel wahrscheinlicher halten.

Es möge gestattet sein, hier einige ältere, bereits bekannte Mammuth-Funde aus der inneren Stadt Wien zu erwähnen und daran noch nicht publicirte Funde anzuschliessen. Ueber die älteren Funde berichtet E. Suess:[1] »Ich will nicht von dem ganzen Gerippe eines ‚Einhornfisches' sprechen, welches unter Maria Theresia bei Erbauung des Lilienfelder-Hofes in der Weihburggasse gefunden wurde,[2] aber ich muss noch erwähnen, dass vor wenigen Jahren in einem der ältesten Theile der Stadt, nämlich im Seitenstettner-Hofe, ein Stosszahn von *Elephas primigenius* entdeckt wurde,[3] und dass man im Jahre 1861 bei den Neubauten vor dem Kärntnerthore an zwei Punkten Backenzähne desselben Thieres angetroffen hat.« Diese zwei Punkte sind am Opernring in der Mitte der Strasse und das Scharmitzer'sche Haus, Friedrichsstrasse Nr. 2. W. Ritter von Haidinger erwähnt einen weiteren Fund aus dem Jahre 1865 auf der Area des Hauses Nr. 4 in der Operngasse.[4] Felix Karrer[5]) machte im Jahre 1872 Mittheilung von dem Funde eines Mammuth-Stosszahnes in der k. k. Hofburg, im zweiten Hofe der Reichskanzlei, welcher bei Gelegenheit einer Brunnengrabung in der Tiefe von 9 Klaftern, 3 Fuss (also etwa 19 Metern) in diluvialem Schotter zum Vorscheine gekommen war.

Von neueren Funden hätte ich zunächst einen Backenzahn zu nennen, welcher im Jahre 1882 in der Krugerstrasse Nr. 17 bei dem Neubaue des Hauses aufgefunden und von Herrn Baurath Schuhmann an Herrn Hofrath Ferd. von Hochstetter eingesendet und von dem Letzteren der damaligen Sammlung des k. k. mineralogischen Hof-Cabinets einverleibt wurde. Ein anderer, ebenfalls in unserem Museum aufbewahrter Fund wurde im Februar 1883 durch Herrn Baron Hasenauer angezeigt. Derselbe war bei den Fundamentirungsarbeiten für die k. k. Hofburg in einer Tiefe von 10 Metern

---

1) E. Suess, l. c., p. 140. 2) Stütz, Mineralogisches Taschenbuch, S. 42.

3) M. Hoernes in Haidinger's Berichten der Freunde der Naturwissenschaften; Sitzung vom 15. Juni 1846.

4) Verhandlungen der k. k. geologischen Reichsanstalt 1865, S. 141.

5) F. Karrer, Mammuthreste im Inneren der Stadt Wien; Verhandlungen der k. k. geologischen Reichsanstalt 1872, S. 233.

in diluvialem Schotter aufgefunden worden. Das geologische Profil der Fundamentgrube konnte ich unmittelbar nach Hebung des Fundes beobachten. Auf eine Schutt- und Humusdecke von 5 Meter Dicke folgte nach unten eine 3 Meter mächtige Lössschichte, unter welcher »Localschotter« anstand. Dieser, sowie der Löss gehören wieder dem Diluvium an. In dem Localschotter, und zwar in dem unteren Drittel, lag ein Stosszahn von *Elephas primigenius*. An einer anderen Stelle in beiläufig gleicher Tiefe war schon einige Wochen vorher ein Backenzahn von *Rhinoceros tichorhinus* gefunden worden. Es ist bemerkenswerth, dass hier an der Basis des Localschotters, welcher wie der Schotter des Wienflusses meist eckige, nur wenig abgerollte Sandsteinfragmente führt, ein Schotter mit rundlichen, stark abgeschliffenen Kieselgeschieben auftritt. Auch Karrer beobachtete diesen Umstand bei der Abteufung des obenerwähnten Brunnens im zweiten Hofe der Reichskanzlei, und ist vielleicht die von Suess bei dem Baue des Palais Todesco unmittelbar über dem Tegel im alten Stadtgraben angeführte Kieslage nur eine weitere Fortsetzung desselben Kieselschotters auf der Area der k. k. Hofburg.

R. Hoernes und **M. Auinger.** Die Gasteropoden der Meeresablagerungen der ersten und zweiten miocenen Mediterranstufe in der österreichisch-ungarischen Monarchie. — Unter diesem Titel erscheint derzeit im Verlage von A. Hölder ein Werk, über dessen Plan, Beginn und Fortgang ich auch an dieser Stelle in Kurzem Bericht erstatten will, da die in der geologisch-paläontologischen Abtheilung des Hofmuseum aufbewahrten conchyliologischen Schätze des einstigen Hof-Mineraliencabinetes im Wesentlichen das Material für die Arbeit bilden, die als eine Ergänzung und Erweiterung der von meinem Vater im dritten Bande der Abhandlungen der k. k. geologischen Reichsanstalt gelieferten Schilderung der Gasteropoden der Tertiärablagerungen des Wiener Beckens zu betrachten ist. Seit dem Erscheinen dieses ersten Bandes der »Fossilen Mollusken des Tertiärbeckens von Wien« hatte sich das aus tertiären Ablagerungen der Monarchie stammende Material in den Wiener Sammlungen, insbesondere aber im k. k. Hof-Mineraliencabinet so sehr vermehrt, dass die Nothwendigkeit, einen Nachtrag zu diesem Werke zu liefern, immer mehr ersichtlich wurde. Herr Math. Auinger, welcher bereits meinem Vater lange Zeit bei der Ordnung der reichen Sammlung fossiler Conchylien im k. k. Hof-Mineraliencabinete zur Seite stand, war stets bemüht, die fortwährend einlaufenden Nachträge systematisch einzuordnen. Als die Anzahl der Formen, die sich nicht mit den von M. Hoernes bereits geschilderten Arten identificiren liessen, immer mehr zunahm, unternahm es Herr Auinger, sie von den altbekannten zu sondern und als neue Formen zu beschreiben. Ueber seine Aufforderung trat ich gerne mit ihm in Verbindung, um sowohl diese neuen Formen genauer zu studiren, als auch die Vergleichung der schon von M. Hoernes geschilderten mit den fremdländischen Vorkommnissen genauer durchzuführen, wie dies durch die neueren paläontologischen Arbeiten, insbesondere aber durch das grosse Werk Bellardi's über die italienischen Tertiärconchylien als nothwendig sich herausstellte. Der Umfang der geplanten Neubearbeitung erfuhr dadurch eine wesentliche Ausdehnung, dass die Untersuchungen auf Grund des reichen in den Wiener Sammlungen vorhandenen Materiales auf das Gebiet der Gesammtmonarchie ausgedehnt wurden, andererseits eine Beschränkung, indem wir von einer Bearbeitung der Süsswasser- und Landconchylien absahen und deshalb auch die interessanten Formen der sarmatischen, pontischen und levantinischen Stufe nicht berücksichtigten.

Nachdem Herr Prof. Dr. G. Tschermak als Vorstand des einstigen Hof-Mineraliencabinetes und sodann Herr Hofrath F. v. Hochstetter als Intendant des naturhistorischen Hofmuseums, sowie Herr Custos Th. Fuchs als Vorstand der geologisch-paläonto-

b*

logischen Abtheilung desselben in liberalster Weise die Benützung des in ihrer Verwaltung befindlichen Materiales gestattet, und Herr Hofrath F. v. Hauer als damaliger Director der k. k. geologischen Reichsanstalt die Veröffentlichung in den Abhandlungen dieses Institutes genehmigt hatten, konnte am 1. Juni 1879 die erste Lieferung des in Rede stehenden Werkes als erstes Heft des XII. Bandes der genannten Abhandlungen erscheinen; sie enthielt die Schilderung von 52 *Conus*-Formen, welche zum grössten Theil auf den beigegebenen sechs, von der Meisterhand Rud. Schönn's hergestellten Tafeln zur Abbildung gebracht waren. Am 31. December 1880 wurde die zweite Lieferung ausgegeben, welche die Beschreibung von 2 *Oliva*, 5 *Ancillaria*, 13 *Cypraea*, 1 *Ovula*, 1 *Erato*, 1 *Eratopsis*, 6 *Marginella*, 3 *Ringicula*, 5 *Voluta*, 27 *Mitra*, 22 *Columbella* und 14 *Terebra* brachte. Auch für diese Lieferung, sowie für alle folgenden hatte R. Schönn die Tafeln gezeichnet. Die dritte Lieferung, welche am 15. Jänner 1882 erschien, enthielt die Beschreibung von 60 Formen, welche der Gattung *Buccinum* im alten Sinne angehören, ferner die Schilderung von 2 *Dolium* und 7 *Purpura*. Die vierte Lieferung wurde am 15. Jänner 1884 ausgegeben, und zwar nicht mehr als viertes Heft des XII. Bandes der Abhandlungen der k. k. geologischen Reichsanstalt, da diese Anstalt aus finanziellen Ursachen (in Folge der Publication zahlreicher anderer, mit vielen Tafeln ausgestatteter und daher kostspieliger paläontologischer Werke) sich ausser Stande sah, die Fortsetzung der »Gasteropoden« herauszugeben. Es wurde das Weitererscheinen derselben jedoch durch Uebernahme seitens des Herrn A. Hölder, Hof- und Universitäts-Buchhändlers, in dessen eigenen Verlag ermöglicht. Die vierte Lieferung enthielt die Beschreibung von 1 *Oniscia*, 6 *Cassis*, 3 *Cassidaria*, 3 *Strombus*, 1 *Rostellaria*, 2 *Chenopus*, 1 *Persiraïa*, 1 *Priamus*, 15 *Triton*, 8 *Ranella*; die 1885 ausgegebene fünfte die Schilderung von 54 *Murex* (welche wir, dem Vorgange Bellardi's folgend, in die von ihm angewandten zehn Sectionen gruppirten), ferner die Beschreibung von 4 *Typhis* und 3 *Jania*. Die in Kurzem zur Veröffentlichung gelangende sechste Lieferung wird die Discussion derjenigen Formen der österreichisch-ungarischen Miocenablagerungen enthalten, welche den Gattungen *Pollia*, *Pyrula* (im alten Sinne), *Fusus*, *Fasciolaria*, *Turbinella* und *Cancellaria* angehören.

Abgesehen von einer vorübergehenden Erkrankung des Berichterstatters, sowie von der leider andauernden seines Freundes und Mitarbeiters, der nun schon durch längere Zeit durch ein Augenleiden an der gewohnten Thätigkeit gehindert ist, haben auch andere Umstände, wie die zeitweilige Unzugänglichkeit des Materiales, welche durch Uebersiedlung des einstigen Hof-Mineraliencabinetes in das neue Hofmuseum bedingt wurde, die Veröffentlichung des in Rede stehenden Werkes gehemmt und verzögert. Diese Schwierigkeiten sind nun überwunden und darf ich ein rascheres und regelmässigeres Erscheinen der folgenden Lieferungen in sichere Aussicht stellen, zumal durch die Opferwilligkeit des Herrn Verlegers, für welche ich ihm zu bestem Danke verpflichtet bin, in diesem Jahre auch noch die Ausgabe der siebenten Lieferung ermöglicht werden wird.

Es sei mir schliesslich gestattet, an dieser Stelle der angenehmen Pflicht zu genügen, den oben genannten Herren, welche die Veröffentlichung des besprochenen Werkes, in welchem die Ergänzung und Erweiterung der »Fossilen Mollusken des Tertiärbeckens von Wien« angestrebt wird, ermöglichten, vor Allem aber Herrn Hofrath F. v. Hauer, dem als ehemaligen Director der k. k. geologischen Reichsanstalt, wie als gegenwärtigen Intendanten des k. k. Hofmuseums der wesentlichste Antheil an der Verwirklichung des Planes zuerkannt werden muss, bestens zu danken. Desgleichen habe ich auch Herrn Oberbergrath D. Stur, dem gegenwärtigen Director der k. k. geologischen Reichsanstalt, welcher mir die Benützung des in den reichen Sammlungen derselben vorkommenden

Materiales freundlichst gestattete, sowie dem Director der zoologischen Abtheilung des Hofmuseums, Herrn Regierungsrath F. Steindachner, und den Herren Custoden, Prof. Dr. Fr. Brauer und Dr. E. v. Marenzeller, durch welche mir die für paläontologische Studien so nothwendige Vergleichung der tertiären Conchylien mit ihren lebenden Verwandten im ausgedehntesten Masse ermöglicht wurde, besten Dank auszusprechen, und darf ich wohl die Hoffnung aussprechen, auch bei der Fortsetzung des Unternehmens auf gleiche Unterstützung und Förderung rechnen zu können.

F. Heger. Wayang-Pourwâ. — Ein sehr interessantes Geschenk erhielt die ethnographische Sammlung von Herrn Georg Ludwig Weÿnschenk in Djokdjakarta, nämlich eine Collection von Wayang-Pourwâ [1])-Figuren aus Büffelleder, verfertigt von Raden Ngabehi zu Djokdjakarta im Jahre 1761 javanischer (1831 unserer) Zeitrechnung.

Dieselben gehören zu dem javanischen Schauspiele Abiâsâ, von welchem Herr Weÿnschenk eine von ihm verfasste deutsche Uebersetzung [2]) in Manuscript eingesendet hat. Die 25 Figuren sind ausserordentlich kunstvoll durchbrochen gearbeitet und reich bemalt, 26—71 Cm. hoch; sie stellen die verschiedenen Götter- und Menschenfiguren des Schauspieles dar. Der Stoff zu demselben ist der javanischen Mythologie entnommen und gehört der Zeit vor dem grossen Brâtâ-Indâ-Krieg an; das Stück spielt also ungefähr im 7. Jahrhundert.

Der im Jahre 1883 unter dem Titel: »Scènes tirées du Wayang-Pourwâ. Chromolithographies« bei Gelegenheit des 6. Orientalisten-Congresses in Leyden begonnenen Publication von Professor P. J. Veth liegt eine andere Variante oder vielmehr eine Fortsetzung des vorhin bezeichneten Stoffes zu Grunde.

F. Heger. Schrifttafeln von der Osterinsel. — Von Herr k. k. Viceconsul Heinrich Freiherrn von Westenholz in Hamburg erhielt die ethnographische Sammlung eine sehr werthvolle Collection von Gegenständen der Bewohner der einsamen Osterinsel in der Südsee zum Geschenke. Neben Waffen, Stäben u. dgl. sind als ganz besonders kostbare Stücke aus derselben hervorzuheben zwei Holztafeln, welche mit den bekannten Schriftzeichen, welche auf denselben eingeritzt erscheinen, bedeckt sind. Die grössere dieser Tafeln ist viereckig, 28 Cm. lang, 14 Cm. breit, aber von sehr schlechtem Erhaltungszustande, so dass nur auf einer Seite stellenweise die ursprüngliche Oberfläche des Holzes nebst den Schriftzeichen erhalten ist. Das zweite Stück hat mehr die Form eines breiten, flachen Stabes, dessen schmäleres Ende intact (zugeschnitten), das andere Ende jedoch abgebrochen und angebrannt ist. Dieses Stück ist nun ganz mit den in Längsreihen angeordneten Schriftzeichen bedeckt und sind letztere ausserordentlich scharf und deutlich erhalten. Die Länge dieser Tafel beträgt — so weit erhalten — 26 Cm., die Breite 4—5·2 Cm. Eine eingehende Beschreibung dieser beiden Stücke wird in den Mittheilungen der Wiener anthropologischen Gesellschaft erfolgen.

Dr. Josef Troll in Wien, der sich schon früher gelegentlich den österreichischen archäologischen Expeditionen nach Kleinasien angeschlossen hatte, ist im Herbste vorigen Jahres von einer 21 monatlichen Reise, welche er nach Asien unternommen hatte, glücklich wieder nach Wien zurückgekehrt. Er berührte auf derselben Kleinasien und Syrien, Vorderindien, Kaschmir, Ceylon, China und Japan und nahm den Rückweg über Sibirien. Auf dieser langen Tour hat nun Herr Dr. Troll mit grossem Verständniss und ohne vorhergehende Anleitung sehr reichhaltige ethnographische Sammlungen

[1]) Das javanische â wird wie ein sehr tiefes, dem *o* nahe stehendes *a* ausgesprochen.

[2]) Diese Verdeutschung ist eine genaue Uebertragung des von H. C. Humme durch das kon. Instituut voor de Taal-, Land- en Volkenkunde van Nederl. Indië im Jahre 1878 herausgegebenen Bearbeitung des Stückes Abiâsâ in holländischer Sprache.

zusammengebracht, von denen er einen Theil der anthropologisch-ethnographischen Abtheilung gegen Ersatz des Ankaufspreises überlassen hat.

Herr Dr. Troll ist momentan wieder auf einer grösseren Reise begriffen. Er ging Ende Januar d. J. von Wien fort, nach einem kurzen Besuche von Damascus brach er nach dem von den Europäern so gerne gemiedenen Aleppo auf, um von da über Urfa, Diarbekr nach Mossul zu gelangen, von wo die letzten, vom 1. April d. J. datirten Nachrichten lauten. Wir sprechen den Wunsch aus, dass Herr Dr. Troll auch von dieser neuen Reise, über dessen weiteren Verlauf wir später berichten werden, reich beladen mit Sammlungen glücklich zurückkehren möge.

Dr. A. Brezina. Apatit aus dem Stillupgrunde. — Seit vielen Jahren bilden die schönen, flächenreichen Apatitkrystalle aus der Zillerthalergruppe, welche einen Durchmesser von 6—7, zuweilen selbst bis 10 Centimeter erreichen, eine Zierde der Mineraliensammlungen. Als ihr Fundort wurden zumeist die Nachbarschaft des Pfitschjoches, in letzterer Zeit auch das Floitenthal angegeben. Gegen Ende des vorigen Jahres erhielt die mineralogische Abtheilung eine Reihe von solchen Krystallen aus dem Stillupgrunde, welche sich durch ihre Schönheit und ihre ungewöhnlichen Dimensionen auszeichnen. Dieselben besitzen den dicktafelförmigen Habitus, welcher an den Zillerthaler Krystallen gewöhnlich beobachtet wird; sie sind theils durchscheinend, theils stellenweise durchsichtig, von graulichweisser, zum Theil ins Violblaue neigender Farbe; ihre Flächen sind eben und starkglänzend. Die einzeln ausgebildeten Krystalle erreichen bei einer Höhe von 2—3 Cm. eine Breite von 6—7 Cm.; ein ausserordentlich schön ausgebildeter Krystallstock aus drei parallelgestellten Individuen hat eine Höhe von 5, eine Länge von 13 und eine Breite von 7 Cm., dürfte somit wohl der grösste unter den bisher bekannt gewordenen alpinen Apatiten sein. Eine Rose aus zwei grösseren und zahlreichen kleineren Krystallen erreicht eine Tafelbreite von 9 Cm. Die Krystalle zeigen häufig auf den Prismenflächen den Mondschein, der so schön an den Floitenthaler Krystallen (von der Baumgartkarklamm) zu sehen ist. Ein blass violblauer, 5 Cm. grosser Krystall sitzt auf einem 10 Cm. grossen Calcitrhomboeder der Grundform, welches ganz mit Chlorit durchwachsen und stellenweise nur an den Rhomboederflächen ausgebildet ist, während das Innere theilweise hohl und mit Chlorit ausgefüllt ist.

Dr. A. Brezina. Neue Meteoriten. — Zu Beginn dieses Jahres ist die Meteoritensammlung unseres Museums durch eine Schenkung bereichert worden, welche an Grossartigkeit sowohl des Werthes, als auch der wissenschaftlichen Bedeutung ohne Gleichen in der Geschichte unseres Museums dasteht. Herr Felix von Zwiklitz, öffentlicher Gesellschafter der Firma Lindheim & Comp. in Wien, welchem unser Museum mittelbar und unmittelbar schon eine Reihe der hervorragendsten Bereicherungen verdankt (die grosse Wankel'sche Sammlung von Höhlenfunden, ein Geschenk an die Anthropologische Gesellschaft, von welcher wir dann dieselbe erhielten, die Kasbekbronzen, Neufchâteler Pfahlbaufunde von Beck und vieles Andere), hat eine Reihe der kostbarsten und interessantesten Meteoriten dem Museum zum Geschenke gemacht. Der imposanteste darunter ist das Meteoreisen von Babb's Mill, Green County, Tennessee, das im Jahre 1818 gefunden wurde, dann, nachdem von beiden Enden kleine Stücke im Gesammtgewichte von etwa 5—10 Kg. abgeschnitten wurden, viele Jahre hindurch verschollen blieb und erst vor etwa zehn Jahren gelegentlich der Ausstellung in Philadelphia wieder auftauchte. Das Stück in seiner gegenwärtigen Form wiegt 131 Kg. und hat die Form einer flachgedrückten, 92 Cm. langen Cigarre. Es ist sehr reich an Nickel und gibt dementsprechend beim Aetzen keine Widmanstätten'schen Figuren, sondern lässt die nickelreicheren Eisenlegirungen nur in winzigen Klümpchen und Nadeln hervortreten, welche regellos in der Masse zerstreut sind. Da die Oberfläche des Eisens ziemlich glatt und eben ist, müsste man annehmen, dass es einer sehr hochgradigen Abschmelzung durch den Widerstand der Luft während des Fluges oder einer solchen Abwitterung beim Liegen in der Erde ausgesetzt war. Beiden Annahmen widerspricht die langgestreckte, ursprünglich an beiden Enden scharf zugespitzte Form, welche man wenigstens für die eine Seite mit Sicherheit reconstruiren kann, da im British Museum ein etwa 2·5 Kg. schweres Stück vorhanden ist, das etwa die Hälfte oder ein Drittel des vom einen Ende Fehlenden ausmacht. Eine solche Form hätte weder bei einer hochgradigen Abschmelzung bestehen bleiben können, noch wäre es erklärlich, dass sie durch Abwittern aus einem Klumpen von der gewöhnlichen Form entstanden sein sollte. Man ist daher zu der Annahme gezwungen, dass das Eisen ein Einschluss in einem enorm grossen Meteoriten war, wofür die von mir im Eisen von Cohahuila beobachteten Eisencylinder ein Präcedens bilden. Dieses Eisen ist nun das zweitgrösste Eisen und der drittgrösste Meteorit überhaupt in unserer Sammlung.

Ein zweites Eisen, von Glorieta Mountain, Santa Fé County, Neu-Mexico ist durch die Schönheit seiner äusseren Form und die merkwürdigen Umstände seines Falles bemerkenswerth. Bekanntlich hat man bisher nur ein einziges Mal selbstständige Stücke eines Meteoriten gefunden, welche Merkmale einer früheren Zusammengehörigkeit zeigten; es war das der Fall bei dem Steine von Butsura, Ostindien, welcher ursprünglich die Form einer starkgekrümmten Wippe gehabt hatte und in fünf Theilen an den Orten Piprassi, Bulloah, Qutahar Bazar und Chireya niedergefallen war; die Theile waren überrindet, passten aber genau zusammen, so dass zwischen der Zeit ihrer Trennung und ihres Herabgelangens noch ein Ueberschmelzungsact stattgefunden haben musste. Etwas ganz Aehnliches zeigt Glorieta, von welchem drei zusammenpassende Stücke von 67, 52 und 24 Kg. gefunden wurden. Die aneinanderpassenden Flächen sind daran kenntlich, dass der zackige Bruch sehr wenig durch Ueberschmelzen geebnet ist, während die freien Aussenseiten die bekannte, durch Abschmelzen zugerundete und mit ausgerundeten Vertiefungen (den sogenannten Piezoglypten) versehene Form besitzen. Nach der Trennung der Stücke von einander blieb noch Zeit übrig zu einer secundären Ueberschmelzung, welche sich an unserem Stücke (dem mittleren der drei, im Gewichte von 52 Kg.) ganz besonders schön darstellt, da dieses offenbar die Spitze, den Apex des ganzen Complexes gebildet hat; von seiner Stirnseite aus gehen breite Eisenstriemen, wie die Büschel eines gescheitelten Haupthaares auseinander; aber auch auf die Rückseite unseres Stückes hat, wenn auch schwächer, die Eisendrift hinübergeschlagen, wie an einzelnen, namentlich über die erhöhten Partien hingelagerten Striemen zu ersehen ist. Die Erscheinung wiederholt ganz die überaus charakteristischen und schönen Vorgänge, welche man an den Steinen von Mócs in so ausgezeichneter Weise beobachten kann.

Ein kleineres Stück von 4·7 Kg., aus dem Blocke Nr. 1 herausgeschnitten, das wir ebenfalls Herrn von Zwiklitz verdanken, wurde in Platten geschnitten und gibt nun einen lehrreichen Einblick in die Structur dieses schönsten aller Meteoreisen.

Ein anderes hochinteressantes Object der Zwiklitz'schen Suite ist das Eisen von Elmo, Independence County, Arkansas, im Gewichte von 42 Kg., das auch wieder eine seltene und merkwürdige Eigenthümlichkeit erkennen lässt. Es zeigt eine natürliche Durchlochung, wie sie bisher, allerdings in viel höherem Grade, nur am Meteoreisenring von Tucson Ainsa (Santa Katarina Mountains) bekannt war. Am Eisen von Elmo rührt diese Erscheinung her von dem ungewöhnlichen Reichthum an Troiliteinschlüssen, welche dem Ansturme der heissen Luft nur einen geringeren Widerstand entgegenzustellen vermögen als das umgebende Eisen und daher herausgewirbelt werden, wodurch jedenfalls ein grosser Theil der Piezoglypten entsteht. Zwei solche einander nahestehende Troilitknollen wurden von zwei verschiedenen Stellen der Oberfläche her ausgewirbelt, in den beiden Höhlungen verfing sich die Luft und riss die dünne Scheidewand durch. Da vom Elmoeisen eine Anzahl von Platten abgeschnitten wurde, erwies sich die Richtigkeit dieser Erklärung durch den ungewöhnlichen Reichthum an grossen Troiliten, die als Einschluss vorhanden sind und durch ihre Umgebung von knolligem Schreibersit und dem Hereinragen des Eisens in dieselben, den Platten ein ausserordentlich schönes Ansehen verleihen.

Ein weiteres Eisen ist das von Laurens Court House, Laurens County, Süd-Carolina, das allerdings nur etwas über 2 Kg. schwer war, aber durch die Feinheit seines Gefüges und die eigenthümliche äussere Form bemerkenswerth ist.

Ausser den obigen grossen Objecten ist noch ein kleines Stück des Eisens von Old Fork of Jenny's Creek, Wayne County, Virginia (auch als Greenbrier County bezeichnet) bei der Zwiklitz'schen Suite gewesen, das der Sammlung des Museums bisher gefehlt hatte.

Eine genauere Beschreibung der genannten Eisen werde ich in einem demnächst zum Drucke gelangenden Nachtrage zu meiner Arbeit über unsere Meteoritensammlung bringen; an dieser Stelle soll nur noch dem wärmsten Danke für dieses wahrhaft grossartige Geschenk des Herrn Felix von Zwiklitz Ausdruck gegeben werden.

Notizen.

Inhalt. Personalnachrichten. — Dr. Hermann Abich †. — Porträt Hochstetter's. — Dr. Rudolf Zuber. Reise. — Dr. Josef Troll. Reise. — Dr. Pergens. — N. Andrussow. — Pfeilgift von Harrar. — F. Karrer. Ueber Stalaktitenbildung. — Oesterreichische Polarstation Jan Mayen. — Uebersiedlungsarbeiten. — E. Kittl. Mammuthfund in Gaindorf. — E. Kittl. Ueber den miocenen Tegel von Walbersdorf. — Ausgrabungen in St. Lucia. — Ausgrabungen in der Höhle bei Duino. — Vermehrung der zoologischen Sammlungen im Jahre 1885. — E. Schott. Geschenk. — A. Brezina. Neue Meteoriten II. — F. Heger. Geschenk. — Berichtigung.

Personalnachrichten. — Mit Bewilligung des hohen Obersthofmeisteramtes ist Herr Julius Dreger als Volontär zur Dienstleistung in der geologisch-paläontologischen Abtheilung des Museums eingetreten.

Die Herren Custos Dr. A. Brezina und Custos J. Szombathy wurden zu Mitgliedern der American philosophical Society in Philadelphia erwählt.

Der Präparator der geologischen Abtheilung des Museums Franz Brattina wurde in Folge andauernder Kränklichkeit mittelst Erlasses des hohen Obersthofmeisteramtes vom 23. Mai 1886 in den Ruhestand versetzt, und wurde demselben von Sr. k. und k. apost. Majestät mit A. h. Entschliessung vom 19. Mai l. J. eine Zulage zu seiner normalmässigen Pension allergnädigst bewilligt. — Durch volle 27 Jahre hat Brattina erst als Diener und später als Aufseher dem ehemaligen k. k. Hof-Mineraliencabinete die erspriesslichsten Dienste geleistet. Unter der Direction von Dr. M. Hörnes wurde er fast ausschliesslich für die paläontologische Sammlung beschäftigt; er reinigte und sortirte die in so grossen Mengen aufgesammelten Tertiärconchylien und suchte aus den Sanden und Schlemmrückständen die Foraminiferen aus. Die von A. E. Reuss beschriebenen Foraminiferen sind fast ausschliesslich, die von F. Karrer beschriebenen grösstentheils von ihm ausgeklaubt. — Von Herrn Director G. Tschermak wurde er in die Herstellung von Gesteinsdünnschliffen eingeführt, in welcher Aufgabe er es bald zu einer grossen Virtuosität brachte. Die grosse und ausgezeichnete Sammlung von Gesteinsdünnschliffen, welche das Museum besitzt, ist mit sehr wenigen Ausnahmen sein Werk. Nicht mindere Geschicklichkeit endlich bewährte er bei der Präparirung und Montirung fossiler Säugethierreste, sowie bei jener von Urnen und Gefässen für die prähistorische Sammlung, zu welcher er von Hofrath v. Hochstetter vielfach verwendet wurde.

Seinen vorgesetzten Beamten wird Brattina stets in freundlicher Erinnerung bleiben durch seine uneigennützige Bescheidenheit, durch seine Anhänglichkeit an das Museum und das lebhafte Interesse, welches er an den Fortschritten der Sammlungen nahm, endlich durch seine Unermüdlichkeit, Findigkeit und manuelle Geschicklichkeit.

Als Nachfolger Brattina's wurde mit demselben Erlasse des hohen Obersthofmeisteramtes der Hausdiener Caspar Wanner zum Präparator und mit hohem Erlasse vom 20. Juni an dessen Stelle August Unterreiter zum Hausdiener für die geologische Abtheilung ernannt.

Dr. Hermann Abich †. Die vielfachen Beziehungen, in welchen dieser hochverdiente Forscher zu unserem Museum stand, rechtfertigen es wohl, wenn wir auch an dieser Stelle dem schmerzlichen Bedauern Ausdruck geben, welches sein am 1. Juli d. J. eingetretener Tod in der ganzen wissenschaftlichen Welt, insbesondere aber bei seinen

c

zahlreichen näheren Freunden und Verehrern hervorgerufen hat. Geboren am 11. December 1806 zu Berlin (als Enkel des braunschweigischen Bergrathes Rudolf Adam Abich, der in den Jahren 1779 - 1798 mineralchemische Arbeiten publicirt hat), widmete er sich schon in seinen Jugendjahren naturwissenschaftlichen Studien. Seine ersten Arbeiten aus den Jahren 1831—1843 sind mineralchemische Untersuchungen (über Spinell, Feldspathe u. s. w.), sowie Studien über Vulcanismus. Aber schon im Jahre 1840 beginnt auch die lange Reihe seiner Arbeiten (etwa 70) über die Beschaffenheit der Länder des Kaukasus, die er, insbesondere seit er in Russland seinen ständigen Aufenthalt genommen hatte — er war im Jahre 1842 zum Professor der Mineralogie in Dorpat und im Jahre 1853 zum Mitglied der Akademie in Petersburg ernannt worden —, zum Gegenstande des eingehendsten Studiums gewählt hatte. Zur Bearbeitung der vielfachen, in sorgfältig geführten Tagebüchern verzeichneten Beobachtungen, dann der umfangreichen Sammlungen, die er an Ort und Stelle zusammengebracht hatte und die nun in einem umfangreichen Werke niedergelegt werden sollten, übersiedelte er im Jahre 1877 nach Wien und veröffentlichte schon im Jahre 1878 als ersten Theil dieses Werkes eine Monographie über die Bergkalkfauna aus der Araxes-Enge bei Djoulfa in Armenien und später im Jahre 1882 den II. Theil, enthaltend die Geologie der Westhälfte des armenischen Hochlandes. — Bis zu seinem Tode war er dann mit den Vorbereitungen für die weiteren Theile beschäftigt.

Abich hat in voller geistiger Frische und Thätigkeit das hohe Alter von 80 Jahren erreicht, ohne dass es ihm gegönnt gewesen wäre, das grosse Werk, welches seine Lebensaufgabe bildete, zur Vollendung zu bringen. Hoffentlich wird aber der reiche wissenschaftliche Schatz, welchen er aufgespeichert hat, nicht verloren gehen, sondern so weit, als es möglich ist, in posthumen Publicationen veröffentlicht werden.

Porträt Hochstetter's. Von dem hohen k. k. Unterrichts-Ministerium erhielten wir ein im Auftrage desselben von dem Maler Franz Rumpler ausgeführtes Porträt unseres Freundes, welches zur bleibenden Erinnerung an sein Wirken als erster Intendant des k. k. naturhistorischen Hofmuseums an passender Stelle in demselben aufbewahrt werden wird. Das meisterhaft ausgeführte Bild, ein Kniestück in Lebensgrösse, gibt nach dem einstimmigen Urtheile Aller, die es zu sehen Gelegenheit hatten, in sprechender Aehnlichkeit die Züge des Verewigten.

Herr **Dr. Rudolf Zuber**, Privatdocent an der k. k. Universität in Lemberg, hat im Monat Mai eine für ein Jahr berechnete Reise nach der Argentinischen Republik behufs geologischen Untersuchungen, besonders in Beziehung auf die dortigen Petroleumvorkommen, unternommen. Das nächste Ziel derselben ist Mendoza. Wir erwarten reiche wissenschaftliche Ergebnisse von dieser im Auftrage einer Petroleum-Compagnie durchzuführenden Unternehmung, bei welcher Herr Dr. Zuber auch die Interessen unseres Museums nach Thunlichkeit zu fördern freundlichst zugesagt hat.

Herr **Dr. Josef Troll**, über dessen letzte Reise nach Kleinasien schon im II. Hefte, Notizen (p. 11) berichtet wurde, ist Ende Juni nach fünfmonatlicher Abwesenheit glücklich wieder nach Wien zurückgekehrt. Nach einem kurzen Aufenthalte in Beirut und Damascus schlug er den Weg über Aleppo und Urfa nach Diarbekir am Tigris ein. Von da ging die Reise per Kellek — einem Floss, das durch aufgeblasene Ziegenhäute schwimmend erhalten wird — hinab bis Mossul und nach Besichtigung der Ruinen von Ninive weiter nach Bagdad. Von hier aus unternahm Dr. Troll einen mehrtägigen Ausflug nach der Ruinenstätte des alten Babylon; mit grossem Bedauern musste er diese Localität verlassen, ohne Ausgrabungen vornehmen zu können, welche gewiss sehr interessante Resultate zu Tage gefördert hätten, da die ihm zur Verfügung stehenden ganz privaten Mitteln zu solchen grösseren Arbeiten nicht ausreichten. Von Bagdad unternahm Dr. Troll den interessanten Ritt über Kirmanschahan durch das Gebiet der Kurden nach Hamadan und Teheran, von wo er nach längerem Aufenthalte über Baku, Tiflis, Batum, Constantinopel und Triest wieder in die Heimat zurückkehrte. Dr. Troll hat auch von dieser Reise eine reiche Sammlung höchst bemerkenswerther ethnographischer Gegenstände und Alterthümer — unter letzteren kostbare babylonische Steincylinder, Backsteine mit Keilinschriften u. s. w. — mitgebracht, von welchen in Aussicht steht, dass der grösste Theil derselben für die ethnographischen Sammlungen des Hofmuseums erworben werden wird. Wir wünschen dem unermüdlichen Reisenden zur glücklichen Vollendung dieser neuen Tour von ganzem Herzen Glück.

Die reiche Sammlung fossiler Bryozoen des k. k. naturhistorischen Hofmuseum, in der geologisch-paläontologischen Abtheilung wird jetzt von Herrn **Dr. E. Pergens** aus Löwen, welcher sich dem speciellen Studium dieser Thierclasse, und zwar sowohl der lebenden, wie der fossilen Vertreter derselben widmet, einer sorgfältigen Revision und Ordnung unterzogen. Herr Dr. Pergens wird einige Monate in Wien verweilen, um in unserem Museum eingehende Studien zu machen. Einige interessante Resultate derselben werden demnächst veröffentlicht werden.

Herr **N. Andrussow** aus Odessa bearbeitet seit Mai in der paläontologisch-geologischen Abtheilung die von ihm gesammelten Tertiärconchylien der Krim, unter denen sich viele neue Arten befinden.

Unter jener Pflanzencollection, welche Herr **Kammler Ritter v. Hardegger** unter den schwierigsten Verhältnissen in Hárár aufsammelte und der botanischen Abtheilung hochherzig überliess, befindet sich auch die bisher unbekannte, das berüchtigtste Pfeilgift der dortigen Gegend liefernde Pflanze in Blatt- und Wurzelstücken, welche von Herrn Dr. G. Beck als *Carissa Schimperi* DC. (in Prodr., VIII, p. 675, 1854) erkannt wurde.

Ueber Stalaktitenbildung. — Unter diesem Titel veröffentlicht Herr Felix Karrer in Nr. 13 der Oesterreichischen Touristen-Zeitung (Jahrgang 1886) eine Notiz über die Zeitdauer, welche die Tropfsteine in den Höhlen zu ihrer Bildung benöthigen. Veranlassung zu derselben gab ein interessantes, für das Museum von Herrn A. Globotschnigg, k. k. Statthaltereirath in Laibach, eingesendetes Stück, ein eiserner Haken, der aus Anlass des Besuches Sr. Majestät des Kaisers in der Adelsberger Grotte im Jahre 1857 zu Beleuchtungszwecken in die Felswand eingeschlagen und im Jahre 1883 wieder herausgenommen worden war. Derselbe hatte sich im Laufe dieser 26 Jahre mit einer Tropfsteinschichte überkleidet, deren Dicke zwischen 1 und 2 Mm. schwankt. Nach diesem Verhältniss würde das Emporwachsen eines Stalagmiten von 1 M. Höhe einen Zeitraum von 13.000—26.000 Jahren erfordern. Analoge Beobachtungen anderer Forscher namentlich in englischen Höhlen, auf welche Herr Karrer verweist, geben sehr abweichende Resultate und lassen zum Theil ein sehr viel rascheres Anwachsen der Stalaktiten erkennen. Mit Recht wohl zieht Herr Karrer daraus den Schluss, dass das Mass der Zunahme der Stalaktiten unter verschiedenen Verhältnissen ein sehr verschiedenes ist. Anhaltspunkte zur Gewinnung absoluter Zeitbestimmungen, die ja für geologische Vorgänge überhaupt so schwer zu erlangen sind, kann daher die Stalaktitenbildung wohl auch nicht liefern.

Die österreichische Polarstation Jan Mayen. — Schon in dem Jahresbericht unseres Museums für 1885 (Annalen, Heft 1) wurde des Antheiles gedacht, welchen die Beamten des Museums an der Bearbeitung des Werkes nahmen, welches die Beobachtungsresultate der von Herrn Grafen H. Wilczek ausgerüsteten Polarstation zur Darstellung bringt. — Der III. Band dieses Werkes mit der Aufzählung und Beschreibung der auf der Insel gesammelten naturhistorischen Objecte ist nunmehr erschienen; derselbe umfasst 176 Seiten Text und 9 Tafeln in Quart und enthält nach einer Einleitung von dem Arzte der Expedition Herrn Dr. Ferdinand Fischer die folgenden Abhandlungen: A. Die Foraminiferen, bearbeitet von Dr. V. Uhlig (30 Arten). B. Die Poriferen, Anthozoen, Ctenophoren und Würmer von Dr. E. v. Marenzeller (52 Arten, darunter neu: *Cribrochalina ambigua, Suberites crelloides, Tetilla geniculata* und *Oerstedia cassidens*). C. Die Polypomedusen von Dr. Ludwig v. Lorenz (13 Arten, darunter neu: *Halecium boreale* und *Halecium curvicaule*. D. Echinodermen von Dr. F. Fischer (20 Arten). E. Crustaceen, Pycnogoniden und Arachnoideen von Carl Koelbel (43 Arten, darunter neu: *Erigone cryophila*). F. Insecten von Dr. E. Becher (23 Arten, darunter neu: *Echinophthirius groenlandicus, Sciara globiceps, Parexechia concolor, Chironomus incertus, Chironomus callosus, Trichocera lutea* und *Limnophora arctica*). G. Mollusken von Dr. E. Becher (51 Arten, darunter neu: *Thracia crassa, Velutina derugata* und *Morrillia grandis*. H. Bryozoen von Dr. Ludwig v. Lorenz (76 Arten, darunter neu: *Schizoporella limbata, Lepralia vitrea, Smittia rigida, Rhamphostomella scabra, Rhamphostomella costata, Rhamphostomella spinigera, Cellepora ventricosa* und *Cellepora nodulosa*. I. Tunicaten von Dr. Richard v. Drasche (5 Arten, darunter neu: *Ascidia fallax* und *Eugyra symmetra*). K. Fische von Dr. Fr. Steindachner (9 Arten). L. Vögel (46 Arten) und Säugethiere (5 Arten) von Dr. F. Fischer und A. v. Pelzeln. — Ferner die Flora von Jan Mayen unter Mitwirkung von Dr. Th. Fries in Upsala, E. Hackel in St. Pölten und Dr. Ferdinand Hauk in Triest von Dr. H. W. Reichardt (67 Arten). — Untersuchungen einiger Treibhölzer von Jos. Schneider, — und über Gesteine von Jan Mayen von Dr. Fr. Berwerth.

Uebersiedlungsarbeiten. — Am 19. Mai wurden dieselben durch Ueberführung der grössten Säugethiere aus dem ehemaligen k. k. Hof-Naturaliencabinete am Josefsplatze in das Neugebäude gänzlich beendigt. Der grosse Elephant und die 16 Fuss (über 5 Meter) hohe Giraffe wurden durch die Transportunternehmung des Herrn Sockl auf einem offenen Streifwagen, unter dem Geleite einer zahlreichen schaulustigen Volksmenge, über die Ringstrasse zum Hauptportale des Museums am Maria Theresia-Platze geführt, auf einer Bretterbahn in das Stiegenhaus gerollt und dann mit einem Flaschenzuge in das erste Stockwerk emporgehoben. Ohne Unfall wurde die schwierige Arbeit durchgeführt und bereits sind die beiden Thiercolosse sammt ihren zugehörigen Skeleten auf einem etwas über dem Fussboden erhöhten Postamente im Saale XXXVI zur definitiven Aufstellung gebracht.

E. Kittl. Mammuthfund in Gaindorf bei Meissau. — Ende Mai d. J. wurde in Gaindorf ein vollständiger Stosszahn eines diluvialen Elephanten (*Elephas primigenius* Blumenb., Mammuth) in einem im Löss angelegten Weinkeller aufgefunden. Der Reichsraths-Abgeordnete Dötz aus Allensteig hatte gelegentlich eines Besuches in Gaindorf ein Fragment des Wurzeltheiles, welches zuerst sichtbar war, mitgenommen, um Herrn Professor E. Suess darüber zu befragen. Auf Anrathen des Letzteren wurde die Freilegung des Zahnes beschlossen und von den Brüdern Brauböck durchgeführt, worauf der k. k. Bezirkshauptmann in Oberhollabrunn Herr Karl Graf Kuenburg die Nachricht von der Auffindung des interessanten Objectes an unser Museum gelangen liess. Der Berichterstatter wurde von Seite des Museums nach Gaindorf entsendet, um den Fund zu untersuchen und eine eventuelle Uebertragung desselben in das Museum einzuleiten. Die Eigenthümerin, Fräulein Marie Jank, gestattete in freundlichster Weise die Untersuchung, welche einen bis auf das Wurzelende vollständigen, 2·4 Meter langen Stosszahn von

0·25 Meter Durchmesser ergab. Die Spitze zeigt eine interessante Abnützungsfläche. Mehrere quer verlaufende Sprünge durchziehen den Zahn. Nach der Freilegung des Zahnes hatten die Herren Dr. Raith und Dr. Taub aus Unter-Ravelsbach auf die Seltenheit des Fundes hingewiesen, und hat Herr Bürgermeister Fugger von Gaindorf den Fundbericht an die k. k. Bezirkshauptmannschaft in Ober-Hollabrunn gelangen lassen. Aehnliche Funde sind gar nicht so selten, aber gewöhnlich werden dieselben zerstückelt und gehen die Bruchstücke an verschiedene Besitzer über.

E. Kittl. Ueber den miocenen Tegel von Walbersdorf. — Nach den von R. Hörnes,[1]) Th. Fuchs[2]) und F. Toula[3]) gegebenen Mittheilungen über die Fauna des Tegels von Walbersdorf erschien die Frage nach dem Charakter und nach den Elementen derselben als eine strittige. Um einerseits diese Frage ihrer Lösung näher zu bringen und um andererseits die Tertiärsammlung unseres Museums zu vervollständigen, hat mich Herr Custos Th. Fuchs veranlasst, die in dem Walbersdorfer Tegel angelegten Ziegeleien zu besuchen und dortselbst Aufsammlungen vorzunehmen. Es soll in den folgenden Zeilen über das Ergebniss meines Besuches der Walbersdorfer Ziegeleien berichtet werden.

Zunächst einige Bemerkungen bezüglich der Ankäufe. Die grösste Menge von Fossilien besass ein Arbeiter, welcher mir vor dem Kaufe versicherte, es sei Alles in Walbersdorf selbst gefunden worden. Trotzdem ich nun ebenso wie Herr Fuchs[4]) bei der Besichtigung die vollkommene Uebereinstimmung der angebotenen Suite mit den Fossilien der Badener Ziegeleien, namentlich jener von Soos erkannte, hatte ich die Partie doch erworben, worauf mir nun der Arbeiter auf dringendes Befragen das Geständniss machte, es sei der grösste Theil von Baden mit herübergebracht und habe er hier gefundene Sachen dazu gelegt, da es ja »dieselben« seien. Nachdem es nun dadurch zur Gewissheit erhoben war, dass sich die Arbeiter nicht scheuten, Fossilien anderer Provenienz als Walbersdorfer auszugeben, war grössere Vorsicht dringend geboten. Unter den vielen von den einzelnen Arbeitern angebotenen Suiten konnte man schon bei oberflächlicher Betrachtung zwei Faunen von verschiedenem Habitus erkennen; erstens gab es Fossilsuiten von entschiedenem Badener Habitus, es waren die einzelnen Formen auch quantitativ so vertreten wie im Badener Tegel; diese durften wohl als von den Badener Ziegeleien importirt betrachtet werden; zweitens brachte man Suiten, welche wohl manche Fossilien enthielten, die auch im Badener Tegel vorkommen, aber in ganz anderer relativer Häufigkeit, wogegen auch echte Schlier-Fossilien häufig waren. Während Formen wie: *Ceratotrochus multiserialis*, *Chenopus alatus*, *Pleurotoma modiola*, *Trophon vaginatus*, *Triton apenninicum*, *Gryphaea cochlear*, *Pecten denudatus*, *Solemya Doderleini*, *Aturia Aturi* vorherrschten, fehlten andere, für den Badener Tegel besonders bezeichnende,[5]) wie: *Dentalium badense*, *D. Bouéi*, *Fusus bilineatus*,

[1]) R. Hörnes, Ein Vorkommen des *Pecten denudatus* Reuss und anderer »Schlier«-Petrefacte im inneralpinen Theil des Wiener Beckens. Verhandlungen der k. k. geologischen Reichsanstalt 1884, S. 305.

[2]) Th. Fuchs, Ueber den marinen Tegel von Walbersdorf mit *Pecten denudatus*. Verhandlungen der k. k. geologischen Reichsanstalt 1884, S. 373.

[3]) F. Toula, Ueber den marinen Tegel von Walbersdorf bei Mattersdorf in Ungarn. Verhandlungen der k. k. geologischen Reichsanstalt 1885, S. 245.

[4]) L. c. p. 374.

[5]) Man vergleiche hierüber: D. Stur, Beiträge zur Kenntniss der stratigraphischen Verhältnisse der marinen Stufe des Wiener Beckens. Jahrbuch der k. k. geologischen Reichsanstalt 1870 (20. Band), S. 303 u. f. — Th. Fuchs, Geologische Uebersicht der jüngeren Tertiärbildungen des Wiener Beckens und des ungarisch-steirischen Tieflandes. Zeitschrift der deutschen geologischen Gesellschaft, Jahrgang 1877, S. 653 u. f.

Columbella subulata, *Pleurotoma turricula*, *P. dimidiata*, *P. monilis*, *P. spirialis*, *Murex spinicosta*, *Terebra pertusa*, *T. acuminata*, *Pecten cristatus*, *Cassis Saburon*, sowie die Gattungen *Ancillaria* und *Conus* fast ganz; nur wenige Formen erschienen in etwa gleicher Häufigkeit wie im Badener Tegel und wären von diesen zu nennen: *Corbula gibba*, *Ringicula buccinea*, *Natica helicina*, *Cassidaria echinophora*, *Pleurotoma cataphracta*. Diesen so charakterisirten Habitus hielt ich für den der Fauna von Walbersdorf. In dieser Meinung wurde ich noch durch den Umstand bestärkt, dass alle grösseren und auch einige kleinere Formen noch zum Theile in dem sandigen Tegel eingeschlossen waren. Verhältnissmässig selten waren Gemenge der zwei Faunentypen unter den Vorräthen der Arbeiter vertreten; es durfte daher erwartet werden, dass man durch strenge Separirung der einzelnen von den Arbeitern erworbenen Partien eine ziemlich sichere Sammlung von Walbersdorfer Fossilien zusammenstellen konnte, vorausgesetzt, dass die vorzunehmenden eigenen Aufsammlungen den Habitus der vermuthlichen Walbersdorfer Fauna als richtig erkannt ergeben würden.

Die von mir selbst vorgenommenen Aufsammlungen boten, obwohl der Zeitpunkt hiefür nicht der günstigste war, immerhin ganz interessante Resultate.

Mit Ausnahme der *Gryphaea cochlear*, welche ich in dem schon von Fuchs (l. c.) erwähnten Niveau selbst sammeln konnte, war ich auf den Aushub angewiesen.

In der unten angeführten Fossilliste sind solche Formen, deren Vorkommen ich durch directe Aufsammlung feststellen konnte, mit * * bezeichnet. Auffallend war der Reichthum an Pteropoden, welche ganze Schichtflächen des Aushubes tieferer Horizonte bedecken. Es konnte auch durch Schlämmen eine ausserordentlich reiche Foraminiferen-Fauna gefunden werden, welche nach einer flüchtigen Durchsicht Herrn F. Karrer vollständig mit der Foraminiferen-Fauna des Badener Tegels übereinzustimmen schien. Auch eine Anzahl von Fischresten wurde gesammelt, welche aber bisher noch nicht bestimmt sind. Ausserordentlich häufig waren darunter grössere und kleinere Otolithen (in drei Formen). Bemerkenswerth ist ferner das Auftreten von Brachyuren (in mindestens zwei Formen), sowie von verschiedenen Echinodermenresten, unter welchen der von Hörnes schon an dieser Localität entdeckte und in der Tabelle auch angeführte *Brissopsis ottnangensis* R. Hörnes der häufigste ist. Ausser den in der Tabelle zu nennenden Korallen, unter welchen der von Fuchs schon erwähnte *Ceratotrochus multiserialis* (Michti) für Walbersdorf besonders bezeichnend ist, erhielt ich von dem Ziegeleibesitzer Herrn Joh. Prost unter Anderem auch zwei Korallenstöcke aus der Familie der Astraeiden. Der Vollständigkeit halber sei noch das Vorkommen von Pflanzenresten erwähnt; ausser unbestimmbaren Blattfragmenten habe ich auch die schon von Toula angeführten Pinus-Zapfen gesammelt. Hie und da findet man auch Fragmente von *Lithothamnium*.

	Walbersdorf	Badener Tegel	Ottnang	Ostrauer Tegel
* * *Aturia Aturi* Bast.	20	—	195	6
* * *Hyalaea bisulcata* Kittl	14	—	—	5
* * *Vaginella austriaca* Kittl. normale Var. .	5	(15)[1]	—	16
* * „ „ schlanke Var. .	20	(15)[1]	—	2

[1] Nach dem Materiale des k. k. naturhistorischen Hofmuseums.

	Walbersdorf	Badener Tegel	Ottnang	Ostrauer Tegel
* * *Vaginella* (Uebergangsform von *V. austriaca* zu *V. Lapugyensis*)	20	—	—	—
Conus Dujardini Desh.	1	632	4	—
* * *Ringicula buccinea* Desh.	60	720	1	—
Voluta rarispina Lamk.	1	(2) [1]	—	—
Mitra cupressina Brocc.	13	50	—	—
„ *fusiformis* Brocc.	1	—	—	—
* *Terebra fusiformis* M. Hörn.	15	3	—	—
* *Nassa limata* Chemn.	12	(10) [1]	—	—
* „ *restitutiana* Font. (*B. costulatum*)	9	425	—	—
* *Cassis Saburon* Lamk.	1	70	(111) [2]	—
* * *Cassidaria echinophora* Lamk.	15	2	—	4
* * *Chenopus alatus* Eichw.	65	(162) [4]	1 ?	1 ?
Purpura haemastomoides R. Hörn.	1	—	—	—
Triton affine Desh.	2	(6) [4]	—	—
* „ *appenninicum* Sassi	15	6	—	
* *Pteronotus Swainsoni* Michti.	1	(5) [1]		—
* * *Trophon vaginatus* Jan.	60	(7) [3]	—	1
Typhis fistulosus Bronn.	5	75	—	—
Fusus crispoides R. Hörn. (*F. crispus* M. Hörn.)	3	9	—	6
„ *semirugosus* Bell. et Micht.	1	95	—	
* *Cancellaria Bellardii* Michti.	10	7	—	—
* *Pleurotoma cataphracta* Brocc.	9	136	26	2
„ *asperulata* Lam.	1	18		—
* „ *obeliscus* Des Moul.	23	2801	—	—
„ *turricula* Brocc.	1	4140	12	—
„ *granulato cincta* Münst.	1	2	—	—
„ *dimidiata* Brocc.	1	1715	6	—
* * „ *modiola* Jan.	26	44	—	—
* „ *Sandleri* Partsch	1	32	—	—
* *Cerithium vulgatum* Brug. Var. M. Hörn.	1	—	—	—
* *Turritella vermicularis* Brocc. Var.	1	(1) [1]	—	—
* „ *bicarinata* Eichw.	2	12	—	—
Eulima Eichwaldi M. Hörn.	2	(4) [1]	—	—
* *Bulla clathrata* Defr. cf.	1	—	—	—
* * *Natica helicina* Brocc.	120	2120	1127	—
„ *redempta* Micht.	2	3	—	—
* *Dentalium tetragonum* Brocc. und zum Theile ähnlich *D. Karreri* R. Hörn.	7	—	(2) [5]	—
* *Vermetus f. indet.*	1	—	—	2
* * *Anatina Fuchsi* R. Hörn.	6	—	718	2
* * *Corbula gibba* Olivi	70	220	12	(1) [6]
* * *Tellina Ottnangensis* R. Hörn. cf.	1	—	680	3

[1] Nach dem Materiale des k. k. naturhistorischen Hofmuseums.

[2] R. Hörnes' Ziffer für *Cassis Neumayri* (Die Fauna des Schliers von Ottnang, Jahrbuch der k. k. geologischen Reichsanstalt 1875, S. 392).

[3] Die grösste Ziffer bei Stur (für die Localität Möllersdorf).

[4] Nach Stur von Möllersdorf.

[5] R. Hörnes' Ziffer für *Dentalium Karreri* (l. c. p. 393).

[6] Nach L. Hohenegger, Die geognostischen Verhältnisse der Nordkarpathen, S. 40.

	Walbersdorf	Badener Tagel	Ottnang	Ostrauer Tegel
* * *Solemya Doderleini* Mayer	30	(1) [1]	104	3
* *Cardita Partschi* M. Hörn.	3	1	—	—
„ *Jouanneti* Desm. [2]	2	—	—	—
„ *scabricosta* Michtl cf. [2]	2	—	—	—
* *Leda f. indet.*	1	—	—	—
Pectunculus pilosus L. [2]	2	1	—	—
* *Pinna Brocchii* d'Orb.	1	(3) [3]	18	—
* * *Pecten denudatus* Reuss	15	(2) [1]	112	—
* * „ *comitatus Font aff.*	1	—	—	—
„ 2 gerippte Formen (Fragm.)	2	—	—	—
* * *Gryphaea cochlear* Poli	50	(3)	—	12
* * *Brissopsis Ottnangensis*	8	—	600	1
* * *Ceratotrochus multiserialis* Micht.	150	—	—	—
* *Porites incrustans* Reuss	3	—	—	—

Zum Vergleiche wurden in der voranstehenden Fosilliste noch Daten über das Vorkommen der Fossilien in einigen anderen Localitäten angeführt. Die angegebenen Zahlen für den Badener Tegel sind aus der von D. Stur[5]) für Soos gegebenen Tabelle entnommen, bis auf die eingeklammerten Zahlen, welche, wo es nicht anders bemerkt wurde, aus einer anderen der von Stur angeführten Fundstellen entnommen wurden. Für den Schlier von Ottnang, welchen Hörnes, wie oben angeführt ist, zum Vergleiche mit Walbersdorf heranzog, wurden die von ihm an anderer Stelle[6]) gegebenen Ziffern benützt. Die Colonne: »Ostrauer Tegel« ist nach meinen eigenen Bestimmungen gegeben.[7]) Für die Pteropoden vergleiche man meine diesbezügliche Arbeit.[8]) In dieser Tabelle sind, um möglichst genaue Vergleiche zu ermöglichen, ausser den von mir selbst sichergestellten Formen, welche mit * * bezeichnet sind, diejenigen Formen mit * angeführt, welche aus den mir ziemlich verlässlich scheinenden Collectionen der Walbersdorfer Arbeiter entnommen wurden, und deren Aussehen oder zahlreiches Auftreten mir eher für den Fundort Walbersdorf als für den einer Badener Localität zu sprechen schien. Der Rest der Liste (also die nicht durch * oder * * hervorgehobenen Formen) scheint mir selbst nicht so verlässlich oder doch jedenfalls für Walbersdorf noch unsicher zu sein; für diese Fossilien halte ich eine Unterschiebung von Badener Exemplaren für möglich. Es sind jedoch Formen des Badener Tegels genug mit Sicherheit festgestellt, noch mehr aber als wahrscheinlich von Walbersdorf stammend anzusprechen, so dass

1) Nach A. Bittner liegt ein Exemplar der *Solenomya Doderleini* von Baden in der Sammlung des Lehrers E. Ebenführer in Gumpoldskirchen. (Vgl. A. Bittner, Noch ein Beitrag zur neueren Tertiärliteratur. Jahrbuch der k. k. geologischen Reichsanstalt 1886, S. 47.)

2) Diese und andere Fossilien könnten wohl aus den den Tegel überlagernden Sanden stammen; es spricht dagegen jedoch die dunkle Färbung.

3) Nach dem Materiale des k. k. naturhistorischen Hofmuseums.

4) Nach F. Karrer (Verhandlungen der k. k. geologischen Reichsanstalt 1885, S. 226).

5) D. Stur, Beiträge zur Kenntniss der stratigraphischen Verhältnisse der marinen Stufe des Wiener Beckens. Jahrbuch der k. k. geologischen Reichsanstalt 1870, S. 303 u. f.

6) Die Fauna des Schliers von Ottnang im Jahrbuch der k. k. geologischen Reichsanstalt 1875 S. 333 u. f.

7) Man vergleiche übrigens auch: D. Stur, Culm-Flora. Abhandlungen der k. k. geologischen Reichsanstalt. VIII. Band, S. 352 u. f.

8) Annalen des k. k. naturhistorischen Hofmuseums, I. Band, S. 47 u. f.

man die Möglichkeit des Vorkommens weiterer Badener Formen nicht als ausgeschlossen betrachten dürfte. Durch den oben dargestellten Vorgang bei der Auswahl der durch Kauf erworbenen Collectionen wurden die Chancen einer Unterschiebung von Badener Exemplaren so weit als thunlich auf das geringste Mass reducirt. Aus der obigen Vergleichstabelle ist aber zu entnehmen, dass von den sicheren 20 Walbersdorfer Formen deren 13 auch in Badener Tegel, 10 im Schlier von Ottnang und 13 im Ostrauer Tegel vorkommen. Ermittelt man dieselben Zahlen unter Zuziehung der mit * bezeichneten Fossilien, sowie endlich für alle in der Liste angeführten Versteinerungen, so erhält man Zahlen, welche hier mit den obigen zusammengestellt seien.

Von Walbersdorf	Zahl der Formen, gemeinsam mit		
	Badener Tegel	Schlier von Ottnang	Ostrauer Tegel
Sichere Formen . . . 20	13	10	13
Sichere und wahrscheinliche Formen 40	26	14	15
Sämmtliche Formen der obigen Tabelle . . . 59	40	17	16

Für alle Fälle darf demnach mit Berücksichtigung des heutigen Standes unserer Kenntniss der Walbersdorfer Fauna für letztere der Schluss gezogen werden, dass sie aus Formen des Badener Tegels und des (Ottnanger) Schliers gemengt sei.

Es sei noch bemerkt, dass unter Walbersdorfer Fauna ausschliesslich die Fauna des Tegels verstanden wird. Die Fauna, welche aus den Tegel überlagernden Sand- und Geröllmassen, sowie sandigen Mergeln stammt, unterscheidet sich ausser durch die weissliche Färbung auch durch gewisse Formen höherer bathymetrischer Niveaux, wie *Pectunculus pilosus*, *Lucina columbella*, *Cardita Jouaneti*, *Turritella Archimedis*, *Trochus patulus* etc.

Fuchs hat das stratigraphische Verhalten dieser oberen marinen Sande, sowie der darüber folgenden sarmatischen Schichten genauer studirt. Zu entscheiden, ob nun die oben dargestellte Mengung der Schlier-Fauna mit der Fauna des Badener Tegels im Tegel eine ursprüngliche sei, oder ob nicht etwa die zwei erkennbaren Faunen-Elemente aus verschiedenen Niveaux der Tegelablagerung stammen,[1]) muss genaueren Studien vorbehalten werden, welche zu einer Zeit vorzunehmen wären, wann die ganze Schichtenreihe in den Ziegeleien besser zugänglich sein wird, als dies zur Zeit meines Besuches der Fall war. Die dann zu erlangenden Aufschlüsse dürften wohl noch eine besondere Wichtigkeit erlangen.

Ausgrabungen in St. Lucia. — Das Dorf St. Lucia bei Tolmein im Küstenlande ist unmittelbar am Einflusse der Idria in den Isonzo, und zwar im nordöstlichen Winkel des von den tiefen Schluchten der beiden Flüsse gebildeten T (am rechten Ufer

[1]) Bei einer solchen Lösung der Frage würden sowohl Hörnes als auch Fuchs Recht behalten, es hätte ersterer nur Fossilien des Schlier-Horizontes, letzterer nur solche des dem Badener Tegel entsprechenden Horizontes zu Gesichte bekommen. — Einer ähnlichen Anschauung hat auch schon Tietze Ausdruck gegeben (Die Versuche einer Gliederung des unteren Neogen in den österreichischen Ländern, zweite Folge. Zeitschrift der deutschen geologischen Gesellschaft 1886, S. 85).

der Idria) gelegen. Gegenüber der Ortschaft, am linken Ufer der Idria, steigt das Terrain in mehreren mit Aeckern und Wiesen bebauten Terrassen an. Die zweite derselben, circa 50 M. breit und von Osten nach Westen 300 M. lang, enthält das prähistorische Gräberfeld. In ihrem mittleren, durch zwei Hohlwege von den anderen Theilen abgegrenzten Drittel wurden in den Jahren 1882—1885 von den Herren Dr. Bizzaro aus Görz und Dr. Marchesetti aus Triest durch Abgrabung verschiedener kleiner Stellen bereits mehr als 500 Gräber aufgedeckt.

Die für das k. k. naturhistorische Hofmuseum unter der Leitung des Herrn Custos J. Szombathy heuer in Angriff genommenen Grabungen bewegten sich auf dem westlichen Drittel des Gräberfeldes. Hier wurde auf dem dem Grundbesitzer Johann Golja gehörigen Felde eine Fläche von nahezu 1000 □ M. systematisch durchgegraben, und es fanden sich auf diesem Raume 599 Gräber nebst verschiedenen einzelnen Funden.

Sämmtliche bisher in St. Lucia gefundenen Gräber sind Brandgräber mit einfacher Ausstattung. Meist ist der aus Holzkohlenklein und Asche bestehende und wenige calcinirte Knochenstückchen enthaltende Leichenbrand in eine cylindrische oder birnförmig nach abwärts sich erweiternde Grube von 20 bis 60 cm. Durchmesser beigesetzt. Eigene Urnen kommen selten vor und bestehen dann regelmässig aus grossen, tonnenförmigen, rothgebrannten Thongefässen, welche den Leichenbrand sammt allen Beigaben bergen. Nach oben sind die Gräber, mögen sie nun eine Urne enthalten oder nicht, fast ausnahmslos mit Steinplatten abgeschlossen. Diese Steinplatten, deren Grösse von 30 cm. bis 120 cm. im Gevierte schwankt, liegen in einer Tiefe von 16 cm. bis 2 M. unter der Oberfläche und die Gräber gehen dann noch 20—90 cm. tiefer hinab.

Die Beigaben bestehen in der Regel aus zwei Thongefässen (und zwar einem grösseren, topf-, vasen- oder krugförmigen und einem kleineren schalenförmigen Gefässe), welche auf der Kohle obenauf stehen, und aus metallenen, meist bronzenen Schmuckgegenständen, wie Hals-, Arm- und Fingerringen, Fibeln, grossen Gewandnadeln u. s. w., welche in die Kohle eingebettet sind. Die Bronzen haben vielfach durch den Leichenbrand Schaden gelitten. Perlenschmuck, besonders Bernsteinperlen und Waffen gehören hier zu den Seltenheiten.

Ihren Formen nach gehören diese Funde der Hallstätter Periode an, deren verschiedene Altersstufen sie vollständig umfassen, und zwar repräsentiren sie in Bezug auf die localen Nuancen der Bronzen und der Thongefässe ein Verbindungsglied zwischen den gleichalterigen Nekropolen von Krain und von Oberitalien.

Es wird beabsichtigt, diese lohnenden Ausgrabungen noch in diesem Herbste weiter zu führen.

Ausgrabungen in der Höhle bei Duino. — Zur Fortsetzung der schon im vorigen Jahre begonnenen Arbeiten in dieser Höhle, die in dem fürstlich Hohenlohe'schen Hirschpark gelegen ist, wurde von der prähistorischen Commission der kais. Akademie der Wissenschaften dem Herrn Prof. Dr. Carl Moser in Triest auch für dieses Jahr ein Betrag von 150 fl. zur Verfügung gestellt; ausserdem aber wurden durch Beiträge von Freunden der Wissenschaft in Triest, und zwar der Herren Franz Kalister, Paul Scaramanga, Josef Ritter v. Maurer, Richard v. Schröder, Ludwig Brettauer, Philipp Diana, Hugo v. Dauch, Constantin Costi, Paul Baron Ralli, Goldschmidt, dann des Verwaltungsrathes des österr.-ungar. Lloyd und der Bankhäuser Morpurgo-Parenti und Gebrüder Demetrio weitere 600 fl. zusammengebracht, welche erlauben werden, die Untersuchungen der genannten Höhle sowohl, wie vielleicht auch anderer in der Nähe gelegener Punkte, die interessante prähistorische Funde versprechen, mit allem Nachdrucke weiter zu führen.

Vermehrung der zoologischen Sammlungen im Jahre 1885. — Nach Abschluss der Inventarisirungsarbeiten für das Jahr 1885 können wir im Anschluss an die schon im Jahresberichte (Heft I der Annalen) gegebenen Details nunmehr eine Uebersicht des gesammten Zuwachses, welchen die zoologischen Sammlungen im Laufe dieses Jahres erfahren haben, geben. Derselbe beträgt 12121 Exemplare, von welchen 3173 Stücke durch Ankauf und 8948 Stücke als Geschenke erworben wurden; und zwar: Säugethiere 138 Exemplare, Vögel 234, Reptilien und Amphibien 236, Fische 1415, Lepidopteren 607, Coleopteren 2637, Neuropteren 209, Orthopteren 88, Dipteren 609, Hymenopteren 1519, Hemipteren 219, Crustaceen 1737, Arachniden 326, Myriapoden 246, Mollusken 958, Echinodermen, Würmer und Coelenteraten 942. — Die Bibliothek der zoologischen Abtheilung vermehrte sich um 1782 Bände und Hefte, von welchen 1622 durch Kauf und 160 durch Schenkung erworben wurden.

Herr **Eugen Schott**, Cassacontrolor bei der Oesterreichisch- ungarischen Bank, hat in der hochherzigsten Weise der botanischen Abtheilung das gesammte noch vorhandene botanische Vermächtniss seines Vaters H. W. Schott gewidmet, damit die in demselben vorhandenen Schätze der Wissenschaft zugänglich gemacht und an würdiger Stelle zum bleibenden Andenken aufbewahrt werden sollen. Hiedurch gelangte die botanische Abtheilung, welche bereits vor längerer Zeit die einzig dastehende, gegen 3500 grösstentheils colorirte Foliotafeln umfassende Collection von abgebildeten Araceen aus dem Schott'schen Nachlasse durch die Munificenz Sr. k. und k. apost. Majestät erhalten hatte, in den Besitz einer gegen 2000 Nummern zählenden Sammlung von höchst werthvollen, mit unendlichem Fleisse und in allen Details gewissenhaft und künstlerisch ausgeführten Pflanzenabbildungen, welche zumeist auf die Arbeiten H. W. Schott's Bezug nehmen und demnach, da die meisten Originalexemplare des Herbares Schott's verschollen sind, von unschätzbarem Werthe bleiben. Vor Allem sind in dieser Sammlung hervorzuheben 350 zumeist colorirte Abbildungen von Primulaceen, 127 Blätter *Sempervivum*, gegen 300 Tafeln von Pflanzen, welche H. Schott in den »Analectis« und an anderen Orten veröffentlichte, endlich fast alle Originalzeichnungen zu seinen Werken.

Durch diese hochsinnige Widmung wurde nun das ganze botanische Vermächtniss des um die Wissenschaft hochverdienten vaterländischen Botanikers H. W. Schott in der botanischen Abtheilung vereinigt und steht daselbst jederzeit der Benützung für Fachleute offen.

Dr. A. Brezina. Neue Meteoriten II. Von hervorragenderen Erwerbungen an neuen Meteoriten sind seit der letzten Nachricht (Notizen Seite 12—14) namentlich zwei zu erwähnen. Das eine ist ein noch nicht beschriebenes Meteoreisen von Maverick County, Texas, U. S. A., das von einem amerikanischen Officier, C. C. Cusick, im Jahre 1882 nahe bei Fort Duncan gefunden wurde. Es wog ursprünglich 97¹/₄ Pounds (44 Kilo 112 Gramm), nach Abtrennung zweier kleiner Stücke von 136 und 63 Gramm, welche zunächst nach Wien gelangten, und eines dritten für die chemische Untersuchung noch 42 Kilo 70 Gramm.

Durch eine vortheilhafte Abmachung mit dem Mineralienhändler Herrn Julius Böhm (demselben, welcher durch seine Intervention die Sicherung der später von Herrn F. von Zwiklitz für uns angekauften grossen Meteoriten von Babbs mill, Elmo, Glorieta und Laurens bewirkt und dafür als Entschädigung ein Stück vom Elmoeisen erhalten hatte) war ich in der Lage, für das Museum ein Drittel des Duncaneisens, also 14 Kilo, ein flaches Segment von fast 6 Quadratdecimeter Aetzfläche, zu gewinnen. Dieses Eisen ist ausgezeichnet durch eine ganz ungewöhnliche Widerstandsfähigkeit gegen Säuren, welche durch einen Reichthum an Rhabdit entsteht, wie ihn kein anderes Meteoreisen besitzt. Das Eisen gehört der Braunauer Gruppe (den hexaëdrischen Eisen) zu; sein nächster Verwandte ist das Eisen von Santa Rosa, Sancha Estate, Texas (nicht zu verwechseln mit Santa Rosa, Coahuila, Mexiko), das von Lieutenant Gouch nach Washington gebracht wurde und nunmehr in der Smithsonian Institution aufbewahrt wird. Diese beiden Eisen, deren Fundorte allerdings nahe genug an einander liegen, um an eine Zusammengehörigkeit der Eisen denken zu lassen, gehören zur selben Gruppe und stimmen ausserdem im Reichthum an Rhabdit und in der Widerstandsfähigkeit gegen Säuren qualitativ überein, obwohl das Duncaneisen diese Eigenschaften in noch höherem Grade besitzt als das von Sante Rosa; dagegen fehlen dem Duncaneisen die eigenthümlichen federbartähnlichen Zeichnungen, welche Santa Rosa zwischen benachbarten Neumann'schen Linien zeigt. Das Duncaneisen scheint sehr wenige und nur kleine (bis etwa 1 Cm. grosse) Troiliteinschlüsse zu besitzen. Ob die beiden Eisen zum selben oder zu verschiedenen Fällen gehören, wird sich erst nach der Untersuchung etwas grösserer Aetzflächen vom Santa Rosaeisen bestimmen lassen.

Die zweite grössere Acquisition des Museums besteht in einem ausserordentlich interessanten Monolithen vom Glorietafalle. Es war schon in der erwähnten Notiz über das Glorietaeisen (l. c., p. 13) angeführt, dass drei ursprünglich zusammenhängende, dann während des Falles getrennte, aber theilweise wieder überrindete Massen von 67, 52 und 24 Kilogramm gefunden worden waren. Weitere Nachforschungen hatten nun das interessante Resultat, dass noch drei weitere, auffallend kleine monolithische Massen von je ungefähr 1 Kilogramm gefunden wurden, welche alle auf der einen Seite eine ältere, abgerundete Aussenfläche, auf der anderen eine jüngere zackige Trennungsfläche zeigen. Eines dieser Stücke, von G. F. Kunz mit Nr. 6 bezeichnet, kam nun in den Besitz des Museums. Dieses Stück wiegt 1 Kilogramm 49 Gramm, hat ungefähr die Form eines dreilappigen Blattes, die convexe zugerundete Seite ist die primäre, die flache, aus fast ebenen, ziemlich scharfkantig zusammenstossenden Flächenelementen bestehende Seite die secundäre. Das ganze Stück ist durch anhaftende eisenschüssige Erde oberflächlich rothbraun gefärbt.

F. Heger. Ein sehr werthvolles Geschenk erhielt die ethnographische Sammlung von Sr. Hoheit dem Rajah Sir Sourindro Mohun Tagore in Calcutta, welchem in der wissenschaftlichen Welt wie unter seinen Landsleuten hochangesehenen Manne das Museum schon eine vor mehreren Jahren gemachte Schenkung indischer Musikinstrumente verdankt. Diesmal sind es 19 Nummern interessanter Waffen und anderer Gegenstände von ethnographischem Interesse, sowie eine zweite grosse Sammlung indischer Musikinstrumente, welche wir diesem unermüdlichen Gönner unseres Institutes zu verdanken haben. Letztere Sammlung, welcher ein gedruckter erklärender Katalog beigegeben ist, besteht aus 51 Nummern und enthält die gangbarsten Instrumente, wie solche heute in Indien bei verschiedenen Gelegenheiten gespielt werden. Wir dürfen die Hoffnung aussprechen, dass Se. Hoheit auch in Zukunft sein Augenmerk der Vermehrung der indischen Sammlungen unseres Museums zuwenden werde.

Berichtigung: Wir werden freundlichst darauf aufmerksam gemacht, dass die auf p. 11 der dem 2. Hefte der Annalen beigegebenen Notizen erwähnte Wayangausgabe nicht von dem emerit. Prof. P. G. Veth, sondern von dem Director des Rijks Ethnographisch Museum in Leiden Herr Dr. L. Serrurier veranstaltet wurde, während Herr Prof. Veth ursprünglich nur die Beurtheilung des Druckes übernommen hatte.

Notizen.

Inhalt. Personalnachrichten. — Bilderschmuck im k. k. naturhistorischen Hofmuseum. — Die k. k. naturhistorischen Hofmuseen in Wien. — Dr. Fr. Berwerth. Ein neues Vorkommen von krystallisirtem Sandstein. — Dr. M. Haberlandt. Assyrisch-babylonische Alterthümer. — Die Ausgrabungen in St. Lucia. — Aufsammlungen für die paläontologische Abtheilung. — Botanische Abtheilung. — Dr. Eduard Becher †.

Personalnachrichten. — Der Assistent am k. k. naturhistorischen Hofmuseum, Herr Ernst Kittl, wurde von Sr. k. k. apost. Majestät Erstem Obersthofmeister mittelst Erlasses vom 2. November l. J. zum Custos-Adjuncten ernannt.

Mit Bewilligung des hohen Obersthofmeisteramtes ist Herr Anton Weithofer als Volontär zur Dienstleistung in der geologisch-paläontologischen Abtheilung des Museums eingetreten.

Der Intendant Hofrath Franz Ritter von Hauer wurde von der k. bayerischen Akademie der Wissenschaften in der Sitzung am 26. Juni l. J. zum auswärtigen Mitglied der mathematisch-physikalischen Classe gewählt.

Der Custos der zoologischen Abtheilung, Herr August von Pelzeln, wurde von der zoologischen Gesellschaft in London in der Sitzung am 22. Juli l. J. zum correspondirenden Mitglied gewählt.

Herr Custos Franz Heger sowohl, wie Herr Felix Karrer nahmen an der vom 18. bis 24. September l. J. in Berlin abgehaltenen 59. Versammlung deutscher Aerzte und Naturforscher Antheil; Ersterer als Mitglied der zum ersten Male gebildeten Section für Geographie und Ethnologie, Letzterer als jener für Mineralogie und Geologie; auch der provisorischen Eröffnung des neuen Museums für Völkerkunde in Berlin am 21. September hatte Herr Custos Heger Gelegenheit beizuwohnen. — Bei dem in Wien vom 26. September bis 2. October abgehaltenen internationalen Orientalisten-Congress vertrat unser Museum als Delegirter Herr Dr. M. Haberlandt.

Bilderschmuck im k. k. naturhistorischen Hofmuseum. — Nach dem Plane des Architekten Carl Freiherrn von Hasenauer erhalten sämmtliche 19 Schausäle des Hochparterre, in welchen bekanntlich die mineralogischen, geologischen, prähistorischen und ethnographischen Sammlungen zur Aufstellung kommen, eine diesen Sammlungen entsprechende Ausstattung mit grossen Oelgemälden, die oberhalb der Wandkästen, in reichen Rahmen gefasst, die Wände zieren sollen. Von diesen Oelgemälden ist bereits ein grosser Theil von heimischen ausgezeichneten Künstlern ausgeführt und an Ort und Stelle gefügt. Nun ist auch die Ausführung der noch fehlenden Bilder an Künstler übertragen worden.

Für viele dieser Bilder wurden die für die Darstellung nöthigen Vorlagen durch die Intendanz des Museums beschafft, andere wurden durch directe Aufnahmen nach der Natur von den betreffenden Künstlern gewonnen.

Was nun die Bilder selbst betrifft, so stehen sie im innigsten Zusammenhange mit den Sammlungen.

Die mineralogisch-petrographische Abtheilung erhält für ihre fünf Säle 27 Bilder, und zwar in Saal I ihrer fünf, davon drei grosse von 2° 9″ Länge und wie auch alle

d

übrigen Bilder von 5′ 9″ Höhe: »Der Hochgoldberg bei Rauris«, »Ein Diamantfeld im Capland«, »Der Goldbergbau in Vöröspatak«, dann »Hydraulic Goldmining« und eine Ansicht des Bleibergbaues von Raibl.

Saal II erhält drei grosse Bilder von 2° 4″ Länge, eines davon, »Die Adelsberger Grotte mit dem Calvarienberg«, von C. Hasch gemalt, ist bereits angebracht. Zur Ausführung kommen: »Das Salzbergwerk von Wieliczka« und »Der Erzberg bei Eisenerz«.

Saal III bekommt fünf Bilder, und zwar drei grosse von 2° 7″ Länge: »Der Braunkohlenbergbau von Dux«, »Die Smaragdgruben im Habachthal«, »Opalgruben in Czerwenitza«, und zwei mittlere von 1° Breite: »Erdölspringquell in Baku« und »Springquell« von Rank.

Für den Saal IV, in welchem die Aufstellung der terminologischen und paragenetisch-hüttenmännischen Sammlung erfolgt, sind eilf Bilder bestimmt. Davon sind bereits acht an Ort und Stelle. Fertig sind zwei grosse Bilder von 2° Länge: »Das Prebischthor«, eine Quadersandstein-Felspartie aus der böhmischen Schweiz und »Der Schlern mit den Erdpyramiden auf dem Ritten bei Bozen«, beide von Professor Ed. von Lichtenfels; zwei mittlere von 1° Breite: »Der grosse Fischsee in der Tátra«, von Professor Ed. von Lichtenfels, und »Der Plöckenstein-See mit der Plöckenstein-Wand im Böhmerwald«, von Adolph Obermüllner; vier kleine von 2′ 9″ Breite: »Das grosse Rekaloch bei Divazza im Triestiner Karst«, »Der Eissalon in der Eishöhle von Dobschau in Ungarn«, »Der Wergotsch, Basaltfels bei Aussig in Böhmen«, und »Perecznik im Urata Thale«, sämmtlich von Professor Ed. von Lichtenfels.

Zur Ausführung gelangen noch drei kleine Bilder: »Die Masulschlucht bei Meran«, »Der Granitbruch von Mauthhausen«, »Der Gypsbruch im Buchberg-Thale«.

Für den Saal V, in welchem an der Aufstellung der berühmten Meteoritensammlung und der Baumaterialien-Sammlung emsig gearbeitet wird, sind drei grosse Bilder bestimmt, und zwar Nr. 1 und 3: »Interieur aus dem Hof-Mineraliencabinet«; Nr. 2: »Meteorsteinfall von Knjahynia«.

Mit Saal VI beginnt die geologisch-paläontologische Abtheilung, welcher weitere drei Längssäle und der grosse Mittelsaal X zugewiesen sind. Dieselbe erhält 37 Bilder, und zwar:

Der Saal VI bekommt sieben Bilder, wovon fünf fertiggestellt sind, und zwar: zwei grosse Bilder: »Der Kaiser Franz Joseph-Fjord an der Ostküste von Grönland«, von Albert Zimmermann in Salzburg; »Das Kaiser Franz Joseph-Land mit dem ‚Tegetthoff'«, von Julius Ritter von Payer; ein mittleres: »Der Kaiser Franz Joseph-Gletscher in den nördlichen Alpen von Neuseeland«, von Adolph Obermüllner; zwei kleinere: landschaftliche Skizzen von der Küste des Kaiser Franz Joseph-Landes: »Der Austria-Sund« und »Cap Tirol«, von Julius Ritter von Payer.

Zur Ausführung gelangen: ein grosses Bild: »Kaiser Franz Joseph-Höhe mit der Pasterze und dem Grossglockner«, und ein kleineres »Aus Dalmatien«.

Hier dürfte auch das Bild zur Aufbewahrung kommen, das die grosse Kaiserin Maria Theresia 1773 zur Erinnerung an die Gründung und Installirung dieser Hofsammlungen durch die Maler Ludwig Kohl und Franz Mesmer in Oel anfertigen liess, welches Kaiser Franz I. in Lebensgrösse, umgeben von seinem Leibarzte Gerard Freiherrn van Swieten als Präfecten der Hofbibliothek, dem Director des Naturaliencabinets Johann Ritter von Baillou, dem Münz- und Antikencabinets-Director Valentin Duval und dem Director des physikalischen Cabinets Abbé Johann Marcy, darstellt.

Saal VII erhält fünf Bilder: drei grosse von 2" Länge, wovon eines, »Die Neuseeländischen Alpen«, fertiggestellt ist und die beiden anderen: »Die Zillerplatte« und »Der Tafelberg am Cap« bestellt wurden. Ferner zwei kleinere von 5' 9" Breite, und zwar: »Sonamarg im Himalaya« und »Der Madatsch-Gletscher«.

Für Saal VIII wurden drei grosse Bilder von 2" Länge bestimmt: »Der Steinbruch von Margarethen«, »Die Klippe von Csorsztyn« und »Der Marmorbruch von Carrara«.

Saal IX hat sämmtliche für denselben bestimmte Bilder bereits erhalten. Es sind dies drei grössere Bilder: »Waskakie. Bad Lands in Wyoming, Nordamerika (Eocänlandschaft)«, »Der Riesendamm von Antrim an der Küste von Irland (Basaltformation)«, »Rotomahana, der warme See mit den Sprudeln Tetarata und Otukapuarangi auf der Nordinsel von Neuseeland«, welches Naturwunder leider bei den grossen Eruptionen des Tangario in jüngster Zeit für ewige Zeiten zerstört wurde; zwei mittlere Bilder: »Der thätige Krater des Vulcans Tangkuban Prahu auf Java« und »Ausbruch des Georg-Vulcans auf Santorin im griechischen Archipel«; sämmtlich von August Schaeffer.

Für den grossen Mittelsaal X sind nicht weniger wie 17 Bilder bestimmt, von denen bereits 11 zur Ausführung kamen.

Fertig sind fünf grössere Bilder, 1" 3' 8" lang: »Ideallandschaft der Steinkohlenperiode (Vegetationsbild mit Amphibien und Reptilien)«, »Ideallandschaft der Triasperiode (Vegetationsbild mit Reptilien und Vögeln)«, »Idealbild der oberen Kreide«; »Charakterbild, Centralafrika (Affenbrotbaum)«; »Charakterbild, Ostindien (Baniane)«, alle fünf von Joseph Hoffmann; zwei mittlere, 1" 2' 3" breit: »Elephas primigenius (das sibirische Mammuth)« und »Die ausgestorbenen Riesenvögel (Moa) von Neuseeland«, von Heinrich Otto; vier kleinere Bilder: »Fauna und Flora der Gaskohle«, »Marine Fauna und Flora (Silur, Devon)«, »Marine Fauna und Flora (Jura)«, »Fauna und Flora (Miocän)« von Joseph Hoffmann.

Zur Ausführung kommen sieben Vegetationsbilder aus der Jetztwelt, und zwar drei grössere Bilder: »Brasilianischer Urwald am Amazonenstrome«, »Mangrovewald bei Goa«; vier kleinere: »Riesencactus«, »Mammuthbaum«, »Fichte« und »Australischer Farnwald«.

In den nun folgenden drei Sälen kommt die prähistorische Sammlung aus Europa zur Aufstellung, und zwar im Saale XI die Funde aus der Steinzeit, an welche sich dann in den folgenden beiden Sälen die Funde aus der Metallzeit anschliessen werden.

Diesen Sammlungen entsprechend ist auch der Bilderschmuck, der im Ganzen aus 13 Bildern bestehen wird.

Saal XI bekommt fünf Bilder, und zwar drei grosse, 2" lang, von denen zwei, »Idealbild der Steinzeit«, nach Sellenv (Hugo Darnaut), »Die Höhlen im Thale der Lesse bei Furfooz, Belgien« (Carl Hasch), fertig sind; das dritte, »Die Ruine Hartenstein im Kremsthale«, kommt zur Ausführung.

Das erstere Bild zeigt das Lager unserer Vorfahren am Eingange einer schützenden Höhle zur Zeit, als sie mit den primitivsten Steinwaffen die grossen Thiere des Waldes jagten. Das zweite Bild zeigt die auf urgeschichtlichem Gebiete hochberühmt gewordenen Höhlen von Furfooz, in welchen Reste des Menschen, sowie seine Stein- und Beinwerkzeuge und -Geräthe mit den Resten der ausgestorbenen diluvialen Thiere vorgefunden wurden.

Das dritte Bild wird die malerische Ruine Hartenstein mit der an ihrem Fusse in einer senkrechten Felswand, knapp an der kleinen Krems erscheinenden Gudenushöhle, in welcher durch Funde die südlichste Station der Renthierjäger aus der Renthierperiode unserer Monarchie constatirt werden konnte, zeigen.

Zwei kleinere von 5' 9" Breite, »Löss bei Willendorf nächst Spitz an der Donau oberhalb Krems«, eine Localität, die in jüngster Zeit auf urgeschichtlichem Gebiete zur Berühmtheit kam, weil hier im Löss die Lagerplätze der Mammuth- und Renthierjäger in einer ganz zweifellosen Deutlichkeit begraben erscheinen, und »Nordisches Hünengrab aus der neolithischen Steinzeit in Dänemark«, von Ed. von Lichtenfels, sind bereits ausgeführt.

Für den Saal XII sind drei 2° lange Bilder bestimmt, wovon eines, das Idealbild des Laibacher Beckens, »Pfahlbauten«, von A. Grósz, fertig ist; die beiden anderen, und zwar: »Stone henge« und das »Gräberfeld bei St. Lucia, Küstenland«, werden ausgeführt.

Saal XIII erhält fünf Bilder, drei grosse, 2° lang, und zwar: »Das Hallstätter Gräberfeld«, die »Oeffnung eines Grabes beim Rudolphsthurme oberhalb Hallstatt« zeigend, von C. Hasch ausgeführt, ferner die durch Schliemann's Ausgrabungen blossgelegte »Burg von Mykenae« und die »Tumuli von Rosegg bei Velden in Kärnten«; und zwei kleinere von 5' 9" Breite: »Der Hausberg bei Geiselsberg« und der bekannte »Tumulus von Deutsch-Altenburg«.

Die nun noch folgenden fünf Säle haben die ethnographischen Sammlungen aufgenommen, für welche 34 Bilder bestimmt sind.

Der erste, an die prähistorische Sammlung sich anschliessende Saal XIV bekommt eilf Bilder, von denen sechs fertig sind: zwei grosse von 2° Länge: »Lager der Sioux-Indianer, Nordamerika« und »Indianer auf der Bisonjagd«, beide von J. von Blaas (fertig); zwei mittlere von 1° Länge: »Ruinen von Pachacamac«, »Peru und der Nonnentempel von Chichen Itza, Yucatan, Mexico«, beide von R. Russ (fertig); sieben kleinere, 2' 9" breit: »Teoyamigui, mexicanischer Kriegsgott«, »Koloss von Collo-Collo, Bolivien«, beide von R. Russ (fertig); »Statue von der Osterinsel«, »Nordamerikanisches Cliffhaus«, »Tempel von Samarkand«, »Buddhastatue« und »Tadsch bei Agra«.

Saal XV zeigt drei fertiggestellte grosse Bilder: »Rio de Janeiro, Brasilien« von R. Russ, »Die Mundrucú-Indianer, Rio-Tapajoz, Brasilien« von Jul. von Blaas und »Der Chimborazo, Ecuador« von August Schaeffer.

Für Saal XVI sind sieben Bilder bestimmt, zwei grosse, 2° lange: »Papua-Dörfer am Port-Moresby, Neu-Guinea« von H. Darnaut (fertig), »Jaluit, Marschallsinseln«; zwei mittlere, 1° lang: »Austral-Neger im Lager, Neu-Süd-Wales« und »Maori-Dorf, Neuseeland«, beide von Schönn (fertig); drei kleinere, 2' 9" breit: »Batta-Dorf«, »Sandwich-Insulaner« und »Marquesas-Insulaner«, beide von H. Fischer (fertig).

Saal XVII hat die sämmtlichen für denselben bestimmten Bilder an Ort und Stelle. Es sind dies drei grosse, 2° lange: »Tempelruinen von Phylae, Ober-Aegypten«, »Dorf der Kitsch-Neger, oberer weisser Nil«, beide von L. H. Fischer, »Markt in Tunis« von Al. Schönn; zwei mittlere, 1° lang: »Kaffern-Kraal«, »Dorf der Niamniam, Central-Afrika«, beide von A. Grósz.

Auch Saal XVIII zeigt vollständigen Bilderschmuck, und zwar drei grosse Bilder, 2° lang: »Felsentempel von Mahamalaipur, Madras«, »Tempelruinen von Angkor-Wat, Siam« und »Das Mausoleum zu Alwar, Indien«, alle drei von E. Schindler.

Schliesslich erhält Saal XIX, aus welchem man nach dem Rundgange wieder in das Vestibule heraustritt, drei grosse Bilder von 2° Länge: »Ararat«, »Olymp«, »Tempel von Borobudhur, Java«, und zwei mittlere von 1° Länge: »Fusi-Yama« und »Adamspick«.

Im Ganzen sind 111 Bilder zur Ausschmückung des Hochparterre gewählt worden, von denen bereits 58 vollendet und angebracht sind. Der restliche Theil wird aller Voraussicht nach im kommenden Jahre vollendet werden.

Die k. k. Hofmuseen in Wien. — Unter diesem Titel sind in dem von Herrn k. Rath E. R. Leonhardt redigirten und eben erschienenen Berichte über die Excursionen des Oesterreichischen Ingenieur- und Architekten-Vereines eingehende Mittheilungen über die Entstehung des Planes und die Geschichte, wie die Ausführung des Baues der beiden Hofmuseen, die sich harmonisch dem bereits begonnenen Neubau der k. Hofburg einfügen, gegeben. Wir können es nicht unternehmen, an dieser Stelle einen ausführlicheren Auszug dieser Publication, welche gewiss das höchste Interesse der Fachkreise erregen wird, zu bringen. Nur einige wenige Zahlendaten wollen wir derselben entnehmen.

Die von jedem der beiden Museen bedeckte Grundfläche misst 10.778 Quadratmeter, wovon auf die zwei Höfe 2059 und somit auf die wirklich bebaute Fläche 8710 Quadratmeter entfallen. Das Terrain des Museumsplatzes steigt von der Ringstrasse bis zur Lastenstrasse um mehr als 2 Meter an, so dass die Façade der Schmalseite bis zur Sima des Hauptgesimses an der Lastenstrasse die Höhe von 24·65, an der Ringstrasse dagegen von 26·85 Meter besitzt. Die durch die Colossalstatuen des Helios und der Pallas Athene gekrönten Kuppeln steigen dann um weitere 32·87 Meter an, so dass die Gesammthöhe des Gebäudes über die Ringstrasse 59·72 Meter beträgt.

Verwendet wurden bei dem Bau beider Museen:

Bruchsteine 31.045 Cubikmeter aus den Atzgersdorfer Brüchen.
Ziegel 32,160.000 Stück.
Weisskalk 9180 Cubikmeter.
Hydraulischer Kalk 36,427.806 Kilogramm.
Portland-Cement 287.058 Kilogramm.
Gyps 197.192 Kilogramm.
Sand 66.560 Cubikmeter.
Steinverkleidungswerkstücke 24.137 Cubikmeter.
Genietete und gewalzte Träger, Schliesseisen und verzinkte Steinklammern 1,794.800 Kilogramm.
Die Erdverführung betrug 107.500 Cubikmeter.

Was die Kosten des Baues betrifft, so finden wir die Angabe, dass für die eigentlichen Bauarbeiten beider Museen 7,963.840 fl. präliminirt waren, welcher Betrag nicht überschritten wurde. Für Gas- und Wasserleitungs-Installation wurden 104.000 fl., für Blitzableiter 12.000 fl. ausgegeben, für Beheizungs- und Ventilationsanlagen wurden 1,104.000 fl. präliminirt, für die decorative innere Ausstattung der Räume sind 2,100.000 fl., für Meublement und Einrichtung 600.000 fl., für Einfriedung und Platzanlage 340.000 fl. genehmigt, so dass sich die Gesammtkosten ohne Baugrund auf circa 12,250.000 fl. belaufen.

Dr. Fritz Berwerth. Ueber ein neues Vorkommen »krystallisirten Sandsteins« bei Gersthof nächst Wien. — Im Monate August d. J. machte mir der ehemalige, jetzt im Ruhestande befindliche Präparator Franz Brattina die Mittheilung, dass in den Herrn Karl Scheidl gehörigen Sandgruben, die auf der Gemarkung des Wiener Vorortes Gersthof gelegen seien, eine grössere Menge sogenannten »krystallisirten Sandsteins« gewonnen worden sei. Eine sofort ausgeführte und nachträglich wiederholte Excursion, an der sich abwechselnd Herr Felix Karrer und Th. Fuchs betheiligten, ergab nun, dass in dem ziemlich ausgedehnten und bereits für Neubauten ausgesteckten Grubenterrain, welches sich in der von der Bergsteiggasse und Gersthofer Hauptstrasse gebildeten Ecke, gerade gegenüber dem aus der Maiergasse in Weinhaus durch den fürstlich Czartoryski'schen Park führenden öffentlichen Fussweg befindet, eine ungewöhnlich reiche Ausbeute an »krystallisirtem Sandstein« gemacht worden war, welchen die Grubenarbeiter seiner grotesken Formen wegen »Grottenstein« nannten. Die gesammte Ausbeute an »krystallisirtem Sandstein« fand sich mit den übrigen aus dem Sande gewonnenen härteren Sandsteinbänken am Arbeitsorte zu mehreren grossen Steinhaufen zusammengeworfen. Immerhin konnte aus diesen Sandsteinhügeln nach strenger Auswahl eine ganze Serie sehr gut erhaltener und besonders durch ihre Grösse ausgezeichneter Stücke für das Museum erworben werden. Eine Besichtigung und Untersuchung jener Fundstelle, welche die »krystallisirten Sandsteine« geliefert hatte, konnte aber leider nicht mehr vorgenommen werden, da die betreffenden Gruben schon gänzlich aufgelassen und verschüttet waren.

Während die von Brezina beschriebenen »krystallisirten Sandsteine« von Sievring bei Wien in den marinen Sanden des Wiener Tertiärbeckens vorkamen, gehören die bei Gersthof geöffneten Sandgruben der sarmatischen Stufe des Wiener Beckens an. Ausser einigen wenigen Exemplaren von *Ostrea gingensis* Schlth. var. *sarmatica* wurden in diesen Gruben sonst keine anderen Versteinerungen aufgefunden. Insoweit an den noch freistehenden Steilrändern einzelner Gruben geologisches Detail offen gelegen ist, war ersichtlich, dass in dem etwas geneigten Terrain verschiedene Sedimente zur Ablagerung kamen, die unregelmässig miteinander wechseln und ineinander übergreifen. Es waren unter der Humusdecke abwechselnd mergelige Sande, Schotterlagen, Sandsteinbänke und lockere im Aussehen verschiedene Sande zu beobachten. Meinem verehrten Freunde Herrn Felix Karrer verdanke ich über die genannte Localität folgende Mittheilung: »Der vorherrschende Gesteinscharakter der genannten Sandgruben ist ein rescher, weisslich-grauer, zuweilen gelblicher Sand, durchschnittlich von ziemlich feinem Korn. Jedoch treten in diesem Materiale auch Partien von anderer Beschaffenheit auf. So konnte ich an einer gegen Osten gekehrten Entblössung folgende Schichtenreihe beobachten. Unter der Humus- und Schuttdecke von etwa 2·5 Fuss Mächtigkeit im Durchschnitt liegt dortselbst loser Sand von 1 Fuss Stärke. Es folgt darunter sandiger Thon von etwa 1·5 Fuss Mächtigkeit, der seinerseits auf einer Geröllbank liegt, die bis 5 Fuss Dicke besitzt. Die Gerölle stammen ausschliesslich aus dem Wiener Sandstein. Diese Lage wird von einer weissen, 5—6 Fuss dicken Sandablagerung unterteuft, die unter dem Schutte verschwindet und wahrscheinlich die Schichte mit dem ‚krystallisirten Sandstein' enthält. Diese Thon- und Gerölleinlagerungen sind aber sehr wechselnd, sie fehlen auf anderen Punkten, erscheinen nur als Linsen, die sich auskeilen und sind daher die Entblössungen an anderen Wänden der Grube wieder verschieden. Der Grundtypus der Ablagerung aber bleibt sarmatischer, von Bänken verhärteten Materiales (Sandstein) durchzogener Sand.«

Hieran möchte ich nur eine kurze Bemerkung über die mit den lockern Sanden zusammen auftretenden festen Sandsteinbänke anfügen. Es war nämlich an Entblössungen, die harte Sandsteinbänke enthielten, zu constatiren, dass selbige stets unter eine mergelige Schichtfolge zu liegen kommen und das Hangende des darunter liegenden lockeren Sandes bilden. Die Ursache dieser Erscheinung mag daher höchst wahrscheinlich darin bestehen, dass die wenig durchlässige Mergelschichte einen raschen Durch- und Ablauf des Wassers verhinderte und, indem sie eine langsame Durchsickerung der Wässer veranlasste, dadurch alle Vortheile zu einer Cementirung der darunter liegenden lockeren Sande schuf, wobei es unentschieden bleiben mag, ob das Cement zugeführt oder an Ort und Stelle vorgefunden wurde. Jedenfalls liegt aber in dieser Erscheinung mit ein Grund für die Ansicht vor, dass diese in Verbindung mit mergeligen Schichten in den lockeren Sanden auftretenden Sandsteinbänke von oben nach unten in den darunter liegenden Sand förmlich hineinwachsen und ihre Mächtigkeit vergrössern.

Was nun die Ausbildungsweise des vorgekommenen »krystallisirten Sandsteins« betrifft, so stellen sämmtliche Stücke durchwegs bankartige Absonderungen vor, deren Mächtigkeit im Festen ungefähr zwischen 3—8 Cm. schwankt und die fast immer nur auf einer Fläche in schönen Krystallgebilden auskrystallisirten. Zeigen sich auf der Gegenfläche krystallinische Bildungen, so sind dieselben immer in einer sehr verkümmerten Form entwickelt. Da alle diese krystallinischen Sandsteingebilde stets eine plattige Ausbildung zeigen, so ist es mehr als wahrscheinlich, dass sie in ganz engem Zusammenhange mit einer Mergellage stehen, der sie ihre Entstehung und bankartige Absonderung verdanken.

Die Form der Krystalle ist die des steilen Rhomboides — 2 R. (111), also jene Gestalt, welche an allen bisher bekannt gewordenen krystallisirten Sandstein-Vorkommnissen beobachtet wurde.[1]) Die Krystalle bilden entweder eine drusenartige Bekleidung der festen Unterlage oder sie krystallisirten zu kugeligen Gruppen zusammen. Da sämmtliche Bänke mit den kugeligen Ausbildungsformen durchwegs kleine Gerölle des Wiener Sandsteins eingebacken enthalten, die in den Platten mit den drusigen Bildungen fast gänzlich fehlen, so hat man hiernach und nach der Ausbildungsweise zwei Varietäten dieses Vorkommens zu unterscheiden.

Bei der ersten in drusenartiger Form entwickelten Varietät, die häufig durch Eisenoxyd mehr oder weniger gelb, röthlich oder rostfarbig gefärbt erscheint, sind die Rhomboëder ziemlich scharfkantig ausgebildet und erleidet die Kantenschärfe nur durch die verhältnissmässig grobkörnige Form der Körner, welche an der Oberfläche der Krystalle nur in ihren unteren Theilen in Calcit eingekittet sind, eine schwache Abrundung.

In dieser letzteren Eigenschaft beruht auch die Rauheit und Unebenheit der Oberfläche der Krystalle. Nach der Hauptaxe erreichen die Rhomboëder durchschnittlich 1 Cm. Höhe und sinken gewöhnlich nicht unter 0·5 Cm. Länge herab. Eine wirkliche Verwachsung der einzelnen Krystalle findet nicht statt, dieselben liegen nur in ganz loser Berührung nebeneinander. Dadurch entsteht bei einer Ueberlagerung neuer Krystallschichten ein sehr gebrechliches Krystallhaufwerk, das nur in seinen unteren Theilen grössere Festigkeit besitzt, da sich hier durch ein beständiges Wachsthum die Hohlräume zwischen den Krystallen allmälig schliessen und ein fester Sandstein entsteht. Vielfache Ueberlagerungen und ästige Auswüchse, die sich zu lockeren grösseren Krystallgerüsten ausbauen, wie solche dem Sievringer »krystallisirten Sandstein« typisch waren, fehlen hier gänzlich. Der drusige Charakter geht nie verloren.

Die zweite Varietät, welche in ihrer Hauptmasse einen gelblich-grauen Farbenton zeigt, zeichnet sich vorzüglich durch kugelige Gruppenbildung und die Umschliessung zahlreicher kleiner Gerölle des Wiener Sandsteins aus. Im Allgemeinen ist diese Varietät in viel mächtigeren Platten entwickelt als die drusenartige und lässt sich an denselben recht deutlich das Entstehen der festen bankartigen Theile aus der Verwachsung einzelner Krystallkugeln verfolgen. Da die Aneinanderlagerung und innige Verbindung der Kugeln nicht durchwegs vollendet ist, so treten allenthalben in den massigen

[1]) 1. Krystallisirter Sandstein von Fontainebleau aus dem oligocänen Sand; 2. Lottner, Kryst. Sandstein von Langenrike bei Brilon in Westphalen (Zeitschr. d. Deutschen geolog. Gesellsch. XV. 242, 1863); 3. Lottner, Kryst. Sandstein von der Friedrichs-Bleierzgrube in Tarnowitz, Ober-Schlesien (Zeitschr. d. Deutschen geolog. Gesellsch. XVII. 441, 1865); 4. Brezina, Kryst. Sandstein von Sievring bei Wien (Verhandl. d. Geolog. Reichsanstalt III, 370, 1869).

Theilen dieser Platten noch zahlreiche Canäle und zellige Oeffnungen auf. In den gänzlich verfesteten Partien treten überall auf dem Bruch die Spaltflächen erkenntlich hervor. Zuweilen treten auch rosettenartige Strahlungen aus der Bruchfläche hervor, die einer Kugel mit grösseren Individuen entsprechen. Die Rhomboëder sind ebenfalls ziemlich scharfkantig entwickelt. Die Einzelindividuen überragen die Rhomboëder der ersten Varietät fast allgemein an Grösse. Einzeln ausgebildete Krystalle wurden nie beobachtet. Von einzelnen nur aus wenigen Individuen bestehenden Gruppen abgesehen, vereinigen sich viele Krystalle meist zu 1—2 Cm. im Durchmesser messenden Gruppen, an denen die Krystallspitzen ungefähr bis zu einem Drittel der Grösse des Einzelkrystalles frei ausgebildet sind. Durch das Neben- und Uebereinanderlagern dieser Krystallgruppen erhalten diese Platten ein echt blumenkohlartiges Aussehen. Ein Uebergang zur vollkommenen Kugelbildung findet nicht statt. Vollkommen kugelige und traubig verwachsene Gruppen sind nur an wenigen von den blumenkohlartigen unabhängigen Stücken zur Ausbildung gelangt. Diese Kugeln ragen dann besonders durch ihre Grösse hervor, da sie gewöhnlich 3—4 Cm., aber nie über 5 Cm. im Durchmesser haben. Eine Gesetzmässigkeit in der Verwachsung der Krystalle liess sich nicht beobachten.

Das Material, welches bei dem Aufbau der Krystalle zur Verwendung kam, besteht in beiden Varietäten fast ausnahmslos aus farblosen, unvollkommen abgerollten Quarzkörnern. In den drusenartig auftretenden Rhomboëdern sind die Körner mehr oder weniger von Eisenoxyd schwach braunroth gefärbt, was bei den Körnern der Krystallgruppen in geringerem Grade der Fall ist. Dieser Unterschied zeigt sich auch sehr deutlich bei dem Glühen der beiden Sande, wobei der erstere sich viel stärker rothbraun färbt als der andere. In dem durch Salzsäure ausgelösten Sande beider Varietäten liessen sich als Beimengung zu den farblosen Quarzkörnern einzelne roth, rosenroth und schwarz gefärbte und graue Quarzkörner beobachten, ebenso kleine Körner von Wiener Sandstein und ganz vereinzelt lichte winzige Glimmerschüppchen und Kaolinbröckchen.

In einem Dünnschliffe, quer zur Hauptaxe geschliffen, lässt sich eine regelmässige, in Beziehung zur äusseren Krystallform stehende Anordnung der Quarzkörner nicht beobachten. Die Quarzkörner liegen ganz regellos in einem dünnwandigen, mit thoniger Substanz untermengten Netze von Calcit.

In einem rundum ausgebildeten Rhomboëder der ersten Varietät *(A)* und in einer kugeligen Gruppe *(B)* bestimmte ich je einmal das Mengenverhältniss zwischen Calcit und dem darin mechanisch eingeschlossenen Quarz und fand dabei:

A

in 0·7855 Gramm Substanz	lösliche Bestandtheile	= 0·3251 Gramm	= 41·38%
	unlösliche „	= 0·4604 „	= 58·61%

B

in 3·6515 Gramm Substanz	lösliche Bestandtheile	= 1·5019 Gramm	= 41·13%
	unlösliche „	= 2·1496 „	= 58·86%

Magnesia war in keiner der beiden Proben vorhanden. Zieht man in beiden Fällen von dem in Lösung gegangenen Kalkcarbonat in *A* = 1·38% und in *B* = 1·13% ab und rechnet dieselben als in Lösung gegangenes Eisenoxyd, thonige und sonstige lösliche Beimengung zu dem als unlöslichen Rückstand erhaltenen Quarz hinzu, so ergibt sich ein Mengenverhältniss, in dem sich Calcit und Quarz wie 2 : 3 verhalten.

Dr. M. Haberlandt. Assyrisch-babylonische Alterthümer. — In Heft 3 dieser Annalen ist auf pag. 16 der Notizen, einer von Herrn Dr. Josef Troll aus Mesopotamien mitgebrachten Sammlung von assyrisch-babylonischen Alterthümern Erwähnung gethan, welche für die ethnographischen Sammlungen des Hofmuseums erworben werden soll. Der kürzlich in Wien abgehaltene VII. Internationale Orientalisten-Congress brachte nun die erwünschte Gelegenheit, durch eine Reihe ausgezeichneter Fachgelehrten, wie Herrn Rev. Strassmaier aus London, Dr. C. Bezold aus München, Prof. J. Euting aus Strassburg u. A. m., die erwähnten Denkmäler untersuchen zu lassen, und steht eine Publication des inschriftlichen Materials, so weit die Sammlung ein solches bietet, in der Münchener »Zeitschrift für Assyriologie« durch die genannten Gelehrten unmittelbar bevor. Wir erhielten auf diesem Wege aber auch unmittelbar eine Reihe werthvoller und interessanter Aufschlüsse über die archäologische Bedeutung der einzelnen, unten näher zu bezeichnenden Objecte, welche uns im Verein mit eigenem vorläufigem Studium in den Stand setzen, hier eine kurze Besprechung unserer werthvollen Sammlung liefern zu können.

Die erwähnte Collection, um dies zunächst vorauszuschicken, besteht, soweit sie assyrisch-babylonischen Ursprungs ist, aus eilf grösseren oder kleineren Keilschriftstücken, theils aus Backstein, theils aus Thon, assyrischer und babylonischer Provenienz, sodann aus einem Amulet mit Keilschriftzeichen, wahrscheinlich aus Serpentin, ferner aus vier Figuren von mythologischer Bedeutung aus Terracotta, drei Lampen, einigen Asphalt-Bruchstücken und einem glasirten Ziegelfragmente, endlich aus zwölf babylonischen Steincylindern, darunter zwei Falsificate (worüber gleich Näheres) und 38 Gemmen, Perlen und ähnlichen Objecten. Herr Dr. Troll hat die Stücke zum Theil selbst an Ort und Stelle dem Boden entnommen oder sie aus den Händen der Finder erhalten, zum Theil sind sie von demselben aus dem Besitz von Beduinenweibern u. dgl. oder bei Händlern in Bagdad, Mossul, Diarbekir und anderen Orten erstanden worden. Gelegentlich kommen ja auf diesem uralten Geschichtsboden immer einzelne Funde zum Vorschein, welche entweder als Amulete, Anhängsel und Schmuckstücke in den Händen der Finder bleiben, oder gewöhnlich, durch mehrere Hände gehend, in den Besitz eines arabischen Trödlers wandern. Herr Dr. Troll hat, wie wir beim Durchgehen der beschriebenen Collection zu sehen Gelegenheit finden werden, ein merkwürdiges Glück und Geschick gehabt, aus den schon gründlich ausgebeuteten und abgesuchten Gebieten in kurzer Zeit ein verhältnissmässig sehr reichhaltiges Material zusammenzubringen.

Das unstreitig werthvollste Stück der Sammlung ist ein Fragment (grösste Maasse 8×8 Cm.) (1)[1]) einer zweisprachigen Inschrift (Text und Interlinearversion), welches aus der Mitte einer Tafel, die etwa 2 Decimeter Breite und 4 Decimeter Länge haben mochte, herausgebrochen ist. Es besteht aus einer grauen Thonmasse mit 17 Zeilenresten und zeigt den Namen eines Gottes »Itsida«, welcher in den Keilschrifttexten bisher noch nicht vorgekommen. Es ist daher die Vermuthung nicht ganz unstatthaft, es möchte in unserm Fragment das erste Denkmal eines Baues, eines Tempels des Gottes Itsida gefunden sein. Dr. Strassmaier, unser gelehrter Gewährsmann aus London, erklärt es nun nicht für unmöglich, ja sogar für wahrscheinlich, es möchte in dem Fundorte unsers Fragmentes überhaupt eine neue Fundstätte vorliegen, mit mehr Resten eines Tempels und Cultus jener neuen mythologischen Persönlichkeit. Um so bedauerlicher ist deshalb die Thatsache, dass Herr Dr. Troll gerade dies Fragment nicht selbst

[1]) Die eingeschalteten Nummern sind die provisorisch den genannten Herren Gelehrten mitgetheilten, auf welche sie sich in ihren Publicationen beziehen werden.

aus dem Boden hob, sondern es aus dem Besitz eines Bagdader Händlers erstand, welcher seinerseits über den Fundort unseres Stückes nichts anzugeben wusste. Trotz der sich hieraus ergebenden Aussichtslosigkeit die durch das Stück erregten grösseren Hoffnungen zu befriedigen, bleibt demselben dennoch immerhin ein ganz bedeutendes Interesse und kann dasselbe vielleicht durch zufällige neue dazugehörige Funde noch einmal eine grössere Bedeutung gewinnen.

An zweiter Stelle erwähnen wir ein Exemplar jener Denkmäler, welche von den Keilschriftforschern gewöhnlich »Contracttafeln« genannt werden (2). Unser Exemplar ist ein mässig grosser (5 × 4 Cm.), gut erhaltener und sorgfältig beschriebener Stein und ist datirt, wie auf der Inschrift steht, aus »Babylon am 17. Tage des Monats Ivar des 8. Jahres des Darius, König von Babylon, König der Länder«. Diese Urkunde wird von Dr. Bezold als »Kaufcontract« bezeichnet und demnächst von ihm in seiner Zeitschrift für Assyriologie publicirt und bearbeitet werden. Dr. Troll erwarb dieselbe bei einem Händler in Bagdad.

Unter kurzer Erwähnung einer althebräischen »Zauberschale« (3) mit in unregelmässigen Linien darüber geschriebenen Zauberformeln (von der Art der bekannten arabischen Zauberschalen mit Inschriften) aus dem 4. oder 5. Jahrhundert nach Christi Geburt, welche Herr Dr. Mahler näher zu untersuchen die Freundlichkeit haben wird, führen wir an vierter Stelle (4) das Winkelfragment eines Prismas aus Thon (Länge 5 Cm.) an, wobei der Winkel gemessen ein achtseitiges Prisma von der Art der assyrisch-babylonischen Prismen (gewöhnlich sechs- oder achtseitig) indicirt. Es zeigt die gewöhnliche Schrift der Denkmäler aus der Banabalzeit und ist inhaltlich, so weit die geringen Schriftfragmente dies zu erkennen erlauben, ein Duplicat zu einem bereits bekannten Prismatexte. Wegen allfälliger Varianten im Texte beanspruchen aber auch solche Duplicate immerhin auch für die Keilschriftforschung ein gewisses Interesse. Für eine ethnographische Sammlung vollends vertritt unser Stück die eigenthümliche assyrisch-babylonische Schriftdenkmal-Gattung der Thonprismen und hat sohin noch einen ganz speciellen Werth. Dr. Troll erwarb das Fragment von Arabern am Hügel Georg Pegamber zu Ninive.

Wir nennen sodann ein grösseres Backsteinstück (Maasse 19 × 7·5 Cm.) mit zwei Zeilenresten (6). Es zeigt an seiner Frontseite eine Keilinschrift, welche lautet: »Palast des Sanherib, König der Schaaren, König . . . .«, stammt also von einem Palaste des assyrischen Königs Sanherib (705—681 v. Chr.) zu Ninive. Dr. Troll erstand das Stück in Mossul, der Fundort war dort näher nicht zu eruiren.

Es folgt ein kleines hartes Stück (7), beiderseitig beschrieben (5 × 3 Cm.), das ebenfalls Fragment, und zwar aus der rechten Hälfte einer Urkundentafel herausgebrochen ist, welche etwa 1·5 Dm. Länge und 1 Dm. Breite gehabt haben mochte. Seiner Bedeutung nach scheint es eine Liste von Eigennamen, zu Steuerzwecken, möglicherweise aber auch historischer Art gewesen zu sein — wir müssen hier erst die genauere Untersuchung der Fachgelehrten abwarten, welche vielleicht wegen des ungünstigen Erhaltungszustandes der Schrift und des geringen Umfanges des Fragmentes negativ verlaufen wird. Das Stück wurde von Dr. Troll von den Arabern in Georg Pegamber (Ninive) erworben. Immerhin repräsentirt es für die ethnographische Sammlung eine neue Specialität von staatlichen Denkmälern. Ein grösseres Backsteinfragment (Maasse 12 × 14 Cm.) mit Inschrift wurde von Dr. Troll selbst in Babylon gefunden (8). Es stammt, wie aus dem Text ersichtlich, aus der Zeit des Königs Nabuchodonosor (674—561) und ist aus einem grösseren Ziegel herausgeschnitten. Die Inschrift zeigt die gewöhnliche siebenzeilige (akek-) Form und lautet folgendermassen: ». . Nabuchodonosor, König von Babylon, der Beschützer der Bauten des Tempels Saggil und des Tempels Bitsida, der erlauchte Sohn des Nabubolassar, des Königs von Babylon.« Interessant ist auch ein nächstes Stück (9), ein kleines, beiderseitig beschriebenes Thonfragment (grösste Maasse 4 × 1·5 Cm.), das Dr. Troll in Bagdad erstand, ohne über seinen Fundort nähere Angaben erhalten zu können. In seiner Gänze dürfte das Schriftstück eine Breite von 8 Cm. und eine Länge von etwa 2·5 Dm. gehabt haben. Die darauf befindliche gut erhaltene Inschrift scheint sich auf die Ishtar-Legende zu beziehen, ist aber zu fragmentarisch, um irgend etwas Bedeutenderes zu bieten. Sie lautet: ». . . . Der Gatte der Ishtar« (2. Zeile) ». . . . . die Tochter des Gottes Marduk . . . . die Göttin Ishtar zu dem Gotte . . . .« Dr. Troll's Funde ergänzen sich, wie wir hier neuerdings zu constatiren haben, in merkwürdigster Weise; in diesem Stück besitzt unsere Sammlung abermals eine neue Species babylonischer Literaturdenkmäler, nämlich das Fragment eines literarischen oder poetischen Textes.

Ein anderes grösseres Backsteinfragment (10) (grösste Maasse 13 × 9·5 Cm.) zeigt eine sechszeilige Inschrift des »Nabuchodonosor, König von Babylon«, ». . . . ak (Gott) . . . .« mit archaistischen Schriftzeichen. Dr. Troll fand dieses Stück in Babylon, ebenso wie das folgende (11), ein grosses Backsteinstück (Maasse: 18 × 9 Cm.), das höchst merkwürdiger Weise mit zwei anderen (12 und 13) von Dr. Troll in Bagdad gekauften zu einem Texte zusammengehört. Letztere zwei Stücke sind bedeutend kleiner als das erste (Maasse: 6 × 9 Cm., 7 × 3 Cm.) und dürften bestimmt von einem andern Steine desselben Baues stammen wie das ersterwähnte Fragment. Nichtsdestoweniger ist es ein einziger Text, der eben auf vielen Ziegeltafeln desselben Baues eingegraben stand, zu dem sämmtliche drei Stücke gehören, ersteres mehr an dem Anfang, letztere gegen das Ende. Die Inschrift ist von Julius Oppert in Paris als die sogenannte »Mylitta-inschrift«, eine Bauurkunde des Königs Nabuchodonosor, publicirt in seiner »Expedition scientifique en Mesopotamie«, I, pag. 235. (Vgl. auch: »W. A. I. Cuneiform-Inscriptions of the British Museum, I. Bd., pag. 52); unsere Fragmente besitzen vielleicht den Werth, Varianten des Textes zu bieten, was erst durch ihre genauere Bearbeitung festgestellt werden wird. Interessant ist, dass sich in den von Dr. Troll mitgebrachten losen Ziegelfragmentchen und Steinstücken auf einem Stückchen der negative Abdruck eines grösseren Keilschriftzeichens am Beginn des Textes auf dem Stücke Nr. 10 gefunden hat, das beim Abbröckeln des angesetzten Stückchens ganz gut erhalten geblieben ist.

Neben diesen inschriftlichen Denkmälern weist unsere Sammlung aber auch interessante bauliche Ueberreste verschiedener Art auf. Wir erwähnen das Fragment eines glasirten Ziegelsteines mit blaugrüner und hochgelber ockerartiger, sehr gut erhaltener Farbe (Eckstück), das nach seiner Aehnlichkeit mit anderen, im British-Museum zu London aufbewahrten Funden von einem Palaste des babylonischen Königs Nabuchodonosor stammen dürfte, sodann eine Anzahl Bitumenfragmente mit deutlichen Strohspuren auf den Bruchflächen, wie sie aus dem alten Euphratquai des Nabuchodonosor herausgebrochen zu sein pflegen. Herr Dr. Troll nahm die Stücke selbst in Babylon auf; ferner ein Stück einer Steinplatte (grösste Maasse: 7 × 10·5 Cm.) mit den hinteren Extremitäten einer reliefartigen Kameel- oder Pferdefigur, das von einem Baue des Königs Banabal stammen dürfte. Nähere Angaben über den Fundort besitzen wir leider über das Stück nicht, Herr Dr. Troll erstand es käuflich in Bagdad. Ein besonderes Interesse beanspruchen weiters vier aus Ziegelthon geformte Figuren verschiedener Grösse und Gestalt, wie sie besonders aus Südbabylonien bekannt sind. Es sind zwei Astartefiguren, die eine vollständig erhalten, die andere ohne Kopf (Längen: 12·4 und 11 Cm.), welche mit den auf Cypern von Cesnola gefundenen und Tafel XII der deutschen Ausgabe von Cesnola's »Cypern« abgebildeten Terracottafiguren der cyprischen Venus sehr genau übereinkommen, was bekanntlich durch die assyrische Periode der cyprischen Kunstentwicklung seine Erklärung findet (vgl. l. c. pag. XV) — und zwei sehr unvollständige Reiterfiguren aus Terracotta, bei deren erster nur der grösste Theil des sehr roh gearbeiteten Pferderumpfes vorhanden, bei deren zweiter das Reitthier hingegen gänzlich weggebrochen ist und nur die Stellung der Menschenfigur mit einigen Ansätzen der Thiergestalt die ursprüngliche Form vermuthen lassen. Auch zu diesen Figuren hat sich auf Cypern sehr Aehnliches gefunden, vgl. die Terracotta-Reiterfiguren in Cesnola's Werk, Taf. XXXVII, Fig. 2, 3, 6. Dr. Troll erstand dieselben im Dorf Banum (Babylon). Noch sind drei Terracotta-Lampen von der bekannten griechisch-römischen Form assyrischen Gebrauchs (vgl. eine Abbildung in Layard: »Discoveries in the ruins of Niniveh and Babylon«, pag. 593), die Herr Dr. Troll in Mossul erstand, sowie einige Bruchstücke von Gefässen mit einigen Resten von Bemalung und Ornamentirung, welche nicht näher zu bestimmen sind, zu erwähnen. Trotz der geringen absoluten Anzahl von Stücken ist also, wie ersichtlich, ein relativ bedeutender Reichthum von Formen vertreten, der dem Sammelgeschick des Herrn Dr. Troll alle Ehre macht.

Wir wenden uns nun an letzter Stelle noch zu den kostbaren babylonischen Steincylindern und geschnittenen Steinen, welche, als Siegel dienend, auch wohl als Amulete u. dgl. gebraucht, seit jeher so grossen Anwerth gefunden haben. Von der ersteren Art sind in unserer Sammlung 12 Stück vorhanden, an Gemmen und Siegelsteinen zählen wir 25, an Steinfigürchen, Perlen, Amuletringen etc. 13. Unter jenen 12 Cylindern sind zwei Stücke als Falsificate erwiesen, beide Stücke mit je dreizeiligen Keilschriftlegenden, während von den übrigen echten 10 Cylindern nur noch ein einziger eine zweizeilige Legende in ungünstigem Erhaltungszustande aufweist. Unter den Falsificaten erkennen wir ein relativ sehr altes und ein modernes. Ersteres ist, obwohl aus hartem Stein (Quarzit) gefertigt, Falsificat, wie die Keilschriftlegende unwiderleglich darthut, da die Zeichen, welche gewöhnlich im Abdruck positiv erscheinen sollen, zum Theil positiv, zum Theil negativ eingegraben sind, was sich nur in der Weise begreift, dass ein der Schrift unkundiger Arbeiter das Stück nach alter unverstandener und deshalb auch zum Theil verfehlter Schablone gearbeitet hat. Alle echten Stücke zeigen sonst, wie auch vorauszusetzen, die Legende in negativer Ausführung ohne Irrthum und Fehler. Es ist aber jedenfalls ein altes Falsificat, das uns hier vorliegt, da Dr. Troll dasselbe aus dem Besitz von Beduinen in Mossul erstand, zu denen moderne Falsificate erstens überhaupt nicht leicht gelangen und deren Anbotspreis (20—30 Piaster) die ungemeine Mühe eines Falseurs auch gar nicht lohnen würde. Das Stück ist wohl, wie die echten, gelegentlich in Mossul gefunden worden und dürfte etwa in der Sassanidenzeit, als man auf jene altbabylonischen Siegelsteine und Gemmen schon ein antiquarisches Interesse zu wenden begann (abgesehen von ihrem Werth als Amulete u. dgl. m.), angefertigt worden sein. Das andere Falsificat mit dreizeiliger Legende verräth sich als solches aus moderner Zeit schon durch seine weichere, dem Messer nicht widerstehende schwarze Thonmasse. Es würde uns nun hier zu weit führen, die übrigen echten 10 Steincylinder sammt der reichen Anzahl von Gemmen und Siegeln einer näheren Besprechung zu unterziehen; es wird dies andern Orts[1]) unter Beigabe von Zeichnungen in kurzer Frist geschehen.

Diese Zeilen sollen aber nicht beschlossen werden, ohne den Ausdruck des lebhaftesten Dankes an die Eingangs genannten Herren für das uneigennützige Interesse,

[1]) In den Mittheilungen der Anthropologischen Gesellschaft zu Wien.

welches sie an unserer Sammlung genommen, und die mannigfachen, werthvollen Aufschlüsse, welche sie aus dem Schatze ihrer Gelehrsamkeit über dieselbe gegeben haben, die ihren Werth für unsere Sammlungen nur noch bedeutend erhöhen.

Die Ausgrabungen in St. Lucia im Küstenlande, welche im Frühlinge dieses Jahres von Seite des Hofmuseums mit so befriedigendem Erfolge in Angriff genommen worden waren,[1]) wurden im Herbste (28. August bis 15. October) planmässig durch Herrn Custos Szombathy fortgesetzt, wobei die untersuchte Fläche den Raum von 1850 Quadratmeter erreichte und die Zahl der aufgedeckten Gräber auf 1166 stieg. Es waren wieder durchgehends Brandgräber der Hallstätter Periode, unter deren Beigaben die Waffen gänzlich fehlten. Die Funde dieser zweiten Campagne sind aber an Bronzen (besonders Bronzegefässen) und grossen Graburnen reicher als die der Frühjahrscampagne. Die genaue Vermessung ergab, dass die bis jetzt aufgefundenen 1166 Gräber in drei Gruppen vertheilt waren, in deren Mitte die kleineren und ärmeren Gräber dicht gedrängt neben- und oft auch übereinander lagen, während die reicheren, in grösseren Zwischenräumen angeordnet, den Randsaum dieser Gruppen einnahmen. Die einzelnen Gruppen zeigen auch kleine, aber durchgreifende Unterschiede in der Art und Auswahl der Grabbeigaben, welche aber wohl erst nach der Beendigung der Ausgrabung richtig zu fixiren sein werden.

In diesem Jahre wurden auch die seit 1884 von Dr. Marchesetti für das Triester Museum betriebenen systematischen Ausgrabungen auf einer anderen, abgetrennten Partie des Grabfeldes fortgesetzt. Dr. Marchesetti erreichte die Zahl von 1020 Gräbern. Zählt man hiezu die von Dr. Bizzaro aus Görz im Jahre 1882 aufgegrabenen 170 Gräber und die in früheren Jahren durch den Pflug wegrasirten, welche mindestens 50 Stück ausmachen, so erhält man schon jetzt — obwohl noch lange nicht die Hälfte des wahrscheinlich mit Gräbern besetzten Terrains abgebaut ist — die stattliche Anzahl von mehr als 2400 prähistorischen Gräbern. Es ist daher ein sehr beträchtliches Endresultat dieser Ausgrabungen zu erwarten.

Aufsammlungen für die paläontologische Abtheilung. — Herr Assistent E. Kittl hat im Laufe des Sommers und Herbstes solche vorgenommen, und zwar:

1. Im Lias-Vorkommen von Gainfarn, wo Enzesfelder Kalke mit den charakteristischen Fossilien unmittelbar auf rhätischen Mergelkalken und Thamnasträenkalken (Kössener Schichten) aufliegen. Es scheinen übrigens auch die Klausschichten dort nicht zu fehlen.

2. In den Kössener Schichten von Hirtenberg a. d. Triesting, wo an den bekannten Fundstellen eine reiche Ausbeute namentlich an Brachiopoden gewonnen wurde.

3. In dem Hallstätter Kalke von Mühlthal bei Ober-Piesting, wo die von A. Bittner (Geologie von Hernstein, Seite 131) beschriebene Fauna gewonnen wurde.

4. In den Kössener Schichten des Kitzberges bei Pernitz, deren schon früher begonnene Ausbeutung fortgesetzt wurde.

Auf einer längeren Reise in Kärnten wurden von Herrn Kittl insbesondere an den folgenden Localitäten Aufsammlungen theils durchgeführt, theils eingeleitet, und zwar:

5. Im Eocän und in der Kreide bei Guttaring und Althofen. Einige Exemplare übergab in Sonnberg Herr Schichtmeister Joh. Honigl.

---

[1]) Siehe Annalen, Heft 3. Notizen, pag. 23.

6. In Raibl in der oberen Trias, speciell in den Fischschiefern des Rinngrabens, sowie in den Myophorienbänken der Scharte, wobei Herr Kittl durch den Werksdirector Herrn Cajetan Schnablegger in der liebenswürdigsten Weise unterstützt wurde. Eine Anzahl schöner Fossilien erhielt das Museum von dem k. k. Bergmeister Victor Waltl.

7. Ein sechstägiger Aufenthalt in Bleiberg gab Gelegenheit, interessante Aufsammlungen in der oberen Trias von Bleiberg, von Kreut, sowie auf der Villacher Alpe zu machen. Die näheren Localitätsangaben lieferten Herr Director Edmund Makuc in Bleiberg, der auch eine Reihe von Fossilien für das Museum überliess, sowie Herr Bergrath F. Seeland in Klagenfurt.

Die **botanische Abtheilung** erhielt durch die Einverleibung einer aus Stämmen, Hölzern, Früchten und anderen Gegenständen bestehenden, bisher in einem Glashauspavillone des k. k. Hofburggartens aufbewahrten Sammlung eine sehr werthvolle Bereicherung, die wir namentlich der Zuvorkommenheit und dem Wohlwollen des Herrn k. k. Hofburggarten-Inspectors Franz Maly verdanken.

Als die hervorragendsten Stücke dieser vornehmlich für die Schausammlung der botanischen Abtheilung bestimmten Sammlung sind anzuführen: Ein vollständiges und gut erhaltenes Exemplar der nur selten in Museen sich vorfindenden *Welwitschia mirabilis*, eine Dattel- und Doompalme, eine *Xanthorrhoea*, Agave, mehrere Bromeliaceen, zahlreiche Coniferenzapfen, Bambus- und Farnstämme u. s. w.

Dr. Eduard Becher †. In dem Augenblicke, in welchem diese Blätter unter die Presse gehen sollen, erhalten wir die traurige Nachricht von dem Hinscheiden des Assistenten am Museum, Herrn Dr. Eduard Becher, der am 11. November plötzlich einem Schlaganfalle erlag. Wir behalten uns vor, in dem nächsten Hefte der Annalen eine eingehendere Mittheilung über sein Leben und Wirken zu bringen.

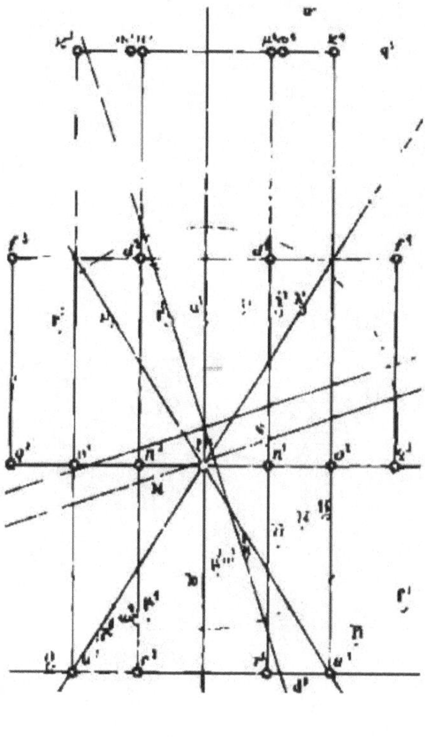

Band I. Nr. 1.

ANNALEN

DES

K. K. NATURHISTORISCHEN HOFMUSEUMS

REDIGIRT

VON

DR. FRANZ RITTER VON HAUER.

Jahresbericht für 1885

von

Dr. Franz Ritter von Hauer,
k. k. Hofrath und Intendant.

WIEN, 1886.

ALFRED HÖLDER

K. K. HOF- UND UNIVERSITÄTS-BUCHHÄNDLER.

Die **Annalen des k. k. naturhistorischen Hofmuseums** werden vorerst in zwanglosen Heften, deren nächstes etwa im Mai zur Ausgabe gelangt, erscheinen. Nebst Musealberichten und Notizen werden sie nur Originalabhandlungen aus den Gebieten der beschreibenden Naturwissenschaften enthalten.

Je 20 Bogen zu 16 Seiten Text mit den erforderlichen Tafeln werden einen Band bilden.

Alle unsere Gönner und Freunde laden wir ein, entweder im Wege des Schriftentausches, oder aber durch Pränumeration unser Unternehmen zu fördern. Der Pränumerationspreis für einen Band beträgt 10 fl. ö. W.

Für die nächsten Hefte werden die folgenden Abhandlungen vorbereitet:

1. Fr. Steindachner: **»Neue Fischarten aus dem Orinoko und dem Amazonenstrom«.**
2. F. F. Kohl: **»Ueber neue und seltene Antilopen des k. k. naturhistorischen Hofmuseums«.**
3. Dr. G. Beck: **»Die Flora von Süd-Bosnien und der angrenzenden Herzegowina«.**
4. Dr. Ar. Brezina: **»Ueber den Tellurit«.**
5. Rudolf Köchlin: **»Ueber ein neues Euklas-Vorkommen aus den österreichischen Tauern«.**
6. Ernst Kittl: **»Ueber die miocänen Pteropoden von Oesterreich-Ungarn«.**

Mittheilungen und Zusendungen, sowie Pränumerationsbeträge bitten wir zu adressiren: An das k. k. naturhistorische Hofmuseum. Wien, I., Burgring.

Die Redaction.

ANNALEN

DES

K. K. NATURHISTORISCHEN HOFMUSEUMS

REDIGIRT

VON

DR. FRANZ RITTER VON HAUER.

(MIT SIEBEN TAFELN UND DREI FIGUREN IM TEXTE.)

WIEN, 1886.

ALFRED HÖLDER

K. K. HOF- UND UNIVERSITÄTS-BUCHHÄNDLER.

Die **Annalen des k. k. naturhistorischen Hofmuseums** erscheinen vorerst in zwanglosen Heften, deren nächstes etwa im August zur Ausgabe gelangt. Nebst Musealberichten und Notizen enthalten sie nur Originalabhandlungen aus den Gebieten der beschreibenden Naturwissenschaften.

Je mindestens 20 Bogen zu 16 Seiten Text mit den erforderlichen Tafeln und anderen Illustrationen werden einen Band bilden.

Alle unsere Gönner und Freunde laden wir ein, entweder im Wege des Schriftentausches, oder aber durch Pränumeration unser Unternehmen zu fördern. Der Pränumerationspreis für einen Band beträgt 10 fl. ö. W.

Für die nächsten Hefte werden die folgenden Abhandlungen vorbereitet:

1. Fr. Steindachner: »**Neue Fischarten aus dem Orinoko und dem Amazonenstrom**«.

2. Dr. G. Beck: »**Die Flora von Süd-Bosnien und der angrenzenden Herzegowina**«.

3. Rudolf Köchlin: »**Ueber ein neues Euklas-Vorkommen aus den österreichischen Tauern**«.

4. J. Redtenbacher: »**Das Flügelgeäder der Insecten**«.

5. A. v. Pelzeln: »**Die Typen in der Vogelsammlung des k. k. naturhistorischen Hofmuseums**«.

—

Mittheilungen und Zusendungen, sowie Pränumerationsbeträge bitten wir zu adressiren: An das k. k. naturhistorische Hofmuseum. Wien, I., Burgring.

Die Redaction.

Von dem **k. k. naturhistorischen Hofmuseum** oder durch die Hof- und Universitäts-Buchhandlung von **A. Hölder** in Wien sind als Separatabdrücke zu beziehen:

Fr. v. Hauer: **Jahresbericht des k. k. naturhistorischen Hofmuseums für 1885.** (Mit 1 Tafel) . . . . fl. 1.—

E. Kittl: **Ueber die miocenen Pteropoden von Oesterreich-Ungarn.** (Mit 1 Tafel) „ 1.40

Fr. Fr. Kohl: **Ueber neue und seltene Antilopen des k. k. naturhistorischen Hofmuseums.** (Mit 4 Tafeln) . . . . „ 2.—

Dr. Fr. Brauer: **Ansichten über die paläozoischen Insecten und deren Deutung.** (Mit 2 Tafeln) . . . . „ 2.—

Dr. V. Goldschmidt: **Bestimmung des specifischen Gewichtes von Mineralien** . . . . „ —.40

Dr. Ar. Brezina: **Ueber die Krystallform des Tellurit.** (Mit 3 Figuren im Texte) . . . . . „ —.60

INHALT DES II. HEFTES.

Seite

Ueber die miocenen Pteropoden von Oesterreich-Ungarn. Von Ernst Kittl. (Mit 1 Tafel) 47

Ueber neue und seltene Antilopen des k. k. naturhistorischen Hofmuseums. Von Fr. Fr. Kohl. (Mit 4 Tafeln) 75

Ansichten über die paläozoischen Insecten und deren Deutung. Von Prof. Dr. Fr. Brauer. (Mit 2 Tafeln) 87

Bestimmung des specifischen Gewichtes von Mineralien. Von Dr. V. Goldschmidt 127

Ueber die Krystallform des Tellurit. Von Dr. Ar. Brezina. (Mit 3 Figuren im Texte) 135

Notizen . . . . 1—14

Druck von ADOLF HOLZHAUSEN in Wien,
K. K. HOF- UND UNIVERSITÄTS-BUCHDRUCKER.

Band I. Nr. 3.

ANNALEN

DES

K. K. NATURHISTORISCHEN HOFMUSEUMS

REDIGIRT

VON

DR. FRANZ RITTER VON HAUER.

(MIT ZWÖLF TAFELN, Nº IX—XX.)

Die **Annalen des k. k. naturhistorischen Hofmuseums** erscheinen vorerst in zwanglosen Heften, deren nächstes etwa im November zur Ausgabe gelangt. Nebst Musealberichten und Notizen enthalten sie nur Originalabhandlungen aus den Gebieten der beschreibenden Naturwissenschaften.

Je mindestens 20 Bogen zu 16 Seiten Text mit den erforderlichen Tafeln und anderen Illustrationen werden einen Band bilden.

Alle unsere Gönner und Freunde laden wir ein, entweder im Wege des Schriftentausches, oder aber durch Pränumeration unser Unternehmen zu fördern. Der Pränumerationspreis für einen Band beträgt 10 fl. ö. W.

Mittheilungen und Zusendungen, sowie Pränumerationsbeträge bitten wir zu adressiren: An das k. k. naturhistorische Hofmuseum. Wien, I., Burgring.

Die Redaction.

Von dem **k. k. naturhistorischen Hofmuseum** oder durch die Hof- und Universitäts-Buchhandlung von **A. Hölder** in Wien sind als Separatabdrücke zu beziehen:

Fr. v. Hauer: **Jahresbericht des k. k. naturhistorischen Hofmuseums für 1885.** (Mit 1 Tafel) . . . . fl. 1.—

E. Kittl: **Ueber die miocenen Pteropoden von Oesterreich-Ungarn.** (Mit 1 Tafel) . . . . „ 1.40

Fr. Fr. Kohl: **Ueber neue und seltene Antilopen des k. k. naturhistorischen Hofmuseums.** (Mit 4 Tafeln) . . . . „ 2.—

Dr. Fr. Brauer: **Ansichten über die paläozoischen Insecten und deren Deutung.** (Mit 2 Tafeln) . . . . „ 2.—

Dr. V. Goldschmidt: **Bestimmung des specifischen Gewichtes von Mineralien** . . . . „ —.40

Dr. Ar. Brezina: **Ueber die Krystallform des Tellurit.** (Mit 3 Figuren im Texte) . . . . „ —.60

J. Redtenbacher: **Vergleichende Studien über das Flügelgeäder der Insecten.** (Mit 12 Tafeln) . . . . „ 5.—

A. Gehmacher: **Goldsand mit Demantoid vom alten Ekbatana und Hamadan** . . . . „ —.30

INHALT DES III. HEFTES.

Seite

Vergleichende Studien über das Flügelgeäder der Insecten. Von J. Redtenbacher. (Mit 12 Tafeln) 153

Goldsand mit Demantoid vom alten Ekbatana und Hamadan. Von A. Gehmacher 233

Notizen . . . . 15—26

Druck von ADOLF HOLZHAUSEN in Wien,
K. K. HOF- UND UNIVERSITÄTS-BUCHDRUCKER.

Band I. Nr. 4.

ANNALEN

DES

K. K. NATURHISTORISCHEN HOFMUSEUMS.

REDIGIRT

VON

DR. FRANZ RITTER VON HAUER.

(MIT EINER TAFEL, No. XXI.)

WIEN, 1886.

ALFRED HÖLDER

K. K. HOF- UND UNIVERSITÄTS-BUCHHÄNDLER.

Die **Annalen des k. k. naturhistorischen Hofmuseums** erscheinen vorerst in zwanglosen Heften, deren nächstes (Heft 1 des II. Bandes) etwa im Februar 1887 zur Ausgabe gelangt. Nebst Musealberichten und Notizen enthalten sie nur Originalabhandlungen aus den Gebieten der beschreibenden Naturwissenschaften.

Je mindestens 20 Bogen zu 16 Seiten Text mit den erforderlichen Tafeln und anderen Illustrationen werden einen Band bilden.

Alle unsere Gönner und Freunde laden wir ein, entweder im Wege des Schriftentausches, oder aber durch Pränumeration unser Unternehmen zu fördern. Der Pränumerationspreis für einen Band beträgt 10 fl. ö. W.

Mittheilungen und Zusendungen, sowie Pränumerationsbeträge bitten wir zu adressiren: An das k. k. naturhistorische Hofmuseum. Wien, I., Burgring.

Die Redaction.

Von dem **k. k. naturhistorischen Hofmuseum** oder durch die **Hof- und Universitäts-Buchhandlung von A. Hölder** in Wien sind als Separatabdrücke zu beziehen:

Fr. v. Hauer: **Jahresbericht des k. k. naturhistorischen Hofmuseums für 1885.** (Mit 1 Tafel) . . . . fl. 1.—

E. Kittl: **Ueber die miocenen Pteropoden von Oesterreich-Ungarn.** (Mit 1 Tafel) . . . . „ 1.40

Fr. Fr. Kohl: **Ueber neue und seltene Antilopen des k. k. naturhistorischen Hofmuseums.** (Mit 4 Tafeln) . . . . „ 2.—

Dr. Fr. Brauer: **Ansichten über die paläozoischen Insecten und deren Deutung.** (Mit 2 Tafeln) . . . . „ 2.—

Dr. V. Goldschmidt: **Bestimmung des specifischen Gewichtes von Mineralien** . . . . „ —.40

Dr. Ar. Brezina: **Ueber die Krystallform des Tellurit.** (Mit 3 Figuren im Texte) . . . . „ —.60

J. Redtenbacher: **Vergleichende Studien über das Flügelgeäder der Insecten.** (Mit 12 Tafeln) . . . . „ 5.—

A. Gehmacher: **Goldsand mit Demantoid vom alten Ekbatana und Hamadan** . . . . „ —.30

R. Köchlin: **Ueber ein neues Euklas-Vorkommen aus den österreichischen Tauern.** (Mit 1 Tafel) . . . . „ 1.—

A. v. Pelzeln und Dr. L. v. Lorenz: **Typen der ornithologischen Sammlung des k. k. naturhistorischen Hofmuseums.** (I. Theil) . „ —.60

Dr. G. Beck: **Flora von Südbosnien und der angrenzenden Hercegovina.** (I. Theil) . . . . „ 1.20

INHALT DES IV. HEFTES.

	Seite
Titel und Inhalt des I. Bandes	I
Vorwort	V
Verzeichniss der Pränumeranten	VII
Verzeichniss der wissenschaftlichen Corporationen und Redactionen, mit welchen wir im Schriftentausche stehen	IX
Ueber ein neues Euklas-Vorkommen aus den österreichischen Tauern. Von Rudolf Köchlin. (Mit 1 Tafel)	237
Typen der ornithologischen Sammlung des k. k. naturhistorischen Hofmuseums. Von August v. Pelzeln und Dr. Ludwig v. Lorenz. (I. Theil)	249
Flora von Südbosnien und der angrenzenden Hercegovina. Von Dr. Günther Beck. (I. Theil)	271
Notizen	27—40

Druck von ADOLF HOLZHAUSEN in Wien,
K. K. HOF- UND UNIVERSITÄTS-BUCHDRUCKER.

FSC
www.fsc.org
MIX
Papier | Fördert gute Waldnutzung
FSC® C083411

Zeitfracht Medien GmbH
Ferdinand-Jühlke-Straße 7
99095 Erfurt, Deutschland
produktsicherheit@kolibri360.de